Studien zur christlichen
Religions- und Kulturgeschichte

Herausgegeben von
Mariano Delgado
und Volker Leppin

Band

Studien zur christlichen
Religions- und Kulturgeschichte

Herausgegeben von
Mariano Delgado
und Volker Leppin

Band 31

Interkulturelle Kommunikation im Horizont der Menschenwürde

Eine Mission der Frühen Neuzeit in Amerika

von
Michael Sievernich

Schwabe Verlag
Kohlhammer

Bibliografische Information der Deutschen Nationalbibliothek
Die Deutsche Nationalbibliothek verzeichnet diese Publikation in der Deutschen Nationalbibliografie; detaillierte bibliografische Daten sind im Internet über http://dnb.dnb.de abrufbar.

Abbildung Umschlag:
Lienzo de Tlaxcaka (um 1550)
Moteczum (links) im Gespräch mit Corés
über die Dolmetscherin ›Marine‹
Wilmer, CC BY-SA 3.0
https://creativecommons.org/licenses/by-sa/3.0
via Wikimedia Commons

Lektorat: Guntram Förster | Lisa Neubauer
Umschlaggestaltung: icona basel gmbh, Basel
Cover: Kathrin Strohschnieder, STROH Design, Oldenburg
Layout | Satz: GraphicDesign Sievernich & Rose
Druck: Hubert & Co., Göttingen
Printed in Germany

ISBN Printausgabe 978-3-7965-4825-3 (Schwabe)
ISBN Printausgabe 978-3-17-043775-3 (Kohlhammer)
ISBN eBook (PDF) 978-3-7965-4891-8 (Schwabe)
DOI 10.24894/978-3-7965-4891-8
Das eBook ist seitenidentisch mit der gedruckten Ausgabe und erlaubt Volltextsuche. Zudem sind Inhaltsverzeichnis und Überschriften verlinkt.

rights@schwabe.ch
www.schwabe.ch

MIX
Papier aus verantwortungsvollen Quellen
FSC® C016439

Inhaltsverzeichnis

Vorwort

Die Frühe Neuzeit war eine außerordentlich dichte und vielfältige Epoche, in deren beginnender Globalisierung das europäische Weltbild erhebliche Veränderungen erfuhr. Mit der Entdeckung des Seewegs nach Westen (1492) tauchte für Europa eine bis dahin unbekannte Landmasse auf, die sich als vierter Kontinent entpuppte und die mittelalteriche Vorstellung von drei Kontinenten (Asia, Europa, Africa) überholte. Nach dem italienischen Seefahrer Amerigo Vespucci nannte man den Kontinent »America«, der für die Europäer eine »Neue Welt« darstellte. Doch auch die zahlreichen indigenen Völker mit unterschiedlichen Kulturen, Sprachen und Religionen standen vor einer neuen – europäischen – Welt mit ihren Schiffen, Pferden und Kanonen.

Wie sich diese interkulturelle Begegnung der neuen Welten gestalten würde, war zu Beginn noch nicht abzusehen. Das Umschlagbild zeigt eine der Möglichkeiten: der aztekische Herrscher Moctezuma (1465-1520) im Gespräch mit dem Spanier Hernán Cortés (1485-1547), zusammen mit der indianischen Dolmetscherin Malintzin (um 1500-1529) in der mexikanischen Hauptstadt Tenochtitlán. Doch des irenisch gestikulierende Bild verwandelte sich alsbald zu einem martialischen Bild der Eroberung, der *conquista* des Kontinents und der altamerikanischen Großreiche der Azteken und der Inka. Die europäische Expansion in der Neuen Welt führte zur Etablierung iberischer Kolonialreiche in Hispano- und Luso-Amerika, die im Westen auf Edelmetalle aus waren, während im asiatischen Osten hochpreisige Gewürze und andere Reichtümer anlockten. Die iberischen Mächte folgten einer politisch-ökonomischen Logik und wurden darin später von anderen Kolonialmächten wie den Niederlanden, England, und Frankreich abgelöst.

In der Neuen Welt Amerika sahen die Europäer zahlreiche ›Missionen‹ unterschiedlicher Art vor sich, von diplomatischen und martialischen bis zu geographischen und linguistischen ›Missionen‹. Unter all diesen Aufgaben dürfte das herausforderndste Unternehmen jedoch die christliche Mission bei den dortigen nativen Völkern gewesen sein. Diese Mission fand zwar parallel zur kolonialen Expansion und unter dem *Patronat* der Könige statt, doch im Raum der Katholischen Kirche. In diesem geistigen Raum sollte sich die christliche Botschaft entfalten, die einer anderen Logik folgte, nämlich einer missionarisch-religiösen Logik, bei der es um eine friedliche Verbreitung des Christentums in der Neuen Welt ging. Getragen wurde diese Mission von gut ausgebildeten religiösen Eliten, etwa den Orden der Franziskaner, Dominikaner, Jesuiten und anderer, die zu Tausenden ins frühneuzeitliche Amerika strömten. Sie sorgten für Begegnung und Translation, mit den Medien von Bildung und Gesundheit, von diakonischem Wirken, von Handwerk, Musik und Kunst. Daran waren Indigene mit ihren Eliten sowie mit ihren Fertigkeiten und Ideen wesentlich beteiligt.

Eine nachhaltige geistige Wirksamkeit ergab sich durch die kritische Reflexion auf das kolonialpolitische Geschehen und den Umgang mit den indigenen Völkern als Subjekten. Die Debatten auf rechtlicher und ethischer Ebene eröffneten Protagonisten wie Francisco de Vitoria (1483-1546) und Bartolomé de Las Casas (1485-1566), die mit vielen Anderen einen neuen Horizont universaler Menschenwürde eröffneten, der alles andere als selbstverständlich war. Aus diesem frühneuzeitliche Missionsverständnis besonderer Art entwickelte sich die so genannte »Schule von Salamanca«, die mit vernünftigen Argumentationsfiguren bis heute zu denken gibt, besonders über Völker- und Menschenrechte.

In dem hier vorliegenden Buch geht es um differenzierende »Tiefenbohrungen«, welche der Eigenart frühneuzeitlicher Diskurse quellenbezogen nachgeht und interkulturelle Kommunikation exemplarisch vorstellt. Das Buch gliedert die wichtigsten Themen in fünf Teile auf: (1) Sie handeln von Entdeckung, Eroberung und neuer »amerikanische« Erfahrung; (2) sie reflektieren über einheimische Sprachen, die damalige Sprachenpolitik sowie über die sprachliche und kulturelle ›Übersetzung‹; (3) sie diskutieren politische Prozesse und rechtliche Argmente sowie die entstehenden normativen Ordnungen; (4) sie bringen Ethnozentrik und Eurozentrismus in Vergleich, aber auch indigene und europäische Kulturen, nicht ohne einen Seitenblick auf die sogenannten »Wilden«, ob *sauvages américains* in Nordamerika oder *glückliche Californier* zu werfen; (5) schließlich führen die Themen zur Frage der Vielfalt der Religionen, zu den Praktiken der Initiation und der Gewissensbildung sowie zu den Epochen christlicher Mission in den jeweiligen kulturellen Resonanzräumen. Auf diesen und anderen Feldern greifen die zwanzig Kapitel zentrale Fragestellungen in Amerika auf und und vertiefen sie historisch wie systematisch. Dieses vernetzte Vorgehen wird auch für die gegenwärtigen postkolonialen Diskurse aufklärend sein können, zumal das Buch sich weitgehend auf zeitgenössische Quellen stützt. Es geht auf Aufsätzen zurück, die über längere Zeit entstanden und von vornherein als Kapitel eines Buchprojekts konzipiert waren. Die Grundidee entsprang dem Interesse an der frühneuzeitlichen (und modernen) Geschichte Lateinamerikas, am transatlantischen Kulturaustausch, an der Kulturanthropologie, an ›Übersetzung‹, ethischen Grundfragen und Missionstätigkeit. Forschungsaufenthalte, internationale Symposien sowie Gastprofessuren in Argentinien (Buenos Aires) und Mexiko (Ciudad de México) vertieften die Kenntnisse. Für freundschaftlichen Austausch, Anregungen und Diskussionen vor Ort danke ich zahlreichen Kollegen und Kolleginnen.

Ebenso danke ich den beiden Herausgebern Prof. Dr. Mariano Delgado und Prof. Dr. Volker Leppin für die Aufnahme des Buchs in ihre Reihe *Studien zur christliche Religions- und Kulturgeschichte*. Für die Mithilfe bei den Korrekturen danke ich Guntram Förster und Lisa Neubauer. Möge das Buch dem wachsenden wissenschaftlichen Interesse an der Frühen Neuzeit in Amerikas und deren vielfältigen ›Missionen‹ förderlich sein.

Frankfurt am Main, im Mai 2023
Michael Sievernich

Interkulturelle
Kommunikation
im Horizont
der Menschenwürde

ERSTER TEIL

Entdeckung, Eroberung, Erfahrung

Abb 1
Denkmal des
Antón Montesino OP
1475-1540
Malecón in Santo Domingo
Dominikanische Republik
Antonio Castellanos Basich
1982

1
Kampf um den ›Anderen‹ im Amerika der Frühen Neuzeit

Am *Malecón*, der Strandpromenade von Santo Domingo (Dominikanische Republik), drohen noch immer die Kanonen der alten kolonialen Befestigungsanlagen, doch sie werden nun überragt von einem weniger martialischen Denkmal eigener Art. Es zeigt die monumentale Figur des Fray Antón Montesino (1475-1540) im Gewand des Dominikaners und mit der Geste des Rufers. Am Ufer des Karibischen Meers, das sich zum verbindenden und zugleich trennenden Atlantik hin öffnet, nimmt er mit seinem prophetischen »grito« (Schrei) gleichsam die beiden Kontinente Amerika und Europa in die Pflicht. Das expressive Monument aus Stein und Bronze, das der mexikanische Bildhauer Antonio Castellanos Basich (*1946) gestaltet und das Mexiko dem Land 1982 zum Geschenk gemacht hat, erinnert an eine Sternstunde der Menschheit, die berühmte Adventspredigt des Fray Antón von 1511.

Sie wurde damals zum Skandal, weil sie die zeitgenössische *political correctness* in Frage stellte, indem sie Fragen stellte. Folgende Fragen aus der unten zitierten Predigt sind am Fuß des fünfzehn Meter hohen Monuments eingemeißelt: *Decid ¿con que derecho y con que justicia teneis en cruel y horrible servidumbre aquestos indios? ¿Estos no son hombres? ¿No tienen ánimas racionales? ¿No sois obligados a amallos como a vosotros mismos?*[1] In äußerster Verknappung verweist der Rufer auf die Menschenwürde der Indios, die es durch Recht und Religion zu schützen gilt. Die Predigt ist eine der frühen Reaktionen auf die Eroberung des »Amerika« genannten Kontinents, aber nicht die einzige. Kaum zwanzig Jahre nach der Entdeckung durch Kolumbus führt sie eine Bewegung von Protagonisten an, welche die rechtlichen, ethischen und religiösen Probleme der Landnahme reflektierten. Dass diese Diskurse geführt werden konnten und bis hin zu königlichen Gesetzgebungen folgenreich waren, ist alles andere als selbst-

1 Deutsch: »Sagt, mit welchem Recht und welcher Berechtigung haltet ihr diese Indios in grausamer und schrecklicher Knechtschaft? Sind sie denn keine Menschen? Haben sie keine vernunftbegabten Seelen? Seid ihr nicht verpflichtet, sie zu lieben wie euch selbst?«

verständlich, weshalb man von einer besonderen Bedeutung »dieses in der Kolonialgeschichte einmaligen Prozesses ethischer Selbstvergewisserung«[2] sprechen kann. Dieser Prozess mit vielen Facetten zeigt die kritische Seite missionarischer Verantwortung, die durch ihre Wirkungsgeschichte transnationale und transkontinentale Bedeutung erlangen sollte und zur Grundlegung des internationalen Rechts, der Menschenrechte und der Menschenwürde beigetragen hat.

Zunächst seien einige typologisierende Anmerkungen zum Prozess der machtförmigen Inklusion der Neuen Welt und ihrer Bewohner in das Machtgefüge des spanischen Kolonialreiches gemacht, die den Hintergrund bilden für die prophetische Machtkritik. Dabei geht es nicht einfach um eine Auseinandersetzung zwischen Staat und Kirche, da Befürworter und Kritiker der spanischen Landnahme und ihrer Methoden auf beiden Seiten standen.[3] Überdies wird man nicht dem verbreiteten Soupçon folgen dürfen, wonach die Religion nur instrumental zur Erringung politischer und wirtschaftlicher Macht betrachtet wird, vielmehr wird man trotz mannigfacher Verquickung von der Eigenständigkeit des religiösen Faktors der Mission ausgehen müssen, der auch bei den Herrschenden einen zentralen Stellenwert und nicht selten politische Gestaltungskraft besaß.

Machtförmige Inklusion des Anderen

Mit der Eroberung des von Christoph Kolumbus (1451-1506) entdeckten Erdteils, für die Europäer eine »Neue Welt«, eröffneten sich neue Räume für das rivalisierende machtpolitische Handeln der iberischen Mächte. Bei der transatlantischen Expansion bewährte sich das Zusammenspiel von Militär und Wirtschaft, Sprache und Religion. Der Religion kam dabei eine besondere Stellung zu, weil sie einerseits machtpolitisch instrumentalisiert und zur religiösen Legitimation der Eroberung benutzt wurde, andererseits aber auch aufgrund ihrer eigenen Theo-Logik gegen bestimmte Formen der Machtausübung auf ihr kritisches Potential zurückgreifen konnte. Diese

2 *Mariano Delgado*, Zur Führung bereit oder Eine Nation findet ihre historische Bedeutung. Spanien um 1500, in: *Matthias M. Tischler* und *Alexander Fidora* (Hgg.), Christlicher Norden – muslimischer Süden. Ansprüche und Wirklichkeiten von Christen, Juden und Muslimen auf der Iberischen Halbinsel im Hoch- und Spätmittelalter, (Erudiri sapientia 7), Münster 2011, 525-550, hier 542.

3 Vgl. zu dieser Fragestellung *Tzvetan Todorov*, Die Eroberung Amerikas. Das Problem des Anderen, Frankfurt 1985.

4 Vgl. *Horst Pietschmann*, Die staatliche Organisation des kolonialen Iberoamerika, Stuttgart 1980.

doppelte Rolle der Religion ergab sich aus der Tatsache, dass die spanischen Könige und die Eroberer einerseits selber gläubige Christen waren und als solche der kirchlichen Autorität unterstanden, die ihrerseits über nicht unerhebliche geistliche und pastorale äußere Machtmittel wie Predigt, öffentliche Beeinflussung, theologische Traktate, Kirchenstrafe verfügte, aber auch durch Ermahnung, Beichte, Absolutionsverweigerung, Gewissensdruck oder eschatologische Drohung auf das Innere einwirken konnte. Andererseits wurden der Krone so weitreichende Kompetenzen in Angelegenheiten der Religion zugestanden, vor allem was den Aufbau der Kirche in der Neuen Welt, die Ernennung von Bischöfen und die Organisation der Mission angeht, dass die Kirche in die machtpolitischen Bestrebungen eingebunden war. Ihre Befugnisse übte die Krone durch ihre Behörden aus, vor allem durch den politisch für Amerika zuständigen *Concejo Real y Supremo de Indias* (Indienrat) und die untergeordnete, für Steuern, Organisation und Logistik (auch in Missionsangelegenheiten) zuständige *Casa de Contratación* in Sevilla.[4]

Hieraus ergibt sich die Ambivalenz des Kampfs um den Anderen, welche in der Gleichzeitigkeit von Eroberung und Missionierung, von Schwert und Kreuz ihren Ausdruck fand. Der Kampf um den Anderen hat verschiedene semantische Facetten: Er meint einerseits den militärischen und politischen Kampf der iberischen Mächte um die Einverleibung fremder Völker in die eigenen Reiche mittels Ausdehnung der Herrschaft; er meint andererseits den geistigen Kampf um die Rechte der Anderen und ihre Verteidigung gegenüber unberechtigten Ansprüchen, vorangetragen mit den geistigen ›Waffen‹ des Arguments; und er meint schließlich die missionarischen Bemühungen um die Konversion der Indigenen, die Anhänger der verschiedenen Religionen waren. Da die Konversion zum christlichen Glauben eine freiheitliche Entscheidung des Subjekts voraussetzte, durften theoretisch weder Gewalt noch Zwangsmittel angewandt werden; doch in der Praxis sah es anders aus, da man nicht selten meinte, zu solchen Mitteln greifen zu müssen, um die Herrschaft zu sichern und der Mission den Weg zu bereiten. Exemplarisch seien mit Bezug auf die frühneuzeitliche Eroberung und Missionierung Amerikas einige Formen der machtförmigen Inklusion des Anderen benannt.

Die Verquickung von imperialer Politik, ökonomischem Interesse und religiöser Überzeugung lässt sich schon beim Entdecker der Neuen Welt, dem Genuesen Cristoforo Colombo, aufzeigen, den die *Katholischen Könige*, Isabella von Kastilien (1454-1504) und Ferdinand von Aragón (1452-1516), in ihre Dienste genommen hatten. Denn der lateinisch verfasste königliche Schutz- und Empfehlungsbrief vom 17. April 1492 umschreibt die Zwecke der mit drei bewaffneten Karavellen zu unternehmenden Reise über die ozeanischen Meere nach Indien *(ad partes Indie)* folgendermaßen: Die Geschäfte beträfen »den Dienst an Gott und die Zunahme des rechten Glaubens sowie auch unseren Vorteil und Nutzen *(beneficium et utilitatem)*«.[5] Damit wird das Missionsmotiv integraler Bestandteil eines Unternehmens, das auch anderen Zwecken diente. Zu den gewiss vielfältigen Motiven gehörten politische Motive wie die Erweiterung der Herrschaftsräume, wirtschaftlicher Nutzen und lukrative Handelsbeziehungen, nicht zuletzt im Wettbewerb mit der konkurrierenden iberischen Seemacht Portugal, die den östlichen Seeweg um Afrika herum nach Asien beherrschte. Doch nicht weniger motivierend dürften für die Katholischen Könige die persönliche Glaubensüberzeugung und die päpstliche Beauftragung gewesen sein, an der Verbreitung des christlichen Glaubens mitzuwirken.

Die enge Verbindung von Macht und Religion und damit auch die politische Indienstnahme des Christentums und seine an die Expansion gekoppelte Verbreitung fanden ihre institutionalisierte Form in der Rechtsfigur des königlichen Patronats *(patronato)* über die Kirche und ihre Mission,[6] die später in der Figur des königlichen Vikariats übersteigert wurde. Im mittelalterlichen Eigenkirchenwesen wurzelnd, war der Patronat eine einzigartige Institution, die eine Vielzahl von Aufgaben und Privilegien umfasste, welche die Päpste im Hinblick auf die Missionierung der entdeckten oder noch zu entdeckenden Länder den spanischen Königen konzedierten. Kernstück des Patronats waren das territorial ausschließliche Recht auf Mission und zu deren Finanzierung die Überlassung des Kirchenzehnten. Diese und andere Konzessionen waren in verschiedenen Bullen niedergelegt, angefangen von den *Bullen* Papst Alexander VI. (1431-1503, reg. ab 1492), *Inter caetera* vom 3. und 4. Mai 1493, über die *Bulle Eximiae devotionis* vom 16. Nov. 1501 bis zur Patrontatsbulle Papst Julius II. (1434-1513), *Universalis Ecclesiae regimini* vom 28. Juni 1508.[7] Ähnliche Regelungen galten für den *padroado* im portugiesischen Einflussbereich, der sich mit Landnahme nach Amerika (Brasilien) und mit Stützpunkten in Asien (Indien, China, Japan) erstreckte.

Die Päpste vertrauten den Königen also das ausschließliche Recht an, die kirchliche Organisation und die Mission in den neu entdeckten Ländern zu organisieren, überließen ihnen die Finanzierung der Kirche, billigten ihnen das Vorschlagsrecht für die Besetzung der Bistümer und

5 Carta de los Reyes Católicos, (17 de abril 1492), in: Anuario de historia del derecho español 27/28 (1957/58) 788-789, hier 788; dt. *Eberhard Schmitt* (Hg.), Dokumente zur Geschichte der europäischen Expansion, Bd. 2: Die großen Entdeckungen, München 1984, 108f.

6 *Pedro de Leturia*, Relaciones entre la Santa Sede e Hispanoamérica, tom. 1: Época del real Patronato, Rom/Caracas 1959.

7 America Pontificia primi saeculi evangelizationis 1493-1592, tom. 1, (Collectanea Archivi Vaticani 27/1), ed. *Josef Metzler*, Città del Vaticano 1991, hier Dokumente 1, 2, 3, 6, 13.

aller kirchlichen Benefizien zu, überließen ihnen das Recht, die Aussendung der Missionare zu regeln. Die Könige unterwarfen die Rechtswirksamkeit päpstlicher Erlasse dem königlichen *placet*, kontrollierten die Kommunikation zwischen der römischen Kurie und den Bischöfen und regelten die Zulassung der Missionare. Damit waren die Kirche und das von den Orden getragene Missionswesen organisatorisch und finanziell vollständig von der spanischen Krone abhängig und konnten damit leicht zu einem Instrument der staatlichen Überseepolitik werden. Die enge Verknüpfung der militärischen, wirtschaftlichen, rechtlichen und religiösen Dimensionen zeigt sich darin, dass die damit verbundenen Aufgaben von einer einzigen Behörde, dem Indienrat *(Concejo de Indias)* wahrgenommen wurde.

Den Rechten der Krone entsprach die umfassende Pflicht der Organisation und Finanzierung der Kirche und ihrer Mission. Dass diese Aufgabe die Herrscher im Gewissen band, sollte den kirchlichen Kritikern staatlicher Macht erlauben, mit geistlicher Macht auf das königliche Gewissen einzuwirken. Das Modell der Religion im Dienst der staatlichen Macht erhielt erst durch die Gründung der römischen Behörde der Glaubensverbreitung (*de propaganda fide*, 1622) durch den Ludovisipapst Gregor XV. (1554-1623, reg. ab 1621) ein kirchliches Gegengewicht, durch das langsam eine Entpolitisierung der Mission eingeleitet wurde. Die Beispiele einer Religionspolitik, welche sich instrumentell und legitimatorisch religiöser Motive bedient, lässt sich vielfach nachweisen, ob in Gesetzen oder Verfügungen der Könige, in juridisch-theologischen Traktaten der Gelehrten, narrativen Chroniken der Protagonisten oder Historiographen oder in pastoralen Handbüchern der Missionare. Allerdings wird eine Hermeneutik des Verdachts, wonach die Religion nur der fromme Schein ganz anderer Interessen gewesen sei, weder der historischen Wirklichkeit noch den Texten gerecht, da man bei aller funktionalen Dienstbarmachung der Religion davon ausgehen muss, dass die Akteure in der Regel subjektiv aus religiösen Überzeugungen gehandelt haben und sich sittlich und religiös in der Pflicht sahen.

Im selben Jahr 1492, in dem Kolumbus nach Westen aufbrach und Entdeckungen machte, deren Tragweite er nicht abschätzen konnte, veröffentlichte der Humanist Antonio de Nebrija (1444-1522) eine Grammatik der kastilischen Sprache (1492) und folgte damit nicht bloß einem philologischen Interesse, sondern auch einem politischen Impetus. Denn das Regelwerk sollte die Sprache vereinheitlichen und der Einheit des Reiches dienen, damit dort das Recht gelte, sowie Künste und Frieden blühten. Doch da die Geschichte lehre, wie Nebrija Prolog ausführt, dass die Sprache immer »Begleiterin« *(compañera)* der territorialen Machtentfaltung und der Reichsbildungen gewesen sei, ergebe sich ein weiterer Vorteil seiner Grammatik. Sie könne dabei helfe, den unter spanische Herrschaft geratenen fremden Völkern die Sprache und durch sie die Gesetze der Sieger aufzuerlegen. Expansion mit Hilfe der kastilischen Sprache gehören nach Ansicht des Gelehrten zu jenem globalen Projekt der Krone, das sich der göttlichen Vorsehung *(providencia divina)* ebenso verdanke wie dem Eifer und der Mühe der Könige.[8]

Wenn man die Ideenwelt des Kolumbus anhand des Bordbuchs seiner ersten Reise analysiert, dann stößt man auf ein beherrschendes Leitmotiv des Goldes, nach dem der Admiral unentwegt fragt, ob real am Körper der Indios oder in ihren Erzählungen, und das er sich aneignen möchte. Dabei verbindet er das materielle Motiv der Suche nach Gold zwanglos mit dem religiösen Auftrag. Auf seiner ersten Indienfahrt stieß er am 12. Oktober 1492 wohl auf die kleine Insel Guanahaní, nahm sie für die spanischen Könige in Besitz und nannte sie zu Ehren des Erlösers *San Salvador*. Als er dort der Einheimischen ansichtig wurde, faszinierten ihn deren anmutige Gestalt, ihre Nacktheit und bemalten Körper, ihre schönen Gesichter und seidigen Haare, ihre Sanftmut und Waffenlosigkeit. All diese Beobachtungen und ihre lächelnde Freundlichkeit bewegten ihn zur Überzeugung, dass man sie besser »mit Liebe als durch Gewalt« *(con amor que no por fuerça)* befreien und zum Glauben bekehren wolle. Als die Indios am folgenden Tag, dem 13. Oktober 1492, in größerer Zahl mit gesponnener Baumwolle und Papageien erscheinen, ist nicht mehr von Bekehrung die Rede, vielmehr richtet sich das Interesse auf das Edelmetall. Kolumbus will wissen, ob es Gold gebe *(trabajava a saber si avía oro)*, und er »sieht« bei einigen Indios goldenen Nasenschmuck.[9] Auf die Suche nach Gold wird sich künftig seine ganze Aufmerksamkeit richten, bis dahin, dass er immer wieder darum betet, Gold oder am besten die Goldminen zu finden. Diese enge Verbindung von Gott und Gold im Bordbuch des Kolumbus überschattet vollkommen das Motiv der Glaubensverbreitung, das er am ersten Tag auf amerikanischem Boden noch anspricht und das im königlichen Schutzbrief einen der Reisezwecke bildete.

Auch bei der *conquista*, der militärischen Landnahme, verbinden die Eroberer religiöse, politische und ökonomische Motive. Bernal Díaz del Castillo (1492-1581),[10] der als Soldat an der Eroberung des Aztekenreiches teilgenommen hatte, die mit der Einnahme der Hauptstadt Tenochtitlán

8 *Antonio de Nebrija*, Gramática de la lengua castellana, estudio y edición *Antonio Quilis*, Madrid 1980, 97.

9 *Cristóbal Colón*, Diario del primer y tercer viaje, edición de *Consuelo Varela*, in: *Bartolomé de Las Casas*, Obras completas 14, Madrid 1989, 56f (Bordbuch 12. und 13. Oktober 1492).

10 Vgl. Kap. I, 3 in diesem Band.

11 *Bernal Díaz del Castillo*, Historia verdadera de la conquista de la Nueva España, Barcelona 1975, 813.

12 *Juan Ginés de Sepúlveda*, Demócrates Segundo o De las justas causas de la guerra contra los indios, edición crítica bilingüe, traducción castellana, introducción, notas e índices por *Angel Losada*, Madrid 1951, 39.

(1521) endete, schildert in seiner epischen Chronik *Historia verdadera de la conquista de la Nueva España* den Feldzug aus der Sicht der einfachen Soldaten, nicht des siegreichen Feldherrn. Daher erinnerte er an das Schicksal seiner gefallenen oder von den Azteken geopferten Kameraden und ihre Motivationslage. Sie seien gestorben, »um Gott und seiner Majestät zu dienen, um denen in der Finsternis das Licht zu bringen und auch, um Reichtümer zu erwerben, die alle Menschen gemeinhin erstreben.«[11] Die martialischen Schlachtengemälde verbinden sich dabei mit dem religiösen Vertrauen auf Gottes und Santiagos Hilfe. Immer wieder wird unser Autor zum Kritiker, ob er Plünderungen und Besitzgier geißelt, die Versklavungspraxis beklagt, die Kolonialpolitik kritisiert oder das Widerstandsrecht der Azteken bekräftigt.

Über die hier angesprochene praktische, das heißt politische, militärische und ökonomische Inklusion des Anderen hinaus, die weniger am Anderen als Subjekt interessiert ist, sondern eher an seinem funktionalen Nutzen, gibt es auch theoretische Rechtfertigungen des Eroberungskrieges der spanischen Krone, von denen die bekannteste von dem Humanisten und Hofchronisten Juan Ginés de Sepúlveda (1490-1573) stammt. In seinem Dialog *Democrates secundus de iustis belli causis* (1541) führte er eine Reihe von Argumenten naturrechtlicher und religiöser Art an, die als »gerechte Gründe« für den Krieg in Amerika dienen sollen. Mit Bezug auf die aristotelische Lehre von Menschen, die »von Natur aus« Sklaven seien (*Politik* 1254b), begründet für ihn die Inferiorität der Indianer einen Kriegsgrund für die sich kulturell überlegen dünkenden Spanier. Auch spezifische Sünden der »Barbaren« wider die Natur, wie Kannibalismus und Menschenopfer, seien Gründe für einen »höchst gerechten Krieg« *(iustissimi belli)*.[12] Denn diese Verhaltensweisen, so Sepúlvedas Argumentation, richteten sich gegen das Naturrecht und die Vernunft, deren Ordnung aber erzwungen werden müsse. Sepúlveda übernimmt also die Rechtsfigur des *bellum iustum*, die eine Theorie der Eindämmung des Krieges darstellt, weitet aber die »gerechten Gründe« aus, indem er für einen Krieg gegen die Indianer vor allem Inferiorität, Immoralität und Religionsverbreitung in Anschlag bringt. Nach der christlichen Tradition kann Ungläubigkeit *(infidelitas)* an sich kein Kriegsgrund sein, wie denn auch die Bekehrung zum Christentum prinzipiell freiwillig vonstatten gehen muss und keinen Zwang duldetm wie denn schon das *Decretum Gratiani* (um 1140) den Grundsatz festhielt, dass keiner zum Glauben gezwungen werden dürfe *(ad fidem nullus est cogendus)* (Pars II, c. 23, q. 5, c. 33).

Sepúlveda begründet das martialische Vorgehen etwa mit der erlaubten oder gebotenen Nötigung, den christlichen Glauben anzunehmen. Dabei bedient er sich einer in der Kirchen- und Missionsgeschichte oft angewandten Begründung zur Rechtfertigung von Zwang und Gewalt. Es handelt sich um das lukanische Gleichnis vom Festmahl (Lk 14,23), bei dem sich die ursprünglich Eingeladenen entschuldigen und die nicht Eingeladenen zum Eintreten »genötigt« werden *(compelle intrare)*. Sepúlveda behauptet nun, die »Heiden« seien nicht nur einzuladen, sondern dürften auch zum »Guten«, zu Gerechtigkeit und zur (neuen) Religion genötigt werden *(compellendos ad bonum)*.[13] In dieser Argumentationskette wird die religiöse Alterität als »iusta causa« in die klassische Theorie des *bellum iustum* so eingebaut, dass die Durchsetzung der eigenen Religion einen Eroberungskrieg rechtfertigen soll.

Eine weitere theoretische Rechtfertigung der *conquista*, welche die machtförmige Inklusion des Anderen mit biblischen und theologischen Argumenten begründet, stammt von dem Franziskaner Jerónimo de Mendieta (1525-1604). Dieser Missionar, der im Gegensatz zu Sepúlveda selbst die Neue Welt kannte, verfasste aus dieser Kenntnis heraus eine *Historia eclesiástica indiana*, welche die indianische Kirchengeschichte nicht nur schreibt, sondern auch deutet. Auch er zieht das *Compelle intrare* des lukanischen Festmahls zur Rechtfertigung gewaltsamen Vorgehens heran. Doch darüber hinaus vergleicht er in einer Allegorese der biblischen Exoduserzählung die Versklavung des Volkes Israel in Ägypten mit der Versklavung des aztekischen Volkes durch die Menschenopfer und sieht im Eroberer Mexikos, Hernán Cortés (1485-1547), einen »neuen Moses«, der in göttlichem Auftrag das indianische Volk von ihren abscheulichen Ritualen befreit und ins gelobte Land der Kirche führt. Gott habe wie bei Israel das Elend des Volkes gesehen und schicke nun die Rettung in Gestalt des Eroberers (vgl. Ex 3, 7-9). Diese Deutung untermauert Mendieta mit einer Kompensationstheorie, wonach die zeitliche Koinzidenz der Geburt von Martin Luther (1483-1546) und von Cortés auf die providentielle Rolle hinweise. Luther habe das Evangelium denen entrissen, die es seit langem kannten, Cortés dagegen habe es jenen Völkern gebracht, die es bis dahin nicht kannten.[14] Diese dem franziskanischen Chiliasmus entstammende heilsgeschichtliche Deutung der Eroberung und ihrer Protagonisten präsentiert die religiöse Überhöhung der europäischen Expansion, der einerseits die biblische Exodusgeschichte und die Parallelisierung von Moses und Cortés dienen und andererseits die Kompensationstheorie, der zufolge der reformatorische Schaden für die Kirche in Europa durch die neue indianische Urkirche in Amerika ausgeglichen werde.

13 *Sepúlveda*, Demócrates Segundo (Anm. 12), 71.
14 *Jerónimo de Mendieta*, Historia eclesiástica indiana, edición de *Francisco Solano y Pérez-Lila* (Biblioteca de autores españoles 260), Madrid 1973, 107-109.
15 *Enrique Dussel*, Les évêques hispano-américains, défenseurs et évangélisateurs de l'Indien 1504-1620, Wiesbaden 1970.

Die Inkorporation der Neuen Welt in das spanische Herrschaftsgefüge durch politische, rechtliche, sprachliche, wirtschaftliche Mittel und ethisch-theologische Diskurse implizierte die machtförmige Inklusion der dort lebenden Völker und Menschen. Doch erhob sich in kirchlichen und missionarischen Kreisen, obgleich zumeist in kolonialen Strukturen eingebunden, scharfe Kritik am Vorgehen der kolonialen Akteure, die in den Kampf um Freiheit und Würde der indigenen Menschen mündete und zur verstärkten Wahrnehmung und Wertschätzung der fremden Kulturen und Sprachen führte. Entscheidende Kriterien dieser positiven Einstellung gegenüber dem Anderen entsprangen der schöpfungstheologisch begründeten Idee der Würde und Gleichheit aller Menschen, aus der sich die Überzeugung eines Naturrechts auf Freiheit ergibt, das wiederum an Nächstenliebe und Solidarität in Gemeinschaft zurückgebunden ist. Doch der Auslöser für diese Erinnerung an das christliche Menschenbild dürfte das Gewahrwerden des Anderen gewesen sein, das sich nicht auf äußerliche Anmut beschränkte, sondern das menschliche Wesen und sein Antlitz erblickte, gerade auch in armer und leidender Gestalt. Diese Wahrnehmung des Anderen ergab sich aus den missionarischen Aktivitäten, deren Adressaten ja freiheitliche Subjekte sein mussten, die aus freien Stücken, ohne Anwendung von Zwang und Gewalt die christliche Botschaft empfangen und sich zu eigen machen, diese aber aus freien Stücken auch ablehnen konnten.

Öffentlicher Protest und moralischer Druck

Zur Dialektik der frühneuzeitlichen Mission gehört die erstaunliche Tatsache, dass zahlreiche Missionare und Kirchenleute sich nicht einfach in die kolonialen Gegebenheiten Hispanoamerikas einfügten, sondern angesichts der Lage der indigenen Menschen auch zu kritischen Positionen fanden. Dazu zählen viele Bischöfe der ersten Stunde, die für den Schutz und die Wohlfahrt der Indianer eintraten, wie etwa Juan de Zumárraga (1468-1548), erster Erzbischof von México; Vasco de Quiroga (1470-1565), erster Bischof von Michoacán; Bartolomé de Las Casas (1485-1566), erster Bischof von Chiapas; Francisco de Marroquín (1499-1563), erster Bischof von Guatemala. Im 16. Jahrhundert bildeten sie keine Ausnahme, sondern gaben durchaus den Ton an, wie einschlägigen Studien zu entnehmen ist.[15] Vor allem aber sind die zahlreichen Missionare aus den verschiedenen Ordensgemeinschaften zu nennen, die im Rahmen des Patronats auf Vorschlag der Orden von der *Casa de Contratación* in Sevilla zum Wirken in der Neuen Welt zugelassen wurden. An erster Stelle waren es die erfahrenen Mendikantenorden, zunächst die

Franziskaner, gefolgt von den Dominikanern, die über die nötigen personellen Ressourcen verfügten und in der Regel gut ausgebildet waren. Allein im 16. Jahrhundert waren es über 5400 Ordensleute, bis ins 19. Jahrhundert dann über 15.000, die meisten davon Franziskaner (56 Prozent), Jesuiten (21 Prozent) und Dominikaner (12 Prozent), aber auch Kapuziner, Merzedarier, Augustiner, Karmeliten und andere.[16] Zwar fügten sie sich in die gegebenen kolonialen Verhältnisse ein, zumal sie von der Krone zugelassen, entsandt und finanziert wurden, doch nutzten sie auch ihre Gestaltungsräume. Angesichts der Unvereinbarkeit ihres missionarischen Auftrags zugunsten der Indigenen und den ernüchternden Erfahrungen mit ihren eigenen Landsleuten sahen zahlreiche Missionare das Dilemma ihrer Situation, reagierten mit pastoral-praktischen Maßnahmen oder formulierten Kritik und Widerspruch. Nicht wenige drängten darauf, die Missstände abzustellen, einige aber forderten darüber hinaus nicht nur personelle, sondern auch strukturelle Maßnahmen, etwa in Form von gesetzlichen Regelungen. Dabei hatten sie einerseits die Kompatibilität mit den normativen Vorgaben der Religion im Auge, aber auch die Gesetzeslage, nicht zuletzt den Erhalt der staatlichen Legitimität.

Prophetische Machtkritik der Ordensleute findet schon um 1500 Ausdruck, als Franziskaner die ungerechte Herrschaft der Kolumbusbrüder auf Hispaniola kritisierten. Den nachhaltigsten frühen Protest jedoch, der sich an den inhumanen Folgen der Landnahme, insbesondere an der Praxis der erzwungenen Arbeit und der Versklavung entzündete, äußerten Missionare aus dem Dominikanerorden, die in ihren Predigten das spanische Vorgehen auf der La Española *(Hispaniola)* genannten Antilleninsel (heute Dominikanische Republik und Haiti) scharf angriffen. Die Entwicklung des kolonialen Unternehmens auf der großen karibischen Insel folgte keiner vorgängigen Strategie. Vielmehr versuchte die Krone, einen Ausgleich herzustellen zwischen den Siedlern einerseits, die meist auf schnellen Reichtum und sozialen Aufstieg aus waren, und den neuen Vasallen andererseits, den Indianern, deren Leben und Freiheit in Gefahr waren. Daher schwankte die königliche Gesetzgebung zwischen dem pragmatischen Schutz der einheimischen Bevölkerung, ohne ihn allerdings gewährleisten zu können, und den Zugeständnissen an die Konquistadoren und Siedler, ohne deren

16 *Johannes Meier*, Die Orden in Lateinamerika. Historischer Überblick, in: *Michael Sievernich Arnulf Camps Andreas Müller Walter Senner* (Hgg.), Conquista und Evangelisation. 500 Jahre Orden in Lateinamerika, Mainz, 1992, 13-33, hier 17.

17 *José María Chacón y Calvo*, Cedulario Cubano. Los orígenes de la colonización I (1493-1512) (Colección de Documentos inéditos para la historia de Hispano-América VI), Madrid 1929, Dok. 19, 85-87.

politische und wirtschaftliche Machtbestrebungen eindämmen zu können. Schon wenige Jahre nach der Entdeckung kam es zu einer Verteilung von Land und Leuten. Mit der Praxis des *Repartimiento* suchten die Kolonisten sich die Arbeitskraft der Indios und die Reichtümer des Landes anzueignen, wogegen sich schon um 1500 der erwähnte franziskanische Protest richtete. In den Amtszeiten der folgenden Gouverneure, darunter Nicolás de Ovando (1460-1518) sollte daraus das System der *Encomienda* entwickelt werden, das den Arbeitszwang für die indianische Bevölkerung einführte, um aus der Landwirtschaft und den Goldminen Gewinne der Siedler und Tribute für die Krone zu erwirtschaften.

Um die neuen Gebiete in Übersee administrativ besser zu organisieren und den Anordnungen der Krone Nachdruck zu verleihen, wurde 1511 in Santo Domingo die erste *Audiencia* der Neuen Welt eingerichtet, eine kollegiale Behörde mit Zuständigkeit im Gerichts- und Finanzwesen und mit politischen Kompetenzen. Die zwischen Schutz und Disziplinierung der Indianer schwankende Gesetzgebung der Krone zeigt sich exemplarisch an einem administrativen Erlass *(Provisión real)*, die am 20. Dezember 1503 in Medina del Campo ausgefertigt wurde und einerseits den Arbeitszwang mit der Begründung legitimierte, dass die Indianer nicht arbeiten wollten, herumvagabundierten und daher nicht bekehrt werden könnten. Zum anderen jedoch schärft der Erlass ein, dass die Indianer als freie Personen und nicht als Sklaven zu behandeln seien *(como personas libres como lo son e no como siervos)*.[17]

Zwar urgierten die königlichen Verfügungen immer wieder die gute Behandlung der Indianer und den Auftrag zur Glaubensverbreitung, wie auch die Verleihung einer *Encomienda* an die Pflicht zum Unterhalt und zur Missionierung der Indianer gebunden war. Faktisch jedoch wirkten sich diese und die anderen Formen der unfreien Arbeit als institutionalisierte Ausbeutung und Unterdrückung der Indianer aus, die neben den eingeschleppten Infektionskrankheiten und dem Kulturschock zum massiven Rückgang der indigenen Bevölkerung auf den Antilleninseln beitrugen. Mit der Ankunft der Dominikaner in Jahr 1510 auf der Insel begann die Auseinandersetzung über die Methoden der *conquista*. Der erste Dominikanerkonvent in Amerika, zu dem auch Antón Montesino gehörte, zeichnete sich durch strenge Observanz und reformerischen Geist aus. Der junge Prior Pedro de Córdoba (1460-1525) griff mit großem Eifer die missionarische Aufgabe auf, zu der auch die Anwaltschaft für die geschundenen Indios zählte. Angesichts der schlechten Behandlung der indigenen Bevölkerung und der Verletzung ihrer Grundrechte sahen die Dominikaner sich im Gewissen verpflichtet, in Predigten öffentlich zu protestieren. So hielt nach Beratungen im Konvent der als leicht erregbar geltende Antón Montesino am letzten Adventssonntag 1511 jene schon erwähnte Predigt, in der er wie die biblische Stimme »des Rufers in der Wüste« (vgl. Joh 1,23), nun die ›Unfruchtbarkeit‹ in der Gewissenswüste der Spanier anklagt. Die Kernsätze der prophetischen Predigt, die Bartolomé de Las Casas in seiner *Historia de las Indias* dokumentiert hat, lauten vollständig: »Wegen der Grausamkeit und Tyrannei, die ihr gegen jene unschuldigen Völker anwendet, seid ihr alle in Todsünde und lebt und sterbt in ihr. Sagt, mit welchem Recht *(derecho)* und mit welcher Berechtigung *(justicia)* haltet ihr jene Indianer in einer so grausamen und schrecklichen Knechtschaft *(servidumbre)*? Mit welcher Vollmacht *(auctoridad)* habt ihr so verabscheuungswürdige Kriege gegen diese Menschen geführt, die ruhig und friedlich ihr Land bewohnten, von denen ihr unzählige mit Tod und unerhörten Verwüstungen ausgelöscht habt? Wie könnt ihr sie so unterdrücken und plagen, ohne ihnen zu essen zu geben oder sie in ihren Krankheiten zu pflegen, die sie sich durch das Übermaß an Arbeit, die ihr ihnen auferlegt, zuziehen, und sie dahinsterben lassen, oder deutlicher gesagt, die ihr tötet, um täglich mehr Gold herauszupressen und zu erlangen? Und welche Sorgfalt wendet ihr auf, sie zu lehren, dass sie Gott ihren Schöpfer erkennen, getauft werden, Messe hören und die Sonn- und Feiertage halten? Sind dies denn keine Menschen? Haben sie keine vernunftbegabten Seelen *(ánimas racionales)*? Seid ihr nicht verpflichtet, sie wie euch selbst zu lieben? Versteht ihr das nicht? Fühlt ihr das nicht? Was für ein tiefer Schlaf, welche Lethargie hält euch umfangen? Seid sicher, dass ihr in dem Zustand, in dem ihr euch befindet, genauso wenig das Heil erlangen werdet wie Mauren und Türken, die nicht an Jesus Christus glauben und auch nicht glauben wollen.«[18]

Dieser öffentliche Protest wurde in der Kolonie und am Hof zum Skandal. Die betroffenen Siedler und Autoritäten verlangten einen Widerruf, zumal Montesino seine Aussagen verschärfte und den Unbußfertigen, die ihre Indios nicht freilassen wollten, die Verweigerung der Absolution bei der Beichte androhte. Die Predigten zielten also einerseits zunächst auf die handelnden Personen, doch hatten sie auch eine systemische Konnotation, da koloniale Institutionen des Arbeitszwangs *(Repartimiento, Encomienda)* auf den ethisch-theologischen Prüfstand gestellt wurden. Da so das wirtschaftliche

18 *Bartolomé de Las Casas*, Geschichte Westindiens, in: Werkauswahl, 3 Bde., hg. von *Mariano Delgado*, Bd. 2: Historische und ethnographische Schriften, Paderborn 1995 (139-324), hier 226 (modifizierte eigene Übersetzung); span. *Bartolomé de Las Casas*, Historia de las Indias, tom. 3 (Obras completas 5), Madrid 1994, 1761-1765.

19 *Chacón y Calvo*, Cedulario Cubano (Anm. 17), Dok. 96, S. 427-431.

20 *Miguel Angel Medina*, Una comunidad al servicio del indio. La obra de Fr. Pedro de Córdoba, O.P. (1482-1521), Madrid 1983, hier Brief 263-268.

Kernstück des kolonialen Systems in Frage gestellt wurde, führten die Klagen der Kolonisten zu einer schnellen Reaktion der Krone. In einem in Burgos ausgefertigten Brief vom 20. März 1512 an Diego Colón (1480-1526), den Vizekönig und Kolombussohn, wies König Ferdinand (1452-1516) die skandalöse Predigt zurück, weil sie weder theologische noch kirchenrechtliche noch gesetzliche Grundlagen habe. Er bestätigte die Rechtskonformität des Arbeitszwangs und bezeichnete die Absolutionsverweigerung als zu bestrafenden Irrtum, weshalb er den *frailes* untersagt, diese Auffassungen auf der Kanzel oder in Gesprächen weiterhin zu vertreten.[19] Allerdings vermochten es weder die Anweisungen der staatlichen Autoritäten noch ähnliche der kirchlichen Oberen, die eine Rebellion befürchteten, den kolonialethischen Disput zu beenden. Vielmehr sollte der öffentliche Protest der Dominikaner auf Española den Beginn eines ethisch-theologischen Diskurses markieren, der nicht mit einem Machtwort zu beenden war, sondern von verschiedenen Akteuren auf unterschiedlichen Ebenen nachhaltig weiterwirkte.

Eine weitere Methode der kirchlichen Machtkritik bestand darin, gegenüber den politisch verantwortlichen Akteuren moralischen Druck aufzubauen. Im erwähnten Brief vom 12. März 1512 stellte der König zwar in Abrede, dass die Anklage der Predigt Montesinos für ihn und seine Ratgeber eine Gewissenslast *(cargo de conciencia)* darstelle, doch verweist schon die für nötig erachtete Verteidigung darauf hin, welche Bedeutung dem Gewissenskonflikt auch im politischen Feld zukam. Pedro de Córdoba, der erwähnte Obere der Dominikanerkommunität, wandte sie an, als er eine Stellungnahme zur Situation der Indianer in Amerika abgab und in einem bewegenden Brief vom 28. Mai 1517 an den jungen spanischen König Karl I. die große Grausamkeit der christlichen Spanier, das System der Zwangsverteilung der Indianer *(repartimiento, encomienda)* und die dadurch bewirkte Zerstörung und Entvölkerung des Landes beklagte und anklagte. Nicht einmal der Pharao und die Ägypter hätten das Volk Israel so grausam behandelt und geknechtet. Daher fühlt er sich verpflichtet, den König darüber zu unterrichten und damit sein eigenes Gewissen zu entlasten *(descargo de mi conciencia)*, nicht ohne zugleich das königliche Gewissen *(Real conciencia)* zu belasten und ihm die Erleuchtung des Heiligen Geistes zu wünschen, damit er seine Reich dem Gesetz und dem Willen Gottes konform regiere. Schwerer konnte die Klage über die Situation kaum ausfallen, die zugleich zur Anklage wurde, die Druck auf das Gewissen des Monarchen ausüben sollte. Durch diese Stilisierung politischer Herrschaftsprobleme zum Gewissenskonflikt hofften die Ordensleute, politische und rechtliche Zugeständnisse der Krone in der Indianerfrage zu erreichen.[20]

Exemplarisch lässt sich die Anwendung dieses Mittels auch bei dem großen Verteidiger der Indianer, dem Dominikaner und späteren Bischof

Bartolomé de Las Casas, studieren. Unter seinen zahlreichen, umfangreichen Werken ragt seine kleine, aber berühmteste Schrift *Brevísima Relación de la destrucción de las Indias* (1552) heraus, deren erstaunliche Wirkungsgeschichte bis heute anhält.[21] Der 1542 in Spanien verfasste »Bericht« *(relación)* klagt in anonymer Form nicht nur einzelne Akteure der Eroberung und Kolonisierung an, sondern denunziert das spanische Herrschaftssystem, das für Las Casas vor allem in den militärischen *conquistas* und den ausbeuterischen *encomiendas* einen tyrannischen Ausdruck fand. Die im Bericht erzählten Episoden beziehen sich auf verschiedene geographische Regionen der karibischen Inseln und des amerikanischen Festlands und folgen chronologisch dem historischen Prozess der Eroberung der Neuen Welt, angefangen von der Entdeckung durch Kolumbus 1492 bis zu den Eroberungen an der Nordküste und im Süden des Festlands sowie in Peru (ab 1531) und in Neu-Granada (Kolumbien). Las Casas stilisiert zwei opponierende Gruppen von Akteuren: Zum einen die meist *naturales* genannten Indianer, deren Erscheinungsbild und Charaktereigenschaften er ausschließlich positiv darstellt; zum anderen die meist »Spanier« genannten Europäer, deren Bild fast durchgehend (abgesehen von den Missionaren), negativ ausfällt. Dieser Kontrastierung entspricht die metaphorische Bezeichnung der Indianer als »sanfte Schafe« *(ovejas mansas)* und der Spanier als »äußerst grausame Wölfe und Tiger« *(lobos e tigres y leones cruelísimos)*. Das Strukturprinzip des Berichts besteht also in der Opposition von friedlichen Indianern, die sich mit einem »gerechten Krieg« gegen die Eindringlinge wehren, und grausamen Spaniern, die einen »ungerechten Krieg« gegen unschuldige Völker führen.

Dem stellt Las Casas in der an den Kronprinzen gerichteten Vorrede seines Berichts in der Metapher des ›Hirten‹ das politische Ideal des gerechten Herrschers entgegen. Damit »zitiert« er die Kulturen des Alten Orient und der griechischen Antike, in denen der »Hirt« zur Herrschertitulatur gehörte. Aber er lässt auch das biblisch auf Jahwe (Ps 23) und auf Christus (Joh 10,11) angewandte Bild des »(guten) Hirten« anklingen. In seinem Werk führt Las Casas eine tyrannische Herrschaft vor, die ein gerechter König verhindern muss, will er nicht selbst zum Tyrannen werden.

Die kritische Aussageabsicht spiegelt sich auch in den stilistischen Mitteln der hyperbolischen Angaben oder der Reihung von Superlativen, die ein Crescendo des Grauens aufbauen, das den Leser menschlich, moralisch,

21 *Bartolomé de Las Casas*, Kurzgefaßter Bericht über die Verwüstung der Westindischen Länder, hg. von *Michael Sievernich*, Frankfurt am Main/Leipzig, 4. Aufl, 2020; *Las Casas*, Werkauswahl (Anm. 18), 25-138.

religiös, aber auch politisch bewegen soll. Vor allem soll der Sammelbericht spanischer Grausamkeiten das Gewissen des Königs belasten und dadurch »bewegen«. Da der König die letzte politische Verantwortung trägt, könnte ihn nur das unüberwindliche Nichtwissen darüber, was in seinen amerikanischen Besitzungen vor sich geht, vor dem Vorwurf bewahren, selbst ein tyrannischer Herrscher zu sein. Sobald er aber davon Kenntnis erhält, muss er einschreiten, wenn er sich diesem Vorwurf entziehen möchte. Daher ist die *Brevísima Relación* eine Art negativer Fürstenspiegel, der dem König vor Augen führt, was in seinem Namen geschieht und was er als gerechter Herrscher und *rex pastor* auf keinen Fall dulden darf.

Mit seiner religiös-ethisch begründeten Kritik verfolgte Las Casas das politische Ziel, die beiden in seinen Augen tyrannischen und ungerechten Institutionen der *conquistas* und *encomiendas* abzuschaffen und eine friedliche, Freiheit und Rechte wahrende Inkorporation der indianischen Reiche in die Krone Kastiliens zu gewährleisten. Damit würde der König eine doppelte Befreiung vollbringen: Die Befreiung der Indianer von Tyrannei und Bedrückung und die Befreiung der Spanier von den Sünden der Tyrannei und Unterdrückung. Man kann davon ausgehen, dass Las Casas nicht nur aus politischen Gründen moralischen Druck auf das königliche Gewissen ausüben wollte, sondern diese Methode auch eine Gewissensfrage für ihn selbst darstellt, da Schweigen Komplizenschaft bedeutet hätte.

Kirchliche und staatliche Autoritäten im Widerstreit

Für die Würde und die Freiheit des Anderen wurde in der Frühen Neuzeit sowohl auf der Ebene hoher Autorität als auch und der Ebene rationaler Argumentation gekämpft. Zu den Autoritäten im kirchlichen Bereich zählen vor allem Missionsbischöfe der Neuen Welt, die von ihren neu errichteten Bischofssitzen als unmittelbare Augenzeugen des Geschehens nicht selten gegen den Umgang mit den Indianern aus religiösen, ethischen und rechtlichen Gründen Widerspruch einlegten oder durch ihr vorbildliches Wirken die indigenen Freiheitsräume erweiterten und schützten.

Von den oben genannten Missionsbischöfen sei als einer der ersten beispielhaft der spanische Dominikaner Julián Garcés (1452-1542) genannt, ein begabter Schüler Nebrijas und ausgezeichneter Prediger am königlichen Hof, der nach seiner spanischen Karriere im hohen Alter zum Bischof (1527) ernannt wurde; seinen Sitz in Tlaxcala verlegte er später nach Puebla. Im Stil des optimistischen Renaissance-Humanismus verfasste er einen eleganten lateinischen Brief an Papst Paul III. (1468-1549, reg. ab 1534), der in Rom gedruckt wurde und programmatisch von der Fähigkeit der Indianer in der Neuen Welt handelt, den christlichen Glauben in Freiheit anzunehmen.[22] Darin lobt er aus eigener Erfahrung die indianischen Schüler in höchsten Tönen, was Talent und Begabung angeht. Sie seien lernbegierig, und einige indianische Knaben sprächen schon besser Latein als die spanischen. Außer den intellektuellen Fähigkeiten hebt er auch die besonderen Tugenden der Einfachheit und Demut hervor und vergleicht die indianische Rezeption der Wissenschaft mit vergleichbaren europäischen Prozessen, gleichsam eine neue *translatio studiorum*, die freilich eng verbunden sei mit der Annahme des Wortes Gottes und des rechten katholischen Glaubens und zu einer »neuen Herde« *(novellum gregem)* der Kirche führen werde. Überbringer dieses Briefes war der Dominikaner Bernardino de Minaya (1489-1566), Oberer der Dominikanerkommunität in der mexikanischen Hauptstadt Tenochtitlán. Er war von Mexiko nach Rom gereist, um als Augenzeuge dem Papst über die Situation in der Neuen Welt zu berichten, weitere Berichte zu überbringen, darunter auch möglicherweise die Missionstheorie von Las Casas, um möglichst eine päpstliche Stellungnahme zu erwirken. Damit umging er wie Bischof Garcés den »Dienstweg« des Kontaktes mit Rom, der normalerweise über den spanischen Indienrat führte. Damit wagten die Dominikaner eine direkte Intervention beim Papst.

Tatsächlich war diese Intervention von Erfolg gekrönt, denn es erschien eine Reihe von päpstlichen Stellungnahmen, welche für die Freiheit der Indianer eintraten und damit die Praxis der Siedler verurteilten, die Indianer zu Sklavendiensten einzuspannen. In der *Bulle Sublimis Deus (Veritas ipsa)* vom 2. Juni 1537 konstatierte Papst Paul III. – ganz im Sinn seiner Gewährsleute aus dem Dominikanerorden – darin die Fähigkeit der Indianer zum Glauben, ihr Recht auf Freiheit und Eigentum sowie die angemessene Missionsmethode. Diese Aussagen bezieht das päpstliche Dokument nicht nur auf die Indianer, sondern auch auf andere Völker, so dass die universale Geltung dieser Aussagen gesichert bleibt. Wörtlich betont die *Bulle*, dass ausnahmslos alle Indianer wirkliche und zum Glauben fähige Menschen seien, dass »die Indianer und alle anderen Völker, die künftig mit den Christen

22 Faksimile des 1537 in Rom gedruckten Briefs in: *Fredi Chiapelli* (ed.), First images of America. The impact of the New World on the Old, vol. 1, Berkeley 1976, 375-389.

23 America Pontificia (Anm. 7) Dok. 84; derselbe Tenor auch in der Bulle *Exponi nobis super* (1547), Dok. 141. Vgl. Außereuropäische Kirchengeschichte (Asien, Afrika, Lateinamerika 1450-1990, hgg. von *Klaus Koschorke, Frieder Ludwig, Mariano Delgado* (Kirchen- und Theologiegeschichte in Quellen 6), Neukirchen-Vluyn, 2. durchg. Aufl. 2006, Nr. 226, S. 225f.

bekannt werden, auch wenn sie den Glauben noch nicht angenommen haben, ihrer Freiheit *(sua libertate)* und ihres Besitzes nicht beraubt werden dürfen, sondern diese Rechte frei und erlaubterweise *(libere et licite)* ausüben und sich ihrer erfreuen können. Auch ist es nicht erlaubt, sie in den Sklavenstand *(in servitutem)* zu versetzen, was dagegen geschieht, ist ungültig und unrechtmäßig *(irritum et inanae)*. Die Indianer und die anderen Völker sind durch die Verkündigung des Wortes Gottes und das Beispiel eines guten Lebens zum Glauben an Christus einzuladen.«[23] Wegen der Übergehung des Indienrats verweigerte Kaiser Karl V. (1500-1558, reg. ab 1520) das zur Promulgation nötige Placet, so dass das Dokument nicht in Amerika verkündet werden und keine Rechtskraft entfalten konnte. Überdies musste es im folgenden Jahr auf königlichen Druck zurückgenommen werden, doch als päpstliche Lehrentscheidung behielt sie ihre Geltung, zumal auch nachfolgende Dokumente der Päpste dieselbe Linie verfolgten. So kann diese Magna Charta der Freiheit und der Menschenwürde der Einzelnen und der Völker, als Dokument der Anerkennung des Anderen, des Verbots der Sklaverei und des Gebots einer friedlichen Mission gelten.

Über die kirchlichen Autoritäten hinaus färbte der missionarische Disput um Würde, Stellung und Rechte der Indianer auch auf die Stellungnahmen der königlichen Autorität ab und auf die legislative Ausgestaltung des Umgangs mit der indianischen Welt. Das wird exemplarisch deutlich an den *ordenanzas*, die Karl V. am 17. November 1526 in Granada erließ. Diesen gesetzlichen Regelungen vorgeschaltet ist eine Situationsbeschreibung der Lage in Amerika, nur wenige Jahre nach der Eroberung des Aztekenreiches, in denen die *conquistas* freilich anhielten. Seit 1524 verfügte die Krone mit dem *Concejo de Indias* (Indienrat) über eine zentrale Behörde für die Angelegenheiten in Übersee, die mit legislativen, administrativen und gerichtlichen Kompetenzen ausgestattet war und bei der die Informationen zusammenliefen.

Die *ordenanza*, ein Dokument mit Gesetzeskraft, beklagt zunächst die schlechte Behandlung der Indianer, ihre exzessive Arbeitsbelastung in Landwirtschaft, Goldminen und Perlenfischerei sowie ihren mangelnden Unterhalt, »schlimmer als wenn sie Sklaven wären« *(peor que si fueran esclavos)*. Das aber verursache den Tod vieler und sei ein Hindernis für die Bekehrung der Indios. Überdies komme es während der Erkundungen und Eroberungen durch die Spanier zur Tötung von Indios und zu Raubzügen. Als Ursache dafür nimmt das königliche Dokument eine »entfesselte Habgier« *(desordenada codicia)* an. Demgegenüber bekräftigt der König nun als seine Hauptmotivation die Missionierung, um die indigene Bevölkerung durch Predigt und gutes Beispiel der Religiosen zur wahren Kenntnis

Gottes zu führen. Praktisch suspendiert er die Lizenzen für »Eroberungen und Entdeckungen« *(conquistas y descubrimientos)* und ordnet an, dass die künftigen »Besiedlungen« *(poblaciones)* ohne Beleidigung Gottes und ohne Tötung und Beraubung der Indios zu geschehen hätten. Auf diesem Hintergrund folgt eine gesetzliche Regelung in zwölf *ordenanzas.* So sollen (i) die Schuldigen, die »gegen Vernunft und Gerechtigkeit« *(contra razón y justicia)* gehandelt haben, bestraft werden und die zu Sklaven gemachten Indios freigelassen werden, in ihre Heimat entlassen und zu ihrem Wohl »als Freie und nicht als Sklaven behandelt« werden *(que sean tratados como libres y no como esclavos)* und nicht gegen ihren Willen zur Arbeit gezwungen werden (ii). Künftige Expeditionen sollen von zwei approbierten Geistlichen begleitet werden (iii), deren Aufgabe es ist, dafür Sorge zu tragen, dass die Indianer »wie Nächste« *(bien tratados como prójimos)* behandelt werden (iv). Des Weiteren werden die Modalitäten des *Requerimiento* erwähnt und die damit verbundene, für die Indios verständliche Kommunikation, die den Auftrag der Zivilisierung und Evangelisierung verdeutlicht, um den Entdeckern und Geistlichen »unsere Gewissen zu entlasten« *(nuestras conciencias queden descargadas)* (vi). Festungsbauten sind ohne Blutvergießen, Schäden, Enteignungen so vorzunehmen, dass die Indianer wie Christen behandelt werden (vii). Überdies dürfen Indianer nicht zu Sklaven gemacht werden (ix), nicht zur Arbeit gezwungen werden, und sie müssen, wenn sie freiwillige Dienste tun, als »freie Personen« *(personas libres)* behandelt werden (x). Dasselbe gilt, wenn sie zur Zivilisierung (policía) und Evangelisierung Christen »anvertraut« werden, welche *encomienda* die Qualität und Fähigkeit *(habilidad)* der Indios zu berücksichtigen habe und in keiner Angelegenheit »unsere Gewissen belastet werden dürfen« (xi).[24] Sicher sind hier noch lange nicht alle Forderungen der Missionare erfüllt, was Verteidigung und Schutz der einheimischen Bevölkerung angeht, aber es sind jedenfalls auf gesetzlicher Ebene doch schon erhebliche Schritte seitens der Krone gemacht, auch wenn die systemische Frage der *encomienda*, die Las Casas als Wurzel allen Übels ansehen und bekämpfen wird, noch nicht im Horizont steht.

Die Autorität des Königs und des Gesetzes kommt schon in jener neuen Gesetzgebung zum Ausdruck, die nach dem Protest von Montesino und den

24 Ordenanzas sobre el buen tratamiento de los indios, in: *Francisco Morales Padrón*, Teoría y leyes de la conquista, segunda edición, Sevilla 2008, 374-379.

25 Ordenanzas (Leyes de Burgos), in: *Morales Padrón* (Anm. 24), 311-326.

26 Vgl. *Isacio Pérez Fernández*, Hallazgo de un nuevo documento básico de fray Bartolomé de Las Casas. Guión de la redacción de las »Leyes nuevas de Indias«, in: Studium. Revista de filosofía y teología (Madrid) 32 (1992) 459-504.

27 Leyes nuevas de Indias, in: *Morales Padrón, Teorá* (wie Anm. 24) 428-448.

Beratungen einer Junta über Vorschläge zum Schutz der Indianer promulgiert wurde. Am 27. Dezember 1512 erließ König Ferdinand I. die *ordenanzas para el tratamiento de los Indios* (Gesetze über die Behandlung der Indios), die als *Leyes de Burgos* bekannt wurden.[25] Bis in Einzelheiten hinein regeln die 35 Gesetze zum einen die sozialen Verpflichtungen von der Sorge um Unterkunft und Unterhalt, Lohn und Freizeit, Eheschließung und eigene Traditionen, Kleidung und Essen, bis zu Bildung (Schriftlichkeit), Mutterschutz (drei Jahre) und zur Pflicht, die Indianer mit ihrem Eigennamen zu rufen und sie nicht »Hunde« *(perros)* (ley 14) zu nennen. Zum anderen bestimmen sie ausführlich die missionarischen Pflichten, darunter die Pflichten zum Kirchenbau, zum Abhalten von Gottesdiensten und Einhalten der Gebote, zum Spenden der Sakramente sowie zur katechetischen Unterweisung durch geeignete Personen, die »mit viel Liebe und Sanftmut, «con mucho amor e dulzura« zu lehren verstehen (ley 4). Dieses Idealprogramm, das auf Zivilisierung und Missionierung durch Zusammenleben von Spaniern und Indianern setzte, wurde ein Jahr später auf Intervention von Pedro de Córdoba um einige Gesetze erweitert (*Leyes de Valladolid*, 1513), die unter anderem Minenarbeit für Frauen und Zwangsarbeit für Kinder verboten. Die Gesetze urgierten zwar Verbesserungen der Lage bis in Details, bestätigten aber das System der *Encomienda*, das Nutznießung der Arbeit und Pflicht zu Unterhalt und Religionswechsel verknüpfte.

Im Kampf um den Anderen baute kaum einer der erfahrenen Missionare der Neuen Welt so sehr auf die Autorität des Königs und der Gesetze wie Bartolomé de Las Casas (1484-1566). Im Jahr 1540 fuhr Las Casas zum vierten Mal aus der Neuen Welt nach Spanien zurück, um auch im Auftrag der Mitbischöfe Francisco Marroquín von Guatemala und Juan de Zumárraga von México den König über die Situation in Amerika informieren und auf Reformen zu drängen, insbesondere die Reform des Indienrats und die Abschaffung der *Encomienda*. Auf Drängen des Las Casas berief der König eine Kommission, die eine Reform durchführen sollte, für die Las Casas die Vorlage lieferte.[26] Aus diesen Vorschlägen entstand ein Gesetzeswerk, das als *Leyes Nuevas* bekannt wurde. Diese Gesetze in Form einer *Real Provisión* unterzeichnete der König am 20. November 1542; promulgiert wurden sie im folgenden Jahr unter dem Titel *Leyes y Ordenanzas nuevamente hechas por su Magestad para la gouernacion de las Indias.*[27] Die Neuen Gesetze regeln neben einer Verwaltungsreform für den Indienrat und der *Audiencias* sowie Anordnungen für die Expeditionen und das Tributsystem zwei Komplexe, die für die Verteidigung und den Schutz der Indianer von zentraler Bedeutung waren: Zum einen geht es um die gute Behandlung *(buen tratamiento)* der Indianer als »freie Personen« und um das Verbot, indianische Sklaven zu machen *(no se puede hazer esclavo yndios alguno)*, da sie Vasallen der Krone Kastiliens seien (xx); die gegen Recht und Gesetz Versklavten aber sollen in Freiheit gesetzt werden (xxii). Überdies wird unter Strafe gestellt, Indios zu lebensgefährlichen Arbeiten wie Lastentragen und Perlenfischerei zu zwingen (xxiv). Schließlich untersagen die Neuen Gesetze auch eine Neuvergabe oder Vererbung von *Encomiendas* (xxvii-xxxiii). So gab es ernsthafte Versuche, die Situation der Neuen Welt auf juridischem Weg zu verbessern. Allerdings konnten die Gesetze nicht dauerhaft durchgesetzt werden und mussten auf Druck der Siedler teilweise zurückgenommen werden. Doch kannte die Frühe Neuzeit weitere Versuche, die Anerkennung des amerikanischen Anderen durchzusetzen, und zwar auf argumentativen Wegen.

Argument und Anschauung

Der Disput um Menschenwürde und Freiheitsrechte, der sich an der spanischen Eroberung und Landnahme in Amerika entzündete, fand auf der argumentativen Ebene einen Höhepunkt, als in der ersten Hälfte des 16. Jahrhunderts der führende philosophisch-theologische Kopf Spaniens, Francisco de Vitoria (1483-1546), aufgeschreckt von den neuweltlichen Berichten, in die Debatten eingriff. Vom thomanischen Denken geprägt, reflektierte Vitoria in strenger Systematik die rechtlichen, ethischen und theologischen Probleme der europäischen Expansion und legte mit seinen Schülern das Fundament für die später so genannte »Schule von Salamanca«,[28] deren Lehren völkerrechtlich, sozialethisch, staatspolitisch und theologisch nachhaltig Schule machen sollten.

Seine Argumentation entwickelte er vor allem in einer seiner Sondervorlesung »Über die kürzlich entdeckten Indien« *(De indis recenter inventis)*. Dort möchte er klären, aufgrund welchen Rechts die »Barbaren« Amerikas unter die Herrschaft Spaniens gekommen sind, welche Rechte und Befugnisse die Spanier in zivilen Angelegenheiten gegenüber den Indianern haben und über welche Befugnisse die Kirche in religiösen Angelegenheiten verfügt. Unmittelbare Anstöße, sich mit dem Problem der spanischen Landnahme zu befassen, waren Briefe und Berichte aus der Neuen Welt über die gewaltsamen Ereignisse der *conquista*, wie die Eroberung des altamerikanischen Reichs

28 Vgl. *Thomas Duve*, The School of Salamanca, in: *ders.*, The School of Salamanca. A Case of Global Knowledge Production (Max Planck Studies in Global Legal History of the Iberian Worlds 2), ed. by *Thomas Duve José Luis Egío and Christiane Birr*, Leiden/Boston Mass. 2021, 1-42.

29 *Francisco de Vitoria*, Vorlesungen II (Relectiones). Völkerrecht Politik Kirche, hgg. von *Ulrich Horst, Hans-Gerd Justenhoven, J. Stüben* (Theologie und Frieden 8), Stuttgart/Berlin/Köln 1997; lateinischer Text und deutsche Übersetzung von *De indis* 370-541, hier nach Sigel DI und Seite zitiert.

der Azteken durch Hernán Cortés und die Tötung des legitimen Herrschers Moctezuma II. (1475-1520). Dieselbe Frage stellte sich bei der Eroberung des andinen Inkareiches durch Francisco Pizarro (1478-1541) und die Exekution des Inkafürsten Atahualpa (um 1500-1533) in Cajamarca. Solche Vorkommnisse erregten Vitoria nicht nur emotional, sondern forderten auch seinen Gerechtigkeitssinn heraus, da es sich offensichtlich um höchst ungerechte Kriege gegen unschuldige Menschen handelte.

Wenn man höre, »dass so viele Menschen getötet, so viele an sich unschuldige Menschen ausgeraubt, so viele Herren von ihren Besitzungen vertrieben und ihres Machtbereichs beraubt wurden, kann man zu Recht fragen, ob diese Vorgänge rechtmäßiger- oder unrechtmäßigerweise geschehen sind«; so leitet er seine »Vorlesung über die Indianer« *(Relectio de Indis)* ein.[29] Zunächst weist Vitoria all jene Thesen zurück, die in der zeitgenössischen Diskussion, zum Beispiel von Sepúlveda, zur Legitimation der Eroberung vorgebracht wurden. Gegen die These, die Bewohner Amerikas hätten ihre Herrschafts- und Eigentumsrechte durch Verfehlungen gegen das Naturrecht verwirkt und daher Strafe verdient, argumentiert Vitoria, dass moralische Verfehlungen oder Sünden keineswegs die Ausübung dieser Rechte behindern. Auch verwirft er die These, dass Herrschafts- oder Eigentumsrechte aufgrund des Unglaubens *(ratione infidelitatis)* verlorengingen, denn auch aus Gründen religiöser Überzeugungen verlöre keiner seine Rechte. Daher folgert Vitoria, »dass die Barbaren weder wegen sonstiger Todsünden noch wegen der Sünde des Unglaubens daran gehindert werden, echte Herren im öffentlichen wie im privaten Bereich zu sein, und die Güter ihres Landes von den Christen auf dieser Rechtsgrundlage nicht in Besitz genommen werden können« (I,10; DI 399). Schließlich weist er die These von der Inferiorität zurück, der zufolge die Indianer Sklaven »von Natur aus« *(servi a natura)* seien. Denn die Tatsache, dass die Indianer eine Ordnung mit Staat, Gesetzen, Arbeitsteilung und Ehe ausgebildet hätten, müsse als Zeichen des Vernunftgebrauchs *(indicium usus rationis)* gedeutet werden, wie denn »überhaupt keiner Sklave von Natur aus« sei *(nullus est servus a natura)* (I,16, DI 440). Positiv gewendet, anerkennt Vitoria das Recht auf moralische, religiöse und kulturelle Andersheit, die nicht diskriminiert oder gar kriegerisch bekämpft werden dürfe.

Diese These entfaltet er im weiteren Verlauf seiner Vorlesung systematisch, indem er sieben Rechtstitel diskutiert, die für eine Rechtfertigung der spanischen Herrschaft in der Neuen Welt zwar vorgebracht werden, aber ungeeignet seien (DI 406-456). Ungeeignete seien etwa angeblichen Rechtstitel der Herrschaft von Kaiser und Papst; das Recht der Entdeckung *(ius inventionis)*; die Weigerung, den Glauben an Christus anzunehmen.

Gegenüber den ungerechtfertigten Rechtstiteln kennt Vitoria allerdings sieben rechtmäßige Titel *(tituli legitimi)*, die zur Legitimierung der spanischen Anwesenheit und Herrschaft geeignet sind (DI 456-487). Dazu zählen der Titel der natürlichen Gemeinschaft und Kommunikation *(titulus naturalis societatis et communicationis)*, des Recht auf Freizügigkeit von Reise und Aufenthalt *(ius peregrinandi et degendi)* sowie auf Handel *(negotiari)*. Auch das Recht auf Religionsverbreitung *(jus praedicandi)* und die Verteidigung Unschuldiger vor Tyrannei sowie eine wahre und freie Wahl *(veram et voluntariam electionem)* gehören dazu.

Im Rahmen eines universalen Völkerrechts, das auf dem Naturrecht und einem mehrheitlichen Konsens beruht, delegitimiert Vitoria bestimmte gewaltsame Intervention und Herrschaftsformen seiner Zeit und plädiert für Anerkennung kultureller und religiöser Alterität, die er mit der Pflicht zur interkulturellen Kommunikation verbindet. Auf diese Weise blieb er nicht bei der Kritik bestimmter Herrschaftsformen und Machtkonfigurationen seiner Zeit stehen, sondern begründete auch zukunftsweisend das Verhältnis der Völker zueinander und ihre Toleranz untereinander. Die Gleichheit aller Menschen und die im Gebot der Nächstenliebe begründete Solidarität aller Menschen sind die Grundpfeiler der vitorianischen Argumentation.

Francisco de Vitoria, der die Neue Welt nicht aus eigener Anschauung kannte, führte den Kampf um die Anerkennung des Anderen und ihrer Andersheit auf der Ebene rationaler Argumentation. Ergänzend spielt jedoch auch die Ebene der anschaulichen Wahrnehmung des Anderen eine wichtige Rolle. Auf dieser Ebene bewegten sich alle Missionare, von denen nicht wenige ihre Anschauung der indianischen Welt und des indianischen Menschen in Form von ethnographischen Berichten oder linguistischen Studien zu Papier brachten, teilweise auch mit indigener Hilfe. Exemplarisch seien unter den zahlreichen Protagonisten auf diesen Feldern des Wissens vom Anderen ein Franziskaner und sein Werk genannt. Es ist der nach seinem Geburtsort benannte Bernardino de Sahagún (1499-1590), dessen Hauptwerk *Historia general de las cosas de Nueva España* eine zweisprachige (Spanisch, Náhuatl) und illustrierte Enzyklopädie der Nahua-Kultur darstellt. Das wertvolle Original befindet sich in Florenz und heißt daher »Codex Florentinus«. Das monumentale Werk in zwölf Büchern behandelt an erster Stelle Fragen zur Religion, das heißt zur aztekischen Götterwelt und zu den sakralen Festen. Des Weiteren behandelt er die Gebiete wie Staatswesen, Medizin sowie Fauna, Flora und die unbelebte Natur. Das letzte, zwölfte Buch beschreibt die *conquista* Mexikos aus der Perspektive der Besiegten. Dieser umfassende Einblick in die hohe Kultur der Azteken vermittelt nicht nur durch die Texte in zwei Sprachen, sondern auch durch die farbigen, von einheimischen Künstlern geschaffenen Bildern, welche die Kulturen veranschaulichen. Dieses sprachliche und künstlerische Gesamtbild verbindet europäische und indigene Perspektiven, die einen beobachtenden und verstehenden Zugang erlaubt. Das neue Wissen hat Sahagún durch systematische Befragungen mit Hilfe indigener Informanten gesammelt, die am Kolleg von Tlatelolco ausgebildet wurden und europäische Sprachen und Kultur kennenlernten. Als theologische Voraussetzung dieser verstehenden Kulturanthropologie kann die Überzeugung Sahagúns gelten, »dass diese Menschen unsere Brüder sind, die wie wir aus dem Stamm Adams hervorgegangen sind, und dass sie unsere Nächsten sind, die wir wie uns selbst zu lieben verpflichtet sind.«[30] Dieses theologische Vor-Urteil von der Gleichheit und Solidarität aller Menschen ermöglichte eine umfassende Anerkennung aller Anderen in ihrer Andersheit.

Zu einem verstehenden Wahrnehmen anderer Kulturen und zur sprachlichen Kommunikation mit dem Anderen bedarf es des Spracherwerbs und der Fähigkeit, wechselseitig das Eigene in der fremden Sprache und das Fremde in der eigenen Sprache zu übersetzen. Daher waren alle Bemühungen um das Verständnis der altamerikanischen Kulturen mit der Sprachenfrage verknüpft und wurden durch Nebrijas Grammatiken gewiss erleichtert. Im Gegensatz zu den Schriftkulturen Ostasiens verfügten die Sprachen der altamerikanischen Großreiche nur über rudimentäre Kommunikationssysteme wie Glyphen (Azteken) und Knotenschnüre (Inka) und mussten daher erst verschriftet und in ihrer Regelhaftigkeit und ihrem Wortschatz aufgezeichnet werden.

Dieser Aufgabe unterzogen sich die begabten und nicht selten humanistisch ausgebildeten Missionare, indem sie Grammatiken (Arte) und Wörterbücher (Vocabulario) verfassten, so dass die indigenen Sprachen bald studiert werden konnten. Einer der großen Sprachenkenner in Mexiko war der Franziskaner Alonso de Molina (1512-1584), der die Landessprache schon als Kind gelernt hatte und als Missionar des seraphischen Ordens die Sprachenfrage anging und hervorragende linguistische und katechetische Werke schuf, die auch bald gedruckt werden konnten. Sein *Vocabulario en lengua castellana y mexicana* (1555) enthielte in einer erweiterten Neuauflage (1571) nicht weniger als 23.000 Einträge. Im Prolog dieser Fassung lobt er das Náhuatl, die *lingua franca* Mexikos, als eine

30 *Bernardino de Sahagún*, Historia general de las cosas de Nueva España, edición *Angel María Garibay*, 3. Aufl., México 1975, 20; zu Sahagún vgl. auch Kap. V, 17 in diesem Band.

reichhaltige und kunstvolle Sprache, schön an Metaphern und Redeweisen. Zugleich aber berichtet Molina vom Problem, dass für Gegenstände und Begriffe keine äquivalenten Wörter zur Verfügung stünden, so dass man auf spanische Lehnworte zurückgreifen musste. Das Multiversum der indigenen Sprachen Amerikas forderte die Missionare der Frühen Neuzeit zu außerordentlichen linguistischen Leistungen heraus, um die Sprachen in ihrer grammatikalischen Struktur zu verstehen, sie zu verschriften, wechselseitig zu übersetzen, so dass die eigene (christliche) Botschaft in die Sprachen der Anderen übersetzt werden konnte und die anderen Sprachen einen Platz in der eigenen fanden.[31] Die Missionslinguistik dieser Zeit in Amerika hat erheblich zum Verstehen des Anderen beigetragen und den kommunikativen Prozess zwischen den Völkern und Kulturen gefördert.

Auf dem Hintergrund der europäischen Expansion in der Frühen Neuzeit, der besonders in Amerika eine machtförmige Inklusion anderer Völker und Kulturen mit sich brachte, erhob sich unter den mit der Mission betrauten Ordensleuten und Bischöfen in der Neuen Welt eine Bewegung zugunsten der einheimischen Menschen. Dieser Kampf um den Anderen und seine Anerkennung fand auf verschiedenen Ebenen Ausdruck, so im öffentlichen Protest und durch Hinweis auf Gewissenskonflikte bei den Verantwortlichen. Tatsächlich gewann der Einsatz für die Anderen legislative Dynamik, als sich höchste kirchliche und staatliche Autoritäten graduell ebenfalls für den Schutz und die Würde der Anderen einsetzten, wenn auch nicht immer mit durchgreifendem Erfolg. Auf der rationalen Ebene des Arguments agierten große Theologen der Zeit, und Missionare studierten die fremden Kulturen und Sprache, um sich und den Anderen einen verstehenden Zugang zu eröffneten. Der exemplarische, im missionarischen Milieu geführte Kampf um die Anerkennung des Anderen zeigt eine kritische Seite der neuzeitlichen Mission, deren vielfältige Facetten zunehmendes interdisziplinäres Interesse finden. Wenn sich in Zeiten der Globalisierung Raum und Zeit verdichten und die Kulturen und Religionen enger zueinander rücken, wächst auch der Bedarf an Orientierung für die wechselseitige Anerkennung und Kooperation.

31 Vgl. *Wulf Oesterreicher/Roland Schmidt-Riese*, Amerikanische Sprachenvielfalt und europäische Grammatiktradition. Missionarslinguistik im Epochenumbruch der Frühen Neuzeit, in: Zeitschrift für Literaturwissenschaft und Linguistik 116 (1999) 62-100; *Otto Zwartjes* (ed.), Las gramáticas misioneras de tradición hispánica (siglo XVI-XVII) (Portada hispánica 7), Amsterdam/Atlanta, GA 2000.

32 Zum Überblick vgl. *Michael Sievernich*, Die christliche Mission. Geschichte und Gegenwart, Darmstadt 2009; *Johannes Meier*, Bis an die Ränder der Welt. Wege des Katholizismus im Zeitalter der Reformation und des Barock, Münster 2018.

Dabei könnten Geschichte und Theorie der christlichen Mission,[32] die sich über so viele Jahrhunderte erstreckt und so viele Kulturen berührte, in ihren Dimensionen und positiven wie negativen Beispielen als eine Wissensressource sondergleichen erweisen, die nicht nur den Kirchen aus allen Völkern, sondern auch einer neuen Weltgemeinschaft der Völker zu Gute kommt, zumal die Menschenwürde nach wie vor auf dem Spiel steht. ◆

2
Entdeckung anderer Kultur und Religion (1498)

Im Rahmen der europäischen Expansion zu Beginn der Frühen Neuzeit kamen mit den Entdeckern und Eroberern auch christliche Missionare aus den religiösen Orden in die Neue Welt. Darunter befand sich als einer der ersten der katalanische Hieronymit Ramón Pané (um 1460-1507), der einige Jahre unter den indianischen Ureinwohnern (Tainos) jener karibischen Insel lebte, die von den Spaniern *La Española* genannt wurde. Da er wenigstens rudimentär die Sprache der Indianer erlernt hatte, war er in der Lage, die fremde Kultur und Religion besser zu verstehen und aufgrund dieser Kenntnisse erste Versuche zu unternehmen, den Glauben weiterzutragen. Auf diesem Hintergrund verfasste er 1498 einen »Bericht über die Altertümer der Indianer« *(Relación acerca de las antigüedades de los indios)*,[1] eine der frühen Quelle dieser Zeit. Pané gilt zu Recht als »erster Ethnograph Amerikas« (Robert Streit), mit dessen Werk sich die neuere Forschung interdisziplinär befasst.

Expansion und Religion

Das Abenteuer einer Indienfahrt auf dem westlichen Seeweg, das Cristóbal Colón 1492 im Dienst der *Katholischen Könige*, Isabella von Kastilien (1451-1504) und Ferdinand von Aragón (1452-1516), unternahm, hatte nicht nur die Erweiterung der Herrschaftsräume und der Handelsbeziehungen zum Zweck, sondern umfasste auch den Auftrag, den christlichen Glauben zu verbreiten. Christoph Kolumbus (1451-1506) selbst hatte neben materiellen Interessen sicher auch religiöse Motive für sein riskantes Unternehmen, das franziskanischer Spiritualität entsprang. Seinen Vornamen wörtlich nehmend, unterschrieb er seine Briefe mit »Xto ferens« (Christusträger), aber auch

1 Fray *Ramón Pané*, Relación acerca de las antigüedades de los indios: el primer tratado escrito en América, nueva versión, con notas, mapa y apéndices por *José Juan Arrom* (Colección América Nuestra 5), México [7]1987 (im Folgenden nach Kapiteln zitiert); engl. Fray *Ramón Pané*, An account of the antiquities of the Indians. A new edition with an introductory study, notes, and appendixes by *José Juan Arrom*, Durham, NC/London 1999.

Zeitgenossen wie Bartolomé de Las Casas verweisen auf seinen als providentiell erachteten Namen. Der für ihn ausgestellte königliche Schutzbrief vom 17. April 1492 nannte als Reisezwecke die Überquerung der ozeanischen Meere »um des Dienstes an Gott und der Verbreitung des rechten Glaubens willen sowie auch zu unserem Nutzen und Vorteil.«[2] Auch der Schiedsspruch Papst Alexanders VI. (1431-1503), der nach der Entdeckung der karibischen Inseln mit der Bulle *Inter caetera* vom 3. Mai 1493 die Einflusssphären der iberischen Mächte durch eine in Nord-Süd-Richtung verlaufende Demarkationslinie westlich der Azoren abgrenzte und die neu entdeckten und noch zu entdeckenden Gebiete der spanischen Krone als Lehen verlieh, betont die religiöse Pflicht der Könige, »die Völkerschaften auf den Inseln und Ländern zur Annahme der christlichen Religion zu bekehren« und Missionare »zur Unterweisung der genannten Einwohner im katholischen Glauben und in den guten Sitten zu schicken.«[3]

Auf seiner ersten Reise verzichtete Kolumbus auf geistliche Begleitung, richtete aber selbst, wie in seinem Bordbuch nachzulesen ist,[4] beim ersten Landgang am 12. Dezember 1492 das Kreuz auf. Diese Szene der Kreuzaufrichtung, Zeichen der Landnahme und der christlichen Religion, illustrierten Theodor de Bry (1528-1598) und seine Söhne in dem großem Amerika-Werk[5] mit einem Kupferstich, der bis heute die Ikonographie der ›Entdeckung Amerikas‹ prägt. Bei den weiteren Reisen ließ Kolumbus sich von Geistlichen begleiten. Als er Ende 1493 mit 17 Schiffen zu seiner zweiten, bis 1496 dauernden Reise aufbrach, um die neue Welt der karibischen Inseln weiter zu erforschen, befand sich unter den etwa 1400 Personen, die an der Expedition teilnahmen, auch eine kleine Gruppe von Ordensleuten, darunter Franziskaner, Merzedarier und der Hieronymit Román Pané. Sie alle standen unter Leitung des vom Papst zum Apostolischen Vikar der neu entdeckten Gebiete ernannten Fray Bernal Boyl (1455?-1507). Die Ordensleute hatten die doppelte Aufgabe der religiösen Betreuung der Expeditionsteilnehmer und

2 Der Text des Schutzbriefs in: *Eberhard Schmitt* (Hg.), Dokumente zur Geschichte der europäischen Expansion, Bd. 2: Die großen Entdeckungen, München 1984, 108f.

3 Text der Bulle in: America pontificia primi saeculi evangelizationis 1493-1592, Bd. 1, hg. von *Josef Metzler*, Città del Vaticano 1991, Dok. Nr. 1 und 2; dt. in: *Michael Sievernich* u. a. (Hg.), Conquista und Evangelisation. Fünfhundert Jahre Orden in Lateinamerika, Mainz 1992, 472ff.

4 *Cristóbal Colón*, Los cuatro viajes. Testamento, ed. *Consuela Varela*, Madrid 1986, 124.

5 Vgl. *Theodor de Bry, Amerika* 1590-1634. Amerika oder die Neue Welt. Die »Entdeckung« eines Kontinents in 346 Kupferstichen, bearb. und hg. von *Gereon Sievernich*, Berlin/New York 1990, 162.

6 *Mariano Errasti*, América Franciscana, tom. 1: Evangelizadores e indigenistas en el siglo XVI, Santiago de Chile 1986, 13-27.

7 Zur Kulturgeschichte der Tainos vgl. *Iring Rouse*, The Tainos. Rise and decline of the People who greeted Columbus, New Haven, CT/London 1992.

der Missionierung der fremden Völker. Die meisten Mitglieder dieser Gruppe, darunter auch ihr Leiter, beschränkten ihre Tätigkeit auf Hispaniola (heute Haiti und Dominikanische Republik) jedoch weitgehend auf die pastorale Betreuung ihrer europäischen Landsleute, waren zudem oft in die Schlichtung von deren Streitigkeiten verwickelt und kehrten bald wieder nach Spanien zurück. Nur drei Mitglieder der Gruppe blieben länger und wandten sich den Indigenen zu. Sie interessierten sich für deren Lebensweise und Religion und unternahmen erste Schritte, sie mit dem christlichen Glauben bekannt zu machen. Es waren die beiden robusten und frommen Franziskanerbrüder Juan de la Deule (el Bermejo) und Juan Tisin (Cosin)[6] sowie der genannte Ramón Pané vom Orden des hl. Hieronymus. Mit den beiden Minderbrüdern begann eine franziskanische Präsenz auf dem neu entdeckten Kontinent, die rasch zunehmen und zu einem Motor der Christianisierung werden sollte. In den drei Jahrhunderten der hispanoamerikanischen Kolonialzeit werden die Franziskaner über die Hälfte aller 15.000 Missionare stellen, in weitem Abstand gefolgt von den Jesuiten, Dominikanern, Kapuzinern und anderen Orden.

Wie die beiden Franziskaner, so zeichnete sich auch Ramón Pané durch seinen missionarischen Eifer aus, der ihn bewegte, sich im Sinn des königlichen und päpstlichen Auftrags den indianischen Völkern zuzuwenden und als ersten unabdingbaren Schritt zur interkulturellen Kommunikation die Sprache zu lernen. Zur Zeit der Ankunft der Europäer lebten auf den großen Antillen – neben den kriegerischen Kariben – vornehmlich die friedlichen, Tainos, die zur Sprachfamilie der im zirkum-karibischen Raum verbreiteten Aruak (Arawak) gehörten. Diese in Dorfgemeinschaften zusammenlebenden Indianer waren auf Puerto Rico, Haiti, Kuba und Jamaica zu finden. Sie lebten sesshaft auf der Stufe einer frühen Pflanzer- und Jägerkultur und ernährten sich hauptsächlich von Maniok und Mais, Fisch und Wildbret. Gesellschaftlich stand ein *Kazike* an der Spitze eines in Herrscher, Freie und Hausdiener *(naboría)* geschichteten Gemeinwesens. Auf Haiti gab es sechs *Kaziken*.

Die materielle Kultur der Tainos umfasste die Kulturtechnik des Pflanzenanbaus, darunter Süßkartoffeln und Erdnüsse, Tomaten, tropische Früchte, aber auch Tabak. Erfindungen wie Kanu und Hängematten aus Baumwolle gehen auf sie zurück. Auch aus ihrer Sprache wurden im Kulturaustausch mit Europa Worte übernommen wie Hurrikan und Kannibale (span. verballhornt aus Kariben). Überdies kannten die Tainos zahlreiche Artefakte, Keramik, verziertes Tongeschirr, Baumwolltextilien und besonders künstlerische Darstellungen in Menschengestalt, die im Bereich der Religion eine zentrale Rolle spielten.[7] Nicht zuletzt kannten sie Gummibälle, die sie wie die Mexikaner für konkurrierende Ballspiele nutzten.

Ramón Pané: Missionar und Ethnograph

Die Eremiten vom hl. Hieronymus (Ordo S. Hieronymi, OSH)[8] waren ein streng monastischer Orden, der im 14. Jahrhundert gegründet worden war und sich auf die Augustinusregel verpflichtet hatte. Im späten Mittelalter und in der frühen Neuzeit gehörte er angesichts des Niedergangs des Ordenslebens zu den angesehensten monastischen Institutionen Spaniens, die trotz Krisen das besondere Vertrauen der Krone genossen. Das katalanische Kloster in Badelona, aus dem Pané stammte, war Schauplatz des Treffens der Katholischen Könige mit Kolumbus nach seiner ersten Reise in die Neue Welt. Welche Bedeutung die Hieronymiten damals hatten, kann man daran erkennen, dass der Regent Kardinal Francisco Jiménez Cisneros (1436-1517) drei Hieronymiten auf die Antillen entsandte, die 1516 bis 1518 kolonisatorische Reformen durchführen sollten, da die Indianerschutzgesetze von Burgos (1511) kaum Wirkung zeigten; aber auch sie konnten sich nicht gegen die Siedlerinteressen durchsetzen.[9]

Der Hieronymit Ramón Pané gelangt nun als Teilnehmer der zweiten Reise des Kolumbus Ende 1493 in der Festung Navidad an, die Kolumbus auf der ersten Reise auf Hispaniola hatte anlegen lassen; da sie jedoch inzwischen zerstört worden war, fuhr die Flotille weiter und ging im Januar 1494 in der neu angelegten Siedlung Isabela an Land. Dort legte Pané sich die für die Missionsarbeit unabdingbare Kenntnisse der Indianersprachen zu. Damit praktizierten er und seine franziskanischen Mitstreiter einen friedlichen Umgang. Allerdings war der Kontext für eine friedliche Mission äußerst ungünstig, weil die zunächst friedliche Begegnung der Spanier mit den Indianern in einen militanten Kulturzusammenstoß umgeschlagen war und militärische Strafexpeditionen die Botmäßigkeit herstellen sollten. Die Spanier führten sich als neue Herren des Landes auf, zwangen sie zu schwerer Arbeit und machten sie sich dienstbar (Naboría).[10]

Bei einem Treffen mit Kolumbus 1495 trug dieser Pané auf, sich ins Gebiet des Kaziken Guarionex zu begeben, sich dort einzuleben und die Haupt-

8 Vgl. *J. R. L. Highfield*, The Jeronimites in Spain, their patrons and success, in: The Journal of Ecclesiastical History 34 (1983) 513-533.

9 Vgl. hierzu *Pedro Borges*, Misión y civilización en América, Madrid 1987, 83-88.

10 Dieser »Kulturzusammenstoß« zwischen Indios und Spaniern soll Bitterli zufolge als »das erste von Europäern zu verantwortende Genocid bezeichnet werden« können. Doch wird man mit der neueren Forschung davon ausgehen, dass das tatsächliche Massensterben der indigenen Bevölkerung nicht auf eine Ausrottungspolitik zurückzuführen ist, sondern neben Kulturschock vor allem auf verheerende Epidemien durch die eingeschleppten Infektionskrankheiten, gegen welche die indigene

sprache der Insel zu erlernen. Dafür erbat sich Pané die Begleitung durch den sprachkundigen Indianer Guatícaba. Zwei Jahre verbrachte er im Herrschaftsgebiet des genannten Kaziken und lehrte ihn seinem eigenen Bericht zufolge den Glauben und die Sitten der Christen, doch ohne großen missionarischen Erfolg. Denn der Kazike zeigte sich zwar gelehrig und wollte Christ werden, doch da ihn andere Kaziken über die Tatsache informierten, dass die Christen sich mit Gewalt ihres Landes bemächtigen würden, ließ er davon ab und bekämpfte nun die Europäer. Enttäuscht verließ daher Ramón Pané diese Region und ging ins Herrschaftsgebiet eines anderen Kaziken namens Mabiatué, der ihm zugänglicher zu sein schien, wie er am Ende seines Berichts lobend herausstellt; denn seit drei Jahren zeige dieser guten Willen, wolle Christ werden und nicht mehr als eine Frau haben, obwohl Kaziken bis zu zwanzig zu haben pflegten.[11] Im Auftrag des Kolumbus verfasste er 1498, nach mehreren Jahren Aufenthalt unter den Indianern, einen Bericht über die Sitten und religiösen Gebräuche der Tainos. Trotz seiner bescheidenen Erfolge gilt er als »der erste Katechet Amerikas«.[12] Nach den Jahren seines von ihm selbst beschriebenen Aufenthalts auf Hispaniola verlieren sich sein weiteres Wirken, seine Aufenthaltsorte und sein Sterbedatum (1507?) im Dunkel der Geschichte.

Die zeitgenössischen Urteile über Ramón Pané sind zwiespältig. Auf der einen Seite werden seine gute Intention, sein Bemühen um Sprachenkenntnis und sein missionarischer Eifer gelobt, was angesichts des Unrechts und der Methoden der *conquista* schon heraussticht. Andererseits aber werden auch Einfachheit und mangelnde Substanz angemerkt. Bartolomé de Las Casas kannte Ramón Pané und hatte seinen Bericht gelesen, den er später in seinem groß angelegten Werk *Apologética historia sumaria* aufgriff. Diese umfangreiche Schrift stellt eine vergleichende Anthropologie dar, von der Geographie und dem Klima der Länder, von den dortigen »naturales«, von Gemeinwesen und Gebräuchen, bis hin zu indigenen Religionen, die ihn besonders interessieren.[13] Pané gegenüber ist Las Casas eher kritisch, da er ihn als einen einfachen Menschen guten Willens betrachtet, der wenigstens etwas

Bevölkerung keinen Immunschutz hatte. Vgl. *Urs Bitterli*, Alte Welt–neue Welt. Formen des europäisch-überseeischen Kulturkontakts vom 15. bis zum 18. Jahrhundert, München 1986, 77-96, hier 89. Bitterlis Buch geht weder auf Pané noch auf sein ethnographisches Werk ein.

11 *Ramón Pané*, Relación (Anm. 1), Cap. 26.

12 *Hugo Polanco Brito*, Fray Ramón Pané, primer maestro, catequizador y antropólogo del Nuevo Mundo, in: Para una historia de la evangelización en América Latina (III Encuentro Latinoamericano de CEHILA en Santo Domingo 1975), Barcelona 1977, 127-140, hier 131.

13 *Bartolomé de Las Casas*, Apologética historia sumaria, (Obras completas), edición de *Vidal Abril Castelló* et al., Madrid 1992, hier tom. 7, cap. 120, S. 870f.; vgl. auch tom. 8, cap. 166 und 167, S. 1151-1157.

von den Indianersprachen verstand, erheblich besser als viele andere. Denn normalerweise hätten dort weder Kirchen- noch Weltleute Indianersprachen erlernt, um die Völker im Glauben zu unterrichten, sondern nur um sich der Menschen zu bedienen. Nur Fray Ramón, ein »einfacher Mensch« *(hombre simple)*, schreibt er, habe »einigen Eifer und guten Willen« *(algún celo y deseo bueno)* besessen, um den Indianern die Kenntnis Gottes beizubringen, wenigstens den Glauben an den Schöpfergott und die Grundgebete. Doch sei er konfus und von geringer Sustanz gewesen. Ramón Pané tat also in den Augen von Las Casas, »was er konnte« *(lo que pudo)*, wie dieser mehrfach betont. Las Casas billigt ihm also einen guten Ruf und Glaubwürdigkeit zu sowie ein eifriges missionarisches Bemühen, aber geringes Begreifen. Ramón Pané wird auch am Ende des 16. Jahrhunderts in der *Historia Eclesiástica Indiana* erwähnt,[14] die der in Mexiko tätige Franziskaner Gerónimo de Mendieta (1525-1604) verfasste, der wohl Passagen von Las Casas übernahm, da er dessen Manuskript der *Apologética Historia* im Konvent Santo Domingo in der Stadt Mexiko einsehen konnte.

Die komplexe Überlieferungsgeschichte des Berichts von Pané zeigt die Bedeutung, die man dem Bericht schon früh beigemessen hat. Das gilt auch für Las Casas, der zwar Zweifel an den Fähigkeiten des katalanischen Mönchs äußerte, doch zugleich Teile des Berichts in seine Kulturanthropologie der amerikanischen Völker übernimmt. Auch der italienische Humanist Pietro Martire d'Anghiera (Petrus Martyr Anglerius) (1457-1526), Chronist des königlichen Indienrats, übernahm Auszüge aus Panés Bericht in den ersten veröffentlichten Bericht über die Entdeckungen in der Neuen Welt *(De orbe novo decades)*.[15] In der ersten seiner acht »Dekaden« taucht auch Ramón Pané auf (I, 9). Das umfangreiche Gesamtwerk informierte Europa über den neuen Kontinent Amerika und erschien zuerst auf Italienisch (Venedig 1504), dann auf Lateinisch (Sevilla 1511, Alcalá 1516), vollständig schließlich in Alcalá 1530. Hernán Colón (1488-1539), Sohn seines berühmten Vaters Christoph, nahm den gesamten Bericht in die Lebensbeschreibung seines Vaters auf, die in einer von Alfonso de Ulloa (1529-1570) angefertigten italienischen Übersetzung erschien (Venedig 1571).

14 *Jerónimo de Mendieta*, Historia Eclesiástica Indiana, 2 tom. (Biblioteca de autores españoles 260/261), estudio preliminar y edición *Francisco Solano y Pérez-Lila*, Madrid 1973, hier tom. 1, 24.
15 Deutsch: *Peter Martyr von Anghiera*, Acht Dekaden über die neue Welt (Texte zur Forschung 5/6), 2 Bde., übers., eingef. und mit Anm. versehen von *Hans Klingelhöfer*, Darmstadt 1972-1975.
16 *Lorenzo Galmés*, Grandes evangelizadores americanos, in: Historia de la Iglesia en Hispanoamérica y Filipinas (siglos XV-XIX), ed. de *Pedro Borges*, tom. 1, Madrid 1992, 615-630, hier 616.

Ethnographie und Religion

Ramón Pané ist vor allem durch seine *Relación acerca de las antigüedades de los indios* in die Geschichte eingegangen. Dieser kurze Bericht über die Kultur und Religion der Tainos auf Haiti ist die »einzige direkte Quelle«[16] und »die wichtigste Informationsquelle über die vorkolumbianische Kultur Hispaniolas«[17], insbesondere was die Religion der Tainos auf dieser Großen Antilleninsel angeht.

Die Religion der Tainos war differenziert und umfasste Rituale und Mythen, Ahnenverehrung und Seelenlehre, Idole *(cemíes)* und das dazugehörige Kultpersonal *(behique)*.[18] In diese fremde religiöse Kultur und Religion begab sich Ramón Pané, um sie von innen kennenlernen und beschreiben zu können. Überdies wollte er in diesem Kontext missionarisch tätig werden. Allerdings war der Kontext für eine friedliche Mission nicht günstig, da diese mit dem erwähnten Kulturzusammenstoß zusammenfiel. Diese Hintergründe reflektiert auch der Bericht des Ramón Pané, wenn er davon erzählt, dass die Indios einen ihrer alten Mythen auf die Spanier hin ausgedeutet hätten. Diesem Mythos zufolge sollten einmal bekleidete Leute in ihr Land kommen, um es zu beherrschen und um zu töten, auch werde man hungers sterben. Zuerst hätten die Indianer diesen Mythos auf den kriegsfreudigen Nachbarstamm der Kariben *(caníbales)* hin gedeutet, doch als diese nur Raubzüge unternahmen und dann wieder verschwanden, glaubten sie, dass es sich um andere Leute handeln müsse; und heute glauben sie, dass es der Admiral Kolumbus und seine Leute seien.[19]

Im Einzelnen beschreibt Pané in 26 kleinen Kapiteln die Schöpfungsmythen von der Herkunft der Menschen und der Entstehung des Meeres und des Kosmos (Kap. 1-9), gefolgt von der Vorstellung von den Toten, ihrem Aufenthaltsort und ihren nächtlichen Erscheinungen (Kap. 10-13). Eine Reihe längerer Kapitel erzählt von den *behiques*, d. h. von den Schamanen oder Zauberärzten, von ihren Praktiken wie Inhalieren *(cohoba)* und Heilungen, von der Behandlung der Kranken durch Blasen und Saugen. Die *behiques* brauen auch rauschhafte Getränke für die Verwandten eines Toten, dessen Gebeine diese zerschlagen, um sich zu rächen (Kap. 14-18). Schließlich geht

17 *Mariano Delgado*, Art. Ramón Pané, in: LThK, 3. Aufl., Bd. 7, (2006), 1311.
18 Zur Religion der Aruak vgl. *Stephen Glazier*, The Caribbean Religion, in: The Encyclopedia of Religion, Bd. 3, ed. *Mircea Eliade*, New York/London 1987, 81-90.
19 Siehe *Ramón Pané*, Relación (Anm. 1), cap. 25.

es um die Verfertigung der Idole oder Götterfiguren *(cemíes)* aus Holz, Ton oder Stein, darunter männliche und weibliche Idole, die bisweilen sprechen können, und mit denen man durch Inhalieren von *cohoba* kommuniziert. Einige der *cemíes* werden mit Namen vorgestellt und beschrieben (Kap. 19-23).

Schließich wechselt der Bericht in den letzten Kapiteln (24-26) ins Politische und geht auf den oben erzählten Mythoswechsel von den Kariben zu den Kolumbusleuten ein, berichtet aber auch von den Ereignissen um die misslungene Bekehrung des Kaziken Guarionex und seinen Kampf gegen die Christen durch Schändung und Zerstörung von deren Bildern. Das letzte Wort aber gilt seinem herausgehobenen missionarischen Wirken bei der Bekehrung einzelner zum Christentum, nicht ohne den ersten indigenen Märtyrer auf Hispaniola zu erwähnen. Der erste Christ wurde im Jahr 1496 auf den Namen Juan Matteo getauft.

Bei seinem Bericht, der in der ersten Person und autobiographisch spricht, beruft Pané sich mehrfach auf seine eigenen Erfahrungen *(por experiencia)* als Augenzeuge oder auf das Hörensagen. Natürlich nähert sich Pané nicht wie ein heutiger Ethnologe bei der Feldforschung seinem Gegenstand, doch zeigt der Bericht eine für eine Erstbegegnung erstaunliche Fähigkeit distanzierter Beschreibung, die nur selten von (negativen) Werturteilen unterbrochen wird, wenn etwa von »Täuschungen« *(engaños)* und »Fabeln« *(fabulas)* die Rede ist (Kap. 14), die auf die Zaubermeister *(hechizeros)* zurückgehen (Kap. 19). Im Stil der Zeit kennzeichnet er die indianischen Praktiken der Verehrung der Götter als Idolatrie und Aberglaube und bedauert dieses »ignorante Volk« (Kap. 24). »Ich schreibe«, so beginnt er in der Einleitung zu seinem Bericht, »was ich von den Glaubensvorstellungen *(creencias)* und Götzendienereien *(idolatrías)* der Indianer habe in Erfahrung bringen und verstehen können, und von der Art und Weise, wie sie ihre Götter verehren.«

Der Bericht beschränkt sich wesentlich auf Religion und Politik (Kazikentum) der Tainos, gibt aber nur sehr geringe Auskünfte über den Lebensraum und den Lebensunterhalt, die soziale Organisation und die materielle Kultur. Sein Hauptaugenmerk richtet Pané auf die religiösen Mythen und Rituale. Aus der Beschreibung der Idole, der Praktiken der Kaziken und Schamanen, der Musikinstrumente und der epischen Gesänge *(areitos)* sowie der für die Trance benutzten Drogen lassen sich jedoch einige Rückschlüsse auf den Kulturbesitz ziehen.

Ein besonderes Interesse gilt den zahllosen sakralen Statuetten, die mit dem Sammelnamen *cemí* bezeichnet werden und über eigene Namen verfügen. Es handelt sich dabei um Idole, die etwa aus Stein oder Holz gefertigt sind, bisweilen Gebeine der Vorfahren enthalten und unter Umständen auch sprechen, essen und weinen können (Kap. 15). Pané beschreibt diese Idole, meist als anthropomorphe Plastiken, die sowohl Ahnen als auch Naturgottheiten repräsentieren und den Mittelpunkt der Taino-Religion bilden.[20] Der Bericht Panés beschreibt auch die Herstellung der Idole, von der Auswahl des Holzes und der Bearbeitung des Steins, sowie ihre Verehrung oder Befragung durch die Schamanen, die dabei unter starken Drogen stehen (Kap. 19). Namentlich benannte Idole werden auch Einwirkungen auf Naturereignisse wie Wind und Regen, auf die Jagd, auf den Krieg und auf den Pflanzenwuchs *(yuca, Maniok)* oder auf Krankheiten zugeschrieben (Kap. 19-24).[21]

Ein besonderes Interesse gilt auch dem *behique*, dem Schamanen,[22] der ärztliche, priesterliche und prophetische Funktionen in sich vereint und daher auch Arzt *(médico)*, Medizinmann *(brujo)* oder Zauberer *(hechicero)* genannt wird (Kap. 19). Worin bestehen die Hauptfähigkeiten der Zauberärzte? Sie können mit den Toten und mit den Idolen sprechen, sind also Mittler zwischen Diesseits und Jenseits; sie kennen die Taten und Geheimnisse der Leute; sie können Krankheiten heilen. Um ihre Kräfte zum Heilen, zum Kontakt mit den Idolen und zur Weissagung aktivieren zu können, reinigen sie sich vorher durch mehrtägiges Fasten, um dann eine pulversierte Droge durch die Nase zu schnupfen, die *cohoba* heißt (Kap. 15, 19). Bei dieser Droge handelt es sich um eine halluzinogene Substanz, die aus dem Samen des Baumes der Gattung *Anandenanthera* oder *Piptadenia peregrina* L. hergestellt und mit einem doppelästigen Schnupfrohr eingenommen wird. Die Substanz entfaltet stark narkotisierende Wirkung und führt zu Trancezuständen. Ausführlich stellt der Bericht auch die Handlungen dar, die der *behique* als Zauberarzt vornimmt, wenn er durch Berühren, Blasen und Saugen am Körper des Patienten Krankheiten zu heilen versucht. Freilich muss er aber auch die Rache von den Angehörigen befürchten, wenn der Kranke trotz Behandlung sterben sollte, was man darauf zurückführt, dass der Zauberarzt das reinigende Fasten nicht eingehalten hat (Kap. 16-18). Panés Erfahrungen mit solche Praktiken bringen einen eigenartigen Schreibstil hervor, der sich selbst und den Anderen seiner selbst einbezieht.[23]

20 Vgl. *Walter* Krickeberg u. a. Die Religionen des alten Amerika (Die Religionen der Menschheit 7), Stuttgart 1961, 352f.

21 Abbildungen der Idole (cemíes) in: *Hernán Pérez de Oliva*, Historia de la inuención de las Yndias, estudio, edición y notas de *José Juan Arrom* (Publicaciones del Instituto Caro y Cuervo XX), Bogotá 1965. Cemíes: Deminán Caracaracol, Tonfigur Abb. VIII, (bei Pané Kap. 10); Opiyelguobirán, hölzerne Figur Abb. V (Kap. 22); Guabancex, dekorierte Statuetten Abb. VII, (Kap. 23).

22 Zur Rolle der Schamanen bei den karibischen und südamerikanischen Naturvölkern vgl. *Krickeberg u. a.* (Anm. 21), 369-376.

23 Zur Eigenarten des hybriden Berichts Panés vgl. *Constance G. Janiga-Perkins*, Reading, writing, and translation in the *Relación acerca de las antigüedades de los Inios* (c. 1498) by fray Ramón Pané. A study of a Pioneering work in ethnography, Leviston, NY 2007.

Christentum im indigenen Kontext

Der Mönch Ramón Pané interessierte sich weniger aus wissenschaftlichen Gründen für die indianische Religion, sondern weil er den christlichen Glauben verbreiten und aus diesem Grund die indigenen religiösen Vorstellungen und Praktiken kennenlernen wollte und so zum Ethnographen wurde. Allerdings konnte er sich auf diese Missionsaufgabe weder sprachlich, kulturell noch religiös vorbereiten, da diese Weltgegend in Europa völlig unbekannt war, und die Missionare sich erst allmählich in die neuen Welten der Sprachen, Kulturen und Religionen *ab ovo* eingewöhnen mussten. Das friedliche Kennenlernen der Neuen Welt wurde erheblich durch die kontraproduktiven Rahmenbedingungen behindert, das die spanische *conquista* vorgab, die auf politische Dominanz und wirtschaftliche Ausbeutung aus war und daher friedliche Kultur- und Religionskontakte unterminierten.

Seine Missionsmethode bestand im Wesentlichen in einer rudimentären Katechese, die sich inhaltlich am Schöpfungsglauben orientierte, wenn es sich bei den Adressaten um die unteren sozialen Schichten der Hausdiener *(naboría)* handelte. Handelte es sich bei den Adressaten um die führende soziale Schicht der Kaziken, griff er zu den Gebets- und Bekennntnisformeln.[24] Im Fall des zunächst bekehrungswilligen *Kaziken* Guarionex verlief die Missionsarbeit so, dass Pané mit den ihn begleitenden Franziskanern »unseren heiligen Glauben« und »die Sitten der Christen« lehrte; den *Kaziken* und seinem Haus brachte er die christlichen Grundgebete wie Vaterunser sowie das Glaubensbekenntnis *(Credo)* bei und wies sie an, diese Formeln zweimal täglich zu rezitieren (Kap. 25). Während dieser *Kazike* sich später wieder vom Christentum abwandte, weil ihm die Nähe zu den gewalttätigen Spaniern die Kritik seiner Landsleute einbrachte, berichtet Pané auch von einem Missionserfolg: Die Dienerschaft *(naboría)* eines anderen Herrn, miteinander verwandte Personen, bekehrte sich und empfing die Taufe. Hier bestand die Katechese inhaltlich nur darin, dass man den Indianern zu verstehen gab, dass es einen Schöpfer gebe, der alle Dinge, Himmel und Erden geschaffen hat (Kap. 26).

Unter den auf diesen Glauben im Jahr 1496 Getauften befand sich auch der Indianer Guatícaba, den Pané als den besten und verständigsten seiner

24 *Josep Ignasi Saranyana* (dir.), Teología en América Latina. Desde los orígenes a la Guerra de Sucesión (1493-1715, vol. 1, Madrid/Frankfurt 1999, 35ff.

25 *Las Casas*, Apologética historia (Anm. 14), tom. 8, cap. 167.

Neophyten einschätzte. Dem Bericht Panés zufolge war er der erste, der bei der Verfolgung durch Guarionex den Märtyrertod erlitt, mit den Worten *Dios naboría dac* (ich bin Diener Gottes) auf den Lippen. Dieser frommen Deutung widerspricht allerdings vehement Las Casas, weil dieser und andere Indianer nicht wegen ihres Glaubens getötet worden seien, sondern weil sie »mit den Spaniern gelebt« und die so ungeliebten Besatzer verteidigt hätten.[25]

Ein vielleicht typisches Missverständnis, von dem Ramón Pané erzählt, zeigt, dass seine Kenntnis von Kultur und Sprache der Tainos nicht ausreichte, um bestimmte Ereignisse richtig zu deuten und einzuordnen. Pané hatte den erwähnten getauften Indianern in einer Hütte christliche Bilder hinterlassen, die sie bewachen und vor denen sie beten sollten. Leute des zum Verfolger gewordenen Kaziken Guarionex aber bemächtigten sich mit Gewalt der Bilder, begruben sie auf ihren Feldern, urinierten darüber und hofften auf gute Frucht. Da die Spanier diesen Vorgang nicht als agrarisches Fruchtbarkeitsritual erkannten, das den Bildern eine besondere Kraft zuschrieb, konnten sie darin nur eine Schändung der Bilder sehen. Daher veranlassten die spanischen Autoritäten eine harte Bestrafung der Übeltäter und ließen sie öffentlich verbrennen. Die Macht der Bilder sollte sich aber, Pané zufolge, dann doch in der Fruchtbarkeit auswirken und zugleich ein wunderbarer Beweis des Christentums werden. Denn als die Leute von Guarionex den vorgesehenen Tribut (Gold) zahlen sollten, erhoben sie sich, töteten einige der indianischen Christen, gruben die Bilder auf den Feldern wieder aus und zerstörten sie. Doch wenige Tage später wuchsen an demselben Ort, für alle erkennbar, Süßkartoffeln *(aje)* in Form eines Kreuzes (Kap. 26).

Ramón Pané, der erste Mönch und Missionar Amerikas, hat der Nachwelt mit seinem Bericht eine interdisziplinär wertvolle Quelle hinterlassen, die ethnographische Aufklärung über die Kultur und Religion der Tainos mit der Nachricht über die ersten missionarischen Schritte der christlichen Religion im indianischen Umfeld verbindet. Damit zeigt er implizit auf, wie Kultur und Religion aufeinander bezogen und in den jeweiligen politischen Kontext verwoben und welche kulturellen und sprachlichen Kenntnisse erforderlich sind, um eine »Inkulturation« des christlichen Glaubens zu gewährleisten. ◆

3
Ein narrativer Blick auf die *Conquista Mexikos*

»Die Sprache war immer die Begleiterin des Reiches«.[1] Diese Erkenntnis der Koinzidenz sprachlicher Hochblüte und politischer Machtentfaltung leitete den andalusischen Humanisten Antonio de Nebrija (1444-1522), als er die erste volkssprachliche Grammatik der kastilischen Sprache verfasste; sie erschien 1492 in Salamanca, im selben Jahr mithin, in dem die *Katholischen Könige* nicht nur den Islam militärisch *(Reconquista)* und das sephardische Judentum administrativ vertrieben, sondern auch Kolumbus auf dem westlichen Seeweg nach »Indien« entsandten. In der Widmung an Königin Isabella führte Nebrija aus, es seien nun so viele barbarische Völker und Nationen fremder Sprache unter ihr Joch gekommen, dass mit dem Sieg die Notwendigkeit einhergehe, diesen Völkern die Gesetze nahezubringen, die der Sieger dem Besiegten auferlegt, und mit den Gesetzen »unsere Sprache«.

In der Tat trug im Prozess der iberischen Expansion nicht zuletzt die kommunikative Überlegenheit (Schrift, Übersetzung) erheblich dazu bei, dass selbst die amerikanischen Großreiche der Azteken und der Inka in so kurzer Zeit von so wenigen Konquistadoren der spanischen Herrschaft unterworfen werden konnten.

Die Ereignisse der Entdeckungen und Eroberungen in der für sie »Neuen Welt« haben die Spanier mit dem geschriebenen Wort begleitet. In zahlreichen Briefen *(carta)*, Berichten *(relación)*, Briefberichten *(carta de relación)*, Denkschriften *(memorial)*, Chroniken *(crónica)*, Naturbeschreibungen *(historia natural)*, Kulturgeschichten *(historia moral)* Geschichtsdarstellungen *(historia)* haben sie die Inbesitznahme der neuen Territorien, die Unterwerfung vieler Völker, die Begegnung mit der fremden Fauna und Flora, mit unbekannten Kulturen und anderen Religionen aufgezeichnet. Die Fülle des Schrifttums[2] entspricht dem Charakter des Neuen, Unerhörten,

1 »Siempre la lengua fue compañera del imperio.« *Antonio de Nebrija*, Gramática de la lengua castellana, ed. de *Antonio Quilis*, Madrid 1980, 97.

2 Vgl. für das 16. Jahrhundert: European Americana. A Chronological Guide to works printed in Europe relating to the Americas, vol. I: 1493-1600, eds. *John Alden/Dennis C. Landis*, New York 1980.

Unbekannten, ja Wunderbaren, das nicht wenige Europäer in der Neuen Welt empfanden und dem sie entsprechenden Ausdruck verliehen. Das Schrifttum der frühen spanischen Kolonialzeit bildet keine homogenes Ganzes, sondern differiert außerordentlich nach formaler Gestalt, literarischer Qualität und pragmatischer Abzweckung.

Unter den Autoren sind auf der einen Seite europäische Augenzeugen des Neuen zu nennen: Die gleichaltrigen Entdecker wie Cristóbal Colón (1451-1506) und Amerigo Vespucci und Gonzalo Fernández de Oviedo (1451-1512); militärische Eroberer wie der Befehlshaber Hernán Cortés (1485-1547) und der Kämpfer Bernal Díaz del Castillo (1495-1584), dessen Erzählung uns hier besonders interessiert. Dazu kommen amtliche Chronisten wie Gonzalo Fernández de Oviedo (1478-1557); Kleriker wie Julián Garcés (1452-1541) und Bartolomé de Las Casas (1484-1568); Missionare wie Bernardino de Sahagún (1499-1590) und Jerónimo de Mendieta (1525-1604). Auf der anderen Seite stehen die indianischen Augenzeugen der Eroberung und Kolonisation, die ihre Chroniken aus der Sicht der Besiegten verfassten,[3] akkulturiert schrieben wie Inca Garcilaso de la Vega (1539-1616) oder Felipe Guamán Poma de Ayala (1534-1615). Dazu kommen die Geschichtsschreiber, die zwar keine Augenzeugen der Ereignisse waren, wohl aber aus anderen Quellen und mündlichen Berichten schöpften, wie Pedro Mártir de Anglería (1457-1526) und Francisco López de Gómara (1511-1566).[4] Nicht alle Texte dieser Art wurden zu Lebzeiten der Autoren veröffentlicht; einige erschienen erst postum, andere wurden zensiert oder verboten, wieder andere blieben über Jahrhunderte verschollen.

Die Motive für die Abfassung der frühen Chroniken über die Ereignisse in der Neuen Welt waren so unterschiedlich wie ihre Autoren. Nur zwei, freilich kontrastierende Beispiele seien herausgegriffen: Der geistliche Chronist Francisco López de Gómara verfasste unter dem Obertitel *Hispania victrix* eine gelehrte *La Historia general de las Indias*, deren Widmung an den spanischen König sein Motiv enthüllt: Es geht um den Ruhm Spaniens, denn diese Entdeckung sei »das größte Ereignis *(la mayor cosa)* nach der Erschaffung der Welt gewesen, von der Inkarnation und dem Tod dessen, der sie schuf, abgesehen.« Dazu trage bei, dass keine Nation so wie die

3 Visión de los vencidos. Relaciones indígenas de la conquista, introducción de *Miguel León-Portilla*, México 10 1984.

4 Zum Überblick vgl. *Walter Mignolo*, Cartas, crónicas y relaciones del descubrimiento y de la conquista, in: *Luis Iñigo Madrigal* (coord.), Historia de la literatura hispanoamericana, vol. I: Época colonial, Madrid 1982, 57-125; *Friedrich Weber*, Beiträge zur Charakteristik der älteren Geschichtsschreiber über Spanisch-Amerika, Leipzig 1911.

spanische ihre Sitten, ihre Sprache und ihre Waffen verbreitet habe und dass die conquista der Neuen Welt die *reconquista* Spaniens fortgesetzt habe, »denn die Spanier kämpfen immer gegen die Ungläubigen *(porque siempre guerreasen españoles contra infieles)*«.[5]

Ganz anders liegen die Dinge bei Bartolomé de Las Casas, der zwar auch die Geschichte der spanischen Entdeckungen und Eroberungen beschreibt und sie mit seiner Biographie verbindet, doch dabei nicht von den Ruhmestaten seiner spanischen Landsleute in Amerika bewegt wird. Im Gegenteil bewegen ihn die Opfer der Geschichte und das Schicksal der Eroberten. Als Motiv seiner *Historia de las Indias*, deren Abfassung sich lange hinzog (1527-1552), nennt er die »allergrößte und äußerste Not« *(grandísima y última necesidad)*, die ich »in dieser indianische Welt« habe leiden gesehen«.[6] Die beiden geistlichen Chronisten haben mithin gegensätzliche Perspektiven, die sich auch in ihrer theologischen Geschichtsdeutung niederschlagen: Gómara schreibt eine Siegergeschichte der Spanier in Amerika, Las Casas eine Leidensgeschichte der dortigen nativen Bevölkerung.

Militärische Welt des Eroberers Bernal Díaz del Castillo

Wiederum anders liegen die Dinge, wenn wir das Leben und das Werk des Eroberers Bernal Díaz del Castillo betrachten. Er hatte an mehreren Eroberungszügen in der Neuen Welt teilgenommen und schreibt aus der Perspektive des übervorteilten Veteranen. Es liegt auf der Hand, dass man bei einem relativ ungebildeten Soldaten keine historiographischen Fertigkeiten, keinen eleganten Stil oder gar gelehrtes Zitieren antiker Autoren erwarten kann. Ebenso wenig ist eine elaborierte ›Theologie‹ wie bei López Gómara und Las Casas zu erwarten. Wohl aber lässt sich in der Chronik Bernal Díaz'durchaus auch eine religiöse Seite feststellen: Dazu gehört die religiöse Welt der Eroberer, die Wahrnehmung der indigenen religiösen Welt der Eroberten. Eine solche Rekonstruktion steht freilich im Kontext

5 *Francisco López de Gómara*, Historia general de las Indias (Zaragoza 1552), prólogo Jorge Gurria Lacroix, Caracas 1979, 7f.

6 *Bartolomé de Las Casas*, Historia de las Indias, tom. I, primera edición crítica, estudio preliminar y análysis crítico de *Isacio Pérez Fernández*, in: Obras Completas 3, (dir. *Paulino Castañeda Delgado*), Madrid 1994, 325-699, hier 339.

der kriegerischen *conquista.* Dabei handelte es sich um eine zusammengewürfelte Truppe junger Männer, die über Kriegserfahrungen verfügten und in der religiös konnotierten Tradition der Reconqista standen.[7] Es wird sich zeigen, »wie in der spanischen Eroberung, die so stark von politischen und ökonomischen Kräften vorangetrieben worden ist, das Religiöse einen unabhängigen, durch sich selbst wirkenden Faktor in dem Fortgang der Ereignisse darstellt«.[8]

Wer war dieser schreibende Soldat[9] und wodurch zeichnet sich sein monumentales Werk aus, die *Wahrhaftige Geschichte der Eroberung Neuspaniens* (Historia verdadera de la conquista de la Nueva España)?[10] Bernal Díaz del Castillo (1495-1584) wurde in Medina del Campo geboren; sein Vater war Ratsherr *(regidor)* seiner Vaterstadt. Bernal Díaz lernte zwar lesen und schreiben, genoss jedoch keine höhere Bildung. 1514 kam er mit der Expedition des Pedro Arias Dávila (1440-1531) in die Neue Welt und diente diesem als Soldat in jenem Gebiet auf dem Festland *(tierra firme)*, in dem ein Jahr zuvor Vasco Núñez de Balboa (1475-1519) den Isthmus von Darién überquert und das »Südmeer«, den Pazifik, entdeckt hatte. Dann ging er für einige Jahre nach Kuba, wo er die auf den Großen Antillen gesprochene Sprache der Aruak erlernte. Schließlich nahm er an zwei weiteren Erkundungsfahrten zum Festland teil: 1517 an der Expedition des Francisco Hernández de Córdoba (1475-1519) und 1518 an der Expedition des Juan des Grijalva (1490-1527). Bei diesen Fahrten im westlichen Golf von Mexiko erkundete man auch die bislang unbekannten Küsten der Halbinsel Yucatán und Mexikos. 1519 trat Díaz del Castillo als kriegserfahrener Kämpfer in die Dienste des Hernán Cortés und nahm in den folgenden Jahren an dessen Eroberungszügen teil. Dem fast zweijährigen verlustreichen Kampf um die Hauptstadt, der im August 1521 mit der Einnahme Tenochtitláns endete, hat Bernal Díaz die meisten Kapitel seiner *Historia verdadera* gewidmet.

Die Konquistadoren unterstanden nicht der Krone, sondern unterlagen wie ›Unternehmer‹ dem eigenen Risiko, wobei sie auf Expeditionen und Eroberungszügen Beute »erwarben« oder auch mit *ecomiendas* belohnt werden

7 Zur Conquista vgl. *Stefan Rinke,* Conquistadoren und Azteken. Cortés und die Eroberung Mexikos, München 2019, zweite durchges. Auflage 2022, 62-66.

8 *Richard Konetzke*, Entdecker und Eroberer Amerikas von Christoph Kolumbus bis Hernán Cortés, Frankfurt 1963, 133.

9 Zur Person vgl. *Carmelo Sáenz de Santa María*, Introducción crítica a la ›Historia verdadera‹ de Bernal Díaz del Castillo, Madrid 1967, 43-78.

konnten. Der Streit um deren Besitz und die Unzufriedenheit des stolzen Eroberers mit dem Erworbenen, all das prägte sein weiteres Leben. Aus diesen Gründen begab er sich 1540 nach Spanien, um vor dem Indienrat seine Rechte geltend zu machen. Dort traf er auch mit Las Casas zusammen (c. 190). In Amerika zurück, erhielt er weiteren Kommendenbesitz, heiratete um 1544 die Tochter eines Konquistadoren, und ließ sich in Santiago (de los Cabelleros) de Guatemala nieder. Als ständiges Ratsmitglied *(regidor perpetuo)* reiste er 1550 im Auftrag des Stadtrats *(cabildo)* ein weiteres Mal nach Spanien, um als »ältester Eroberer Neuspaniens« an der Junta von Valladolid (1550) teilzunehmen, bei der es um die Umwandlung der zeitlich befristeten *Encomienda* in erblichen und damit ›ewigen Besitz‹ ging *(perpetuidad de los repartamientos de los Indios)* (c. 211). Bei den Debatten traf er wieder auf Las Casas, diesfalls als Kontrahenten, doch wegen der Abwesenheit des Kaisers blieb die Angelegenheit unentschieden.[11] In Valladolid lernte Bernal Díaz wohl auch die Problematik der Rechtstitel der spanischen Eroberung kennen, die vor allem zwischen Las Casas und Sepúlevda ausgefochten wurde. All dies dürfte seine Auffassungen mitgeprägt haben.[12]

Nach der zweiten Spanienreise lernte er López de Gómaras 1552 erschienene *Historia general de las Indias* kennen, die ihn bei der Abfassung seiner eigenen, »wahrhaftigen« Geschichte auf- und anregte, denn er fand bei dem Nichtaugenzeugen Gómara nicht nur viele Fehler und Irrtümer, sondern auch eine in seinen Augen ungerechte Heldenverklärung des Hernán Cortés, was zur Folge habe, dass diese und andere Chroniken »unsere rühmenswerten und hervorragenden Heldentaten *(hazañas)* verschweigen und verdecken« (c. 212). Im selben Jahr 1552 erschienen die Traktate des Las Casas, unter ihnen die *Brevísima relación*, deren Darstellung er in bestimmten Punkten aus der Sicht des Augenzeugen zurückzuweisen ist (c. 83). Über viele Jahre arbeitete Bernal Díaz an dem immer wieder minutiös korrigierten Manuskript, das er 1568 abschloss, ohne dass es zu seinen Lebzeiten veröffentlicht worden wäre. Zwar wurde 1575 eine Kopie an den Indienrat geschickt, doch erst nach seinem Tod am 3. Februar 1584 in Guatemala wurde das Werk von dem Merzedarier Alonso Remón (1561-1632) herausgegeben (Madrid 1632) und erschien bald darauf in zweiter Auflage.

10 Kritische Ausgabe: Historia verdadera de la conquista de la Nueva España (Monumenta Hispano-Indiana I), ed. crít. *Carmelo Sáenz de Santa María*, Madrid 1982. Modernisierte Fassung: Historia verdadera de la conquista de la Nueva España, introd. y notas *Joaquín Ramírez Cabañas*, México [13]1983. (Wir zitieren diese Ausgabe im laufenden Text nach Kapiteln [=c.]). Dt. Geschichte der Eroberung von Mexiko, mit zahlreichen Abb. hg. und bearb. von *Georg A. Narciß*, Frankfurt 1988.

11 Zu den Teilnehmern und zum Verlauf der Junta vgl. *Isacio Pérez Fernández*, Cronología documentada de los viajes, estancias y actuaciones de Fray Bartolomé de Las Casas (Estudios monográficos 2), Bayamón (Puerto Rico) 1984, 796-799.

12 Vgl. *Rolena Adorno*, Discourses on colonialism. Bernal Díaz, Las Casas, and the twentieth-century reader, in: Modern language notes, hispanic issue 103 (1988) 239-258.

Der Soldat Bernal Díaz del Castillo erzählt in den 214 Kapiteln seiner epischen Chronik die Erkundungsfahrten, Verhandlungen, Feldzüge, Schlachten, Streitereien, Märsche, Befriedungen *(pacificaciones)* und Stadtgründungen, an denen er selbst beteiligt war. Im Mittelpunkt steht dabei die Eroberung Mexikos, die Cortés mit seiner Truppe und den zu Vasallen gewordenen indianischen Völkern unternahm, nachdem er am Karfreitag des Jahres 1519 an der Küste gelandet war. Der Feldzug führte Cortés zunächst durch die Gebiete der den Azteken tributpflichtigen Totonaken und Tlaxcalteken, bis ihm der kampflose Einzug in die Hauptstadt Tenochtitlán gelang, wo er den Herrscher Moctezuma II. (1466-1520) traf, der ihn ehrenvoll als Gast empfing. Während Cortés an die Küste zurückkehren musste, nahmen unterdessen die zurückgebliebenen Spanier Moctezuma als Geisel, zerstörten in der Hauptstadt Kultstätten und richteten während eines religiösen Festes für den Kriegsgott Huitzilopochtli ein Blutbad an. Den folgenden Aufruhr vermochte auch der zurückgekehrte Cortés nicht mehr zu beruhigen. Die Spanier mussten sich in der *noche triste* (30. Juni 1520) unter großen Verlusten zurückziehen, kehrten allerdings im folgenden Jahr wieder und eroberten in mehrmonatigen Kämpfen und unter Einsatz von Brigantinen die Hauptstadt. Der Aztekenherrscher Cuauhtémoc (1495-1525) wurde gefangengenommen; die Spanier etablierten ihre Herrschaft.[13]

Im biographisch festgelegten Zeitrahmen erzählt Bernal Díaz all dies als Augenzeuge *(testigo de vista)* und aus der Perspektive der einfachen Eroberer. Im Gegensatz zum ›Ich‹ des Feldherrn Cortés in dessen *Cartas de relación*[14] spricht Bernal in aller Regel vom ›Wir‹ der Soldaten, die er als die »wahren Eroberer« *(verdaderos conquistadores)* (c. 211) bezeichnet, namentlich auflistet und deren Heldentaten er in Erinnerung ruft (c. 205, 206). Seine Perspektive ist also die des Selbstlobs. Da weder die Geschichtsschreiber noch die »Wolken und Vögel« von seinen 119 Schlachten erzählen, müsse er selbst davon berichten (c. 212). Daher verfasst er eine der »Wahrhaftigkeit« verpflichtete Chronik, die zugleich ein Heldenepos von literarischem Rang ist.[15]

Diese von einem Ungebildeten *(idiota sin letras como yo soy)* (c. 212) eingenommene Perspektive der üblicherweise Namenlosen, die nach Manuel Alvar eine »literarische Revolution« einleitete,[16] trägt zugleich kritische

13 Vgl. *Salvador de Madariaga*; Cortés. Eroberer Mexikos, Stuttgart 1956; *Hans Dietrich Disselhoff*, Cortés in Mexiko, München 1957; *Max Zeuske*, Die Conquista, Leipzig 1992; *Rinke* (Anm. 7).

14 Die Eroberung Mexikos. Drei Berichte von *Hernán Cortés* an Kaiser Karl V., hg. von *Claus Litterscheid*, Frankfurt 1980.

15 Vgl. *Angel Balbuena Briones*, Épica e historia, in: Archivum (Oviedo) 8 (1959) 83-110.

16 Vgl. *Stephen Gilman*, Bernal Díaz del Castillo and ›Amadís de Gaula‹, in: Studia philologica (Homenaje Dámaso Alonso) II, Madrid 1961, 99-114.

Momente in sich. Denn sie führt einerseits zur Polemik gegenüber gelehrten Chronisten wie Gómara, der weder die heldenhaften Taten noch die Mühsale der Konquistadoren würdige und so schreibe, »als ob jemand zur Hochzeit ginge« (c. 66). Andererseits führt die Perspektive auch zur harschen Kritik an Cortés und seiner Habgier (c. 169), ohne dass unser Autor indes die Loyalität mit und die Bewunderung für seinen *capitán* aufkündigt. Die Kritik drückt sich vielleicht am deutlichsten in einem der anonymen Schmähsprüche *(pasquín)* aus, die in der Etappe an die Wände gemalt wurden: »Wir sollten uns nicht Eroberer Neu-Spaniens nennen, sondern die Eroberten des Hernán Cortés.« (c. 157)

Als Quellen dienten Bernal Díaz sicher die Cortés-Briefe und Gómaras Chronik, vor allem aber sein enormes, visuelles Gedächtnis, in das auch die Szenen der zeitgenössischen Ritterromane eingegraben waren, die seine Lebensideale prägten und seine Chronik stilistisch inspirierten. Mehrfach bezieht er sich etwa auf den Ritterroman *Amadís de Gaula* von Garcí Rodíguez de Montalvo (1450-1505), auf den er zurückgreift, um das traumhaft Schöne, wie etwa den ersten Blick auf die Hauptstadt Mexikos (c. 87), auszudrücken.

Die Originalität und literarische Qualität der *Historia verdadera de la conquista de la Nueva España* sind bis heute umstritten. Man verweist etwa auf den ›rohen‹ Stil oder die fehlende literarische Struktur dieses Labyrinths von Beschreibungen, Beobachtungen, Dialogen, Anekdoten, Personenporträts. Während Eberhard Straub die ambitiöse Mittelmäßigkeit tadelt und das Werk als Plagiat abtut, weil »mehr Erinnerungen aus Gómara denn aus Mexiko vorgetragen« würden,[17] attestiert Emir Rodríguez Monegal unserem Autor »den wahren Blick des Schriftstellers« und wertet sein Werk als eines »der größten Beispiele historischer Erzählkunst in der Renaissance.[18]

Die Verwurzelung des Bernal Díaz in der narrativen Kultur seiner Heimat *(nuestro común hablar de Castilla la Vieja)* (c. 212) und in der imaginären Welt der populären Ritterromane ließen seine Berichte wie »natürlichen Honig« fließen.[19] Wir haben es mit dem literarischen Niederschlag erzählter Geschichten zu tun, die sonst nur mündlich tradiert werden und die Geschichte in Geschichten darbieten (history tells stories).

17 *Eberhard Straub*, Das Bellum justum des Hernán Cortés in Mexico, Köln/Wien 1976; zu Bernal Díaz 168-209, hier 175.

18 *Emir Rodríguez Monegal* (Hg.), Die Neue Welt. Chroniken Lateinamerikas von Kolumbus bis zu den Unabhängigkeitskriegen, Frankfurt 1982, 23.

19 *Luis Alberto Sánchez*, Historia comparada de las literaturas americanas, tom. 1: Desde los orígenes hasta el Barroco, Buenos Aires 1973, 113.

Spanische Eroberer und ihre Religion

In einem allegorischen Dialog mit der *Fama* erinnert der Autor Bernal Díaz del Castillo an das Schicksal seiner gefallenen oder geopferten Kameraden, deren Namen in Goldlettern geschrieben zu werden verdienten, weil sie gestorben seien, »um Gott und seiner Majestät zu dienen, um denen in der Finsternis das Licht zu bringen, und auch um Reichtümer zu erwerben, die alle Menschen gemeinhin erstreben« (c. 210).

Damit nennt der Autor in einem Atemzug vier Motive, von welchen die Eroberer angetrieben wurden. Es sind die beiden religiösen Motivkräfte des Dienstes für Gott und des missionarischen Dienstes für die *infieles* sowie die beiden profanen Motive des Vasallendienstes für den König und des Erwerbs von persönlichem Reichtum. Wie immer man das Verhältnis dieser Motive zueinander bestimmen mag, wird man sie alle gleichermaßen ernst nehmen müssen, auch wenn faktisch wohl meist das materielle Motiv über die drei ideellen die Oberhand gewonnen haben dürfte.[20] An der Bündelung der Motive wird deutlich, dass religiöse Glaubensvorstellungen, religiöse Praxis und missionarisches Bewusstsein mit den politischen und ökonomischen Motivationen jene untrennbare Einheit bildeten, die zur problematischen Verquickung von militärischer Eroberung und »geistlicher Eroberung« *(conquista espiritual)*, wie die Mission auch genannt wurde, beitrug. Welche religiöse Welt der Konquistadoren lässt sich aus Bernal Díaz' Bericht rekonstruieren?

Eine ins kriegerische Geschehen verwobene religiöse Praxis der Eroberer durchzieht die gesamten Schilderungen wie ein *cantus firmus* (vgl. c. 79). Dazu gehört auf der einen Seite das Gebet der Konquistadoren, die für den Sieg in einer Schlacht bitten, für die Verwundeten beten und für das Überleben danken. Vor einer großen Schlacht gegen die Tlaxcalteken lässt der Autor die Spanier die ganze Nacht über beichten und um den Sieg bitten (c. 64). Nach der ersten, friedlichen Begegnung zwischen Cortés und Moctezuma dankt Bernal Díaz dafür, dass »unser Herr Jesus Christus uns die Gnade und Kraft gegeben hat, es zu wagen, in eine solche Stadt einzudringen, und dass er mich in vielen Todesgefahren bewahrt hat« (c. 88). Unserem Autor scheint besonders daran gelegen zu sein, neben den militärischen Qualitäten des Cortés *(nuestro gran césar)* auch dessen religiösen Eifer *(en todo es muy*

20 Hierzu *Horst Pietschmann*, Staat und staatliche Entwicklung am Beginn der spanischen Kolonisation Amerikas (Spanische Forschungen der Görresgesellschaft, 2. Reihe, Bd. 19), Münster 1980, 28.

católico) herauszustellen (c. 168). Dieser siegesgewisse Eifer drückt sich auch in dessen heraldischem Motto aus, das auf Kaiser Konstantin anspielt: »Brüder, lasst uns mit wahrem Glauben dem Zeichen des heiligen Kreuzes folgen, mit dem wir siegen werden« *Hermanos, sigamos la señal de la santa cruz con fe verdadera, que con ella venceros* (c. 20 und 62). In einem Porträt des Eroberers Mexikos betont Bernal Díaz überdies, dass dieser allmorgendlich andächtig gebetet und die Messe gehört habe, sowie die Heiligen (Maria, Petrus, Jakobus, Johannes der Täufer) verehrt und Almosen gegeben habe (c. 204).

Die Bedeutung der Religion drückt sich auch darin aus, dass zwei Feldkapläne die Expedition des Cortés begleiteten, der Merzedarier Bartolomé de Olmedo (1584-1524) und der Kleriker Juan Díaz (1480-1549), über deren Wirken und Eingreifen Bernal Díaz immer wieder berichtet. Zu den Aufgaben der beiden Priester gehörten die Gottesdienste an Sonn- und Festtagen, aber auch vor und nach größeren Ereignissen, d. h. bei Ankünften und Abfahrten, vor Kämpfen und nach Siegen. So schildert unser Autor ausführlich die Messe und Kreuzverehrung, am Palmsonntag 1519, welche die Spanier im Beisein der Kaziken und der indianischen Bevölkerung feierten *(y los caciques e indios mirándonos)* (c. 36). Stereotype Notizen des Autors zeigen überdies, wie eng die Messe mit den Waffengängen verknüpft war (c. 31).

Zur selbstverständlichen religiösen Praxis gehören die Benennungen von neu gegründeten Orten nach dem kirchlichen Fest oder dem/der Tagesheiligen und die Zeitgliederung nach dem christlichen Kalender. Gleich zweimal erwähnt der Autor etwa, dass es der Hippolytustag war (13. August 1521), an dem die große Stadt Tenochtitlán erobert wurde, und der Aztekenherrscher Cuauhtémoc zur Vesperstunde gefangengenommen wurde (c. 151, 156). Die erzählte Geschichte wird durch die christliche gezählte Zeit strukturiert.

Die Hauptakteure des Geschehens sind in Bernal Díaz' Bericht sicherlich die Konquistadoren, doch zieht sich durch alle erzählten Ereignisse eine zweite Handlungsebene, auf der eine göttliche Macht das Geschehen unsichtbar lenkt. Diesen Providentialismus artikuliert der Autor auf vielfache Weise: Gott hilft in Situationen der Gefahr und der Not wie Seenot oder Wassermangel; er lenkt das Kampfgeschehen, gibt taktische Ideen ein, verleiht Stärke zum Durchhalten, lässt Wunden heilen, verhindert die Ermordung von Cortés und schenkt den Sieg (c. 72). Auch erwähnt Bernal Díaz, wie sich Gott der einfachen Soldaten zur Beratung des Cortés bedient (c. 66); wie Gott auch bei den Feinden agiert, indem er ihnen Friedensgedanken eingibt: *Y quiso Dios que inspiró en los pensamientos que hiciesen paces con nosotros* (c. 67). Für die Spanier günstige Umstände werden in aller Regel Gottes Hilfe zugeschrieben *(con la ayuda de Dios que nos favoreció)* (c. 213).

Zum religiösen Inventar der Eroberer gehört schließlich die aus der *Reconquista* bekannte Anrufung des hl. Jakobus und der Schlachtruf *¡Santiago, y a ellos!* (c. 31, 63, 166). Doch gerade im Zusammenhang dieses Symbolheiligen der *conquista*[21] gelangen unkonventionelle Elemente in den Bernal Díaz' Bericht. Denn unser Autor bestreitet als Augenzeuge die vielfach kolportierte Wunderlegende, der zufolge der hl. Santiago auf seinem weißen Pferd den Spaniern und Indios in der Schlacht von Cintla erschienen sei und zugunsten der Spanier leibhaftig eingegriffen habe. Mit ironischem Realismus heißt es, er selbst sei wohl unwürdig gewesen, dieser Erscheinung teilhaft zu werden; er habe nur Francisco de Morla (?-1520) auf einem braunen Pferd gesehen (c. 34). Wunderlegenden dieser Art beurteilt unser Autor skeptisch (c. 94), auch und gerade, wenn Gómara sie berichtet.[22] Die Skepsis mag auch mit seinem nüchternen Denken zusammenhängen, doch entscheidend wird wohl seine Tendenz zur »Entmythisierung« der Geschichte sein, ob dies den Heroen Cortés betrifft, den göttergleichen Moctezuma oder übernatürliche Interventionen bei Schlachten.

Gleichwohl verfügt unser Erzähler über eine Offenheit für das Neue und eine Sensibilität für das Wunderbare, das *real maravilloso*, wie es die lateinamerikanische Literatur der Gegenwart kennt. Beim ersten Anblick der Stadt Mexiko glaubten die Eroberer Zauberdinge *(encantamiento)* zu sehen wie im Amadís-Roman, und fragten sich verwundert, ob sie träumen (c. 87), wie sie auch beim Anblick der großen Stadt erschraken und diese nicht für Menschenwerk hielten (c. 145). Die Sensibilität bewegt ihn auch oftmals zur Schilderung menschlicher Regungen, wie sie im militärischen Verhaltenskodex nicht vorgesehen sind. So berichtet er angesichts des Schicksals seiner Kameraden öfter sehr anschaulich von der Todesangst, auch seiner eigenen *(temí la muerte más que nunca)* (c. 156). Aber auch die Gegner haben sein Mitgefühl: die Besiegten in der eroberten Hauptstadt (c. 156), der Tod des bewunderten Moctezuma (c. 126) oder die ungerechte Verurteilung des Cuauhtémoc: *fue esta muerte muy injustamente* (c. 177).

Auffälliges Zeichen einer sensiblen Wahrnehmung sind auch vielfache Erwähnungen der aztekischen Kazikentochter Malintzin oder Malinche

21 Vgl. hierzu *Jacques Lafaye*, Quetzalcóatl y Guadalupe. La formación de la conciencia nacional en México, México ²1985, 287ff.

22 *Francisco López de Gómara*, Historia (Anm. 5), 38 (cap. XX) und 165 (cap. CV).

23 Hierzu *Barbara Dröscher/Carlos Rincón* (Hgg.), La Malinche. Übersetzung, Interkulturalität und Geschlecht, 2. Aufl. (Tranvia Nr. 8), Berlin 2010; zur Rolle der Frauen vgl. *Pilar Regueio Suárez/Raquel E. Güerca Durán*, La participación de las mujeres indígenes y españolas en la conquista, in: *Martín Ríos Saloma* (ed.), Conquistas. Actores, escenanrios y reflexiones. Nueva España (1519-1550), Madrid 2021.

(1502-1529) mit dem Taufnamen Doña Marina, die für Cortés als Dolmetscherin fungierte und interkulturell als vermittelnde »Stimme« *(lengua)* eine zentrale Rolle spielte.[23] Immer wieder hebt er ihre Tapferkeit hervor (c. 66) und berichtet, dass die Azteken Cortés immer als *Malinche* ansprachen (c. 74). All diese Beobachtungen zeigen konventionelle Züge, aber auch davon abweichende Züge wie Sensibilität, Bewunderung, Mitleid, Skepsis.

Zur religiösen Welt der Azteken

Sicherlich haben die Eroberer die auf kosmische Abläufe bezogene Religion der Azteken nicht so begriffen wie ein Bernardino de Sahagún, der mit Hilfe einheimischer Informanten tief in die kulturelle und religiöse Welt eindrang und die Eroberung Mexikos im XII. Buch seiner *Historia general de las cosas de Nueva España* aus der Perspektive der Eroberten schilderte.[24] Was die Eroberer zunächst von der aztekischen Religion wahrnahmen, waren die äußeren architektonischen, figürlichen und rituellen Repräsentationen, die sie in Verwunderung und Erschrecken versetzten.

Da ist zunächst die Verwunderung über die massiv gebauten Tempelanlagen *(gran cu)* in Cholula, Tetzcoco, Tlatelolco und vor allem über die große Tempelpyramide in Mexiko (Tenochtitlán) mit ihren 114 hohen Stufen. Sie bot von ihrer Plattform einen weiten Blick über die große Stadt, die unser Autor mit Rom und Konstantinopel vergleicht. Der erste Eindruck ist Bewunderung *(era cosa de admiración)* (c. 92). Neben den Tempeln, die Bernal Díaz mit den Pfarrkirchen Kastiliens vergleicht, fallen ihm auch die Altäre mit Sakralfiguren in den indianischen Häusern (c. 208) ins Auge. Auch bestaunten die Eroberer jene kreuzförmigen Zeichen, die sie an den Idolen entdeckten und später als prophetisches Vorzeichen deuteten (c. 3). Bewunderung und interessierte Wahrnehmung vermischen sich jedoch schon zu Beginn des Berichts sogleich mit Abscheu, als die Eroberer in den Tempeln die tönernen Idole mit Dämonengesichtern oder Plastiken mit sexueller Bedeutung sehen (c. 2). Der Abscheu wächst beim Anblick der Götterbilder, besonders des

24 *Bernardino de Sahagún*, Historia general de las cosas de Nueva España, ed. *Angel María Garibay*, México 1985; Aus der Welt der Azteken. Die Chronik des Fray Bernardino de Sahagún, mit einem Vorwort von Juan Rulfo, ausg. von *Claus Litterscheid*, Frankfurt 1989.

Kriegsgotts Uichilobos *(Huitzilopochtli)* im großen Tempel von Mexiko, so dass unser Autor diese »Götterhäuser« nurmehr als »reine Hölle« *(puro infierno)* zu benennen vermag.

Der Abscheu steigert sich zum Erschrecken und Entsetzen über die Menschenopfer, die in den Tempeln dargebracht werden und tatsächlich ein zentrales Element der aztekischen Religion darstellten, insofern die Opferung von Menschenherzen den Sinn hatte, die kosmische Ordnung aufrechtzuerhalten.[25] Oft schildert unser Autor die Spuren der Menschenopfer in den Tempeln, das Blut an den Wänden und auf dem Boden, die Leichname der Geopferten, die blutverschmierten Priester *(papas)* und den abscheulichen Gestank wie im Schlachthaus *(todo hedía a carnicería)*. Bernal Díaz beschreibt eindringlich, wie alle Sinne sich sträuben bei all diesen »teuflischen Dingen« (cosas muy diabólicas): Beim Hören des Klangs einer riesigen Pauke, beim Riechen des Gestanks *(mal hedor)* und beim Sehen des Schrecklichen (c. 92). Zu all dem kommen die oft wiederholten Hinweise auf kultische *Blumenkriege*, bei denen die Gefangenen bis zu ihrer Opferung in Käfigen gehalten und gemästet werden. Sodomie, Götzendienst, Menschenraub, Menschenopfer und Kannibalismus sind die fünf negativen Phänomene in der aztekischen Welt, die unser Autor so oft nennt, dass er sich selbst die Frage stellt, ob dies den Leser seiner *Historia verdadera* nicht ermüdet. Daher verspricht er, davon zu schweigen, ohne es indes wirklich zu tun (c. 44).

Bernal Díaz' Schilderung ist auf den Kontrast zwischen der hochentwickelten Kultur des Aztekenreiches (Kunst, Codices, Sakralbauten, Handwerk, staatliche und soziale Organisation) und den (blutigen) religiösen Riten angelegt. Mitten in der sympathischen Schilderung der Persönlichkeit des »großen Moctezuma« und der anschaulichen Beschreibung seines kunstvollen Palastes und seiner prächtigen Hofhaltung findet sich eine auf Hörensagen beruhende Schilderung eines Menschenopfers: »Wenn sie einen unglücklichen Indio opfern, sägen sie ihm mit Obsidianmessern die Brust auf, reißen ihm das schlagende Herz heraus und bringen es ihren Idolen dar, in dessen Namen sie dieses Opfer vollbrachten. Dann schneiden sie Arme, Beine und Kopf ab, hängen die Köpfe an Balken auf und verzehren das andere auf Festmählern. Den Körper des Geopferten essen sie nicht, sondern geben ihn wilden Tieren.« (c. 91). Der Kontrast zwischen

25 Zur aztekischen Religion und zum Menschenopfer vgl. *Günter Lanczkowski*, Götter und Menschen im alten Mexiko, Olten / Freiburg i. Br. 1984; *Yolotl González Torres*, El sacrificio humano entre los mexicas, México 1985; *Miguel León-Portilla*, México-Tenochtitlán. Su espacio y tiempo sagrados, dritte ed. México 1992.

26 Zu seiner vorspanischen und kolonialzeitlichen Bedeutung vgl. *Hanns J. Prem*, Geschichte Altamerikas, München 1989, 17f, 129f; *Lafaye*, Quetzalcóatl (Anm. 21), 225-230.

den bewunderswerten Dingen *(cosa de admiración)* und den infernalischen Dingen *(cosas infernales)* führt Bernal Díaz zu der Cortés in den Mund gelegten Frage an Moctezuma: »Señor Moctezuma, ich kann nicht begreifen, wie ein so großer Herrscher und weiser Mann, wie Ihr es seid, nicht in Eure Gedanken aufgenommen habt, dass diese eure Idole *(ídolos)* keine Götter *(dioses)* sind, sondern schlechte Dinge, die man Teufel *(diablos)* nennt.« (c. 92)

Die Konquistadoren nahmen freilich nicht nur die äußeren Gestaltungen der aztekischen Religion in ihren bewunderten und verabscheuten Seiten wahr, sondern kannten auch einen aztekischen Mythos, der ihnen in die Hände spielte. Es handelt sich um den legendenumwobenen Gott *Quetzalcóatl* (Schlange mit Quetzalfedern), der im aztekischen Pantheon als Windgott figurierte, aber auch mit dem sagenumwobenen toltekischen Herrscher Topiltzin identifiziert wurde, der, wegen seines Widerstands gegen die Menschenopfer aus seiner Heimat Tollan vertrieben wurde. Vor dort wurde seine Rückkehr aus dem Osten erwartet, die den alten Weissagungen zufolge für das Jahr »Eins Rohr« *(Ce-Acatl)* prognostizier war.[26] Dieses Jahr fiel im 52-Jahre-Zyklus des aztekischen Kalenders auf das Jahr 1519 christlicher Zeitrechnung, in dem Cortés mit seinen Truppen landete. Dies hatte nach dem Bericht des Bernal Díaz zwei für den Eroberungszug entscheidende Folgen: Zum einen führte die Erwartung der Ankunft Quetzalcóatls, die sich nach zeitgenössischen Quellen durch böse Vorzeichen (Komet, Tempelbrand, missgestaltete Wesen) ankündigen sollte, zur zaudernden und wechselhaften Haltung Moctezumas, wie den weißen Eindringlinge gegenüber zu treten sein: als Invasoren oder als weißen Göttern. Bernal Díaz zufolge hatte Moctezuma sich zur zweiten Version durchgerungen und seine Gäste entsprechend empfangen (c. 89). Zum anderen führte dieser Mythos bei den indianischen Völkern zur Vorstellung, Cortés und seine weißen bärtigen Männer, die von Sonnaufgang übers Meer herkamen, seien die erwarteten Götter *(teules)*, die nun ihre Herrschaft wieder antreten wollten. Auftrieb erhielt diese Vorstellung durch die bislang unbekannten Kräfte, mit denen die Eroberer aufwarteten: Schiffe, Gewehre, Kanonen, Pferde und »sprechendes Papier« (Schrift). Da die Spanier schon frühzeitig von diesen Erzählungen Kenntnis erhielten (c. 13), hat Cortés sich, nach Aussagen unseres Autors, diesen Mythos immer wieder taktisch zunutze gemacht (c. 78, 139).

Freilich schlägt die schon erwähnte Tendenz des Bernal Díaz zur Entmythisierung auch in diesem Zusammenhang wieder durch, indem er sowohl die tlaxcaltekischen Priester zur Erkenntnis kommen lässt, dass die Kalkgesichter Menschen von Fleisch und Blut *(hombres de hueso y carne)* seien, da sie ja Hühner, Brot und Früchte äßen (c. 66), und Cortés den Indios verkünden lässt, die Spanier seien Menschen und keineswegs *teules* (c. 70). Diese Hinweise waren deshalb nötig, um dem indianischen

Verdacht vorzubeugen, die neuen Götter würden nun ihrerseits Menschenopfer verlangen. Einen gewissen Höhepunkt erreicht die Entmythisierung im stilisierten Gespräch zwischen Cortés und Moctezuma, in dem sich beide versichern, keine göttergleichen Wesen zu sein (c. 90).

Abschied von einem erobernden Gott?

In seiner Handbuch über Krieg und Gerechtigkeit, zivile und kirchliche Verwaltung sowie über Mission und pastorale Praxis *De procuranda Indorum salute* (1588) entwickelt José de Acosta (1540-1600) aus der Rückschau eine Typologie der in Amerika angewandten Missionsmethoden und unterscheidet dabei die i) apostolische, auf jeden militärischen Apparat verzichtende Evangelisierung – die ideale Methode; ii) eine Mission nach vorherigen militärischen Unterwerfung; iii) die Mission unter militärischem Begleitschutz.[27]

Der von Bernal Díaz berichtete missionarische Eifer der Eroberer entspricht der zweiten Methode. Das Bewusstsein von der unheiligen Allianz von *conquista* und Mission bricht sich erst langsam Bahn.[28] Die von Bernal Díaz berichteten »missionarischen« Aktivitäten der Konquistadoren enthalten in der Regel zwei einander ergänzende Doppelelemente. Das erste Doppelelement ist theoretischer Art und besteht in zwei mündlichen Darlegungen: positiv in einer kurzen Erklärung der Heilsgeschichte, die entweder von Cortés oder den Feldkaplänen gegeben wird, und negativ in der Aufforderung, den Polytheismus und die inkriminierten Verhaltensweisen wie Sodomie und Menschenopfer aufzugeben. Diese religiös-moralische Predigt ist bisweilen von einem Gottesdienst der Spanier begleitet, dem auch die Indios beiwohnen (c. 27, 40). Das andere Doppelelement ist mehr praktischer Art und besteht positiv in der Errichtung eines Kreuzes, meist verbunden mit dem Aufstellen eines Marienbilds, und negativ in der Zerstörung der indigenen Götterdarstellungen. Nicht immer finden sich alle Elemente in einem Zusammenhang; manchmal beschränkt sich die Aktivität auf die Aufforderung zur Abschaffung der Menschenopfer und auf das Aufstellen eines Kreuzes.

27 *Jose de Acosta,* De procuranda Indorum salute (II, 8), vol. I: Pacificación y colonización (Corpus Hispanorum de pace 23), Madrid 1984, 302f.

28 Zu diesem Prozess vgl. *Günter Lanczkowski*, Die Begegnung des Christentums mit der aztekischen Religion, in: Numen 5 (1958) 58-81.

29 *José Castro Seoane*, El P. Bartolomé de Olmedo, capellán del ejercito de Cortés, in: Missionalia hispanica 6 (1949) 5-78.

Ein Beispiel ist der Zusammenstoß der Eroberer mit den Leuten von Cempoal, bei dem Cortés die Grundsätze des Christentums erläutert, die Abschaffung der Menschenopfer fordert, die Götterbilder auf der Tempelpyramide verbrennen lässt, die Räume frisch zu weißen und ein Marienbild aufzustellen und zu schmücken befiehlt. Sodann trägt er den Indios auf, das Bild zu hüten; als einziges Zugeständnis an die indianische Welt kann das Räucherwerk *(Copal)* als Weihrauch weiterverwandt werden. Schließlich wird die Messe gefeiert und der christliche Glaube erläutert (c. 51 und 52).

Diese Methode erfährt in Bernal Díaz' Bericht jedoch allmählich Einschränkungen durch Einsprüche seitens des Feldkaplans Bartolomé de Olmedo,[29] den unser Autor als verständigen Menschen und guten Theologen lobt. Die Indios müssten zunächst den Glauben besser kennenlernen, bevor man ein Kreuz (c. 61) oder gar eine Kirche anstelle der alten Tempel (c. 92) errichten dürfe. Und man dürfe, so die Intervention des Paters, den Indios den Glauben nicht aufzwingen: »Es ist nicht recht, sie mit Gewalt zu Christen zu machen *(No es justo que por fuerza les hagamos ser cristianos.)* Und von dem, was in Cempoal geschah, als wir ihre Idole zerstörten, wünschte ich, dass es nicht geschehen wäre. Was hilft es ihnen, jetzt ihre Idole von den Tempeln zu stürzen, wenn sie sie danach zu anderen bringen? Es ist gut, dass sie jetzt unsere guten und heiligen Ermahnungen vernehmen, damit sie dann die guten Ratschläge erkennen, die wir ihnen geben.« (c. 87) Diese Rede erscheint wie ein Echo auf die unmittelbar zuvor vorgebrachten Einwände der *Kaziken*, die zu bedenken geben, dass die Eroberer gerade erst das Land betreten hätten, sie aber Zeit brauchten, um den neuen Gott besser zu verstehen und zu tun, was gut sei. Wie könne man verlangen, die eigenen Götter zu verlassen, zu denen ihre Vorfahren gebetet und denen sie Opfer dargebracht hätten.

Bernal Díaz bleibt nicht bei den Einsprüchen gegen die gewaltsamen Bekehrungsversuche der Konquistadoren stehen. Die bessere Weise der Mission ist für Bernal Díaz die kluge Verkündigung in mexikanischen Sprache (c. 165), wie sie von Ordensleuten betrieben werde; um solche Missionare bitten die Soldaten den König in einem gemeinsamen Brief (c. 159). Tatsächlich trifft die Gruppe der franziskanischen »doce frayles« unter Leitung von Martín de Valencia (1473-1534) in Mexiko ein (1523). Er schildert ausführlich deren Empfang, bei dem alle auf die Knie gehen, auch Cortés, so dass sich die Azteken, die sich mit dem gefangenen Herrscher Cuauhtémoc eingefunden hatten, ein gutes Beispiel nehmen konnten und Cortés nicht mehr für einen Halbgott halten (c. 171).

Zweifellos liegt die ganze Sympathie unseres Autors bei diesen »guten Franziskanern«, doch will er auch die missionarischen Verdienste der Eroberer gewürdigt wissen. Dieses Selbstlob wird deutlich an zwei Kapiteln gegen Ende seiner *Historia verdadera*, in der er die Erfolge in Neuspanien beschreibt *(policía, cristiandad, justicia)* und betont, dass es, nach Gott, die »wahren Eroberer« gewesen seien, die zuerst den Glauben gepredigt hätten (c. 208).

Einen besonderen Rang in der Darstellung der missionarischen Aktivitäten dürfte das »Religionsgespräch« haben, das Cortés und Moctezuma bei ihrem friedlichen Zusammentreffen miteinander führen. Es findet in zwei Teilen statt, zunächst bei der zweiten Begegnung zwischen Cortés und Moctezuma und dann bei einem Tempelbesuch der Spanier. Beide Teile sind gegenläufig konzipiert: Im ersten Teil erläutert Cortés den christlichen Glauben, denunziert die aztekischen Götter als *diablos* und fordert ein Ende des Götzendienstes. Cortés setzt also auf die Exklusivität des christlichen Gottes, indem er die fremden Götter als dämonische Mächte depotenziert. Anders dagegen Moctezuma, der auf diese Forderungen antwortet, sie hätten gute Götter, würden aber auch die fremden für gut halten, und man solle nicht weiter darüber reden (c. 89). Diese religiöse Offenheit Moctezumas entspricht dem Brauch der Azteken, die Stammesgötter anderer Völker in ihr Pantheon zu integrieren und ihnen einen Platz im »Haus der verschiedenen Götter« *(coateocalli)* zuzuweisen.

Beim zweiten Teil des »Religionsgesprächs« laufen die Dinge anders: Die Spanier besteigen die große Stufenpyramide, auf deren Plattform die beiden dem Regengott Tlaloc und dem aztekischen Stammes- und Kriegsgott *(Huitzlopochtli)* geweihten Tempel und die entsprechenden Opferaltäre stehen.[30] Von der Plattform aus zeigt Moctezuma seinen Besuchern die große Stadt, und diese bitten ihn, ihnen auch seine *teules* zu zeigen. Dabei bittet Cortés Moctezuma zwar nicht um die Erlaubnis zum Kirchenbau auf der Plattform (davon hatte P. Bartolomé de Olmedo dringend abgeraten), wohl aber um die Erlaubnis ein Kreuz zu errichten und im Tempel Huitzilopochtlis ein Marienbild aufzustellen. Der Sinn dieser friedlichen Konkurrenz soll sein, die Wirkungslosigkeit der Götter aufzuzeigen. Diesmal zeigt sich also der Spanier religiös offen, allerdings nicht im Sinn einer Integration der Götter, sondern im Sinn eines konkurrierenden Wahrheitserweises. Die Antwort Moctezumas nach Beratung mit seinen *papas* ist ein Tadel: Cortés entehre seine Götter, die gut seien, Gesundheit, Wasser, gute Ernten, gutes Wetter und Siege gegeben hätten. Daraufhin brechen die Spanier wieder auf, während Moctezuma zu verstehen gibt, er müsse nun beten

30 Sie sind symbolischer Ausdruck des auf Agrikultur (Regen) und Tributen (Krieg) beruhenden aztekischen Staatswesens; cf. hierzu *Johanna Broda / David Carrasco / Eduardo Matos Moctezuma*, The Great Temple of Tenochtitlan. Center and Periphery in the Aztec World, Berkeley 1987, 25ff.

31 Zu diesem Wandel vgl. *Antonio González Dorado*, Mariología popular Latinoamericana. De la María conquistadora a la María liberadora, Asunción 1985, 29-47.

32 Vgl. *Mariano Delgado*, Abschied vom erobernden Gott. Studien zu Geschichte und Gegenwart des Christentums in Lateinamerika (Neue Zeitschrift für Missionswissenschaft, Suppl. 43), Immensee 1996.

und für die Sünde *(tatacul)*, die Fremden den Tempel habe besteigen zu lassen, Opfer darbringen. Worauf Cortés sich entschuldigt und mit den Seinen abzieht. Dabei erwähnt unser Autor das durchaus unheroische Detail, dass einige Spanier erhebliche Beschwerden beim Hinabsteigen von der Tempelpyramide hatten, wegen der in Mexiko eingefangenen *bubas*, den Folgen der Syphilis (Geschwüre).

Auch Bernal Díaz Darstellung der marianischen Devotion lässt eine Tendenz erkennen: Zum einen berichtet er des Öfteren von der Marienfrömmigkeit der Konquistadoren, die sich etwa im Anrufen ihres Namens *(nuestra abogada)*, im Aufstellen ihres Bildes oder in der Benennung eines Ortes *Santa María de la Victoria* (Tabasco) äußert. In diesem Sinn war Maria in der spanischen Devotion gewiss eine »María conquistadora«. Die Azteken und ihr Herrscher kamen dementsprechend auch zum Schluss, dass es sich um eine mächtige Herrin handeln müsse *(gran tequecihuata de Castilla)* (c. 94, 36), die den wenigen Spaniern den Sieg über eine so große indianische Übermacht gewährt habe. Zum anderen erwähnt unser Autor aber auch positiv die Erscheinung der *Virgen de Guadalupe* am alten indianischen Kultort Tepeyac und die sich dort ereignenden Wunder (c. 150, 210). Das ist insofern außergewöhnlich, weil dieser populare Kult von Kirchenleuten als indianischer Synkretismus beargwöhnt oder gar abgelehnt wurde.

In den Schilderungen des Bernal Díaz lassen sich mithin Anzeichen eines Wandels in der »Theologie« der Konquistadoren ablesen: Eine Absage an Zerstörung und Zwang bei Missionsaktivitäten wie bei Feldkaplan Olmedo), eine klare Bevorzugung friedlicher Weisen der religiösen Begegnung und der Evangelisierung (Predigt und Beispiel), Hinweise auf den Wandel vom Kult der *María conquistadora* zur Verehrung der María liberadora.[31]

Lascasianischer Einfluss? Insgesamt lässt der Erzähler Bernal Díaz in seiner *Historia verdadera* einen starken Wandel seines Denkens erkennen, wie er im Kontext der *conquista* untypisch und nicht zu erwarten war. Man kann diesen Paradigmenwechsel sondergleich mit einem »Abschied vom erobernden Gott«[32] vergleichen, der sich langsam vollzog und nicht zuletzt unter dem latenten Einfluss des Las Casas gestanden haben dürfte. Diesen bemerkt man schon daran, dass die *Historia verdadera* mehrfach auf Las Casas Bezug nimmt; beide Protagonisten kannten sich, da sie im Jahr 1540 (c. 190) in Verhandlungen vor dem Indienrat aufeinandergetroffen waren, und noch einmal 1550 (c. 211), als es um den Besitz von *encomienda* ging. So unterschiedlich beide in Bildung, Beruf und Temperament waren und so gegensätzlich ihre Auffassungen auch gewesen sein mögen, so verbindet sie doch eine lange Bekanntschaft, wie aus einem Brief des Bernal Díaz vom 20. Februar 1558 an Las Casas hervorgeht. In diesem Schreiben, in dem er um Fürsprache in seinen Angelegenheiten bittet, verweist er darauf, dass Las Casas ihn sicher sehr loben würde, wenn er die gute Behandlung der Indios, das Wirken der Dominikaner und die geordneten Zustände in seinem Verantwortungsbereich sehen würde. Ausdrücklich nennt er ihn »Vater und Verteidiger der armen Indios« *(padre y denfensor destos povres yndios)*. Ebenso beruft er sich in einem Brief gleichen Datums an Philipp II. auf Las Casas, der Zeugnis von seinen Verdiensten geben könne.[33] Von Las Casas sind keine namentlichen Erwähnungen des Bernal Díaz bekannt, so dass wir sein Urteil über Bernal Díaz nicht kennen.

Unser Autor legt jedenfalls schon zu Beginn seiner *Historia verdadera* größten Wert darauf, mit Las Casas bekannt zu sein (c. 7), auch wenn er ihn kritisiert oder gegensätzliche Auffassungen vertritt. Ausdrücklich bezieht sich Bernal Díaz auf die in seinen Augen falsche Darstellung, die Las Casas in seinem Kurzen Bericht über die Zerstörung *(Brevísima relación de la destrucción de las Indias)* vom Blutbad *(matanza)* von Cholula gibt.[34] Als Augenzeuge des Geschehens rechtfertigt sich Díaz mit der Lebensgefahr, die eine Verteidigung notwendig gemacht habe (c. 83). Durch die Anklagen des Las Casas sieht er sich also unter einem Rechtfertigungsdruck. So beginnt die von Las Casas inaugurierte Kritik und Diskussion um die Moralität und Legitimität der spanischen *conquista* bei unserem Autor langsam zu wirken.

Auch in der Frage der *encomienda* kamen Bernal Díaz und Bartolomé de Las Casas zu gegensätzlichen Auffassungen. Las Casas ist radikaler Kritiker des *encomienda*-Systems, dessen Abschaffung er immer wieder fordert und auf legislativem Weg auch teilweise durchsetzt, wie im Fall der *Leyes Nuevas* Karl V. (1542) zum Schutz der indigenen Bevölkerung. Bernal Díaz dagegen plädiert für die Beibehaltung und »Verewigung« dieser Institution, um für die Zukunft seiner Nachfahren vorzusorgen. Immerhin bewirkt die moralische Autorität des Las Casas bei ihm, dass er auf die gute Behandlung der Indios drängt und sie wohl auch verwirklichte, ohne freilich die Bedeutung des institutionellen Moments zu erkennen.

Doch gibt es zwischen Bernal Díaz und Las Casas nicht nur Kontroversen, sondern auch bedeutsamen Übereinstimmungen, auf die André Saint-Lu (1916-2009) und sein Lehrer, Marcel Bataillon (1895-1977), aufmerksam gemacht haben.[35] Die Übereinstimmungen beziehen sich zum

33 Die Briefe sind in der Ausgabe der *Historia verdadera* von *J. Ramírez Cabañas* abgedruckt (Anm. 10); an den Kaiser S. 640-642, an Las Casas S. 642-644.

34 *Bartolomé de Las Casas*, Brevísima relación de la destruición de las Indias (1552), in: Tratados I, prólogos *Lewis Hanke y Manuel Giménez Fernández*, México 1974, 67-71. Dt. Kurzgefaßter Bericht über die Verwüstung der Westindischen Länder, hg. von *Michael Sievernich*, 4. Aufl., Frankfurt am Main 2020, 56ff.

einen auf beider Kritik an der spanischen Kolonialherrschaft,[36] und zum anderen auf die differenzierte Wahrnehmung der indianischen Welt und auf das Mitfühlen mit dem Unterdrückten. Bernal Díaz nimmt in seiner *Historia verdadera* gegenüber den spanischen Autoritäten eine für Militärs eher untypische, kritische Haltung ein: Er kritisiert die politischen (Diego de Velázquez de Cuéllar, 1465-1524) und militärischen Autoritäten (Hernán Cortés), die gelehrten (Francisco López de Gómara) und die administrativen Autoritäten (Alonso López Cerrato, 1490-1544), Präsident der *Audiencia de los Confines*). Den um Reformen bemühten Cerrato[37] denunziert er vor allem wegen Nepotismus. Aber auch die Kameraden und die Kolonisten bleiben von der Kritik nicht ausgespart; bei ihnen missbilligt unser Autor vor allem die Plünderungen, die Betrügereien und die unersättliche Gier nach Reichtum (c. 213). Bisweilen trägt die Kritik humoreske Züge, wenn er etwa von den Einbildungen seiner Kameraden berichtet, die von den Indios erstandene kupfernen Äxte für Gold halten (c. 16) oder die in der Sonne glitzernden, gekalkten Häuserwände für Silber. Wenn Bernal Díaz die Gerechtigkeit verletzt sieht, ergreift er auch Partei für die Gegner, wie im Fall des wortbrüchigen Pedro de Alvarado (1486-1541), der Moctezuma die Abhaltung eines religiösen Festes erlaubt hatte, die Feiernden dann jedoch überfällt, worauf die Azteken sich mit Waffen verteidigen. Diesen Aufstand kann Bernal Díaz nur für gerechtfertigt halten (c. 213).

Vor allem aber protestiert er heftig gegen die Ungerechtigkeiten der kolonialen Ausbeutung, insbesondere gegen die Versklavung der indigenen Bevölkerung. Geradezu programmatisch ist davon im ersten und vorletzten Kapitel der *Historia verdadera* die Rede. So berichtet er zu Beginn vom Auftrag des Diego Velázquez, sich der Indios als Sklaven zu bedienen, was er vom kollektiven Wir der Soldaten zurückweisen lässt, da dies nicht gerecht sei und dem Gebot Gottes und des Königs zuwiderlaufe: Weder Gott noch König hätten je gefordert, »aus Freien Sklaven zu machen« *(no lo mandaba Dios ni el rey, que hiciésemos a los libres esclavos)* (c. 1). Am Ende seiner *Historia* wendet er sich vehement gegen die Versklavung »freier Indios« durch Einbrennen des Sklavenzeichens und rühmt sich, die Markierungseisen für die im Krieg gemachten Sklaven (G=Guerra) und für die losgekauften Sklaven (R=Rescate) zerbrochen zu haben. Darüber erstattet er auch dem als

35 *André Saint-Lu*, Bernal Díaz del Castillo y Bartolomé de Las Casas, in: *ders.*, Las Casas indigeniste. Études sur la vie e l'oeuvre du défenseur des Indiens, Paris 1982, 141-149, hier 147f.

36 Vgl. *Marcel Bataillon*, Las Casas et le licencié Cerrato, in: *ders.*, Études sur Bartolomé de Las Casas, Paris 1965, 239-247.

37 Hierzu *William L. Sherman*, Indian slavery and the Cerrato Reforms, in: The Hispanic American Historical Review 51 (1971) 25-50.

Indigenisten und Gegner der Versklavung bekannten Sebastián Ramírez de Fuenleal (1490-1547)[38] Bericht und bittet ihn, die Markierung von Sklaven in ganz Neuspanien zu verbieten (c. 213).

Die Übereinstimmungen mit Las Casas beziehen sich zum anderen auf eine differenzierte Wahrnehmung und Wertschätzung der indianischen Welt, trotz aller Ablehnung der für ihn moralisch und religiös intolerablen Riten und Verhaltensweisen. Diese Wertschätzung zeigt sich in der Bewunderung der Schönheit der Kultur Mexikos und seiner Hauptstadt (c. 87), die ihm zuerst ins Auge fielen und sich seinem Gedächtnis einprägen. Vor allem aber sind es die indianischen Menschen, denen seine Zuneigung gilt, deren Schönheit er bewundert, deren Fertigkeiten ihn erstaunen, deren Mut ihm Respekt abnötigt, deren Freiheit und Würde er anerkennt und an deren Leiden er, besonders in den kriegerischen Auseinandersetzungen, mitleidet (c. 156). Zwei Gestalten gilt seine besondere Sympathie: Dem Aztekenherrscher Moctezuma, von dem er ein einfühlsames Charakterbild zeichnet (c. 91), und bei dessen Tod er wie um einen Vater trauert; sowie der aztekischen Frau Malinche, die für ihn dolmetschte und deren Klugheit und Tapferkeit er nicht genug loben kann *(tan excelente mujer)*. Diese Malinche erwähnt er namentlich fast genauso oft wie seine besten Kameraden. Sie ist überdies die einzige Person, bei der er eine biblische Analogie heranzieht, indem er sie mit Joseph von Ägypten (vgl. Gen 37-50) vergleicht (c. 37).

Bernal Díaz war gewiss kein Las Casas; er gehörte im Gegenteil zur Gruppe der überzeugten *conquistadores* und *encomenderos*. In seinen Anschauungen über die Legitimität der *conquista* folgte er eher dem Humanisten Juan Ginés de Sepúlveda als Las Casas. In seiner *Historia verdadera* lässt sich mithin die Welt der Konquistadoren studieren, doch in einem differenzierten Bild auch eine implizite »Theologie« der *Historia* rekonstruieren und Anzeichen eines Wandels feststellen. Die Totalität eines geschlossenen Weltbilds wird durch das »Einbrechen« der Indigenen, der Sklaven und der Frauen langsam aufgebrochen, so dass die Dialektik des gewaltsamen Konflikts allmählich von eine Dialogik der Begegnung durchkreuzt wird. Einen erheblichen, wenn nicht entscheidenden Einfluss auf diese neue Hermeneutik, die den Anderen positiv in den Blick nimmt, dürfte Bartolomé de Las Casas und seine Entdeckung des Anderen gehabt haben. ◆

38 Sebastián Ramírez de Funleal (1490-1547) war Bischof von Santo Domingo, Präsident der Audiencia de México und Mitglied des Indienrats; vgl. *Enrique Dussel*, El episcopado latinoamericano y la liberación de los pobres 1504-1620, México 1979, 48.

4
Neue »Erfahrung« in der Neuen Welt

Wenige Jahre vor der ersten Indienreise des Kolumbus schrieb ein junger Mann eine berühmte *Rede über die Würde des Menschen (Oratio de dignitate hominis)*, welche die Schwelle zur Neuzeit markiert. Es war der italienischen Humanist Giovanni Pico della Mirandola (1436-1494), der die Geburt des europäischen Ich aus dem Geist der Renaissance pries, und der Gott zum Menschen sprechen lässt: »Du sollst deine Natur nach deinem freien Ermessen *(pro tuo arbitrio)* selbst bestimmen, ich habe dich in die Weltmitte gestellt. Ich habe dich weder himmlisch noch irdisch, weder sterblich noch unsterblich geschaffen, damit du dich frei, aus eigener Macht, selbst modellierend und bearbeitend, zu der von dir gewollten Form ausbilden kannst. Du kannst ins Untere, ins Tierische degenerieren oder zum Oberen, zum Göttlichen regenerieren.«[1]

Dieser programmatische Ausgriff des Menschen aus eigener Machtvollkommenheit vollzog sich exemplarisch und pragmatisch in der überseeischen Expansion der iberischen Mächte, in den Entdeckungen und Eroberungen der »Neuen Welt«. Die Ambivalenz dieses Ausgriffs, die Möglichkeit zu ›degenerieren‹ oder zu ›regenerieren‹, sollte die Wirklichkeit der Folgezeit prägen: Die zahlreichen Chroniken und Berichte beschreiben einerseits die nautischen und logistischen Glanzseiten der Geschichte der Expansion nach Westen; andererseits aber halten andere Berichte eine ganz andere Seite fest, die ›Rückseite‹ dieser Geschichte, nämlich kriegerische Gewalt, Unterdrückung und Versklavung der einheimischen Bevölkerung. Diese Rückseite spiegeln viele der von Miguel León-Portilla zusammengestellten Berichte aus der »Sicht der Besiegten« wider *(Vision de los vencidos)*.[2] In einem launigen Aphorismus formulierte Georg Christoph Lichtenberg einmal treffend: »Der Amerikaner, der den Kolumbus zuerst entdeckte, machte eine böse Entdeckung.«[3]

1 *Giovanni Pico della Mirandola*, De dignitate hominis, lateinisch und deutsch, eingeleitet von *Eugenio Garin*, Bad Homburg 1968, 29. Vgl. *Henri de Lubac*, Pic de la Mirandole. Etudes et discussions, Paris 1974.

2 Visión de los vencidos. Relaciones indígenas de la Conquista, intr. *Miguel-León-Portilla*, México, 10. Aufl. 1984; *ders.*, El reverso de la conquista. Relaciones aztecas, mayas e incas, México, 16. Aufl. 1987.

3 *Georg Christoph Lichtenberg*, Schriften und Briefe, hg. von *Wolfgang Promies*, Bd. 2, München 1971, 166.

Die Entdeckung der ›Verdeckung‹ des Anderen jedoch charakterisiert einen Prozess, den man die andere oder zweite Entdeckung Amerikas nennen könnte. Diese »andere Entdeckung« meint die Entdeckung des Anderen als Freiheitssubjekt, dessen Würde immer anzuerkennen und zu schützen ist. Diese Neuentdeckung begann mit dem frühen Protest der Dominikaner auf der Antillen-Insel Hispaniola (heute Haiti /Dominikanische Republik) und fand eine ethische, juridische und politische Fortsetzung bei den großen Dominikanern Bartolomé de Las Casas (1485-1566) und Francisco de Vitoria (1483-1546), die um die Anerkennung von Menschenwürde und Menschenrecht der indigenen Bevölkerung mit den Mitteln des Rechts kämpften.[4]

In die lange Reihe derer, die sich eine Generation später an dieser »anderen Entdeckung« durch Wort und Tat beteiligten, gehört sicherlich José de Acosta, »perhaps the outstanding eclesiastic of the time«[5] gegen Ende des 16. Jahrhunderts, in der politischen und missionarischen Krise der hispanoamerikanischen Welt. Er unternimmt den Versuch einer Synthese von Natur, Kultur, Geschichte, Politik und Theologie, um den neuen Realitäten gerecht zu werden und sie der Alten Welt verständlich zu machen.

Gestalt und Werk des José de Acosta[6]

Geboren 1540 in der kastilischen Stadt Medina del Campo, wurde er im jungen Alter in die gerade gegründete Gesellschaft Jesu aufgenommen, erhielt an den verschiedenen Kollegien eine humanistische Bildung und studierte in einer glänzenden Karriere zwischen 1559 und 1567 in Alcalá de Henares Theologie und andere Wissenschaften. Hier dürfte er auch von dem »indianischen Zweifel« *(duda indiana)* erfahren haben, welcher die Diskussion um die Rechtstitel der Eroberung prägte und bei den Meistern der epochemachenden *Schule von Salamanca* systematisiert wurde. Die Lehren dieser Rechtsschule hat er auf seine Weise assimiliert und kontextuell appliziert. Nach Abschluss seiner Studien, ein Jahr zuvor war er zum Priester geweiht worden, begann er als junger Dozent von 27 Jahren zuerst in Ocaña, dann in Plasencia Theologie zu lehren, bis er sich, schon lange vom Wunsch bestimmt, »nach Indien« in die Mission zu gehen, vom Generaloberen Francisco de Borja (1510-1572)

4 *Beatriz Charría Angulo*, Primera Comunidad Dominicana en América. Defensora del Indígena (Colección V Centenario 13), Bogotá 1987, 57-100.

5 *Lewis Hanke*, The Spanish struggle for justice in the conquest of America, Philadelphia 1949, 167.

6 Zu Leben und Werk vgl. *Claudio M. Burgaleta*, José de Acosta (1540-1600). His life and thought, Chicago 1990; *Javier Baptista*, Art. José de la Acosta, in: Diccionario histórico de la Compañía de Jesús. Biográfico-temático, Bd. 1, Roma/Madrid 2001, 10-12.

für diese Aufgabe in der Neuen Welt destiniert wurde. 1571 schiffte er sich in Sanlúcar zur Reise nach Amerika ein, und in Lima angekommen, begann er sofort mit der Arbeit auf Kanzel und Katheder, sowie mit dem Spracherwerb. Schon 1572 unternimmt er eine dreijährige Reise ins Innere Perus, nach Cusco, Arequipa, La Paz, Chuquisaca und Potosí, um auf direktem Weg Land und Leute kennenzulernen und die Landessprache Quechua zu erlernen. Auf dieser Reise und zwei weiteren Visitationsreisen, die er als Provinzial (1576/77 und 1578/79) unternahm, sammelt er jene »Erfahrung«, auf die er sich immer wieder beruft. In seiner Amtszeit als zweiter Provinzial der peruanischen Ordensprovinz gründete er mehrere Kollegien und hielt 1576 eine Provinzkongregation ab, die für die Abhaltung einer Generalkongregation des Ordens in Rom vorgeschrieben war. Kirchenpolitisch ist er mit einem Inquisitionsprozess gegen den Rektor der Universität San Marcos in Lima, Francisco de la Cruz (1529-1578) befasst, steht aber auch im Streit mit dem Vizekönig Franzisco de Toledo (1515-1582). Von 1582 bis 1585 wirkt er neben dem Erzbischof Toribio de Mogrovejo (1538-1606) als führender theologischer Kopf auf dem III. Konzil von Lima (1582/83) und als Mitautor eines dreisprachigen Katechismus. 1586 kehrt er, nach 15-jährigem Aufenthalt, über Mexiko nach Europa zurück, wo er zwischen Rom, Madrid, Valladolid und Salamanca eine rege diplomatische und kirchenpolitische Reisetätigkeit entfaltet, beratend, visitierend und regierend, zuletzt als Rektor des Kollegs von Salamanca, in welchem Amt er 1600 stirbt. José de Acosta hat nicht nur geographisch »viele Orte durchwandert«, sondern auch geistig und schriftstellerisch ein vielfältiges Werk hinterlassen, in dem er zahlreiche geistige Strömungen der Zeit aufnahm und sie durch Erfahrung und Vergleich im Kontext zu einer ›amerikanischen‹ Theologie formte.

Im Jahr 1586 erschien das lateinische Hauptwerk von José de Acosta, das theologische Fragen im amerikanischen Kontextes entfaltet: *Über die Sorge um das Heil der Indianer (De procuranda Indorum salute)*. Bis das umfangreiche Buch erscheinen konnte, bedurfte es mehrerer kirchlicher und staatlicher Prüfverfahren; vor allem war es die staatliche Zensur, die stark eingriff und kritische Passagen über Politik und Kirche stark abmilderte oder ganz unterdrückte, bis das so purgierte Werk endlich erscheinen konnte, dann aber schnell mehrere Auflagen erreichte.[7]

7 Salamanca 1586, 1589, 1595, Colonia 1596, Lyon 1670, Manila 1858. Überdies existieren Übersetzungen anderer Werke (Anm. 9 und 10) ins Deutsche, Englische, Französische, Italienische und Niederländische.

In seinem klassischen Hauptwerk[8] diskutiert er den politischen Kontext der Zeit sowie die zivile und kirchliche Verwaltung, besonders die Fragen der Mission und ihrer Methoden. Auf dem heilsuniversalistischen Hintergrund (Buch I), wonach keine »keine Rasse der Sterblichen vom universalen Heil für ausgeschlossen gehalten werden darf« (DP I, 83), kritisiert er Krieg und Gewalt der *conquista* und skizziert seine »neue Methoden« der Evangelisierung (Buch II). Sodann diskutiert er Rechte und Pflichten der zivilen und kirchlichen Verwaltung (Bücher III und IV). Schließlich folgen die Fragen der Katechese und der Sakramente (Bücher V und VI). Dabei schöpft sein Diskurs aus zwei Quellen: aus der abendländischen Tradition (Bibel, Konzilien, Kirchenväter, antike Schriftsteller, zeitgenössische Theologen) und aus seiner profunden Kenntnis der amerindischen Kultur und seiner vielfältigen Erfahrung.

Noch erfolgreicher wurde seine in elegantem Spanisch verfasste *Historia natural y moral de las Indias*.[9] Diese Natur- und Kulturgeschichte beruht auf Beobachtung und Erfahrung Amerikas und erschien erstmals 1590 in Sevilla, um daraufhin (bis heute) etwa 30 Ausgaben und Übersetzungen in die europäischen Hauptsprachen zu erleben,[17] darunter auch deutsche.[10] Dem Titel entsprechend beschreibt und analysiert der spanische Jesuit in seinem Werk Natur und Kultur Amerikas. Die ersten vier Bücher sind der Natur der Neuen Welt gewidmet: der Geographie und dem Klima, den einfachen und den drei »gemischten« Elementen (Mineralien, Fauna und Flora). Die drei weiteren Bücher behandeln die »moralische Geschichte« der amerikanischen Menschen, d. h. die Kultur, vor allem der Inka und Azteken als religiöse, sozio-kulturelle und als historische Wesen mit einer Geschichte. Die Beschreibung gründet methodisch auf der Erfahrung, sei es die eigene Erfahrung oder die glaubwürdiger Zeugen; dazu zählten etwa seine Informanten Juan de Tovar (1543-1623) in Mexiko und Polo de Ondegardo (1520-1575) in Peru. Er bleibt jedoch nicht beim Deskriptiven stehen, sondern will analytisch »die natürlichen Gründe der Wirkungen verstehen« und so eine »gute Philosophie« betreiben. (HN 53).

Neben diese beiden Hauptwerke tritt eine kleine Schrift, die 1586 verfasste Erzählung *Peregrinación de Bartolomé Lorenzo (Die Pilgerfahrt des Bartolomé Lorenzo)*, ein romanhaftes Reiseabenteuer in hagiographischem

8 Wir zitieren die moderne lateinisch-spanische Ausgabe, die auch die von der Zensur gestrichenen Teile wieder enthält: *José de Acosta*, De procuranda Indorum salute, tom. 1: Pacificación y colonización; tom. 2: Educación y evangelización (Corpus Hispanorum de Pace 23/24), Madrid 1984/1987. Im Fließtext zit. unter Sigel: DP I und DP II und Seiten.

9 *José de Acosta*, Historia natural y moral de las Indias, in: Obras (BAE 73), estudio preliminar y ed. del *Francisco Mateos*, Madrid 1954, 1-247 [Sigel: HN].

10 *José de Acosta*, Geographische und Historische Beschreibung der uberauß großen Landschafft America [...], Cölln 1598; *ders.*, New Welt, Das ist volkommene Beschreibung von Natur, Art und Gelegenheit der Newer

und allegorischem Kleid, das Acosta »einen hervorragenden Platz unter den kolonialen Vorläufern der hispanoamarikanischen Erzählkunst« sichert.[11] Überdies hat er einige homiletische und eine Reihe umfangreicher lateinischer Schriften zu theologischen Fragen[12] hinterlassen, sowie ein umfangreiches Corpus von kleineren Gelegenheitsschriften und Briefen.

Überblickt man das facettenreiche Gesamtwerk des Pater de Acosta, dann bietet es sowohl einen breiten Zugang zur neuen Wirklichkeit ›Amerika‹ als auch eine mehrdimensionale Verarbeitung des Neuen in präskriptiven ethisch-theologische Schriften und in deskriptiven erklärend-verstehende Schrift sowie in streng systematische theologische Traktate.

Neue ›amerikanische‹ Denkweise

Die theologisch durchwirkte Perspektive, mit der unser Autor die europäische Entdeckung, Eroberung, Besiedlung und Evangelisierung betrachtet, hat er nicht einfach aus dem alten Europa mitgebracht, sondern in der Begegnung und Konfrontation mit der Neuen Welt kontextuell entwickelt. Im Rückblick sagt er selbst, dass er in der Begegnung mit Amerika eine andere Weise des Denkens entdeckt habe, weil dieselben Dinge in neuem Licht erschienen seien. Im neuen ›amerikanischen‹ Denken des kastilischen Jesuiten sind verschiedene Momente wirksam, die vor allem in den beiden Hauptwerken *De procuranda* und *Historia* auffallen.

Einer der typischen Züge des Denkens von Acosta ist sein permanenter Hinweis auf die »Erfahrung« (HN 48). Die Erfahrung als »sichere Meisterin« (DP II, 69) führt ihn zu einer kritischen Wahrnehmung der Gesamtwirklichkeit. Dazu gehört die Bekämpfung der Ignoranz bei seinen europäischen Zeitgenossen, was die Neue Welt angeht. So will er etwa mit seiner Darstellung der indianischen Menschen, »die falsche Auffassung, die man gemeinhin über jene hat, dass sie rohe, tierische Leute ohne Verstand seien, zerstören« (HN 182). Dabei beruft er sich grundsätzlich auf seine Erfahrung, aber auch auf die »Erfahrung der Barbaren« (DP II, 267).

Welt […], Cölln 1600; *ders.*, America oder wie mans zu Teutsch nennet, die neuwe Welt oder West-India in 7 Büchern […], Ursel 1605.

11 Text in: *José de Acosta*, Obras (Anm. 9) 304-320; vgl. *José Juan Arrom*, Precursores coloniales de la narrativa hispanoamericana: José de Acosta o la ficción como biografía, in: Revista Iberoamericana 44 (1978) Nr. 104/105, 369-381.

12 Folgende Traktate: *De Christo revelato*, Rom 1590; *De temporibus novissimis*, Rom 1590; *Conciones in quadragesimam*, Colonia 1609. Eine Auswahl von Schriften und Briefen: *José de Acosta*, Obras (Anm. 9), 249-386.

Die Erfahrung führt ihn auch zu einer differenzierten Wahrnehmung der Anderen, »weil diese Barbarenvölker unzählig sind und sehr verschieden unter sich, sowohl durch Klima, Region und Kleidung als auch durch Geist, Sitten und Traditionen« (DP I, 55). Er anerkennt die Diversität und beschreibt nicht nur, sondern fragt auch nach den Ursachen und versucht, wie kaum ein anderer, »die Ursachen und Gründe derartiger Neuigkeiten und Fremdartigkeiten der Natur zu erklären« (HN 3). Denn schon bei ihm gilt, dass Anschauung ohne Begreifen blind ist. Das neue Begreifen, das sich aus Beobachten, Beschreiben und Erklären ergibt, führt ihn gegenüber der geläufigen europäischen Tradition und ihren Kategorien des Verstehens zu einem neuen Denken.

Über die neue Erfahrung hinaus schöpft Acosta für die Wahrnehmung des Neuen auch kritisch aus der ihm leicht zugänglichen Tradition der europäischen Kultur; dazu gehören die Schriften der antiken Philosophen, der Geschichtsschreiber und Dichter ebenso wie die christlichen Schriften bis hin zu den damals neueren Traktate eines Domingo de Soto (1494-1560)[13] und anderer Meister der *Schule von Salamanca*, die bis heute diskutiert wird. Damit ist der theoretische Gesamtrahmen umschrieben, der ihm für sein Verstehen der Neuen Welt zur Verfügung stand.

Die überkommenen Lehrmeinungen fasst er jedoch nicht als abgeschlossenes System auf, sondern als Gesamtheit offener Theorien, deren Plastizität sich in der Konfrontation mit Neuem erweist. Daher kann er einerseits die traditionellen Lehrmeinungen, selbst hochgeschätzter Autoritäten, an der Realität überprüfen. Einmal bekennt er, »dass ich mich lustig und Witze machte über die Meteore des Aristoteles und über seine Philosophie« (HN 47). Andererseits deckt er angesichts der zeitgenössischen Verknüpfung »der Ausbreitung des Evangeliums des Friedens und der Ausdehnung des Schwerts im Krieg« (DP I, 247) die Widersprüche auf und ihre kontextuelle Problematik. So greift er etwa im Geist der *Schule von Salamanca* und in Anknüpfung an die Missionstheorie des Bartolomé de Las Casas in den Rechtstiteldiskurs ein und begründet die friedliche Methode der Evangelisierung als einzig mögliche.[14]

Das neue amerikanische Denken, das sich aus dem dialektischen Prozess der aufeinander bezogenen Momente von neuer Erfahrung, Analyse und alter Tradition ergibt, ist für Acosta freilich kein Vorgang, in dem er selbst

13 Vgl. *León Lopetegui*, Influjos de Fr. Domingo de Soto O.P. en el pensamiento misional del P. José de Acosta S.I., in: Estudios eclesiásticos 36 (1961) 57-72. Zur heutigen Diskurslage: The School of Salamanca. A case of global knowledge production, ed. by *Thomas Duve, José Luis Egío, and Christiane Birr*, Boston 2021.

14 Vgl. *Monique Mustapha*, Évangélisation et société coloniale. Le cas du *De Procuranda indorum salute* du père José d'Acosta, in: *e-Spania* (2012) URL: http://journals.openedition.org/e-spania/21471). (Zugriff 25.9.2022)

distanzierter Beobachter wäre; vielmehr ist er ethisch und spirituell involviert und engagiert. Dabei geht seine deutliche Verurteilung der spanischen Eindringlinge keineswegs mit einem blinden Lobpreis der Indianer einher. Er fühlt »eine tiefe Zuneigung« zu den indigenen Menschen und vertritt ihre Sache als »modestus defensor«, nicht aber als »nimius laudator« (DP I, 231). Die spirituell-affektive Wahrnehmung des Anderen in den Westindischen Ländern respektiert nicht nur Würde und Rechte, sondern betrachtet selbst die wildesten Barbaren als »unsere Barbaren« oder als »unsere Brüder die Indios« (DP I, 547, 535). Diese Bezeichnung benutzt Acosta genau in dem Feld seiner Erfahrung, das sein Rechtsempfinden und seine Spiritualität am meisten herausfordert. Es sind die Silberminen und die Perlenfischerei, bei denen er mit eigenen Augen diese harte Sklaverei gesehen hat. Der Maßstab seiner Wertschätzung des Anderen liegt in diesem Satz begründet: »Wenn wir gegen unsere Brüder sündigen, sündigen wir gegen Christus« (DP I, 577).

Die drei Momente der theoretisch vertieften Erfahrung, der kontextuell modifizierten Lehre und der am Anderen interessierten Anthropologie prägen die neue Denkweise Acostas in der Neuen Welt und sein theologisches Denken. In dieser Perspektive vermag er zum einen die physische Einheit des Kosmos zu sehen, »denn wir finden, dass uns der Himmel in Peru genauso nahe ist wie in Spanien« (HN 12), und zum anderen die moralische und geschichtliche Einheit des Menschengeschlechts, die dem biblischen Universalismus folgt (vgl. Kol 3,9-11).

Diese Einheit der Welt aber ist für Acosta begründet in der Vorstellung eines Schöpfers, der sowohl in den Werken der Natur als auch in der »eigenen Geschichte der Indios« zu finden ist (HN 247). Dabei ist schon allein die Kenntnis der Natur und der Sitten sinnvoll; doch kann und soll diese Kenntnis vor allem zur »Betrachtung der Weisheit und Größe des Schöpfers führen, die in seinen Werken so sehr widerleuchtet« (HN 10). Aber selbst für denjenigen, dem die Idee eines Schöpfers nicht erschwinglich sein sollte, hat Acosta einen Trost: »auch jenseits dessen wird jeder einzelne Frucht daraus schöpfen können, denn so tief auch der Gegenstand sein mag, der weise Mensch wird für sich Weisheit schöpfen« (HN 4).

Die theologische Sicht der *einen* Welt und der *einen* Menschheit im Blick auf die beiden Indien im Westen und im Osten, Amerika und Asien,[15] stößt

15 Vgl. *Fermín del Pino Díaz*, El misionero español José de Acosta y la evangelización de las Indias Orientales, in: Missionalia Hispanica 42 (1985) 275-298.

freilich auf die Frage, wie die beiden faktischen Welten, die er kennt, die Alte Welt und die Neue, in einer Weise aufeinander bezogen werden, die dem Anspruch der *einen* Welt genügt, ohne die jeweiligen Eigenarten der beiden Welten zu zerstören. Alexander von Humboldt (1769-1859), der 200 Jahre später Lateinamerika bereiste, kannte die *Historia* von José de Acosta und zitiert sie auch. In seinem enzyklopädischen Werk *Kosmos* bemerkt er zur Rolle des Christentums für das Gefühl von der Einheit des Menschengeschlechts: Diese Einheit sei »in den inneren Antrieben des Gemüths und religiösen Überzeugungen begründet. Das Christenthum hat hauptsächlich dazu beigetragen, den Begriff des Menschengeschlechts hervorzurufen; es hat dadurch auf die ›Vermenschlichung‹ der Völker in ihren Sitten und Einrichtungen wohltätig gewirkt. Früh mit den christlichen Dogmen verwebt, hat der Begriff der Humanität sich aber nur langsam Geltung verschaffen können […].«[16]

Vergleich, Verständigung und Ethik in *einer* Menschheit

Das militärische Modell zur Herstellung der *einen* Welt bezieht nach dem ethnozentrischen Schema von Superiorität und Inferiorität beide Welten auf dem Weg der gewaltsamen Unterwerfung. Diese Doktrin, die lange theoretisch Gültigkeit beanspruchte und noch länger praktisch nachwirkte, kommt für unseren Autor auf keinen Fall in Frage. »Jeglicher Rechtstitel, Krieg gegen die Indios zu führen, ist durch die göttlichen und menschlichen Gesetze entkräftet.« (DP I, 301). Es kann sich also nur um eine friedliche Begegnung beider Welten mit ihren Kulturen und Religionen handeln. Dabei ist bei Acosta die Vorstellung von der Einheit des Menschengeschlechts so dominant, dass er folgert: »Die menschlichen Dinge sind untereinander sehr ähnlich, und aus den Erfolgen der einen lernen die anderen. Kein Volk ist so barbarisch, dass es nicht etwas Gutes zu loben gäbe; und keines so zivilisiert und menschlich, dass es nicht etwas zu verbessern gäbe.« (HN 208). Schon aus dem Vorhandensein von Völkern in der Neuen Welt bildet er schlussfolgernd die Theorie (die sich später als richtig

16 *Alexander von Humboldt*, Kosmos. Entwurf einer physischen Weltbeschreibung, ediert und mit einem Nachwort versehen von *Ottmar Ette* und *Oliver Lubrich*, Frankfurt am Main 2004, 239 (Erstausgabe *Kosmos*, 2. Bd., Stuttgart und Augsburg 1847, 234).

17 Vgl. *Renate Dürr*, Sprachreflexion in der Mission. Die Bedeutung der Kommunikation in den sprachtheoretischen Überlegungen von José de Acosta S.J. und Antonio Ruiz de Montoya S.J., in: Geschichte und Gesellschaft. Zeitschrift für historische Sozialwissenschaft 36/2 (2010) 161-196.

erweisen sollte), dass die ersten Besiedler des Kontinents im Norden über eine Landbrücke oder über eine Meerenge eingewandert sein müssen und also die Menschen der Alten und Neuen Welt schon aus diesem Grund eine Einheit bilden (HN 32-38, 211). Zwei Momente sind es vor allem, die zur Begegnung und wechselseitigen Integration der beiden Welten zu *einer Welt* beitragen: Sprache und Vergleich.

Die wichtige Rolle, die Sprache und Spracherwerb in der missionarischen Expansion spielten, spiegelt sich mit eigenen Akzenten auch in den Schriften von Acosta, dessen linguistische Überlegungen auf die Verkündigung der christlichen Botschaft zielen.[17] Die ursprünglichen Sprachen von Judentum und Christentum waren zwar Hebräisch und Koiné-Griechisch, aber sie waren nicht ethnisch gebunden, sondern übersetzbar und für andere Sprachen offen. Es gab mithin keinen linguistischen Ethnozentrismus: »Die Christianisierung förderte die Respektierung und Kultivierung der einheimischen Sprachen und erkannte den Indianern das Recht auf den Gebrauch der eigenen Sprache zu.«[18] In diesem Sinn respektierte er die fremden Sprachwelten; sein Respekt zeigt sich schon im Sprachgebrauch darin, dass er von »den Indios« spricht, sondern von den »neuen Völkern *(nuevas gentes)*, die wir Indios nennen«. Auch wenn er die Tierwelt Perus differenziert, heißt es: »was die Unseren indische Hammel nennen, nennen die Indios in ihrer allgemeinen Sprache Lama« (HN 19, 136).

Die Sprachenkenntnis, die in einem »Urwald der Idiome« (DP II, 65) unabdingbar ist, wird bei Acosta zum entscheidenden Kriterium der Kultur. »Was wird der, der keine Sprachen kennt und niemanden hat, der seine Worte übersetzt, tun, als Barbar unter Barbaren, ohne sprechen zu können« (DP I, 95). Darum widmet er in seinem Handbuch mehrere Kapitel der Sprachenfrage und urgiert bei den Missionaren neben der Integrität des Lebens und der genügenden Sach- und Landeskenntnisse die Beherrschung der Sprache, weil eben das Wort Gottes »sicherlich nicht zum menschlichen Gehör dringen kann, wenn es nicht mit menschlichen Worten verkündigt wird« (DP II, 47). Bitter klagt er über die Dummheit jener Geistlichen, die sich sprachlich nicht bemühen und darum die Aufgabe der Mission verderben: »Wie Papageien und Elstern lehren sie nur unsere Sitten, ohne sie zu über-

18 *Richard Konetzke*, Die Bedeutung der Sprachenfrage in der spanischen Kolonisation Amerikas, in: Jahrbuch für Geschichte von Staat, Wirtschaft und Gesellschaft Lateinamerikas 1 (1964) 72-116.

zeugen und sie ihnen zu erklären; man verpflichtet sie einfach, mündlich die Laute zu wiederholen« (DP II, 39). Freilich urgierte er nicht allein das Erlernen der Sprachen, sondern plädierte auch für die wissenschaftliche Beschäftigung mit ihnen durch Erstellung von Wörterbüchern und Grammatiken. Auch sorgt er für die Einrichtung von Lehrstühlen für die Indianersprachen. Dabei nahm das Jesuitenkolleg San Pablo in Lima eine interkulturelle Brückenfunktion ein.[19] Abgesehen von der Gesetzgebung der Krone und den Beschlüssen der amerikanischen Provinzialkonzilien von Lima (1552 und 1567) und Mexiko (1555), die im 16. Jahrhundert die Mehrsprachigkeit förderten, konnte Acosta sich im peruanischen Umfeld auch auf linguistische Bemühungen anderer stützen. So auf den Dominikaner Domingo de Santo Tomás (1499-1570), der als erster ein Lexikon und eine Grammatik des Quechua, der *lingua franca* Perus, erstellte (Valladolid 1560); oder auf das Wörterbuch des Mestizen Alonso de Barzana (1530-1597),[20] der außer dem Wörterbuch Quechua – Spanisch (Ciudad de los Reyes [Lima] 1586) die Verwissenschaftlichung der indigenen Sprachen am Kolleg San Pablo nachhaltig vorantrieb. Auch wirkte er bei der Übersetzung der Limenser Katechismen in Quechua mit, und selbst afrikanische Sprachen der Sklaven in Lima *(lingua de Angola)* wurden studiert, wie auch ein Alumnus vom Kolleg San Pablo, Alonso de Sandoval (1576-1652) später in Cartagena de Indias die Kultur der dort anlandenden afrikanischen Sklaven studierte wird, um ihnen beizustehen *(De instauranda Æthiopum salute)*.

Acosta plädiert zwar für eine wechselseitige Kenntnis der Sprachen, aber doch so, dass die Spanier zuerst die einheimischen Sprachen lernen sollen, ohne den Einheimischen eine fremde Sprache aufzuzwingen. »In welchen Kopf passt es, dass unzählige Völker die Sprache ihrer Vorfahren im eigenen Land vergessen müssen und nur eine fremde Sprache benützen sollen, die sie nur selten und mit Abscheu hören?« (DP II, 63). Darüber hinaus praktiziert und vertritt er eine linguistische Öffnung, weil seine amerikanische Erfahrung ihm zeigt, dass das Kastilische nicht ausreicht, die neuen Realitäten zu benennen, wie umgekehrt die Indianersprachen für europäische Realitäten nicht ausreichen. Daher übernimmt er selbst eine Vielzahl von Indigenismen, wie er umgekehrt vorschlägt, spanische Begriffe als Lehnwörter in die indianischen Sprachen zu übernehmen.[21]

19 *Luis Martín*, La conquista intelectual del Perú. El Colegio Jesuita de San Pablo, 1568-1767 (Colección Ceiba 14), Barcelona 2001, 67-72.

20 Alonso de Barzana SJ (1530-1597). El Javier de las Indias Occidentales. Vida y obra, ed. *Wenceslao Soto Artuñedo*, Bilbao 2018.

21 Vgl. *Ernest J. Burrus*, The Language problem in Spain's overseas dominions, in: Neue Zeitschrift für Missionswissenschaft 35 (1979) 161-170.

22 *Antony Pagden*, The fall of natural man. The American Indian and the origins of comparative ethnology, Cambridge 1982, 146-200.

So wurden spanische Wörter wie ›Pferd‹, ›Wein‹, ›Weizen‹ oder ›Öl‹, in die Indianersprache übernommen, also praktische Konkreta aus dem anschaulichen Bereich. »Umgekehrt haben auch wir [die Spanier] andere Arten von Tieren und Früchten übernommen, die in Europa unbekannt waren. So denke ich, dass man sich nicht allzu große Sorgen machen muss, wenn man die [abstrakten] Vokabeln ›Glauben‹, ›Kreuz‹, ›Engel‹, ›Ehe‹ und viele andere nicht gut und eigenständig in die indianische Sprache übersetzen kann. Man kann sie aus dem Spanischen nehmen und sich aneignen und auf diese Weise die Sprache durch ihren Gebrauch bereichern, wie es alle Völker unentwegt taten, vor allem die Spanier, um sich mit einer Überfülle fremder Wörter zu bereichern« (DP II,75).

Als eine weitere entscheidende Methode zur Integration der beiden Welten greift Acosta auf den systematischen Vergleich zurück. Als die ersten Eroberer auf die altamerikanischen Kulturen stießen, waren sie so verwundert, dass ihnen nur Vergleiche mit den Zauberdingen *(cosas de encantamiento)* ihrer Ritterromane in den Sinn kamen. Doch um solche Metaphern naiver Verwunderung geht es nicht. Ihm geht es um den phänomenologischen und strukturellen Vergleich, der in der *Historia* zum »Programm einer komparativen Ethnologie« führt.[22]

Er geht die gesamte Wirklichkeit vergleichend an, von der physischen Welt bis zum Göttlichen. Er vergleicht die Vulkane Amerikas mit denen Italiens; den peruanischen Titicacasee mit dem Mittelmeer (HN 84, 74). Die Flora Amerikas gilt ihm viel reicher als die Europas, und was für die Alte Welt Weizen und Brot, das sind für die Neue Mais und Kartoffel (HN 124, 110f). Auch die Tierwelt ist so andersartig und reichhaltig, »dass, wollte man sie auf die in Europa bekannten Arten reduzieren, hieße das, ein Ei eine Kastanie zu nennen« (HN 131).

Auch die »Werke des freien Willens«, also die Kulturen, werden miteinander verglichen: Seien es die Bewässerungsanlagen der Indigenen, die so gut seien, dass es »weder in Murcia noch in Mailand bessere gibt« (HN 78). Oder sei es der Vergleich Roms mit Cuzco oder Tenochtitláns mit Venedig (DP I, 575; HN 231). Schließlich findet er auch in Mexiko eine Ordnung und Zivilisation, wie man sie in jeder der blühenden Republiken Europas finden könne. Auch die handwerklichen Künste brauchen kein Vergleich zu scheuen, z. B. die europäische Malerei und die farbigen indianischen Kunstwerke aus Vogelfedern; »einige Indios, gute Meister, geben mit der Perfektion der Federn wieder, was sie mit dem Pinsel gemalt sehen, dass die Maler Spaniens ihnen nichts voraushaben« (HN 132). Auch wenn die Völker der Neuen Welt keine Schrift kennen, so verfügen sie doch über eine vergleichbare Kulturtechnik zur Bewahrung der Erinnerung, »ihre Qipu und ihre Register [...], die ihnen als Bücher dienen« (HN 198).

Wenn schon die Werke des freien Willens vergleichbar sind, dann erst recht die Menschen als Träger dieser Fähigkeit: Dabei geht es zum einen um eine Typologie des ›Fremden‹, um die Klassifizierung der ›Barbaren‹ in drei Kategorien (DP I, 61-69), bei der »die Exaktheit der typischen kulturellen Züge jeder Gesellschaft«[23] ins Auge fällt. Zum anderen aber geht es um den Vergleich der Menschen, Völker und Rassen. Hier vergleicht Acosta diachronisch die Kultur der Neuen Welt mit der der Antike,[24] mit den Griechen und Römern, mit deren Riten und Gewohnheiten; selbst für Menschenopfer findet er Vergleiche *[victima, hostia]* (vgl. HN 162). Die Indianer vergleicht er mit den anderen Völkern Europas, mit den Asturianern und den Sachsen und anderen Nationen Germaniens, die zu anderen Zeiten als Barbaren galten. »Man lese nach über die Sitten der alten Engländer und wird finden, dass sie wilder waren als unsere Indios« (DP II, 41f).

Synchronisch vergleicht er die Westlichen und die Östlichen Indien, vor allem aber zieht er immer wieder den Vergleich zwischen Spaniern und Indigenen heran, bei dem »unsere [neuweltlichen] Barbaren« nicht schlecht abschneiden. »In vielen Dingen sind die natürlichen Sitten der Indios den europäischen überlegen«, wie Bescheidenheit, Sanftmut, Verachtung der Habsucht und des Luxus, Ausdauer bei der Arbeit; wenn auch zu beklagen sei, dass sie »untereinander fast nie wohlwollend und menschenfreundlich sind« (DP II, 287ff). Selbst auf der höchsten Stufe der Verwerflichkeit, der Anthropophagie, scheut er den Vergleich nicht: »Die historischen Berichte aus den Indien erzählen nicht nur, dass die Indios Indios und Spanier gegessen haben, sondern auch, dass Spanier Spanier gegessen haben.« Als Erklärung führt er an, diese Spanier seien zur Strafe für »ihren unglaublichen Hunger nach Gold« (DP II, 281) in diese Situation geraten.[25]

Schließlich geht Acosta auch zu einem Religionsvergleich über, aber nicht allein der indianischen religiösen Riten mit den christlichen Sakramenten (HN 173; DP II, 275f); sondern er zieht auch eine religionsgeschichtliche Parallele beim Motiv des ›Exodus‹. So setzt er den geschichtlichen Weg der Juden und der Azteken in Vergleich: Der Auszug und die Wanderung der Mexika scheint dem Auszug der Juden aus Ägypten zu gleichen und »dem Weg, den die Söhne

23 *Manuel Marzal*, Historia de la antropología, vol. 1: La antropología indigenista: México y Perú, Lima, 2. Aufl. 1986, 107.

24 Vgl. *Fermín del Pino Díaz*, Culturas clásicas y americanas en la obra del Padre Acosta, en: América y la España del siglo XVI. Homenaje a Gonzalo Fernández de Oviedo, cronista de Indias en el V centenario de su nacimiento, ed. prep. por *Francisco de Solano* y *Fermín del Pino Díaz*, vol. II, Madrid 1982, 327-362.

25 Vgl. *Anthony Pagden*, The forbidden food: Francisco de Vitoria and José de Acosta on Cannibalism, in: Terrae incognitae 13 (1981) 17-29.

26 Vgl. *R. Romeo*, The Jesuit sources and the Italian political Utopia in the second half of the Sixteenth Century, in: First Images of America. The impact of the New World on the Old, ed. by *Fredi Chiapelli*, vol. 1, Berkeley 1976, 165-184.

Israels nahmen« (HN 212). Schlussendlich kann er auch den höchsten Herrn und Schöpfer der Inka, den die Indios von Peru *Viracocha* nennen, mit dem ›unbekannten Gott‹ vergleichen, dessen Altar Paulus auf dem Areopag gesehen und zum Anlass seiner Predigt an die Athener gemacht hatte (Apg 17, 23). »Und so werden auf dieselbe Weise diejenigen, die heutzutage den Indios das Evangelium predigen, keine große Schwierigkeit haben, sie zu überzeugen, dass es einen höchsten Gott und Herrn über alles gibt, und dass dieser der Gott der Christen und der wahre Gott ist« (HN 141f). Gewagt ist sein phänomenologischer Vergleich der christlichen Trinität mit korrespondierenden Vorstellungen der Inka (HN 174ff), wobei er diese inkaischen Vorstellungen dämonologisch deutet, als Perversion des Christentums interpretiert. Diese Passage fiel in der italienischen Übersetzung der *Historia* der Zensur zum Opfer.[26]

Auf der Ebene der normativen Ordnung fällt auf, dass José de Acosta nicht dem ethnozentrischen Schema folgt und der Alten Welt das Positive zuschreibt, der fremden Neuen Welt jedoch, was Kultur und Indianer angeht, hauptsächlich negativ konnotiert. Der systematische Vergleich und die Fragen nach Ursachen und Funktionen im sozialen, politischen und religiösen Bereich führen ihn vielmehr zur Annahme einer, auch theologisch gebotenen, prinzipiellen Gleichheit aller Menschen, ohne die ethnographische und historische Differenzierung in Abrede zu stellen und eigene ethische und theologische Vorstellungen aufzugeben. Die Wahrung religiöser Identität und moralischer Geltungsansprüche angesichts der Andersartigkeit Amerikas gelingt ihm durch die Einführung eines kulturevolutionären Schemas, in dem der Anspruch der *einen* Welt ontologisch und schöpfungstheologisch gewahrt wird. Normative Inkonsistenzen aber können durch Pädagogik (Indios) und durch Ethik (Europäer) abgebaut werden.

Für unsern Autor gilt selbstverständlich und unumstößlich, dass es sich bei den Indianern um menschliche Wesen handelt, auch wenn dies in seiner Epoche immer wieder in Frage gestellt oder bestritten wurde. Auch wenn er sich des ethnozentrischen Sprachgebrauchs seiner Zeit bedient und die Anderen als ›Barbaren‹ oder ›Wilde‹ bezeichnet, so lässt er doch keinen Zweifel daran, »dass die Indios nicht der Sklaverei unterworfen sind, sondern vollkommen frei und Herren ihrer selbst« (DP I, 507). Auf dieser gesicherten ontologischen Basis kann er die Indianer nach ihren Kulturtechniken klassifizieren und nach Verhaltensweisen charakterisieren, ohne Gefahr zu laufen, ihren anthropologischen Status zu mindern. Allerdings immer unter der Voraussetzung, dass sie lern- und erziehungsfähig sind, wie er aus Erfahrung weiß. Doch eine solche Erziehung beinhaltet keinesfalls, den Indianern ihre heimischen Sitten und Traditionen zu nehmen und ihnen »unsere Sitten und Lebensformen zu übertragen« (DP I, 487ff).

Sie dürfen also nicht zu Spaniern gemacht werden, wie die von Acosta autorisierten Regeln für Kollegien der Kazikensöhne (1578) festlegen.[27] Da sie »nicht von Natur aus Barbaren sind, sondern durch Erziehung und Sitte« (DP I,293), bedürfen sie doch einer Erziehung, bei der Zivilisierung und Evangelisierung Hand in Hand gehen.[28] Dabei ist immer zu berücksichtigen, dass diese im Kontext der Kolonisierung stattfand, auch wenn König Philipp II. (1527-1598, reg. 1555-1598) alle *conquistas* verboten hatte, sogar den Gebrauch der Terminologie. Stattdessen sollte von *pacificacón* und *población* die Rede sein (*Ordenanza* vom 13. Juli 1573).

Die Bedeutung, die Acosta der Erziehung zuschreibt, entstammt nicht zuletzt dem jesuitischen Erbe einer realistisch-optimistischen Einschätzung des Pädagogischen, die mehr bewirkt als die Vorgabe der Geburt, ob bei Europäern oder Indigenen: »Tatsächlich gibt es keine Nation, so barbarisch und dumm sie auch sein mag, die nicht ihre Barbarei ablegt, sich nicht auf Menschlichkeit und vornehme Sitten prüft, wenn man sie sorgfältig und in großzügigem Geist von Kindheit an erzieht.« Zum pädagogisch beeinflussbaren Kulturzustand kommt auf religiösem Gebiet die Idolatrie. Diese könne zwar nicht ohne die göttliche Gnade »und die eifrige und unermüdliche Arbeit des evangelischen Arztes geheilt werden« (DP II,255); doch dürften die pädagogischen Maßnahmen zur Ausrottung der Idolatrie keinerlei Zwang und keine Gewalt mit sich führen; »niemand darf durch Gewalt Christ werden«, denn dies widerspräche nicht nur christlichen Prinzipien, sondern wäre auch kontraproduktiv: »Wenn man den Indios die Idole gegen ihren Willen aus den Händen reißt, werden sie sie umso mehr in der Seele festhalten« (DP II,261).

Musste José de la Acosta sich bei der indigenen Bevölkerung mit der religiösen Idolatrie befassen, so bei seinen europäischen Landsleuten mit den moralischen Problemen der Gier nach Reichtümern. Seine Kritik ist so vehement, dass zahlreiche Passagen von *De Procuranda* der (staatlichen) Zensur zum Opfer fielen. Zu den drei größten Sünden, die Erziehung und Verkündigung behindern, zählt Acosta neben Unzucht und Gewalt die grassierende Habsucht *(avaritia)* bei der Mehrheit der Welt- und Kirchenleute. Wie eine dauernde Klage und Anklage heißt es in seinen Schriften etwa: »Wenn irgendeine Kalamität zu beklagen und mit überfließenden Tränen zu beweinen ist in diesen Westlichen Indien [...], dann ist es die Habsucht

27 Monumenta Peruana II,1576-1580 (Monumenta historica SI 82), por *Antonio Egaña*, Romae 1958, Doc. 77, 457-461, hier 460.
28 Vgl. *Pedro Borges*, Misión y civilización en América, Madrid 1987.

und eine unersättliche Gier, an der alle leiden, vom ersten bis zum letzten, vom Priester bis zum Propheten« (DP I, 191). Darin sieht er den fundamentalen Widerspruch, in den Reden und Tun geraten, wenn die Worte durch die Taten annulliert werden. Diesen Widerspruch, in dem sich seine Landsleute befinden, kann man kaum krasser ausdrücken: »ihre Sitten geben das schlechteste Beispiel, die Habsucht, die Gewalt und die Tyrannei, weil sie, obgleich sie bekennen, dass sie Christus kennen, ihn jedoch mit ihren Taten radikal leugnen.« (DP I, 371). Die Krankheit der Europäer läuft also am Ende ebenfalls auf *Idolatrie* hinaus, denn »sie verehren Christus und dienen ihren Göttern, sie verehren den Herrn und verehren ihn nicht; [...] sie verehren ihn schließlich unter dem falschen Anschein des Christentums« (DP I, 201).

Was bei den Indianern noch nicht erreicht ist, aber durch Erziehung erreichbar schien, das ist bei den Spaniern schon wieder verlorengegangen und wäre nur durch eine konsequente moralische und religiöse Lebensführung zu erreichen, d. h. ein integres Leben, in dem Bekenntnis und Lebenspraxis wieder zusammenstimmen. Erzwingbar freilich sind diese Prozesse nicht, weder durch Erziehung, Moral oder Religion. »Aber wann wird dies geschehen?«, fragt sich der Realist Acosta. »Wann werden es die Menschen erlauben, Menschen zu sein und das Menschliche zu genießen, das Menschliche zu suchen und danach zu hungern? Menschlich ist das völlig unmöglich, aber für Gott ist alles möglich.« (DP II, 491). Diese Möglichkeit bedenkt er im Rahmen einer soteriologisch zugespitzten Geschichtstheologie.

Gott in der Geschichte Amerikas?

Hinter der optimistischen Anthropologie, die auf Erziehung und Moral setzt, verbirgt sich als theologisches Problem die Frage, wie Gott es zulassen konnte, dass die ›Barbaren‹ so lange ohne die heilsnotwendige Kenntnis von Christus existieren konnten und wieso die Ankunft des Evangeliums in der Neuen Welt von so vielen sündigen Akteure begleitet und konterkariert wurde. Acosta stellt mithin eine spezifische Theodizeefrage im Kontext Amerikas. Zwei Lösungen dieses Problems schließt er aus: die Negierung des Problems, da er dieses aus eigener Erfahrung kennt; die Negierung Gottes, dessen Wirken er ebenfalls aus eigener Erfahrung zu kennen glaubt. Im Versuch, beide Pole theologisch zusammenzudenken, erweist sich Acosta als Mensch auf der Schwelle zur Neuzeit, der den Umbruch sowohl empirisch-philosophisch als auch spirituell-theologisch zu bewältigen sucht. In diesem Sinn sind seine Geschichtsphilosophie und seine Geschichtstheologie zu verstehen, die auf einem empirischen und einem spirituellen Erfahrungsbegriff beruhen. Zur erörterten empirischen Erfahrung tritt die spirituelle hinzu, die allerdings nur zaghaft zum Vorschein kommt. So spricht er einmal von »meiner täglichen Erfahrung der göttlichen Tätigkeit, wenn es so ist, dass man ein höchst gewisses Vertrauen in das Heil vieler Menschen die Erfahrung einer verborgenen Tätigkeit nennen kann« (DP II, 423).

In der Widmung seines Werks *De Procuranda indorum salute* an Everardo Mercurian (1514-1580, reg. 1573-1580), den Generaloberen der Gesellschaft Jesu, betont Acosta beide Erfahrungsweisen, »nicht nur die Kenntnis der indianischen Situation, sondern auch nach so vielen Erfahrungen das Vertrauen in die Rettung der Indios« (DP I, 51). Beide Erfahrungsweisen müssen sich im Feld der Natur und im Feld der Geschichte bewähren. Im Feld der Natur gibt es dabei keine größeren Schwierigkeiten, denn angesichts der Größe der Natur kann man die Weisheit und Größe ihres Schöpfers nur bewundern. Er will dem Leser seiner *Historia* zu verstehen geben, dass er durch die Naturkenntnis und -erkenntnis auf deren Schöpfer schließen könne und diesem die Ehre geben solle (*Historia* 4).

Unser Autor kennt unterschiedliche Motive, sozusagen für jeden Geschmack, die zwar unabhängig zur Erforschung der Natur der Neuen Welt treiben, doch aufeinander aufbauen: »Wer es unternimmt, die wahren Tatsachen dieser Natur zu verstehen, wird den Geschmack *(gusto)* haben, den die Geschichte gibt, die umso besser ist, je weniger sie dem Aussehen der Menschen, sondern des Schöpfers folgt. Wer weiter fortschreitet und die natürlichen Ursachen der Wirkungen versteht, wird die Übung einer guten Philosophie haben. Wer noch weiter in seinem Denken emporsteigt und den höchsten und ersten Urheber *(artífice)* all dieser wunderbaren Dinge anblickt, wird sich an seinem Wissen und seiner Größe erfreuen und eine hervorragende Theologie treiben« (*Historia* 53). Dieser Aufstieg von der Wahrnehmung der Natur zu einer Theologie der Natur führt zur Theodizeefrage, wie die Existenz eines gütigen und allmächtigen Gottes mit dem Übel und Leid (besonders in der Neuen Welt) zu vereinbaren oder zu rechtfertigen ist. Verschärft stellt sich die Frage im Feld der menschlichen Geschichte angesichts des moralischen Übels und des Bösen.

Bezüglich der Zwangsarbeit der Indios in den Silberminen Perus stellt unser Autor fest, dass die dunklen »Silbergruben für Indios zugleich zu den Gräbern wurden« (DP I, 527). Im Kapitel über die Minenarbeit entwickelt er eine providentialistische Sicht der Geschichte, wonach Gott alles, selbst das Böse zu einem Vehikel des Heils umwandeln kann. Hier findet sich der theologische Spitzensatz, wonach selbst das von Menschen verursachte Böse zu einer felix culpa werden kann. »Wir müssen die Güte und Vorsehung Gottes bewundern, der, um die weit entfernten barbarischen Völker zum Evangelium zu ziehen, diese Länder so reichlich mit den Metallen Gold und Silber gesegnet habe, als ob er damit die Habsucht der Unseren habe wecken wollen. Wenn uns nicht die Liebe zu den Seelen anreizt, wird dann wenigstens die Gier nach Gold hinreichend eifrig machen? Und wie zu anderen Zeiten der Unglaube Israels zur Ursache des Heils für die Heiden wurde, so ist jetzt die Habsucht der Christen zur Berufung der Indios geworden *(Christianorum avaritia indorum vocatio facta est)*« (DP I, 533).

Im letzten Kapitel seiner *Historia* kommt Acosta auf sechs geschichtliche Ereignisse zu sprechen, an denen sich das Wirken der göttlichen Providenz zeige. Dazu zählt er etwa die Blüte der beiden amerikanischen Großreichen in Peru und México zur Zeit der Entdeckung; eine *lingua franca* in beiden Reichen (Quechua, Náhuatl); der Reichtum an Gold- und Silbervorkommen, der die Habsucht und Gier der Eroberer anstachelt habe; die religiösen Vorstellungen und Riten der Indianer, die mit dem Christentum in Wahrheit empfingen, was sie in ihrer Religion schon im dämonologischen Modus empfangen hätten. Schließlich bringt er seine Argumente auf den Punkt: »Unsere Sünden haben viele Male nicht zur Besserung gedient« [...], und es sei so, »dass der erste Eintritt des Evangeliums [in die Neue Welt] vielfach nicht aufrichtig und mit den gebotenen christlichen Mitteln geschah, doch hat die Güte Gottes aus diesem Bösen Gutes gemacht *(sacó bien de ese mal)* und bewirkte, dass die Unterwerfung *(sujeción)* der Indios ihnen vollständig zum Heilmittel und zur Gesundheit gereichte« (HN 244-247, hier 246).[29]

Auf diese Art und Weise sollte die indianische Welt Amerikas in der Heilsgeschichte den Platz erhalten, der ihr in der irdischen Realität freilich allzu oft vorenthalten wurde. Zweifelsohne werden in die Entdeckungs- und Eroberungsgeschichte providentielle Züge eingetragen, doch nicht die chiliastischen Züge, die für die frühen franziskanischen Missionare typisch war. Was unserem Autor vorschwebt, ist vielmehr eine Kulturen umfassende und Grenzen sprengende Gemeinschaft der im Glauben geeinten) Menschheit. »Es ist keine Gemeinschaft von Spaniern oder von Barbaren, die sich in Zahl und Bestimmung auf eine bestimmte Nation oder ein Volk beschränkt, sondern die alle Grenzen der Erde und der Zeit überschreitet. Dies und nichts anderes ist endgültig das Volk der Christen« (DP II, 239).

29 Zu Modellen theologischer Geschichtsdeutung Amerikas in der Frühen Neuzeit in Hispanoamerika vgl. *Michael Sievernich*, Providenz und Befreiung. Zur Theologie der Geschichte Amerikas und Europas, in: *Urs Altermatt/Adrian Holderegger/Pedro Ramírez* (Hg.), Zur Wieder-Entdeckung der gemeinsamen Geschichte. 500 Jahre Lateinamerika und Europa, Freiburg (Schweiz) 1992, 143-164.

Der – nach der Bibel – meistzitierte Autor im Werk von José de Acosta ist Aurelius Augustinus (354-430). Diese Vorliebe ist nicht zufällig und schlägt sich auch in seiner Geschichtstheologie nieder, der theologischen Interpretation seiner Epoche mit ihrer spezifischen Erfahrung und Anfechtung. Im Zentrum dieser Theologie der Geschichte steht das Vertrauen auf die Vorsehung *(providentia)*, auf Gottes Wirken in der Geschichte, das unser Autor in Natur und Kultur zu dechiffrieren sucht. Zu Beginn der Neuzeit versucht er mithin, das Gottesthema mit wissenschaftlicher und geschichtlicher Erfahrung zu verbinden, also durch empirische und spirituelle Erfahrung in Natur und Kultur dem Logos in der Geschichte nachzuspürten. Freilich bleibt der spekulative Preis einer solchen Geschichtstheologie hoch, für heutiges Empfinden sicher zu hoch. José de Acosta bleibt eine der intellektuellen, politischen und praktisch-theologischen Leitfiguren der Frühen Neuzeit in Amerika. ◆

Interkulturelle
Kommunikation
im Horizont
der Menschenwürde

ZWEITER TEIL

Sprache, Kommunikation und Translation

5 Interkulturelle Begegnung im frühen Brasilien

Die zahlreichen Beinamen, die José de Anchieta (1534-1597) im Lauf seines Lebens und postum erhielt, geben den starken Eindruck wieder, den er auf seine Zeitgenossen machte, zeigen aber auch die Nachhaltigkeit seines Wirkens im kolonialen und postkolonialen Brasilien. So wurde er in Anspielung auf seine Herkunft von den kanarischen Inseln (Tenerife) und auf den gleichnamigen Singvogel *el canario (del cielo)* genannt. Seine dichterische Begabung, die sich schon im Studium in Coimbra zeigte und ihren Ausdruck in epischen und lyrischen Gedichten fand, brachte ihm auch den Titel eines *Orpheus brasilicus* ein. Seine Sprachenkenntnisse ließen ihn zu einem der bedeutendsten Missionare in Luso-Amerika werden. Als *Apostel Brasiliens* wurde er zum ›Kirchenvater‹ der brasilianischen Kirche, zum Gründer der Stadt São Paulo und zum legendenumwobenen Nationalheiligen. Seine Werke in den Bereichen von Epik, Lyrik und Theater bescherten ihm den Beinamen eines Begründers der brasilianischen Literatur, während seine präzisen Beschreibungen der Natur und Kultur der Neuen Welt ihn zum ersten Amerikanisten Brasiliens werden ließen. Schließlich erzählen die hagiographischen Viten von vielen ihm zugeschriebenen Wundern,[1] die ihm den Titel eines *Thaumaturgen* der Neuen Welt einbrachten.

Schon dieser kurze Einblick lässt erkennen, welche Bedeutung der Sprache als Ausdrucksmittel und den Sprachen als Medium der Kommunikation in seinem Leben und Wirken zukam. Symbolischen Ausdruck findet diese Kommunikationsfähigkeit in Wunderlegenden, die davon berichten, dass er sich wie Franziskus von Assisi mit den Vögeln zu verständigen vermochte, die sich auf seinen Armen niederließen oder ihm gar zu Diensten waren. Im Folgenden betrachten wir sein Leben und seine Werke sowie seine Fähigkeit, fremde Länder und andere Kulturen wahrzunehmen und bei den indigenen Völkern Brasiliens mit Hilfe der Sprache und literarischer Schöpfungen Inkulturationsprozesse einzuleiten.

1 *Sebastiano Beretarius (Berettari)*, Vita R.P.Iosephi Anchietae Societatis Iesu sacerdotis Brasilia defuncti, Colonia 1617; dt. Ingolstadt 1620.

Leben in zwei Welten: José de Anchieta

Seine Biographie vollzog sich in zwei klar unterscheidbaren Phasen: die ersten beiden Jahrzehnte der Kindheit und Jugend auf den Kanaren und auf der iberischen Halbinsel, sodann über vier Jahrzehnte in Brasilien. In der Alten Welt humanistisch geschult, brachte er durch seine Werke das Lateinische und die beiden iberischen Sprachen in die Neue Welt, während er gleichzeitig die indigenen Sprache Tupí studierte und kulturell integrierte. Symbol der Integration der beiden Welten ist sein mehrsprachiges Theater, bei dem sich Personen und Sprachen der Alten und der Neuen Welt auf der Bühne begegnen. In seinem Leben und Werk spiegelt sich das Ineinander der (Sprach-)Welten.

José de Anchieta[2] wurde am 19. März 1534 in San Cristóbal de la Laguna, der damaligen Hauptstadt der kanarischen Insel Tenerife, als drittes von neun Kindern des ausgewanderten Basken und Beamten Juan de Anchieta und seiner Frau Mencía Díaz de Clavijo geboren, die einer Familie jüdischer *conversos* entstammte. Auf seiner Heimatinsel, die erst wenige Jahrzehnte zuvor von den *Katholischen Königen* erobert worden war (1496), lernte er zum einen in der Schule die Kulturtechniken Lesen und Schreiben, wohl auch die Anfangsgründe des Lateinischen, zum anderen aber machte er auch Bekanntschaft mit den unterworfenen und teilweise versklavten Ureinwohnern der Insel, den Guanchen, sowie mit afrikanischen Sklaven.

Zur höheren Ausbildung wurde er 1548 ins portugiesische Coimbra geschickt, wo er drei Jahre am gerade gegründeten königlichen *Colégio das Artes* mit brillanten Ergebnissen studierte und dabei auch das Theater kennenlernte. Mit 17 Jahren trat er 1551 in das Noviziat der Gesellschaft Jesu ein, wo er durch Tugend und Frömmigkeit auffiel, seine Gesundheitsprobleme aber so gravierend schienen, dass die Oberen ihn entlassen wollten, auf Anraten der Ärzte ihn jedoch ins gesündere Klima Brasiliens schickten. So wurde er als 19-jähriger junger Mann 1553 aus »Gesundheitsgründen« in die Neue Welt gesandt und sollte dort in den 44 Jahren seines Wirkens, ohne je die Alte Welt wiedergesehen zu haben, eine der großen kirchlichen, politischen, kulturellen und spirituellen Gestalten Brasiliens werden.

2 *Hélio Abranches Viotti*, Anchieta. O Apóstolo do Brasil, São Paulo, 2. Aufl. 1980; *Murillo Moutinho/Luis Pelacín Gómez*, Art. Anchieta, in: Diccionario Histórico de la Compañía de Jesús, dir. *Charles E. O'Neill/Joaquín M.a Domínguez*, Bd. 1, Roma/Madrid 2001,156-158; *Armando Cardoso*, Um carismático que fez história. Vida do Pe. José de Anchieta, São Paulo 1997.

3 *Wolfgang Reinhard*, Geschichte der europäischen Expansion, Bd. 2: Die neue Welt, Stuttgart 1985, 117.

Die Küste Brasiliens war 1500 von Pedro Álvares Cabral (1467-1520) auf einer Ostindienfahrt (!) entdeckt und aufgrund des Vertrags von Tordesillas (1494), der die Demarkationslinie zwischen der spanischen und portugiesischen Hemisphäre festgelegt hatte, für die portugiesische Krone in Besitz genommen worden. Der Küstenstreifen war von verschiedenen Ethnien bewohnt, die sich aber weitgehend mit der Sprache *(Tupí)* verständigen konnten. Von den Eroberern wurde das Land nach dem profitablen Brasilholz *(Caesalpinia echinata)* benannt und im Lauf der Kolonisierung in relativ unabhängige *capitanías* eingeteilt und als eine Art erbliches Lehen *(donatários)* mit bestimmten Rechten und Pflichten zugeteilt. Diese wiederum teilten ihrerseits gegen Abgaben Siedlern Land zu *(sesmaria)*. Dieses System, »ein Zwitter aus Feudalismus und Kapitalismus«,[3] wurde allerdings ab 1548 durch eine königliche Zentralverwaltung überlagert und dann abgelöst. Diese Verwaltung nahmen ein Generalgouverneur und andere Beamte der Krone wahr, mit Sitz in São Salvador da Bahía. Das Patronat *(padroado)* über die Kirche und ihre Aktivitäten lag beim König, insofern er in Personalunion Meister des Christusordens war.

Mit der Flotte des ersten Gouverneurs, Tomé de Sousa (1503-1579), kamen 1549 im Auftrag João III. (1502-1557), und des Ordensoberen Ignatius von Loyola (1491-1556) auch die ersten fünf Jesuiten unter Leitung von Manoel da Nóbrega (1517-1570) als Missionare ins Land. 1550 folgte die zweite Expedition von Jesuitenmissionaren und 1553 die dritte, unter deren Mitgliedern sich auch der junge José de Anchieta befand. Diese Gruppe kam mit der Flotte des zweiten Gouverneurs, Duarte da Costa (†1560). Mit diesen Expeditionen begann die Geschichte der Jesuiten in Brasilien, die nachhaltig zur kulturellen und religiösen Identität Brasiliens beitragen sollten.[4]

Schon bald brach der sprachbegabte junge Missionar mit dem Schiff nach Süden auf, in die Capitanía de São Vicente, wo er die indigenen Einwohner des Landes kennenlernte. Von dort ging er mit einer Gruppe von Missionaren unter Leitung von Nóbrega nach Piratininga, der Keimzelle der künftigen Stadt São Paulo, wo sie sich am Fest der Bekehrung Pauli (25. Jan.) 1554 niederließen. Dort unterrichtete er fast ein Jahrzehnt lang Kolonistensöhne und Indianerjungen und lernte zur selben Zeit *Tupí*, die *lingua franca* der einheimischen Bevölkerung, die er schließlich so virtuos beherrschte, dass er als Dolmetscher

4 *Volker Jaeckel*, Die Bedeutung der Jesuiten für die kulturelle Identität des kolonialen Brasiliens im 16. und 17. Jahrhundert, in: *Ray-Güde Mertin* (Hg.), Von Jesuiten, Türken, Deutschen und anderen Fremden: Aufsätze zur brasilianischen Literatur und literarischer Übersetzung (Beihefte zu Lusorama 2, 13), Frankfurt 1996, 135-149.

herangezogen wurde. Dank seiner Kenntnisse konnte er eine Grammatik dieser Sprache und Gedichte in *Tupí* verfassen. »In dieser Aldeia de Piratininga, wo wir eine große Schule für Kinder unterhalten, Söhne der Indianer *(indios)*, die schon im Lesen und Schreiben unterrichtet werden, die Sitten ihrer Eltern verabscheuen und von denen einige schon die Messe zu singen verstehen. Diese sind unsere Freude und unser Trost, denn ihre Eltern sind nicht sehr zähmbar *(domables)*«, schrieb er am 15. Aug. 1554 an die Mitbrüder in Coimbra.[5]

Da die Indianer als nomadische Ackerbauen lebten, d. h. ihre Dörfer nur kurze Zeit bewohnten und bei Nahrungsmangel weiterzogen, wollte Pater Nóbrega die Indianer in christlichen Dörfern *(aldeia)* ansiedeln, um auf diese Weise die »Wilden« besser zivilisieren und die »Heiden« (*gentío* oder *gentilidad*) besser missionieren zu können. Da diese staatlich unterstützten Ansiedlungen durch indigene Gegenwehr oder europäische Siedler, durch Sklavenhändler oder Strafaktionen der Kolonialmacht in prekärer Situation lebten, waren sie nicht so erfolgreich wie die späteren *Reduktionen* in Paraguay, die stärker auf Abgrenzung von der Kolonialgeselleschaft setzten. Auch Anchieta war bei der Gründung solcher *aldeias* für Indianer in der Umgebung beteiligt und verfasste zur christlichen Unterweisung Katechismen in *Tupí*. Gegen Ende dieser Zeit in Piratininga schrieb er seine ersten Theaterstücke, die inhaltlich christliche Glaubens- und Moralvorstellungen auf die Bühne brachten und deren Mehrsprachigkeit die Integration fördern sollte.

Das koloniale Projekt Portugals im Südatlantik wurde durch die konkurrierende Kolonialmacht der Franzosen bedroht. 1555 hatte eine französische Expedition unter Nicolas Durand de Villegagnon (1510-1571) in der Bucht von Guanabara eine Kolonie mit dem Namen *France antarctique* gegründet und mit einem Fort befestigt. Zur Rivalität der Kolonialmächte, die sich auch die Feindschaft der Ethnien zunutze machten, kam die Auseinandersetzung der Konfessionen, da die Franzosen auch protestantische Hugenotten ansiedelten. Die portugiesische Reaktion verzögerte sich durch den Tod des Königs (1557), doch konnte der dritte Generalgouverneur, Mem de Saa (1500-1572), im Jahr 1560 den Sieg erringen, nicht zuletzt dank der indianischen Hilfstruppen und ihrer Kanus aus den *aldeias*. Auf diesen Gouverneur, der eng mit den

5 *Serafim Leite*, Monumenta Brasiliae Bd. 2 (Monumenta historica SI 80), Rom 1957, Dok. 21, 2. Wir zitieren die Bände der *Monumenta Brasiliae* unter ›MonBras‹ nach Band und Nummer des Dokuments.

6 *Hélio Abranches Viotti*, Anchieta e a coligação dos Tamoios, in: *ders.*, O anel e a pedra. Dissertações históricas, Belo Horizonte/Rio de Janeiro 1993, 103-137.

7 Lateinisch-spanische Ausgabe: *José de Anchieta*, Primer mariólogo jesuita (Biblioteca Teológica Granadina 31). Texto latino de sus poemas mariológicos. Traducción, introducción y notas de *José María Fornell*, Granada 1997.

8 *André Kisil*, Anchieta, doutor dos índios. Um missionário curando almas e corpos, São Paulo 1996.

Jesuiten kooperierte und ihr Missionswerk förderte, verfasste Anchieta ein lateinisches Epos, das in über 3000 Versen die Schlachten und ihre Helden besingt und bald auch im Druck erschien.

Da die portugiesischen Kolonialstädte auch nach dem Sieg über die Franzosen immer wieder Angriffen der mit den Franzosen verbündeten kriegerischen Tamayos[6] ausgesetzt waren, bot sich Pater Manoel da Nóbrega 1563 als Geisel für die Zeit eines Waffenstillstands an. Als Dolmetscher begleitete ihn dabei Anchieta, der schließlich unter ständiger Lebensgefahr allein als Gefangener in Iperoí (heute Ubatuba) zurückblieb. In diesen Monaten aber konnte er die native Kultur sehr genau kennenlernte, einschließlich feindlicher Bedrohungen und freundschaftlicher Beziehungen. Als Dank für die Errettung aus dieser Situation schrieb er in vier Büchern und zwölf Gesängen ein lateinisches Gedicht mit über 5700 Versen auf die Gottesmutter Maria.[7]

Im Jahr 1565 begleitete er eine militärische Expedition zur Bucht von Guanabara, welche auch mit Hilfe christianisierter Indianer die portugiesischen Ansprüche durchsetzen sollte. Auch war er präsent, als in dieser Bucht die Stadt Río de Janeiro gegründet wurde. Im folgenden Jahr sollte er endlich in Bahía die Priesterweihe empfangen, nachdem er in kurzer Zeit unter Anleitung seiner Mitbrüder Theologie studiert hatte. Das darauffolgende Jahrzehnt sieht Anchieta im südlichen São Vicente, wo er als Superior die Missionsarbeit leitete und in dieser tropischen Urwaldregion von den *aldeias* aus immer wieder zu friedlichen Expeditionen aufbrach, um mit Hilfe von Gesang und Musik das Evangelium zu verbreiten und neue Stämme anzulocken. Dabei ließ er sich bisweilen von europäischen und indianischen Kindern und Halbwüchsigen mit Musik und Liedern begleiten.

Auf diese Jahre als Missionar unter Indigenen, die seinen Ruf als Wunderheiler festigten,[8] folgte ein Jahrzehnt als fünfter Provinzial der schon 1552 gegründeten brasilianischen Provinz der Gesellschaft Jesu, deren erster Provinzial Manoel da Nóbrega gewesen war. 1576 sollte er das Amt des Rektors im Kolleg von Río de Janeiro übernehmen, doch erreichte ihn vorher die Ernennung zum Provinzial der Ordensprovinz, die inzwischen auf über 140 Mitglieder angewachsen war. Diese unterhielt zahlreiche Niederlassungen, von den großen Kollegien in den Städten (Bahía, Rio de Janeiro, Pernambuco) bis zu den kleinen Residenzen und *aldeias*, die den Kollegien zugeordnet waren. Da die Häuser weit entfernt voneinander lagen und die regelmäßigen Besuche zu den Pflichten eines Provinzials gehören, war Anchieta im Laufe seiner mehr als zehnjährigen Amtszeit (1577-1588) viel unterwegs, auf langen Strecken mit dem ordenseigenen Schiff *Santa Ursula*. Bei der Reorganisation des missionarischen Wirkens unterstützten ihn vor allem die Patres Cristóvão de Gouveia (1542-1622) und Fernão Cardim (1549-1625).

In seiner Amtszeit als Provinzial kam es zu Zusammenstößen zwischen Kolonisten und Jesuiten um die Rechte und die Freiheit der Indianer. Anchieta machte seinen Einfluss geltend und konnte durch seine Eingaben mitbewirken, dass der spanische König Philipp II. (1527-1598), zu dieser Zeit in Personalunion auch Herrscher Portugals, im Jahr 1587 ein Schutzgesetz erließ.[9] Angesichts von Exzessen verbot es die Gefangennahme von *Yndios*, weil diese frei *(livres)* und als solche zu behandeln seien. Zu den Aufgaben der Gouverneure gehöre es, ihre Freiheiten *(liberdades)* zu bewahren und sie gegen schlechte Behandlung zu verteidigen. Allerdings machte das Gesetz zwei Ausnahmen, nämlich die Gefangennahme in einem »gerechten Krieg« *(guerra justa)* und der Kauf bei Gefahr der Anthropophagie, *resgate* genannt. Da sich jedoch das Versklavungsverbot auf diese Weise leicht umgehen ließ, war das faktische Scheitern des Gesetzes vorprogrammiert.

Das letzte Jahrzehnt seines Lebens verbrachte unser Autor in Vitória de Espíritu Santo, wo er endlich Zeit und Muße fand, seine Dichtungen zu überarbeiten und neue Stücke zu schreiben. Noch einmal kehrte er als Visitator an die Orte seines Wirkens zurück und erlebte die Veröffentlichung seiner Tupí-Grammatik (1595). Am 9. Juni 1597 starb er in der *aldeia* Reritiba, die heute zur Stadt namens ›Anchieta‹ an der Atlantikküste umbenannt wurde.

Schon bald nach seinem Tod erschienen Biographien von Zeitgenossen über sein heiligmäßige Leben.[10] So war sein alter Lehrer Quirício Caxa (1556-1599) sein erster Biograph, der eine *Breve Relação da vida e morte do P. José de Anchieta* verfasste. Eine zweite Biographie *Vida do Padre José de Anchieta da Companhia de Jesus (1605)* geht auf Pero Rodrigues (1542-1623) zurück, den siebenten Provinzial der brasilianischen Jesuiten. Auf der Grundlage dieser Biographien schrieb Sebastiano Berettari (1543-1622) die oben erwähnte, hagiographisch orientierte lateinische Vita (1617), die in viele europäische Sprachen übersetzt wurde und nachhaltig sein Bild bestimmen sollte. In der zweiten Hälfte des 17. Jahrhunderts veröffentlichte der Chronist des Ordens in Brasilien, Simão de Vasconcellos (1597-1671) eine umfangeiche *Vida do Venerável Padre Joseph de Anchieta*, den Thaumaturgen der Neuen Welt (Lissabon 1672). Die Biographien stehen im Zusammenhang mit den

9 *Georg Thomas*, Die portugiesische Indianerpolitik in Brasilien 1500-1640 (Bibliotheca Ibero-Americana 10), Berlin 1968; Text des Gesetzes *(lei)* 200-202.

10 *Quirício Caxa / Pero Rodrigues*, Primeras Biografias de José de Anchieta (Obras completas 13), introduções e notas do Pe. *Hélio Abranches Viotti*, São Paulo 1988.

11 *Quintín Aldea*, En su beatificación. José de Anchieta, Apóstol del Brasil, in: Razón y Fe 201 (1980) 622-628.

12 Comissão Nacional para as comemorações do »Dia de Anchieta«, Anchietana, São Paulo 1965.

13 *Hélio Abranches Viotto / Murillo Moutinho*, Anchieta nas Artes, São Paulo ²1991.

Bemühungen im 17. Jahrhunderts um eine Kanonisation, die freilich zahlreiche Anläufe benötigte und erst im 20. Jahrhundert gelang, als Papst Johannes Paul II. (1920-2005) den kanarischen Jesuiten 1980 in Rom seligsprach[11] und Papst Franziskus (*1936) ihn im 21. Jahrhundert zur Ehre der Altäre erhob (2014). An seinem Todestag (9. Juni) wurde dieser Tag staatlicherseits anlässlich des Jubiläums der Gründung von Rio de Janeiro (1965) von Präsident Humberto Castelo Branco (1897-1967) zum *Dia de Anchieta* erklärt.[12]

Seine Ikonographie, die sich in zahlreichen Stichen, Gemälden, Skulpturen, Reliefs und Azulejos (Kacheln) spiegelt, kennt zwei Haupttypen der Darstellung des Heiligen: Meistens wird er als Missionar und Wundertäter in schlichter Soutane mit Buch und Kreuz oder Wanderstock in den Händen dargestellt, umgeben von Indianern und/oder Tieren (Panther, Schlange, Vögel); überdies wird er auch im Porträt als inspirierter Schriftsteller mit Manuskript und Feder gezeigt.[13]

Werke und Sprachen

Das umfangreiche schriftstellerische Werk Anchietas zeichnet sich zum einen durch Vielfalt literarischer Gattungen und durch Mehrsprachigkeit aus, zum anderen durch seinen Bezug auf den doppelten kulturellen Kontext des kolonialen Brasiliens und durch den Zielhorizont der christlichen Mission. Seine vollständigen Werke liegen als *Monumenta Anchietana* vor (São Paulo 1986-1990). Dazu kommen weitere Ausgaben einzelner Werke. Bibliographien geben über die umfangreiche Literatur Aufschluss, die zu verschiedenen Facetten seines Werks erschienen ist.[14] Insbesondere hatte der 400. Todestag (1997) wissenschaftliche Symposien in Brasilien und Portugal und eine Reihe neuer Studien angeregt.[15] Im Folgenden betrachten wir dieses Werk nach den literarischen Gesichtspunkten von Prosa, Epik, Theater und Lyrik.[16]

Anchietas in mehrsprachiger Prosa geschriebenes Werk umfasst zum einen historische Berichte, Korrespondenz und Predigten, zum anderen linguistische und katechetische Arbeiten. Zu den historischen Berichten, die

14 *Murillo Moutinho*, Bibliografia para o IV Centenário da morte do Beato José de Anchieta 1597-1997, São Paulo 1999.

15 Anchieta 400 anos. Atas (Congresso Internacional – São Paulo 18 a 20 de Setembro de 1997), Comissão IV Centenário de Anchieta, São Paulo, 1998; Actas do Congresso Internacional Anchieta em Coimbra, Colégio das Artes da Universidade 1548-1998, coord. *S. Tavares de Pinho / L. de Nazaré Ferreira*, 3 tom., Pôrto 2000.

16 Einen guten Überblick bieten: *Miguel Rodríguez-Pantoja Márquez* u.a., José de Anchieta. Vida y obra, edición de *Francisco González Luis*, La Laguna (Tenerife) 1988; *José González Luis / Fremiot Hernández González*, Anchieta. Su obra literaria y pervivencia, Las Palmas de Gran Canaria 1999.

ihm zugeschrieben werden, zählt zunächst eine für die frühe Geschichte des Landes wichtige *Breve informação do Brasil* aus der Zeit seines Provinzialats (1584), die sowohl über die politische und kirchliche Situation Auskunft gibt als auch über die missionarischen Aktivitäten. Von besonderer Bedeutung für die indigene Kultur ist eine kurze *Informação dos casamentos dos índios* über die indianische Familienorganisation.[17]

Zur Korrespondenz gehören die frühen Briefe, die er im Auftrag nach Rom an den Ordensgeneral Ignatius von Loyola schrieb (1. Sept. 1554, 20. März 1555). Darin geht es neben Personalfragen vor allem um den Stand und die Entwicklung der Missionsarbeit. Bisweilen verbirgt sich in der Korrespondenz eine Art wissenschaftlicher Traktat, wie im Brief vom 31. Mai 1560 an den Generaloberen Diego Laínez (1512-1565), in dem er vor allem die Fauna der ihm bekannten Küstenregion beschreibt.[18]

Anchieta beherrschte, abgesehen von seiner Muttersprache Spanisch, nicht nur perfekt das Lateinische und Portugiesische, sondern auch das in den Küstenregionen gesprochene Tupí. In humanistischer Philologie geschult, entwarf er mit lateinischen Kategorien eine Grammatik des Tupí, die den Missionaren zum Erlernen der Sprache diente und die als *Arte de grammatica da lingoa mais usada na costa do Brasil* (Coimbra 1595) zu seinen Lebzeiten auch gedruckt wurde.[19] Ein gute Sprachkenntnis war Voraussetzung für jede Missionstätigkeit, für die Anchieta außer linguistischen auch katechetische und pastorale Hilfen verfasste. In Dialogform schrieb er in Tupí einen *Diálogo da Fé* genanntes originelles Werk, das die klassischen katechetischen Stücke enthält. Des Weiteren werden ihm zumindest die Tupí-Übersetzung eines Katechismus *(Doutrina Cristã)* sowie einer Beichthilfe *(Confessionário)* zugeschrieben. Diese katechetische Gebrauchsliteratur, die zum Teil in die späteren *Catecismo na lingua brasilica* (Lissabon 1618) und *Catecismo Brasílico* (Lissabon 1686) des Antonio d'Araújo (1566-1632) eingegangen sind, zeigt ein eigenständiges theologisches Denken, das 7sowohl sprachlich als auch kulturell auf den indigenen Kontext eingeht und damit die andere Sprache der Anderen nicht ausmerzt, sondern assimiliert und bereichert.[20]

17 *José de Anchieta*, Textos históricos (Obras completas 9), Pesquisa, introdução e notas de *Hélio Abranches Viotti*, São Paulo 1989; wir zitieren die Bände im Text unter *Obras* mit Nr. und Seiten.

18 *José de Anchieta*, Cartas. Correspondência ativa e passiva (Obras completas 6), Introdução, tradução e notas de *Hélio Abranches Viotti*, São Paulo 1984. Die Predigten finden sich in: *José de Anchieta*, Sermões (Obras completas 7). Pesquisa, introdução e notas de *Hélio Abranches Viotti*, São Paulo 1987.

19 *José de Anchieta*, Arte de grammática da língoa mais usada na costa do Brasil. Edição fac-similar (Obras completas 11). Apresentação *Carlos Drumond*, São Paulo 1990.

20 *José de Anchieta*, Diálogo da fé (Obras completas 8), Introdução, histórico-literaria e notas de *Armando Cardoso*, São Paulo 1988; *José de Anchieta*, Doutrina Cristã, 2 tom., (Obras completas 10/1-2). Introdução, tradução e notas do *Armando Cardoso*, São Paulo 1992.

ARTE DE GRAMMATICA DA LINGOA
mais vſada na coſta do Braſil.

Feyta pelo padre Ioſeph de Anchieta da Cõpanhia de IESV.

Com licença do Ordinario & do Prepoſito geral
da Companhia de IESV.
Em Coimbra per Antonio de Mariz. 1595.

Abb 2
Grammatik
der brasilianischen Sprache
Tupí
von Joseph de Anchieta SJ
Coimbra 1595

Das epische Schaffen unseres Autors fand seinen Niederschlag in zwei neulateinischen Epen, einem welthaltigen Heldenepos auf den dritten Gouverneur Brasiliens, Mem de Sá (1500-1572), und einem geistlichen Epos auf die heilsgeschichtliche ›Heldin‹ Maria. Auf Weisung des Provinzials dichtete er, an Vergil geschult, das Epos *De gestis Mendis de Saa*, das mit der Beschreibung von Landschaften, indianischen Völkern, Unwettern, Wäldern, Flüssen und Stränden die Szenerie veranschaulicht, in der die Ereignisse, insbesondere Schlachten erzählt werden. In direkter Rede werden die staatstragenden Ansprachen gehalten. Vorgeschaltet ist eine Widmungsepistel in über 50 Distichen, die Gottes Allmacht anruft und die »Zähmung« der brasilianischen Völker als Ziel ansieht. Das 1561/62 verfasste Epos erzählt in bilderreicher Sprache und zahlreichen antiken Wendungen im Wesentlichen chronologisch die Ereignisse in der ersten Amtszeit des Gouverneurs. In vier Bücher eingeteilt, besingt das erste die Taten und den Tod des Sohnes, das zweite die Taten Mem de Saas und den indianischen Aufstand von Ilhéus, wobei die indigenen Sitten in Krieg und Frieden, sowie die verbreitete Anthropophagie (VV. 903-948) geschildert werden, aber auch die Christianisierung (VV. 1273-1301). Das dritte Buch beschreibt die Kriege gegen die Indianer und die Franzosen, wobei der konfessionelle Aspekt in den Gestalten von Martin Luther (1483-1546), Johannes Brenz (1499-1570) und Philipp Melanchthon (1497-1560) hervortritt (VV. 2874-2909). Ein breites Panorama von weiteren Schlachten und Siegen, die der Hilfe Gottes zugeschrieben werden, entfaltet das letzte Buch, das in einem Lobpreis Christi endet.

Das panegyrische Epos erschien, vom Sohn de Saas herausgegeben, sehr schnell (Coimbra 1563) und gilt, wenn auch in Latein geschrieben, als das erste amerindische Epos. Ein ähnliches Werk befasste sich mit der Eroberung Chiles, *La Araucana*, wobei der Autor Alonso de Ercilla y Zúñiga (1533-1594) sein Epos in Spanisch (Salamanca 1574) verfasste.[21]

Als Gegenstück zu dieser tatenreichen und kriegerischen Versdichtung kann Anchietas geistliches Epos *De beata virgine Dei matre Maria* gelten, das, in der Gestalt Mariens verdichtet, episch die Heilsgeschichte erzählt. In

21 *José de Anchieta*, De gestis Mendi de Saa. Poema épico (Obras completas 1), Introdução, versão e notas de *Armando Cardoso*, São Paulo 1986; *José de Anchieta*, De gestis Mendi de Saa (Poema epicum), Original latino con introducción histórico-literaria y primer versión castellana de *José-María Fornell Lombardo*, Granada 1992 (Nebentitel: El primer poema épico de América).

22 *José de Anchieta*, Poema de Bem-aventurada Virgem Maria, Mãe de Deus I und II (Obras completas 4). Introdução e anotações ao texto pelo *Armando Cardoso*, São Paulo 1980 und 1988 (vgl. Anm. 7).

23 *José de Anchieta*, Teatro de Anchieta (Obras completas 3). Originais acompanhados de tradução versificada, introdução e notas pelo *Armando Cardoso*, São Paulo 1977.

diesem Fall bedient sich der Autor nicht des heroischen Hexameters, sondern eines anderen Versmaßes. Er entrollt im erhabenen Ton von etwa 3000 klassischen Distichen, bei denen Hexameter und Pentameter abwechseln, das Leben Mariens von ihrer Kindheit bis zu ihrer Verherrlichung. Das epische Gedicht ist in fünf Bücher eingeteilt, die ihrerseits im Renaissancestil zwei oder drei *cantos* enthalten, die sich zu 12 Gesängen summieren. Das erste Buch widmet sich der Kindheit Mariens, das zweite der Inkarnation, das dritte der Geburt Jesu, das vierte der Kindheit Jesu und das letzte dem Leiden und Tod sowie der Auferstehung Jesu und der Verherrlichung Mariens. Anlass war seine Errettung aus der erwähnten indianischer Gefangenschaft in Iperoí, wie denn auch immer wieder biographische Elemente in das Epos eingeflochten sind. Drei Mal preist unser Autor in der Abfolge des Alphabets die Namen, die er mit der Tradition oder aus eigener Schöpfung Maria beilegt (z. B. *arbor vitae, baculus, collis, ductus vitae aquae, effigies, fulmen, gemma* etc.) (VV. 361-496).[22]

Eine wichtige Rolle in der Missionsarbeit spielten das Theater, das sich formal und inhaltlich an der Tradition des portugiesischen Dramatikers Gil Vicente (1465-1536) orientierte. Dieser hatte neben seinen Komödien zahlreiche geistliche Schauspiele *(autos)* verfasst, die in allegorischem Spiel meist den Kampf von Gut und Böse um die Seele auf die Bühne bringen. Belehrend, aber auch unterhaltsam angelegt, zeichnen sie sich durch gereimte Kurzverse, Volksnähe, Mehrsprachigkeit sowie Gesangs- und Tanzeinlagen aus und bilden Vorläufer der barocken *autos sacramentales* eines Calderón de la Barca (1600-1681). Von Anchieta sind 12 Theaterstücke überliefert, die nicht nur an europäische Traditionen anschließen, sondern auch an indianische, so bei den indigenen Empfangsritualen und anderen Elementen. Die Stücke gliedern sich in vier oder fünf Akte, in deren Zentrum Dialoge stehen, umrahmt von einem Prolog, festlichen Gesängen und Tänzen und einem Epilog. Diese Stücke entfalten anschaulich, was im Katechismus gelehrt wird, und bringen zugleich die europäische und die indianische Geschichte und Kultur zusammen auf die Bühne. Es gibt geistliche Schauspiele auf Heilige wie Laurentius, Mauritius, Ursula und Elisabeth oder solche zum Empfang einer hochgestellten Persönlichkeit. Das Publikum bestand in der Regel aus den Gruppen der kolonialen Gesellschaft (Siedler, Autoritäten) und aus der indianischen Gesellschaft. Meistens sind die *autos* mehrsprachig, das Stück *Na aldeia de Guaraparim* jedoch vollständig in Tupí. Eines der bekanntesten *autos* ist das dreisprachige (Portugiesisch, Spanisch, Tupí) Stück *Na festa de São Lourenço*, das 1587 in der gleichnamigen *aldeia* (heute Niterói) aufgeführt wurde.[23]

Das umfangreiche lyrische Werk Anchietas ist wie die Theaterstücke mehrsprachig. Es gibt lateinische Gedichte, aber auch spanische und portugiesische im Stil der *Cancioneros* seiner Zeit, aber auch Gedichte in Tupí. Es handelt sich durchweg um religiöse Dichtung. Zahlreiche Gedichte in allen vier Sprachen gelten marianischen Themen, wie ja schon das Epos auf Maria seine besondere Verehrung der Mutter Jesu zeigt. Eine Reihe von sechs größeren Hymnen in lateinischen Distichen preist die Eucharistie, andere Gedichte gelten der Gestalt Jesu Christi, die er immer wieder poetisch besingt, aber auch den Heiligen oder moralischen Themen wie der Buße. Der Kehrvers eines Tupí-Gedichts über die Geheimnisse des Rosenkranzes lautet:

Ó virgem Maria,	O Jungfrau Maria,
Tupansý eté	Mutter des wahren Gottes,
abápe, arapóra,	wer in der Welt
oikó nde jabé?	Ist dir gleich?
	(*Obras* 5, 210)

Die geistliche Lyrik[24] offenbart auch jenseits katechetischer Verwendungszwecke den großen Dichter und Sprachkünstler, der all seine literarischen Fähigkeiten in den Dienst seiner Mission stellt.

Resonanz mit Natur, Kultur und autochthonen Menschen

In der Neuen Welt traf der kanarische Jesuit wie alle Europäer auf eine andere, bisher unbekannte Welt von Fauna und Flora, von geographischen und klimatischen Verhältnissen, von großen Räume und Entfernungen. Unbekannt war auch die andere Kultur der dortigen Menschen, die als nomadische Bauern auf einer anderen Kulturstufe lebten. Er hat zwar keine systematische Natur- und Kulturbeschreibung wie sein Zeit- und Ordensgenosse José de Acosta (1540-1600), wohl aber finden sich in seinem Werk viele Beobachtungen und Beschreibungen. Wie also hat Anchieta in Brasilien mit Natur, Kultur und mit indigenen Menschen kommuniziert?

24 *José de Anchieta*, Poesias. Manuscrito do séc. XVI, em português, castelhano, latim e tupi, transcrições, traduções e notas de *Maria Lourdes de Paula Martins*, São Paulo 1954; *José de Anchieta*, Poemas eucharísticos e outros. De Eucharistia et aliis poemata varia (Obras completas 2). Originais latinos acompanhados de tradução portuguesa, introdução e notas pelo *Armando Cardoso*, São Paulo 1975; *José de Anchieta*, Lírica portuguesa e Tupi (Obras completas 5/I). Originais em português e em tupi acompanhado de tradução versificada, introdução e anotações ao texto pelo *Armando Cardoso*, São Paulo 1984; *José de Anchieta*,

In seinem Heldenepos und in seiner Korrespondenz findet sich eine Reihe von Beschreibungen, die seinen wachen Wahrnehmungssinn zeigen. So schrieb er in Form eines Briefs vom 31. Mai 1560 an den römischen Generaloberen Diego Laínez einen anschaulichen Bericht über Klima, Flora und Fauna in der südlichen *Capitanía* von São Vicente.[25] Er beginnt mit der Beschreibung des Klimas, der Jahreszeiten auf der südlichen Halbkugel und der Wirbelwinde *(violenti furiosique ventorum turbines)*, um danach insbesondere auf die Tierwelt einzugehen. Gleichsam der Evolution folgend, kommen zunächst die im Wasser lebenden Tiere an die Reihe, die Vielzahl der Fische, die Wasserschlangen, Reptilien, Amphibien und Krebse. Bei den Tieren auf dem Land beschreibt er die Würgeschlangen und die giftigen Schlangen (MonBras III, Dok. 34,11). Es folgen die Skorpione, Spinnen und Raupen, wobei Anchieta meistens auch ihre Bedeutung für den Menschen im Blick hat. So erwähnt er im Fall einer Raupe mit giftiger Behaarung, dass die indianischen Männer damit ihre Genitalien reizen, nicht ohne sich und ihre Frauen dabei zu infizieren (MonBras III, Dok. 14, 12). Von Puma und Jaguar erzählt er gefahrvolle Episoden, bei Ameisenbär, Tapir, Opossum und Faultier interessieren ihn deren merkwürdige Körper- oder Verhaltensformen, beim Gürteltier erwähnt er das schmackhafte, aber schwer zugängliche Fleisch. Auch wenn Lamas nur in den Anden zu Hause sind, kennt er diese »oves sylvestres«, die Kühen vergleichbar sind und schöne weiche Wolle geben (MonBras, Dok. 14, 18). Dann kommt er zu den Insekten, den Ameisen und den Bienen, den Stechmücken, gefolgt von der Vielfalt der Vögel, deren Verhaltensweisen und Sangeskünste er ebenso schildert wie ihre Verwertbarkeit (Essbarkeit, Schmuckfedern). Der Teil über die Pflanzen ist relativ klein und orientiert sich am Nutzen für den Menschen, wie die gekocht essbare Maniokknolle *(Yuca)*, die Heilkraft des Balsambaumes oder die süßen Früchte des Affentopfbaumes. Auch Mineralien wie der Feuerstein und (lebendig begrabene) Missgeburten kommen im Bericht vor. Insgesamt fällt auf, dass Anchieta vor allem die Fauna Brasiliens mit scharfer Beobachtungsgabe breit darstellt und dabei oft auf ihre Gefährlichkeit oder Nützlichkeit (Nahrungsmittel, Heilmittel) in der indianischen Welt eingeht. Diese ›indigene Perspektive‹ kommt auch darin zum Ausdruck, dass er die meisten Tiere auch mit ihren indianischen Namen benennt.[26]

Lírica espanhola (Obras completas 5/II). Original em espanhol acompanhado de tradução versificada, introdução e anotações ao texto pelo *Armando Cardoso*, São Paulo 1984.

25 *Serafim Leite*, Monumenta Brasiliae III (1558-1563) (Monumenta historica SI, 81), Rom 1958, Dok 34, S. 202-236.

26 Zur Entschlüsselung der Namen und anderer Wörter der indigenen Sprachen vgl. *Georg Friederici*, Amerikanistisches Wörterbuch (Abhandlungen aus dem Gebiet der Auslandskunde 53), Hamburg 1947.

Schon früh gibt es auch Zeugnisse über Kommunikation mit den indianischen Menschen. In einem lateinischen Brief vom 1. September 1554 aus Piratininga in »India Brasillica« an Ignatius von Loyola beschreibt er nicht nur den Fortgang der Missionen, sondern auch seine Beobachtungen über die zahlreichen intertribalen Kriege und die indianischen Zauberer, genannt *pagés*, aber auch über die rituelle Anthropophagie, den Mangel an Gesetzen sowie die Eheformen, die kirchenrechtlich inkompatibel sind (MonBras II, Dok. 22, 13 und 22-24). Obgleich die Schilderungen in der moralischen Beurteilung der fremden Sitten zurückhaltend sind, folgt seine Wahrnehmung der indianischen Kultur einerseits dem ethnozentrischen Schema seiner Zeit, die kulturelle, religiöse und moralische Andersheit zu diskriminieren neigt. Das Menschsein der Indianer zieht er allerdings niemals in Zweifel und betont ihre Erziehungsfähigkeit und -bedürftigkeit. Damit folgte er der humanistischen Anthropologie, wonach auch der wildeste Mensch erzogen werden und zu einem sittlich guten Leben sowie zum Glauben gelangen kann. Daher verteidigten die Jesuiten die indigene Bevölkerung gegen die Übergriffe der Siedler und gegen die Machenschaften der Sklavenjäger.[27]

Was die Gleichheit der Indianer und Indianerinnen angeht, argumentiert auch Manoel da Nóbrega (1517-1570) in seinem berühmten Dialog über die Bekehrung der Heiden *(Diálogo sobre a conversão do gentío)* (MonBras II, Dok. 51), in dem zwei fiktive Jesuiten, Gonçalvo Alvaro und Matheu Nugueira, über die koloniale Gesellschaft und die Indianer disputieren, dass alle Völker, die europäischen und die indianischen, ihrer Natur nach gleich seien und daher in ihren Verhaltensweisen durch das Feuer der göttlichen Gnade und Liebe »geschmiedet« und erzogen werden könnten. Aufgrund der gemeinsamen guten, wenn auch sündhaft verderbten Natur wandten sich die Missionare prinzipiell allen Menschen pastoral zu, den »Portugiesen und Brasilianern, Sklaven und Freien«, wie Anchieta in einem Brief vom März 1562 an Diego Laínez (1512-1565) schrieb (MonBras III, Dok. 62, 5).

Allerdings waren das missionarische und das koloniale Projekt nicht kompatibel. Wohl wegen dieser Inkompatibilität kennt Anchieta zwei Perspektiven der Wahrnehmung: Zum einen die Perspektive der Empathie, die über menschliche Beziehungen und Sprache läuft und die er etwa beim Erlernen des Tupí, beim Unterricht für indianische Kinder, aber auch während seiner ›teilnehmenden Beobachtung‹ in der Gefangenschaft bei den Tamayos entwickelt hatte. Zum anderen die Perspektive der Dominanz, die er mit dem ethnozentrischen Weltbild europäischer Prägung teilt und die auf jene »Zähmung« der Wilden setzt, an die Mem de Sáa dachte und die Anchieta als vorbildliche Heldentat episch besang. Beide Perspektiven bleiben unversöhnt, auch im Brief, den er am 16. April 1663 an Diego Laínez schrieb.

Alle Türen stünden für die Bekehrung der Heiden *(conversión de los gentiles)* offen, aber nur unter der Voraussetzung ihrer Unterwerfung. »Für diese Art Leute gibt es keine bessere Predigt *(no ay mejor predicación)* als Schwert und Eisenrute, die wie nichts anderes nötig sind, um das ›compelle eos intrare‹ zu erfüllen.« (MonBras III, Dok. 74, 8).

Mit dem Hinweis auf das biblische Gleichnis vom großen Festmahl, bei dem die Zaungäste »genötigt« werden einzutreten (Lk 14, 23) – es findet sich auch in Anchietas Heldenepos (*Coge illos intrare*; V. 1094), steht er in einer langen Tradition, die Gewaltanwendung bei der Christianisierung der Heiden legitimierte. Augustinus[28] trat grundsätzlich für die Toleranz ein, und das Kirchenrecht des Mittelalters hielt fest: *ad fidem nullus est cogendus.*[29] Die Wirkungsgeschichte dieser Auslegung prägte auch die europäische Expansion der frühen Neuzeit, allerdings in kontroverser Diskussion über die *conquista*, wenn man an die Protagonisten Bartolomé de Las Casas (1484-1566) und Francisco de Vitoria (1483-1546) denkt.

Die in den brasilianischen Küstenregionen vom Amazonas bis Rio de Janeiro ansässigen Tieflandindianer werden mit dem Sammelnamen »Tupinambá«[30] bezeichnet, weil sie eine relativ homogene Gruppe bildeten und bestimmte Merkmale wie die gemeinsame Sprache Tupí, Halbnomadentum und Polygamie teilten. Sie lebten von der Subsistenzlandwirtschaft in Pflanzerdörfern im Tropenwald und zogen nach einigen Jahren weiter, wenn das Land oder die Jagdgründe nicht mehr hinreichend Nahrungsmittel hergaben. Nur mit Federschmuck bekleidet, lebten sie in großen Gemeinschaftshütten *(malocas)* und waren bekannt für ihre permanenten intertribalen Kriege, die in der magisch-religiösen Weltsicht vornehmlich der Rache für die Tötung von Stammesgenossen und der Gefangennahme von Feinden dienten *(Exokannibalismus)*, die rituell getötet und verspeist wurden.

In einem am 8. Juli 1555 in Bahía verfassten Brief von Pater Antonio Blázquez (1523-1606) kommt in einer Kurzfomel eine gewiss von vielen geteilte Auffassung der Missionare zum Ausdruck. Die Indianer, so schrieb er, »lebten nach der Art der Tiere *(vestias)*, ohne Gesetz, ohne König und ohne Vernunft *(sin rey, sin ley y sin razón)*, gierig darauf, Menschenfleisch zu essen« (MonBras II, Dok. 40, 2). Insbesondere die Anthropophagie hat bei den Europäern einen großen Abscheu erregt, der sich in den zeitgenössischen

27 *Paulo Suess*, José de Anchieta e la memória dos outros, in: Revista eclesiástica brasileira 57 (1997) 515-536.

28 Zu Augustinus vgl. *Arnold Angenendt*, Toleranz und Gewalt. Das Christentum zwischen Bibel und Schwert, Münster 2007, 236-239.

29 Decretum Gratiani, (ed. *Emil Friedberg*, Leipzig 1928, pars, c.23, q.5c, Sp. 99.

30 *Alfred Métraux*, The Tupinamba, in: Handbook of South American Indians, ed. *Julian H. Steward*, vol. 3: The tropical forest tribes, Washington 1948, 95-133.

Chroniken und Darstellungen spiegelt. Schon der erste Kartograph der Neuen Welt, Martin Waldseemüller (1472-1520), verzeichnet auf seinen Amerika-Karten ausdrücklich die Anthropophagie in diesen Gegenden, wie auch der hessische Söldner in portugiesischen Diensten, Hans Staden (1525-1576), seinem illustrierten Reisebericht, in dem er auch seine Gefangenschaft bei den Tupinambá beschreibt, den bezeichnenden Titel gibt: *Wahrhaftig Historia und beschreybung eyner landtschafft der Wilden Nacketen/Grimmigen Menschenfresser Leuthen/in der Newenwelt America gelegen/vor und nach Christi geburt im Land zu Hessen unbekant [...].*[31]

Was ihre Religion angeht, teilten die Tupinambá-Guaraní den Mythos eines »Landes ohne Übel«, d. h. des Friedens und der Unsterblichkeit, das Ziel ihrer messianischen Wanderbewegungen war. Diese wurden von einem Propheten angeführt, während der Schamane oder Medizinmann *(pajé)* für die Rituale und Heilungen zuständig war.

Die Perspektive der Dominanz über die zu zähmenden Wilden findet sich vor allem im Epos *De gestis Mendi de Saa*. Dort beschreibt Anchieta, besonders im zweiten Buch, den Indianer als *barbarus hostis* (V. 821), als *ferox Indus* (V. 828). Wie reißende Wölfe fielen sie übereinander her und missachteten Naturgesetz und göttliches Gesetz (V. 910). Anchieta muss schon aus literarischen Gründen die Wilden in den grausamsten Farben malen, um den Helden umso strahlender erscheinen zu lassen. Mendis de Saa wird daher als derjenige beschrieben, der das »ungezähmte Volk« (*gens indomita*, V. 818) zähmte und ihnen das Joch auferlegte:

Primus inhumanas domuiste vindice gentes
Marte: iugo subdunt iam sua colla tuo;
Te cogente, feros Brasillica pectora mores
Liquere, et ritus dedidicere suos.
(VV. 89-92)

Als Erster hast du die unmenschlichen Völker durch Mars gezähmt,
Schon unterwerfen sie ihren Nacken deinem Joch;
Auf dein Drängen verließen die wilden Sitten die Brust der Brasilier
und verlernten ihre Riten.

Zu den inkriminierten Verhaltensweisen zählten für die Europäer vor allem die Anthropophagie der Tupinambá, denen auch Anchietas Aufmerksamkeit gilt (VV. 1127-1134).[32] Aber mehr noch beschreibt er in eleganten Versen zahlreiche indianische Sitten wie Heilungsrituale der Schamanen (VV. 1141-1154), die Handhabung von Pfeil und Bogen oder die bunte Kriegsbemalung der nackten Körper (VV. 1635-1650). Notgedrungen war er zu ›teilnehmender Beobachtung‹ gezwungen, als er sich bei dem gefahrvollen Aufenthalt unter den Tamayos in Iperoí befand, wo er als diplomatische Geisel während der Friedensverhandlungen festgehalten wurde. In einem langen spanischen Brief vom 8. Januar 1665 an den Generaloberen Diego Laínez berichtet er detailliert von nächtlichen Trinkgelagen der Indianer und Indianerinnen. Als Augenzeuge sieht er die Szene eines kannibalischen Rituals, bei dem die Frauen eine entscheidende Rolle spielten.[33] Nicht von ohngefähr kontrastiert er dabei eine Feier der Messe von Pater Manoel da Nóbrega am Fest *Corpus Christi* (Fronleichnam) mit der Schilderung des anthropophagischen Banketts (MonBras IV, Dok. 14, 15). Denn für ihn bedeutet der Genuss des Leibes Christi unter den Gestalten von Brot und Wein (Eucharistie) die Gemeinschaft mit den Anderen durch Integration in den mystischen Leib Christi (Kirche) und damit das Ende ritueller Tötung und kannibalischer Einverleibung des feindlichen Anderen.

Die Perspektive der Empathie kommt in Anchietas Beobachtung der und Hinwendung zu den indianischen Menschen und ihrer Kultur zum Ausdruck. Davon gibt es in den Schriften zahlreiche Zeugnisse. Seine intensive Befassung mit der fremden Sprache Tupí erlaubte ihm, neben der Grammatik auch Gedichte und Theaterstücke in dieser *lingoa geral* der brasilianischen Küstenbewohner zu verfassen. Diesen Weg der Sprache ging er nicht allein, denn zur selben Zeit waren viele Missionare damit beschäftigt, die indigenen Sprachen Südamerikas zu erlernen und zu verschriften. Schon im 16. Jahrhundert haben Missionare für die indianischen Sprachen Wörterbücher und Grammatiken *(Artes)* erstellt. So etwa der Dominikaner Domingo de Santo Tomás (1499-1570) für das Quechua der Inka und José de Anchieta für das brasilianische Tupí, wovon er schon 1555 Mitteilung machte (MonBras II, Dok. 30, 7). Im 16. und 17. Jahrhundert erschienen über 20 Grammatiken amerindischer Sprachen wie Náhuatl, Mechuacán, Zapotekisch, Quechua, Aymara, Matlaltzinga, Mosca, Guaraní, Maya, Chiapaneca.[34]

31 *Hans Staden*, Wahrhaftige Historia und Beschreibung einer Landschaft der wilden, nackten, grimmigen Menschenfresser, in der neuen Welt Amerika gelegen (1557). Originalgetreuer Faksimiledruck hg. von Günter E. Th. Bezzenberger, Kassel-Wilhelmshöhe 1978.

32 *Lavínia Cavacanti Martini Teijeira dos Santos*, Guerreros antropófagos. La visión europea del indígena brasileño y la obra del jesuita José de Anchieta (1534-1597), La Laguna (Tenerife) 1997.

33 *Serafim Leite*, Monumenta Brasiliae IV (1563-1568) (MHSI 87), Rom 1960, Dok. 14, S. 120-181, hier Dok. 14, S. 17 und 23.

34 *José Luis Suárez Roca*, Lingüística misionera española, Oviedo 1992, hier die Bibliographie 291-301.

Auch seine oben erwähnte Informationsschrift über die familiale Organisation der Indianer zeigen seine ethnographisch und linguistisch genaue Wahrnehmung der indianischen Verwandtschaftsbeziehungen, der Dominanz des Mannes und der Polygamie (*Obras* 9,75-82). Die Tiefe der menschlichen Beziehung kommt in seinem erwähnten Brief über die Geiselhaft bei den Tamayos in Iperoí zum Ausdruck, in dem er von einer indianischen Frau in Pindobuçu schreibt, bei der er seine Bücherkiste deponiert hatte, und die ihn »mehr als einen Sohn liebte« (MonBras IV, Dok. 14,25). Seine im Heldenepos über Mem de Saa geäußerte religiöse Vision besteht darin, dass einmal die indianischen und lusitanischen Soldaten, die im Krieg gegen einander standen, gemeinsam mit einer Stimme Gott loben:

> *Brasilles acies, Lusitanaeque cohortes*
> *Una voce Deum laudant, precibusque Parentem*
> *In sua vota vocant summum; dominumque potentem,*
> *Cuius ab ore fluunt liquefacta cacumina, Christum.*
> (VV. 1892f)
>
> Die brasilischen Schlachtreihen und die lusitanischen Kohorten
> Loben einstimmig Gott und rufen den höchsten Vater
> In ihren Gebeten zu ihrer Andacht; und den mächtigen Herrn,
> Christus, aus dessen Mund flüssiggewordene Gipfel fließen.

Eine Facette der Wahrnehmung der »guten Wilden« spiegelt sich in der oben erwähnten Biographie von Sebastiano Berettari. Dort wird im zweiten Buch berichtet, er habe bei seinen missionarischen Vorstößen in den Urwald einen alten »Brasilier« getroffen, der monogam und friedlich gelebt habe, nie das Naturgesetz übertreten, eine gute Natur und Vernunft gehabt habe, Gut und Böse zu unterscheiden wusste und an den Schöpfer aller Dinge geglaubt habe. Worauf Anchieta ihn sofort auf den Namen Adam getauft habe. Bei diesem nach dem Naturgesetz und seinem Gewissen lebenden Brasilier handelt es sich nicht um den »edlen Wilden«, den Michel de Montaigne (1533-1592) und die Aufklärung ihren Zeitgenossen als Vorbild vor Augen stellten, sondern um den schon bei Thomas von Aquin (1225-1274) erwähnten »Waldmenschen« (*De veritate* q. 14, a. 11), der dem natürlichen Sittengesetz und seinem Gewissen folgt. Da die Missionare aber auf indigene und nicht auf thomanische Waldmenschen stießen, sahen Wahrnehmung und Umgang natürlich anders aus.

›Gott‹ sprachlich und theatralisch übersetzen

Das Ziel der Missionsbemühungen war die Bekehrung der indianischen Menschen zum christlichen Glauben und die Bildung einer Kirche, wobei dieser Prozess der Kirchengründung mit einer Transformation und Ergänzung der indianischen Sozialformen verbunden war. In poetischer Form bringt Anchieta in der Widmungsepistel seines Heldenepos diesen Prozess in folgende Bilder der Wandlung: Vom Furor des Krieges zum heilbringenden Frieden, vom Leben im schattigen Urwald zur Freude im Haus des Herrn (Kirche), vom Essen des menschlichen Körpers zur Seelenspeise des heiligen Brotes (Eucharistie).

> *Quae prius horrendo funesta furore gerebat*
> *Bella, salutiferae munera pacis amat;*
> *Quae prius umbrosis degebat condita silvis,*
> *Iam Domini sacras gaudet adire domos;*
> *Quae rabidis hominum rodebat corpora malis,*
> *Mitia iam sancto pectora pane cibat.*
> (VV. 5-10)

> Die früher in schrecklicher Wut schlimme Kriege führte,
> Liebt die Gaben heilsamen Friedens;
> Die früher in schattigen Wäldern gegründet wohnte,
> freut sich nun, zu den heiligen Häusern des Herrn zu gehen;
> Die in wütender Bosheit die Körper von Menschen zernagte,
> nährt nun die milde Brust mit heiligem Brot.

In prosaischer Form hatte Manoel da Nóbrega,[35] in einem Brief vom 8. Mai 1558 den mit rechtlichen Mitteln angezielten Prozess auf folgende Punkte gebracht: Per Gesetz solle man die Indianer vom Kannibalismus *(comer carne humana)* und vom Kriegführen abhalten; man solle sie zur Monogamie *(uma só mulher)* anhalten; wenigstens die Christen sollen sich mit Baumwolle bekleiden; man solle sie von den Schamanen *(feiticeiros)* fernhalten; zwischen ihnen und im Verhältnis zu den Christen solle Gerechtigkeit herrschen; sie sollen ruhig leben können *(viver quietos)* und an Orten angesiedelt werden, wo sie genügend Raum haben und von den Patres unterrichtet *(doutrinar)* werden können (MonBras II, Dok. 66, 11).

35 *Serafim Leite*, Breve itinerário para uma biografia do P. Manuel da Nóbrega, fundador da Província do Brasil e da Cicade de São Paulo (1517-1570), Lissabon/Rio de Janeiro 1955.

Damit ist jenes Missionsmodell der *aldeia* angesprochen, das in Bahía seinen Anfang nahm. Es bestand darin, nach dem Prinzip der Konvivenz Gruppen von Indigenen unter ihrem Häuptling und der Verwaltung von zwei bis vier Patres fest anzusiedeln. In diesen Siedlungen sollten sie eine neue Lebensweise kennenlernen und im christlichen Glauben unterwiesen werden.[36] An diesem Projekt, das durch Epidemien und europäische Siedler immer gefährdet war, wirkte auch Anchieta mit, sei es durch Aufenthalt und Katechese in solchen *aldeias* oder durch Teilnahme an der Suche nach neuen Ethnien, die zur Ansiedlung bereit waren. Seine aus zeitgenössischen Quellen schöpfende *Vita* von Berettari beschreibt im zweiten Buch den Tagesablauf in einer solchen Missionsstation. Der Tag beginnt mit dem Gebet *Engel des Herrn* und der Bildung von zwei Chören aus Jungen und Mädchen, die den Rosenkranz singen. Danach folgt die Messe mit Unterweisung sowie eine Auslegung des Katechismus in der Landessprache. Dann gehen die Erwachsenen an die Arbeit, die Knaben aber in die Schule, wo sie für die Gottesdienste Choral und Instrumente lernen. Zur Vesperzeit am Nachmittag erfolgt eine weitere Auslegung der christlichen Lehre *(doutrina cristãã)* sowie eine Prozession der Knaben zu einem Kreuz, wo für die Verstorbenen gebetet wird. Daraus erhellt die Bedeutung des Katechismus und der katechetischen Schriften Anchietas.[37]

Eine dieser Schriften, der *Diálogo da Fé*, ist im katechetischen Frage-Antwort-Schema verfasst, bei dem der Fragende die Antwort kennt und die Befragten diese lernen sollen. Der in Tupí gehaltene Dialog enthält einerseits die traditionellen katechetischen Stücke wie das Kreuzzeichen, die Sakramente als Heilmittel für Körper und Seele, den Dekalog und das Vaterunser, jedoch keine Auslegung des *Credo*. Stattdessen beinhaltet der Dialog einen ausführlichen Teil über die biblische Passionsgeschichte Jesu, der quantitativ etwa ein Viertel des gesamten Textes ausmacht und damit die Bedeutung des Leidens signalisiert, die Anchieta der Passion Christi in der Katechese zumisst (*Obras* 8,164-193). Dieser Teil, der auf katechetischer Ebene den Schwerpunkt der Passionsgeschichte in den Evangelien nachvollzieht, beginnt mit Fragen über das Leiden und die Ereignisse im Garten Gethsemane, lässt die an der Verurteilung beteiligten Personen wie Hannas, Caiphas, Pilatus und Herodes auftreten und greift die

36 *Serafim Leite*, História da Companhia de Jesus no Brasil, tom. 2, Lissabon/Rio de Janeiro 1938, 42-110; vgl. auch *Eduardo Hoornaert* u. a. História da Igreja no Brasil. Ensaio de interpretação a partir do povo, tom. II/1, Petrópolis ³1983, 120ff.

37 Vgl. *Anchieta*, Obras 8 und 10, 1/2. Vgl. auch *Michael Sievernich*, Franziskanische Katechismen im 16. Jahrhundert am Beispiel der Mexiko-Mission, in: *Adrian Holderegger/Mariano Delgado/Anton Rotzetter* (Hg.), Franziskanische Impulse für die interreligiöse Begegnung (Religionsform 10). Stuttgart 2014, 179-200.

Geschehnisse um die Geißelsäule und das Kreuz auf. Auf diese Weise bahnt er einen anschaulichen und emotional bewegenden Zugang zum leidenden Jesus, der zu Beginn des Dialogs als Jesus Christus vorgestellt wird, als wahrer Mensch *(abyabetéramo)* und als wahrer Gott *(Tupãetéramo)*. Dieser Dialog wird ergänzt durch weitere katechetische Formeln, die eine knappe Zusammenfassungen der Glaubenslehre bieten, auch eine Auslegung des *Credo* in Tupí (*Obras* 10/1 und 10/2).

Eines der Grundprobleme, mit denen die Mission der frühen Neuzeit in allen Kulturkreisen zu rechnen hatten, war die Frage der Übersetzung der christlichen Terminologie in die jeweilige Sprache. Wie sollte man insbesondere den christlichen Gottesnamen wiedergeben, der einerseits in der anderen Kultur und Sprache verständlich sein sollte, andererseits aber die Differenz zu wahren hatte? Grundsätzlich bestanden die Möglichkeit: Namen oder Beinamen anderer Divinitäten mit dem Risiko von Missverständnissen zu übernehmen; die Gottesbezeichnung und andere theologische Begriffe aus den europäischen Sprachen als Lehnworte zu übernehmen; oder bislang unbekannte Neologismen zu bilden.

Der Autor beschritt alle drei Wege. Zum einen adaptierte er aus der Tupí-Sprache den Gottesnamen *Tupã*, den die Jesuiten schon im Jahr ihrer Ankunft ohne große Kenntnis der indigenen Religion gewählt hatten. Da die Indianer den *Tupana* genannten Gott des Donners verehrten, schreibt Manoel da Nóbrega im Jahr der Ankunft der Jesuiten in Brasilien im Brief vom August 1549, man habe die Bezeichnung *padre Tupana* (donnernder Vater) gewählt, weil man keine passendere gefunden habe, um ihnen Gott nahezubringen.[38] In der Religion der *Tupí* wurde unter dem Namen *Tupã* der Gott des Donners und der divinisierte Kulturheros *Monan* verehrt. Im Mythos stand er zwar nicht an höchster Stelle und galt auch nicht als Schöpfer, doch fiel den Missionaren seine weite Verbreitung bei den Ethnien auf, aber wohl auch der heilige Schrecken, den er verbreitete. Im erwähnten *Diálogo sobre la conversão do gentío* beschreibt da Nóbrega phänomenologisch die Gottesbilder der Völker und argumentiert, dass die Brasilianer den Donner *(trovão)* für Gott halten, weil er Furcht und Schrecken zu verbreiten schien, und darin hätten sie mehr Recht als diejenigen, »die Frösche oder Hähne anbeten« (MonBras II, Dok. 51, 10).

38 *Serafim Leite*, Monumenta Brasiliae, Tom. 1 (1538-1553) (Monumenta historica SI, 79), Rom 1956, Dok. 9, 2).

Für den sprachlich und literarisch sensiblen Anchieta mag auch der biblische und der antike Hintergrund eine Rolle gespielt haben. In der biblischen Erzählung von der Gottesoffenbarung am Sinai erlebt »das ganze Volk« nach der Verkündung der Gesetzestafeln, »wie es donnerte und blitzte« und hielt sich vor Angst in der Ferne (Ex 20, 18-21). Aus seiner Kenntnis der lateinischen Literatur war ihm auch geläufig, dass Jupiter, der oberste der Götter im römischen Pantheon, als Gott des lichten Himmels auch den Beinamen *Tonans* trug. Diese Bezeichnung überträgt Anchieta umstandslos auf den christlichen Gott, etwa am Beginn seines Epos *De gestis Mendi de Sa.*[39] In den katechetischen Schriften, aber auch in den Theaterstücken spricht Anchieta immer von *Tupã*, wenn er vom christlichen Gott spricht. Wenn er die drei göttlichen Personen nennt, spricht er von *Tupã Túba*, *Tupã Taýra* und *Tupã Espíritu Santo* (*Obras* 10/1, 157). Auch prägt er neue Wendungen, wenn er etwa Kommunizieren mit *Gott nehmen (Tupã rára)* übersetzt (*Obras* 8, 140) oder Gottesmutter mit *Tupansy* wiedergibt (*Obras* 5, 202). Auch die Gegenspieler Gottes, Teufel und Dämonen, werden mit einem Namen aus der religiösen Welt der Indigenen belegt; sie heißen entweder nach dem Vegetationsgeist *Añanga* oder werden nach feindlichen indianischen Häuptlingen benannt, oder sie treten im Theater personifiziert auf. Andere theologische Begriffe wie Trinität, Heiliger Geist, Sünde oder Kirche lässt er meist unübersetzt und übernimmt die portugiesischen Begriffe als Lehnwörter. Aber er prägt auch Neubildungen wie *Tupaoka* (Haus Gottes, Kirche).

In den Anfängen der brasilianischen Missionen spielte das Theater eine besondere Rolle, das Anchieta als Autor und als Regisseur virtuos einsetzte; das sicherte ihm einen Platz in der frühen Geschichte der brasilianischen Literatur.[40] Mit visuellen, sprachlichen und musikalischen Mitteln brachte er die widerstreitenden Welten auf die Bühne: Hier die Glaubenswahrheiten und moralischen Vorstellungen des Christentums in allegorischem Gewand, dort die indianische Kultur und Religion. Immer geht es um den Kampf zwischen Gut (Engel) und Böse (Teufel), die einzelne oder Dörfer auf ihre Seite ziehen

39 *Mark Münzel*, O irmão selvagem de Júpiter: Como os missionários tentaram levar um Deus cristão aos índios Tupinambá e Guaraní, in: Lusorama 6 (1987) 31-42.

40 *Walter Rela*, El teatro jesuítico en Brasil, Paraguay, Argentina, siglos XVI-XVIII, Montevideo ²1990; *Christian Storch* (Hg.), Die Musik- und Theaterpraxis der Jesuiten im kolonialen Amerika. Grundlagen, Desiderate, Forschungsperspektiven, Sinzig 2014.

41 *Philipp Alegambe*, Bibliotheca Scriptorum Societatis Iesu, Antwerpen 1643, 284.

42 Vgl. *Fernando Amado Aymoré*, Mission und Glaubenskampf auf der Bühne: Instrumentalisierung des Visuellen im Katechismustheater der Jesuiten. Beispiele aus Brasilien, Japan und Deutschland 1580-1640, in: *Johannes Meier* (Hg.), »... usque ad ultimum terrae«. Die Jesuiten und die transkontinentale Ausbreitung des Christentums 1540-1773 (Studien zur Außereuropäischen Christentumsgeschichte 3), Göttingen 2000, 69-84.

möchten, wobei auch die Adaptation indianischer Tänze, die unterhaltsamen Elemente und burlesken Einfälle der didaktischen Zielsetzung untergeordnet bleiben. Er habe Dramen *ad extirpanda Brasiliae vitia* (zur Ausrottung der Laster Brasiliens) verfasst, so charakterisiert der Bibliograph des Ordens, Philipp Alegambe (1592-1652), dessen Theatertätigkeit.[41]

In seinen Stücken greift Anchieta auf indianische Empfangsrituale zurück, die er mit der Tradition des iberischen Theaters Gil Vicentes verknüpft und so ein audiovisuelles Gesamtkunstwerk hervorbringt, das sprachlich und symbolisch in beiden Welten verständlich ist. Das indigene Ritual bestand im Wesentlichen darin, einen Besucher weit vor dem Dorf abzuholen, in Prozession ins Dorf zu geleiten und dort durch den Häuptling zu begrüßen. Dann folgte eine Diskussion über den Besucher, der, wenn er sich als gut herausstellt, festlich aufgenommen wird, wenn er sich aber als böse herausstellt, verstoßen wird. So beginnen Anchietas Stücke vor dem Dorf, wo der Besucher, der Missionar oder der Dorfheilige empfangen und in Prozession begleitet wird. Der zweite Akt findet in der Regel vor der Kirchenfassade als Kulisse statt und enthält Dialoge über die Besucher oder über den Kampf um die Seele oder um das ganze Dorf. Dabei siegen Schutzengel und Heilige, die der *aldeia* oder der Siedlung Schutz gewähren. Der dritte Akt feiert diesen Sieg in Tänzen und Gesängen der mit Federschmuck und Musikinstrumenten ausgerüsteten Kinder *(meninos)* und endet im vierten Akt des Abschieds; bei größeren *autos* wird ein weiterer Akt eingeschoben, der in allegorischen Gestalten die moralischen Folgerungen zieht, die den stark katechetischen und didaktischen Charakter der Stücke unterstreichen.[42]

Das dreisprachige (Portugiesisch, Spanisch, Tupí) Theaterstück *Na festa do Natal ou Pregação Universal*, um 1561 in Piratininga uraufgeführt, richtet sich an alle, an Indianer und Europäer, wie der Titel schon andeutet. In Kontrafaktur deutet Anchieta ein populäres portugiesisches Liebeslied vom Müller und seiner verlorenen Liebe heilsgeschichtlich und sieht im »moleiro« den Stammvater Adam, der durch die Dämonen seines *pelote domingeiro*, seiner Festtagskleidung *(göttliche Gnade)*, beraubt wird (1. Akt). Im 2. Akt treten die Teufel unter den Namen der feindlichen Anführer aus dem Stamm der Tamoyos auf (*Guaixará* und *Aimbiré*) und wollen die *aldeia* verführen, wovon sie der Schutzengel abhält und das Dorf dank der Gnade zum christlichen Leben führt. Dann werden, literarische Pfeile auf die koloniale Gesellschaft, zwölf typische weiße Sünder vorgeführt, die an der Krippe Vergebung erlangen (3. Akt). Das Stück feiert den Sieg des Guten im Tanz der zwölf Kinder (4. Akt) und endet im Schlussakt, in dem der *moleiro* Adam an der Krippe Jesu sein Festtagskleid (Gnade) wieder zurückerhält. Die letzte Strophe singt daher:

Viva o segundo Adão,
que Jesus por nome tem!
Viva Jesus, nosso bem!
Jesus, nosso capitão!

Hoje, na circuncisão,
se tornou Jesus moleiro
por tornar o domingeiro.
(*Obras* 3, 140)

Ein weiteres dreisprachiges *auto* mit dem Titel *Na festa de São Lourenço*, das in der gleichnamigen *aldeia* uraufgeführt wurde, feiert in einem Chorgesang die Freude über die Befreiung vom Bösen und, in allegorischen Gestalten, die Gottesfurcht und die Gottesliebe.[43]

Dieses wie die anderen Stücke haben einen didaktischen Charakter, indem sie allegorisch die Heilsökonomie und die ausgleichende Gerechtigkeit darstellen, um so zum Glauben zu führen, aber auch um jene inkriminierten Verhaltensweisen sowohl der Europäer (Habsucht, Unzucht, Trunksucht) als auch der Indianer (Kannibalismus, Krieg, Polygamie) mit den spektakulären Mitteln des Theaters zu verändern. Anchieta gelingt mit seinen Stücken auf der dramatischen, sprachlichen und symbolischen Ebene eine Inkulturation, die religiöse und moralische, emotionale und ästhetische Wahrnehmung vereinigt. Dabei wird man dem Urteil zustimmen können, dass er »als Dramatiker und Poet ebenso kühn ins Neuland vorstieß wie als Missionar.«[44]

Als Ziele aller missionarischen Mühen artikuliert Anchieta in poetischen Worten seines Heldenepos auf der »dominanten« Ebene, den Nacken des brasilianischen Volkes unter das Joch Christi zu beugen und durch die Annahme des Glaubens die neue Freude zu erfahren (VV 1294ff). In einem Lobpreis auf Christus, den König der Seelen, der das martialische Epos abschließt, fasst er seine Vision einer Weltkirche zusammen: Wenn der Name Jesu auf dem Erdkreis von Japan bis in die Neue Welt angerufen werde, dann könne für Brasilien ein Goldenes Zeitalter anbrechen: *Und Goldene Jahrhunderte nahen der südlichen Welt/Da die Völker deine Lehren, Brasilien, beachten werden (Aureaque australi succedunt saecula mundo, Cum tua Brasilles servabunt dogmata gentes)* (VV 3053f). Wie die Geschichte Brasiliens sich in den folgenden Jahrhunderten tatsächlich weiterentwickelt hat und weiterentwickeln wird, bleibt der Geschichte und ihren Akteuren vorbehalten. ◆

43 Zur Analyse des Stücks vgl. *Aymoré* (Anm. 42), 79-82.

44 *Rudolf Grossmann*, Geschichte und Probleme der lateinamerikanischen Literatur, München 1969, 95.

6
Sprachenpolitik in der andinen Welt des 16. Jahrhunderts

Hispanicus hispanice, Indus indice

Im Frühen Mittelalter berichtet der angelsächsische Universalgelehrte Beda Venerabilis (673-735) in seiner *Historia ecclesiastica gentis Anglorum* von dem Hirten Cædmon (†um 680), dem in Streaneshalch (Whitby Abbey) dichterische Übersetzungen christlicher Themen in die Volkssprache gelangen. Diese einheimische Neuschöpfung theologischer Texte, darunter ein Schöpfungshymnus, der zu den ältesten Texten der altenglischen Literatur zählt, kommentierte Beda folgendermaßen: »Alles, was er [Cædmon] durch Hören *(audiendo)* lernen konnte, verwandelte er in sein sehr schönes Lied, indem er es sich merkte *(rememorando)* und wie ein reines Tier wiederkäute *(ruminando)*; und durch noch schöneres Vortragen *(resonando)* machte er seine Lehrer nun seinerseits zu seinen Zuhörern.«[1] Die hier beschriebene zirkuläre Übersetzungstechnik kennt also mehrere Phasen, die vom Hören und der inneren Aneignung zur äußeren Verwandlung und zu neuer Resonanz führen, so dass die Lehrenden wieder zu Lernenden, Hörenden werden.

Auch wenn nicht jede Übersetzung dichterisch inspiriert sein mag, kann die Geschichte Cædmons doch als exemplarisch für die Geschichte des Christentums gelten, die von den Anfängen her eine Übersetzungsgeschichte darstellt. Von den historischen Ursprüngen her eng mit den drei Sprachen Hebräisch, Griechisch und Latein verbunden, die als Sprachen der Kreuzesinschrift (Joh 19,19f) zudem als ›heilig‹ galten, blieb das Christentum doch grundsätzlich offen für andere, potentiell für alle Sprachen. Zwar hatte man die drei »heiligen Sprachen« aufgrund ihres besonderen Rangs bisweilen gegen die Volkssprachen in Stellung gebracht, doch wurden der religiöse

1 *Beda der Ehrwürdige*, Kirchengeschichte des englischen Volkes (Bedae Venerabilis Historia ecclesiastica gentis Anglorum) IV, 24, übersetzt von *Günter Spitzbart*, 2. aktualisierte Auflage, Darmstadt 1997, 399f; Text des Hymnus in: *Klaus von See*, Europäisches Frühmittelalter (Neues Handbuch der Literaturwissenschaft 6), Wiesbaden 1985, 293.

Gebrauch der Vernakularsprachen und die Übersetzungen christlicher Texte in sie immer wieder gestärkt, wie zum Beispiel auf der karolingischen Synode von Frankfurt (794). Die Bedeutung einer solchen prinzipiellen Übersetzbarkeit zeigt sich deutlich im Gegenüber zur prinzipiellen Bindung des Islam an die Arabizität des Koran, die »auf Grund der ihm zugeschriebenen unnachahmlichen Vollendung als Gottesbeweis und zugleich als Beglaubigungswunder Muhammads«[2] (570-632) gilt. Zeitgleich also wurden in England und anderen europäischen Ländern biblische und andere christliche Schriften in die Volkssprachen übersetzt, während im arabischen Raum eine neue Religion entstand, die zwar jüdische und christliche Elemente rezipierte, jedoch nicht dem Prinzip der Übersetzbarkeit folgte.

Das hier anstehende Thema wird in folgenden Schritten entfaltet: Auf dem Hintergrund einer historischen und theologischen Grundlegung der Sprachenfrage wird die frühneuzeitliche Sprachenpolitik im Andenraum im Spiegel legislativer Quellen reflektiert, um schließlich die pragmatische Sprachenreflexion anhand einer zeitgenössischen Missionstheorie zu beleuchten. Dabei ist zu berücksichtigen, dass die Missionslinguistik im andinen Raum des 16. Jahrhunderts nur einen kleinen Ausschnitt der Bemühungen um die Vielfalt der Volkssprachen Amerikas darstellt. Denn neben den *lenguas generales* in Peru, Quechua und Aimara, kamen auch andere weit verbreitete Sprachen wie Náhuatl in Mexiko, Tupí in Brasilien und zahlreiche weitere Sprachen ins Blickfeld.[3]

Historisch und theologische Grundlegung der Sprachenproblematik

Mit Blick auf die Gegenwart spricht der Soziologe Franz-Xaver Kaufmann (*1932) von drei Typen der Religionsverbreitung, eine Typologie, die über die Gegenwartsanalyse hinaus auch für historische Zusammenhänge erhellend ist. Er unterscheidet eine sozial-kulturelle, eine pädagogische und eine missionarische Verbreitung, wobei die letztere typisch für das Christentum ist,

2 *Gudrun Krämer*, Geschichte des Islam, München 2008, 25. Daher sind die Suren des Koran auch dann auf Arabisch zu rezitieren, wenn die Gläubigen Indonesisch, Türkisch oder Urdu als Muttersprache haben.

3 Zum Überblick vgl. *Wolfgang Reinhard*, Sprachbeherrschung und Weltherrschaft. Sprache und Sprachwissenschaft in der europäischen Expansion, in: Humanismus und Neue Welt, (Mitteil. der Kommission für Humanismusforschung XV), hg. von *Wolfgang Reinhard*, Weinheim 1987, 1-36; *Reinhard Wendt* (Hg.), Wege durch Babylon. Missionare, Sprachstudien und interkulturelle Kommunikation (ScriptOralia 104), Tübingen 1998.

auch wenn es im Lauf der Geschichte die beiden ersteren zusätzlich adaptiert hat. Der spezifische Unterschied besteht darin, »daß in der missionarischen Tradierungsform der Glaube primär *erwachsenen* Menschen vermittelt wird, welche sich mit einem vergleichsweise hohen Bewusstseinsgrad ›bekehren‹. Hier erfolgt die Tradierung also weder in Prozessen langjähriger Gewohnheitsbildung noch in Form einer allmählichen Verinnerlichung religiöser Orientierungen, sondern als *Umstrukturierung* einer bereits vorhandenen Plausibilitätsstruktur und als *Umorientierung* in den sozialen Beziehungen.«[4]

Da das Christentum aufgrund seiner Universalität weder sprachlich noch ethnisch gebunden ist, bedarf es vornehmlich einer missionarischen Verbreitung. Dementsprechend enden die synoptischen Evangelienberichte von Leben und Sendung Jesu mit dem Blick auf »alle Geschöpfe« (Mk 16,15) oder auf »alle Völker« (Mt 28,18; Lk 24,47), zu denen die Jünger Jesu gesandt werden. Die Sendung zu allen Völkern wiederum macht »Übersetzungen« erforderlich, und zwar einerseits in die jeweiligen Sprachen und Kulturen, andererseits, bei gleicher Sprache, in die jeweiligen kulturellen Milieus. Eine solche Milieudifferenzierung nimmt schon Paulus vor, wenn man seine gewiss stilisiert überlieferten Missionsreden betrachtet, die je nach Publikum sehr unterschiedlich ausfallen. Er spricht anders, wenn er sich in Antiochia an Juden und ihre Sympathisanten richtet (Apg 13,14-52), anders in Lystra vor einem ungebildeten polytheistischen Publikum (Apg 14,8-20) und wieder anders in Athen, wenn er auf dem Areopag – nicht sehr erfolgreich – ein aufgeklärtes Großstadtpublikum anspricht (Apg 17,16-34).[5]

Die immer neu erforderliche ›Übersetzung‹ in andere Kulturen und Sprachen, ein typisches Merkmal christlicher Mission, kann sich in ungeplanter kapillarer Mikrokommunikation im sozialen Nahbereich und durch berufliche Mobilität ereignen oder in strategisch geplanter professioneller Makrokommunikation, wenn Missionare wie Paulus auf Missionsreise gehen. Nach diesem paulinischen Vorbild kennt die Geschichte des Christentums zahlreiche missionarische Unternehmungen, bei denen der Übersetzungscharakter besonders hervorsticht. Konnte sich im frühen Mittelalter der Angel-Sachse Wynfreth Bonifatius (673-754) mit den Sachsen in Thüringen

4 *Franz-Xaver Kaufmann*, Kirche begreifen. Analysen und Thesen zur gesellschaftlichen Verfassung des Christentums, Freiburg/Basel/Wien 1979, 172.

5 Zu Missionspraktiken des Paulus im multikulturellen und -religiösen Umfeld vgl. *Wolfgang Reinbold*, Propaganda und Mission im ältesten Christentum. Eine Untersuchung zu Modalitäten der Ausbreitung der frühen Kirche (Forschungen zur Religion und Literatur des Alten und Neuen Testaments 188), Göttingen 2000, 182-225.

sprachlich relativ leicht verständigen, so musste der byzantinische Missionar im slawischen Raum, Kyrill (Konstantinos) von Saloniki (827-869) erhebliche sprachliche Anstrengungen unternehmen, bis hin zur Verschriftung und Erfindung einer neuen Schrift (Glagolitisch). Vor noch größeren Herausforderungen standen die Missionare zu Beginn der Neuzeit, die in Asien und Amerika vor weitgehend oder völlig unbekannten Kulturen, Sprachen und Religionen standen. Die damit gegebenen Probleme spiegeln sich deutlich in der Korrespondenz eines Franz-Xaver (1506-1552), der im frühen 16. Jahrhundert mit den Kulturen, Religionen und Sprachen Indiens, Indonesiens und Japans konfrontiert wurde. Dabei erfuhr er einen interkulturellen Lernprozess, der ihm die Schwierigkeiten angemessener Übersetzungen deutlich vor Augen führte.[6] Bei solchen und ähnlichen Prozessen ging es einerseits um Übersetzung von Texten im engeren Sinn, wie zum Beispiel biblischer oder katechetischer Texte, andererseits aber auch um Übersetzung im weiteren Sinn, d. h. zwischen Kulturen, die als »cultural translation« diskutiert wird. Eine solche kulturelle Übersetzung stellte in der Frühen Neuzeit das neue Verfahren der missionarischen »Akkomodation« dar, das vor allem in den Kulturräumen Ostasiens für interkulturelle Begegnungen entwickelt wurde; heute spricht man bei derartigen Prozessen von ›Inkulturation‹ oder ›Interkulturalität‹.[7]

Das Prinzip der Übersetzbarkeit gründet in der Überzeugung, dass der christliche Glaube über ein religiöses Wissen verfügt, das sich in normativen Texten, anschaulichen Ritualen, ethischen Vorstellungen, rechtlichen Codices und künstlerischen Ausdrucksformen niederschlägt. Diese haben immer eine spezifische, kulturelle und sprachliche Gestalt, können aber auch in andere Sprachen und kulturelle Ausdrucksgestalten übersetzt werden. Um bei der Sprache zu bleiben, kommt diese Überzeugung schon im grundlegenden Übersetzungsprozess zum Ausdruck, nämlich der Verschriftlichung des Neuen Testaments, das weder in Aramäisch, der Muttersprache Jesu, noch in Hebräisch, der Sprache des Volkes Israel, sondern in hellenistischer Zeit in Griechisch, der *lingua franca* des östlichen Mittelmeerraums verfasst wurde.

6 Vgl. hierzu *Franz Xaver*, Briefe und Dokumente 1535-1552, hg. von *Michael Sievernich* (Jesuitica 12), Regensburg 2006.

7 Vgl. *Peter Burke*, Cultures of translation in early modern Europe, in: Cultural translation in Early Modern Europe, edited by *Peter Burke* and *Ronnie Po-chia Hsia*, Cambridge 2007; *Mariano Delgado/Guido Vergauwen* (Hgg.), Interkulturalität. Begegnung und Wandel in den Religionen (Religionsforum 5), Stuttgart 2010.

8 Zum Prozess der Bibelübersetzungen von der griechischen Septuaginta bis hin zu den Volkssprachen Amerikas, Asiens und Afrikas vgl. *Philip A. Noss* (ed.), A History of Bible Translation (History of Bible Translation 1), Rom 2007, 29-181.

9 *Wolfgang Hage*, Das orientalische Christentum (Die Religionen der Menschheit 29.2), Stuttgart 2007, 269-315.

Doch schon vor der Verschriftlichung fand eine Übersetzung in Form oraler Traditionen statt. Die Sprachenwahl konnte auf der Septuaginta (LXX) aufbauen, der griechischen Übersetzung der hebräischen Tora (Pentateuch) sowie der Bücher der ›Propheten‹ und der ›Schriften‹. Mit der *Vulgata* (um 380) des Hieronymus (347-420) folgte die Übersetzung der Gesamtbibel in die lateinische Alltagssprache der Spätantike. Seitdem reißt der Strom der Bibelübersetzungen mit ihren narrativen und poetischen, präskriptiven und paränetischen, weisheitlichen und apokalyptischen Texten nicht ab, angefangen von den Übersetzungen ins Syrische, ins Gotische *(Wulfila)*, ins Armenische und ins Koptische, um nur die mit der Vulgata frühesten Bibelübersetzungen zu nennen. Im deutschsprachigen Bereich denke man an die Paraphrasierungen oder Übersetzungen der frühmittelalterlichen Evangelienharmonien wie des *Heliand* in karolingischer Zeit oder an die frühneuzeitlichen Übersetzungen eines Martin Luther (1483-1546). Die Übersetzungen der Bibel in die Sprachenvielfalt brachte bis heute etwa 2500 Voll- oder Teilübertragungen.[8]

Diese sprachliche und kulturelle Übersetzung hat im Rahmen der christlichen, konfessionell differenzierten Missionsunternehmen über zwei Jahrtausende rund um den Globus stattgefunden, ausgehend vom Nahen Osten, von dem mehrere Prozesse der Christianisierung ausgingen. Zwei davon nahmen jeweils ein Jahrtausend in Anspruch: Zum einen erfolgte der missionarische Ausgriff in den Westen, ins vielsprachige Europa mit den Kulturen der latinisierten sowie der germanischen, keltischen und slawischen Völker. Zum anderen verlief gleichzeitig der weniger bekannte Ausbreitungsprozess nach Osten, der vor allem von der assyrischen Kirche des Ostens (auch ›Nestorianer‹ genannt) getragen wurde und von Bagdad über die Land- und Seewege der Seidenstraße bis nach Indien und China verlief, wo er ebenfalls auf eine Vielfalt von Kulturen und Sprachen traf.[9] Beide Bewegungen lösten also zahlreiche Translations- und Transformationsprozesse aus.

Im Rahmen der europäischen Expansion der iberischen Mächte nach Osten und nach Westen ergab sich für die christliche Mission unter dem Patronat der iberischen Seemächte die Chance und Notwendigkeit vielfältiger Übersetzungen in die großen Schriftsprachen Asiens sowie in die nicht verschrifteten indigenen Sprachen Amerikas. Hierbei handelte es sich um höchst komplexe Begegnungen einander fremder Sprachen, die seitens der Missionare in der Regel mit dem Erlernen der Sprache und nicht selten mit der Erstellung linguistischer Hilfsmittel wie Lexika und Grammatiken verbunden war. Trotz der vorbildlosen Arbeit kam es im Prozess der Neugierde gegenüber der vorherrschenden Einschätzung fremder Sprachen schriftloser

Völker als ›barbarisch‹ nicht selten zu einer Art ›Glottophilie‹, wenn man etwa an Bernardino de Sahagún (1500-1590) in Mexiko oder Matteo Ricci (1552-1610) in China denkt. In der frühneuzeitlichen Missionsgeschichte Amerikas, um hier exemplarisch zu verweilen, ereigneten sich zwar keine pfingstlichen ›Sprachenwunder‹, deren Fehlen im »Urwald der Idiome« der Neuen Welt beklagt wurde, wohl aber erlernte eine große Zahl von Missionaren die einheimischen Sprachen, während einige sie auch in Wortschatz und Grammatik studierten. Welche Wertschätzung die neuen Sprachen bisweilen erfuhren, zeigt das Beispiel des Franziskaners Bernardino de Sahagún in Mexiko, eines der linguistischen und interkulturellen Protagonisten, wenn man an seine Übersetzungen biblischer Perikopen ins Náhuatl, an seine Religionsdialoge mit der politische Elite des Landes und an seine mit vielen indigenen Mitarbeitern erstellte Enzyklopädie der Nahua-Kultur denkt. Dieser nach seinem Aufbewahrungsort benannten *Codex Florentinus*[10] zeigt die intensive Kooperation westlicher und indigener Mitarbeiter. Von Sahagún wird berichtet, er habe sich aus phonetischen Gründen die Zähne schleifen und pfeilen lassen, um das Náhuatl besser aussprechen zu können.

Die Bemühungen der neuweltlichen Missionare um die sprachliche und kulturelle Übersetzung nicht allein der christlichen Botschaft bedurften erheblicher linguistischer Anstrengungen, da die altamerikanischen Großreiche zwar rudimentäre Kommunikationssysteme wie Glyphen und Knotenschnüre *(Quipu)* entwickelt hatten, doch über Ansätze hinaus keine Buchstaben- oder Zeichenschrift. Daher galt es zunächst, die Sprachen zu verschriften sowie ihre Regelhaftigkeit in Grammatiken *(Arte)* und ihren Wortschatz in Wörterbüchern *(Vocabulario)* festzuhalten. Zeitgleich mit den ersten Grammatiken der europäischen Sprachen entstanden Grammatiken der indigenen Sprachen wie Náhuatl, Taraskisch, Zapotekisch, Maya, Quechua und Aimara, die zumeist in Mexiko oder Lima gedruckt wurden.[11] Dann konnte man darangehen, normative Texte wie biblische Perikopen *(Lektionare)* und Katechismen *(Doctrinas)* in die einheimischen Sprachen zu

10 Vgl. Aus der Welt der Azteken. Die Chronik des Fray Bernardino de Sahagún, ausgewählt von *Claus Litterscheid*, Frankfurt am Main 1989.

11 Zu den sprachlichen Hilfsmitteln: *Jakob Baumgartner*, Evangelisierung in indianischen Sprachen, in: *Michael Sievernich u. a.* (Hg.), Conquista und Evangelisation. Fünfhundert Jahre Orden in Lateinamerika, Mainz 1992, 313-347; *Otto Zwartjes* (ed.), Quot homines tot artes. New studies in missionary linguistics (Historiographia linguistica 36), Amsterdam 2009, 201-492.

12 Zu den interkulturellen linguistischen Methoden der Missionare vgl. typische Beispiele in: *Sabine Dedenbach-Salazar Sáenz* (ed.), La transmisión de conceptos christianos a las lenguas amerindias: Estudios sobre textos y contextos de la época colomial (Collectanea Instituti Anthropos 48) Sankt Augustin 2016.

13 *Reinhard*, Sprachbeherrschung (Anm. 3), 35.

übersetzen. Zur Unterstützung der missionarischen und pastoralen Arbeit wurden auch zahlreiche Predigthandbücher *(Sermonarios)* sowie Beichthandbücher *(Confesionarios)* erstellt. Bei den letzteren trafen semiotische und moralische Universen aufeinander, deren Verflechtung wechselseitige Transferprozesse auslöste. Insgesamt stellt die Missionslinguistik der frühen Neuzeit in ihrer Vielfalt ein weites Feld missionarischer Bemühungen um Erforschung und Übersetzung anderer Sprachen dar.[12]

»Dank einer langen, im Renaissancehumanismus gipfelnden Tradition der Mehrsprachigkeit ist daher die europäische Sprachbeherrschung in jedem Sinn des Wortes sehr viel differenzierter als anderswo. Dadurch aber ergaben sich Ansatzpunkte für eine *Dialektik des Kolonialismus*, die merkwürdigerweise gerade von kritischen Linguisten nicht selten übersehen wird. Denn obwohl die Europäer selbstverständlich bei allem, was sie tun, die Errichtung und Stabilisierung ihrer eigenen Herrschaft im Sinn hatten, stellten sie dennoch durch dieses ihr Tun nicht selten die Instrumente für die spätere Befreiung der Beherrschten bereit. Dazu gehört nicht zuletzt die Sprache.«[13] Allerdings war die Missionslinguistik der Frühen Neuzeit nicht nur ein dialektisches Moment des Kolonialismus, sondern widerstand diesem nicht selten aus Eigensinn. Überdies trat sie auch in nichtkolonialen Zusammenhängen auf wie in China und folgte einer eigenständigen Logik, wenn man an die spirituellen und theologischen Gründe der Mission denkt, welche die Sprachenfrage praktisch wie theoretisch bestimmen und daher konstitutiv einzubeziehen sind. Exemplarisch seien einige Gründe narrativer und reflexiver Art benannt.

Nach theologischem Verständnis gründet die Mission der Kirche in der Sendung ihres Gründers Jesus von Nazaret, der seine Sendung in einer synagogalen ›Antrittspredigt‹ mit prophetischen Worten umschreibt. »Der Herr hat mich gesalbt. Er hat mich gesandt, die Armen zu evangelisieren; damit ich den Gefangenen die Entlassung verkünde und den Blinden das Augenlicht; damit ich die Zerschlagenen in Freiheit setze und ein Gnadenjahr des Herrn ausrufe« (Lk 4,18f=Zitat Jes 61,1). Die thematischen Achsen von Evangelisierung und Befreiung bestimmen auch das missionarische Handeln der Kirche, das mithin nicht nur auf eine kognitive »Übersetzung« der Botschaft aus ist, sondern auch auf eine »Übersetzung« in die Lebenspraxis und die Gestaltung des Kontextes. Die Sendung Jesu geht nicht nur implizit auf seine Jünger oder Schüler über, sondern wird überdies mit einem universalen Sendungsauftrag an »alle Völker« begründet, dessen bekannteste Version der sogenannte ›Missionsbefehl‹ im Matthäusevangelium ist. Dort spricht der nachösterliche Jesus: »Mir ist alle Vollmacht gegeben im Himmel und auf der Erde. Geht also und macht alle Völker zu Jüngern, indem ihr sie tauft auf den Namen des Vaters und des Sohnes und des Heiligen Geistes und sie alles befolgen lehrt, was ich euch geboten habe. Seid gewiss: ich bin bei euch alle Tage bis zum Ende der Welt« (Mt 28,18ff). Eingebettet in Vollmacht und Beistand umfasst der Auftrag das Hingehen zu den Völkern und das ›Jüngermachen‹ durch Taufe und Lehre, wobei das vierfache Adjektiv »alle« sowohl die Zusage (Vollmacht und Beistand) als auch die Aufgabe der Mission prägt und damit den universalen Anspruch verdeutlicht. Da die Sendung sich an »alle Völker« richtet, ergibt sich einschlussweise auch das Erfordernis der Übersetzung in die Kulturen und Sprachen der Völker. Die Sprachenfrage steckt implizit auch in den rhetorischen Fragen, mit denen der Missionar Paulus seine Sendung begründet. »Wie sollen sie nun den anrufen, an den sie nicht glauben? Wie sollen sie an den glauben, von dem sie nichts gehört haben? Wie sollen sie hören, wenn niemand verkündigt? Wie soll aber jemand verkündigen, wenn er nicht gesandt ist?« (Röm 10,14f).

Explizit thematisiert die neutestamentliche Pfingsterzählung die Überschreitung der Sprachgrenzen, die damit einen weiteren theologischen Grund für die Missionstätigkeit als Transformations- und Translationsvorgang abgibt. Der Pfingstbericht erzählt davon, dass die Apostel geisterfüllt begannen, »in anderen Sprachen zu reden« (ἤρξαντο λαλεῖν ἑτέραις γλώσσαις) und »jeder hörte sie in seiner Muttersprache« (ὅτι ἤκουον εἷς ἕκαστος τῇ ἰδίᾳ διαλέκτῳ λαλούντων αὐτῶν) (Apg 2,4.6). Das pfingstliche Sprachenwunder wird hier zum Gegenbild und Antidotum der babylonischen Kommunikationslosigkeit (vgl. Gen 11, 1-9) und besagt, dass die christliche Botschaft grundsätzlich allen Völkern gilt und daher in alle Sprachen übersetzbar ist. Die Gabe des Geistes (Pneuma) formt einen Raum sprachlicher Verständigung, in dem sich globale Kommunikations- und Translationsprozesse abspielen. Diese ›Geistesgegenwart‹ wiederum hat ihren Grund im Erscheinen des göttlichen Logos in der Menschwerdung (Inkarnation), von dem der Prolog des Johannesevangeliums spricht (Joh 1,1-18). In der Logik dieser Transformation des Logos liegt es, so in menschliche Sprachen übersetzbar zu sein, dass in deren Worten das göttliche Wort zur Sprache kommt.

Alle natürlichen Sprachräume können also zu Resonanzräumen für das Christentum werden, dessen Plausibilität damit zunimmt. Der kulturwissenschaftliche *translational turn* betrachtet interkulturelle und interreligiöse Zwischenräume als »Übersetzungsräume«, in denen Kontakte, Beziehungen, Interaktionen als Translationsprozesse gestaltet werden.[14] Insofern kann die missionarische Verbreitung des Christentums als globaler Übersetzungsraum gelten, in dem Texte im strengen Sinn übersetzt werden, aber im weiteren, figurativen Sinn auch Lebenspraktiken, Mentalitäten, performative Ausdrucksformen oder bildliche Repräsentationen. Überdies ist zu beachten, dass die Übersetzungspartner und Partnerinnen nicht nur passive Empfänger, sondern aktive Mitgestalter der Prozesse von Translation, Interpretation und Transformation sind, wie schon der frühenglische Dichter Cædmon zeigte.

Krone und Kirche angesichts der indigenen Sprachen im Andenraum

Bei der Betrachtung der Sprachenpolitik im Andenraum sind staatliche und kirchliche Rechtssphären zu unterscheiden, wobei die Krone das Patronat ausübte und über die Behörde des *Indienrats* und die nachgeordnete Vollzugsbehörde der *Casa de Contratación* in Sevilla die kirchlichen Angelegenheiten verwaltete. Dazu gehörte unter anderen Aufgaben die Zulassung und Finanzierung der europäischen Missionare im kolonialen Hispanoamerika. Staatliche und kirchliche Maßnahmen waren also engstens miteinander verzahnt, was allerdings nicht ausschloss, dass im kirchlichen Bereich aufgrund anders gelagerter Interessen und religiöser Pflichten auch eigensinnige Ideen bis hin zum Widerstand und zur Gewissensbelastung des Monarchen geäußert oder sogar durchgesetzt wurden.

In der Sprachenfrage verfolgte die Krone zunächst eine eher pragmatische Doppelstrategie, die darauf hinauslief, sowohl die Kenntnis der indianischen Sprachen bei den Missionaren zu fördern, weil dies für eine effektive Arbeit unabdingbar schien, als auch die Kenntnis des Spanischen bei den Indios, weil dies für Einheit und Zusammenhalt im Vizekönigreich Peru vorteilhaft erschien.[15] Mit der an den Vizekönig von Neuspanien und an die Orden gerichteten *Real Cédula* vom 7. Juni 1550 wurde allgemein die Einführung des Spanischen für die Mission geregelt. Ausgangspunkt war die Überlegung, dass die Indianersprachen den christlichen Glauben nicht hinreichend ausdrücken könnten und leicht Ungereimtheiten und Unvollkommenheiten entstünden; überdies behindere die Vielzahl der Sprachen. Daher sollten Lehrer bestellt werden, etwa die Sakristane, die »freiwilligen« Unterricht geben könnten.[16]

14 Zum »translational turn« im Gesamtspektrum der zahlreichen »cultural turns« und im Verhältnis zur Mission vgl. *Doris Bachmann-Medick*, Cultural turns. Neuorientierungen in den Kulturwissenschaften, Reinbek bei Hamburg, 2007, 264.

15 Zur Sprachenpolitik der Krone vgl. *Ernst J. Burrus*, The Language Problem in Spain's Overseas Dominions, in: Neue Zeitschrift für Missionswissenschaft 35 (1979) 161-170.

16 *Francisco de Solano* (comp.), Documentos sobre política lingüística en Hispanoamérica (1492-1800) (Colección Tierra nueva e cielo nuevo 32), Madrid 1992, Dok. 26, S. 47f.

Die zunehmende Hispanisierung wurde gesetzlich weiter vorangetrieben durch eine *Cédula* vom 2. März 1634, die forderte, auf allen möglichen Wegen die Erwachsenen »freiwillig« im Spanischen zu unterweisen, eine den Ordensleuten zugewiesene Aufgabe. Am Ende der Kolonialzeit forderte die Krone mit einer *Cédula* (10. Mai 1770) schließlich in regalistischem Stil, das Spanische als allgemein gesprochene Sprache in den Besitzungen einzuführen und damit die indigenen Sprachen zu ersetzen, weil Evangelisierung und Zivilisierung besser durch das Spanische zu erreichen seien.

Doch parallel zu dieser Hispanisierungstendenz kannte die spanische Gesetzgebung für Amerika auch die Pflicht der Missionare, die indigenen Sprachen zu erlernen. So wurde ab 1578 in mehreren Dekreten festgelegt, dass Kleriker und Ordensleute nur dann in indianischen Missionen wirken dürften, wenn sie nachweislich die entsprechende indigene Sprache sprächen; solche Anweisungen gingen auch in die Gesetzessammlungen des amerikanischen Rechts ein. Am 19. Sept. 1580 verfügte König Philipp II., dass Predigt und Sakramentenspendung in indianischer Sprache zu erfolgen habe. Zur Sprachausbildung sollten an den Universitäten von Mexiko und Lima, aber auch in den Städten mit dem Sitz einer *Audiencia*, Lehrstühle für indianische Sprachen eingerichtet werden, denn »la inteligencia de la lengua general de los Indios es el medio mas necessario para la explicación y enseñança de la Doctrina Christiana.«[17] Weitere Gesetze legen als Voraussetzung für Priesterweihe und Amtsantritt in einer indianischen Pfarrei *(Doctrina)* den Besuch eines entsprechende Sprachkurses fest; die Sprachkenntnisse sollten jährlich überprüft werden und konnten im negativen Fall zum Verlust der Stelle führen. Weitere Anordnungen Philipps III. von 1603 und 1609 bestimmten, dass kein Religiose mit der Mission beauftragt werden dürfe, wenn er die indigene Sprache nicht soweit beherrschte, dass er predigen, im Glauben unterweisen, das Bußsakrament (ohne Dolmetscher) verwalten und mit den Indios sprechen konnte.

Gegenüber der sprachpolitischen Doppelstrategie der Krone, die eine gewisse Zweisprachigkeit zur Folge hatte, setzte die kirchliche Sprachenpolitik, die in verbindlicher Form auf den ersten drei Provinzialkonzilien von Lima[18] formuliert wurde, eigene Akzente. Wenige Jahre nach ihrer Gründung (1535) wurde in der Hauptstadt Ciudad de los Reyes (Lima) das

17 Vgl. die einschlägigen Dokumente in: *Solano*, Documentos (Anm. 15), Dok. 43-45, S. 79-84.

18 Zu Geschichte, Verlauf und Beschlüssen der hier besprochenen Limenser Konzilien vgl. *Willi Henkel/Josep-Ignasi Saranyana*, Die Konzilien in Lateinamerika. Teil II, Lima 1551-1927 (Konziliengeschichte Reihe A: Darstellungen), Paderborn 2010, 11-159.

Bistum und der Metropolitansitz einer Kirchenprovinz errichtet, zu der bald die Suffraganbistümer Cuzco, Quito, Panamá, Nicaragua, Popayán und Asunción gehörten. Erster Erzbischof von Lima war der im bischöflichen Amt (Cartagena de Indias) erfahrene Jerónimo de Loaysa (1498-1575), der mit der Einberufung eines Konzils die gute Behandlung der Indios und Indias sichern und deren Christianisierung durch einheitliche Glaubensunterweisung und Sakramentenspendung fördern wollte. Das erste Konzil von Lima fand 1551/52 statt und ordnete seine in der gesamten Kirchenprovinz geltenden Beschlüsse *(Constitutiones)* nach »naturales« (an erster Stelle!) und Spaniern. Während die Dekrete für die Spanier deren spezifische Fragen betreffen, geht es bei den Beschlüssen für die indigene Bevölkerung um den pastoralen Umgang, die Verwaltung der Sakramente und den sonntäglichen Gottesdienst. Dazu kommen kontextuell bedeutsame Fragen wie Ehe und Verwandtschaftsverhältnisse, Verstorbene und Bestattungsriten, Idolatrieverdacht und Strafbestimmungen.

Was nun die Sprachenfrage angeht, betont gleich der erste Beschluss die Zweisprachigkeit, da die Belehrung der Indios in zwei verschiedene erfolgen soll, in Spanisch und in der meist gesprochenen indigenen Sprache in Perú *(Quechua)*.[19] Des Weiteren hält ein Beschluss fest, dass die zu taufenden Erwachsenen eine Katechese in »ihrer eigenen Sprache« *(en su propia lengua)* erhalten. Denn wenn sie getauft werden wollten, sollten sie auch wissen und verstehen, worum es geht. Daher sind die Priester aufgefordert, die Fragen in der indigenen Sprache zu stellen. Wissen und Verstehen bilden also den Zweck dieser Sprachenregelung.[20]

Die drei Provinzialkonzilien von Lima (1551-1583)

Da die Rezeption des ersten Limense zu wünschen übrigließ und überdies die Durchführung der Dekrete des Konzils von Trient (1545-1563) anstand, die regelmäßige Provinzialkonzilien in den Kirchenprovinzen verlangten, berief Loaysa ein zweites Konzil von Lima ein, das 1567/68 tagte und umfangreiche Beschlüsse fasste, wiederum getrennt für Spanier und Indios, dieses Mal allerdings in Latein. Die indigene Sprachenfrage gewann aufgrund der neuen

19 *Rubén Vargas Ugarte*, Concilios Limenses (1551-1772), tom. I-III, Lima 1951-1954. Die Konzilsdokumente werden im Folgenden unter Vargas Ugarte, Lima I, II, III und mit Seitenzahl zitiert, hier I, S. 7.

20 *Vargas Ugarte* (Anm. 19) Lima I, S. 10.

pastoralen und missionarischen Probleme eine neue Dynamik.[21] Bei den 132 Bestimmungen für die Spanier geht es in vielen Details um die kirchlichen Probleme der Zeit, um den Klerus, die Verwaltung der Sakramente und das kirchliche Leben. Es geht aber auch um soziale und ethische Probleme, etwa um die gerechte Behandlung der Indios, die nicht als Lastenträger missbraucht werden dürften, und um die humane Behandlung der afrikanischen Sklaven.[22] Die Sprachenfrage taucht in den *Constitutiones* für die Spanier in gottesdienstlichen Zusammenhängen auf: Zum einen sollen in allen Kirchen, ob Kathedralen oder Pfarrkirchen, zwischen den Gottesdiensten oder nachmittags in »lingua vulgari indorum« die katechetischen Stücke gelehrt werden, also das Symbolum (Credo), der Dekalog und die Hauptgebete. Des Weiteren sollen die Indiopfarrer die Predigt (und die Beichte) in der indigenen Muttersprache halten *(materna lingua indorum)*, wobei der Verstoß mit einer Kürzung des Stipendiums geahndet wird.[23]

Für die Indios hat das zweite Limense 122 Beschlüsse gefasst, die den (europäischen) Klerus betreffen, den Zuschnitt der Indiopfarreien, die Katechese, die Sakramente, das kirchliche Leben, Idolatrie und Strafen. Die Volkssprache betreffend, hält ein Beschluss *(constitutio)* fest, dass alle unter den Indios tätigen Priester in einer bestimmten Zeit die »Sprache der Indios« *(lenguam indorum)* zu lernen gehalten sind, da sie Ohren und Geist der Indios bewegen sollten, aber ohne Sprachkenntnis bei ihren indianischen Zuhörern in die Luft reden würden. Die Unkenntnis wird mit empfindlichen Strafen bedroht, wie einer Kürzung des Stipendiums um ein Drittel oder noch härteren Strafen.[24] Diese Sprachbestimmungen sind dem Konzil so wichtig, dass sie in den Summarien nochmals auftauchen. Allerdings ließ eine restriktive Politik keine Indios zu kirchlichen Ämtern zu, insbesondere nicht zur Priesterweihe, und verhinderte so eine Lösung der Sprachenfrage durch Muttersprachler im Amt. Das Weiheverbot hatte den formalen Grund, dass es sich um Neugetaufte handele, und den inhaltlichen Grund, dass diesen noch die nötige sittliche und intellektuelle Qualität mangele.[25]

Unter dem neuen Erzbischof Toribio de Mogrovejo (1538-1606), der aus Spanien kam und sich zunächst auf ausgedehnten Visitationsreisen ein Bild von der kirchlichen Lage machte, fand nach den Vorschriften

21 *Hans-Martin Gauger*, Los concilios Limenses desde un punto de vista lingüístico, in: *Roland Schmidt-Riese* (ed.), Catechesis y derecho en la América colonial. Fronteras borrosas, Madrid/Frankfurt 2010, 119-129.

22 *Vargas Ugarte*, (Anm. 19), Lima I, S. 155-156.

23 *Vargas Ugarte*, (Anm. 19), Lima II, S. 123 und 137.

24 *Vargas Ugarte*, (Anm. 19), Lima II, S. 161, vgl. S. 184.

25 *Vargas Ugarte*, (Anm. 19), Lima II, S. 192f. Vgl. *Henkel/Saranyana*, Konzilien (Anm. 18), 70f, 120f.

des Tridentinums das dritte Konzil von Lima (1582-1583) statt. Hinsichtlich der Sprachenfrage erließ es nicht nur punktuelle Dekrete, sondern veröffentlichte selbst verbindliche katechetische und pastorale Texte in einheimischen Sprachen, die eine lange Wirkungsgeschichte für die »Pastoral Quechua« haben sollten. Die nach den fünf »actiones« gegliederten lateinisch-spanischen Beschlüsse setzen die Linie der beiden ersten Limenser Konzilien fort und fordern, dass jeder in seiner eigenen Sprache über den Glauben instruiert werde, »Hispanicus hispanice, Indus indice«. Daher dürfe auch kein Indio gezwungen werden *(compellatur)*, Gebete und den Katechismus auf Latein zu lernen, »cum sufficiat, multoque melius sit, suo idiomate pronunciare«. Jeder solle also »in seiner Sprache« beten und lernen, könne es aber zusätzlich auch in Spanisch tun, wenn er wolle.[26] Diese Wertschätzung der Volkssprache setzt natürlich seitens der Geistlichen die Beherrschung der indigenen Sprache voraus. Jedoch kennt die Synode eine weitere Voraussetzung, die als noch bedeutsamer eingeschätzt wurde, nämlich ein sittlich integres Leben, das im Zweifelsfall wichtiger sei, weil es mehr als gute Sprachkenntnis erbaue. Für die Schule gilt allerdings im Zuge der Zweisprachigkeit, dass indianische Jungen und Mädchen *(pueros et puellas)* »unsere Sprache Spanisch verstehen und aussprechen lernen« *(ut nostrum Idioma Hispanicum consuescant intelligere, et pronuntiare)*, wobei die Inklusion der weiblichen Jugend in die Schule und den Spracherwerb für diese Epoche geradezu revolutionär erscheint.[27]

Von nachhaltiger Bedeutung für die Sprachenfrage war die Abfassung von dreisprachigen Katechismen für die Glaubensunterweisung, in denen der spanische Ursprungstext zwei authentische Übersetzungen in Quechua und Aimara erfuhr, so dass ein synoptischer dreisprachiger Text entstand, der zudem als Mustertext für andere indigene Sprachen dienen konnte.[28] Die *Doctrina christiana y Catecismo para instrucción de los Indios* wurde 1584 bei Antonio Ricardo (1532-1605), »primero Impressor en estos Reynos del Piru« in Ciudad de los Reyes gedruckt und enthält einen kleinen und einen großen Katechismus; einen kleinen von zehn Seiten im Frage-Antwort-Schema *(Catecismo breve para los rudos y ocupados)*, ergänzt durch ein *Silabario*, eine narrative Wiederholung des Stoffs und einen

26 *Vargas Ugarte*, (Anm. 19), Lima III, S. 268); vgl. Lima III, S. 325.
27 *Vargas Ugarte*, (Anm. 19), Lima III, S. 282.
28 Texte und Kommentare in: *Juan Guillermo Durán*, El catecismo del III concilio de Lima y sus complementos pastorales (1584-1585). Estudio preliminar, textos, notas, Buenos Aires 1982.

zusammenfassenden Dialog. Ein großer Katechismus von fast einhundert Seiten *(Catecismo mayor, para los que son mas capaces)* vertieft in 117 Fragen und Antworten die Glaubens- und Sittenlehre und gliedert den Stoff nach den klassischen katechetischen Stücken. Ergänzt werden die beiden Katechismen durch kleine Wörterbücher für Quechua und Aimara sowie durch ein ebenfalls dreisprachiges Beichthandbuch *(Confesionario)* von 1583, das die Fragen nach Berufsgruppen ordnet *(caciques, curacas, fiscales, alcaldes, hechiceros)*. Dazu kommt ergänzend eine Liste von Irrtümern und abergläubischen Praktiken der Indios wie Opfer und Zauberei. Überdies hat das III. Limenser Konzil ein bedeutendes und nachhaltig wirkendes *Sermonario* (Predigthandbuch) geschaffen, das die katechetischen Inhalte in Predigtform darbietet und den dritten, 1585 gedruckten *Catecismo* der Synode ausmacht. Der große Katechismus der III. Limenser Provinzialsynode vermerkt ausdrücklich die Übersetzung in zwei einheimische Sprachen. Die Übersetzungen werden in einem dem Katechismus vorgeschalteten Brief der Synode eigens damit begründet, dass die Dinge des Glaubens für die Indios so schwierig, ungewohnt, unverständlich seien, dass selbst die Sprachgewandtesten große Schwierigkeiten hätten, eine angemessene Sprache zu finden *(lenguaje)*. Da aber nun die besten Sprachenkenner eine Übersetzung angefertigt hätten, sei diese allgemein verbindlich, was den Übersetzungen einen gleichsam kanonischen Rang und ein entsprechendes Monopol sicherte.[29]

Die offizielle Sprachenpolitik der Kirche auf den ersten drei Limenser Provinzialkonzilien im 16. Jahrhundert können auf folgende Punkte gebracht werden:

Prinzip der Translation Auf dem Hintergrund der staatlich geförderten Zweisprachigkeit (freiwillig für Erwachsene, obligatorisch für Schulkinder) artikuliert die Kirche als ihre offizielle Position eine klare Option für die indigenen Sprachen bei der Glaubensvermittlung in den kognitiven und rituellen Formen mit dem Ziel des Wissens und Verstehens. Dabei werden die normativen Texte der katechetischen Stücke in eine sprachlich verbindliche Übersetzung in die beiden *lenguas generales* des Andenraums gebracht. Sprachlich flexibler und kontextbezogener sind im Rahmen der Sakramente

29 Einleitungsepistel in: *Duráh*, Catecismo (Anm. 28), 374-375.
30 Vgl. hierzu ausführlich *Alan Durston*, Pastoral Quechua. The history of Christian translation in colonial Peru 1550-1650, Notre Dame, IN 2007.

die Beichtdialoge, die zwar von der verbindlichen Übersetzung des Dekalogs ausgehen, aber die indigene Lebenspraxis und das persönliche Bekenntnis einzelner einbeziehen.

Sprachenkenntnis der Missionare Da aus dem Prinzip der Übersetzbarkeit eine Option für die Volkssprachen folgt, ergibt sich für das Missions- und Pastoralpersonal, also für die unter Indios tätigen Ordensleute und Kleriker, die Pflicht, die indigenen Sprachen für den alltäglichen und professionellen Gebrauch zu erlernen. Da die Liturgie in lateinischer Sprache gefeiert wurde, war eine gute Sprachenkenntnis relevant für die Predigt und die katechetische Unterweisung sowie für die Verwaltung der Sakramente, insbesondere der Beichte. Mangelnde Sprachenkenntnis wurde ausdrücklich pönalisiert.

Sprachliche und religiöse Kenntnisse der Indigenen Die getauften Indios und Indias sollen ihrerseits als Wissensminimum die zentralen christlichen Aussagen zu Glaube und Ethik in ihrer eigenen Sprache kennen, also die genannten katechetischen Stücke. Um diese ›eiserne Ration‹ des Glaubens auswendig zu kennen, sollen diese Kernstücke in den Kirchen laut und gemeinsam deklamiert werden. Spanisch können die Erwachsenen freiwillig lernen, für die Kinder beiderlei Geschlechts in der Schuljugend gilt obligatorischer Spracherwerb; Zweisprachigkeit soll die indigenen Sprachen aber nicht verdrängen.

Einsatz von modernen Medien Zur Unterstützung des Christianisierungsprozesses wird der für damalige Zeiten höchst moderne Buchdruck genutzt, der es erlaubt, einheitliche Übersetzungen leicht und kontrollierbar zu verbreiten. Zu diesen Medien gehören vor allem *Cartillas* und (mehrsprachige) Katechismen sowie Beichtspiegel. Die kirchliche Sprachenpolitik folgt mit den Medien der Zeit der grundsätzlichen Linie des Christentums, sich durch Übersetzung zu inkulturieren, das heißt in fremden Kulturen resonanzfähig zu machen.

Texte für die Mission in Peru Aus diesem Vorgehen entwickelte sich im Andenraum eine typische christliche Sprache und Literatur in Quechua, die sowohl Übersetzungen kanonischer Art oder anderer Texte aus dem Lateinischen oder Spanischen umfasst als auch direkt in Quechua verfasste Texte. Diese auch sprachlich eigentümliche »Pastoral Quechua«,[30] die von der Mitte des 16. bis zur Mitte des 17. Jahrhunderts entstand, besteht in einem Corpus von Texten, das eine komplexe Synthese der spanischen und inkaischen Welt darstellt, die auch Poesie und Lieder umfasst, und das andine religiöse Denken stark geprägt hat.

Rolle der Volkssprachen und ›Neue Evangelisierung‹

Eine kirchenpolitische Schlüsselrolle im kolonialen Vizekönigreich Peru des späten 16. Jahrhunderts spielte der spanische Theologe José de Acosta (1540-1600), der maßgeblich das III. Konzil von Lima mitprägte in die Sprachenpolitik und die Missionslinguistik eingriff.[31]

Das lateinisch verfasste Hauptwerk *De procurande indorum salute* (1588) ist ein viel studiertes Kompendium, das systematisch die politischen, administrativen, kirchlichen, pastoralen und theologischen Fragen seiner Zeit behandelt.[32] Zu einem weiteren Hauptwerk zählt eine in Spanisch verfasste *Historia natural y moral de las Indias*, die Natur und Kultur Amerikas beschreibt (1590).

Als Herzstück dieser Missionstheorie kann seine »neue Evangelisierungsmethode« *(nova evangelizandi ratio)* gelten, die sowohl den indianischen als auch den spanischen Kontext einbezieht. Dabei bezieht er auch die Alte Kirche ein und definiert »Missionen« als solche »Exkursionen und Fahrten in die Ferne, die um des Wortes Gottes willen von Ort zu Ort unternommen werden« *(Missiones vero intelligo eas excursiones et peregrinationes quae oppidatim verbi divini causa suscipiuntur)* (DP II, 330).

Eine Evangelisierungsmethode *more apostolico* hält er in Amerika nicht mehr für möglich, da zum einen einige der barbarischen Völker zu wild seien, und zum anderen die biblischen Wunder mit ihrer Überzeugungskraft fehlten. Daher müssten in der Missionsarbeit bestimmte Bedingungen erfüllt sein. Die erste und wichtigste Bedingung sei die Integrität des Lebens, die in der Neuen Welt das »allerwirksamste und fast einzig nötige Wunder« sei *(ad fidem efficacissimum ac pene singulare miraculum necessarium, mores cum fide congruentes)* (DP II, 320). Daher beklagt er des Öfteren den fundamentalen Widerspruch, wenn Reden und Tun, Predigt und Leben nicht übereinstimmten. Diesen Widerspruch führt er vor allem auf das schlechte Verhalten der Landsleute zurück, auf Habsucht *(avaritia)* und schlechtes Beispiel; zwar bekennen sie Christus mit ihren Worten, doch mit ihren Taten leugnen sie ihn (DP II, 370).

31 Zu Person und Werk vgl. *Iris Gareis*, José de Acosta, in: Hauptwerke der Ethnologie, hg. von *Christian F. Feest* und *Karl-Heinz Kohl*, Stuttgart 2001, 1-5; vgl. auch Kap. I, 4 in diesem Band.

32 Wir beziehen uns auf die moderne lateinisch-spanische Ausgabe: *José de Acosta*, De procuranda Indorum salute, 2 Bde., (Corpus Hispanorum de Pace 23/24), ed. por *Luciano Pereña*, Madrid 1984/1987. Wir zitieren nach diesen beiden Bänden im laufenden Text unter dem Sigel DP I und DP II und Seitenzahlen.

33 Acosta behandelt die Sprachenfrage vor allem bei den Grundlagenfragen: DP I, 92-95; 156-164; bei den geistlichen Ämtern (DP II, 5-9 und 46-82); bei der Behandlung der Beichte (DP II, 431-433).

Eine zweite wichtige Vorbedingung der Mission besteht neben einer guten Kenntnis der indianischen Kultur vor allem in der Beherrschung der am Ort gesprochenen indigenen Sprachen, weil deren mangelnde Kenntnis ebenfalls ein Haupthindernis bildet. Dem Sprachenthema, das wie ein roter Faden die Missionstheorie durchzieht, widmet Acosta viele Seiten.[33] Wie kaum ein anderer seiner Zeit fordert und fördert er die möglichst genaue Kenntnis der Volkssprachen. Dabei geht er von einer theologischen Prämisse aus, nämlich vom paulinischen Wort, dass der Glaube vom Hören kommt *(fides ex auditu)*, das Hören aber vom Wort Christi (vgl. Röm 10,17), so dass er folgert: »*Lingua opus est ad evangelizandum*« (DP I, 92). Da der Urwald der Idiome in der Neuen Welt so vielfältig ist, wird die Sprachenkenntnis auch faktisch zum entscheidenden Kriterium des Austauschs der Kulturen und der religiösen Kommunikation. Denn das zu verkündende Wort Gottes könne ja nur mit menschlichen Stimmen zu Gehör gebracht werden, die sich der Sprachen der Adressaten bedienen müssen, um verständlich zu sein. Da aber der Umweg über Dolmetscher auszuschließen sei und sich bilinguale Kreolen oder Mestizen nicht bewährt hätten, bleibt nur der mühsame Weg, sich selbst die indianischen Sprachen von Grund auf anzueignen und übersetzen.[34]

Doch wie das III. Limense gibt Acosta bei aller Betonung der gesprochenen Sprache der ›Sprache‹ der Performance den Vorrang, d. h. dem guten Beispiel des Lebens, wenn einer »geduldig, gutmütig, demütig, großzügig, enthaltsam, sanftmütig und vor allem von der Liebe zu Christus und den Brüdern entflammt ist. Vielleicht verstehen die Barbaren unsere Predigten nicht, aber die Beispiele der Tugend sprechen *(loquuntur)* überall eine deutliche Sprache, werden perfekt verstanden und überzeugen am meisten *(potentissime persuadent)*.« (DP I, 364). Diese Priorität der überzeugenden ›Sprache‹ des sittlich guten Verhaltens, der Tugend tröstet Acosta auch darüber hinweg, dass die pfingstliche Sprachengabe nicht mehr wie in apostolischen Zeiten zur Verfügung steht, weil sie durch die Liebe substituiert werden kann (DP I, 156).[35] Damit plädiert Acosta für eine ›Zweisprachigkeit‹ besonderer Art, nämlich die wechselseitige Ergänzung der gesprochenen Sprache des Mundes und der gelebten Sprache des Herzens, die in der Liebe wirksam wird.

34 Zur Übersetzungsthematik vgl. *Renate Dürr*, Early modern translation theories as mission theories: A case study of José de Acosta, *De procuranda indorum salute* (1588), in: Cultures of communication. Theologies of media in Early Modern Europe and beyond, ed. by *Helmut Puff/Ulrike Strasser/Christopher Wild*, Toronto 2017, 209-227.

35 Zur Substitution des Sprachenwunders vgl. *Arno Borst*, Der Turmbau von Babel, Bd. III/1, Stuttgart 1960, 1157f.

Was die Option für die Muttersprachen angeht, plädierte Acosta zwar für die wechselseitige Kenntnis der Sprachen, aber doch so, dass es zuerst Pflicht der Spanier sei, die einheimischen Sprachen zu erlernen, ohne ihre eigene Sprache aufzuzwingen.[36] Damit wendet sich Acosta deutlich gegen die Sprachenpolitik der Krone, soweit sie auf Hispanisierung setzt, aber auch soweit sie die *lengua general*, Quechua, als die Sprache von Cuzco der gesamten Bevölkerung als Einheitssprache verbindlich vorschreiben will, ohne die anderen autochthonen Sprachtraditionen zu berücksichtigen.

Ein Sprachenvergleich führt den philologisch und rhetorisch ausgebildeten Humanisten Acosta zu einer eigenen Einschätzung der autochthonen Sprachen. Diese blieben im Vergleich hinter dem Hebräischen und Griechischen zurück, seien einfach gebaut, hätten nur wenige Flexionsformen und könnten auf wenige Regeln reduziert werden. Demgegenüber aber kannten die Indigenen, anders als Griechisch, Latein und Kastilisch, Präfixe und Suffixe wie das Hebräische. Die Aussprache sei gewiss ›barbarisch‹, habe aber eine Affinität zum Kastilischen, was der sprachgelehrte Domingo de Santo Tomás (1494-1560) als Zeichen der Vorsehung betrachtet habe. Denn in beiden gebe es schöne und elegante idiomatische Wendungen *(idiotismos)*, deren bewundernswerte Prägnanz eine Freude sei. Doch andererseits seien sie so barbarisch und wortarm, dass kaum Wörter für geistige und philosophische Dinge vorhanden seien. Man habe spanische Wörter eingeführt, wie *equum, bovem, vinum, triticum, oleum (caballo, buey, vino, trigo, aceite)* und andere unbekannte Dinge, wie man auch umgekehrt indigene Bezeichnungen für Tiere und Früchte ins Spanische übernommen habe. Daher brauche man sich auch keine große Sorge darüber zu machen, wenn Vokabeln wie *fides, crux, angelus, virginitas, coniugium* nicht hinreichend ins Indianische *(non satis indice)* übersetzt werden könnten, sondern als Lehnworte übernommen würden. Schließlich hätten alle Völker, voran die Spanier, fremde Wörter übernommen, wie auch jeder kluge *simiyachac* (indianischer Sprachlehrer) es praktisch zu tun pflege.

Für das theoretische Studium der Volkssprachen wurden Lehrstühle eingerichtet, vor allem an den Limenser Universitäten San Pablo und San Marco. Die Grammatiken aller Indianersprachen *(ars omnis linguae indicae)* aber zeigten, dass die wenigen und zudem leicht zu erlernenden Regeln leicht zu rezipieren waren. Für die praktische Sprachbeherrschung dagegen sei die Praxis der Konversation mit den Indios *(collocutio cum indis)* durch Hören und Sprechen unabdingbar, um mit der Sprache vertraut zu werden. Zunächst müsse man die Dinge und die entsprechenden Wörter *(res et verba)* auswendig lernen, doch bald würden die Wörter den Dingen selbst *(verba res ipsas)* folgen (DP II, 70-79, hier 72, 74, 76).

Ein solch sorgsamer, aber keineswegs ›glottophager‹ Umgang mit den indigenen Sprachen spielte im Prozess der Christianisierung im kolonialen Hispano- und Lusoamerika eine bedeutsame Rolle. Dies zeigt exemplarisch die kirchliche Sprachenpolitik in der andinen Welt, wenn man die legislativen Bestimmungen der Konzilien von Lima betrachtet, aber auch die linguistischen Bemühungen um Verschriftung, Sprachlehrmittel (Grammatiken, Wörterbücher) und um verbindliche didaktische Medien wie mehrsprachige pastorale Hilfsmittel. Die missionarische Sprachenpolitik der Zeit kennt mithin eine klare Option für Translation, Sprachenerwerb und damit für interkulturelle Kommunikation, wobei prioritär auch die ›Sprache‹ eines integren Lebens Berücksichtigung findet.

Ein Protagonist wie José de Acosta folgt im andinen Raum einem Grundmuster, das dem christlichen Missionsverständnis inhärent ist und je nach Kultur, Sprache und Epoche realisiert wurde. Man denke nur an einen Zeitgenossen Acostas, den Italiener Alessandro Valignano (1539-1606), der auf der anderen Seite der Weltkugel im Kontext der japanischen Schriftkultur die Methode der Akkomodation entwickelte.[37] Die Gleichzeitigkeit beider Translationsprozesse in Südamerika und Ostasien zeigt eine vergleichbare Sprachenpolitik, welche die kulturellen und religiösen Welten durch Sprach- und Kulturkenntnisse einander anzunähern, die Sprachenvielfalt als bereichernd wahrzunehmen und einem wechselseitigen Verstehen den Weg zu bahnen versuchte. Die Zentralität von Sprache und Kultur für jede Kommunikation und Begegnung, auch die religiöse, unterstreicht mit gesundem Menschenverstand schon der Brief, den Paulus um das Jahr 53 n. Chr. an seine junge kleine Christengemeinde in Korinth schrieb, die sich mit der Glossolalie herumzuschlagen hatte: »Es gibt wer weiß wie viele Sprachen in der Welt, und nichts ist ohne Sprache (ἄφωνον). Wenn ich nun den Sinn der Laute nicht kenne, bin ich für den Sprecher ein Fremder (βάραρος), wie der Sprecher für mich«[38] (1 Kor 14,10-11). ◆

36 Zur Sprachenpolitik der Krone vgl. *Richard Konetzke*, Die Bedeutung der Sprachenfrage in der spanischen Kolonisation Amerikas, in: Jahrbuch für Geschichte von Staat, Wirtschaft und Gesellschaft Lateinamerikas 1 (1964) 72-116.

37 Zu dieser Missionsstrategie vgl. *Adolfo Tamburello* (a cura di), Alessandro Valignano S.I. Uomo del rinascimento. Ponte tra oriente e occidente (Bibliotheca Instituti Historici S.J. 65), Roma 2008.

38 Griech. 1 Kor 14, 11: ἐὰν οὖν μὴ εἰδῶ τὴν δύναμιν τῆς φωνῆς, ἔσομαι τῷ λαλοῦντι βάρβαρος καὶ ὁ λαλῶν ἐν ἐμοὶ βάρβαρος.

7
Frühneuzeitliche Katechismen in indigenen Sprachen

Fast parallel zueinander entstanden in Europa im 13. Jahrhundert die beiden großen Mendikantenorden der Dominikaner in Spanien und der Franziskaner in Italien.[1] Sie überschritten nicht nur die bisherigen monastischen Räume und nahmen die Herausforderungen der intellektuellen, sozialen und urbanen Räume ihrer Zeit an; auch beschränkten sie sich nicht auf die europäischen Räume, sondern wandten sich aus eigenem spirituellem Antrieb, aber auch aufgrund päpstlicher Sendungen den außereuropäischen Räumen zu, vor allem dem muslimisch gewordenen Norden Afrikas sowie dem Nahen und dem Fernen Osten. Dorthin lockte sie die missionarische Aufgabe, den christlichen Glauben zu verbreiten, aber auch die Neugier auf und die Begegnung mit fremden Kulturen und Religionen. Die Gründung dieser neuen Orden gehen auf zwei Zeitgenossen zurück, auf den etwas älteren Dominikus und auf den etwas jüngeren Franziskus von Assisi, deren Missionsimpulse das späte Mittelalter prägten. Durch diesen Vorlauf waren die Mendikanten gut gerüstet, als sich in der Frühen Neuzeit im neu entdeckten Amerika den europäischen Augen bisher unbekannte Naturräume, Völker und Kulturen darboten.

Mittelalterliche Missionsaktivitäten der Mendikantenorden

Gegründet wurde der 1216 päpstlich anerkannte Orden der Predigerbrüder (*Ordo fratrum praedicatorum*, OP) von dem kastilischen Kanoniker Domingo de Guzmán von Caleruega (1170-1221). Ihm ging es vor allem um ein solides Studium und die Auslegung des Wortes Gottes durch Predigt. Diese richtete sich freilich nicht nur an Gläubige *(inter fideles)*, sondern auch an Ungläubige

1 *Kaspar Elm*, Franziskus und Dominikus. Wirkungen und Antriebskräfte zweier Ordensstifter, in: *ders.*, Vitasfratrum. Beiträge zur Geschichte der Eremiten- und Mendikantenorden des zwölften und dreizehnten Jahrhunderts. Festgabe zum 65. Geburtstag, hg. von *Dieter Berg*, Werl 1994, 121-140.

(inter infideles), und in beiden Fällen ging es um das Heil der Seelen *(salus animarum)*. Der Orden, so heißt es in den Satzungen, sei »grundsätzlich, wesentlich und ausdrücklich zum Lehren und Predigen« eingerichtet worden sowie dazu, anderen das Kontemplierte weiterzuvermitteln.[2] Die Dominikaner verbreiteten sich in mehreren Schüben von Spanien nach Mittel- und Nordeuropa, dann aber auch an die Ränder des mittelalterlichen Christentums im Vorderen Orient und in Nordafrika, schließlich auch nach Ostasien, bis nach China. Auch die beiden auf Dominikus folgenden Ordensmeister, Jordanus von Sachsen (1185-1237) und Raimundus von Peñafort (1175-1275), pflegten und förderten den Missionsgedanken, der zahlreiche Mitglieder beflügelte.

Wenig später gründete der italienische Kaufmann Francesco Bernardone von Assisi (1182-1226) den Orden der »Minderbrüder« *(Ordo fratrum minorum*, OFM), der 1223 päpstlich anerkannt wurde. Franziskus war die Leitfigur einer Armutsbewegung, die auf die Reformbedürftigkeit der Kirche antwortete und als Bewegung der »Minderen« *(minores)* auf friedliche Weise den Anderen zu begegnen trachtete. Dazu gehörten von Anfang an Missionsreisen in muslimische Gebiete Nordafrikas, darunter auch die Reise, die Franz von Assisi während des fünften Kreuzzugs nach Ägypten (1219) unternahm, um den Sultan Malik al-Kamil (1176-1238) auf dialogische Weise vom Christentum zu überzeugen. Die Regel des Ordens enthält ein eigenes Kapitel über die Mission; es handelt von denen, »die unter die Sarazenen und andere Ungläubige gehen« *(De euntibus inter saracenos et alios infideles)*.[3]

Beide Mendikantenorden haben gemeinsam, die Predigt des Wortes Gottes auch unter *infideles* zum integralen Bestandteil ihrer Verfassung gemacht. Beide Orden weiteten ihre missionarischen Aktivitäten weit über die Grenzen Europas hinaus, in die Räume Nordafrikas und Ägyptens, nach Syrien, Persien und Indien, in die Gebiete der *Goldenen Horde*, ins westliche Zentralasien und ins Reich der Mitte (China). Dies war möglich, weil die Mongolenkhane die aus der lateinischen Kirche kommenden Dominikaner und Franziskaner in ihren Ländern gewähren ließen; vor den westlichen Ordensleuten wirkte dort allerdings schon die *Apostolische Kirche des Ostens* mit Sitz in Bagdad und entfaltete eine rege Missionstätigkeit.

2 Constitutiones fratrum S. Ordinis Prædicatorum, editio nova, Paris 1886, Prologus 13: »Huiusmodi autem est Ordo noster Praedicatorum qui sua prima institutione est principaliter, essentialiter et nominatim ad docendum et praedicandum, ad communicandum aliis contemplata, et ad procurandam animarum salutem institutus.«

3 Fontes Franciscani, a cura di *Enrico Menestò* e *Stefano Brufani*, Assisi 1995; Regula Bullata 171-181, hier cap. XII, S. 180f.

4 Vgl. *Roman Malek*, (ed.), Jingjiao. The Church of the East in China and Central Asia, Nettetal 2006.

5 *Rita George-Tvrtković*, Christian pilgrim in medieval Iraq. Riccoldo da Montecroce's encounter with Islam, Turnhout 2012.

Während der toleranten Tang-Dynastie (607-918) reichte sie bis nach China, wo sie als »leuchtende Religion« *(jingjiao)* bekannt war.[4]

Dominikaner wie Franziskaner bildeten ihrer Spiritualität und den verschiedenen geographischen Kontexten folgend unterschiedliche Weisen der Mission heraus, vor allem im asiatischen Raum. Man denke exemplarisch an den italienischen Dominikaner Riccoldo da Monte di Croce (1242-1320),[5] der um 1300 Persien und Mesopotamien bereiste, in Mossul und Bagdad auf Arabisch disputierte und eine lateinische Widerlegung des Koran *(Confutatio Alcorani)* schrieb, die Martin Luther (1483-1546) ins Deutsche übersetzte. Er suchte eine rationale Auseinandersetzung mit der fremden Religion, um die Wahrheit des christlichen Glaubens mit Vernunftgründen aufzuweisen. Insgesamt kannte das Mittelalter zahlreiche missionarische Unternehmen in Asien, sei es der Bettelorden der Westkirche oder der Missionar der *Kirche des Ostens.* Nicht wenige davon waren zeitweise erfolgreich, andere verschwanden durch die politischen Ereignisse. Aber nie hörten die Versuche auf, die christliche Botschaft auch in unbekannten Weltgegenden bekannt zu machen.[6] Diese Aktivitäten entwickelten vor allem die Dominikaner im Mittelalter, die innerhalb und außerhalb Europas zahlreiche Erfahrungen auf dem Terrain der Mission sammeln und reflektieren konnten. Allein für das 13. Jahrhundert werden folgende Gebiete genannt: Die Ordensprovinz Griechenland, wo sie zwischen Rom und Byzanz vermittelten; die Provinz Terra Santa in Palästina; die Mission bei orientalischen Christen wie Nestorianern und Äthiopiern; Unternehmen in Armenien, Georgien oder bei den Schwarzmeervölkern; die Mission unter den Muslimen in Unteritalien, Spanien, Nordafrika, Ägypten und Vorderasien; die Mission bei den Tataren, unter anderen durch den französischen Dominikaner Andreas de Longjumeau (†1270), der in diplomatischer Mission auch zum Großkhan der Mongolen nach Karakorum reiste. Zu den europäischen oder an Europa angrenzenden Gebieten zählen die Missionen in der ungarischen Ordensprovinz (Balkanhalbinsel, Bulgarien, Serbien); die Missionen in den Ostseeländern wie Prußen, Litauen, Estland und Finnland; die Mission des Dominikaners Hyazinth (Jacek) von Polen (1183-1257) aus der polnischen Ordensprovinz in Kiew.[7]

6 *Bernard Hamilton*, Die christliche Welt des Mittelalters. Der Osten und der Westen, Düsseldorf/Zürich 2004, 235-280.

7 *Berthold Altaner*, Die Dominikanermissionen des 13. Jahrhunderts. Forschungen zur Geschichte der kirchlichen Unionen und der Mohammedaner- und Heidenmission des Mittelalters, Habelschwerdt (Schles.) 1924.

Auf diesem Erfahrungshintergrund der beiden Bettelorden waren sie spirituell und intellektuell bestens aufgestellt für die Mission in Amerika. Etwa ein Jahrtausend hatte es gedauert, bis alle Länder Europas den christlichen Glauben angenommen hatten; so war es in der Frühen Neuzeit nun an Europa, den empfangenen Glauben weiterzutragen, nicht nur in den lange bekannten Osten, sondern auch in den erst seit kurzem bekannten Westen, nach Amerika. Unter den Missionaren, die unter dem königlichen Patronat in großer Zahl in die Neue Welt gesandt wurden, befanden sich an erster Stelle wieder die beiden Mendikantenorden der Franziskaner und Dominikaner. Schon 1502 kam die erste größere Gruppe von Franziskanern in das neue Zentrum Santo Domingo (Haiti), gefolgt 1509 von den Dominikanern, den Merzedariern (1514), den Augustinern (1533) und den Jesuiten (1549), die aufgrund ihrer späteren Ordensgründung (1540) auch erst später in die Missionsarbeit einsteigen konnten. Allein im 16. Jahrhundert kamen fast fünfeinhalb Tausend Ordensleute in die Neue Welt, darunter die Hauptkontingente der Franziskaner mit 2.782 und der Dominikaner mit 1.579 Missionaren. Um 1570 gab es fünf Ordensprovinzen OP mit 126 Klöstern;[8] sie sollten später auf nicht weniger als elf Ordensprovinzen anwachsen. Von dieser Blütezeit der Mission zeugen bis heute zahlreiche künstlerische und architektonische Artefakte, aber auch die frühe Druckerei in der Neuen Welt.

Wie wichtig gedruckte Katechismen für die Mission waren, zeigt die Bedeutung der Unterweisung, die vor allem die Dominikaner betonten. Zwar lagen die Bettelorden nahe beieinander, wenn es um Spracherwerb und Übersetzung ging. Doch die Differenz zwischen Franziskanern und Dominikanern lässt sich am Taufstreit aufzeigen. Bei der Christianisierung der Neuen Welt spielte das Initiationsritual der Taufe eine entscheidende Rolle, was sich in der Sorgfalt der liturgischen Gestaltung widerspiegelte.[9] Die Quellen berichten vor allem in Mexiko über einen großen Andrang der indigenen Bevölkerung, aus dem sich jene Fragen ergaben, die zum Taufstreit zwischen den Orden führte: Durfte man aus pragmatischen Gründen eine auf das kanonistisch Nötige reduzierte Taufe praktizieren, so die Franziskaner in chiliastischer Unruhe; oder musste man alle vorgesehenen präbaptismalen Unterweisungen

8 *Johannes Meier*, Die Orden in Lateinamerika. Historischer Überblick, in: *Michael Sievernich u. a.* (Hgg.), Conquista und Evangelisation. 500 Jahre Orden in Lateinamerika, Mainz 1992, 13-33.

9 *Jakob Baumgartner*, Mission und Liturgie in Mexiko, Bd. 1: Der Gottesdienst in der jungen Kirche Neuspaniens, Immensee 1971, 144-221.

10 Gott in Lateinamerika. Texte aus fünf Jahrhunderten, ausgewählt und eingeleitet von *Mariano Delgado*, Düsseldorf 1991, 185-189.

11 *José Toribio Medina*, La imprenta en México (1539-1821), edición facsimilar, tom. 1 (1539-1600), México 1989, hier 1 (Erstaufl. Santiago de Chile 1912); *Eduardo F. Araujo*, Primeros impresores e impresos en Nueva España, México D.F. 1979, hier 61.

durchführen, wie die Dominikaner meinten?[10] Der Streit war so bedeutsam, dass auch Kaiser und Papst eingeschaltet wurden; es obsiegte die strengere dominikanische Linie, doch blieb die Frage weiterhin kontrovers und wurde pragmatisch gehandhabt. Eines jedoch war klar geworden: Die Notwendigkeit einer gediegenen Unterweisung vor und nach der Taufe. Diese aber konnte nicht bei der Mündlichkeit stehen bleiben, sondern bedurfte eines schriftlichen Mediums. Wie in Europa brauchte man Katechismen, die allerdings auf die neuartigen Kontexte der Neuen Welt, vor allem auf die einheimischen Sprachen, eingehen mussten.

›Doktrinen‹ in indigenen Sprachen Amerikas

Kaum zwei Jahrzehnte nach der Eroberung der mexikanischen Hauptstadt Tenochtitlán-Tlatelolco durch Hernán Cortés (1485-1547) entstand dort eine Druckerei nach europäischen Maßstäben. Sie ging auf Bestreben des Sevillaner Druckers Juan Cromberger (1500-1540) zurück, der, mit königlichem Privileg versehen, seinen aus Italien stammenden Angestellten Juan Pablos (Giovanni Paoli) (1500-1561) mit der Druckmaschine und allen nötigen Utensilien nach Mexiko schickte. Dort fabrizierte dieser in der Casa Cromberger das erste in Amerika gedruckte Buch, einen zweisprachigen Katechismus, der 1539 erschien. Er ging auf den ersten Bischof von Mexico, den Franziskaner Juan de Zumárrga (1468-1548), zurück, der auch die Kosten der Herstellung trug: »*Breve y más Compendiosa Doctrina Christiana en Lengua Mexicana y Castellana.* Fue impresa esta doctrina christiana por mandado Fray Juan de Çumarraga, México, desta Nueva España, y a su costa, en casa de Juan Cromberger, año de milquinientos treinta y nueve«.[11]

Das erste in Amerika gedruckte Buch war also ein Katechismus, dem in der Folgezeit Dutzende weitere folgen sollten. Doch hatten diese frühneuzeitlichen Katechismen eine Besonderheit, die sich aus den kulturellen Kontexten ergab. Ein Typus der Katechismen war vollständig in Spanisch *(Romance)* gedruckt, ein anderer fast vollständig in einer der indigenen Sprachen, ein dritter Typ war zweisprachig, ein weiterer Typ sogar dreisprachig. Die Missionare waren allein in Neuspanien mit zahlreichen Sprachen konfrontiert; war doch das Reich der Azteken ein Vielvölkerstaat, in dem als allgemeine Sprache des Reiches Náhuatl gesprochen wurde, auch von den verbündeten und unterworfenen Völkern, die freilich ihrerseits auch andere Sprachen beherrschten, wie Taraskisch, Mixtekisch, Huaxtekisch, Otomí, Zapotekisch. Weder die Sprachenpolitik der Krone noch die der Kirche setzten auf eine ausschließliche Hispanisierung der indigenen

Völker oder eine Unterdrückung der indigenen Sprachen, vielmehr förderten Kirche und Orden die Sprachenkenntnis der Missionare, um in den indigenen Sprachen kommunizieren zu können. Da die indianischen Sprachen Teil einer oralen Kultur waren und über keine entwickelten Schriftsysteme verfügten, wenn man von piktographischen Codices in Mexiko oder bei den alten Maya absieht, bedurfte es zum Erlernen und zur Verschriftung der Sprachen der Entwicklung von Hilfsmitteln wie Wörterbüchern und Grammatiken. So entstanden zahlreiche Lexika für verschiedenen Sprachen, hauptsächlich jedoch für das Náhuatl. Das umfangreichste stammt von dem Franziskaner Alonso de Molina (1514-1585), dessen *Vocabulario en legua Mexicana y Castellana* (1571) etwa 24.000 Einträge enthielt. Noch zahlreicher waren die »Artes« genannten Grammatiken, allein über sechzig verschiedene für Náhuatl, aber auch mehrere für das Quecha im Inkareich.[12] Dort wirkte der Dominikaner Domingo de Santo Tomás (1499-1570), Missionar, Sprachforscher und später Bischof von La Plata/Charcas, der eine Grammatik für Quechua und ein Lexikon (1565) verfasste. Dazu kommen zahlreiche andere linguistische Werke dieser Art für Otomí über Maya bis Mapuche.

Mit diesen linguistischen Werken schufen die Missionare der verschiedenen Orden eine solide Grundlage für differenzierte Sprachkenntnisse, mit denen sie sich daran machen konnten, die Kommunikation und inhaltlichen Aussagen über den christlichen Glauben zu übersetzen. Daher entstanden an erster Stelle die Katechismen, aber auch weitere Schriften wie Musterpredigten *(sermonarios)*, Beichtspiegel *(confesionarios)*, Lektionare, Teilübersetzung der Bibel (Psalmen, Proverbien, Evangelien), Stundengebet, Ordenskonstitutionen, Akten von Ordenskapiteln, Regeln für Bruderschaften etc.

Die Missionare brachten im Lauf der Zeit enorme linguistische Leistungen hervor, die inzwischen stärker beachtet und in den Fokus der Forschung treten. Ein globalphilosophischer Denker unserer Zeit hält zu dieser Kulturleistung fest, dass »die Selbstübersetzung des neuzeitlichen Christentums in die Unzahl der Einzelkulturen bisher das mächtigste Zeugnis für die Möglichkeiten und Schwierigkeiten einer operativ konkreten transkulturellen Ökumene [ist]«.[13]

12 Siehe hierzu: *José Luis Suárez Roca*, Lingüística misionera española, Oviedo 1992.
13 *Peter Sloterdijk*, Im Weltinnenraum des Kapitals. Für eine philosophische Theorie der Globalisierung, Frankfurt 2005, 212f; vgl. die missionarischen linguistischen Arbeiten zu verschiedenen Sprachen in Amerika und Asien: Missionary linguistics V. Selected papers from the seventh international conference on Missionary Linguisitcs, Bremen 28 February – 2 march 2012, ed. by *Otto Zwartjes/Klaus Zimmermann/Martina Schrade-Kniffi*, (Studies in the history of the language sciences, vol. 122), Amsterdam/Philadelphia 2014.

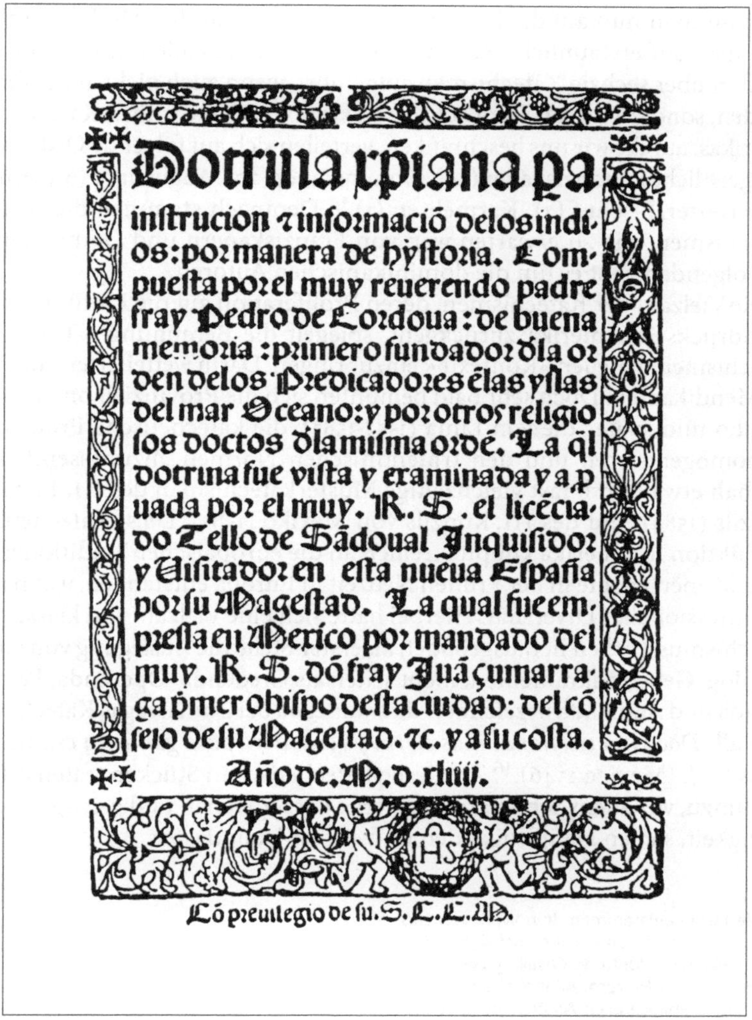
Dotrina xpiana pa
instrucion ⁊ informació delos indi-
os: por manera de hystoria. Com-
puesta por el muy reuerendo padre
fray Pedro de Cordoua: de buena
memoria: primero fundador dla or
den delos Predicadores ẽlas yslas
del mar Oceano: y por otros religio
sos doctos dla misma ordé. La ql
dotrina fue vista y examinada y a p̃
uada por el muy. R. S. el licécia-
do Tello de Sádoual Inquisidor
y Visitador en esta nueua España
por su Magestad. La qual fue em-
pressa en Mexico por mandado del
muy. R. S. dõ fray Juã çumarra-
ga p̃mer obispo desta ciudad: del cõ
sejo de su Magestad. ⁊c. y a su costa.
Año de. M. d. xliiij.

Cõ preuilegio de su. S. C. C. M.

Abb 3
Titel des Katechismus
Doctrina Cristiana
von Pedro de Córdoba OP
México 1544

Wenn man nun auf die Zahl der Katechismen und ihre Herkunft schaut, trifft man auf erstaunliche Zahlen. Insgesamt werden allein für das 16. Jahrhundert über sechzig Katechismen aufgeführt, wenn auch nicht alle gedruckt wurden, sondern nur als Handschriften existieren. Diese frühen Katechismen Amerikas, auf die wir uns beschränken, verteilen sich auf folgende Orden (und Weltgeistliche): Franziskaner (26), Dominikaner (20), Augustiner (6), Jesuiten (6), Priester/Bischof (3), Karmeliten (1).[14] Demnach stammen die meisten Katechismen, wie zu erwarten war, von Franziskanern und Dominikanern. Im Folgenden geht es um die dominikanischen Autoren.

Die Vielzahl der Katechismen, deren Proliferation auf die Einführung des Buchdrucks in Amerika zurückgeht, spiegelt die Bemühung, »Texte« wie Katechismen in neuen »Kontexte« einzubringen. Darin wetteiferten vor allem die Mendikanten. Doch sehr bald bemühten sich die Provinzialkonzilien von Mexiko und später die von Lima (1551-1583), die katechetische Produktion zu homogenisieren und den tridentinischen Normen anzupassen.[15] Dies geschah etwa durch fast gleichzeitige Musterkatechismen des III. Limenser Konzils (1584) und des III. Konzils von Mexiko (1585). Diese katechetische Produktion in Amerika knüpfte freilich an die europäischen Traditionen der Katechismen an, die in der Frühen Neuzeit in Europa entstanden, wenn auch in konfessioneller Diversität. Hierbei hatte sich eine Vielzahl von klassischen Katechismusstücken herausgebildet, an erster Stelle die Auslegung von Credo, Dekalog, Gebet, Sakramenten, nicht selten als Credenda, Operanda, Petenda, Agenda und Audienda bezeichnet; dies war etwa bei Zumárragas Katechismus der Fall: *Doctrina cristiana: más cierta y verdadera para gente sin erudición y letras [...].* (México 1546).[16] Zu diesen katechetischen Stücken traten oft weitere hinzu, vor allem Septenare wie Werke der leiblichen und geistigen Barmherzigkeit, sieben Haupttugenden und sieben Hauptlaster.

14 Die Daten entstammen dem Werk von *Luis Resines*, Catecismos americanos del siglo XVI, 2 tom., [Valladolid]: Junta de Castilla y León 1992; vgl. *José Sánchez Herrero*, Alfabetización y catequesis dominicana en América durante el siglo XVI, in: Actas del II Congreso Internacional sobre los Dominicos y el Nuevo Mundo, ed. *José Barrado* (Los dominicos y América 6), Salamanca 1990, 727-763.

15 Vgl. *Thomas Duve*, Catequesis y derecho canónico entre el Viejo y el Nuevo Mundo, in: Catequesis y Derecho en América colonial. Fronteras borrosas, ed. *Roland Schmidt-Riese*, Frankfurt 2010, 131-145.

16 https://archive.org/details/doctrinacristianoopabl (Zugriff 20.10.2022)

Dominikanische Katechismen

Hier folgen nun in Kurzform eine alphabetische Liste der dominikanischen Katechismen, die im 16. Jahrhundert in Amerika geschrieben (und gedruckt) wurden, darunter auch zwei aufgrund der Ordensverbindungen in Manila auf den Philippinen. In alle Regel heißen diese Katechismen »Doctrina christiana«, bisweilen auch »Catecismo«.

Namen und Daten der Autoren sowie Titel der Katechismen:

1 **Bernardo de Albuquerque** (1509-1579), Bischof von Oaxaca
Catecismo o tratdado de la Doctrina Christiana en lengua zapoteca, muy útil para los misioneros (um 1553, Druck?)

2 **Juan de Alcázar**
Doctrina cristiana en lengua zapoteca (um 1563, Druck?)

3 **Domingo de la Anunciación** (1510-1591)
Doctrina Xriana breve y compendiosa por via de Diálogo entre un maestro y un discípulo, sacada en lengua Mexicana y Castellana (México 1565)

4 **Domingo de Ara** († 1572), ernannter Bischof von Chiapa
Doctrina Christiana y Explicación de los principales Misterios de la Fe Catholica, expuestos en lengua Tzeldal (Ms. um 1545)

5 **Luis Barrientos** († 1588)
Doctrina cristiana en lengua chiapaneca (Ms. vor 1588)

6 **Gregorio Beteta** († 1562), ernannter Bischof von Cartagena de Indias
Doctrina cristiana (Zapoteca)

7 **Tomás de Cárdenas** († 1578), Bischof von Verapaz
Doctrina cristiana en lengua zacapula (vor 1580)

8 **Diego de Carranza** (1545-1606)
Doctrina cristiana en lengua chontal

9 **Juan de Cobo** (1546-1594)
Doctrina Christiana en letra y lengua China (Manila 1593)

10 **Pedro de Córdoba** (1482-1521)
Dotrina [sic] christiana para instrucion e información de los indios por manera de hystoria 1544)

11 **Pedro de Córdoba** (1482-1521)
Dotrina Christiana en lengua Española y Mexicana, hecha por los religiosos de la orden de Santo domingo (1548)

12 **Pedro de Feria** (1524-1588), Bischof von Chiapa
Doctrina Christiana en lengua Castellana y çapoteca (México 1567)

13 / 14 **Benito Hernández** (1480?-1568?)
Doctrina misteca, México (1567)

15 **Domingo de Nieva** (*1565)
Doctrina Christiana en lengua española y tagala (Manila 1593)

16 **Juan Ramírez de Arellano** (1529-1609), Bischof Guatemala
Sancta Doctrina (Sevilla 1537)?

17 **Bartholomé Roldán**
Cartilla y Doctrina Christiana, breve y compendiosa, para enseñar los niños: y ciertas preguntas tocantes a la dicha Doctrina: por manera de Dialogo: traduzida, compuesta, ordenada, y romançada en la lengua Chuchona del pueblo de Tepexic de la Seda (México 1580)

18 **Tomás de San Martín** (1482-1554)
Catecismo doctrinal para los indios (Ms. Quechua)

19 **Domingo de Santa María** (†1559)
Doctrina cristiana y arte de la lengua mixteca (?)

20 **Dionisio de los Santos** (1508-1577)
Bischof von Cartagena de Indias
Breve y muy sumaria institution de grande utilidad para enseñar los nuebos en la fe loque deben creer y obrar y de que se han de apartar para ser buenos cristianos (Ms. Cartagena 1577)

Aus dieser Reihe früher dominikanischer Katechismen, die meisten in indigener Sprache, werden exemplarisch drei unterschiedlich konzipierte ausgewählt und analysiert. Sie unterscheiden sich darin, dass Pedro de Córdoba eine einsprachige spanische *Doctrina* vorlegt, Domingo de la Anunciación eine zweisprachige in Spanisch-Mexikanisch (Náhuatl) und Pedro de Feria eine in Spanisch-Zapotekisch. Da Oaxaca Missionsgebiet der Dominikaner war, sind zahlreiche Katechismen auf Zapotekisch und Mixtekisch entstanden.[17]

17 Zur Verbreitung und Tätigkeit der Dominikaner in Neuspanien vgl. *Maria Teresa Pita Moreda,* Los predicadores novohispanos del siglo XVI (Los dominicos y América 9), Salamanca 1992.

18 Vgl. *Benno Biermann*, Die ersten Dominikaner in Amerika, in: Zeitschrift für Missionswissenschaft und Religionswissenschaft 31/32 (1947/48) 57-63, 107-121.

19 *Miguel Angel Medina*, Doctrina cristiana para instrucción de los Indios. Redactada por Fr. *Pedro de Córdoba*, O.P. y otros religiosos doctos de la misma orden. Impresa en México, 1544 y 1548 (Los dominicos y América, 2), Salamanca 1987. Das Buch enthält beide Katechismen (Doktrinen) faksimiliert und in moderner Schreibweise; im laufenden Text zitiert nach Seiten (p.).

Pedro de Córdoba | Domingo de la Anunciación | Pedro de Feria

◆ Fray Pedro de Córdoba OP (1482-1521)

Dieser Autor ist eine der Gründergestalten des Predigerordens in der Neuen Welt, der 1509 dort Fuß fasste. Ihm und seiner Kommunität verdankt Amerika den frühen prophetischen Einsatz zugunsten der indigenen Bevölkerung, aber auch den frühen Katechismus von 1544, die *Doctrina cristiana para información de los indios por manera de historia*. In diese Zeit fällt auch die vielfältige Katechismusproduktion katholischer und protestantischer Provenienz in Deutschland. Der amerikanische Katechismus von 1544 erschien ein Jahr vor Beginn des Trienter Reformkonzils und zwei Jahre vor Luthers Tod. In dieser Zeit brachte auch Spanien zweisprachige Katechismen (Spanisch-Arabisch) für die Unterweisung der *moros*, der konvertierten Muslime hervor.

Welche Rolle spielte Pedro de Córdoba in der Frühzeit der Mission Amerikas? Geboren 1482 im spanischen Córdoba, erhielt er an der dortigen Kathedralschule seine Schulbildung, studierte die Rechte in Salamanca, trat bald im Konvent San Esteban den Dominikanern bei und wurde 1508 zum Priester geweiht. Nach kurzer Tätigkeit in Ávila wurde er 1510 als Superior einer Gruppe von Missionaren nach Santo Domingo auf der karibischen Insel Española entsandt. Dort wurden die Brüder sehr bald mit der kolonialen Realität der *encomienda* konfrontiert, die zur berühmten Adventspredigt des Antón de Montesino (1475-1540) von 1511 führte.[18] Pedro de Córdoba unternahm nicht weniger als drei Reisen über den Atlantik (1513, 1516, 1519), um in seinem Heimatland künftige Missionare anzuwerben und am Hof die Indios zu verteidigen, die gegen alles Recht faktisch der Sklaverei unterworfen wurden. Diesen Kampf sollte später Bartolomé de Las Casas aufgreifen und vor dem König weiterführen. Unermüdlich unternahm Pedro de Córdoba im zirkumkaribischen Raum, namentlich auf den Großen Antillen und auf dem Festland an der Küste Venezuelas, zahlreiche friedliche Missionsunternehmen, die nicht alle glückten.

Der genannte Katechismus ist sein Hauptwerk, der allerdings erst nach seinem frühen Tod in Mexiko veröffentlicht wurde. Das Manuskript gelangte nach Mexiko und wurde dort auf Weisung des Bischofs von Mexiko, Fray Juan de Zumárraga, redigiert und 1544 in rundgotischer Schrift *(Rotunda)* gedruckt. 1548 erschien am selben Druckort eine strukturell ähnliche, doch durch Predigten erweiterte Ausgabe. Das Kolophon des bei Cromberger gedruckten »Catecismo« hofft auf eine Übersetzung in die indianische Sprache. Diese Hoffnung ging mit den Ausgaben von 1548 und 1550 in Erfüllung, da sie zweisprachig (Spanisch-Náhuatl) waren. Hier lautet das Titelblatt: *Dotrina christiana en legua Española y Mexicana: hechos por los religiosos de la orden de Scto Domingo.*[19]

Der Katechismus Pedro de Córdobas und seiner Mitstreiter von 1544 übernimmt einerseits drei der klassischen katechetischen Stücke: das in zwei Septenaren breit ausgeführte Symbolon, der knapp gehaltene Dekalog und die ebenfalls kurz erläuterten Sakramente; das sonst übliche Gebet (Vater unser) fehlt, an dessen Stelle tritt überraschend der Septenar der operativen Werke der Barmherzigkeit, die damit einen herausgehobenen Stellenwert erhalten. Diese Stücke werden unsystematisch durch weitere vier Stücke ergänzt, nämlich »andere christliche Wahrheiten«, wie Hölle, Kirche, Petrusprimat; des Weiteren: Bedeutung des Kreuzes, postbaptismale mystagogische Katechesen, Tischgebete. Es sind inhaltlich und von der literarischen Form her sehr unterschiedliche Stücke, die man für wichtig hielt, aber in keinen systematischen Zusammenhang brachte. Weiter unterscheidet sich der bilinguale Katechismus von 1548 dadurch, dass er die Hauptstücke in kurzer Frageform bringt und in einer umfänglichen Predigtform, wobei auch sonst übliche Stücke wie Kapitalsünden und *Pater noster* auftauchen, die in der Fassung von 1544 nicht vorkamen.[20] Beiden Katechismen merkt man einen Suchmodus an, was die literarische Form und die Abfolge der Stücke angeht. Allerdings fallen bei diesem Gemeinschaftswerk der cordobinischen *Doctrina* eine Reihe von typischen Eigenheiten auf.

Narrativer Duktus Schon das Titelblatt verweist darauf, dass der Katechismus »historisch« *(por manera de hystoria)* vorangeht. Das heißt, er folgt literarisch einem narrativen Duktus, der die Heilsgeschichte erzählt. Der Prolog erzählt in sinnlichen Metaphern *(deleites y placeres)* von den »wunderbaren Geheimnissen Gottes« und in eschatologischer Perspektive vom »großen Geheimnis« der beiden Orte von Himmel und Hölle, aber auch vom Schicksal der dort Weilenden (p. 199-201). Des Weiteren erzählt der Katechismus im Rahmen der Glaubensartikel besonders breit die Geschichte der Schöpfung und des Heils in zwei Septenaren, die der Göttlichkeit und der Menschheit Christi zugeordnet sind (p. 201-231). Schließlich folgen eine narrative mystagogische Katechese für Getaufte und eine »kurze Geschichte« vom Anfang der Welt und der Erschaffung des Menschen (p. 252-256).

20 Zur formalen und inhaltlichen Struktur vgl. *María-Graciela Crespo*, Estudio histórico-teológico de la »Doctrina cristiana para instrucción e información de los indios por manera de historia«, de fray Pedro de Córdoba, O.P., con un prólogo de *Josep-Ignasi Saranyana*, Pamplona 1988.

21 Zu Ramón Pané vgl. Kap. I, 2 in diesem Buch.

22 Vgl. *Lucía Rodríguez*, Primeras luces de Dios en la Nueva España. El discurso contra las idolatrías en los catecismos mexicanos del siglo XVI, in: *Wulf Österreicher/Roland Schmidt-Riese* (Hgg.): Esplendores y miserias de la evangelización de América. Antecedentes europeos y alteridad indígena, Berlin/New York 2010, 331-350, hier 341-347.

Leitkategorie Freundschaft Größten Nachdruck legt die *Doctrina* auf die Gemeinschaft der Menschen untereinander und mit Gott, und zwar unter ausdrücklichem Einschluss der *indios* genannten Bevölkerung. Diese werden ausdrücklich »Brüder« (Geschwister) genannt *(hermanos)*; so schon im ersten Satz des Prologs: *Muy amados hermanos* (p. 199). Überdies zieht sich das johanneische Motiv der Freundschaft *(amistad)* (vgl. Joh 15,13-15) und der Freunde Gottes durch den gesamten Text, über die Glaubensartikel und die Gebote, damit wir »seine Freunde« *(sus amigos)* werden (p. 231). Andererseits kommt der Sinn für die Gemeinschaft mit den indianischen Menschen und mit Gott zum Ausdruck durch Hinweise, die unter den »anderen christlichen Wahrheiten« rubriziert werden: Denn hier wird das Bild des »mystischen Leibes« *(cuerpo místico)* ebenso als Gemeinschaft begriffen wie die Kirche *(Iglesia)*, die beide als »Vereinigung aller Christen« *(ayuntamiento de todos los cristianos)* unter ihrem Haupt Christus und dem Heiligen Geist. Auch der Hinweis auf den Primat des Papstes betont die Einheit der Gemeinschaft (p. 248f), besonders jedoch die hervorgehobene eucharistische Gemeinschaft (p. 238-242).

Bedeutung der Gemeinschaft Die anthropologische und ekklesiologische Bedeutung der Gemeinschaft findet in der *Doctrina* ihr Gegenstück in den Aussagen zu den Dämonen, die eine kontextuelle Nähe zur indianischen Welt der Religion erhalten. Damit bleibt der Katechismus im Rahmen der traditionellen dämonologischen Interpretation der Fremdreligion. Diese Aussagen sind in der ersten Druckausgabe mit Bezug auf die Religion Mexikos eingefügt worden, da deren Götter aufgerufen werden, nicht aber die im karibischen Raum heimische Taino-Religion.[21] Beim ersten Glaubensartikel betont die *Doctrina* die Güte Gottes, der nicht fordere, Kinder und Sklaven zu opfern und Blut zu vergießen wie die *diablos*, sondern nur verlangt, den »wahrhaften Gott« allein zu verehren. Namentlich werden einheimische Gottheiten wie Uchilobos (Huitzilopochtli) genannt, die keiner der Götter seien, sondern böse Dämonen, die täuschen. Der christliche Gott sei auch zu den Indios gut, wenn sie seine »Freunde« sein und an den himmlischen Freuden teilhaben wollten (p. 203-205). Auch beim ersten Gebot wird die Verehrung von Göttern und Idolen untersagt (p. 131f). Das Verbot der Anthropophagie wird bei den Werken der Barmherzigkeit benannt (p. 245). Schließlich spielt das Zeichen des Kreuzes und der Name Jesus eine wichtige apotropäische Rolle bei der Dämonenabwehr (p. 249f).[22]

Die *Doctrina cristiana* zeigt also einerseits die üblichen Merkmale der zeitgenössischen Katechismen; doch darüber hinaus entwickelt sie eigenständige Merkmale, unter denen der narrative Duktus, das Motiv der Freundschaft eines menschenfreundlichen Gottes, die Bedeutung der Gemeinschaft auf menschlicher und religiöser Basis herausragen; fremdreligiösen Elemente werden als idolatrisch bekämpft.

◆ Fray Domingo de la Anunciación OP (1510-1591)

1510 als Juan de Ecija in Fuente Ovejuna geboren, segelte er 1528 mit seinem älteren Bruder nach México, um sich dort als Schreiber bei der ersten *Audiencia* von México zu verdingen. Dann trat er aber 1532 in den Dominikanerorden ein und nahm den Ordensnamen Fray Domingo de la Anunciación an. Nach schnellen Studien 1535 zum Priester geweiht, lernte er die indigene Hauptsprache Náhuatl und nahm die missionarische Tätigkeit unter den Indios und Indias auf. Bei einer großen Pestepidemie 1545 stand er den Kranken bei. Eine gewagte Expedition nach Florida sollte im Schiffbruch enden. In den 60er-Jahren wirkte er als Prior und Vikar in Coyoacán. Die letzten sechs Jahre seines Lebens war er erblindet und starb zurückgezogen 1591 in Santo Domingo de México.[23] Der Ordenschronist, sein Zeitgenosse Agustín Dávila y Padilla (1562-1604), setzte ihm in der Geschichte der Ordensgründung in Mexiko (1596) ein Denkmal seiner Spiritualität und seines Wirkens.[24] Sein bekanntestes Werk ist ein dialogisch gehaltener zweisprachiger Katechismus in Spanisch und dem mexikanischen Náhuatl, der 1565 bei Pedro Ocharte (1532-1592) gedruckt wurde: *Doctrina Xristiana breve y compendiosa por via de dialogo entre un maestro y un discipulo,* [...].[25]

Das Titelblatt zeigt in einem opulenten Schmuckrahmen das Bild des hl. Dominikus mit dem Wappen des Ordens (Lilienkreuz) und dem Kreuzstab, zu seinen Füßen einen Hund (volksetymologisches Symbol für die *Domini canes,* »Hunde des Herren«). Die Kürze seines Katechismus begründet er damit, dass die *Doctrina* für alle, Kleine und Große, Frauen und Männer *(chicos y grandes mogeres y hombres)* bestimmt sei (f2r,v). Er folgt der dialogischen Methode zwischen einem Lehrer und einem Schüler (f3v). Es

23 Zur Biographie vgl. *J. Salvador y Conde*, El padre Domingo de la Anunciación y su personalidad misionera, in: Missionalia hispanica 7 (1950) 81-162.

24 Vgl. *Miguel Angel Medina*, Los Dominicos en América. Presencia y actuacion de los dominicos en la América colonial española de los siglos XVI-XIX, Madrid 1992, hier 63-116.

25 Eine digitale Faksimile-Ausgabe dieser Doctrina ist in der Biblioteca virtual Miguel de Cervantes nachzulesen https://www.cervantesvirtual.com/obra-visor/doctrina-cristiana-breve-y-compendiosa-por-via-de-dialogo-entre-un-maestro-y-un-discipulo-sacada-en-lengua-castellana-y-mexicana-y-compuesta-por-fray-domingo-de-la-anunciacion--0/html/00bcc166-82b2-11df-acc7-002185ce6064_2.htm (Zugriff 18.10.2022).

handelt sich um eine Wechselrede, in der ein Meister *(temachtiani)* den Schüler *(tlamachtilli)* befragt und dieser den Meister. Der Meister fragt den Schüler, was er gelernt und studiert hat, und dieser den Meister, wie das zu verstehen ist.

Der Text ist in sieben Kapitel gegliedert, die teilweise den traditionellen Stücken folgen, aber auch eigenständige enthalten. Das erste Kapitel fragt, was Christ heißt und welche seine »Waffen« und seine Kennzeichen sind. Hier geht es vor allem um das Zeichen des Kreuzes und das trinitarisch gedeutete Kreuzzeichen sowie den Namen Jesu. Ein Christ sei »ein Mensch Christi oder einer, der durch den Glauben zu Christus gehört« (f6r) und durch die Barmherzigkeit Jesu Christi die Taufe empfangen hat. Mit diesen geistlichen Waffen sei das Leben, eine *continua batalla*, gegen die Feinde zu bestehen. – Das zweite Kapitel enthält den Glauben, den Christen zu bekennen haben. Auch hier greift die *Doctrina* auf die biblische Bildwelt der geistlichen Waffen zurück, diesfalls auf den Glauben als »Schild«. Der Schüler hat in diesem Kapitel das Glaubensbekenntnis in Lateinisch (!) und Spanisch wiederzugeben, dann werden die Glaubensartikel aufgezählt, die nach den Naturen Christi in zwei Septenare unterschieden werden. Gelegentlich taucht das Motiv der Freundschaft auf: *buenos amigos de Dios* (f25r). – Gegenstand des knappen dritten Kapitels sind die sieben Sakramente, die *medicinas espirituales* für die Seele genannt werden (f29r). An die drei Initiationssakramente schließt sich die Buße an, und zwar in den Bildern von Krankheit und Arzt (f34r), also nicht in forensischer Terminologie; auf die Letzte Ölung folgen die Sakramenten der Ehe und des Ordo (Priesterweihe). Der Autor folgt also der anthropologisch orientierten thomanischen Reihenfolge der Sakramente.

Das vierte Kapitel holt wieder weiter aus und behandelt, was zu beobachten und zu tun sei, also das Gesetz, die Gebote und die Werke der Barmherzigkeit (f36v). Ausgehend vom Gesetz der Liebe und dem Doppelgebot der Gottes- und Nächstenliebe geht es um den Dekalog, die Kirchengebote sowie die vierzehn Werke der geistigen und leiblichen Barmherzigkeit. Beim ersten Gebot des Dekalogs ist das Verbot der Idolatrie *(ydolos falsos)* angesiedelt, aber auch *judíos* und *moros*) (f42v). – Das nächste Kapitel unterscheidet Todsünden und lässliche Sünden, einschließlich der sieben Hauptlaster, die – wieder im martialischen Bild – als Feinde einen »schrecklichen Krieg gegen uns führen« *(nos haze muy terrible guerra)* (f56v).

Das kurze vorletzte Kapitel dreht sich um die natürlichen Wohltaten Gottes, die geistigen von Verstand, Willen und Erinnerung sowie die fünf Sinne, und die Kardinaltugenden. – Das lange siebte Kapitel schließlich handelt vom Gebet, beginnend mit dem (lateinischen) Paternoster und einer Auslegung der Bitten. Sodann folgen Mariengebete in Lateinisch und

Spanisch. Das Kolophon (fIr) nennt wie auf dem Titelblatt den Veranlasser, Erzbischof Alonso de Montúfar (1489-1572), und den Drucker in der Stadt México. Typisch für diesen Katechismus sind außer der Zweisprachigkeit die betonte Differenz von Wissen und Handeln, der dialogische Charakter sowie die martialische Metaphorik.

Zweisprachigkeit Diese *Doctrina* des Domingo de la Anunciación ist zweisprachig und zweispaltig: *lengua Española – lengua Mexicana* (Náhuatl); die Drucktype ist gotisch (Rotunda), außer dem Prolog in romanischer Type. Mit der zweisprachigen *Doctrina* taucht ein Katechismus auf, der in der Frühen Neuzeit in den spanischen und portugiesischen Gebieten für zahlreiche native Sprachen erstellt wird und damit eine enorme linguistische Leistung der Ordensleute darstellt.[26]

Der zweisprachige Katechismus übersetzt den spanischen Text, dessen Redundanz wohl der Zielsprache geschuldet ist. Der Text ist eher sachlich gehalten. Zahlreiche Begriffe werden als Lehnwörter aus dem Spanischen übernommen, weil sie offensichtlich kein Äquivalent fanden. Theologische, philosophische oder juridische Fachbegriffe werden nicht übersetzt, wie etwa: *escritura, credo, sancta yglesia, cruz, persona, sanctisima trinidad, pecado original, justicia, sacramento, juramento, virtudes, temblanza, prudencia.* Um Missverständnisse bei der Übersetzung des Gottesnamens zu vermeiden, werden auch hybride Begriffe gebraucht wie etwa *Dios catetatzin* (Gott Vater), *Dios caytepiltzin* (Gott Sohn). Dieses Verfahren wird in zahlreichen Katechismen Amerikas angewandt.[27]

Vorrangige Themen Nimmt man die Größe der siebten Kapitel zum Maßstab, dann ist leicht zu erkennen, welche Themen einen Vorrang genießen. Den meisten Raum nimmt das Thema des Glaubens ein, dann folgen die praktischen Themen wie die sittliche, soziale und spirituelle Praxis; den geringsten Raum nehmen Sakramenten- und Sündenlehre ein. Interessant sind die Reflexionen, die über Wissen und Handeln Aufschluss geben.

26 Vgl. *Nelson Cartagena*, Die spanisch-amerikanische Übersetzungskultur in vorkolumbianischer und frühkolonialer Zeit, in: *Harald Kittel* u. a. (Hgg.), Übersetzung Translation Traduction. Ein internationales Handbuch zur Übersetzungsforschung, Bd. 3, Berlin/Boston 2011, 2220-2228.
27 Vgl. die Übersetzung ins brasilianische Tupí, in Kap. II, 6 dieses Buchs.

Biblische Metaphern Ein auffälliges Leitmotiv des Katechismus ist die vielfache Erwähnung der zu bekämpfenden »Feinde« *(inimigos)*. Dem entspricht die martialische Metaphorik, derer sich der Autor bedient. Der biblische Hintergrund dieser Bildwelt ist der Aufruf zum spirituellen Kampf gegen die böse Mächte, gegen die Christen die »Rüstung Gottes« anziehen sollen, den »Schild des Glaubens« und das »Schwert des Geistes« (vgl. Eph 6,6. 10-20). Für den Katechismus sind die Feinde allerdings keine äußeren, sondern die inneren Feinde, d. h. die eigenen Sünden und Laster, die mit den geistlichen Waffen zu bekämpfen sind. Zu diesen zählt der Katechismus namentlich das Kreuz und das Kreuzzeichen als apotropäische Zeichen. Aber auch die Tugenden gehören zu den spirituellen Waffen. Dem Kreuz ist ein ganzes Kapitel gewidmet, das prononciert an erster Stelle steht und die Leserlenkung deutlich zeigt, woran dem Autor besonders gelegen ist: der Verinnerlichung des Glaubens und des inneren Kampfes.

◆ Fray Pedro de Feria OP (1524-1588)

Als die Dominikaner 1528 von der Karibik nach Mexiko expandierten, erhielten die Dominikaner das Gebiet um Oaxaca im Süden zugewiesen. Dort siedelten vor allem Mixteken und Zapoteken, denen sich nun besonders die Dominikaner widmeten, die auch bald darangingen, Missionskatechismen in diesen indigenen Sprachen zu konzipieren. Einer dieser Dominikaner war Fray Pedro de Feria. Um 1524 als Pedro Martínez Hernández in Feria (Extremadura) geboren, studierte er in Salamanca *Artes* und Theologie und trat dort dem Predigerorden bei. Dem missionarischen Geist der Zeit folgend, zog es ihn um 1552 als Missionar nach Amerika, wo er nach Oaxaca entsandt wurde. Dort erlernte er zunächst Zapotekisch und schrieb in den 50er-Jahren eine zweisprachige *Doctrina christiana* in Spanisch und Zapotekisch. Danach amtierte er als Provinzial der neuspanischen Ordensprovinz und veröffentlichte 1567 seinen umfangreichen Katechismus. Um seine Krankheit zu heilen (Asthma), trat er eine längere Reise nach Spanien an und erhielt 1571 auf Vorschlag Philipp(s) II. (1527-1598) seine Ernennung zum Bischof von Chiapas. 1574 in Spanien zum Bischof geweiht, nahm er 1575 seinen Bischofssitz ein; in seiner Diözese geriet er mit den *encomenderos* in ähnliche Konflikte wie einer seiner Vorgänger, Bartolomé de Las Casas (1485-1566), zwei Jahrzehnte zuvor. Am III. Provinzialkonzil von Mexiko (1585) konnte er aufgrund eines Reitunfalls mit langer Rekonvaleszenz nicht mehr teilnehmen. Er starb 1588.

Sein großes Werk trägt folgenden Titel: *Doctrina Christiana en lengua Castellana y çapoteca, compuesta por el muy reuerendo padre Fray Pedro de Feria.* [...] (1567).[28] Das Titelblatt enthält dasselbe Titelbild wie die *Doctrina* des Domingo de la Anunciación, allerdings nur in einem Ausschnitt, der das Bild des hl. Dominikus mit einer dominikanischen Umschrift trägt: »Dies ist jene kleine Quelle, die, zum großen Fluss anschwellend, der Welt wunderbar den besten Trank spendet« *(Hic est fons ille modicus, crescens in flumen maximum qui mundo iam mirificus potum largitur optimum).*[29]

Die umfangreiche *Doctrina Christiana* von Pedro de Feria hat 112 Folioseiten (112f. r./v.) für den zweisprachigen Text (Spanisch und Zapotekisch), der in zwei synoptische Spalten angeordnet ist; das Spanische erscheint in rundgotischer Schrift, das Zopotekische in romanischer Schrift, so dass beide Spalten graphisch gut zu unterscheiden sind. Am Schluss finden sich fünf Folioseiten nur in Zapotekisch, bevor das Werk im Kolophon endet, das auch Autor, Drucker und Druckdatum wie auf der Titelblatt nennt, sowie als kirchliche Autorität den Erzbischof von México, Alonso de Montúfar.

Der Text ist mit zahlreichen Initialen und Abbildungen aus dem Vorrat der Druckerei versehen, die biblische und andere Themen darstellen, einige auch im seitengroßen Format. Dazu zählt eine doppelt vorkommende mittelalterliche Lehrszene eines Dominikaners, der offensichtlich vor Muslimen lehrt (f19r). Andere ganzseitige Abbildungen zeigen eine Taufszene (f102r) und eine Szene des Jüngsten Gerichts, die den über dem Erdball thronende Christus (mit Gerichtsschwert) zeigt, während eine zeternde Teufelsgestalt im Vordergrund gestikuliert (f91r).

Der Text folgt den konventionellen katechetischen Stücken, die allerdings eine Reihe von Eigenheiten aufweisen. Dazu gehört die Gestaltung der Einleitung, die als gewinnende Ansprache an die Adressaten *(hijos míos)* gestaltet ist und eine kleine schöpfungstheologische Anthropologie über Körper, Seele, Zweigeschlechtlichkeit enthält, aber auch Hinweise auf Religion und naturale Umwelt. Zudem beinhaltet die Einleitung Ausführungen über das Zeichen des Kreuzes.

28 Transkription des Textes in: *Luis Resines*, Catecismo de Sacromonte y Doctrina Christiana de Fr. Pedro de Feria. Conversión y evangelización de moriscos e indios (Corpus hispanorum de pace, seg. Serie, vol. 10), Madrid 2002, 323-390.

29 Aus dem dominikanischen marianischen Offizium: Officium B. Mariæ Virginis iuxta ritum Sacri Ordinis FF. Prædicatorum; Teil aus dem Hymnus zum Fest des hl. Dominikus am 4. August (vgl. Ausgabe Rom 1790).

30 Vgl. das Schema der Doctrina in: *Dionisio Borobio García*, Teólogos Salmantinos en la evangelización de América durante el siglo XVI, in: *ders. / Federico R. Aznar Gil / Antonio García y García*, Evangelización en América, Salamanca 1988, 7-165, hier 138.

Die fünf folgenden Kapitel ergeben einen plausiblen theologischen Duktus, der darauf antwortet, wer Gott ist (Glaubensartikel), wie mit ihm zu reden ist (Gebet), was er zu tun heißt (Gebote), was er zu tun verbietet (Sünden), welche Heilmittel er dem sündigen Menschen anbietet (Sakramente).[30] Im Einzelnen bezieht sich das erste Kapitel auf die Glaubensartikel, aufgeteilt auf die Septenare der *Divinidad* und der *Humanidad*, ergänzt durch dogmatische Erläuterungen der Kirche. Im zweiten Kapitel geht es um das Gebet, d. h. das Sprechen mit Gott *(conversar con Dios)* (f47v), vor allem im *Vater unser.* Um die Gebote geht es im dritten Kapitel, wobei beim ersten Gebot des Dekalogs das Verbot der Idolatrie betont wird und Idole von Bildern unterschieden werden (f60v-f67v). Es folgen weitere Elemente wie Kirchengebote. Besonders streng wird der Katechismus in der Frage des Stehlens oder der Vorenthaltung des gerechten Lohns (f77r). Das kurze vierte Kapitel ruft die traditionellen Sündenschemata auf, während das fünfte Kapitel Heilmittel und Arznei (f109v) gegen die Sünden benennt. Die umfangreichste Erläuterung findet die Ehe, die bis in die Details geht, etwa für Kleidung, Unterhalt und Nahrung zu sorgen, aber auch auf alkoholische Getränke *bebida de magey* eingeht (f111v).

Pedro de Feria gelingt ein gut strukturierter Duktus seines Katechismus, dessen einzelne Kapitel inhaltlich aufeinander aufbauen. Insbesondere fallen eine positive anthropologische Grundstimmung, sein Umgang mit der Fremdreligion und die zahlreichen Illustrationen auf.

Positive Anthropologie Die Einleitung entfaltet ein positives Bild vom Menschen als Geschöpf mit Leib und Seele, für die Gott *Güter, Geschenke und Heilmittel (bienes, regalos, remedia)* (f2r) vorgesehen hat, die ausführlich beschrieben werden (f9v-10v). Auch wenn der Körper als schmutzig *(suzio)* gilt, erzeugt Pedro de Feria doch eine positive Grundstimmung, nicht zuletzt durch Schönheit und Freude, ohne die Realität der Sünde auszuklammern.

Umgang mit Fremdreligion Die kontextuelle Dimension tritt bei der Schilderung der Güter hervor, welche die Erde für den Körper hervorbringt, darunter Mais, Bohnen und Kürbisse *(el mayz, los frisoles, las calabaças)* und weitere Früchte, Farben, Düfte und Arzneien (f10v-11r). Vor allem aber tritt der Umgang mit der Fremdreligion zu Tage, wenn *eure alte Religion* zur Sprache kommt, von deren *dioses falsos* sie nur körperliche Dinge erbeten hätten (f4v-5r). Im Rahmen des ersten Glaubensartikels erläutert Pedro de Feria, dass die Vielzahl der Götter Lüge und Täuschung des Teufels *(diablo)* seien, da es nur einen einzigen und allmächtigen Gott gebe und dieser nicht wie die Idole aus Stein oder Holz sei. Diese hätten bei Nacht Angst gemacht, doch bei Tag und klarer Sicht erkenne man die Täuschung. Natürliche Sachverhalte klären also über die Idole auf (f22r-23v).

Passende und unpassende Abbildungen Die Illustrationen sind ausführlich auf die Passion Christi und seine Rolle als Weltenrichter bezogen, mit dem Teufel als Gegenspieler. Weitere ganzseitige Holzschnitte zeigen zweimal einen dominikanischen Gelehrten, der vor Gestalten mit Turban, Bart und Krummsäbel auftritt (f19v und 58v).[31] Diese letzteren Abbildungen entstammen offensichtlich einem anderen Kontext, die der Drucker aber zur Hand hatte.

Wie alle drei analysierten Katechismen beginnt auch Pedro de Ferias *Doctrina* mit dem Symbolon, was auch für die katholischen Katechismen im Europa dieser Zeit typisch ist. Dann geht die Reihenfolge bei den Katechismen auseinander: Pedro de Córdoba: Credo – Gebote – Sakramente; Domingo de las Anunciación: Credo – Sakramente – Gebote; Pedro de Feria: Credo – Gebet – Gebote. Die theologisch-anthropologische Variante von de Feria findet sich auch in zeitgenössischen deutschen Katechismen wie dem *Catechismus catholicus* (1562) von Michael Helding (1506-1561). Der *Catechismus Romanus* (1566) des Trienter Konzils wird die Reihenfolge der Stücke auf Credo – Sakramente – Gebote – Gebet vereinheitlichen. Die protestantischen Katechismen der Zeit weichen von diesen Reihenfolgen deutlich ab, da sie aus theologischen Gründen in aller Regel mit dem Dekalog, also der Bußthematik beginnen.[32]

Die hier exemplarisch analysierten dominikanischen Katechismen oder Doctrinas von Pedro de Córdoba, Domingo de la Anunciación und Pedro de Feria, die im 16. Jahrhundert in der Neuen Welt verfasst und gedruckt wurden, bilden nur eine kleine Auswahl aus den zahlreichen Katechismusdrucken der Frühen Neuzeit in Amerika. Sie zeichnen sich dadurch aus, dass sie an die katechetische Tradition Europas anknüpfen, aber auch innovativ sind, was Zweisprachigkeit, Duktus und Aufnahme von Lehnwörtern angeht.

Inhaltlich haben die Katechismen verständlicherweise Übereinstimmungen mir ihren europäischen Vorläufern, vor allem im Kernbereich von Credo, Gebet, Gebote und Sakramente. Ein Thema ist allen Katechismen gemeinsam, nämlich die Betonung des Kreuzes und der Bekreuzigung als Zeichen des

31 Hier handelt es sich wohl um Bildmaterial des Druckers, das nicht den neuweltlichen Kontext abbildet, sondern den altweltlichen Kontext der *moros*, der Muslime (f42v).

32 Zur konfessionellen Differenz vgl. *Michael Sievernich*, Gesetz und Weisheit. Zum theologischen Prinzip der Katechismen Martin Luthers und Petrus Canisius', in: Petrus Canisius SJ (1521-1597), hg. von *Rainer Berndt*, Berlin 2000, 399-422.

33 Frühneuzeitlich entstanden weltweit zahlreiche Katechismen; exemplarische Beispiele in: Translating catechisms, translating cultures. The expansion of catechism in the Early Modern World, ed. by *Antje Flüchter* and *Rouven Wirbser* (Studies in Christian mission 52), Leiden / Boston 2017.

Heils und zugleich als apotropäisches Zeichen. Eine bedeutsame Rolle spielen auch die Fremdreligionen und ihre dämonologische Interpretation, die erst von Zeitgenossen wie Bartolomé de Las Casas neu gedeutet wird. Durchgehend aber finden sich Elemente einer positiven Anthropologie, welche von der Würde des Menschen sprechen und von der Wertschätzung ihrer Kulturen und Sprachen. Schließlich steht die Gottesfrage im Vordergrund und das Moment der Freundschaft zwischen Gott und Mensch.

In der literarischen Gestaltung gibt es deutliche Unterschiede, den narrativen Ansatz bei Pedro de Córdoba), eine dialogisch-sachlichen Orientierung bei Domingo de la Anunciación und eine systematische Integration bei Pedro de Feria, der die divergierenden Stoffe anthropologisch und theologisch in einem kohärenten Zusammenhang verbindet.

Eine solche Vielzahl [33] von Versuchen, den christlichen Glauben in den Kulturen und Sprachen der Welt immer neu interkulturell zu übersetzen und zu artikulieren, erscheint auch in Zeiten der Globalisierung keineswegs obsolet oder überflüssig. ◆

8 Sprachliche und kulturelle ›Übersetzung‹ des Christentums

Seit bald zwei Jahrtausenden hat das Christentum mit normativen Texten seines Ursprungs zu tun, mit den weitgehend hebräisch verfassten Büchern des Alten Testaments und mit den griechisch verfassten Büchern des Neuen Testaments. Das hebräische Alte Testament fand schnell eine griechische Übersetzung (Septuaginta), und der Kirchenvater Hieronymus (347-420) besorgte eine lateinische Übersetzung der gesamten Bibel (Vulgata). So wurde die Bibel schnell in diesen geläufigen Umgangssprachen des Römischen Reiches zugänglich. Heute zählt man etwa 2500 Gesamt- oder Teilübersetzungen der Bibel.[1]

Seitdem wurde die Bibel ganz oder teilweise in zahlreiche andere Sprachen der Welt übersetzt. Bei jedem dieser komplexen Übersetzungsvorgänge wird ein Textgewebe mit einem anderen verwoben, das in andere kulturelle Kontexte eingebettet ist, so dass Texte und Kontexte in ihrer Semantik mühsam entziffert werden müssen und vor einer doppelten Aufgabe stehen: einer sprachlichen und einer kulturellen ›Übersetzung‹.

An den Anfängen des Christentums stehen Protagonisten wie Paulus (Saulus) von Tarsus (10-60?), die als Dolmetscher des neuen Glaubens vor verschiedenen Auditorien auftraten, in Synagogen und Versammlungen, in Häusern und auf Marktplätzen, um das Evangelium, die »frohe Botschaft« zu verkünden. Dabei trafen sie auf sehr unterschiedliche kulturelle Kontexte. Davon berichtet die neutestamentliche Apostelgeschichte, die breit vom ›Apostel‹ Pauls erzählt.[2] Adressaten seiner Reden sind oft die am Sabbat versammelten Juden, Frauen wie Männer, und ihre Sympathisanten, die ›Gottesfürchtigen‹; ein solcher Kontext war ihm religiös und kulturell geläufig. Davon berichtet der Evangelist Lukas in mehreren Episoden, die von Bekehrungen erzählen, aber auch von Abkehr und Verfolgung (vgl. Apg 13,14-52).

1 *Philip A. Noss* (ed.), A History of Bible Translation, Rom 2007.

2 Vgl. *Rudolf Pesch*, Die Apostelgeschichte, 2. Teil Apg 13-28, Einsiedeln/Neukirche-Vluyn 1986, hier exemplarisch 27-43 und 53-61.

Auf einen anderen, nichtjüdischen Kontext stößt Paulus auf einer Missionsreise in Kleinasien nach Lystra in Galatien. Dort trifft er auf eine Bevölkerung ursprünglich keltischer Herkunft. Seine thaumaturgische Fähigkeit bewegt die wenig gebildeten Leute dazu, Paulus und seinen Begleiter Barnabas für Götter in Menschengestalt zu halten und sie wie Zeus und Hermes durch Opfer zu verehren (vgl. Apg 14,8-20). Nun müssen die Missionare zwei Missverständnisse abwehren, das polytheistische, das sie divinisiert, sowie das monotheistische, das sie wegen Gotteslästerung steinigt. Auch wer sich sprachlich verständigen kann, ist nicht davor gefeit, die kulturellen Ausdrucksformen misszuverstehen. Zur Hermeneutik der Übersetzung gehören also zwei Formen: die sprachlich-textliche Übersetzung, die bei Oralkulturen einer Verschriftung bedarf, sowie die kulturell-materialisierte ›Übersetzung‹, die mit zahlreichen Medien gestikuliert.

Einerseits geht es also um eine sprachlich-textliche Übersetzung, welche in gesprochener und geschriebener Sprache daherkommt, welche in die Gutenberg-Galaxis einbezogen werden kann. Diese Leistung hat in hervorragender Weise die amerikanische Missionslinguistik der Frühen Neuzeit erbracht.[3] Dahinter steckt gewiss die europäische Kultur der Vielsprachigkeit und das philologische Interesse an Sprachen, nicht nur der eigenen, sowie an der grundsätzlichen und lange geübten Übersetzbarkeit des Christentums.

Andererseits geht es neben der sprachlichen um eine kulturelle Übersetzung, die sich auf konkrete Realien beziehen kann, auf ganze Kulturkreise und ikonographische Traditionen, auf Architektur, Künste und Musik, die auf je eigene Weise ubiquitär und ineinander übersetzbar sind. Kurz gesagt, eröffnen die Phänomene, die in irgendeiner Weise zu Medien von Übersetzungs-, Verständigungs- und Verstehensprozessen werden können, in ungeahnter Weise die Begegnung von Kulturen und Religionen, da sie nicht nur eine textuale, sondern auch eine »topographische Hermeneutik« brauchen.[4]

Diese doppelte, sprachliche und kulturelle Übersetzung hält, auf die Theologie bezogen, Hans Waldenfels (*1931) folgendermaßen fest: »So fordert die ›Jeweilsgestaltung‹ des Glaubens nicht zuletzt vom Theologen das Ringen

3 Vgl. hierzu: *José Luis Suárez Roca*, Linguística misionera española, Oviedo 1992; *Lorenzo Hervas y Panduro*, Catálogo de las lenguas de las naciones conocidas y numaración, división y clases de estas según la diversidad de sus idiomas y dialectas, tom. I: Lenguas y naciones americanas, Madrid 1979 (1800).

4 *Nicolaus Sombart*, Nachrichten aus Ascona. Auf dem Weg zu einer kulturwissenschaftlichen Hermeneutik, in: *Walter Prigge* (Hg.), Städtische Intellektuelle. Urbane Milieus im 20. Jahrhundert, Frankfurt 1992, 107-117, hier 107f.

5 *Hans Waldenfels*, Kontextuelle Fundamentaltheologie, 4. Aufl., Paderborn 2005, hier 326.

6 *Aristoteles*, Politik 1253a; dt. Politik, hg. von *Wolfgang Kullmann*, Reinbek bei Hamburg 1994, 47.

um eine sachgerechte, verständliche Sprachgestalt des Glaubens, folglich die immer neue Übersetzung des Glaubens in die Sprachen, aber auch die Lebensstile der Zeit.«[5] Diese Übersetzungvorgänge bleiben freilich keine Einbahnstraße, da bei interkulturellen Verhältnissen beide Seiten sich aufeinander beziehen und voneinander lernen können.

Zur sprachlichen Übersetzung des Christentums

Die Globalisierung in der Gegenwart, eine enorme Verdichtung von Raum und Zeit, bezieht sich zwar vornehmlich auf wirtschaftliche und politische Prozesse, doch zielt sie auf eine weltweite Kommunikation, die viele Lebensbereiche einbezieht, auch die verschiedenen Kulturen und Religionen. Dadurch nimmt auch die Bedeutung der wechselseitigen Übersetzungsprozesse zu, und für die Kirche ergibt sich damit die Notwendigkeit einer missionarischen Glaubensverbreitung neuen Typs, die sich als »Übersetzung« des Evangeliums in andere Sprachen und Kulturen versteht. Ist das nur ein neues Wort für die altbekannte Sache, oder bahnt sich damit auch die missionarische Übersetzung in Zeiten der Interkulturalität an?

Gleich welche Epoche der Christianisierung oder welchen Kulturraum man betrachtet, immer stellt sich die Grundfrage nach der »Übersetzung«. An erster Stelle steht dabei die sprachliche Übersetzung normativer christlicher Schriften wie der biblische und anderer Schriften zur Glaubens- und Sittenlehre in andere Sprachräume. Des Weiteren geht es auch um eine »Übersetzung« im weiteren, metaphorischen Sinn, nämlich um eine Übertragung in andere Kulturräume mit ihren Traditionen, Ritualen und Symbolen, sozialen und künstlerischen Ausdrucksgestalten.

Das entscheidende Medium der Kommunikation und damit auch der Weitergabe des christlichen Glaubens ist zweifelsohne die menschliche Sprache. Diese gilt nach Aristoteles (384-322 v. Chr.) als Alleinstellungsmerkmal des Menschen, da dieser »das einzige Lebewesen ist, das Sprache *(logos)* besitzt. Die bloße Stimme *(phonē)* nämlich zeigt nur das Angenehme und Unangenehme an, darum kommt es auch den anderen Lebewesen zu […]«. Sie dient nicht nur funktional der Verständigung, sondern auch der Unterscheidung des Gerechten und Ungerechten. »Denn das ist eben dem Menschen eigentümlich im Gegensatz zu den Tieren, dass er allein fähig ist, von dem Guten *(agathón)* und Schlechten *(kakón)* Vorstellungen zu machen.«[6]

Da menschliche Sprache aber nur im Plural der Sprachen vorkommt, bedarf es zum Verstehen der »Übersetzung«, im technischen Sinn des Dolmetschens oder der sinnorientierten Übertragung eines Textes. Das Geschäft der Übersetzung war freilich immer sehr komplex und schwierig. Darauf hat schon lange vor Christus der große jüdische Weisheitslehrer Jesus Sirach hingewiesen, dessen griechische Übersetzung um 180 v. Chr. entstanden ist. »Ihr seid nun aufgefordert, mit Wohlwollen und Aufmerksamkeit zu lesen. Doch möget ihr Nachsicht üben, wenn wir vielleicht einige der schwer zu übersetzenden Ausdrücke unbefriedigend wiedergegeben haben. Es ist ja nicht gleich, ob man etwas in der hebräischen Grundsprache liest oder ob es in eine andere Sprache übertragen wird.« (Sir Vorw 1,1).

Zu den Grundüberzeugungen des Christentums gehört, dass es weder ethnisch gebunden ist wie eine Stammesreligion, sondern prinzipiell offen für die Völker und ihre Sprachen. Damit beginnt schon eine »Globalisierung« eigener Art, die sich auf den planetarischen Zusammenhalt der Menschheit bezieht. Zugleich ist damit auch die prinzipielle Übersetzbarkeit der Heiligen Schrift in alle Sprachen gegeben, aber auch die Aufgabe, den christlichen Glauben in den Sprachen der Welt und damit in deren Kulturen zu verbreiten. Im Vergleich zur Übersetzbarkeit der Bibel ist der Koran an die Arabizität gebunden. Der Koran ist vorrangig ein Buch, in dem die Offenbarung »Buch« wird, also eine Art »Inlibration« stattfindet, während im Christentum die Offenbarung als Menschwerdung (Inkarnation) geschieht, und zwar in der Person Jesus Christus. Alle Sprachen eignen sich zur Übersetzung seiner Botschaft.

Missionstheoretiker des 16. Jahrhunderts stellten in Südamerika nicht selten die Frage, warum sich angesichts der Sprachenvielfalt das pfingstliche »Sprachenwunder« nicht wiederhole, würde doch dann die Mission sehr viel schneller erfolgreich sein. Doch eine Antwort auf diese Frage lautete bei den ›Realisten‹ der Zeit dahingehend, dass sich Pfingsten durchaus ereignen könne, wenn Glaubens- und Lebenspraxis zusammenliefen, und sich nicht widersprächen, und wenn man fleißig die Sprachen lernte.[7] Tatsächlich lernten vor allem in der Frühen Neuzeit die Missionare der Orden zahlreiche außereuropäische Sprachen. Doch wie schwer einigen

7 *Michael Sievernich*, Vision und Mission der Neuen Welt Amerika bei José de Acosta, in: Ignatianisch. Eigenart und Methode der Gesellschaft Jesu, hgg. von *dems.* und *Günter Switek*, Freiburg 1990, 292-313, hier 309.

8 *Florian Paucke*, Zwettler Codex 420. Hin und Her. Hin süße und vergnügt, Her bitter und betrübt. Das ist: Treu gegebene Nachricht durch einen im Jahr 1748 aus Europa in West-America, nahmentlich in die Provinz Paraguay abreisenden und im Jahr 1769 nach Europa zurückkehrenden Missionarium, hg. von *Etta Becker-Donner* und *Gustav Otruba*, 2 Bde., Wien 1959, Bd. 1, 289.

von ihnen das fiel, erzählt Florian Paucke (1719-1779) im 17. Jahrhundert, als er eine indianische Sprache zu erlernen hatte: »Es ware mir nichts härter, als die Sprach zu begreifen, von welcher ich bishero wenig erlernet hatte, obschon ich öfters bis Mitternacht mich quaällte. Wie oft fielen mir die Thränen aus den Augen und überfiele mich eine tieffe Traurigkeit, daß die Sprach nicht so bald in mir haften wollte, wie ich verlangte.«[8] Um die Härten des individuellen Lernens zu erleichtern, entwickelten die Missionare zahlreiche hochentwickelte linguistische Werke und Übersetzungskulturen.[9]

Durch solche aus der Not der Stunde und der Aufgabe der Glaubensverbreitung geborenen Aktivitäten entstanden sowohl die nötigen Sprachhilfen wie Grammatiken und Wörterbücher als auch Übersetzungen pastoraler und liturgischer Texte. Historiker kommen zum Schluss: »So hat die Missionslinguistik in Amerika, und nicht nur dort, eine stolze Erfolgsbilanz aufzuweisen [...]. Die Gesamtzahl wird für das 16. Jahrhundert auf 212, für das 17. auf 250 linguistische Veröffentlichungen veranschlagt, ausnahmslos von Missionaren.«[10]

Weder indigene Sprachen noch Lernblockaden, wie die Missionare erfahren mussten, hatte ein Johann Wolfgang von Goethe (1749-1833) bei seinen Übersetzungsversuchen zu bewältigen, als er seine Figur des »Faust« drängte, das Neue Testament, »das heilige Original in mein geliebtes Deutsch zu übertragen.«

»Geschrieben steht: ›Im Anfang war das Wort!‹
Hier stock' ich schon! Wer hilft mir weiter fort?
Ich kann das Wort so hoch unmöglich schätzen,
Ich muß es anders übersetzen.«

Aber wie? So experimentiert er herum: Im Anfang war der »Sinn« oder die »Kraft«, bis er schließlich übersetzt: »Im Anfang war die Tat!«[11] Bei dieser faustischen Übersetzung war allerdings nicht das Evangelium federführend, sondern der Pudel.

9 *Renate Dürr*, Übersetzung als Wissenstransfer. Das Beispiel der Guaraní-Wörterbücher von Antonio Ruiz de Montoya S.J. (1639/40), in: *Mark Häberlein/Alexander Keese* (Hgg.), Sprachgrenzen – Sprachkontakte – kulturelle Vermittler. Kommunikation zwischen Europäern und Außereuropäern (16.-20. Jahrhundert), Stuttgart 2010, 31-45.

10 *Wolfgang Reinhard*, Sprachbeherrschung und Weltherrschaft. Sprache und Sprachwissenschaft in der europäischen Expansion, in: Humanismus und Neue Welt, hg. von *dems.*, Weinheim 1987, 1-36, 26f.

11 *Goethes* Faust, Der Tragödie erster und zweiter Teil. Urfaust, kommentiert von *Erich Trunz*, Hamburg 1963 (Faust I, Z. 1222-1237).

Christentum in ›kultureller‹ Übersetzung

In Zeiten der Globalisierung wächst der Bedarf an »Übersetzung« ins Unermessliche, wenn man nur an Großinstitutionen wie die UN oder die EU denkt, die große Textmengen in zahlreiche offizielle Sprachen zu übertragen oder zu dolmetschen haben. Daher haben sich auch »Translationswissenschaften« neu etabliert, die sich mit Dolmetschen, Übersetzen und interkultureller Kommunikation befassen. Bei Konferenzdolmetschern kann man sehen, welche mühevolle Vorarbeit sie leisten müssen, um sich in die jeweiligen Sprachwelten und Fachterminologien einzuarbeiten. Wie schwer tun sich schon noch immer automatisierte Übersetzungsprogramme, Texte semantisch korrekt zu übersetzen, wenngleich große Fortschritte gemacht werden.[12]

Nähert man sich der Frage der kulturelle Übersetzung, die einem Kulturtransfer gleichkommt, dann sind Sprachen im eigentlichen und im übertragenen Sinn zu unterscheiden. Die propositionale Sprache kennt Wörter und Sätze, die bestimmten Regeln folgen. Über solche Textgewebe hinaus aber gibt es andere »Sprachen«, die man entziffern und verstehen kann, aber nicht mit Buchstaben geschrieben sind, sondern als Gestik oder Mimik »gelesen« werden. Am Antlitz einer Person kann man emotionale Gemütsregungen wie Freude oder Trauer, Wut oder Zuneigung, Liebe oder Hass »ablesen«, es sei denn, man kann das Gesicht wegen Verschleierung oder Panzerung (Visier) nicht erkennen. Man kann mit der Hand bedeutungsvolle Zeichen erzeugen, etwa den Daumen nach unten oder oben drehen, wie bei den römischen Caesaren, oder heute elektronisch das *like-it*-Zeichen erzeugen, das in der »Gefällt-mir-Generation« heimisch ist.

Auch die künstlerischen Ausdrucksformen gehören zu den Artefakten, die eine eigene Sprache »sprechen« und zu Symbolen und Bedeutungsträgern werden. Papst Franziskus verweist bei der Evangelisierung auf den »Weg der Schönheit« *(via pulchritudinis)* und daher auch auf die Förderung der Künste; man müsse Ausdrucksformen der Gegenwart aufgreifen und »man muss wagen, die neuen Zeichen zu finden, die neuen Symbole, ein

12 Hierzu vgl. insbesondere den Zusammenhang von Religion und Übersetzung: *Robert Barnes*, Translating the Sacred, in: The Oxford Handbook of Translation Studies, ed. by *Kirsten Makmkjær/Kevin Windle*, Oxford 2011, 37-54.

13 *Papst Franziskus*, Die Freude des Evangeliums. Das Apostolische Schreiben ›Evangelii gaudium‹ über die Verkündigung des Evangeliums in der Welt von heute, Freiburg im Br. 2013, Nr. 167.

14 *Doris Bachmann-Medick*, Cultural Turns. Neuorientierungen in den Kulturwissenschaften, Reinbek bei Hamburg ²2007, 264.

15 *Gauvin Alexander Bailey*, Art of the Colonial Latin America, New York, NY 2005.

neues Fleisch für die Weitergabe des Wortes, die verschiedenen Formen der Schönheit, die in den einzelnen kulturellen Bereichen geschätzt werden, sogar jene unkonventionellen Weisen der Schönheit, die für die Evangelisierenden vielleicht wenig bedeuten, für andere aber besonders attraktiv geworden sind.«[13]

Damit geht es um die intersubjektive Übertragbarkeit von Sinn- und Symbolsystemen, die durch kommunikative Praktiken erzeugt werden und sinnlich wahrnehmbare Objektivationen hinterlassen. Damit eröffnet sich das weite Feld der jüngeren Kulturwissenschaften, in denen sich mehrere »cultural turns« ereignet haben, darunter ein »translational turn«, der sich mit Übersetzungsprozessen im weiten Sinn befasst. Neben Texten gehören also kulturelle Praktiken, staatliche und zivile Institutionen, Rechts- und Religionssysteme sowie Konfliktlösungen, Durchsetzung von Macht- und Wahrheitsansprüchen in das weite Feld von solchen interkulturellen Austausch-, Übersetzungs- und Interpretationsprozessen.

Die ganze Missionsgeschichte kann als Prozess der Übersetzung gesehen werden, in dem nicht nur normative Texte übersetzt werden, sondern auch performative religiöse Ausdrucksformen wie Rituale und devotionale Praktiken, architektonische und musikalische Formensprache. Daher heißt es zu Recht: »Vor allem auf dem Feld der außereuropäischen Christentumsgeschichte (›Missionsgeschichte‹) finden sich Elemente für einen *translational turn,* neben der Geschichtswissenschaft und Ethnologie auch in der *Religionswissenschaft*«.[14]

Für das Missionsverständnis in Geschichte und Gegenwart dürfte es aufschlussreich sein, neben der sprachlichen Übersetzung das Konzept einer »kulturellen Übersetzung« *(cultural translation)* stärker einzubeziehen. Exemplarisch seien kulturelle Übersetzungen aus meist missionarischen Zusammenhängen angeführt. Sie stammen vornehmlich aus den Bereichen der Kunst und Architektur im kolonialen Amerika.[15]

Neuzeitliche Exempel in Amerika und China

Zahlreiche außereuropäische Missionsunternehmen standen im Lauf der Geschichte vor der Frage, ob die »eigenen« kulturellen und künstlerischen Formen normativ seien oder auch die »fremden« Formen der anderen Kulturen geeignet seien, dem Christentum angemessen Ausdruck zu verschaffen. In jeden Fall kam es im amerikanischen Raum zu künstlerisch bedeutsamen Übersetzungen in die jeweiligen Kulturen und zur wechselseitigen Übernahme künstlerischer Formen. Beispiele aus dem mexikanischen und andinen Raum, die in der Kolonialzeit der Vizekönigreiche *Nueva España* und *Perú* bildeten, zeugen davon.

Besondere Bedeutung erhielt in Mexiko das Kultbild der *Jungfrau von Guadalupe* in Mexiko-Stadt. Das Bild, das heute in einer modernen Basilika hängt, geht auf eine Episode zur Zeit des ersten Erzbischofs Juan de Zumárraga (1468-1548) zurück und wird schon in Quellen aus dem frühen 16. Jahrhundert erwähnt, allerdings unter dem Verdacht, dass die indigene Bevölkerung unter christlicher Maske weiterhin eine aztekische Muttergottheit verehre. Der einheimischen Gründungslegende nach *(Nican Mopohua)* erschien die *Virgen* auf dem Hügel Tepeyac dem Indio Cuauhtlatoatzin. Sie sprach die einheimische Sprache Náhuatl, und trug indianische Züge einer bronzefarbenen Aztekin. Außer der sprachlichen Legende entstand ein Bild, das Meisterwerk eines unbekannten Künstlers, das bis heute verehrt wird und jährlich Millionen Pilger anzieht. Es zeichnet sich dadurch aus, dass dieses Bild ikonographisch nach europäischem und aztekischem Code »gelesen« werden kann und damit eine hybride Kultursynthese bietet. Eine kulturelle Übersetzung des christlichen Textes in den aztekischen Kontext der Zeit, der zugleich – *via pulchritudinis* – eine Übersetzung in die Gegenwart bleibt, wenn man auf die religiöse Praxis schaut. Das Bild, in Öl und Tempera auf Magey gemalt, ist 170x105 Zentimeter groß, hat also indigene Lebensgröße und zeigt die Jungfrau im Sternenmantel auf der Mandorla, als Apokalyptische Frau (vgl. Offb 12,1-18). Dieses Bild, das wohl kurz nach der Eroberung Mexikos um 1531 entstanden ist, prägt bis heute das spirituelle Erbe Lateinamerikas.[16] Überdies kennt Mexiko eine enorme Breite an sprachlichen und kulturellen Übersetzungsbemühungen, um christliche Texte für die Nahua-Kultur zu erstellen, was Liturgie, Sakramente, Predigt, Prozessionen und Theater angeht.[17]

Nicht weniger eindrucksvoll ist eine sehr umfangreiche Enzyklopädie der Náhua-Kultur, die der Franziskaner Bernardino de Sahagún (1499-1590) mit seinen indigenen Mitarbeitern erstellt und so eine interkulturelle Übersetzung vollzogen hat. In diesem Werk »Allgemeine Geschichte der Dinge

16 *David Anthony Brading*, Mexican phoenix. Our Lady of Guadalupe. Image and tradition across five centuries, Cambridge 2001.

17 *Jaime Lara*, Christian texts for Aztecs. Art and liturgy in colonial México, Notre Dame IN 2008.

18 Zu dieser Frühform vgl. exemplarisch das Faksimile eines piktographischen Katechismus: Teotl. Dieu en images dans le Méxique colonial, Préface et traduction de *Carmen Bernand*, Paris 2009.

19 *Lara*, Christian texts (Anm. 17), 131, 132, 135 u. ö.

20 Zum Überblick vgl. *Bailey*,(Anm. 14); zu den architektonischen Gründungen der Gesellschaft Jesu vgl. Fundaciones Jesuíticas en Iberoamerica, de *Luisa Elena Alcalá*, con contribuciones de *Gauvin Alexander Bailey*/*Clara Bargellini*/*Luis Eduardo Wuffarden*, Madrid 2002.

in Neuspanien« *(Historia general de las cosas de Nueva España)* bedient sich Sahagún der Methode der Befragung durch einheimische Informanten, die dann systematisch geordnet und zweisprachig in zwei parallelen Spalten aufgeschrieben wurden, wobei der indigene Text ins Spanische übersetzt wurde. Doch blieb Sahagún nicht bei der schriftlichen Übersetzung, sondern fügte noch eine »kulturelle Übersetzung« hinzu, und zwar in illustrierenden Bildern. Diese kostbare Handschrift über die aztekische Kultur zeigt, welche Vielzahl von Dimensionen sprachliche und kulturelle Übersetzungen beinhalten.

Eine besondere Rolle der kulturellen Übersetzung spielte in Lateinamerika die Kunst, die schon zu Beginn des 16. Jahrhunderts einsetzt. Dabei wirkten nicht nur europäische Künstler und Baumeister mit, sondern auch indigene Künstler, die ihre Formensprache mit der europäischen verbanden. Dies begann schon mit der Erstellung von gemalten Bilder-Büchern, die an die aztekischen Glyphen anknüpften und an Bilderrätsel (Rebus) erinnern. So werden christliche Grundformen wie *Vater unser, Ave Maria* und das *Credo* in Piktogrammen dargestellt. Einen solchen Testerianischen Katechismus entwickelte der flämische Franziskaner Pedro de Gante (1486-1572) für die Glaubensvermittlung; später begründete er Kollegien für den Unterricht der Einheimischen.[18]

Schon bald nach der Eroberung Mexikos (1531) entstanden indigene Kunstwerke mit christlichen Motiven, wie etwa die Federkunst, die aus Vogelfedern (z. B. Kolibris) leuchtende Bilder hervorbrachten.[19] Des Weiteren brachten einheimische Meister in neu errichteten Gebäuden Wandmalereien hervor, so etwa im mexikanischen Huejotzingo, wo die »doce Apostoles« der Franziskaner in Neuspanien eine neue Urkirche aufbauen wollte. Diego de Valadés (1533-1582) entwickelte in seiner *Rhetorica Christiana* (1579) den Idealplan einer solchen franziskanischen ›Urkiche‹.

Europäische Baumeister und indigene Mitarbeiter errichteten mit in schneller Abfolge zahlreiche größere Gebäude, vor allem für kirchliche und missionarische Zwecke. Dazu zählten zahlreiche Kapellen und Kirchen auf dem Land und in den Städten sowie Hospize, Kollegien und Bildungsinstitutionen und Haciendas. Gegen Ende des 17. Jahrhunderts rechnet man mit etwa 500 Klöstern und 70.000 größeren oder kleineren Kirchen und Kapellen, die in Iberoamerika vom Norden bis in den Süden zu finden sind und Wahrzeichen kultureller Übersetzung darstellen.[20]

Ein Seitenblick auf Asien. Die Übersetzungsfrage betraf natürlich nicht allein Amerika; daher ein Seitenblick auf Asien, wo christliche Missionare mit den Hochkulturen Indiens, Chinas und Japans bekannt wurden. Die Unterschiede sind signifikant. So standen die asiatischen Missionen in keinem kolonialen Kontext wie in Iberoamerika. Zudem verfügte Asien über alte Schriftkulturen, was in Amerika nicht der Fall war. Schließlich kannten die asiatischen Kulturen Pferde und das Rad. Daher stellten sich dort andere Fragen. Hier galt es, sich die vorhandenen Schriftsprachen anzueignen, die in Indien, das in viele verschiedenen Sprachen und Schriften aufgesplittert war (und ist), während China eine einheitliche Schrift ausgebildet hatte, aber zahlreiche Sprachen und Dialekte dieselbe Schrift benutzen.

In China kamen erst am Ende des 16. Jahrhunderts Missionare ins xenophobe Land und standen vor einer völlig anderen Situation. China war ein altes Reich mit uralter Kultur und Schriftsprache, mit einem Kaiser an der Spitze, dem andere Völker Tribut zollten. Es versteht sich von selbst, dass europäische Könige dort keine Kolonialherrschaft errichten konnten und Mission nicht kolonial geprägt war, sondern chinesischen Autoritäten unterstanden. Dort konnten sie nur mit ihren Fähigkeiten punkten und einer Missionsmethode, die sich kulturell anpasst *(Akkomodation)*. Bekannte frühe missionarische Akteure der Frühen Neuzeit waren der Italiener Matteo Ricci (1552-1610), der Deutsche Adam Schall von Bell (1591-1666) und der Flame Ferdinand Verbiest (1623-1688), deren Andenken noch heute auf dem Zhalan Friedhof mitten in Peking in Ehren steht. Alle drei hatten sich solche exzellente Sprachkenntnisse angeeignet und waren hervorragende Wissenschaftler, auch in Mathematik und Astronomie, dass sie am Kaiserhof tätig sein konnten.

Schon bei ihrer Kleidung beginnt die »Übersetzung«. Da ein europäischer Ordensangehöriger nicht als buddhistischer Mönch gehen konnte, ohne Missverständnisse auszulösen, kleidete Ricci sich alsbald in Seide wie die konfuzianischen Gelehrten, übersetzte also seine europäische soziale Position in die chinesische Kultur. Auch interpretierte er die chinesischen Ahnenriten als zivile und nicht als religiöse Riten, so dass sie für Neuchristen erlaubt waren. Dies führte allerdings auf kirchlicher Ebene zum Konflikt, dem sogenannten »Ritenstreit«, der letztendlich zum Ende der Chinamission führen sollte.

Ein besonderes Problem bot die Übersetzung des Wortes für »Gott«. Sollte man eher das lateinisches Lehnwort »deus« benutzen, das keiner verstehen konnte, oder sollte man ein chinesisches Äquivalent suchen, auf die Gefahr hin, auch hier missverstand zu werden? Er fand die Lösung, indem er »Gott« im Chinesischen durch Kombination zweier geläufiger Termini wiedergab und den neuen Terminus »Tianzhu« bildete, was wörtlich »Herr des Himmels« heißt.[21] Ricci war auf mehreren Sprachebenen mit »Übersetzungen« befasst: Er übersetzte aus den europäischen Sprachen ins Chinesische, mit einem Freund auch mathematische Terminologie in die Sprache Chinas. Auch die kulturelle Ebene verlangte vielfältige Übersetzungen, ob bei Kleidung, Essensmanieren, Freundschaftsgesten oder als Gastgeber. Er leistete also auf zahlreichen Ebenen kulturelle Übersetzungen, von der sprachlichen und humanen bis zur literarischen und wissenschaftlichen.

Ein Seitenblick zeigt in der Gegenwart einen wichtigen theologischer Anstoß, das missionarische Geschehen als Translationsgeschehen zu verstehen. Der Anstoß stammt von dem afrikanischen Theologen Lamin Sanneh (1942-2019), einem vom Islam zum Christentum (Katholizismus) konvertierten Afrikaner (Gambia), der auf vier Kontinenten studierte und zuletzt an der Yale Divinity School lehrte, als Professor für *World Christianity*. Unter zahlreichen Publikationen ragt sein Buch *Translating the Message* hervor, in dem er entwickelt, wie Mission als kulturelles Übersetzungsgeschehen zu verstehen ist.[22]

Alle Sprach-, Sozial- und Kulturräume können also zu Resonanzräumen für das Christentum werden, das dadurch an kultureller und religiöser Plausibilität gewinnt. So entstehen interkulturelle und interreligiöse Zwischenräume als »Übersetzungsräume«, in denen Kontakte, Beziehungen, Interaktionen entstehen und gestaltet werden. Insofern kann die missionarische Verbreitung des Christentums als globaler Übersetzungsraum gelten, in dem Texte im strengen Sinn wechselseitig übersetzt werden, aber im weiteren Sinn auch Lebenspraktiken, Mentalitäten, performative Ausdrucksformen oder bildliche Repräsentationen. So kommt es in großem Stil zu interkulturellen und interreligiösen Übersetzung und Interpretation, die mit Transferbewegungen verbunden sind.

Säkulare Übersetzung?

Stellen sich solche Übersetzungsfragen sprachlicher und kultureller Art auch in der späten Moderne und der säkularisierten Gegenwart? Es ist ein nach eigenem Bekunden »religiös unmusikalischer« Sozialphilosoph, der dem Christentum neue Übersetzungsaufgaben ansinnt. Jürgen Habermas (*1929) sucht angesichts einer »entgleisenden Säkularisierung« das Gespräch mit der

21 *Ronnie Po-chia Hsia,* The Catholic mission and translation in China, in: Cultural translation in Early Modern Europe, ed. by *Peter Burke / ders.,* Cambridge 2007, 39-51, hier 48.
22 *Lamin Sanneh,* Translating the Message. The missionary impact on culture (The American Society of Missiology Series 13), Maryknoll, NY 1989.

Religion, zumal der Anschlag von New York am 11. September 2001 mentale Folgen hatte, als hätte »das verblendete Attentat im Innersten der säkularen Gesellschaft eine religiöse Saite in Schwingungen versetzt«.[23] Er geht von dem berühmten Böckenförde-Theorem aus, wonach der freiheitliche, säkulare Staat von Voraussetzungen zehrt, die er selbst nicht garantieren kann.[24] Daher fordert der Philosoph eine kooperative Übersetzung religiöser Gehalte von den Gläubigen in der postsäkularen Gesellschaft: »Sie sind es, die ihre religiösen Überzeugungen in eine säkulare Sprache übersetzen müssen, bevor ihre Argumente Aussicht haben, die Zustimmung von Mehrheiten zu finden.«[25] Hintergrund dieses Postulats ist die Überzeugung, dass postsäkulare Gesellschaften den Religionsgemeinschaften nicht nur öffentliche Anerkennung für ihren Beitrag schulden. Sie sollen auch den Glaubensüberzeugungen einen epistemischen Status zuerkennen (sie also nicht als irrational denunzieren), und sie sollen den positiven Gehalt als Potential für die Gesellschaft anerkennen. Religion soll also im Zuge der Säkularisierung nicht (mehr) am Rande liegen bleiben oder gar als vermeintlich vormoderner Restposten verschwinden.

Welche Überzeugungen schweben Habermas bei der Übersetzung religiöser Gehalte vor? Dafür einige Beispiele. »Die Übersetzung der Gottesebenbildlichkeit des Menschen in die gleiche und unbedingt zu achtende Würde aller Menschen ist ein solche rettende Übersetzung.« Sie zeichnet sich also dadurch aus, dass es sich nicht allein um eine sprachliche, sondern überdies um eine »rettende« Übersetzung handelt, welche den normativen biblischen Gehalt der Vergangenheitsform entreißt und in Gegenwart und Zukunft ein Überlebenspotential der Menschheit sieht, die lernt, dass die Würde allen zukommt und niemandem vorenthalten werden darf. Überdies habe die Aneignung genuin christlicher Gehalte sich in normativen Begriffsnetzen niedergeschlagen »wie Verantwortung, Autonomie und Rechtfertigung, wie Geschichte und Erinnerung, Neubeginnen, Innovation und Wiederkehr, wie Emanzipation und Erfüllung, wie Entäußerung, Verinnerlichung und Verkörperung, Individualität und Gemeinschaft«.[26] Habermas deutet damit Religion funktional als eine moralische Ressource, die Begründungspotential für moralische Fragen der Gesellschaft bietet.

23 *Jürgen Habermas*, Glauben und Wissen. Friedenspreis des Deutschen Buchhandels, Frankfurt 2001, 10.

24 Vgl. *Ernst Wolfgang Böckenförde*, Die Entstehung des Staates als Vorgang der Säkularisation, in: *ders.*, Recht, Staat, Freiheit. Studien zur Rechtsphilosophie, Staatstheorie und Verfassungsgeschichte, Frankfurt 2007.

25 *Habermas* (Anm. 23), 21).

26 *Jürgen Habermas*, Zwischen Naturalismus und Religion. Philosophische Aufsätze, Frankfurt 2005, 115f.

27 *Habermas, Glauben* (Anm. 23), 24f.

Aber bei solchen Übersetzungen, so gibt er zu bedenken, geht auch etwas verloren, nämlich die religiöse Seite: »Als sich Sünde in Schuld, das Vergehen gegen göttliche Gebote in den Verstoß gegen menschliche Gesetze verwandelte, ging etwas verloren.« Oder: »Die verlorene Hoffnung auf Resurrektion hinterlässt eine spürbare Leere.« Doch hält er auch fest: »Die ungläubigen Söhne und Töchter der Moderne scheinen in solchen Augenblicken zu glauben, einander mehr schuldig zu sein und selbst mehr nötig zu haben, als ihnen von der religiösen Tradition in Übersetzungen zugänglich ist – so, als seien deren semantische Potentiale noch nicht ausgeschöpft.«[27]

Dieser Verlust scheint aber unvermeidlich, wenn Religion zur bloß moralischen Ressource depotenziert wird und einer entgleisenden Moderne wieder aufhelfen soll. Denn vielleicht rührt die Entgleisung daher, dass sich die Moderne selbst entkernt, wenn sie Religion nicht als solche wahrnimmt und ernst nimmt. Christliche Übersetzung ist anspruchsvoller, da sie den Glauben mehrdimensional und integral darstellt, etwa in Ritual und Frömmigkeit, Spiritualität und Gebet, Glaubensgehalten und Ethikmodellen. Es geht also um eine integrale Übersetzung, die gerade in der säkularen Moderne den Glauben nicht um seinen Stachel bringt. Schließlich ist die Kirche primär keine Tugendherberge, sondern Eröffnung eines Raums der »Gnade«, in dem die Differenz von Transzendenz und Immanenz aufscheint. Wenn eine Metapher erlaubt ist: In Gottes Garten gilt der Vorrang der mystischen Rose vor dem ethischen Blumenkohl.

Missionarische Übersetzung, die ihren Ursprung weder leugnet noch abschwächt, steht vor zwei Aufgaben: Einerseits den wechselseitigen Austausch *(commercium)* zwischen dem Christentum in seiner kirchlichen Gestalt und den verschiedenen Völkern und Kulturen in ihrer pluriformen Gestalt zu fördern; andererseits »mit Hilfe des Heiligen Geistes die vielfältigen Sprachen *(loquelas)* unserer Zeit zu hören, zu unterscheiden und zu deuten, und sie im Licht des göttlichen Wortes zu beurteilen, damit die geoffenbarte Wahrheit immer tiefer erfasst und angemessener vorgelegt werden kann« (Vatikanum II, *Gaudium et spes* Nr. 44). Entscheidend ist der Hinweis auf die »vielfältigen ›Sprachen‹ unserer Zeit«, in die es zu übersetzten gilt. Dazu gehören natürlich auch die Sprachen im übertragenen Sinn, die Sprachen der Armut, der säkularen Moderne, der Kriege und der Flüchtlinge, der Migranten, der kulturellen Techniken und der Medien. In diesem Sinn wird das Christentum sprachfähiger werden müssen, in den Sprach- und Kulturräumen unserer Zeit, und die Christen polyglotter. ◆

Interkulturelle Kommunikation im Horizont der Menschenwürde

DRITTER TEIL

Recht, Politik und normative Ordnungen

9
Recht und Mission in der frühen Kirche Mexikos

Im Dekret *Altitudo divini consilii* vom 1. Juni 1537 bestimmte Papst Paul III. (1468-1549, reg. ab 1534), dass einer Kirche im Werden *(nascentis ecclesiae)* »nicht alles auferlegt werden muss, was die Kirche weltweit schon beobachtet«.[1] Dieses pastorale Prinzip, das der Papst in diesem Fall auf Taufpraxis, Eherecht und Fastenordnung anwandte, prägte auch die Missionstheorie, die der französische Franziskaner Jean Foucher in seinem postum erschienenen Missionshandbuch von 1574 vertrat. Dieses Kompendium spiegelt den Versuch wider, die neuartigen Fragen der jungen Kirche Mexikos *ex professo*, mit einem in der Alten Welt kanonistisch und theologisch geschulten Blick anzugehen. Doch zugleich offenbart es die Grenzen des Versuchs, das Neuweltliche mit altweltlichen Kategorien kasuistisch zu bewältigen. Und es zeigt das Ringen um eine Missionsmethode, die christliche Tradition auf die kontextuelle Situation zu beziehen.

Leben und Werk des Franziskaners Juan Focher (1501-1572)

Jean Foucher (span. Juan Focher)[2] wurde in Aquitanien geboren und studierte an der Universität von Paris die Rechte, bevor er in den Franziskanerorden eintrat. Nach seinem Ordenseintritt widmete er sich dem Studium der Theologie und Kanonistik und ging, wie viele seiner Ordensgenossen von missionarischem Eifer bewegt, als Missionar in das *Nueva España* genannte Mexiko. Nach den Schiffslisten über die franziskanischen

1 America Pontificia primi saeculi Evangelizationis 1493-1592. Documenta pontificia ex registris et minutis paresertim in Archivo Secreto Vaticano existentibus, tom. 1 (Collectanea Archivi Vaticani 27/1), ed. *Josef Metzler*, Città del Vaticano 1991, 362.

2 Vgl. *Antonio Eguíluz*, Art. Foucher, in: Diccionario de historia eclesiástica de España, tom. 2, Madrid 1972, 954; sein Name taucht schon früh in den zeitgenössischen Chroniken auf: *Gerónimo de Mendieta*, Historia eclesiástica indiana, ed. *Francisco Solano y Pérez-Lila*, tom. 2 (BAE 261), Madrid 1973, 195.

Missionsexpeditionen war dies im Mai 1540.[3] Dort lernte er schnell und gründlich die *lingua franca* (Náhuatl) des ehemaligen Aztekenreichs und verbrachte die folgenden drei Jahrzehnte bis zu seinem Tod im Jahr 1572 an verschiedenen Orten des Vizekönigreichs. Zunächst wirkte er als Missionar in Michoacán, wo er im Konvent von Tzintzuntzan nach kurzer Zeit auch schriftstellerisch tätig wurde. Später war er Lehrer für Latein und Philosophie am *Colegio de Santa Cruz de Tlatelolco*, das 1536 für die Ausbildung der Söhne des aztekischen Adels begründet worden war und an dem auch andere hochgebildete Franziskaner, wie Andrés de Olmos (1485-1571) und Alonso de Molina (1514-1589), lehrten.[4] Vor allem aber war der Doktor beider Rechte als Ratgeber in schwierigen rechtlichen Fragen hoch geschätzt, sowohl bei den zivilen und den kirchlichen Behörden, als auch bei den Missionaren, die bei kirchenrechtlichen Problemen im Missionsalltag, vor allem bei Ehefragen, auf seinen Rat bauten. Der Ordensgenosse Jerónimo de Mendieta (1525-1604) hat ihm in seiner *Historia eclesiástica indiana* (lib. V/I, cap. 46) ein Denkmal gesetzt, und was seinen persönlichen Lebenswandel angeht, rühmen die Quellen sein Vorbild, denn er »lebet steiff nach außweiß der heiligen Franciskanerischen Observantz«.[5]

Mendieta erwähnt schon die umfangreiche schriftstellerische Tätigkeit Fochers, deren Früchte freilich zum Teil verloren gegangen sind. Es handelt sich neben einer mexikanischen Sprachlehre vor allem um Traktate mehr kanonistischen Inhalts, die vor allem Fragen der Sakramente der Taufe und Ehe im indigenen Kontext behandeln,[6] aber auch Fragen der rechtlichen Stellung der missionierenden Orden in der Neuen Welt.

Unter seinen zahlreichen Schriften dürfte die wichtigste eine Sammlung von Traktaten sein, die ein Missionshandbuch darstellt. Es handelt sich um das »Katholisches Itinerar für diejenigen, die zu den zu bekehrenden Ungläubigen aufbrechen« *(Itinerarium catholicum proficiscentium ad infideles convertendos)*. Das Handbuch wurde von Diego Valadés (1520-1590) bearbeitet und auf sein Betreiben hin 1574 in Sevilla gedruckt.[7] Das Werk

3 *José Castro Seoane*, Aviamiento y catálogo de las misiones que en el siglo XVI pasaron de España a Indias y Filipinas según los libros de Contratación, in: Missionalia Hispanica 14 (1957) 105-173, hier 141 und 147.

4 Vgl. *Manuel R. Pazos*, Los Franciscanos y la educación literaria de los indios mejicanos, in: Archivo Ibero-Americano 13 (1953) 1-59, hier 50; *Irmgard Ketteler/Horst von der Bey*, Das *Colegio de Tlatelolco* als Evangelisierungsprojekt der Franziskaner, in: Wissenschaft und Weisheit 55 (1992) 138-144, hier 141.

ist an den pragmatischen Problemen des Missionsalltags orientiert und gibt Methoden und Hilfsmittel der Evangelisierung an die Hand sowie Hilfestellung beim Umgang mit Nichtchristen und Neophyten. Nicht zuletzt erörtert es auch Fragen von Taufe und Ehe, der Sklaverei und der Anwendung von Zwangsmitteln. Es behandelt aber auch Grundsatzfragen und strebt theoretische Lösungen an, ohne sie freilich aufgrund der Neuheit der Situation mit den vorgegebenen Kategorien immer erreichen zu können.

Aufgrund der nicht unerheblichen Bearbeitung durch Diego Valadé[8] hat sich die Frage nach der Authentizität des Werkes gestellt, bei deren Beantwortung wir uns an die Ergebnisse halten, die in der Einleitung zum *Itinerarium* (IT S. XVII-XXXII) einleuchtend begründet werden. Danach hat Valadés die Widmung und den Prolog verfasst sowie die Einteilung der Kapitel vorgenommen. Überdies hat er einige Abschnitte weggelassen oder gekürzt, die Anordnung des Textes verändert, Zusätze, Erläuterungen und Korrekturen und kleine Einleitungen zu den Kapiteln vorgenommen. Zudem hat er dem Werk seine formale und stilistische Einheit gegeben. Er belasse, so Valadés, das Werk bei seinem ursprünglichen Autor, da es unter dessen Namen bessere Verbreitung finde und weil es Untreue bedeute, einen so frommen Mann um seinen Ruhm zu betrügen (IT S. 16). Die vorliegende Form des Handbuchs geht mithin auf Valadés zurück, doch besteht kein Zweifel daran, dass es sich in Substanz und Argumentation um ein Werk Fochers handelt.

Was den historischen Hintergrund angeht, so antwortet der Traktat auf eine Reihe von Konflikten und Krisen, denen sich die (franziskanischen) Missionare im Rahmen der eng miteinander verknüpften Kolonisierung und Evangelisierung gegenübersahen. So wurde aufgrund der andauernden kriegerischen Auseinandersetzungen mit den »Chichimeken« im Norden Mexikos die Frage aufgeworfen, ob der Krieg gegen diese Völker und ihre Versklavung erlaubt seien. Ein anderer Konflikt unter den missionierenden Orden war der in mehreren *Juntas* diskutierte ›Taufstreit‹, d. h. der Streit darum,

5 *Valentinus Fricius,* Indianischer Religionstandt der gantzen newen Welt, Ingolstadt 1617, 278.

6 Vgl. *Antonius Eguíluz*, El ›Enchiridion‹ y el ›Tractatus de baptismo et matrimonio‹ de Fr. Juan Fovcher O.F.M., in: Missionalia Hispanica 19 (1962) 331-370.

7 *Juan Focher,* Itinerario del misionero en América. Texto latino con versión castellana, (Colección de libros y dokumentos referentes a la historia de América 22). Introducción y notas del *Antonio Eguíluz*, Madrid 1960. (im laufenden Text unter dem Sigel IT nach Teilen und Kapiteln, und/oder mit Seitenangabe zitiert).

8 *Esteban J. Palomera*, Diego Valadés, O.F.M. Evangelizador humanista de la Nueva España, Mexico 1988, 323-361.

ob die Massentaufen, wie die Franziskaner sie in großzügiger Auslegung der kirchlichen Vorschriften handhabten, angemessen, legitim oder gültig seien.[9] Auf diesen Streit bezieht sich auch das oben erwähnte päpstliche Dekret von 1537, das den Missionaren mit der freizügigen Taufpraxis bescheinigt, nicht gesündigt zu haben *(non pecasse)*. Weiteren Konfliktstoff bot die Exemption der Orden, die ihre päpstlichen Privilegien[10] verteidigten und sich der Kontrolle der Hierarchie dadurch zu entziehen suchten, dass sie sich enger an die Krone anlehnten und deren Patronatsrechte zur Theorie vom königlichen Vikariat ausbauten. In all diesen Konflikten gehörte der Jurist zu den Protagonisten, von denen die überwiegende Zahl aus dem seraphischen Orden stammte.[11]

Ordnung missionarischer Lebensformen

Der Gesamttraktat ist in drei Teile gegliedert, deren erster sich mit eher grundsätzlichen Fragen der Mission befasst, während der zweite Teil Fragen der Sakramentenpraxis kasuistisch behandelt und der dritte allfällige Fragen wie die des »gerechten Kriegs« und der Tribute erörtert. Mag der Traktat keinen systematischen Gesamtduktus haben, weil aus Traktaten in bestimmten Situationen erwachsen, so doch eine systematische Behandlung der jeweiligen Fragen.

Zunächst bieten die drei ersten Kapitel »die drei Fundamentalprinzipien der neuen amerikanischen Missiologie«,[12] d.h. der universale Heilswille Gottes. Dafür werden mehrere Begründungen herangezogen: Biblische Begründungen wie Joh 1,9; 1 Tim 2,4; Röm 8,30; Joh 10, 16; Lk 10,2). Des Weiteren die göttliche Berufung der Missionare und ihre Eignung *(idoneitas)*. Für die Eignung gibt er als Kriterien biblische Metaphern aus der Bergpredigt an (Mt 5,13-16): Heiligkeit des Lebens *(Salz der Erde)*, Wahrheit der Lehre *(Licht der Welt)* und väterliche Frömmigkeit *(Stadt auf dem Berge)*. Dabei legt

9 *Johann Specker*, Die Missionsmethode in Spanisch-Amerika im 16. Jahrhundert. Mit besonderer Berücksichtigung der Konzilien und Synoden (NZM, Suppl. 4), Schöneck-Beckenried 1953, 139-146.

10 *Antonio García Garía*, Los privilegios de los franciscanos en América, in: Actas del II Congreso Internacional sobre los franciscanos en el Nuevo Mundo (siglo XVI). La Rábida, 21-26 septiembre de 1987, Madrid 1988, 369-389.

11 *Mariano Errasti*, América Franciscana, I. Evangelizadores e indigenistas en el siglo XVI, Santiago de Chile 1986, 265-275.

12 *Josep-Ignasi Saranyana*, Métodos de Catequización, in: Historia de la Iglesia en Hispanoamérarica y Filipinas (siglos XV-XIX), dir. por *Pedro Borges*, tom. 1, Madrid 1992, 549-571, hier 557.

13 Vgl. *Jakob Baumgartner*, Mission und Liturgie in Mexiko, Bd. 1: Der Gottesdienst in der jungen Kirche Neuspaniens (NZM, Suppl. 18), Immensee 1971, 129-143.

14 *Antonio de Egaña*, La teoría del Regio Vicariato Español en Indias (Analecta Gregoriana 95), Rom 1958, 60-76.

er besonderen Wert auf die Wissenschaft, denn wie ein Arzt, der ohne medizinische Kenntnis heilen wolle, mache sich schuldig, wer ohne die nötigen Kenntnisse andere bekehren wolle (IT I, 3).

Einen breiten Raum nimmt das Problem der missionarischen Lebensform franziskanischer Art ein, das konkret die beiden Fragen beinhaltet, ob die Missionare Lebensmittel und Geld mit sich führen und ob sie sich verteidigen (lassen) dürfen. Dabei unterscheidet Focher zwei missionarische Lebensformen: die apostolische Lebensform, die nach Mt 10,9 beides ebenso verbiete wie die franziskanische Regel. Doch gelte das nur in Friedenszeiten, in Zeiten der Verfolgung sei es jedoch nach Lk 22,36 erlaubt, Essen und Geld mitzunehmen und sich zu verteidigen. Bei der Legitimation der Selbst-Verteidigung legt er unter Berufung auf theologische und kanonistische Autoritäten wie Duns Scotus (1266-1308) oder Silvestro (Mazzolini) Prierias (1456-1523) das Recht der Missionare dar, ihr eigenes Leben und ihre Güter jederzeit und allerorten gegen Angriffe zu verteidigen, selbst Defensivwaffen zu tragen und Waffenhilfe des *bracchium saeculare* in Anspruch zu nehmen, wenn es um die Verteidigung des Glaubens oder der Güter der Kirche geht (IT I, 4-6). Kurzum: Wenn möglich, dann sei die Mission unbewaffnet, »sine manu armata«, wenn zum Selbstschutz jedoch nötig, »cum manu armata« durchzuführen (IT I, 6; S. 61).

Was Bekehrung und Taufe angeht, plädiert unser Autor zwar für das apostolische Ideal, durch Tugenden, überzeugende Lehre, heiligmäßiges Leben und Wunder zu bekehren (IT I, 8; S. 80), doch unter bestimmten Bedingungen lässt er auch gewisse Zwangsmittel zu, wenn er sich etwa bei der Kindertaufe dafür ausspricht, Kinder auch gegen den Willen der Eltern zu taufen (IT I, 7). Auch bei der Erwachsenentaufe (IT I, 8) plädiert er zwar grundsätzlich gegen den Zwang, doch hält er bedingten oder indirekten Zwang *(coactio indirecta)* für erlaubt, wie etwa Drohung und Furcht, aus denen der Wille zur Bekehrung sprosse.[13] Zwei weitere Kapitel (IT I, 9 und 10) befassen sich mit der Unterhaltspflicht für die Missionare, die sich, falls dieser Pflicht nicht Genüg getan werde, die nötigen Dinge zum Unterhalt selbst besorgen dürften.

Schließlich geht es am Schluss des ersten Teils um die Frage der Aussendung der Missionare: Hier reklamiert Focher zunächst die Autorität des Papstes sowohl über Gläubige (Joh 10,27) als auch über Ungläubige (Joh 10,16); begründet wird sie mit dem Hinweis, dass dieser als Stellvertreter Christi auf Erden *(in terris Christi Vicarius)*, die Vollmacht habe, Missionare auszusenden, diese freilich auch delegieren könne (IT I, 11), und zwar sowohl an Kirchenleute wie etwa Ordensobere, aber auch an Laien, wie etwa die ›Katholischen Könige‹, so dass einige Missionare direkt vom Papst, andere indirekt gesandt seien (IT I, 12). Mit diesem Plädoyer gehört er zu den geistigen Mitbegründern des königlichen Vikariats *(regio vicariato)* der spanischen Könige.[14]

Kirchliche und politische Kasuistik

Der umfangreichste zweite Teil des Handbuchs behandelt vor allem die Fragen der Taufe und der Ehe von Indigenen, wobei die Kapitel über die Ehe eine Art Kasussumme darstellen und die Kapitel über die Taufe missionstheoretisch am interessantesten sind. Zunächst behandelt Focher Art und Vorgehensweise, mit der die Missionare den taufwilligen *Indígenas* begegnen sollen (IT II, 1). Dabei lässt er keinen Zweifel, dass dies mit Güte und Sanftmut zu geschehen habe (IT II, 1; S. 108, 119). Für die Spendung der Taufe sind folgende drei Stücke erforderlich: Die Kenntnis des Glaubensbekenntnisses und der drei Wahrheiten der Schöpfung (Inkarnation, Erlösung und ewigen Leben). Dazu kommt die Kenntnis der kirchlichen Lehre über die sieben Kapitalsünden, von denen solche wie etwa die Idolatrie herausgehoben werden. Schließlich ist Kenntnis des Dekalogs erforderlich, wobei er ausdrücklich – wohl gegen die herrschende Praxis – betonen muss, dass vor oder bei der Taufe keine Bußleistungen oder gar Absolutionen möglich oder erforderlich seien.

Die folgenden drei Kapitel befassen sich mit dem Akt der Taufe selbst und mit dem Tauftermin, ob die feierliche Taufe nur zweimal jährlich (Ostern und Pfingsten) erlaubt sei. Hier wendet Focher sich gegen den Rigorismus und plädiert nach den Regeln der Epikie dafür, dass sie, falls die Umstände es erfordern, jederzeit stattfinden könne. Überdies fällt auf, dass ihm schon der Taufwunsch *votum baptizandi* für die Rettung der Seele genügt (IT II, 3; 130). Schließlich schreibt er in einer Art Rituale systematisch die Taufliturgie in drei Handlungskomplexen vor, während und nach der Taufe: Vor der Taufe der Dialog mit dem Taufbewerber; während der Taufe die Segnung des Wassers, die Absage an den Teufel und die Taufe selbst. Nach postbaptismalen Riten folgt die herzliche Annahme der Täuflinge durch Umarmung *(amplex caritatis)*, Ermahnung und die abschließende Danksagung. Besonderen Wert legt er dabei auf die feierliche Ausgestaltung durch Musik, Gesang und Glocken.

Weitere der folgenden Kapitel (IT II, 5, 6, 11, 12) befassen sich mit den »Menschen im Sklavenstand« *(servilis conditionis homines)*, die *vulgo nigros* genannt werden (IT II, 11; S. 243). Hier macht Focher auf deren Rechte aufmerksam (Recht auf gute Behandlung, auf Taufe und Ehe) und Pflichten des Herrn, die Sklaven als Nächste *(proximi)* anzusehen und zu behandeln. Sklaverei als solche bleibt allerdings unbeanstandet.

Die meisten anderen Kapitel dieses Teils befassen sich, in der Regel auf kasuistische Weise mit Ehefragen. Bei den schwierigsten eherechtlichen Fällen ist er als Kanonist ganz in seinem Element; daher ist es nicht verwunderlich, dass das Kapitel über die Ehe vor der Taufe und über die Ehe von Neophyten das umfangreichste ist und etwa ein Drittel des gesamten Textes ausmacht (IT II,7). Dabei erforscht er zum einen mittels elaborierter Fragenkataloge die indigenen Verwandtschaftsverhältnisse und Formen des Zusammenlebens von Mann und Frau (dazu gehören auch die Fragen nach Endogamie und Inzest), und zum anderen erörtert er die Ehehindernisse bei Blutsverwandtschaft, Verschwägerung oder Religionsverschiedenheit. Weitere Kapitel behandeln die Ehefragen bei Katechumenen und Neubekehrten (IT II,9 und 10), die Ehe von Sklavinnen und Sklavenen (IT II,11), die Ehescheidung und die Erfordernisse für Dispensen (IT II,13 und 14) und den Unterhalt illegitimer Kinder (IT II,15).[15]

Im Allgemeinen wird man sagen können, dass der Autor bei dieser Kasuistik im wesentlichen applikativ vorangeht, aber doch eine großzügige Auslegung kennt, wenn etwa die Schwäche und Passionen des Menschen in Rechnung gestellt oder das Recht der anderen Kultur in bestimmten Grenzen berücksichtigt wird.

Von missionstheoretisch größerem Interesse als die eherechtliche Kasuistik sind die Ausführungen über die Kommunikation mit den *infideles* und über die Sorge um die Neubekehrten (IT II,16 und 17). Was den Umgang angeht, betont er vor allem das gemeinsame Essen *(convivium)* und das Gespräch *(colloquium)* als hervorragende Medien der Misson. Besonderen Wert legt Focher auch auf die pastorale Sorge um die Neubekehrten; es komme nicht auf die große Zahl der Getauften an, sondern darauf, auch nach der Taufe eine begleitende Seelsorge und Unterweisung zu gewährleisten.

Der dritte Teil schließlich vereint so unterschiedliche Gegenstände wie die Erlaubtheit des Krieges, die Frage der Tribute, die Zweckbestimmung kommunaler Einkünfte, Missionsmethoden und Sakramentenverwaltung. Doch stehen diese Gegenstände durch ihren geographischen und zeitlichen Kontext in einem unmittelbaren Zusammenhang.

Auf dem Hintergrund des Chichimekenkriegs diskutiert der Autor zunächst abstrakt Ziele und Mittel eines »gerechten Krieges«, bei dem es nicht darum gehen dürfe, Feinde zu töten (dies wird höchstens in Kauf genommen), sondern Frieden zu schaffen. Die Untertanen haben dabei, auch wenn sie Zweifel an der Erlaubtheit haben, ihrem Fürsten zu folgen, der seinerseits zur Konsultation über die gerechten Gründe verpflichtet sei (IT III,1). Sodann geht er auf die konkrete Frage des Krieges gegen die Chichimeken ein, die als nomadische Jäger im Norden Mexikos lebten und sich ab 1546 über

15 *Federico Aznar Gil*, La institución matrimonial en los autores franciscanos americanos, in: Archivo Ibero-Americano 46 (1986) 781-808.

Jahrzehnte gegen die spanischen Silbersucher in ihrer Region mit Guerilla-Taktik zur Wehr setzten.[16] Er rechtfertigt den Krieg gegen dieses indigene Volk, weil es die öffentlichen Wege bedrohe, Christen opfere und über die Nachbarstämme eine grausame Tyrannei ausübe. Krieg, Repressalien sowie die nach damaligem Völkerrecht mögliche Versklavung von Kriegsgefangenen werden ausführlich biblisch (Dtn 2,1-37; Röm 13,1-4) begründet sowie anhand der Kriterien eines gerechten Krieges diskutiert, um schließlich als uneingeschränkt erlaubt zu erscheinen (IT III, 2 und 3). Die Frage, ob auch die indianischen Völker einen gerechten Verteidigunskrieg gegen die Spanier führen können, bleibt allerdings unerörtert.

Bei der Frage der Tribute betont er einerseits, dass den Indios über den dem König geschuldeten Tribut hinaus keine weiteren Tribute auferlegt werden dürfen, und andererseits, dass den Kaziken nicht das Recht bestritten werden dürfe, von ihren Vasallen Tribute zu erheben, wenn diese nicht exzessiv seien (IT III, 4). Bei der Frage der Verteilung der kommunalen Einkünfte nennt unser Autor als die drei allgemeinen und ausschließlichen Zwecke: Sie dürfen nur für Sach- und Personalkosten der Kirche verwendet werden (wenn diese über keine anderen Einkünfte verfügt) sowie für öffentliche Arbeiten und Gehälter und zur Unterstützung der Armen, Witwen und Waisen (IT III, 5).

In einem missionstheoretisch besonders interessanten Kapitel (IT III, 6) geht es um die den Franziskanern eigene Methode, die *infideles* durch humanes Vorgehen zur Erkenntnis Gottes zu verlocken sowie durch Wohltaten zur Liebe zu Gott zu bringen (IT III, 6; S. 372). Eine weitere Methode besteht darin, die zu Bekehrenden in Ansiedlungen zusammenzuführen, wo jeder Besitz hat und durch wechselseitige Hilfe die Liebe wächst. Diese Missionierung und Zivilisierung verbindende Methode kommt auch in der Unterweisung im Glauben, im Lesen und Schreiben, in den Künsten, im Singen und in der Einrichtung von Schulen zum Zuge.

Schließlich macht der Jurist noch eine Reihe von Anmerkungen zur Verwaltung der Sakramente unter den Indios (IT III, 7). Missionare sollten ihren Dienst »mit Furcht und Zittern« *(timore tremore)* ausüben, und die Ordensoberen geeignete Missionare schicken, deren Tugend, Intellekt und Urteil geschult seien, um Theorie und Praxis der Sakramente zu beherrschen. In diesem Kapitel überliefert unser Kirchenrechtslehrer auch wörtlich den Taufritus des ersten Bischofs von Mexiko, Juan de Zumárraga (1468-1548), den alle Missionare auswendig lernen sollten (IT III, 7; S. 386-389).

16 *Stafford Poole*, War by fire and blood. The Church and the Chichimecas 1585, in: The Americas 22 (1965) 115-137.

17 *Robert Streit*, Focher, ein unbekannter Missionstheoretiker des XVI. Jahrhunderts, in: Zeitschrift für Missionswissenschaft 3 (1913) 275-283.

Rechtliche Prinzipien und theologische Innovationen

Wenn man den gesamten Traktat Fochers überblickt, lassen sich drei Achsen der meist praktisch abgezweckten Reflexionen feststellen: Eine überaus starke Betonung der Autorität des spanischen Königs sowohl in weltlichen als auch in kirchlichen Angelegenheiten. Mit einer nur punktuellen Kritik verbunden, zeigt das ausgeprägte Interesse des Juristen und Kanonisten an einer klaren staatlichen und kolonialen Ordnung, welche die vorgefundenen Verhältnisse kirchenrechtlich in ›Ordnung‹ zu bringen sucht. Diesem Interesse entspricht auch die ausgedehnte Kasuistik, mit deren Hilfe er versucht, die indianische Welt rechtlich und sittlich zu ordnen, und zwar durch europäische Kategorien. Innovative Ansätze für den indigenen Kontext finden sich bei den Versuchen, Methoden der Evangelisierung zu entwickeln, die dem Geist des Evangeliums und der franziskanischen Tradition entsprechen und die Würde und Freiheit des indianischen Menschen respektieren. Gleichwohl lässt er sich auch auf Kompromisse ein, christlich inkompatible ›Lösungen‹ wie Zwangsmittel oder Bewaffnung der Bettelmönche (zu Verteidigungszwecken) zu legitimieren. Dies gehört wohl auch zum »unsicheren Schritt des Verfassers auf dem unbekannten Gebiet«, den schon Robert Streit (1875-1930) bemerkte.[17]

Königliche Autorität Fochers unübersehbares staatstheoretisches Interesse gilt der Legitimation der königlichen Autorität in der Neuen Welt, die europäische Ordnung in diese Welt bringt und diese Ordnung auf Dauer garantiert. Der Ausgangspunkt für seine Rechtfertigung des Krieges gegen die Indianer ist die permanente Auseinandersetzung der spanischen Kolonialmacht mit den kriegerischen Chichimeken, die sich nicht unterwerfen lassen wollen und durch fortwährende Attacken auf die Verbindungswege die öffentliche Ordnung bedrohen. Um die durchaus vorhandenen Zweifel an der Erlaubtheit der kriegerischen Unterwerfung dieser Stämme zu zerstreuen, entwickelt er sowohl eine kontextuelle als auch eine prinzipielle Argumentation. Die kontextuelle Argumentation insinuiert schon bei der Beschreibung der Chichimeken ein eher abschätziges Urteil, werden diese doch als Jäger und Sammler charakterisiert, die nicht arbeiten, ohne Religion und Bekleidung seien, wenn auch meisterhafte Bogenschützen. Ihre ›Vergehen‹ sind die Wegelagerei sowie grausame Tyrannei gegenüber ihren Nachbarn und den Spaniern (IT III, 2; S. 348f). Den Krieg gegen diese »Barbaren« rechtfertigt unser Jurist mit analogen Beispielen von »Wegelagerei« im Alten Testament (Num 20,1-30; Dtn 2,1-37) sowie mit dem Nachweis, dass der Krieg gegen die Indianer jenen Kriterien eines »gerechten Krieges« entspräche, die

Thomas von Aquin (1225-1274) aufgestellt hat: Autorität des Fürsten, gerechte Sache, rechte Intention.[18] In seiner prinzipiellen Argumentation weist Focher nicht nur die Erlaubtheit eines *bellum justum* nach, sondern auch die Pflicht eines (christlichen) Fürsten, die Feinde zu bekämpfen. Ziel eines »gerechten Krieges« sei aber niemals das Töten, das bei Soldaten und unbeteiligten Unschuldigen höchstens in Kauf genommen werden dürfe, sondern die Schaffung einer Friedensordnung *(pacem adquirere)* (IT III, 1; S. 337). Die in einem solchen Krieg gemachten Gefangenen dürften nach damaliger Rechtslage legitimerweise versklavt werden.

Im Sinn einer starken Autorität betont er ausdrücklich die Pflicht der Untertanenen, auch im Zweifel, ja selbst bei ungerechten Anordnungen, dem Fürsten im Krieg zu folgen, wobei er sich auf die Autorität der »Apostelfürsten« Petrus und Paulus stützt (1 Petr 2,13f; Röm 13,1). Andererseits betont er auch die Pflicht des Fürsten, sich über die Legitimität eines Krieges durch gute Beratung Rechenschaft zu geben. Krieg sei sündhaft, wenn er um der Schlachten willen oder um Sklaven zu machen geführt werde, verdienstvoll dagegen, wenn er *pro patria* oder *propter patriae liberationem* geführt werde (IT III, 1; S. 346). Genau dies sei der Fall bei den Chichimeken, weshalb die 1570 vom Vizekönig um Rat gefragten Theologen einhellig das Recht zum Krieg betont hätten. Diese Diskussionen um den Krieg kamen kirchlicherseits erst während des III. Provinzialkonzils von Mexiko (1585) zu einem definitiven Abschluss, als die Bischöfe in einem dringenden Appell an Philipp II. (1527-1598) den Krieg als Tyrannei und Schande für das Evangelium ablehnten und zur Wiederherstellung des Rechts für die ihrer Freiheit und ihres Landes beraubten Indios aufriefen. Historiker halten dafür, dass diese Stellungnahme »mit Recht als ein Glanzpunkt der Kirchengeschichte der Neuen Welt bezeichnet werden darf«.[19]

Auch im kirchlichen Bereich räumt Focher der Autorität des Königs eine überaus große Kompetenz ein, indem er in Übersteigerung der Patronatsrechte für ein »königliches Vikariat« plädiert; der Papst könne auch Laien zu apostolischen Delegaten bestellen und habe dem spanischen König umfassende Vollmachten für die Organisation der Evangelisierung konzediert (IT I, 11 und 12; S. 93 und S. 96).[20]

18 *Thomas von Aquin*, STh II-II quaestio 40 a.1.
19 *Willi Henkel*, Die Konzilien in Lateinamerika, Teil I, Mexiko 1555-1897, Paderborn 1984, 102.
20 Vgl. *Pedro de Leturia*, Relaciones entre la Santa Sede e Hispanoamérica, tom. 1: Epoca del Real Patronato 1493-1800 (Analecta Gregoriana, 101), Caracas 1959, 101-152.

Der starken Betonung der königlichen Autorität auf weltlichem und geistlichem Gebiet entspricht die zurückhaltende Kritik am spanischen Vorgehen, die nur im Fall der Sklaven an Schärfe gewinnt. Dabei stellt unser Jurist die Sklaverei als Institution ebenso wenig in Frage wie der Apostel Paulus in seinem Brief an Philemon, wohl aber versucht er den Sklavenstatus dadurch faktisch zu unterlaufen, dass er eine gute Behandlung der betreffenden Menschen fordert. Überdies hätten die *negri* das Recht auf Taufe und Heirat, das für Herren und Sklaven gleichermaßen gelte *(idem jus)*, auf gute Behandlung und auf entsprechenden Unterhalt der ganzen Familie. Sie seien »als Brüder und Schwestern in Christus« *(ut fratres et sorores in Christi Iesu)* zu lieben, und die Herren seien verpflichtet, in Gesundheit und Krankheit, in Jugend und Alter, bei Arbeitsfähigkeit oder -unfähigkeit für sie zu sorgen (IT II,12; S.278f). An die Herren der Sklaven ergehen die Ermahnungen, dass sie nicht Herren über Leib und Seele seien, sondern nur über die Arbeit der Sklaven, und dass sie die Sklaven gut zu behandeln hätten. Focher gipfelt in der geradezu lascasianischen Drohung, die Absolution bei der Beichte zu verweigern, wenn die Herren ihre Pflichten nicht erfüllten (IT II,6; S.157ff). So lautet seine schärfste Kritik am spanischen Vorgehen, die nur Missstände betrifft, aber nie die Grundsatzfrage betrifft; diese wird erst Francisco de Vitoria stellen.

Kasuistisches Recht Dem Juristen geht es um die Stärkung der königlichen Autorität in der Neuen Welt, von der er sich die Konsolidierung einer rechtlichen, moralischen und religiösen Ordnung nach europäischen Maßstäben erwartet. Dies bestimmt auch seine kanonistische Kasuistik, vor allem auf dem Feld des Eherechts. Da er die vielen Anfragen stets schriftlich beantwortete, entstand im Laufe der Zeit eine Kasus-Summe, die in sein Werk eingegangen ist (vor allem IT II,7).

Seine Kasuistik sei aber an einem anderen Gegenstand dargestellt, der die Europäer aufs höchste bewegte und empörte, und für den Focher eine singuläre Lösung vorschlägt. Es handelt sich um die Frage der in Mesoamerika verbreiteten Menschenopfer und der damit verbundenen rituellen Anthropophagie, konkret um die Frage *(dubium)*: »Dürfen Christen das Göttern geopferte Menschenfleisch essen?« *(An fideles ipsa carne daemoni immolata possunt vesci)* (IT II,16; S.311). Da die verhandelten Casus in der Regel auf reale Probleme zurückgehen, ist davon auszugehen, dass auch dieser Fall ihm als Problem vorgelegt wurde. Es konnte bei den gemeinsamen Mählern mit den Indios auftreten, die er empfohlen hatte. Grundsätzlich hält er den Genuss von Opferfleisch für unerlaubt, für schlecht, weil verboten.

Er kennt allerdings Ausnahmen, die den Genuss erlauben wie die Situationen äußerster Not *(in extrema necessitate)*. In diesen Fall sei es Christen erlaubt, Menschenfleisch zu essen *(fideli liceret manducare carnem humanam mortuam)*, ob es sich um Opferfleisch handelt oder nicht (IT II,16; S.313). Sofort schließt er freilich an, in keinem Fall sei es erlaubt, Menschen zu opfern, auch nicht in äußerster Not. In einem solchen Fall sollten die Betroffenen darüber schweigen, denn sonst könne es vorkommen, dass sie aus der Gemeinschaft ausgeschlossen werden.

Fochers Kasuistik orientiert sich an autoritätsgestützten Traditionen, aber kaum an innovativen kontextuellen Wegen rechtlicher oder ethischer Art. So streicht er hervor, dass er über die Tradition hinaus von sich aus kaum etwas hinzufügt (IT III,8; S.391). Allerdings hätte ein von ihm oft herangezogenes Prinzip stärker innovatorischen Zwecken dienen können: Das Prinzip des Bernhard von Clairvaux (1090-1152), demzufolge das um der Liebe willen Geordnete sich nicht gegen die Liebe richten darf *(pro caritate instituta, non debet contra caritatem militare)*[21] (IT I,7; S.65. II,3; S.129. II,9; S.239. II,16; S.317).

Theologische Innovation Das weite Feld der Mission war freilich allein kasuistisch nicht zu bewältigen. Die Neuheit der Situation stellte die Missionare, die im Rahmen des königlichen Patronats in großer Zahl in die Neue Welt strömten, vor bislang unbekannte Aufgaben, angefangen bei der Fremdheit der Sprachen und Kulturen bis zu den Fragen der geeigneten Methoden der Evangelisierung. In Neuspanien waren es vor allem die seit dem Hochmittelalter missionserfahrenen Franziskaner, die 1524 mit der Entsendung der »doce apóstoles« unter Leitung von Martín de Valencia (1473-1534) systematisch mit der Missionierung begannen.[22] Von eschatologischen Erwartungen im Sinn der mittelalterlichen Drei-Reiche-Lehre des Joachim von Fiore (1130-1202) oder der Fünf-Reiche-Lehre des biblischen Danielbuchs getragen, widmeten sie sich einer umfassenden Erforschung der indigenen Sprachen und Kulturen, deren staunenswerte Ergebnisse sich in zahlreichen linguistischen Hilfsmitteln niederschlug.[23]

21 Hierzu: *Bernard de Clairvaux*, De praecepto et dispensatione, S. Bernardi Opera par *Jaques Leclercq*, vol. III, Rom 1963, 257.

22 Vgl. *John Leddy Phelan,* The Millenial Kingdom of the Franciscans in the New World. A study in the writings of Gerónimo de Mendieta (1525-1604), Berkeley/Los Angeles 1956.

23 Vgl. *Otto Zwartjes* (dir.), Las gramáticas misionera de tradición hispánica (siglos XVI-XVII), Amsterdam/Atlanta, GA, 2000. *Jakob Baumgartner*, Evangelisierung in indianischen Sprachen, in: *Michael Sievernich / Arnulf Camps* u. a. (Hgg.), Conquista und Evangelisation. 500 Jahre Orden in Lateinamerika, Mainz 1992, 313-347.

Hinsichtlich der Missionsmethoden vertritt der Autor das Prinzip, dass die Taufe niemals unter Zwang erfolgen dürfe: *Infideles adulti [...] coactione absoluta ad baptismum cogi non possunt.* (IT II, 8; S. 76), doch lässt er mit vielen seiner Ordensgenossen Ausnahmen bedingten oder indirekten Zwangs zu (IT II, 8; S. 77), gemäß der damals gängigen Vorstellung, man dürfe wenigstens dazu ›nötigen‹, das Evangelium zu hören und die Gesetze zu befolgen. Er hält also gewisse indirekte Zwangsmittel für gerechtfertigten.

Wenn man die Missionsmethoden rekonstruiert, die Focher in seinem Handbuch vertritt, dann sind vor allem vier grundlegende zu nennen, die sich unter die Stichworte Attraktion, Immersion, Reduktion, Instruktion bringen lassen.

Attraktion Als grundlegende Methode der Minderbrüder gilt ihm jene Art und Weise, die zu Bekehrenden mit humanen Worten und Taten *(humanissimis verbis simul et factis)* zur Erkenntnis Gottes zu verlocken *(pellicere)*, sowie durch Wohltaten und zur Liebe zu Gott und zur Ehrfurcht vor dem König zu bewegen (IT III, 6; S. 372). Dieser Weise der Attraktion durch die Güte der Worte und Taten entspricht die seiner Mahnung, die wie ein *cantus firmus* sein Werk durchzieht, nämlich immer gütig *(benigne)* und sanft *(cum dulcetudine)* voranzugehen. Damit die Sache Christi unter den Indios besser und wirksamer vorangehe, sollen die Missionare Geduld und Menschlichkeit *(patientia et humanitate)* zeigen; sie sollen sich den indigenen Völkern »in Nacktheit, Armut und der Art des Reisens *(nuditate, paupertate, itineratione)* anpassen«, d. h. barfuß einhergehen, arm sein und zu Fuß reisen. Nicht ohne Stolz vermerkt er, dass diese Verhaltensweise die Indios dazu bewege, »uns zu lieben und höchste Zuneigung entgegenzubringen« (IT II, 16; S. 304f). Ein Toribio de Benavente (1482-1565) erhielt aufgrund dieses Verhaltens von den Indios den Beinamen »Motolonía« *(der Arme)*.

Da diese Methode menschlich und geistlich höchste Ansprüche an die Missionare stellt, befasst sich unser Autor des Öfteren mit der Frage der ›evangelischen‹ Eignung *(idoneitas evangelica)*, wobei er neben einer ›paternalen‹ Einstellung vor allem eine gute intellektuelle und spirituelle Bildung sowie die Fähigkeit zu einer glaubwürdigen Lebensform fordert; bei dieser »Reinheit des Lebens« *(puritas vitae)* legt er besonderen Wert auf eine erprobte Keuschheit, weil die Indianer eben keine Kleidung trügen (IT I, 3; S. 27). Auch fordert er die zuständigen Verantwortlichen, nur in diesem Sinn geeignete Leute in die Mission zu schicken.

Immersion Die Attraktion durch Güte, Zuneigung und praktizierte Armut ergänzt er durch weitere Methoden der Assimilation an die Indigenen. Diese besteht vor allem durch Konvivenz und Teilnahme an den fundamentalen menschlichen Lebensvollzügen, d. h. an Sprache und Mahlzeit. Zwar sei den Christen das gemeinsame Essen mit Andersgläubigen verboten, wenn diese besondere Speisevorschriften hätten, wie Juden und Muslime, doch dieses Verbot beträfe nicht die Völker Amerikas. Hier beruft er sich auf das neutestamentliche Beispiel der Mähler Jesu mit Zöllnern und Sündern (Lk 5,30). Auch die Erfahrung habe gelehrt, wie gut der tägliche Umgang *(quotidiana tractatio)*, das gemeinsame Gespräch *(mutua collocutio)* und das gemeinsame Essen *(convivium)* dazu dienen können, die einheimischen Indios und Indias zur Anerkennung Christi zu bewegen (IT II, 16, S. 303f). Das einzige Problem, das bei gemeinsamen Mählern auftauchen könne, sei die mögliche Verwendung von Fleisch aus Menschenopfern, eine Frage, die damals bewegte.

Reduktion Dienen Attraktion und Immersion der Herstellung einer affektiven Basis, welche die Indios von der Friedfertigkeit und Uneigennützigkeit der Missionare überzeugen und sie zur Annahme der christlichen Botschaft geneigt machen sollte, so geht es bei der Methode der Reduktion mehr um die Zivilisierung der Indios; denn Focher sieht die Indios als *gens barbara* und ihren Kulturstand als *ruditas* (IT II, 217, S. 209 und 177; III, 6; S. 374). Diese mit der Missionierung Hand in Hand gehende »Zivilisierung« soll durch Ansiedlung in Dörfern und Städten vor sich gehen, um sie so aus der zerstreuten Lebensweise herauszuholen. Wenn sie sich beim Aufbau dieser Siedlungen gegenseitig helfen würden, wüchse die Liebe zur Gemeinschaft *(amor communitatis)* und die Unterstützung der Schwächeren durch die Stärkeren. Jeder habe sein eigenes Haus, sein Feld und seinen Garten mit Bäumen und Pflanzen, die jeder mit eigener Hand gepflanzt habe. Überdies sollen alle in der Verehrung des Göttlichen und in der Pflege des Menschlichen *(cultum divinum pariter et humanum)* unterwiesen werden. Schließlich sollen sie Lesen und Schreiben lernen, sowie eine Ausbildung in Handwerk und Musik erhalten. Schließlich sollen öffentliche Schulen *(gymnasia publica)* eingerichtet werden, in denen eine Erziehung zu christlichen Sitten und zu politischem und bürgerlichem Zusammenleben stattfindet (IT III, 16; S. 373ff). Dieses Modell von Missionierung und Zivilisierung sollte durch die ›Reduktionen‹ im 17. und 18. Jahrhundert von den Jesuiten in Paraguay fortentwickelt werden und eine christlich-indianische Synthese entstehen.[24]

Instruktion Das Modell der Reduktion sollte nicht zuletzt eine bessere und wirksamere Unterweisung im christlichen Glauben fördern. In scharfer Kritik an einer unbedachten Taufpraxis, die nur auf Zahlen schaut und die Unterweisung vernachlässigt, plädiert der Autor vehement für eine gediegene katechetische Unterweisung vor und nach der Taufe. Dabei gibt er nicht nur genaue Instruktionen über das einzuhaltende Ritual, die Abfolge der liturgischen Zeremonien und die einzuhaltenden sprachlichen Wendungen (IT II, 4), sondern beschreibt auch die zu lernenden Glaubensinhalte. Bei der Umschreibung dieser Inhalte hält man sich zwar an die von der katechetischen Tradition vorgegebenen Stücke Credo, Gebet, Dekalog, sowie an Sünden- und Tugendkataloge, die seit dem frühen Mittelalter mnemotechnisch an Septenaren (Siebenerreihen) orientiert waren.

Die Glaubensunterrichtung findet leicht merkbare Zusammenfassungen von *Credenda fugienda agenda* und *speranda* (IT II, 4; S. 134 sowie IT II, 17; S. 320f).

Die folgende, biblisch fokussierte Beschreibung dürfte unseres Autors missionarisches Ideal zum Ausdruck bringen: »So gelang es auch in jüngster Zeit vielen heiligen Männern durch ein heiligmäßiges Leben und wirksame Verkündigung, die Indios mit der Hilfe Gottes zum Glauben zu bekehren. Ihre durch Wunder unterstützte Heiligkeit setzte die Indios in Erstaunen: Sie betrachteten ihre Keuschheit, evangelische Armut, Milde und Demut als etwas Wunderbares und begannen, als sie diese Tugenden bewunderten, durch das Erbarmen Gottes über Christus nachzudenken *(philosophari)*, seine Lehre anzunehmen und nach der Taufe zu begehren« (IT I, 8; S. 80).

Juan Focher war einer der Gelehrten, die versuchten, die neuen Fragen in der Neuen Welt mit den ihnen geläufigen Kategorien der Alten Welt zu bewältigen. Das konnte mit kanonistischen Mitteln auf kasuistische Weise kaum gelingen, wenngleich er innovative Ideen einbrachte. Wohl aber konnte seine Missionsmethoden gelingen, die auf humaner Ebene in der franziskanischen Tradition Konvivenz anstrebten: menschliche Gemeinschaft, Gespräche untereinander und Gastfreundschaft mit den indigenen Menschen. ◆

24 *Peter Claus Hartmann*. Der Jesuitenstaat in Südamerika 1609-1768. Eine christliche Alternative zu Kolonialismus und Marxismus, 2. Aufl., Weißenhorn 2016.

10
Humanistischer Streit um die ›Sünde‹ als Kriegsgrund

Das politische Denken an der Schwelle zur Neuzeit wurde in erheblichem Maß durch jene ethischen, juridischen und theologischen Probleme bestimmt, die sich durch die *conquista* der Neuen Welt und die Unterwerfung vor allem der altamerikanischen Großreiche der Mexica und der Inka stellten. Diese völlig neuartige Situation verschaffte der klassischen Lehre vom »gerechten Krieg« neue Aktualität und Anwendungsfelder, forderte aber vor allem auch eine Überprüfung ihrer Grundlagen.[1] Dies galt insbesondere für die kanonistisch verbürgte Lehre, dass die Sünde der anderen, seien es politische Gegner oder fremde Völker, ein gerechter Grund *(causa justa)* sein könne, diese mit Krieg zu überziehen. Zu Beginn der Neuzeit wurde diese Lehre gewissermaßen letztmals angewandt und erstmals als inkompatibel mit dem Völkerrecht erwiesen. Angewandt wurde sie zur Legitimierung von Kriegen in der Alten und in der Neuen Welt: Beim Krieg zwischen christlichen Fürsten in der Alten Welt griff der humanistisch geprägte kaiserliche Sekretär Alfonso de Valdés (1490-1532) darauf zurück; bei der Rechtfertigung der spanischen Eroberungskriege bediente sich der ebenfalls humanistisch orientierte kaiserliche Hofchronist Juan Ginés de Sepúlveda (1490-1573) dieser Rechtsfigur. Rechtlich argumentierend wies Francisco de Vitoria (1483?-1546) diese Lehren zurück und wurde zum Haupt der berühmten »Schule von Salamanca«, deren Auffassungen bis heute diskutiert werden. So kam es zur Verabschiedung eines theokratischen Staats- und Kirchenverständnisses und zur Grundlegung eines gemeinsamen Rechts der Völker *(ius inter gentes)* in der *einen* und doch pluralen Menschheit.

1 Zum Überblick vgl. *José A. Fernández-Santamaria*, The state, war and peace. Spanish political thought in the Renaissance 1516-1559, Cambridge 1977.

Altweltliche Kriegsgründe bei Alfonso de Valdés (1490-1532)

Die Eroberung und Plünderung Roms durch kaiserliche Truppen im Jahr 1527 sind als *Sacco di Roma* in die Geschichte eingegangen.[2] Hintergrund dieses Ereignisses, das die Christenheit erschütterte, waren die machtpolitischen Rivalitäten zwischen Kaiser Karl V. (1500-1558) und dem französischen König Franz I. (1494-1547) um die Herrschaft in Oberitalien, die zwar 1525 durch den Sieg von Pavia zur Niederlage und Gefangennahme Franz' I. führte, ein Jahr später jedoch in der Liga von Cognac zu einer neuen Machtkonstellation gegen die Kaiserlichen führte. Dieser schloss sich auch der bis dahin kaisertreue Medici-Papst Clemens VII. (1478-1534, reg. 1523) an, um, wie er versicherte, die Freiheit Italiens und des Apostolischen Stuhls zu sichern. Gegen diesen französisch-päpstlichen Bund marschierten die kaiserlichen Truppen, die spanischen unter Befehl von Charles de Bourbon (1490-1527), die sich mit den deutschen Landsknechten unter Jörg von Frundsberg (1473-1528) vereinigten. Hungernd, meuternd und schlecht besoldet, zogen sie in Eilmärschen auf Rom und drangen im ersten Ansturm am 6. Mai 1527 in die Stadt ein. Durch den Tod Frundsbergs und Bourbons führungslos geworden, wütete die Soldateska in der Ewigen Stadt, zerstörten, plünderten, raubten und vergewaltigten und schufen so anarchische Zustände. Der Papst war mit seinem Gefolge in die Engelsburg geflohen, musste sich dort ergeben und blieb monatelang Gefangener, bis er sich durch politische Zugeständnisse und hohe Geldzahlungen freikaufen konnte. Dieser Krieg gegen die Heilige Stadt stellte Karl V. freilich vor eine schwierige Frage: »Wie sollte er es seinen Untertanen erklären, daß er, der Katholische Monarch, der Kaiser und der Schild der Kirche, es für notwendig hielt, gegen die Soldaten des Papstes zu kämpfen?«[3]

Geschichtstheologisch spekulative Antworten gaben etwa humanistisch gesinnte italienische Reformkardinäle wie Aegidius von Viterbo (1469-1532),[4] der den *Sacco di Roma* als Strafe Gottes interpretierte. Als spanischer Autor war Alfonso de Valdés (1490-1532) auf der auf der Suche nach einer Antwort, die er in seinem *Diálogo de las cosas ocurridas en Roma* entwarf.[5] In Cuenca geboren, studierte er unter Anleitung des mit ihm befreundeten italienischen Humanisten Pietro Martire d'Anghiera (1457-1526) und vervollständigte seine Bildung wohl an der neugegründeten Universität von Alcalá de Henares. Durch Eintritt in die Dienste des Großkanzlers Mercurino Arborio di Gattinara (1465-1530) kam er in Kontakt mit dem Hof Karls V., den er zur Krönung nach Aachen und zum Reichstag nach Worms (1521) begleitete. 1522 trat er als Sekretär in die Kanzlei des Kaisers ein und war dort ab 1526 für die lateinische Korrespondenz zuständig. Als überzeugter Erasmianer übte er in diesem Geist einen großen Einfluss aus. 1529 begleitete er den Kaiser zum Friedensschluss mit dem Papst und zur Kaiserkrönung nach Bologna und nahm danach am Reichstag zu Augsburg (1530) teil; noch vor dessen Eröffnung führte er als kaiserlicher Sekretär Geheimverhandlungen mit Philipp Melanchthon (1497-1560).[6] Am 3. Oktober 1532 starb er während einer Pestepidemie in Wien.

Außer zahlreichen Briefen und einem Bericht über den Sieg von Pavia sind zwei literarische Dialoge von ihm überliefert, die beide im Horizont erasmianischen Ideenguts und zugleich im Dienst der Kaiseridee stehen. Der *Diálogo de Mercurio y Carón* schildert in mythologischer Gestaltung die kriegerischen Ereignisse der 20er-Jahre des 16. Jahrhunderts, insbesondere die Auseinandersetzung zwischen Karl V. und dem französischen König Franz I. Der *Diálogo de las cosas ocurridas en Roma*[7] ist ein Gespräch zwischen dem Caballero Lactancio und dem Arcidiacono del Viso über die Eroberung und Plünderung Roms *(Sacco di Roma)*. Beide Dialoge haben die Form einer dialogischen Diatribe und zeigen den Erasmianer Valdés, dem es einerseits um Reform der Kirche und Verinnerlichung des Christentums geht, andererseits um die Verteidigung der kaiserlichen Politik und das Ideal eines christlichen Herrschers.

Die politische Dimension des Dialogs über die Ereignisse in Rom kommt in einem Brief an Erasmus zum Ausdruck, den Valdés am 15. Mai 1529 in Barcelona verfasste. Er habe den Dialog *de capta ac diruta Roma* geschrieben, um den Kaiser von jeder Schuld zu befreien *(Caesarem omnino a culpa liberarem)* und alle Schuld auf den Papst zu schieben *(in Pontificem totam transfunderem)*.[8] Die humanistische Begründung ist in der Widmung des Dialogs *al lector* zu finden, wo Valdés betont, dass er die umlaufenden falschen Urteile über die Ereignisse in Rom überwinden möchte; das gemeine Volk hege sie nur deshalb, weil es ausschließlich auf die Äußerlichkeit der Religion achte und es als Verlust des Glaubens erachte, wenn diese zerstört werde (DC 71).

2 Vgl. hierzu *Heinz Schilling*, Karl V. Der Kaiser, dem die Welt zerbrach. Biographie, München 2020, 164-170.

3 *Manuael Fernández Alvarez*, Karl V., Herrscher eines Weltreichs, München 1980, 77.

4 Vgl. *Giles of Viterbo* on Church and Reform. A study in Renaissance thought, by *John W. O'Malley*, Studies in medieval and Reformation thought 5), Leiden 1968, 118-138.

5 Zu Leben und Wirken vgl. *Marcelino Menéndez Pelayo*, Historia de los heterodoxos españoles, vol. 2, Madrid 1880, 96-128.

6 Vgl. *G. Müller*, Um die Einheit der Kirche. Zu den Verhandlungen über den Laienkelch während des Augsburger Reichstages 1530, in: Reformata reformanda (Festschrift Hubert Jedin), hg. von *Erwin Iserloh/Konrad Repgen*, Bd. 1, Münster 1965, 393-424, hier 395.

7 *Alfonso de Valdés*, Diálogo de las cosas ocurridas en Roma (Clásicos castellanos 89), ed. *José F. Montesinos*, Madrid 1928; (im laufenden Text mit Sigel DC und Seitenangabe zitiert).

8 Text des Briefes in: Opus epistolarum *Des. Erasmi Roterodami*, denua recognitum et auctum per *Percy S. Allen*, tom. 8, Oxford 1934, 169-174, hier 172.

Valdés lässt den fiktiven Dialog vor der Kirche S. Francisco an der *plaza* von Valladolid beginnen. Dort trifft Lactancio den Erzdiakon, der nur als Soldat verkleidet aus Rom hatte fliehen können. Um keinerlei fremde Zeugen des Gesprächs zu haben, ziehen sich die beiden zum Gespräch in die Kirche zurück. Der Dialog hat zwei Teile, deren Ziele Valdés in der Begründung *(argumento)* angibt: Der erste soll dartun, dass den Kaiser keinerlei Schuld am Sacco di Roma treffe, und der zweite, dass Gott ihn zum Wohl der Christenheit erlaubt habe (DC 73).

Die Gesprächsstrategie des ersten Teils ordnet dem Erzdiakon einen mehr narrativen Part zu; dieser berichtet von den unerhörten Grausamkeiten der Söldner die schlimmer als die Ungläubigen gehaust hätten; denn als die Goten Rom eroberten, hätten sie wenigstens die Kirchen und Reliquien unberührt gelassen. Wie »hungrige Wölfe« (DC 123) aber seien die Kaiserlichen gekommen, um den Apostolischen Stuhl zu zerstören. »Was werden die Türken, Mohammedaner, Juden und Lutheraner sagen, wenn sie sehen, wie schlecht das Haupt der Christenheit behandelt wird?« (DC 82) Die Verantwortung für und die Schuld an dieser Katastrophe gibt der Erzdiakon immer wieder dem Kaiser. Lactancio dagegen argumentiert apologetisch, dass den Kaiser »keinerlei Schuld« treffe (DC 84), diese vielmehr beim Papst liege, der statt seines geistlichen Amtes als Stellvertreter Christi zu walten und Frieden zu stiften, wie ein weltlicher Fürst Krieg führe. »Erasmismus im Dienst der kaiserlichen Politik«, so charakterisiert Bataillon den Dialog.[9]

Der zweite Teil des Dialogs behandelt die Frage, warum Gott die Bestrafung der Stadt zum »größeren Wohl *(mayor bien)* der Christenheit« zugelassen habe (DC 126). Als entscheidenden Rechtfertigungsgrund nennt Valdés im Munde von Lactancio immer wieder die »Laster des römischen Hofes« (DC 131) und die »Sünden der Stadt« (DC 145) und betont, »dass alles, was sich ereignete, offensichtlich durch Gottes Urteil geschehen war, um jene Stadt zu bestrafen, in der unter großer Verachtung der christlichen Religion alle Laster herrschten, die die Bosheit der Menschen erfinden kann« (DC 84). Dabei bedient sich Valdés einerseits einer geschichtstheologischen Deutung der damaligen Reformbewegungen und andererseits des humanistischen Schemas der Kritik an der veräußerlichten Religion und der Betonung ihrer evangeliumsgemäßen Verinnerlichung.

Was die Geschichtsdeutung angeht, entwickelt Valdés das Schema eines dreifachen Eingreifens Gottes: (1) Als die Sünden des päpstlichen Hofes überhand nahmen und Gott sah, dass dieser weder auf Propheten noch auf Evangelisten oder Kirchenlehrer hörte, sandte er »in unseren Tagen« Erasmus von Rotterdam (1466-1536), der durch seine Beredsamkeit, Klugheit und Bescheidenheit die

9 *Marcel Bataillon*, Érasme et l'Espagne. Recherches sur l'histoire spirituelle du XVIe siècle, Paris 1937, 395-419.

»Laster und Täuschungen *(vicios y engaños)* des römischen Hofes« und aller sonstigen Kirchenleute aufdeckte (d*escubriendo*), um diese wenigstens durch Scham *(vergüença)* zur Bekehrung zu bewegen (DC 131). (2) Da dieser Bote jedoch nichts bewirkte, die Übel vielmehr zunahmen, wollte Gott auf eine andere Weise die Bekehrung bewirken *(convertirlos)* und erlaubte daher Martin Luther, sich zu erheben. Dieser war nicht nur wie Erasmus beschämt, sondern habe ganze Völker von ihrem Gehorsam gegenüber den Kirchenoberen abgebracht, damit diese sich, wenn schon nicht durch Scham, so wenigstens durch Habsucht *(cobdicia)* und Ehrgeiz *(ambición)* bekehrten, d. h. durch die Furcht, den Nutzen *(provecho)* der Deutschen zu verlieren und der Herrschaft *(señorío)* über Deutschland verlustig zu gehen (DC 132). (3) Da aber der römische Klerus weder auf die honesten Rügen des Erasmus noch auf inhonesten Schmähungen Luthers habe hören wollen, habe Gott einen weiteren Versuch zur Bekehrung unternommen, indem er die Belagerung Roms erlaubte. Auf diese Weise sollten sich der Papst und sein Hof aufgrund der Furcht, das Leben zu verlieren, bekehren (DC 143).

Im Rahmen dieser geschichtstheologischen Rechtfertigung des *Sacco di Roma* begründet Valdés auch die Sinnhaftigkeit der einzelnen Vorkommnisse, die der Erzdiakon aufführt. Dabei vergleicht Valdés im Munde seines Sprechers Lactancio immer wieder die materielle Verwüstung Roms durch die Soldaten mit der viel schlimmeren spirituellen Verwüstung der Seelen durch die Kirchenleute und gewinnt auf diese Weise weitere Rechtfertigungsgründe. Sicher hätten die Soldaten Gold und Silber aus den Kirchen geraubt; diesen Raub aber habe Gott erlaubt, weil sich durch die Äußerlichkeiten viel Aberglaube und Irrtum eingenistet habe (DC 167). Überdies sei es angemessener, Gott in den Armen zu dienen, die »lebendige Tempel« Gottes seien, als in den Kirchen, den »toten Tempeln (DC 170)«. Gott wolle nicht, »dass wir um einer Kirche aus Stein willen es unterließen, die Kirche Gottes, die unsere Seele ist, zu ehren; er wollte nicht, dass wir, um einen Altar zu bauen, es unterließen, dem Armen zu Hilfe zu kommen; er wollte nicht, dass wir es wegen toter Bilder unterließen, die Armen nackt zu lassen, die lebendige Bilder Jesu Christi sind» (DC 172). Wenn Gott erlaubt habe, die Kirchengebäude zu berauben, dann um zu zeigen, dass »lebende Tempel« besser sind als tote aus Stein, und dass es mehr darauf ankomme, Herzen und Willen aufzuopfern als Gold und Silber (DC 173). Und wenn der Erzdiakon vorwurfsvoll vorbringt, man habe St. Peter zum Pferdestall gemacht, entgegnet Lactancio, schlimmer als Kirchen in Ställe für Tiere zu verwandeln, sei es, die Seelen in Ställe für Sünden zu verwandeln (DC 174ff). Auch gegen das Reliquienwesen, bis hin zu den »alten Hosen« des hl. Joseph in Aachen (DC 192), polemisiert Lactancio, um die Schändung der Reliquien in Rom damit zu rechtfertigen, dass dadurch Aberglaube und Täuschung verschwänden (DC 199). Das Christentum sei im Grunde zum Heidentum geworden.

Alfonso de Valdés rechtfertigt also den Krieg des Kaisers gegen den Papst und die Plünderung Roms mit den Sünden und Lastern des päpstlichen Hofes und der Stadt Rom. Die Sünde dient mithin als *causa justa* für den Krieg, der dadurch zum ›gerechten Krieg‹ wird. Der Kaiser hat nach Auffassung von Valdés nichts Anderes getan, als sich zum Instrument göttlicher Bestrafung der Sünde machen zu lassen. So hehr die Motive in dieser imperialen Propaganda sind, so hehr auch die Kriegsziele, nämlich die »*reformación de la Iglesia*« (DC 182). Bis zum jüngsten Tag werde man sagen, »dass Jesus Christus die Kirche gegründet und Kaiser Karl V. sie erneuert *(restauró)*« habe (DC 222). Eine solche Politisierung einer theologischen Kategorie der Sünde durch das Kriegsrecht findet sich, in anderer Form, auch bei den Auseinandersetzungen um die »Neue Welt«, die sich als Spiegelbild der »Alten Welt« erweist.

Neuweltliche Kriegsgründe bei Juan Ginés de Sepúlveda (1490-1573)

Die Frage nach den Bedingungen eines ›gerechten Krieges‹ stellte sich zu Beginn der Neuzeit auf neue Weise. Neu war weder die Tatsache, dass auch christliche Fürsten einander bekriegten, noch die Tatsache von Kriegen gegen nichtchristliche Herrscher. Über Jahrhunderte waren sie an der Tagesordnung, wie die Rückeroberung *(reconquista)* der iberischen Halbinsel von arabisch-muslimischer Herrschaft zeigt, die 1492 in Granada zu Ende kam. Völlig neu hingegen waren die Fragen, die sich im Zuge der iberischen Expansion aus der Entdeckung und Landnahme der Neuen Welt ergaben. Die *conquista*, die Eroberung und Inbesitznahme fremder Länder und Völker, insbesondere der präkolumbianischen Großreiche und ihrer Zerstörung, die Ausbeutung der indigenen Bevölkerung, die Einrichtung der *encomienda* (Arbeitsleistung und Unterhalt), das Eintreiben von Tributen, all diese Phänomene ließen, vor allem bei den mit der Mission betrauten Ordensleuten, die Frage nach der Legitimität dieses Vorgehens, nach den Rechtsgründen der spanischen Präsenz und nach den Rechten der einheimischen Bevölkerung aufkommen. Als symbolischer Auftakt und Auslöser des öffentlichen Disputs über die Rechtmäßigkeit von Eroberung und Kolonisierung, der die Krone unter Legitimations- und die Gelehrten unter Argumentationsdruck setzte, kann jene berühmte Predigt gelten, die der Dominikaner Antón Montesino (1475-1540) im Advent 1511 auf der Insel La Española hielt.[10] Daraus entwickelten sich kontroverse Debatten theologischer, ethischer und juridischer Natur, an denen nicht allein die historischen Folgen bedeutsam sind, sondern auch die Tatsache, dass sie überhaupt geführt wurden und werden konnten.

Welche andere Kolonialmacht hat einen derartigen kritischen Diskurs über die rechtlichen, sittlichen und religiösen Grundlagen ihrer Politik zugelassen und politische Konequenzen daraus gezogen? Diese Debatten können daher wohl als singulär in der Geschichte der europäischen Kolonialisierung gelten.

Bei diesen Auseinandersetzungen spielte der Humanist und Hofchronist Juan Ginés de Sepúlveda (1490-1573)[11] eine prominente Rolle. Um 1490 bei Córdoba geboren, studierte er Philosophie in Alcalá de Henares und Theologie in Sigüenza sowie am spanischen Kolleg in Bologna, wo er den italienischen Humanismus kennenlernte. Von Kardinal Giulio de Medici, dem späteren Papst Clemens VII., mit der Übersetzung des Aristoteles beauftragt, lebte er in Rom und stand zunächst in Diensten der Kurie. 1527 sollte er den *Sacco di Roma* miterleben und ihn in der Engelsburg überleben. Später finden wir ihn als Gräzisten für die Bibelübersetzung im Dienst von Kardinal Thomas Cajetans (1469-1534), sodann bei Kardinal Francisco de Quiñones (1480-1540), mit dem zusammen er jener päpstlichen Delegation angehörte, die 1529 Karl V. zur Krönung in Bologna empfing. Bei dieser Gelegenheit lernte er auch Alfonso de Valdés kennen, der zum kaiserlichen Gefolge gehörte. Nach dem Tod seines päpstlichen Gönners endeten seine italienischen Jahre; 1536 er trat in die Dienste des Kaisers, der ihn 1542 auch zu einem der Erzieher des Kronprinzen ernannte. Neben seiner schriftstellerischen Tätigkeit war er in der Debatte um die Rechtmäßigkeit der spanischen Eroberung in der Neuen Welt einer der Protagonisten und Gegenspieler von Bartolomé de Las Casas (1485-1566), mit dem er vor der Junta von Valladolid (1550/51)[12] die Argumente disputierte. Auch wenn die Junta keine offizielle Entscheidung fällte, so fanden Sepúlvedas Thesen wenig Zustimmung und durften nicht einmal veröffentlicht werden. Zurückgezogen lebte er im Dienst der spanischen Krone bis zu seinem Tod 1573.

Neben den philologischen und chronistischen Arbeiten beschäftigten den humanistischen Gelehrten in seinem umfangreichen Werk auch die Streitfragen seiner Zeit, sei es die Reformation Luthers, die Scheidungsabsichten des englischen Königs, die Methode der Inquisition oder die Strömungen

10 Vgl. *Michael Sievernich*, Anfänge prophetischer Theologie. Antonio de Montesinos Predigt (1511) und ihre Folgen, in: *ders. u. a.* (Hgg.), Conquista und Evangelisation. Fünfhundert Jahre Orden in Lateinamerika, Mainz 1992, 77-98.

11 Zu Leben und Werk vgl. *Horst Pietschmann*, Aristotelischer Humanismus und Inhumanität? Sepúlveda und die amerikanischen Ureinwohner, in: Humanismus und Neue Welt (Mitteilung XV der Kommission für Humanismusforschung), hg. von *Wolfgang Reinhard*, Weinheim 1987, 143-166.

12 Die Disputationen von Vallodolid finden sich in deutscher Übersetzung in: *Bartolomé de Las Casas*, Werkauswahl, hg. von *Mariano Delgado*, Bd. 1: Missionstheologische Schriften, Paderborn 1994, 336-436.

im Humanismus. Zu diesen Gelegenheitsschriften kommen Traktate oder Dialoge mehr grundsätzlicher Art zu staats- und moralphilosophischen Fragen. Vor allem aber bewegten ihn die Fragen von Krieg und Frieden. Diesen wandte er sich, mehr grundsätzlich, in dem *Democrates primus* (1535) genannten Dialog zu, und, mehr auf die Neue Welt bezogen, im Werk *Democrates secundus de iustis belli causis* (1541), bisweilen kurz *Democrates alter* genannt. Da diese Schrift keine Druckerlaubnis erhielt, weil die mit der Zensur befassten Melchor Cano (1509-1560) und Bartolomé Miranda de Carranza (1503-1566) die Unterdrückung empfahlen, schrieb er eine dieses Werk zusammenfassende *Apologia* (1550), deren Verbreitung in Spanien jedoch ebenfalls untersagt wurde. Auch in der Zusammenfassung der Disputation von Valladolid kommt Sepúlveda auf die Rechtfertigungsgründe für den Krieg zu sprechen.

Sepúlveda vertrat in dieser Kolonialdebatte die Auffassung, dass der Krieg gegen die Indianer nicht nur erlaubt, sondern sogar geboten sei. Mit dieser Position stand Sepúlveda keineswegs allein da, vielmehr repräsentierte er einer breite Grundströmung der Zeit. Auch suchte er immer wieder Bundesgenossen für seine Auffassung, die er vor allem unter den Franziskanern fand,[13] während die Dominikaner eher für die Gegenposition standen. Hatte er in seinem Dialog *Democrates primus* zunächst generell die Frage des ›gerechten Krieges‹ erörtert und diesen mit Berufung auf antike, biblische und kirchliche Autoritäten für erlaubt angesehen, falls eine gerechte Friedensordnung angestrebt werde, so spitzte er die Frage nach der Erlaubtheit des Krieges in anderen Schriften auf die Neue Welt zu. Dabei argumentiert er im Rahmen der scholastischen Theorie des *bellum justum*, die bei Thomas von Aquin ihre klassische Ausformung gefunden hatte. Dieser verwirft in seiner Summe (S. th. II-II q. 40) den Krieg als Verletzung des Liebesgebots, lässt ihn aber unter bestimmten Bedingungen zu (rechtmäßige Autorität, gerechten Grund, rechte Intention).

Angesichts der neuen Situation in der Neuen Welt nimmt Sepúlveda eine erhebliche Erweiterung bei dem Kriterium des »gerechte Grundes« *(causa iusta)* vor, indem er neue Gründe anführt. Systematisch entfaltet er diese Gründe im Dialog *Democrates secundus*.[14] Die beiden Gesprächspartner des humanistischen Dialogs sind der lutherisch orientierte Leopoldo, der mit Bezug auf das Zeugnis der Heiligen Schrift den Krieg, insbesondere zwischen Christen, ablehnt (*nulla*

13 Vgl. *J. González Rodríguez*, Los amigos franciscanos de Sepúlveda, in: Actas del II Congreso internacional sobre los franciscanos en el Nuevo Mundo (siglo XVI), Madrid 1988, 673-693.

14 *Juan Ginés de Sepúlveda*, Democrates segundo o de las justas causas de la guerra contra los indios, edición crítica bilingüe, traducción castellana, notas e índices por *Angel Losada*, Madrid 1951 (im laufenden Text mit Sigel DS und Seitenangabe).

ratione, DS 3ff) und keine oder nur höchst selten rechtfertigende Gründe anerkennt; seine Gegenspieler heißt Democrates, Sepúlvedas Sprachrohr, der sogar mehr als die üblichen ›gerechten‹ Gründe für einen Krieg aufzählt.

Der Dialog besteht aus zwei Büchern. Im ersten Buch (DS 1-85) geht es generell um die klassischen Bestimmung des ›gerechten Krieges‹ und die spezifischen vier Gründe, die den Krieg gegen die Indios in der Neuen Welt rechtfertigen sollen. Das zweite Buch (DS 86-124) behandelt eine Reihe von strittigen Fragen, die sich aus der Eroberung der Neuen Welt ergaben. Können Häretiker und Ungläubige legitime Besitzer ihrer Güter sein? Kann es sein, dass beide Kriegsparteien »gerechte Gründe« für denselben Krieg gegeneinander vorbringen? Sind Verteidigungskriege, die Indigene führen, gerecht?

Im Hauptstück des Dialogs erläutert Sepúlveda die aus der Tradition bekannten drei ›gerechten Gründe‹ für einen Krieg, d. h. Verteidigung, Rückgewinnung der Kriegsbeute und Bestrafung der Schuldigen (DS 16f). Dabei betont er ausdrücklich das Gebot der Mäßigung, um Grausamkeiten auszuschließen, sowie das Ziel eines jeden gerechten Krieges, nämlich Leben in Frieden, Ruhe und Gerechtigkeit zu gewährleisten. Zugleich jedoch öffnet er das Tor zu seinen weitergehenden ›gerechten Gründen‹, indem er den Fürsten zweierlei zugesteht: Erstens haben sie das Recht, böse Menschen präventiv daran zu hindern, zu schaden und zu sündigen *(nocendi et peccandi)* (DS 15); zweitens haben sie das Recht, das Unrecht (iniuria) zu bestrafen, wobei die Strafe der Größe der Schuld entsprechen muss. Auf Verhinderung künftiger Sünden und Bestrafung schon geschehener Sünden lauten mithin die beiden Argumente Sepúlvedas. Auf den Einwand Leopoldos, dass dieses Recht nur Gott zustünden, erläutert Democrates, dass Gott sein Recht, nach Paulus (Röm 13,4), bisweilen durch die Fürsten und die staatliche Obrigkeit ausübe (DS 18).

Über diese benannten Gründe hinaus hebt Sepúlveda darauf ab, dass es weitere Gründe für einen gerechten Krieg *(aliae iusti belli causae)* gebe, auch wenn sie nicht oft angewendet würden (DS 19). (1) Der erste Grund ergibt sich, mit Berufung auf die aristotelische Lehre vom Sklaven »von Natur aus« (*Politik* 1254b), aus der Superiorität der Spanier und der Inferiorität der als »*homunculi*« (DS 35) vorgestellten Indios. (2) Ein weiterer Grund besteht in der Bestrafung und Eindämmung der spezifischen Sünden dieser »Barbaren«, d. h. des widernatürlichen Kannibalismus, der Idolatrie sowie der Praxis der Menschenopfer. (3) Als dritten Grund führt er den Schutz derjenigen Unschuldigen an, die bei Menschenopfern und Kannibalismus zu Opfern werden und denen zu Hilfe zu kommen unbedingte Pflicht ist. (4) Schließlich gibt er auch die Verbreitung der christlichen Religion als Grund an, d. h. vor allem die nötigenfalls gewaltsame Beseitigung der Hindernisse, die der Predigt des Evangeliums unter den Heiden im Wege stehen.

Von diesen vier Gründen (vgl. DS 83f), deren Reihenfolge in den verschiedenen Schriften Sepúlvedas variiert,[15] interessiert in unserem Zusammenhang vor allem der zweite, der in den »Sünden« der indianischen Völker einen gerechten Kriegsgrund sieht. Im Munde des Democrates legt Sepúlveda dar, dass der Unglaube (*infidelitas*) der indianischen Völker kein Kriegsgrund sein könne, denn dafür könnten sie ebenso wenig bestraft werden, wie sie zum Glauben gezwungen werden dürften (DS 59). Wohl aber müssten die schweren Verbrechen der Anthropophagie, der Idolatrie und der Menschenopfer geahndet werden, da Gott bisweilen erlaube, die Sünden der Völker *(peccata populorum)* zu bestrafen (DS 26). Auch müsse verhindert werden, dass sie künftig begangen werden. Jede einzelne dieser Taten sei allein schon Grund für einen »höchst gerechten Krieg« (*iustissimi belli*, DS 39). Sie seien deshalb zu bestrafen, weil sie sich gegen das Naturrecht und die Vernunft richteten; und die christlichen Fürsten dürften die Völker unterwerfen, die das Naturrecht verletzen und sie dazu zwingen, die natürliche Ordnung der Dinge einzuhalten (DS 46f).

Den entscheidenden Einwand gegen diese Auffassung bringt der Dialogpartner Leopoldo vor, wenn er sagt, dann könne man jedes Land militärisch angreifen, weil das Naturgesetz überall gebrochen wird und überall Sünden begangen werden. Diesem Einwand gegenüber präzisiert Sepúlveda seine Auffassung: Gravierend sei nicht, dass in einem Volk Sünden *contra naturam* begangen werden, sondern dass die indianischen Völker als ganze, d. h. in ihren Institutionen und Sitten (*in publicis moribus et institutis*, DS 57f) die *lex naturalis* nicht beachten. Damit schreibt Sepúlveda den altamerikanischen Gemeinwesen gewissermaßen eine systemische ›Sünde‹ oder eine Art ›Kollektivschuld‹ zu, aus die sie nur durch kriegerische Gewalt von außen befreit werden können.

In seinem als ›Fürstenspiegel‹ konzipierten Traktat *De regno* fasst Sepúlveda das Argument folgendermaßen: Der gerechte Krieg dient dazu, »die Herrschaft über diejenigen, deren Wohl angezielt wird, anzustreben, damit die Barbaren, ihrer Berechtigung zur Sünde beraubt, ihren dem Naturgesetz widerstreitenden Sitten entrissen und, durch fromme Ermahnungen und Belehrungen, zu einem humaneren Leben und zur wahren Religion berufen, vernünftigerweise ihre Pflichten erfüllen.«[16] Die biblischen Belegstellen

15 Im Protokoll, das Domingo de Soto von der Disputation der Kontrahenten Sepúlveda und Las Casas in Valladolid (1550) angefertigte, erscheint eine andere Reihenfolge: (1) Die Schwere der Delikte der Indianer (Idolatrie und andere Sünden wider die Natur); (2) die Rohheit ihres Geistes (ingenio), die sie von Natur aus zu Sklaven prädestiniert; (3) die vorherige Unterwerfung *(subjección)* zur Erleichterung der Glaubensverbreitung; (4) das Unrecht der Indios untereinander (Menschenopfer, Anthropophagie), vgl. *Bartolomé de Las Casas*, Aquí se contiene una disputa o controversia, in: Tratados de 1552 (Obras completas 10), ed. de *Ramón Hernández*, Madrid 1992, 97-193, hier 106; dt. *Bartolomé de Las Casas*, Werkauswahl, hg. von *Mariano Delgado*, Bd. 1, Paderborn 1994, (Disputation von Valladolid) 336-436, (Summarium von Domingo de Soto) 350-373.

aus dem Alten Testament, die Sepúlveda als Autoritätsargumente zur Absicherung seiner Argumente heranzieht, sind vor allem die Passus über die Rechtsansprüche Israels auf das Land (Dtn 7,1-2; 9,4-6), über den Krieg gegen Städte aus der deuteronomischen Gesetzessammlung (Dtn 20,10-14) und über die Strafandrohung gegen die Juden selbst (Lev 26,27-33). Auch Zitate aus der Weisheitsliteratur (Weish 12,3-6) und dem Psalter (Ps 79,6), die das göttliche Strafgericht belegen sollen, werden herangezogen.

Die Sünden wider Natur und Vernunft, die Sepúlveda in den indianischen Gemeinwesen individuell gegeben und institutionell verankert sieht, rechtfertigen für ihn, der Amerika nicht aus eigener Anschauung kannte, den Eroberungskrieg gegen die Indianer. Sie dienen als Gründe für einen »gerechten Krieg« zur Unterwerfung der Indianer unter die spanische Herrschaft. Ziel der Unterwerfung ist der Wechsel von der Barbarei in die Zivilisation, als Voraussetzung der dann folgenden Bekehrung zum Christentum. Kriegsziele sind also Beherrschung und Zivilisierung zum Zwecke der Christianisierung. Der erbittertste Gegner dieser Auffassung war Bartolomé de Las Casas, der in seiner *Apología* auch die umfangreichste Widerlegung der von Sepúlveda ins Feld geführten Kriegsgründe verfasst hat.[17]

Francisco de Vitoria (1483-1546) auf neuen Wegen

Der Spanier Francisco de Vitoria, der ein halbes Jahrhundert vor dem Niederländer Hugo Grotius (1583-1645) zum Vater des Völkerrechts im neuzeitlichen Sinn werden sollte, war derjenige Denker der frühen Neuzeit, der der Lehre von der Sünde als Kriegsgrund den argumentativen Boden entzog. In Burgos geboren, trat Francisco de Vitoria[18] 1505 in den Dominikanerorden ein, der sich in den Reformen von Jiménez de Cisneros erneuert hatte und studierte von 1509 bis 1516 Philosophie und Theologie in Paris. Dort stand er unter dem Einfluss der Zeitströmungen, in denen sich der schwächer werdende Nominalismus, der aufstrebende Humanismus und die Erneuerung der Scholastik

16 *Juan Ginés de Sepúlveda*, Del reino y los deberes del rey (III, 14), in: *ders.*, Tratados políticos, ed. *Angel Losada*, Madrid 1963, 29-125, hier 106.

17 Vgl. *Bartolomé de Las Casas*, Apología (Obras completas 9), ed. *Angel Losada*, Madrid 1988, 126-356 (bezüglich der Bestrafung der Sünden gegen das Naturgesetz).

18 Zum Überblick vgl. *Ulrich Horst*, Leben und Werke Francisco de Vitorias, in: *Francisco de Vitoria*, Vorlesungen I (Relectiones), hgg. von *dems., Hans-Gerd Justenhoven, Joachim Stüben*, Stuttgart/Berlin/Köln 1995, 13-99.

mischten. Zu seinen wichtigen Lehrern im dortigen Kolleg von Saint Jacques zählt etwa Peter Crockaert (1465-1514), der das Studium der thomanischen Lehre wiederbelebte. Im Anschluss an das Studium begann Vitoria selbst Theologie zu lehren und bei der Edition verschiedener Werke, darunter der *Secunda Secundae* des Aquinaten, mitzuwirken, bis er im Jahr 1522 den Doktorgrad in Theologie erlangte. Akademisch bestens gerüstet, kehrte Vitoria nach Spanien zurück, wo er zunächst am Kolleg San Gregorio in Valladolid lehrte, bis er 1526, unter Mitwirkung der Studenten, auf den wichtigsten theologischen Lehrstuhl Spaniens, die *Catedra de prima* an der Universität von Salamanca berufen wurde. Bis zu seinem Tod lehrte er dort als einer der berühmtesten Theologen seiner Zeit. Eine Einladung zum Konzil von Trient 1545 konnte er aus Krankheitsgründen nicht mehr annehmen; er verstarb am 12. August 1546.

Durch sein Wirken, bestimmt von methodischer Strenge, Studienreform und Kontextualität, erlebte die Theologie eine neue Blüte in Spanien. Wie sein Pariser Lehrer Crockaert machte er anstelle der kompilatorischen *Sentenzen* des Petrus Lombardus (1095-1160) die systematische *Summa Theologiae* des Thomas von Aquin zum Lehrbuch. Jedoch blieb er nicht bei einer immanenten Kommentierung der thomanischen Lehre stehen, sondern bezog diese auf die aktuellen Problemstellungen seiner Zeit. Zu diesen Problemen, die er unkonventionell aufgriff, zählte auch die »amerikanische Frage«, d. h. die Frage nach der Legitimität der spanischen *conquista* der Neuen Welt. Damit war er schon während seiner Pariser Studienzeit bekanntgeworden, denn der dort lehrende Schotte John Mair oder Maior (1467-1550) diskutierte als einer der ersten diese Fragen in seinem 1510 erschienenen Sentenzenkommentar. Vitoria wird ihm darin folgen, dass der Papst nicht Herrscher der Welt in zeitlichen Dingen ist und dass die Indianer ein Recht auf Herrschaft und Eigentum haben. Er wird ihm aber nicht darin folgen, dass man die fremden Völker aufgrund ihrer ›Barbarei‹ im aristotelischen Sinn für »Sklaven von Natur aus« halten und zwecks Zivilisierung zunächst unterwerfen müsse.[19]

Zu Lebzeiten schrieb Vitoria wenig und gab keine eigenen Schriften heraus. Als sein Hauptwerk gelten die *Relectiones*, d. h. jährliche Sondervorlesungen über verschiedene (aktuelle) Themen. Von den 15 Vorlesungen, die er in den zwanzig Jahren seiner Lehrtätigkeit gehalten hat, sind 13 erhalten. Dabei werden einerseits große Themen der staatlichen und kirchlichen Gewalt

19 Vgl. *Mauricio Beuchot*, El primer planteamiento teológico-jurídico sobre la conquista de América: John Mair. In: Ciencia Tomista 103 (1976) 213-230.

20 Vgl. hierzu *Hans-Gerd Justenhoven*, Francisco de Vitoria zu Krieg und Frieden, Köln 1991.

verhandelt: Über die politische Gewalt, *De potestate civili* (1528); zwei Vorlesungen über die Gewalt der Kirche, *De potestate Ecclesiae prior* (1532), *De potestate Ecclesiae posterior* (1533); Über die Gewalt des Papstes und des Konzils, *De potestate papae et concilii* (1534). Von besonderer politischen Bedeutung sind die späten Relectiones Über die Indianer, *De indis nuper inventis* (1539) und Über das Kriegsrecht, *De jure belli* (1539). Dazu kommen eine Reihe von kleineren Relectiones verschiedenen Inhalts: Über die Menschentötung, *De homicidio* (1530); Über die Ehe, *De matrimonio* (1531); Über die Vermehrung der Liebe *De augmento charitatis* (1535); Über die Pflichten, sobald einer zum Gebrauch der Vernunft kommt, *De eo ad quod tenetur veniens ad usum rationis* (1535); Über die Simonie *De simonia* (1537); Über das Maßhalten, *De temperantia* (1537); Über die Kunst der Magie, *De arte magica* (1540).

Die Vorlesungen lassen zwei thematische Schwerpunkte erkennen. Zum einen kreisen sie um das Programm einer Kirchenreform auf der institutionellen Ebene, d. h. einer neuen Bestimmung des Verhältnisses von Kirche und Staat, der Stellung und Kompetenz des Papstes und des Konzils, des Verhältnisses von Zeitlichem und Geistlichem. Zum anderen greifen sie die theologischen, ethischen und juridischen Fragen auf, die durch die Eroberungen in Amerika aufgeworfen worden waren, wie etwa die Frage nach der Heilsfähigkeit derer, die unverschuldet ohne Kenntnis des Evangeliums leben. Bei der Frage, welche Gründe die spanische Landnahme rechtfertigen können und welche nicht, handelt es sich um eine kontextuelle Aufarbeitung der *Bellum-justum*-Lehre. Die in Mitschriften von Schülern überlieferte Sammlung von *Relectiones* erschien erst postum als Buch (Lyon 1557); dasselbe gilt für sein kleines Beichthandbuch *Confessionario util y provechoso* (Çaragoça 1564).

Vitorias große Wirkungsgeschichte beruht zum einen darauf, dass er die ›Schule von Salamanca‹ mitbegründete und viele seiner nicht weniger berühmten Schüler, wie etwa Melchor Cano, seine Lehre aufgriffen, weiterentwickelten und in den universitären Zentren verbreiteten. Das gilt für Europa, aber auch für Amerika, wo ab der Mitte des 16. Jahrhunderts die ersten Universitäten gegründet wurden, die nicht nur die Statuten Salamancas übernahmen, sondern auch den Geist der Salmantiner Schule atmeten. Zum anderen sind es die zwei Relectiones *De indis* und *De jure belli*, die Vitorias Nachruhm begründeten. In ihnen entwickelte er Grundprinzipien einer naturrechtlich begründeten politischen Weltordnung, indem er die klassische Lehre vom gerechten Krieg und ihre Kriterien restriktiv interpretierte und auf die durch die *conquista* hervorgerufenen neuen Fragestellungen anwandte.[20] In diesem Zusammenhang diskutierte Vitoria auch die Frage, ob ›Sünde‹ ein Kriegsgrund sein könne, wie seine Zeitgenossen Alfonso de Valdés und Juan Ginés de Sepúlveda es behaupteten, die in diesem Punkt die überkommene Kanonistik und den Zeitgeist repräsentierten.

Entpolitisierung der ›Sünde‹ als Kriegsgrund

Die überkommene Lehre von der Sünde als Kriegsgrund wird in der mittelalterlich beherrschenden Form auf den Kanonisten Sinibaldo Fieschi, den späteren Papst Innozenz IV. (1195-1254), reg. ab 1243) zurückgeführt. Vorkämpfer eines universalen päpstlichen Machtanspruchs, gesteht dieser in seinem Dekretalenkommentar zwar zu, dass es bei den Heiden legitimerweise Eigentum und Herrschaft geben könne, weil diese Güter für jede vernünftige Kreatur bestimmt seien. Daher könne auch der Papst die Heiden nicht einfach aufgrund des »Unglaubens« *(infidelitas)* ihrer Freiheit und ihres friedlichen Besitzes berauben, »weil sie es ohne Sünde besitzen« *(quia sine peccato possident)*. Doch fügt er zugleich mit Verweis auf das göttliche Gericht über die Sünden Sodoms (Gen 19,1-29) hinzu: ein Heide, der »gegen das Naturgesetz verstößt« *(contra legem naturalem)*, kann vom Papst bestraft werden, da diesem als Vicarius Christi Gewalt über Gläubige und Ungläubige zukomme. Dasselbe gelte im Fall der Idolatrie *(si colant idola)*, da es »natürlich« sei, nur einen einzigen Gott als Schöpfer zu verehren. Schließlich dürfen die Ungläubigen, so Innozenz, zwar nicht zum Glauben gezwungen werden *(non debeant infideles cogi ad fidem)*, doch könne der Papst den Ungläubigen befehlen, Prediger des Evangeliums in ihrem Territorium zuzulassen. Sollten diese aber die Predigt verhindern, sündigten sie und seien dafür zu bestrafen *(et ideo puniendi sunt)*. Und wenn sie den Gehorsam verweigerten, seien sie vom weltlichen Arm zu zwingen, und der Papst habe ihnen den Krieg zu erklären.[21] Nach diesem theokratischen Konzept gilt die Sünde, verstanden als Übertretung des Naturgesetzes und als Ungehorsam gegenüber dem Papst, mithin als Kriegsgrund. Diese Theorie wurde über mittelalterliche Theologen wie Augustinus von Ancona (Triumphus) (1243-1328) und Antoninus Pierozzi (von Florenz) (1389-1459) weitergegeben und zu Beginn der Neuzeit von Silvestro Prierias (1456-1523) aufgegriffen. Politische Bedeutung gewann die Theorie durch Gregorio López (1490-1560), der sie als Mitglied der *Junta von Burgos* (1512) gutachterlich in die Diskussionen dieses ersten kolonialethischen Beratungsgremiums einbrachte.[22] »Damit war«, so Joseph Höffner (1906-1987), »theoretisch das Verhältnis zu den Heidenvölkern als dauernder Kriegszustand gekennzeichnet.«[22]

21 Commentaria *Innocentii Quarti* Pont. Maximi super libros quinque decretalium, Francofurti ad Moenum 1570, f. 430, 430v (In III Decret., tit. 34 de voto, *Quod super*).

22 *Joseph Höffner*, Christentum und Menschenwürde. Das Anliegen der spanischen Kolonialethik im Goldenen Zeitalter, Trier 1947, 57; auch in: *Joseph Höffner*, Ausgewählte Schriften, hg. von *Ursula Nothhelle-Wildfeuer*, Paderborn 2017.

Vitoria kannte diese Lehre, betrachtete sie freilich im Licht der Berichte über Amerika, die in den 20er und 30er Jahren des 16. Jahrhunderts in schneller Folge erschienen. Die Briefe und Berichte von Hernán Cortés (1485-1547), Gonzalo Fernández de Oviedo (1478-1557) oder Pietro Martire d'Anghiera (1457-1526) machten Europa mit den komplexen Kulturen Altamerikas bekannt, die ihnen freilich weniger Respekt abnötigte als eine gewalttätige Eroberung. Die militärische *conquista* der altamerikanischen Reiche, insbesondere die Tötung der legitimen Herrscher Moctezuma II. (1520) und insbesondere die Exekution Atahualpas (1533) beweisen für Vitoria das Unrecht. Sobald er von der Tötung des Herrschers von Peru erfährt, bekennt er, »dass mir das Blut im Körper gefriert«, wie er in einem Brief vom 8. November 1534 an den dominikanischen Provinzial von Andalusien, Miguel de Arcos bemerkte. Und er fügte hinzu: »Es ist wahr, wenn die Indianer keine Menschen, sondern Affen sind, sind sie gar nicht zum Unrecht fähig. Aber wenn sie Menschen und Nächste und Vasallen des Kaisers sind, sehe ich nicht, wie diese äußerste Ruchlosigkeit und Tyrannei der Konquistadoren entschuldigt werden kann.«[23]

Auf dem Hintergrund dieser Probleme wird Vitoria, thomanisch am Naturrecht orientiert, die Vision einer einzigen Menschheit *(totus orbis)* entwerfen; aufgrund der einen menschlichen Natur existiert diese in einer Verschiedenheit von Kulturen und Religionen als universale Gemeinschaft, als *res publica* aller Nationen.

Angesichts dieser Symmetrie der Völkerbeziehungen kann es kein *dominium*, nicht untergebene Ungläubige in anderen Ländern geben. Überdies hatte Vitoria schon früh in seinem Kommentar zur *Secunda Secundae* des Aquinaten die Frage, ob die Ungläubigen zum Glauben gezwungen *(compellendi)* werden dürfen, negativ beschieden.[24] Zum anderen erfordert das Postulat der symmetrischen Beziehungen die Delegitimierung des Topos von Sünden als Kriegsgrund.

In seiner 1537 gehaltenen Relectio *De temperantia* (Über das Maßhalten), deren Titel die brisante Thematik nicht zu entnehmen ist, behandelt Vitoria die sittliche Pflicht, das Leben durch Nahrung zu erhalten. In diesem Zusammenhang stellt er auch die Frage, ob es sittlich erlaubt sei, (in äußerster Not) Menschenfleisch zu essen und Menschen

23 Vgl. *Vicente Beltrán de Heredia*, Ideas del Maestro Fray Francisco de Vitoria anteriores a las relecciones ›De Indis‹ acerca de la colonización de América según documentos inéditos, in: Ciencia Tomista 41 (1930) 145-165; darin Text des Briefes von Vitoria: 151ff.

24 *Francisco de Vitoria*, Comentarios a la Secunda Secundae de Santo Tomás, tom. I, ed. *Vicente Beltrán de Heredia*, Salamanca 1932, 190-196; vgl. S. Th. II-II q. 10. a. 8.

zu opfern. Damit griff Vitoria die zwei Fragen der Anthropophagie und der Menschenopfer auf, von denen in den Berichten aus der Neuen Welt immer wieder die Rede war.[25] Die publizistische Verbreitung des Bildes vom ›menschenfressenden‹ Indianer war so wirksam, dass sich aus dem Namen des Inselvolks der »Kar(a)iben« auf den Antillen durch Verballhornung die Bezeichnung »Kannibalen« herleitet. Auf das Phänomen der kultischen Menschenopfer waren die Spanier bei der Eroberung des Aztekenreiches gestoßen. Vitoria bezieht sich bei in seiner Abhandlung ausdrücklich auf Berichte aus Yucatán.

Nun ist es ein leichtes, Kannibalismus und Menschenopfer als sittlich verwerfliches Handeln zu qualifizieren; brisanter war jedoch die politische Frage, ob und inwieweit die christlichen Fürsten jene »Barbaren«, bei denen solche Gewohnheiten herrschten, aus diesem Grund mit Krieg überziehen durften. Auf diese Frage geht er in seiner Relectio *De temperantia* (Über das Maßhalten) ein. Zunächst hält er fest, dass weder der Genuss von Menschenfleisch noch die Opferung von Menschen erlaubt ist, stellt dann die moralische Frage: »Können christliche Herrscher aufgrund ihrer Stellung Leute, die die frevelhafte Sitte haben, Fleisch dieser Art zu genießen oder ruchlose Opfer dieser Art darzubringen, [...] aus diesem Grund mit Krieg zu überziehen?«[26] In seiner Antwort bezieht Vitoria sich auf kanonistische Autoritäten wie Augustinus von Ancona und Silvestro Prierias, dass Volksstämme nicht bestraft werden dürfen, wenn diese gegen das geoffenbarte göttliche Recht verstoßen. Als Begründung führt Vitoria dann an: »Weil sie nicht eindeutig davon überzeugt werden können, dass sie Schlechtes tun *(male facieant)*, und folglich können sie auf rechtlichem Weg nicht verurteilt werden. Und weil niemand bestraft werden kann, ohne verurteilt worden zu sein, können jene Leute von Sünden aus jenem Grunde weder auf dem Kriegswege noch durch eine andere Art der Verfolgung abgebracht werden.« *(non possunt coerceri a talibus ceccatis).*

Vitorias Hauptargument gegen die Sünde als Kriegsgrund ist die naturrechtlich begründete Egalität aller Völker der einen Menschheit, deren Zusammenleben durch das Völkerrecht als *jus inter gentes* geregelt wird.

25 Etwa bei *Juan Focher*; vgl. Teil III, Kap. 9 dieses Buches.

26 *Francisco de Vitoria*, Vorlesungen II (Relectiones). Völkerrecht, Politik, Kirche (Theologie und Frieden 7/8), hg. von Ulrich Horst, Hans-Gerd Justenhoven, Joachim Stüben, Stuttgart/Berlin/Köln 1997 (*De temperantia* 308-369), hier 353-355).

27 26 Vgl. hierzu *Daniel Deckers*, Gerechtigkeit und Recht. Eine historisch-kritische Untersuchung der Gerechtigkeitslehre des Francisco de Vitoria (1483-1546) (Studien zur theologischen Ethik 35), Freiburg (Schweiz)/Freiburg/Wien 1991, hier bes. 226-241.

Sittlich verwerfliches Handeln kann dabei keinen Kriegsgrund liefern, es sei denn, es gelte sich gegen manifestes Unrecht zu verteidigen oder Unschuldigen beizustehen.[27]

Systematisch entfaltet Vitoria die hier angedachte Delegitimierung der Sünde als Kriegsgrund im Zusammenhang mit anderen zurückzuweisenden Kriegsgründen in der Relectio *De indis nuper inventis* von 1539.[28] Deren drei Teile behandeln die Fragen, (1) mit welchem Recht (quo jure) die Indios unter spanische Herrschaft kamen; (2) welche Befugnisse die spanischen Herrscher über diese Leute in zeitlichen und politischen Dingen haben; (3) welche Befugnisse Bischöfe und Kirche in geistlichen und die Religion betreffenden Angelegenheiten haben.

Doch beginnt er seinen Traktat nicht mit rationalen Argumenten, sondern mit der Empathie, als er Berichte über die *conquistas* liest, die ihn emotional aufwühlen und die Fragen von Recht und Unrecht aufbrechen lassen: »Da wir dann noch hören, dass so viele Menschen getötet, so viele an sich unschuldige Menschen ausgeraubt, so viele Herren von ihren Besitzungen vertrieben und ihres Machtbereichs beraubt wurden, kann man zu Recht fragen, ob diese Vorgänge rechtmäßiger- oder unrechtmäßiger Weise geschehen sind.« (DI I, 381). Zunächst erörtert er die grundlegende Frage, ob die Indianer schon vor der Ankunft der Spanier sowohl privat als auch öffentlich wahre Eigentümer *(veri domini)* gewesen seien und ihre Herrschaftsrechte legitimerweise ausgeübt hätten. Diese Frage bejaht er und weist damit die These zurück, die ›Barbaren‹ seien unfähig, sich selbst zu regieren. Überdies weist er die schon vom Konzil von Konstanz verurteilte These zurück, mit der Todsünde verwirke man Eigentumsrechte.[29] »Eine Todsünde macht Herrschaft im politischen Bereich und echte Herren nicht unmöglich *(dominium civile et verum dominum).*« (DI I, 389). Insgesamt kommt er zum Schluss, »dass die Barbaren weder wegen sonstiger Todsünden noch wegen der Sünde des Unglaubens daran gehindert werden, echte Herren *(veri domini)* im öffentlichen und im privaten Bereich zu sein, und die Güter ihres Landes von den Christen auf dieser Rechtsgrundlage nicht in Besitz genommen werden können« (DI I, 399).

28 *Vitoria*, Vorlesungen II (wie Anm. 26), (*De indis* 370-541, im Folgenden zitiert unter dem Sigel DI, Teil und Seitenzahl).

29 Das Konzil von Konstanz verurteilte 1514 mit Bezug auf Wyclif und Hus dies als Irrtum: »Nullus est dominus civilis, nullus est praelatus, nullus est episcopus, dum est in peccato mortali.« (*Heinrich Denzinger*, Kompendium der Glaubensbekenntnisse und kirchlichen Lehrentscheidungen, hg. von *Peter Hünermann* (DH), 37. Aufl. Freiburg im Br. 1991, Nr. 1165; vgl. DH 1230.

Sodann diskutiert Vitoria sieben Rechtstitel, die für die Rechtfertigung der spanischen Herrschaft in der Neuen Welt vorgebracht wurden, die aber seines Erachtens als ungeeignet und nicht legitim verworfen werden müssen. Im Anschluss daran diskutiert er auch legitime Rechtsgründe, die hier außer Betracht bleiben können.

Die unrechtmäßigen Rechtstitel, die Vitoria kritisiert und von denen in diesem Zusammenhang besonders der fünfte Titel interessiert, sind demnach folgende Gründe: (1) Der Kaiser ist Herr der Welt *(imperator est dominus mundi)*; (2) der Papst ist auch in zeitlichen Dingen Herrscher der ganzen Welt *(totius orbis monarcha etiam temporalis)*; (3) es gibt ein Recht der Entdeckung *(jure inventionis)*; (4) die Weigerung, den Glauben an Christus anzunehmen *(nolunt recipere fidem Christi)*; (5) die Sünden der Barbaren *(peccata ipsorum barbarorum)*; (6) die freie Annahme der spanischen Herrschaft *(per electionem voluntariam)*;[30] (7) eine besondere Schenkung Gottes an die spanische Krone *(ex speciali dono Dei)*.

Hier interessiert vor allem der fünfte, von Vitoria zurückgewiesene Rechtsgrund, die ›Sünden‹ der Indianer. Dezidiert wendet sich Vitoria gegen die überkommene Lehre, wonach die ›Barbaren‹ wegen ihrer Sünden wider die Natur, wie Kannibalismus *(esus carnis humanae)*, Inzest und Homosexualität *(concubitus indifferens cum matre, sororibus et cum masculis)*, mit Krieg überzogen werden könnten. Ausdrücklich zitiert er dabei den oben erwähnten Dekretalenkommentar Innozenz IV. Demgegenüber stellt er die These auf: »Die christlichen Herrscher können nicht einmal mit Ermächtigung des Papstes die Barbaren von ihren Sünden gegen das Naturgesetz abhalten und sie wegen dieser Sünden bestrafen.« *(Principes christiani, etiam auctoritate Papae, non possunt coercere barbaros a peccatis contra legem naturae, nec ratione illorum eos punire)* (DI I, 449).

Diese These beweist er zum einen damit, dass der Papst keine Jurisdiktion über diese Barbaren habe. Zum anderen argumentiert er damit, dass bei aller Unterscheidung von Sünden gegen die Natur *(contra naturam)*

30 Vitoria bezieht sich hier auf das *requerimiento*, eine von Juan López de Palacios Rubios entworfene Konquistadadoren-Proklamation, die seit 1514 vor den Indios zu verlesen war und unter Androhung des Krieges zur Unterwerfung aufforderte.

31 *Vitoria*, Vorlesungen II (Anm. 26), *De jure belli*, 542-605, hier 559.

32 Vgl. *Anthony Pagden*, The fall of natural man. The American indian and the origins of comparative ethnology, Cambridge 1982, 57-118.

33 Francisco de Vitorias ›De Indis‹ in interdisziplinärer Perspektive, hg. von *Norbert Brieskorn, Gideon Stiening*, (Politische Philosophie und Rechtstheorie des Mittelalters und der Neuzeit, Reihe II, Bd. 3), Stuttgart-Bad Cannstatt 2011.

34 Vgl. *Carl Schmitt*, Der Nomos der Erde im Völkerrecht des Jus Publicum Europaeum, Köln 1950, 69-96.

und Sünden gegen das Naturgesetz *(contra legem naturae)*, etwa Diebstahl oder Ehebruch, doch alle Sünden dem Naturrecht widersprechen und daher, der Logik der alten Lehre entsprechend, als Kriegsgrund herhalten könnten; das aber würde zum Krieg aller gegen alle führen, zumal wenn dem Papst als Strafinstanz universale Eingriffsrechte zustünden. Dass dies jedoch nicht der Fall sein kann, demonstriert Vitoria im Hinblick auf das christliche Abendland, wo es dem Papst nicht erlaubt sei, Krieg gegen die Christen zu führen, nur weil diese Unzucht treiben; ebenso wenig könne er fremde Länder anderen Herrschern übereignen. Gälte diese Lehre von der Sünde als Kriegsgrund, dann folge daraus: »Auf diese Weise könnte der Papst nämlich tagtäglich Reiche austauschen *(cotidie possent mutari regna)*, da in jeder Provinz Sünder leben« (DI I, 451). Wie brisant dieser Diskurs den Zeitgenossen erscheinen musste, erhellt die Tatsache, dass der Kaiser intervenierte und eine künftige Behandlung solcher, die kaiserliche Politik betreffenden Fragen zu unterbleiben habe. Auch die Tatsache, dass diese Vitorianische *Relectio* gegen Ende des Jahrhunderts auf den Index verbotener Bücher kam, wenn auch nur kurze Zeit, spricht für ihren umstürzenden Inhalt.

Vitoria destruiert in seiner Relectio jede theokratische Legitimierung von Herrschaft, ob sie von einem weltlichen Fürsten oder dem Papst ausgeübt wird, und weist jede Instrumentalisierung der Sündenlehre zu politischen Zwecken der Herrschaftserringung oder -sicherung ab. Dies geschieht unter anderem durch eine restriktive Interpretation der *»justae causae«* für einen Krieg, der zufolge nicht nur die Verschiedenheit der Religion, sondern auch die Sünde als Kriegsgrund kategorisch auszuschließen sind. Als einziger Grund kann »erlittenes Unrecht« *(iniuria accepta)* zugelassen werden.[31] Nur bei symmetrische Beziehungen zwischen gleichberechtigen Personen und Staaten lässt sich vermeiden, dass Willkür und universaler Verfeindungszwang herrschen, da sich dann Einzelpersonen, Institutionen und Staaten die Sünden der jeweils anderen vorwerfen und bekämpfen könnten. Darüber hat Vitoria schulbildend[32] und mit großer Wirkungsgeschichte aufgeklärt; aber auch über die Bedingungen, wie die eine Menschheit in der Pluralität ihrer Völker und Kulturen friedlich koexistieren kann. Dass Vitorias Werk nach bald fünfhundert Jahren interdisziplinär studiert wird, zeigt die rationale Kraft seiner Argumentation in internationalen Fragestellungen.[33]

Vitorias Verdienst war es unter anderem, der Politisierung der Sündenlehre im Sinn einer Legitimationsideologie den theoretischen Boden entzogen zu haben und damit dem Prinzip der Nichtdiskriminierung der kulturell Anderen und der Andersgläubigen den Weg bereitet haben.[34] ◆

11 Recht der Mission bei Francisco de Vitoria

Hispani sunt proximi
barbarorum, ut patet ex Evangelio Vitoria
De indis p. 464

Francisco de Vitoria (1483-1546) gilt als bedeutender Denker der Frühen Neuzeit, der das politische Handeln seiner Zeit normativ begleitete und die rechtlichen, ethischen und theologischen Probleme der europäischen Expansion reflektierte. Mit der Idee einer naturrechtlich begründeten und völkerrechtlich geordneten Staatengemeinschaft entwarf er regulative Prinzipien, nach denen religiöse und kulturelle Andersheit rechtsförmig anzuerkennen, Kriege durch Reduktion ›gerechter Gründe‹ *(justae causae)* einzudämmen und symmetrische Beziehungen zwischen den Völkern durch Kommunikation im weiten Sinn (Freizügigkeit, Handel, Mission) zu fördern sind. Die Leistung Vitorias dürfte darin begründet liegen, dass »hier die zentralen universalistischen Ideen des christlichen Naturrechts auf internationale und interkulturelle Beziehungen angewandt«[1] und schulbildend wurden, so dass sie eine breite Wirkungsgeschichte entfalten konnten, die bis heute anhält.

Diesen Paradigmenwechsel eingeleitet zu haben, hat Vitoria gewiss »einen Ehrenplatz in jeder Geschichte des Völkerrechts«[2] einbrachte. Gilt dies auch für seinen Platz in der Geschichte der Mission, obwohl er nie in Amerika war und weder Anschauung noch Erfahrung hatte? Jedenfalls gehört er zu drei großen Theologen des 16. Jahrhunderts, die über jene Frage der Mission als Verbreitung des christlichen Glaubens reflektierten, die sich angesichts der Andersheit bisher unbekannter Völker und ihrer Kulturen stellte, aber auch angesichts der spanischen *conquista* und Kolonisierung im amerikanischen Raum. Als höchst ambivalent erweis sich dabei die Tatsache, dass

1 *Vittorio Hösle*, Die Dritte Welt als ein philosophisches Problem, in: *ders.*, Praktische Philosophie in der modernen Welt, München 1992, 131-165, hier 141.
2 *Karl-Heinz Ziegler*, Völkerrechtsgeschichte, München 1994, 163.

die missionarischen Bemühungen nicht nur der Kirche und ihren religiösen Orden anvertraut waren, sondern im Rahmen des Patronats *(patronato)* auch den spanischen Königen; damit aber waren sie eng mit deren Eroberungs- und Besiedlungspolitik verbunden.

In der ersten Hälfte des 16. Jahrhunderts ragt der Dominikaner Bartolomé de Las Casas (1484-1566) hervor, der auf dem Hintergrund der mesoamerikanischen Kulturen seine Missionstheorie »Über die einzige Weise der Berufung aller Völker zur wahren Religion« *(De unico modo vocationis omnium gentium ad veram religionem)* verfasste. Um 1526 konzipiert und später überarbeitet, wurde dieses Werk zu seinen Lebzeiten nicht gedruckt und erschien erst im 20. Jahrhundert. Las Casas' mit Vernunft- und Autoritätsgründen untermauerte Kernthese lautet dahingehend, dass es prinzipiell nur eine »einzige« Weise gebe, die Menschen die wahre Religion zu lehren, »nämlich die Überzeugung des Verstandes durch Vernunftgründe und die sanfte Anlockung und Ermahnung des Willens« *(intellectus rationibus persuasivus et voluntatis suaviter allectivus vel exhortativus)*.[3] Diese These reflektiert die thomanische Anthropologie, der zufolge die Vernunft- und Freiheitsnatur des Menschen keinerlei moralischen oder gar martialischen Zwangs erlaubt, erst recht nicht bei der an biblischen Maßstäben orientierten Mission.

Mehr auf den Horizont der andinen Kulturen bezogen, entwickelte in der zweiten Hälfte des 16. Jahrhunderts der Jesuit José de Acosta (1540-1600) die Standardtheorie. Sein umfangreiches Werk »Über die Sorge um das Heil der Indianer« *(De procuranda Indorum salute)* wurde erstmals 1588 veröffentlicht und geht von der Grundthese aus, dass es kein Volk gebe, das »von der Mitteilung des Evangeliums und des Glaubens ausgeschlossen ist« *(Neque enim genus aliquod hominum exclusum est in Evangelii fideique communicatione)*.[4] Angesichts der Tatsache, dass die ideale Missionsmethode »*more apostolico*« in der Neuen Welt nur bedingt anwendbar sei, plädiert er für eine »neue Methode der Evangelisierung«, der zufolge Zwang und Unrecht bei der Verbreitung des Glaubens auszuschließen und Glaube und Lebensführung in völlige Übereinstimmung zu bringen sind.

3 *Bartolomé de Las Casas*, Die einzige Art der Berufung aller Völker zur wahren Religion (De unico vocationis modo omnium gentium ad veram religionem), in: *ders.*, Werkauswahl Bd. 1: Missionstheologische Schriften, hg. von *Mariano Delgado*, Paderborn 1994, 97-335, hier 107.

4 *José de Acosta*, De procuranda Indorum salute, tom. 1: Pacificación y colonización; tom. 2: Educación y evangelización, por *Luciano Pereña et al.* (Corpus hispanorum de pace 23/24), Madrid 1984/1987, hier tom. I, 74 und 338.

5 Vgl. *Bartolomé de Las Casas*, Apología (Obras completas 9), ed. *Angel Losada*, Madrid 1988, 626ff.

Vitoria war nun weniger an der Missionspraxis interessiert als an der theoretischen Begründung der Mission im zeitgenössischen Kontext, zumal die Auffassung verbreitet war, der Verkündigung des Evangeliums müsse erst durch vorherige Unterwerfung und Zivilisierung der Weg bereitet werden. Diesem Irrweg stellt er sich argumentativ entgegen, um das Recht auf Mission *(jus praedicandi)* zu begründen.

Gewiss differieren diese drei Protagonisten nicht unerheblich in ihren Auffassungen: Plädierte Las Casas für eine ausschließlich friedliche Missionierung, so ließ Acosta den rein defensiven militärischen Schutz der Missionare zu, und Vitoria postulierte ein natur- und völkerrechtlich begründetes Recht auf Mission. Doch in einem entscheidenden Punkt waren sie einer Meinung: Weder der christliche Missionsauftrag noch die Alterität der indianischen Völker mit ihrer kulturellen und religiösen Andersheit können jemals zur Legitimation von Eroberung, Landnahme, Freiheits- und Herrschaftsentzug herangezogen werden. Las Casas wird zwar dessen Auffassung von den legitimen Rechtstiteln kritisieren, doch wird er ihn auch vor der ungerechtfertigten Inanspruchnahme durch Juan Ginés de Sepúlveda verteidigen.[5]

Argumente einer martialischen Sicht

Der Humanist Juan Ginés de Sepúlveda (1490-1573),[6] der erst im Dienst Römischen Kurie, dann des kaiserlichen Hofes stand, verfasste in der literarischen Form von Dialogen Schriften zu Krieg und Frieden, insbesondere zur Legitimität spanischer Eroberungen in der Neuen Welt.

Im Dialog *Democrates secundus de iustis belli causis* (1541), auch *Democrates alter*[7] genannt, debattieren als Dialogpartner auf der einen Seite der lutherisch orientierte Leopoldo, der Krieg ablehnt und nur in Ausnahmefällen rechtfertigende Gründe *(causae iustae)* gelten lässt, und auf der anderen Seite Democrates, Sepúlvedas Sprachrohr, der über die traditionellen Kriegsgründe[8] hinaus mit Blick auf die Neue Welt vier weitere Gründe anführt.

6 Zu Sepúlveda vgl. auch Kap. 10 im dritten Teil dieses Buchs.

7 *Juan Ginés de Sepúlveda*, Democrates segundo o de las justas causas de la guerra contra los indios, ed. de *Angel Losada*, Madrid 1951 (im laufenden Text unter Sigel DS und Seitenangabe); vgl. hierzu *Juan Ginés de Sepúlveda*, Democrates secundus/Zweiter Demokrates, hg. von *Thomas Duve u. a.* Stuttgart – Bad Cannstatt 2018.

8 Die drei traditionellen ›gerechten Gründe‹ für einen Krieg waren Verteidigung, Rückgewinnung der Kriegsbeute und Bestrafung der Schuldigen (vgl. DS 16f).

Diese vier Argumente zur Rechtfertigung des spanischen Vorgehens in der Neuen Welt beziehen sich die aristotelische Lehre der Sklaven »*von Natur aus*« (*Politik* 1254b) und wendet diese auf die ›inferioren‹ Indianer Amerikas an; des Weiteren führt er an, die spezifischen Sünden wider die Natur und der Idolatrie seien zu bestrafen durch kriegerische Wiederherstellung der natürlichen Ordnung; überdies seien Unschuldige auch durch (kriegerische) Intervention zu schützen, wenn sie etwa durch die Praxis der Menschenopfer bedroht werden; schließlich führt er als Kriegsgrund an, nötigenfalls die Hindernisse zu beseitigen, die der Christianisierung der Heiden im Wege stehen. Inferiorität, Immoralität, humanitäre Hilfeleistung und Glaubensverbreitung sind demnach die *iustae causae* für einen Krieg gegen die Indianer. Dieses vierte Argument interessiert hier besonders.

Zwar kennt Democrates alias Sepúlveda die Tradition, dass Ungläubigkeit an sich *(infidelitas)* keineswegs als Kriegsgrund gelten kann, weil ein Volk dafür eben so wenig bestraft werden kann, wie es zum Glauben gezwungen werden darf (DS 59). Doch plädiert er für Zwangs- und Gewaltmaßnahmen, um die Bekehrung möglichst schnell zu bewerkstelligen. Die einzelnen Gründe des vierten Arguments entfaltet Sepúlveda, indem er Democrates auf die jeweiligen Einwände Leopoldos antworten läßt.

Pflichten gegenüber Irrenden Ein Krieg gegen die Barbaren befolge ein »evangelisches Gebot« Christi *(praeceptum evangelicum)* und diene dazu, eine große, im Irrtum befangene Menge von Menschen auf dem schnellsten Weg aus der verderblichen Dunkelheit zum Licht der Wahrheit zu führen. Denn wenn Gott schon befehle, dem Feind das verirrte Rind oder seinen Esel zurückzubringen (Ex 23,4), in welch höherem Maß gelte dann für die Menschen, ihre Gefährten und Nächsten *(socios ac proximos)* aus dem gefährlichen Irrtum zu befreien und mit der Wahrheit bekanntzumachen. Und wenn dies aufgrund des Naturgesetzes und der christlichen Liebe schon für irrende Menschen gelte, um wieviel mehr dann im Fall der Heiden, die zur wahren Religion *(veram religionem)* zu führen und vor dem Untergang zu retten seien, selbst gegen ihren Willen.

Notwendigkeit präventiver Unterwerfung Leopoldos These, dass niemand zum Glauben gezwungen werden dürfe, stimmt auch Democrates zu; auch solle man den Irrenden den Weg zur Wahrheit durch fromme Ermahnungen und Predigt des Evangeliums (*per pia monita et euangelicam praedicationem,* DS 65) eröffnen. Dieses Ziel der Verbreitung des christlichen Glaubens *(Christianae pietatis propagatio)* könne aber zweckmäßigerweise nicht ohne die Unterwerfung der Barbaren *(subiectione barbarorum)* erreicht werden. Die kriegerische Unterwerfung erleichtere also die folgende Missionierung, und mit demselben

Recht könne man unterwerfen und dazu nötigen, das Evangelium zu hören *(ad euangelium audiendum compelli)*, wie auch der thomanische Fürstenspiegel *De regimine principum* lehre.[9] Den Klerikern obliege es, andere zu gerechten Kriegen anzufeuern (*inducere alios ad bellandum bella iusta*, DS 66), wie dies in der Geschichte öfter der Fall gewesen sei. Zwar sei es das Amt der Geistlichen zu predigen, doch wie könnten sie dazu gesandt sein, wenn die Barbaren nicht vorher unterworfen worden wären *(nisi prius fueri barbari in ditionem redacti)*.

Mangel an Wundern Dem Einwand, dass die Apostel ohne Anwendung von Waffen gepredigt hätten, stimmt Democrates zu; auch beklagt er mehrfach den Mangel an Wundern (*rarissima miracula*, DS 67). Wenn die heutigen Apostel den Glauben, die Kraft Wunder zu wirken und die Sprachengabe der apostolischen Zeiten hätten, wäre es ihnen ein leichtes, die Feinde dem Joch des Glaubens *(fidei iugo)* zu unterwerfen (DS 67); da diese Voraussetzungen jedoch nicht gegeben seien, müsse man heute mit Klugheit und Vorsicht vorangehen.

Nötigung zum Glauben Dem Einwand, dass man zum Glauben nur eingeladen, aber nicht genötigt werden dürfe, begegnet Democrates mit Verweis auf Paulus, der bei seiner Bekehrung von Christus zum Glauben genötigt worden sei (*ad fidem coegit*; vgl. Apg 9,3-8), und das lukanischen Gleichnis vom Festmahl (Lk 14,23) eine Nötigung einzutreten *(compelle intrare)* ausspricht. Als weitere Autoritäten führt er Ambrosius (339-397) und Gregor den Großen (540-604) an, aber auch die deuteronomische Gesetzessammlung, die den Krieg gegen Städte unter bestimmten Bedingungen erlaubt (Dtn 20,10-12). Aus all diesen Belegen folgert er, dass die Barbaren nicht nur einzuladen sind *(non solum invitandos)*, sondern auch zum Guten, d. h. zu Gerechtigkeit und Religion, genötigt werden dürfen (*compellendos ad bonum*, DS 71), vor allem, wenn dies mit relativ geringem Aufwand *(parvo negotio)* zu bewerkstelligen sei. Da jede andere Methode die Missionare der Lebensgefahr aussetze, sei mit Furcht und Schrecken voranzugehen.

Krieg als geringeres Übel Schließlich gibt Democrates auf Leopoldos Einwand, hier werde versucht Gutes durch Böses zu erreichen, zwar zu, dass jeder Krieg Schaden und Unrecht verursache, doch gehe es hier darum, das geringere Übel dem größeren vorzuziehen (*levius malum praefertur graviori*, DS 77),

9 Zur Autorenschaft des Fürstenspiegels vgl. *Thomas von Aquin*, Über die Herrschaft der Fürsten, Stuttgart 1994, Nachwort von *Ulrich Matz*, 73-89, hier 80.

zumal wenn es um ein doppeltes Gemeinwohl *(bonum publicum)* gehe, nämlich das der Spanier und der Barbaren. In diesem Sinn vergleicht Sepúlveda Güter und Übel (bona et mala). Erzwungener Herrschaftswechsel und Beraubung seien gewiss Übel; doch stünden dem die Güter gegenüber, die die Barbaren von den Spaniern empfangen: Das überaus nützliche Eisen, das allein schon alles entwendete Gold kompensiere; aber auch das Getreide, die neuen Tierarten (Pferd, Ochse, Esel, Schaf, Ziege) und Baumsorten; all das übertreffe an Wert weit alles Gold und Silber, das die Spanier genommen hätten. Und wenn man überdies die Schriftkultur und die christliche Religion hinzurechne, wie könnten die Barbaren all diese empfangenen Wohltaten je ausgleichen? (DS 79)

Mit dieser Argumentationsfolge, die Las Casas in seinem Streit mit Sepúlveda als »Gift« bezeichnen und ausführlich widerlegen wird,[10] soll das Recht der Spanier begründet werden, die Barbaren mit Waffengewalt unterwerfen zu können, falls diese sich widersetzen (DS 83). Die Mission wird also als Moment des Kriegsrechts abgehandelt und dort als *justa causa* instrumentalisiert. Zur Vorbereitung der Evangelisierung ist der Krieg gegen die Barbaren nach Sepúlveda nicht nur rechtlich erlaubt, sondern auch sittlich geboten, ja sogar religiös erforderlich. Demgegenüber wird Vitoria so voran-gehen, dass er nur bei manifestem Unrecht, nicht aber aus Gründen der kulturellen oder religiösen Alterität Interventionen zulässt, und Mission als Kommunikationsrecht und -pflicht definiert.

Ethische und rechtliche Bedenken

Als Francisco de Vitoria in Paris Philosophie studierte, veröffentlichte der an der dortigen Universität lehrende, schottische Ockhamist John Maior (1467-1550) die wohl erste Stellungnahme zum moralisch-juridischen Problem der spanischen *conquista* in der Neuen Welt. In seinem 1510 erschienenen Sentenzenkommentar[11] erörterte er die Frage, ob sich die spanischen Könige die neuentdeckten Gebiete zu Recht angeeignet haben. Dabei lehnte er bestimmte Rechtstitel ab, wie die angeblichen Rechte von Papst und Kaiser auf Weltherrschaft. Auch weist er die Behauptung zurück, in der Neuen Welt

10 *Bartolomé de Las Casas*, Apologia (Obras completas 9), ed. de *Angel Losada*, Madrid 1988, 500-561.

11 *Pedro Leturia*, Maior y Vitoria ante la conquista de América, in: Estudios eclesiásticos 11 (1932) 44-78; der Text Maiors (Com. in II Sent. d. 44 q. 3) ist dort im Anhang (79-82) dokumentiert.

12 Zu Leben, Werk und Lehre vgl. *Ulrich Matz*, Vitoria, in: *Hans Maier u. a.* (Hg.), Klassiker des politischen Denkens, Bd. 1, München 1968, 274-292; *Ramón Hernández*, Francisco de Vitoria. Vida y pensamiento internacionalista (BAC), Madrid 1995.

handle es sich um herrenlose Gebiete *(res nullius)*, die der erstbeste Entdecker in Besitz nehmen könne. Demgegenüber spricht er vom legitimen Herrschafts- und Eigentumsrecht der Indianer. Allerdings verteidigt er auch ein missionarisch und zivilisatorisch begründetes Interventionsrecht: Da diese Heiden die spanische Sprache nicht verstünden und ohne militärischen Zwang keine Prediger des christlichen Glaubens zuließen, könne und müsse man befestigte Plätze einrichten, damit sich dieses »ungezähmte Volk« *(effrenis populus)* den christlichen Sitten anpassen könne. Und für die großen Unkosten, die dabei entstünden, könnten sich die Europäer erlaubterweise schadlos halten. Dies gelte auch für die Errichtung einer umfassenden spanischen Herrschaft. Überdies bestätige die Erfahrung, so Maior, dass dieses Volk der Neuen Welt »tierisch lebe« *(bestialiter vivit)*. Da es sich mithin – nach Aristoteles (383-322 v. Chr.) – um »*Sklaven von Natur aus*« handle, könne man diese Länder zu Recht (iuste) besetzen und beherrschen. Diese Argumentation dürfte Vitoria geläufig gewesen sein, da Maior zu seinen Lehrern zählte und der Sentenzenkommentar 1519 in Paris neu aufgelegt wurde. Die beiden ersten Argumentationen, d. h. die Zurückweisung der Weltherrschaft und die Bestätigung der indigenen Herrschafts- und Eigentumsrechte, wird Vitoria übernehmen. Dagegen wird er das Recht auf Landnahme und die militärische Vorbereitung und Durchsetzung der Mission sowie die Behauptung einer die Sklaverei begründenden Inferiorität scharf zurückweisen. Doch sollte geraume Zeit vergehen, bis er seine eigene Position, bewegt von den Vorkommnissen in Amerika, öffentlich vortragen sollte.

Der aus Nordspanien (Burgos) stammende Francisco de Vitoria studierte in Paris und lehrte ab 1523 zunächst in Valladolid, dann bis zu seinem Lebensende an der Universität von Salamanca.[12] In den zwei Jahrzehnten seiner Lehrtätigkeit gewann er zahlreiche begabte Schüler, deren Denken heute als »Schule von Salamanca« bekannt ist.[13]

Neben seinen Kommentaren zur *Secunda Secundae* der Summe des Aquinaten,[14] gelten seine *Relectiones* als Hauptwerke, die ihn berühmt gemacht haben. Diese *Relectiones* waren jährliche Sondervorlesungen, die in der Regel aktuelle Themen aufgriffen. Von diesen erst postum veröffentlichten Vorlesungen[15] sind für unsere Fragestellung vor allem relevant: *De*

13 Francisco de Vitoria y la escuela de Salamanca. La ética en la conquista de América (Corpus hispanorum de pace 25), por *Demetrio Ramos et al.*, Madrid 1984.

14 *Francisco de Vitoria*, Comentarios a la Secunda secundae de Santo Tomás, 6 tom., ed. *Vicente Beltrán de Heredia*, Salamanca 1932-1952.

15 Vgl. *Michael Sievernich*, Relectiones theologicae, in: Lexikon der theologischen Werke, hgg. von *Michael Eckert u. a.* Stuttgart 2003, 627-628.

temperantia (1537), *De indis* nuper inventis (1539), *De iure belli hispanorum in barbaros* (1539). Die relectio *De temperantia* (Über das Maßhalten) ›versteckt‹ die heiß diskutierten Fragen von Menschenopfern und Anthropophagie, die *relectio* über das Kriegsrecht *(De jure belli)* diskutiert die Fragen des ›gerechten Kriegs‹. Die *relectio* »Über die kürzlich entdeckten Indianer« *(De indis nuper inventis)* beinhaltet unter anderen die Fragen nach Reisefreiheit, Handelsfreiheit und Missionsfreiheit diskutiert also internationale Probleme.

Diesen, durch die *conquista* der Neuen Welt aufgeworfenen Fragen ging Vitoria nicht nur in seinen einschlägigen *relectiones* nach, sondern schon früher auch in seinen *lecturae*, den diktierten Standardvorlesungen zur thomanischen Summe. In einer 1534 vorgetragenen *lectura* (Kommentar zur S. th. II-II q. 10 a. 8) fragt Vitoria mit Thomas, ob bei der Bekehrung Zwang ausgeübt werden dürfe *(an infideles sint compellendi ad fidem)*, und gibt darauf eine Reihe von Antworten, die er später systematisieren wird und für die Missionsfrage von großer Bedeutung sein werden. Im Hintergrund stehen dabei sowohl die Frage der (zwangs-)konvertierten Juden *(conversos)* und Muslime *(moriscos)*, die auf der iberischen Halbinsel Untertane christlicher Fürsten waren, als auch die Frage der zu bekehrenden Indianer, die keine Untertanen der spanischen Krone waren, es aber durch Kolonialisierung wurden. Was die letzteren angeht, so erörtert er eine Reihe von wichtigen Problemstellungen, die sich aus der faktischen Missionspraxis ergaben: Auf die Frage etwa, ob Götterbilder zerstört werden dürfen, antwortet Vitoria, dies solle nicht geschehen, weil es einen Skandal auslösen würde und jegliche freundliche Einstellung *(piam affectionem)* zerstören würde. Auch sollten die Tempel nicht zerstört werden, weil dies ein Unrecht *(iniuria)* wäre und die Tempel überdies neu errichtet werden würden. Auch dürften aufgrund des Unglaubens *(ratione infidelitatis)* keine besonderen Tribute auferlegt werden, weil dies in legitime Rechte der einheimischen Bevölkerung eingreifen würde. Blasphemie dürfe nur geahndet werden, wenn damit ein Unrecht gegenüber den Christen verbunden ist, sonst aber nicht. Auch dürfe nicht mit Einschüchterung und Schrecken vorangegangen werden; die Bekehrung Pauli könne nicht als Beispiel von ›Zwang‹ herangezogen werden, da »nicht wir Herren der Menschen sind« *(non sumus nos domini hominum)*. Auch dürfe es keine Zwangstaufe geben.[16]

16 Text der *lectura* in: *Vicente Beltrán Heredia*, Los manuscritos del Maestro Fray Francisco de Vitoria O. P. Estudio crítico de introducción a sus Lecturas y Relecciones (Biblioteca de Tomistas Españoles 4), Madrid Valencia 1928, 196-202.

Recht auf kulturelle Andersheit

Äußerer Anlass für Vitorias 1539 gehaltene Sondervorlesung *De indis* sind die ausdrücklich erwähnten Nachrichten, »dass so viele Menschen getötet, so viele Unschuldige geplündert, so viele Herren von ihren Besitzungen vertrieben und ihres Machtbereichs beraubt wurden, kann man zu Recht fragen, ob diese Vorgänge rechtmäßiger- oder unrechtmäßigerweise geschehen sind.« (DI 381).[17] Diese Frage nach der Rechtmäßigkeit der spanischen Landnahme ist aber Teil einer umfassenderen missionstheoretischen Fragestellung, die danach fragt, was die Missionsaufgabe fördert oder hindert. Der missionstheologische Zusammenhang erhellt schon aus der Tatsache, dass Vitoria seine *Relectio* als Kommentar zum sogenannten Missionsbefehl betrachtet »Lehret alle Völker und taufet sie im Namen des Vaters, des Sohnes und des Heiligen Geistes!« (Mt 28, 19) versteht und von diesem Ausgangspunkt her *(relegendus locus)* die alte Frage neu aufwirft, ob es erlaubt sei, die Kinder Ungläubiger gegen den Willen ihrer Eltern *(invitis parentibus)* zu taufen. Die Frage sei zwar schon früher beantwortet worden, etwa von Thomas von Aquin (S. th. II-II q. 10 a. 12 und III q. 68 a. 10), doch wegen der »Indios« genannten Barbaren der Neuen Welt, die »unserer Welt« *(nostro orbi)* früher unbekannt gewesen sind, sei die Frage neu aufzugreifen (DI 370f).

Der missionstheoretische Zusammenhang ergibt sich auch aus dem ursprünglich dreiteiligen Plan der Vorlesung, demzufolge die Frage beantwortet werden sollte, wie die Spanier sich zu verhalten hätten, damit auch die Indianer das allen Menschen zugedachte Heil erlangen könnten. Mit seiner Vorlesung wollte Vitoria daher klären, erstens mit welchem Recht *(quo iure)* die Barbaren unter die Herrschaft der Spanier gekommen sind; zweitens, welche Befugnisse die Spanier gegenüber den Indianern gegenüber in zeitlichen und zivilen Angelegenheiten haben *(in temporalibus et civilibus)*; drittens, welche Befugnisse die Kirche gegenüber den Leuten in geistlichen und die Religion betreffenden Dingen *(in spiritualibus et in spectantibus ad religionem)* haben. (DI 370f). Die Vorlesung sollte also Klarheit darüber schaffen, wie das Ziel der Mission zu erreichen ist, wie das übernatürliche Ziel die natürliche Ordnung bestimmt und ob im Interesse der Glaubensverkündigung Eingriffe in die politische Ordnung der indianischen Welt möglich oder vonnöten sind.

17 *Francisco de Vitoria*, Vorlesungen I und II (Relectiones), Völkerrecht, Politik, Kirche, hgg. *von Ulrich Horst, Hans-Gerd Justenhoven, Joachim Stüben*, 2 Bde., (Theologie und Frieden 7/8), Stuttgart/Berlin/Köln 1995/1997 (*De Indis* in Bd. II, 370-541; im laufenden Text unter Sigel DI und Seitenzahl).

Wenn Vitoria bei der alt- wie neuweltlich problematischen Taufpraxis[18] anknüpft, dann geht es ihm präzis um die Verhältnisbestimmung und Wechselwirkung von zeitlicher und geistlicher Ordnung. Von den drei Fragekomplexen seines Vorlesungsplans hat Vitoria allerdings nur den ersten ausgeführt; an der Durchführung der beiden folgenden, von denen insbesondere der dritte für die Missionsfrage von Bedeutung gewesen wäre, hat Vitoria wohl eine königliche Intervention abgehalten, die im November 1539 an den Prior seines Klosters San Esteban ging, jegliche Äußerungen zur königlichen Herrschaft über die native Bevölkerung künftig zu unterlassen.

Der veröffentlichte erste Teil der Vorlesung ist wiederum in drei Teile aufgeteilt, deren erster nach dem Recht der Herrschaft Spaniens in der Neuen Welt fragt. Der zweite Teil erörtert die sieben Rechtstitel, die nach Auffassung Vitorias dafür nicht in Anspruch genommen werden können, während der dritte Teil die legitimen Titel aufführt und rechtfertigt. Die Missionsfrage ist bei allen Erörterungen explizit oder implizit mit im Spiel.

Zunächst erörtert Vitoria unter anderen drei grundlegende Fragen, deren Beantwortung auf ein Diskriminierungsverbot hinausläuft oder, positiv formuliert, auf das Gebot der Anerkennung der Andersheit. Erstens weist Vitoria, mit Berufung auf das Konzil von Konstanz (Denzinger/Hünermann Nr. 1165), die These zurück, die Bewohner Amerikas würden ihre Herrschafts- und Eigentumsrechte nicht legitim ausüben, weil sie diese durch ihre Verfehlungen gegen das Naturrecht verwirkt hätten, so dass sie dafür bestraft werden könnten. Für Vitoria dagegen gilt, dass die Verfehlungen oder Sünden keineswegs Herrschaft und Eigentum verhindern *(non impedit civile dominium et verum dominium)* (DI 388). Zweitens weist er die These zurück, dass aufgrund des Unglaubens *(ratione infidelitatis)* Herrschafts- oder Eigentumsrechte verlorengingen (DI 391). Ob Sünder oder Heide, keiner verliere aus Gründen moralischen Verhaltens oder religiöser Überzeugungen seine Rechte. Daher folgert Vitoria, »dass die Barbaren weder durch ihre Todsünden noch durch die Sünde des Unglaubens daran gehindert werden, öffentlich und privat wahre Herren zu sein und auf dieser Rechtsgrundlage

18 Das altweltliche Problem bezieht sich auf die Zwangstaufe von Juden und Muslimen; die neuweltliche Problematik bezieht sich auf die Taufe indianischer Kinder gegen den Willen ihrer heidnischen Eltern. Vgl. *Johann Specker*, Die Missionsmethode in Spanisch-Amerika im 16. Jahrhundert. Mit besonderer Berücksichtigung der Konzilien und Synoden (Neue Zeitschrift für Missionswissenschaft Suppl. 4), Schöneck-Beckenried 1953, 139-146. Hierzu auch Kap. 18 im Teil fünf dieses Buchs.

19 Vgl. hierzu *Anthony Pagden*, Dispossessing the barbarian. The language of Spanish Thomism and the debate over the property rights of the American indians, in: The languages of political theory in early modern Europe, ed. *ders.*, Cambridge 1987, 79-98.

ihre Güter und Gebiete von den Christen nicht in Besitz genommen werden können« (DI 399).[19] Drittens weist Vitoria die These von der Inferiorität zurück, welche die Indios deklassiert. Die Tatsache, dass die indigenen Völker eine Ordnung *(ordo)* ausgebildet haben, d. h. Staaten bilden, über Institutionen verfügen und Arbeitsteilung kennen, interpretiert Vitoria als Zeichen des Vernunftgebrauchs *(indicium usus rationis)*; wenn die Indios aber bisweilen unvernüftig *(insensatis)* erschienen, dann hänge dies nur von einer »schlechten und barbarischen Erziehung« ab *(ex mala et barbara educatione)*, wie sie auch bei der Landbevölkerung »bei uns« zu finden sei (DI 403). Kurzum: Die Indianer sind wie die Christen wahre Herren ihrer Länder und dürfen ihrer Herrschaft und ihrer Güter nicht beraubt werden. Sie haben ein Recht auf moralische, religiöse und kulturelle Andersheit und dürfen aus diesen Gründen nicht diskriminiert oder bekriegt werden.

Im zweiten Teil der Vorlesung diskutiert Vitoria kritisch sieben Gründe, die für die nachträgliche Rechtfertigung der spanischen Herrschaft in der Neuen Welt vorgebracht wurden, in den Augen Vitorias aber als ungeeignet und illegitim zu verwerfen sind. Das gilt insbesondere für den hier vorgebrachten vierten Rechtsgrund: »Die Barbaren wollen den Christusglauben nicht annehmen *(nolunt recipere fidem Christi)*, obwohl der ihnen doch dargelegt wird und sie unter inständigen Bitten dazu aufgefordert werden, ihn anzunehmen« (DI 433).

Pflichten und Rechte

Vitoria kennt auch eine Pflicht, den wahren Glauben anzunehmen. Diese ist jedoch an bestimmte Bedingungen gebunden, die bei der Art und Weise der Mission und bei den Glaubensverkündern erfüllt sein müssen. Die Missionierten haben ein Recht auf eine Evangelisierung, die bestimmten inneren und äußeren Ansprüchen genügt; diesem Recht entspricht eine Pflicht der Missionierenden, dafür Sorge zu tragen, dass die Mindestbedingungen erfüllt werden.

Die Ausgangsfrage, die Vitoria bei der Diskussion des vierten Titels stellt, läuft auf die Frage hinaus, was zu geschehen hat, wenn die indigenen Bewohner sich weigern, den Glauben an anzunehmen, obgleich er ihnen vorgelegt und vorgetragen wurde. Einige antworten zum einen dahin, dass die Barbaren eine Pflicht zur Annahme des Glaubens hätten und wenigstens mit päpstliche Ermächtigung dazu gezwungen werden könnten *(possent cogi ad recipiendam fidem)*; bei Weigerung könne nach Kriegsrecht vorgegangen werden, und die Fürsten könnten als Vollstrecker des Zornes Gottes gelten (vgl. Röm 13,4). Zum anderen wird gesagt, dass, wenn die Barbaren schon zum Gehorsam ihren Fürsten gegenüber gezwungen werden könnten, dies umso mehr für den Gehorsam Gott gegenüber gelte (DI 433). Schließlich lautet ein weiterer Grund, dass sie durch Krieg gezwungen werden dürften, von der öffentlichen Lästerung Christi abzulassen, wenn sie etwa das Kruzifix verspotten *(uterentur crucifixo ad irrisionem)* (DI 435).

Seine eigene Antwort formuliert Vitoria in sechs Schritten, in denen vor allem deutlich wird, welche Bedingungen nach Vitoria erfüllt sein müssen, damit von einer authentischen christlichen Mission überhaupt die Rede sein kann.

Zunächst weist er gegen andere Autoritäten seiner Zeit nach, dass den Indianern Unkenntnis *(ignorantia)* und Unglauben *(infidelitas)* in Bezug auf den christlichen Glauben nicht zur Last gelegt werden dürfen. Vielmehr seien sie aufgrund unüberwindlicher Unkenntnis entschuldigt. Überdies gelte das Prinzip, dass ein sittlich gutes Leben und Handeln nach dem Naturgesetz ethische und religiöse Qualität haben. Es gebe keinen Grund für einen »gerechten Krieg«. (DI 441ff).

In einer weiteren Argumentation bestreitet Vitoria die Verpflichtung der Indianer, den christlichen Glauben ohne weiteres, d. h. gleich auf die erste Verkündigung hin *(primum nuntium)*, anzunehmen. Wie unüberwindliche Unkenntnis entschuldigt, so auch die nur einfache Darstellung und Verkündigung. Einer bloßen Ankündigung fehle Beweis und Grund zum Glauben. Daher fordert Vitoria für die Verkündigung neben der Glaubwürdigkeit der Verkündiger weitere überzeugende Zeichen, Beweise, Wunder, Motive, Gründe *(signa, motiva, miracula, alia probatio, suasio)* (DI 441). Eine Verkündigung ohne diese weiteren Zeichen kann die Indianer nicht verpflichten zu glauben. Zur Erläuterung vergleicht Vitoria Christentum und Islam: Wenn die Sarazenen wie die Christen handelten und den Barbaren ihre Religion nur einfach *(simpliciter)* darlegten, wären diese nicht zum Glauben verpflichtet; auch wären sie nicht verpflichtet zu entscheiden, welche der beiden nun die »wahrere Religion« *(verior religio)* sei. Dafür bedürfe es stärkerer Motive. Aus all dem folgert Vitoria, dass die Nichtannahme des derart vorgetragenen Glaubens keinerlei Grund für Okkupation oder gar Krieg abgeben könne, denn die Indianer seien unschuldig und hätten keinerlei Unrecht begangen (DI 443f).

Weitere Propositionen beziehen sich auf die moralische Pflicht zur Annahme des christlichen Glaubens, die allerdings an viele Bedingungen gebunden ist: So muss der Glaube mit glaubwürdigen und einsichtigen Beweisen vorgetragen worden sein *(cum argumentis probabilibus et rationalibus)*, und er muss von Menschen vorgetragen worden sein, die ein ehrenhaftes Leben nach dem Naturgesetz führen; ein solches mit Eifer und Fleiß gelebtes Leben gilt als Bestätigung der vorgetragenen Wahrheit (DI 445).

Doch trotz des engen Bedingungsnetzes, das Vitoria in seinen Argumentationen und Konklusionen knüpft, bestreitet er, dass die nativen Menschen eine moralische Pflicht zur Annahme des Glaubens hätten, da die Überzeugungskraft fehle und die Bedingungen nicht erfüllt seien: »Es ist nicht hinreichend deutlich, ob der christliche Glaube den Barbaren so dargelegt und verkündet worden ist« [...]. Er höre nicht von Zeichen, Wundern und frommem Lebenswandel, sondern »ich höre vielmehr von vielen Skandalen und ungestümen Verbrechen sowie von vielen Gottlosigkeiten. Daher hat es nicht den Anschein, als wäre die christlichen Religion jenen Leuten in einer Weise gepredigt worden, die in ausreichendem Grade angemessen und fromm ist, so dass die Barbaren gehalten wären beizupflichten.« Zwar hätten nicht wenige Ordens- und Kirchenleute durch Lebensbeispiel und Predigt viele Mühe aufgewandt, wenn sie (bei dieser Tätigkeit) »nicht von anderen, die sich um anderes sorgen, gehindert worden wären« (DI 445).

Schließlich schließt Vitoria jegliche Gewaltanwendung im Zusammenhang des Glaubens aus, weil der Glaube als Sache des freien Willens niemals erzwungen werden könne. Das gilt auch für den Fall, dass der Glaube zwar glaubhaft verkündet worden ist, die Indianer ihn aber gleichwohl nicht annehmen wollen. Über diese Frage hatte Vitoria schon in seinem früheren Thomas-Kommentar nachgedacht, als er die thomanische *Quaestio* behandelte, ob die Ungläubigen zum Glauben gezwungen *(compellendi)* werden dürfen (vgl. S. Th. II-II q. 10. a. 8).[20] Dort wie hier bestreitet er, dass die christlicher Fürsten über ein Interventionsrecht in nichtchristlichen Ländern allein deshalb verfügten, weil diese Länder sich dem Christentum widersetzen. Erzwungener Glaube würde bedeuten, dass man mit sklavischer Furcht *(ex timore servili)* zu den Geheimnissen und Sakramenten Christi hinzuträte. Dem Rat Papst Gregor des Großen (540-604) folgend, dürfe die Hinführung zum christlichen Glauben nur auf anlockend-gewinnende Weise *(blandimentis)*, nicht aber auf hart-bedrückende Weise *(non asperitatibus)* geschehen. Nach der Praxis der Kirche könne die Nichtannahme des Glaubens kein Grund sein, Ungläubigen mit Krieg zu überziehen; »Krieg ist kein Argument für die Wahrheit des christlichen Glaubens.« (DI 447). Durch Krieg könnten die Nichtchristen nicht zur Annahme des Glaubens bewogen werden, sondern nur zur Vortäuschung des Glaubens *(ad fingendem se credere)*. Bedingungen jeder missionarischen Aktivität sind nach Vitoria mithin zum einen die Entfeindung des Verhältnisses zu den Adressaten und zum anderen die Bindung der

20 *Vitoria*, Comentarios (Anm. 14), tom. 1, 190-196.

Verkündigung des christlichen Glaubens an überzeugende Zeichen im Sinn einer glaubwürdigen Lebenspraxis. Nur wenn diese Bedingungen erfüllt sind, kann von einem Recht auf Mission die Rede sei.

Recht auf Mission (ius praedicandi)?

Im dritten Teil seiner Vorlesung *De indis* erörtert Vitoria die sieben geeigneten und legitimen Titel der spanischen Präsenz Amerika, d. h. die rechtmäßigen Gründe, aufgrund deren die Barbaren unter spanische Herrschaft kommen konnten: (1) Rechtstitel der natürlichen Gemeinschaft und Kommunikation *(titulus naturalis societatis et communicationis)*, der das Recht auf Freizügigkeit von Reise *(ius peregrinandi)* und Aufenthalt *(ius degendi)* sowie des Handelns *(negotiari)* und das Gesandtschaftsrecht einschließt; (2) die Verbreitung der christlichen Religion *(causa religionis Christianae propagandae)*; (3) der Schutz der Neuchristen vor Zwangskonversion zur alten Religion; (4) die päpstliche Einsetzung eines christlichen Fürsten für Neuchristen; (5) die Verteidigung Unschuldiger vor Tyrannei; (6) eine wahre und freie Wahl *(veram et voluntariam electionem)*; (7) Hilfe für Bundesgenossen und Freunde.[21] – Voller eigener Zweifel stellt Vitoria noch einen weiteren hypothetischen Titel zur Diskussion, den er weder als Rechtstitel aufzustellen noch absolut zu bestreiten wagt: Wenn die Indianer aufgrund ihrer mangelnden Fähigkeiten *(amentes)* nicht in der Lage sein sollten, ein Gemeinwesen zu gründen und zu verwalten, dann kann für diesen Fall eine Art Protektorat vorgesehen werden.

Hier interessiert vor allem der zweite Rechtstitel, der eng an den ersten anschließt. Damit gibt Vitoria zu verstehen, dass das Recht auf Mission *(ius praedicandi)* eng mit dem Titel der naturrechtlich begründeten Kommunikation unter den Völkern zusammenhängt; dazu gehören insbesondere das Recht auf Freizügigkeit der Reise und des Handels, aber auch das Recht auf Unverletzlichkeit eines Gesandten (vgl. DI 457-473).

Die Begründung des Rechts auf Verbreitung der christlichen Religion[22] entfaltet Vitoria in den folgenden vier Schlüssen, aus denen hervorgeht, dass die Spanier das Recht haben, unter den Barbaren das Evangelium zu verbreiten:

21 Vgl. *Ricardo José Cuéllar Real*, Francisco de Vitoria y las cuestiones de Indias, Sevilla 2015, 137-159; zum zweiten Rechtstitel 148-152.

22 Hierzu *Andrés E. de Mañaricúa*, El estado misional y el el derecho misional en Francisco de Vitoria, in: Missionalia Hispanica 6 (1949) 417-454.

23 Vgl. hierzu *Miquel Batllori*, The papal division of the world and its consequences, in: First images of America. The impact of the New World on the Old, ed. by *Fredi Chiapelli*, tom. 1, Berkeley 1976, 211-220.

Erstens gilt zunächst eine biblische und naturrechtliche Begründung für das Recht zu predigen und das Evangelium zu verkünden *(ius praedicandi et annuntiandi Evangelium)*. Biblisch führt er den Missionsbefehl (Mk 16,15) an, naturrechtlich das Recht, den Willigen die Wahrheit mitzuteilen, soweit diese sich auf Heil *(salutem)*, Glück *(felicitatem)* und Erziehung beziehen. Auch verweist er darauf, dass es ein Recht auf brüderliche Zurechtweisung *(correctio fraterna)* und Liebe *(dilectio)* gebe. Schließlich führt er als entscheidenden Grund an, bei den Adressaten der Mission handle es sich um »Nächste« *(proximi)*, denen gegenüber die Christen die Pflicht hätten, sie über die göttlichen Dinge aufzuklären (DI 473).

Zweitens bezieht sich Vitoria auf die *potestas indirecta* des Papstes, der für die Verbreitung des Evangeliums in der ganzen Welt Sorge zu tragen habe *(curare promotionem Evangelii)* und daher einen Fürsten mit dieser Aufgabe betrauen kann, der diese Aufgabe am besten meistert. Damit rechtfertigt Vitoria die päpstliche Aufteilung der Interessensphären der iberischen Mächte und das den spanischen Königen übertragene Patronat, ohne indes ausdrücklich auf die einschlägigen päpstlichen Bullen *Inter cetera* (1493) und *Universalis ecclesiae* (1508) zu verweisen.[23] Als Kriterien solcher päpstlicher Akte haben die Förderung des Missionswerks und die Verhinderung von Spaltungen zu gelten, kurz der Vorteil für die Religion *(pro commodo religionis)*. Damit behauptet Vitoria die Priorität der religiösen Aufgabenstellung vor allen politischen Rücksichten, die Hinordnung der zeitlichen Dinge auf die spirituellen. Auf keinen Fall darf »das Geschäft des Glaubens und der Konversion der Barbaren« *(negotium fidei et conversio barbarorum)* gestört werden (DI 475).

Wenn die Indianer, drittens, die Spaniern frei und ungehindert das Evangelium *(libere et sine impedimento)* verkünden lassen, ob sie den Glauben annehmen oder nicht, darf weder ein Krieg angedroht noch eine Landnahme durchgeführt werden (DI 475).

Wenn aber, viertens, die freie Verkündigung des Evangeliums behindert wird oder zwar zugelassen, aber die Bekehrung etwa dadurch verhindert wird, dass die Bekehrten getötet, bestraft oder bedroht werden, dann gestattet Vitoria eine humanitäre Intervention. Der entscheidende Rechtsgrund für diese Intervention ist jedoch nicht die Andersheit, sondern nur ein begangenes Unrecht (iniuria), das entweder den Spaniern durch Beschneidung ihrer Rechte zugefügt wird oder das Unschuldige durch Einschränkung ihrer religiösen Freiheit erleiden. Bei allen Interventionsmaßnahmen gelten einschränkende Prinzipien: Krieg ist die *ultima ratio*, also nur dann legitim, wenn alle anderen Mittel vorher ausgeschöpft wurden; es gilt das Prinzip der Proportionalität, also der Bewahrung von Maß und Vernunft *(servato semper modo et ratione)*, gegebenenfalls auch Verzicht auf das eigene Recht; jeder Eingriff hat sich am Vorteil für die Indianer *(magis ad commodum barbarorum)* auszurichten und es darf keinen Verstoß gegen das Evangelium geben. Wenn all dies nicht gewährleistet ist, müsse man von dieser Art der Evangelisierung *(ratione evangelizandi)* Abstand nehmen und eine andere suchen, zumal zu befürchten sei, dass die Dinge in der Regel weitergetrieben werden als das Recht erlaubt. Über die Einschränkungen hinaus gibt Vitoria zu bedenken, dass kriegerische Interventionen die »Bekehrung der Barbaren« behindern und nicht fördern (DI 477). Damit anerkennt Vitoria zwar theoretisch und im ausschließlichen Fall von Unrecht ein Eingriffsrecht, engt es jedoch durch die genannten Bedingungen ein, den Aufweis der Kontraproduktivität und den Hinweis auf den Satz der *Nikomachischen Ethik* (1106 a), was an sich erlaubt ist, soll nicht aufgrund der Umstände zu einem Übel werden. Derart eingeschräkt, ist das Eingriffsrecht praktisch nicht mehr anwendbar; eine Argumentationsstrategie, die als typisch für Vitoria gelten kann.

Es geht Vitoria mithin darum, die nativen Amerikaner als autonome Rechtssubjekte zu definieren, die ihrer Herrschaft *(dominium)* und ihres Eigentums und ihres Landes keineswegs verlustig gehen dürfen. Was die Mission angeht, hält Jürgen Habermas (*1929), Vitoria kommentierend, fest: »Zwar darf die Kirche ihrem Missionsauftrag folgen; doch das berechtigt sie aber nicht, Ungläubige *unter Zwang* zu bekehren oder gar Ungläubigen den Krieg zu erklären und ihnen ›ihre Götter wegzunehmen‹. Schuldlos Ungläubige sind nicht einmal zur Konversion verpflichtet, wenn ihnen zwar Gottes Wort verkündet, dieses aber nicht durch Wunder oder andere suggestive Beweise bekräftigt wird. Der christliche Glaube muss freiwillig und aus Überzeugung, er darf nicht in Furcht und Schrecken, auch nicht in Unkenntnis seiner wahren Substanz angenommen werden.«[24]

Wenn man die verschiedenen Argumente und Schlussfolgerungen, die Vitoria vorbringt, unter missionstheoretischer Rücksicht ordnet, dann ergibt sich folgendes Bild: Naturrechtlich begründet, für alle Menschen geltender und die Beziehungen der Völkergemeinschaft regelnder Prinzipien entwirft

24 *Jürgen Habermas*, Auch eine Geschichte der Philosophie. Bd. 1: Die okzidentale Konstellation von Glauben und Wissen, Berlin 2019, 917.

25 Vgl. *Wolfgang Reinhard*, Der ›Andere‹ als Teil der europäischen Identität. Vom ›Barbaren‹ zum ›edlen Wilden‹, in: *Mariano Delgado / Matthias Lutz-Bachmann* (Hgg.), Herausforderung Europa. Wege zu einer europäischen Identität, München 1995, 132-152; zum Heidenbegriff vgl. *Carsten Colpe*, Das Siegel des Propheten. Historische Beziehungen zwischen Judentum, Judenchristentum, Heidentum und frühem Islam. Berlin 1999.

Vitoria die Rahmenbedingungen für die christliche Missionierung, für die ihrerseits eine Reihe von unabdingbaren Merkmalen gelten.

Zu den regulativen Prinzipien zählen die Anerkennung religiöser Alterität und das Verbot der Diskriminierung. Vitoria formuliert diese Prinzipien vor allem deshalb, um die kulturelle, moralische und religiöse Andersheit, wie sie in der Weltgemeinschaft der Völker natürlicherweise gegeben ist, vor unberechtigten Eingriffen zu schützen. Wenn er daher feststellt, die Verschiedenheit der Religion (diversitas religionis) dürfe kein Kriegsgrund sein darf (*De jure belli*, 577), so bedeutet dies positiv, dass die religiöse Andersheit naturrechtlich zu respektieren ist. Wenn andere Religionen aus der Sicht des Christentums als Unglaube bezeichnet werden, so bedeutet dieser Umstand keineswegs einen Status minderen Rechts und führt auch nicht zum Verlust naturrechtlich gegebener Rechte, wie etwa des Herrschafts- oder Eigentumsrechts. Aufgrund des Unglaubens oder einer anderen religiösen Überzeugung können für die Andersgläubigen keine Rechte verlorengehen (DI 91) und für die Christgläubigen keine besonderen Interventionsrechte entstehen. Mit dem Verbot der Diskriminierung aus religiösen Gründen (Heidentum) oder aus kulturellen Gründen (Barbarei) geht faktisch die Forderung nach religiöser und kultureller Toleranz einher.

Vitoria bezeichnet die Indigenen nach damals üblichem Sprachgebrauch in der Regel als »Barbaren« *(barbari)*, bisweilen auch als »Heiden« *(gentes)*, je nachdem, ob es um kulturelle oder religiöse Andersheit geht. Diese Begriffe waren in der Frühen Neuzeit gewiss negativ konnotiert, doch im Kern bezeichnen sie nur den jeweils ›anderen‹, d. h. den Indigenen gegenüber dem Europäer oder den religiös Anderen gegenüber dem Christen. Doch begründen diese Alteritätsmuster[25] aus naturrechtlichen und theologischen Gründen keine Diskriminierung der fremden anderen; denn diese werden nicht im abschreckenden Sinn für europäische Zwecke instrumentalisiert, sondern in ihrer Andersheit als Gleiche anerkannt: anthropologisch als Mensch (*homo homini homo*, [nicht homini homo lupus, wie schon bei Plautus] DI 464) und theologisch als Nächster (*omnem hominem proximum*, DI 464). Die Anerkennung des anderen läuft damit über eine doppelte Similarität, die das Fundament dafür bildet, Alterität ohne eigenen Identitätsverlust respektieren zu können.

Die Toleranz der Andersheit hat für Vitoria nur eine Grenze: Sobald bestimmte religiöse oder kulturelle Verhaltensweisen zu Unrecht führen, das anderen Personen, Gemeinwesen oder Völkern bedrohlich schadet, sind Interventionen aus humanitären Gründen erlaubt. Der einzige Grund für eine solche Intervention ist mithin »erlittenes Unrecht« *(iniuria accepta)*, das eine Hilfeleistung zugunsten derjenigen erfordert, die unschuldig Unrecht erleiden (*De iure belli*, 551). Legitime Interventionsgründe in diesem Sinn sind für Vitoria Tyrannei, Unterdrückung und Unrecht gegen Unschuldige, wie Menschenopfer und Anthropophagie.

Die Toleranz der Andersheit auf der Grundlage der doppelten Similarität bestimmt auch Vitorias Vorstellung des missionarischen Vorgehens. Da der Glaube den freien Willen und eine freie Entscheidung voraussetzt, kann er niemals erzwungen werden. Drohung oder die Verbreitung von Furcht und Schrecken sind prinzipiell ausgeschlossen. Jede Gewalt oder Nötigung würde nur zur Vortäuschung des Glaubens führen. Die einzig erlaubte Hinführung zum christlichen Glauben kann nur auf anlockend-gewinnende Weise geschehen (DI 447) Auch sollten im Hinblick auf die kontraproduktiven Folgen Götterbilder und Tempel anderer Religionen nicht zerstört werden, wie dies während der *conquista* der altamerikanischen Großreiche faktisch der Fall war.[26] Was die Methode der Missionierung angeht, so legt Vitoria großen Wert darauf, dass es nicht bei der einfachen Verkündigung der christlichen Glaubenslehre bleibt, sondern diese wesentlich mit einer glaubwürdigen Lebensform der Missionare verbunden wird und sinnenfällige Zeichen und überzeugende Gründe aufweist. Die Evangelisierung müsse in der Praxis des Lebens all jene Motive entfalten, die dafür sprechen, dass das Christentum die »wahrere *(verior)* Religion« ist (DI 443), was nicht ausschließt, dass auch andere Religionen »wahr« sein können.

Auch das Recht der Christen, den Glauben zu verbreiten *(ius predicandi)*, begründet unser Autor natur- und völkerrechtlich, wie die anderen Rechte auf Kommunikation (Reisen, Handel, Freiheit der Meere). Bei diesem Recht auf Mission wendet Vitoria den schon im römischen Recht ausgeprägten

26 Zur Bedeutung des *templo mayor* in der aztekischen Hauptstadt und seiner Zerstörung durch die Spanier vgl. *Miguel León-Portilla*, México-Tenochtitlán. Su época y su tiempo sagrados, 3. Aufl., México 1992; zur Conquista vgl. *Guy Testas/Jean Testas*, Los conquistadores, Madrid 1990, 183-188.

Grundsatz der Unverletzlichkeit der Gesandten an, der als Rechtsnorm in die mittelalterlichen Sammlungen des zivilen und kanonischen Rechts einging, und nun auch für die Missionare als Gesandte des Glaubens gilt. Die Spanier sind in diesen Sinn unverletzliche »Gesandte« *(legati)* der Christen» (DI 473). Daher gibt es die Pflicht, denen friedlich *(pacifice)* Gehör zu schenken, die über Religion sprechen (DI 443). In diesem Sinn gilt: »Das Missionsrecht der Christen hat den Status eines Völkerrechtssatzes.«[27]

Vitorias interkulturelle Anwendung des universalistischen Naturrechts auf die Missionssituation erlaubt auch, die religiöse Qualität sittlichen Verhaltens neu einzuschätzen. In diesem Sinn kann er sagen: »Wenn sie [die Indianer] nach besten Kräften handeln, um nach dem Naturgesetz gut zu leben *(bene vivendo secundum legem naturae)*, dann wird Gott sorgen *(provideret)* und sie um des Namens Christi willen erleuchten *(illuminaret)*« (DI, 441). Auch wenn er nicht mehr entfaltet, wie die Sorge Gottes und die Erleuchtung der Nichtchristen näherhin zu bestimmen sind,[28] kann kein Zweifel bestehen, dass sie im Misssionskonzept Vitorias eine ebenso wichtige Rolle spielen, wie das Gewissen als »innerer Lehrmeister« (doctor intrinescus): »Wenn einer tut, was in ihm ist, wird der Herr ihn erleuchten« *(quia si faciat quod in se est, Dominus illuminabit)* (DI 437).

Im Rahmen eines universalen Völkerrechts, das auf Naturrecht und mehrheitlichem Konsens beruht (DI 467), sowie aufgrund der anthropologisch-theologischen Annahme der doppelten Similarität des Anderen als ›Mensch‹ und als ›Nächster‹, deligitimiert Vitoria Zwang und Gewalt zur Durchsetzung von politischen und missionarischen Zielen. Damit plädiert er auch für Toleranz gegenüber kultureller und religiöser Andersheit, die er freilich zugleich mit der Pflicht zu interkultureller Kommunikation, auch in Fragen der Religion, verbindet. ◆

27 *Hans-Gerd-Justenhoven*, Francisco de Vitoria zu Krieg und Frieden, Köln 1991, 104. Ob Vitoria hierbei nur »an die Freiheit der Spanier [denkt], den Indianern das Evangelium zu predigen, und nie an die der Indianer, das *Popol Vuh* in Spanien zu verbreiten«, darüber geben die Texte keine Auskunft, sind aber auch nicht auszuschließen, zumal Vitoria seine Vorlesung nicht vollständig hat durchführen können. Zur Sache vgl. *Tzvetan Todorov*, Die Eroberung Amerikas. Das Problem des Anderen, Frankfurt 1985, hier 181.

28 Vgl. *Thomas F. O'Meara*, The school of Thomism at Salamanca and the presence of grace in the Americas, in: Angelicum 71 (1994) 319-370, hier 336-344.

12

Hat Bartolomé de Las Casas ›Menschenrechte‹ erfunden?

Die Herkunft der ›Menschenrechte‹ ist wieder strittig geworden, obgleich dieses Narrativ vor allem im französischen Revolutionsjahr von 1789 fest verortet und verankert scheint. Der neue Menschenrechtsdiskurs entzündet sich an einem historischen Faktum: Sowohl die frühe amerikanische Menschenrechtserklärung von 1776 als auch die französische Erklärung von 1789 bezogen die Geltung dieser Rechte auf »alle« Menschen; jedoch blieben die auf den Territorien beider Länder existierenden Sklaven zunächst ausgeschlossen. Im eklatantem Widerspruch zu den universalen Erklärungen galten die Rechte nicht für Sklaven. Dieses Versäumnis, die der Unfreiheit unterworfenen Sklaven und Sklavinnen nicht in die Rechtssphäre einzubeziehen, könnte heute zu einer neuen Geschichte der Menschenrechte beitragen, für die der Sozialphilosoph Hans Joas (*1948) plädiert. Er sieht in der Geschichte der Menschenrechte eine »Geschichte der Sakralisierung der Person.«[1] Ein Schub der Antisklavereibewegung setzte am Ende des 18. Jahrhunderts in Großbritannien ein, durch protestantische Erweckungsbewegungen, etwa der Methodisten, bei denen die Leiden der Opfer einen moralischen Impuls auslöste. Die entscheidenden Impulse für die Abolition, die Abschaffung der Sklaverei, entstammen also nicht den revolutionären Ländern der Alten und der Neuen Welt, welche feierlich »Menschenrechte« proklamiert hatten.

Der neue Menschenrechtsdiskurs hat überdies im südlichen Amerika historische Anhaltspunkte, da sich dort deutliche Wurzeln für den Begriff und die die Sache der Menschenrechte finden. Dort löste in der Mitte des 16. Jahrhunderts, also mehr als 200 Jahre vor den nordamerikanischen und den französischen Rechteerklärungen, die indianische und die afrikanische Sklaverei einen erkenntnisauslösenden Choc aus, der zum Schub führte, die »Menschenrechte« für Versklavte praktisch einzufordern und theoretisch zu begründen. Der bekannteste Protagonist seiner Zeit war der spanische

1 *Hans Joas,* Die Sakralität der Person. Eine neue Genealogie der Menschenrechte, Berlin 2011, 16; zum Folgenden vgl. 132-146.

Dominikaner und spätere Bischof von Chiapas (Südmexiko), Bartolomé de Las Casas (1484-1566). Er veröffentlichte 1552 mehrere spanische Trakte, von denen der »über die Verwüstung der Westindischen Länder«[2] berühmt wurde und bis heute in zahlreiche Sprachen übersetzt wird, während der Traktat »Über die Indiosklaverei«[3] bis kaum bekannt und wenig beachtet wurde. Dort aber ist sein Wort von den Menschenrechten *(derechos humanos)* zu finden, ein damals ungebräuchlichlicher Terminus. Hat Las Casas damit *avant la lettre* die Menschenrechte »erfunden« und müsste daher die Linie zu den spanischen abolicionistas des 16. Jahrhunderts gezogen werden, die bei der Sakralisierung der Person auf ihre Weise beteiligt waren? Und war damit »die Idee der Menschenrechte geboren«[4], die in die Genealogie der Menschenrechte eingefügt zu werden verdiente? Schauen wir zunächst auf die Menschenrechtserklärungen von 1776 in Nordamerika und von 1789 in Frankreich und ihr Verhältnis zur Sklaverei, um auf diesem Hintergrund das Verständnis der »Menschenrechte« bei Las Casas zu erörtern.

Die Menschenrechtserklärungen des späten 18. Jahrhunderts

Die Geschichte der Menschenrechte kennt eine deutliche Fokussierung auf die Rechteerklärungen des revolutionären Amerika und revolutionären Frankreich, damit aber auch eine Verengung der Genese auf diese Ereignisse im späten 18. Jahrhundert. Nicht wenige Darstellungen kennen über diesen Fokus hinaus nur eine Vorgeschichte und eine Wirkungsgeschichte. Nach diesem Muster geht etwa die konzise Geschichte der Menschen- und Bürgerrechte vor, die der Heidelberger Lutherforscher und Neuzeithistoriker Eike Wolgast (*1936) verfasst hat. Denn er bleibt ganz auf die französische Erklärung als »die Initialzündung und das immerwährende Beispiel« fokussiert, während selbst die nordamerikanische Erklärung zur bloßen »Vorgeschichte« herabgestuft wird und die spanischen Protagonisten im frühen 16. Jahrhundert nicht einmal erwähnt werden.[5]

2 *Bartolomé de Las Casas,* Kurzgefaßter Bericht über die Verwüstung der Westindischen Länder. *Brevísima relación de la destuición de las Indias,* hg. von Michael Sievernich. Mit einem Nachwort von Hans Magnus Enzensberger, 4. Aufl., Frankfurt 2020.

3 *Bartolomé de Las Casas,* Traktat über die Indiosklaverei, in: Werkauswahl Bd. 3/1: Sozialethische und staatsrechtliche Schriften, hg. von *Mariano Delgado*, Paderborn 1996, 59-114.

4 So der Historiker *Egon Flaig*, Weltgeschichte der Sklaverei, München 2009, 164.

5 *Eike Wolgast*, Geschichte der Menschen- und Bürgerrechte, Stuttgart 2009, hier 53 und 20.

Allerdings relativierte schon vor über einem Jahrhundert der Heidelberger Jurist Georg Jellinek (1851-1911)[6] eine derartige Fokussierung auf die französische Erklärung von 1789, als er auf die Bedeutung der amerikanischen *Bills of Rights* in den Verfassungen der nordamerikanischen Einzelstaaten hinwies, zum Beispiel die berühmte *Virginia Bill of Rights*, die der gemeinsamen amerikanischen Unabhängigkeitserklärung vom 4. Juli 1776 voranging. Über die starken inhaltlichen Einflüsse hinaus, die von den amerikanischen Erklärungen ausgingen, ist auch der persönliche Einfluss von Thomas Jefferson (1743-1826) zu erwähnen, der nicht nur weitgehend die amerikanische Unabhängigkeitserklärung verfasst, sondern als amerikanischer Botschafter im revolutionären Paris auch auf die französische Erklärung der Menschenrechte und ihre Formulierung maßgeblichen Einfluss genommen hatte, bevor er selbst zum dritten Präsidenten der Vereinigten Staaten von Amerika gewählt wurde. Die Debatte, die Jellinek durch diese Entmythologisierung der französischen Erklärung auslöste, die als ›unhintergehbarer‹ Ursprung galt, wurde durch den Hinweis auf den christlichen Hintergrund der *Virginia Bill of Rights* noch aufgeregter, zumal die französische Erklärung sich ausgesprochen antichristlich gerierte und die Religionsfreiheit unter Meinungsfreiheit subsumierte.

Amerikanische Rechte des Menschen (1776) Im Zuge revolutionärer Ereignisse in der zweiten Hälfte des 18. Jahrhunderts entstanden in den Vereinigten Staaten von Amerika und in Frankreich kurz nacheinander Kataloge von Menschenrechten. Die neuen Verfassungen sahen neben Volkssouveränität und Gewaltenteilung auch Freiheitsrechte der Individuen vor, wobei je nach Interessenslage der neuen Eliten offenblieb, für wen diese Rechte gelten sollten. Zwar galten sie dem Wortlaut nach universal für alle Menschen ohne jede Einschränkung, doch wurden sie zumindest anfangs keineswegs auf alle Menschen angewandt, sondern differenziert nach Rasse, Sozialstatus, Einkommen und Geschlecht. Sklaven jedenfalls kamen zu Beginn nicht in den Genuss der proklamierten Freiheitsrechte, da sie ja Unfreie waren und daher exkludiert blieben.

6 *Georg Jellinek,* Die Erklärung der Menschen- und Bürgerrechte. Ein Beitrag zur modernen Verfassungsgeschichte (1895), 3. Auflage, München und Leipzig 1919.

Unter den amerikanischen Erklärungen ragt die *Virginia Bill of Rights* vom 12. Juni 1776 hervor, deren Rechtekatalog bestimmt (Nr. 1), dass »alle Menschen von Natur aus gleich frei und unabhängig« *(equally free and independent)* sind sowie über »gewisse angeborene Rechte« *(certain inherent rights)* verfügen, die nicht verloren gehen können.[7] Dazu gehören namentlich der Genuss von Leben und Freiheit *(enjoyment of life and liberty)*, Erwerb und Besitz von Eigentum sowie Glück und Sicherheit (Doc 103). Überdies wird (Nr. 16) für alle die »freie Ausübung der Religion« *(free exercise of religion)* nach dem Gewissen festgeschrieben, die Ablehnung von Zwang und Gewalt in Religionsdingen und sogar »die wechselseitige Pflicht aller, christliche Geduld, Liebe und Barmherzigkeit füreinander zu üben« *(the mutual duty of all to practice Christian forbearance, love, and charity)* (Doc 104).

Die kaum einen Monat später einstimmig vom Kontinentalkongress beschlossene Unabhängigkeitserklärung vom 4. Juli 1776, durch welche die dreizehn britischen Kolonien ihre Loslösung von der englischen Krone proklamierten, hält in der Präambel bestimmte »Wahrheiten« als selbstevident fest. Voraussetzung ist die schöpfungstheologische Begründung, dass »alle Menschen gleich geschaffen« (created equal) und »von ihrem Schöpfer *(Creator)* mit gewissen unveräusserlichen Rechten« *(certain unalienable rights)* ausgestattet worden seien. Zu diesen Rechten gehören »Leben, Freiheit und das Streben nach Glück« *(life, liberty and the pursuit of happiness)*, wobei das »Glück« anstelle des ursprünglich vorgesehenen »Eigentums« eingefügt wurde (Doc 100). Die Religionsfreiheit wird nicht ausdrücklich erwähnt, wohl aber das Recht des Volkes, Regierungen zu beseitigen oder zu ändern, wenn sie nicht diese Rechte gewährleisten; dieser Grund wurde für die Trennung der Kolonien von der englischen Krone in Anspruch genommen und für die Unabhängigkeit des neuen Staates der *United States of America.*

Französische Rechte des Menschen (1789) Die französische »Erklärung der Rechte des Menschen und des Bürgers« *(Déclaration des droits de l'homme et du citoyen)* vom 26. August 1789 gilt als erste europäische Erklärung dieser Art, die in der Präambel das von der Nationalversamm-

7 Documents of American History, vol. I to 1898, edited by *Henry Steele Commager* and *Milton Cantor*, Englewood Cliffs NJ 1988; wir zitieren die folgenden Texte im laufenden Text unter ›Doc‹ und Seitenzahl.
8 Texte nach: http://archiv.jura.uni-saarland.de/BIJUS/constitution58/decart1.htm

lung beschlossene Vorhaben damit begründet, dass die »natürlichen, unveräußerlichen und heiligen Rechte des Menschen« *(les droits naturels, inaliénables et sacrés de l'homme)* in einer feierlichen Erklärung zu verschriftlichen seien.[8] Denn es seien »die Unkenntnis, die Achtlosigkeit oder die Verachtung der Menschenrechte die einzigen Ursachen des öffentlichen Unglücks und der Verderbtheit der Regierungen« seien. So heißt es im ersten Artikel des Katalogs programmatisch: »Die Menschen werden frei und gleich an Rechten geboren und bleiben es.« *(Les hommes naissent et demeurent libres et égaux en droits)*. Allerdings erleidet er gleich eine Einschränkung, die Schlupflöcher eröffnet, denn es könne durchaus gesellschaftliche »Unterschiede« (distictions) geben, die allerdings im allgemeinen Nutzen *(utilité commune)* begründet sein müssen. Als »natürliche und unantastbare Rechte des Menschen« werden Freiheit, Eigentum, Sicherheit und Widerstand gegen Unterdrückung *(la liberté, la propriété, la sûreté et la résistance à l'oppression)* genannt (Art. 2); welches Widerstandsrecht in der erweiterten Fassung des Katalogs von 1793 schon wieder verschwinden wird. Religionsfreiheit wird nur als Teil der Meinungsfreiheit betrachtet (Art. 10). Die Erklärung erhält aber selbst einen religioiden Anstrich, denn sie wurde »in Gegenwart und unter dem Schutz des Höchsten Wesens« *(en présence et sous les auspices de l'Être Suprême)* abgegeben.

Diese Aura prägt auch die Ikonographie der Menschenrechte, die in einem allegorischen Gemälde des neoklassischen Malers Jean Jacques François Le Barbier (1738-1828) zum Ausdruck kommt, das als kolorierter Stich weite Verbreitung fand und nachhaltig die Bildpropaganda prägte. Das Bild zeigt die Präambel und die 17 Bestimmungen der Erklärung in Form von (mosaischen) »Gesetzestafeln«, angereichert mit revolutionärer Symbolik. Damit bedient es sich der Ikonographie des Dekalogs, die auf den Empfang der beiden »steinernen Tafeln« der Bundesurkunde (Ex 31,18) durch Mose am Sinai Bezug nimmt. Diese Ikonographie der Tafeln war aus den christlichen Kirchen und künstlerischen Darstellungen weit bekannt und wurde hier für die Veranschaulichung der Revolution adaptiert. Zwischen beiden Tafeln findet sich die revolutionäre Symbolik von Pike, Liktorenbündel und phrygischer Mütze. Die beiden Frauengestalten sind Allegorien für die in den Farben der Trikolore gekleidete *France*, die den Königsmantel abwirft und ihre Ketten zerbricht, während eine geflügelte Gestalt mit einer Hand auf die Erklärung verweist und mit dem Szepter der Macht auf die aufgehende Sonne, verbunden mit der Triangel der Gleichheit und dem kontrollierenden Auge der Vernunft. Auch hier findet also eine Übernahme aus der christlichen Ikonographie statt, in der sich Dreieck und Auge auf die Trinität und das allsehende göttliche Auge der Vorsehung beziehen, bekannt als Nimbus Gottes und als Bekrönung zahlreicher Barockaltäre. Im Licht dieser ikonographischen Tradition wird also deutlich, dass die Tafeln der *Déclaration* die christliche Symbolik ins Revolutionäre ›übersetzen‹.

Die *Erklärung der Rechte des Menschen (Mannes) und des Bürgers* geriet trotz ihrer hohen Symbolkraft jedoch schon zeitgenössisch in die Kritik und in Misskredit. Kritik entzündete sich vor allem daran, dass die Rechte des Menschen (Mannes) und Bürgers keineswegs für »die Menschen« galten, da bestimmte Gruppen exkludiert waren. Eine Gleichberechtigung der Frauen war nicht vorgesehen, von den Bürgerrechten ausgeschlossen, hatten sie kein politisches Mitspracherecht. Daher plädierten Frauen wie die Schriftstellerin und Frauenrechtlerin Marie Gouze (1748-1793) mit dem Künstlernamen Olympe de Gouges für die Gleichberechtigung der Frau und für die Abschaffung der Sklaverei. Auch verfasste sie 1791 eine der Königin Marie Antoinette (1755-1793) gewidmete »Erklärung der Rechte der Frau und der Bürgerin« *(Déclaration des droits de la femme et de la citoyenne)*, in der sie die einzigen Gründe für die öffentlichen Missstände in »Unwissenheit, Versäumnis und Geringschätzung der Rechte der Frau« sah und festhielt, dass die Frau dem Mann an Rechten gleich ist (Art. 1).[9] Auch plädierte sie für das Recht der Frauen, die Rednerbühne besteigen zu dürfen (Art. 10), was ihr nicht gestattet wurde; das Recht, die Guillotine zu besteigen, wurde ihr freilich gewährt, auf der Place de la Révolution. Zum Misskredit trug sicher bei, dass die Französische Revolution entgleiste und in der Zeit des »*Grand Terreur*« (1793-1794) unter dem Jakobiner Maximilien Robespierre (1758-1794), der Mitglied des Nationalkonvents und des Wohlfahrtsausschusses war, zur Förderung der Tugend eine Schreckensherrschaft errichtete, der Tausende zum Opfer fielen, schließlich auch er selbst. Dass sich trotz der hohen Ideale der Menschen- und Bürgerrechte der Terror ausbreiten konnte, zeigt eine Wirklichkeit des Bösen, die sich mit dem Schein höchster Moralität tarnt und die Verblendung einer sich religioid gebärdenden Politik, die alle Maßstäbe verliert.

9 Der Text dieses Manifests der Frauenemanzipation im revolutionären Kontext in: http://www.assemblee-nationale.fr/histoire/femmes/olympe-de-gouges_declaration-des-droits-de-la-femme.asp

10 *Olympe de Gouges*, L'esclavage des nègres ou l'heureux naufrage, étude et présentation de *Sylvie Chalaye et Jacqueline Razgonnikoff*, Paris 2006.

11 *Susan Buck-Morss*, Hegel und Haiti. Für eine neue Universalgeschichte, Berlin 2011, 41.

Menschenrechte, aber nicht für Sklaven

Die französischen und nordamerikanischen Erklärungen der Rechte des Menschen kommen in einem paradoxen Punkt überein: Sie deklarieren in feierlicher Form die Gleichheit und Freiheit des Menschen oder aller Menschen, ohne mit dieser Semantik jedoch tatsächlich *alle* Menschen im Blick zu nehmen.

Der französische Fall Olympe de Gouges, die erwähnte Revolutionärin der Menschenrechte für Frauen, trat nicht nur für ihresgleichen ein, sondern hatte schon in vorrevolutionärer Zeit andere Unterdrückte ihrer Zeit im Auge. So protestierte sie 1774 gegen die Sklaverei, die Frankreich vor allem in seinen Kolonien praktizierte. Als Schriftstellerin verfasste sie zahlreiche Theaterstücke, darunter im Revolutionsjahr 1789 das Stück *L'ésclavage de noirs* gegen die schwarze Sklaverei, das zum Theaterskandal werden sollte, weil allein die Kritik an der wirtschaftlich für unabdingbar gehaltenen Sklaverei schon als skandalös empfunden wurde.[10] An dem Widerstand, der ihr entgegenschlug, als sie die Rechte des Menschen (Mannes) auch für die Frauen einforderte, kann man ermessen, wie groß der Widerstand gegen die Idee gewesen sein muss, die Rechte nicht nur für französische weiße Frauen einzufordern, sondern sogar für schwarze Sklaven.

Semantik und Pragmatik der Erklärungen klafften anfangs vielfach weit auseinander und dementierten sich wechselseitig. Der Widerspruch tritt eklatant hervor, wenn man die aufgeklärten Diskurse der politischen Philosophie mit den unaufgeklärten Praktiken der Sklaverei vergleicht, so dass proklamierte Freiheit und Gleichheit in schärfstem Kontrast zu den versklavten Personen stehen, meist Afrikaner, denen Menschen- und Bürgerrechte vorenthalten wurden. »Dieselben Philosophen, die die Freiheit als den natürlichen Zustand des Menschen betrachteten und sie zu einem unveräußerlichen Menschenrecht erklärten, akzeptierten die millionenfache Ausbeutung der Sklavenarbeiter in den Kolonien als Teil der gegebenen Weltordnung. Selbst als die theoretischen Forderungen nach Freiheit auf der Bühne der Politik in revolutionäres Handeln übersetzt wurde, blieb die auf Sklavenarbeit basierende Kolonialökonomie, die das System hinter den Kulissen am Laufen hielt, im Dunkeln.«[11]

Dass der Freiheits- und Gleichheitsgrundsatz des ersten Artikels in der französischen Erklärung zunächst keineswegs für alle galt, zeigt das Beispiel religiöser Minderheiten, denn erst 1791 wurde die Geltung durch Beschluss der Nationalversammlung auf Juden ausgedehnt. Aber im selben Jahr bestätigte die dieselbe Nationalversammlung die Sklaverei in den

Kolonien, auch wenn die freien Farbigen Bürgerrechte erhielten.[12] Erst drei Jahre später, 1794, schaffte die Nationalversammlung die Sklaverei in den Kolonien formell ab, doch Napoleon erklärte sie angesichts der Zustände in Haiti 1802 wieder für rechtmäßig, ein Zustand, der bis 1848 andauern sollte. Im revolutionären Frankreich galt nach wie vor der *Code Noir*, den der französische König Ludwig XIV. 1685 zur Regelung des Umgangs mit den Sklaven in den Kolonien und im Mutterland erlassen hatte.[13] Er legalisierte die Sklaverei als Institution und die Behandlung der Sklaven wie bewegliche Güter, aber auch die gestuften Körperstrafen bei Widersetzlichkeit, von Brandmarkung und Folter bis zu Verstümmelung und Tötung.

Selbst wohlmeinende Personen wie der Philosoph Marquis de Condorcet (1743-1797) konnten daran nichts ändern, auch keine Vereinigungen wie die *Société des amis des noirs*, die sich schon im Vorfeld der *Déclaration* von 1789 für die Gleichberechtigung der Schwarzen und die Abschaffung der Sklaverei eingesetzt hatten. Die Sklaverei, die den Freiheitsrechten stracks zuwiderlief, wurden nicht durch das revolutionäre Frankreich und seine Ideen abgeschafft, sondern durch die Sklaven selbst, die im Jahr 1791 in einer massenhaften Erhebung in der durch Zuckerplantagen reichen französischen Kolonie Saint-Domingue den Freiheitskampf in die Hände nahmen. Es war diese faktische Abschaffung der Sklaverei in der Kolonie, die zur Entscheidung der Republik führte, die Sklaverei mit Gesetz vom 4. Februar 1794 abzuschaffen. Maßgeblich beteiligt war dabei der lothringische Pfarrer und spätere konstitutionelle Bischof Henri Grégoire (1750-1831), der für die Gleichberechtigung religiöser Minderheiten und der Farbigen eintrat und sich dabei auf die englischen Abolitionisten und auf den Bischof Bartolomé de Las Casas berief; auf diese Weise war Las Casas in der französischen Auseinandersetzung um die Sklaverei geistig und argumentativ präsent.[14]

»Sklaverei« hatte in den revolutionären Zeiten Frankreichs nicht nur eine reale Bedeutung als ökonomische Institution in den Kolonien, sondern spielte auch eine bedeutende metaphorische Rolle. Denn die *Marseillaise*, seit 1795 französische Nationalhymne, spricht in der zweiten Strophe von

12 Zur Stellung der Schwarzen und Sklaven nach der Rechteerklärung vgl. *Lynn Hunt*, Inventing Human Rights. A History, New York/London 2007, 160-167.

13 *Louis Sala-Molins*, Le Code Noir ou le calvaire de Canaan, 5. Aufl., Paris 2012.

14 Vgl. *Arnulf Moser*, Las Casas und die Französische Revolution von 1789, in: Jahrbuch für Staat, Wirtschaft und Geschichte Lateinamerikas 7 (1970) 225-238.

15 *Jellinek*, Die Erklärung (Anm. 6), 70.

16 *Udo Sautter*, Geschichte der Vereinigten Staaten von Amerika, 7. völlig überarbeitete und erweiterte Auflage, Stuttgart 2006, 88.

17 Übersicht über die zahlenmäßige Entwicklung der Sklaverei in *Peter Kolchin*, American Slavery 1619-1877, New York 1993, 242.

der »alten Sklaverei« (l'antique esclavage), meint damit aber keineswegs die reale Sklaverei, sondern ein Sinnbild für das *Ancien Régime*, von dem es sich martialisch zu emanzipieren galt. Hier zeigt sich die höchst interessante Sprachentwicklung, dass die bildgebende Wirklichkeit der realen Sklaverei, obgleich noch existent, ausgeblendet und die Sklaverei zur Metapher für das gegnerische politische System wird.

Der nordamerikanische Fall Ähnliche Spannungen und Widersprüche zeigen sich auch in der amerikanischen Revolution. Zwar gestehen die *declarations* allen Menschen (all men) »unveräußerliche Rechte« zu, doch faktisch gelten diese keineswegs für alle. Anders als in Frankreich war die Sklaverei in Nordamerika nicht in fernen Kolonien angesiedelt, sondern konnte vor allem in den Südstaaten unmittelbar vor der Haustür besichtigt werden. Schon Jellinek hielt fest: »Trotz des Satzes, daß alle Menschen frei und gleich seien, wurde die Abschaffung der Negersklaverei damals nicht durchgesetzt. An Stelle des ›man‹ steht in dem Sklavenstaate der ›freeman‹.«[15]

Die schwarze Sklaverei in Nordamerika begann zu Beginn des 17. Jahrhunderts in Virginia; vor der Revolution am Ende des 18. Jahrhunderts schätzt man, dass etwa 20 Prozent der Gesamtbevölkerung Sklaven waren. Die Unabhängigkeitserklärung von 1776 ließ die Frage der Abschaffung der Sklaverei offen, auch wenn Theologen wie Samuel Hopkins (1721-1803) in Appellen an den Kongress die Abschaffung forderten. So blieb offen, welche Reichweite die proklamierten Freiheitsrechte haben sollten. »Die Halbheit der amerikanischen Revolution äußerte sich besonders deutlich in der Beibehaltung der Sklaverei als Institution.«[16] Die egalitären Freiheitsprinzipien der *Declaration of Independence* führten also nicht zur Abschaffung oder zum Abklingen der Sklaverei, sondern im Gegenteil zu starkem Anstieg, ökonomisch befeuert vor allem durch den Baumwollboom. Zählte man beim ersten Zensus 1790 knapp 700.000 Sklaven in den Vereinigten Staaten, so wuchs deren Zahl in den folgenden zwei Jahrzehnten um 70 Prozent auf mehr als 1,1 Millionen (1810), obgleich der Sklavenhandel seit 1807 verboten war. Dabei ist zu berücksichtigen, dass im System der erblichen »chattel slavery«, in der Sklavenhalter Eigentümer des Lebens, der Arbeit und der Nachkommenschaft der Sklavinnen und Sklaven war und ihm alle Verfügungsrechte zustanden. Vor Beginn des Bürgerkriegs, um 1860, gab es in den Südstaaten etwa 3,9 Millionen Sklaven (rund 12 Prozent der Gesamtbevölkerung).[17]

Selbst der Hauptverfasser der amerikanischen Unabhängigkeitserklärung, Thomas Jefferson (1743-1828), war Sklaveneigner. Zeit seines Lebens hielt er Sklaven, ob auf seinen Plantagen und seinem Wohnsitz Monticello in

Charlottesville (Virginia) oder als dritter amerikanischer Präsident von 1801 bis 1809 im Weißen Haus in Washington D.C., auch wenn er in seiner Amtszeit Import von und Handel mit Sklaven untersagte. Der Widerspruch zwischen der verbindlichen Erklärung naturrechtlicher Gleichheit und Freiheit und der Vorenthaltung dieser Rechte gegenüber den schwarzen Sklaven, war wohl rassisch begründet, da er »Neger« (negroes) jedenfalls nicht für Wesen hielt, denen die proklamierten Rechte galten. Erst nach dem Sezessionskrieg wurde die *»peculiar institution«* der Sklaverei, die das Land in Gegner und Befürworter spaltete, verboten. In einer am 1. Januar 1863 unterzeichneten Proklamation der Emanzipation und der Freilassung der Sklaven konnte Präsident Abraham Lincoln (1809-1865) endlich festhalten, dass 87 Jahre nach der Unabhängigkeitserklärung »all persons held as slaves within any estate [...] shall be then, henceforward and for ever free.«[18] Doch erst nach dem Bürgerkrieg wurde der Verfassung 1865 der 13. Zusatzartikel *(Amendment)* eingefügt, der die Sklaverei in den Vereinigten Staaten von Amerika endgültig abschaffte.

Doch selbst die formelle Abschaffung konnte nicht alle Probleme lösen. Allerdings gab es sowohl in Frankreich als auch in Nordamerika Antisklavereibewegungen, die oftmals aus religiös-moralischer Inspiration handelten. Hans Joas hält insgesamt fest: »Das Ergebnis der amerikanischen Revolution kann unter dem Gesichtspunkt der Sklaverei summierend nur als ambivalent bezeichnet werden.«[19] Die genannten Ausblendungen und Widersprüche zeigen deutlich, dass die Menschenrechtsideen der Erklärungen in Nordamerika und Frankreich in Kontexten politischer Revolutionen entstanden waren und auf politische Selbstbestimmung der neuen Eliten aus waren, die sich im amerikanischen Fall von der britischen Vorherrschaft, im französischen Fall vom *Ancien Régime* abwandten. Diese Interessen hatten zur Folge, dass die Rechte des Menschen zwar als universell proklamiert wurden, ihre Geltung und Inanspruchnahme aber de facto auf die weißen und vermögenden Männer beschränkt war, die schwarzen Sklaven und Sklavinnen jedoch ausgeschlossen waren. Allerdings hatten die Erklärungen das Potential, dass

18 *Abraham Lincoln,* His Speeches and Writings, ed. by *Roy P. Basler*, Cleveland NY 1946, 690.

19 *Hans Joas*, Sakralität (Anm. 1), 136.

20 *Mariano Delgado,* Die Rechte der Völker und der Menschen nach Bartolomé de Las Casas, in: *Matthias Kaufmann / Robert Schnepf* (Hgg.), Politische Metaphysik. Die Entstehung moderner Rechtskonzeptionen in der Spanischen Scholastik (Treffpunkt Philosophie 8), Frankfurt 2007, 177-203, hier 177.

die exkludierten Anderen sich darauf beziehen und ihre Rechte geltend machen konnten, wie schon früh im Fall von Haiti, so dass die Freiheitsräume im Lauf der Zeit erweitert werden konnten. Doch erst die »Allgemeine Erklärung der Menschenrechte« *(Universal Declaration of Human Rights)* vom 10. Dezember 1948 durch die Vollversammlung der Vereinten Nationen hält nicht nur fest, dass »alle menschlichen Wesen frei und gleich in Würde und Rechten geboren werden *(All human beings are born free and equal in dignity and rights)* (Art. 1); vielmehr verbietet sie auch ausdrücklich Sklaverei, Leibeigenschaft und Sklavenhandel in allen Formen (*No one shall be held in slavery or servitude; slavery and the slave trade shall be prohibited in all their forms.*) (Art. 4). Freilich gilt mit Blick auf die Wirklichkeit, dass auch diese Erklärung und ihre Übernahme in die Verfassungen der Länder keineswegs überall ihre Geltung und rechtliche Durchsetzung garantieren.

Die Frage der Sklaverei wurde also im Aufklärungszeitalter des 18. Jahrhunderts zunächst nicht als Frage der Menschenrechte behandelt, vor allem nicht von den Vätern der Rechteerklärungen, sondern musste sich als Menschenrechtsfrage im Gegenteil erst durchsetzen. Die Selbstverständlichkeit, mit der heute die Sklaverei in allen Formen geächtet wird, ist also durchaus neueren Datums und nicht schon in den ursprünglichen Erklärungen verankert. Schaut man vom späte 18. Jahrhundert ins Entdeckungszeitalter des 16. Jahrhunderts zurück, dann lässt sich feststellen, wie in Lateinamerika die Sklaverei der Indianer und der Afrikaner zur Entdeckung des Anderen als Opfer der Geschichte und zum inhärenten Menschen- und Völker-Recht führte. Diese Entdeckungen führten nicht zur baldigen Abschaffung, die vielmehr bis ins 19. Jahrhundert andauerte. Und zu den Nutznießern der Sklaverei in Hispano- und Luso-Amerika gehörten nicht nur die europäischen Siedler und ihre Abkömmlinge, sondern auch kirchliche Institutionen wie die Orden.

Diese Leidensgeschichte der Sklaverei prägte die gesamte Kolonialzeit und kann hier nicht dargestellt werden, wohl aber der frühe praktische und theoretische Widerstand, aus dem Menschenrecht und Völkerrecht erwuchsen. Es ist also an der Zeit, diesen epochalen Entdeckungszusammenhang im lateinamerikanischen Raum als Ort der Entdeckung und der Begründung von Menschenrechten stärker wahrzunehmen und als konstitutiven Teil der Geschichte des Menschenrechtsdiskurses zu begreifen. »In den letzten Jahrzehnten ist uns zunehmend bewusst geworden, dass auch die Diskussion im Schatten der *conquista* und Evangelisation Lateinamerikas, bei denen Päpste, Theologen und Juristen die Rechte fremder Völker und Menschen verteidigten, in die Geschichte der Idee der Menschenrechte eingehen sollten.«[20]

Las Casas und »Menschenrechte« im 16. Jahrhundert

Standen die Rechteerklärungen des 18. Jahrhunderts vor dem Problem der Exklusion der (schwarzen) Sklaven trotz universal formulierter Rechte aller Menschen, so blitzte im 16. und 17. Jahrhundert in Lateinamerika angesichts der dortigen Sklaverei Idee und Begriff von universalen Rechten auch für Eroberte und Versklavte auf, die sich bis zum Terminus der »Menschenrechte« verdichten. Ausgangspunkt der damaligen Reflexionen war kein Ideenkonstrukt, sondern die empathische Wahrnehmung der Sklaven, Frauen, Männer und Kinder, als Opfer von Gewalt und Unrecht, sowie die Frage, welche Rechte ihnen von Natur aus zukommen. Die Sklaverei war nicht nur ein faktisches Problem, sondern auch ein theoretisches, da Humanisten der Zeit wie Juan Ginés de Sepúlveda (1490-1573) die aristotelische These verteidigten und zur Grundlage der Politik machen wollten: Es gebe dort Menschen die »von Natur aus Knechte/Sklaven« (φύσει δοῦλοι, *Politik* 1254 b) seien.[21] In Lateinamerika ragt in der Frühen Neuzeit neben vielen anderen ein Protagonist des 16. Jahrhunderts hervor, Bartolomé de Las Casas (1484-1566). Angesichts der versklavten Menschen reagierten er nicht nur empathisch, sondern verfassten auch einen theologisch-philosophisch-juridische Traktate über die Sklaverei, in denen der Begriff von »Menschenrechten« *(derechos humanos)* auftaucht.

Sklaverei ist ein ubiquitäres Phänomen in sehr unterschiedlichen Verlaufsformen und kulturellen Ausprägungen.[22] Zu den typischen Formen der frühen Neuzeit gehören die iberischen Formen im südlichen Amerika, die zum einen zu sklavenähnlichen Zwangsverhältnissen in der indigenen Bevölkerung führte und zum anderen zum transatlantischen Sklavenhandel der nach Amerika verschleppten Afrikaner.[23] Nach damaliger, im römischen Kriegsrecht wurzelnder Rechtsauffassung war die Sklaverei unter der Bedingung rechtmäßig, dass es sich um Gefangene handelte, die in einem ›gerechten Krieg‹ *(bellum iustum)* gemacht worden waren. Im Rahmen der *conquista* kam es oft zu einer wahllosen Versklavung von Gefangenen, da schon der indianische Widerstand gegen die Eroberungs- und Besiedlungspolitik oder die Opposition gegen Missionsunternehmen als Gründe für

21 Hierzu vgl. *Mariano Delgado,* Die Indios als Sklaven von Natur? Zur Aristotelesrezeption in der Amerika. Kontroverse im Schatten der spanischen Expansion, in: *Günter Frank* (Hg.), Der Aristotelismus in der frühen Neuzeit – Kontinuität oder Wiederaneignung? (Wolfenbütteler Forschungen 115), Wiesbaden 2007, 353-382.

22 Zum Überblick vgl. *Michael Zeuske,* Handbuch Geschichte der Sklaverei. Eine Globalgeschichte von den Anfängen bis zur Gegenwart, Berlin/Boston 2013.

23 Überblick über Hispano-Amerika bei: *José Andrés-Gallego*, La esclavitud en la América española, Madrid 2005.

Este es vn tratado q̃
el obispo dela ciudad Real de Chiapa dõ
fray Bartholome de las Casas/o Casaus
compuso/por comission del Consejo Real
delas Indias: sobre la materia de los yn-
dios que se han hecho en ellas esclauos. El
qual contiene muchas razones y aucto-
ridades juridicas: que pueden apro
uechar a los lectores para deter-
minar muchas y diuersas
questiones dudosas
en materia de re-
stitucion: y de
otras que al
p̃sente los
hõbres
el tiẽpo de agora tratan.

Año 1552.

Abb 4
Titelseite des Traktats
über die Indiosklaverei
Este es un tratado
von Bartolomé de Las Casas OP
1552

einen ›gerechten Krieg‹ und damit als Anlass für eine legitime Versklavung herhalten mussten. Auch die Institution der *encomienda*, eine Verbindung von Nutznießung der Arbeitskraft und Unterhaltspflicht, die theoretisch von den Indios und Indias als freien Vasallen der Krone ausging, entwickelte sich faktisch zu einer sklavenartigen Institution der Zwangsarbeit und Freiheitsbeschränkung all jener Indianer, die den Siedlern und Kolonisten »anvertraut« *(encomendar)* waren. Sensibilisiert von der prophetischen Kritik von Ordensleuten, zumeist Dominikanern, suchten die Könige, die Sklaverei einzudämmen oder gesetzlich zu verbieten. So verboten die, nicht zuletzt auf Drängen von Las Casas erlassenen »Neue Gesetze« *(Leyes Nuevas)* von 1542/1543 ausdrücklich die Versklavung[24] und verlangten die Freilassung der Versklavten, was sich allerdings gegen den Widerstand der Kolonisten kaum durchsetzen ließ.

Da die indianische Arbeitskraft durch die kriegerische und vor allem epidemische Dezimierung der indigenen Bevölkerung rapide sank, suchte die Krone einen Ausweg in der Einführung von afrikanischen Sklaven zur Arbeit in den Kommenden, Minen und Mühlen. Diese Praxis führte zu einem enormen Anstieg des transatlantischen Sklavenhandels, an dem nicht nur Spanisch- und Portugiesisch-Amerika, sondern später auch die holländischen, französischen und britischen Kolonien in Nord- und Südamerika beteiligt waren. Insgesamt schätzt man die Zahl von etwa zwölf Millionen Afrikanern, die in der Kolonialzeit unter hohen Verlusten während der Schiffsreisen als Sklaven auf den amerikanischen Kontinent gebracht wurden.[25] Erst in der zweiten Hälfte des 19. Jahrhunderts erfolgten die letzten gesetzlichen Verbote in Amerika, 1865 in den Vereinigten Staaten von Amerika, 1888 im Kaiserreich Brasilien, drei Jahre, bevor Papst Leo XIII. (1810-reg. 1878-1903) die erste Sozialenzyklika *Rerum novarum* (1891) veröffentlichte.

Einer der kritischen Vorkämpfer zugunsten der Versklavten Amerikas war Bartolomé de Las Casas, der selbst Nutznießer einer *encomienda* auf Kuba gewesen war, bevor er sich bekehrte und in den Dominikanerorden eintrat.[26]

24 So lautet das Versklavungsverbot den *Neuen Gesetze* (ley XXII): »de aqui en adelante por ninguna vía se hagan los yndios esclauos« (von nun an mache man auf keinerlei Weise Indios zu Sklaven); *Francisco Morales Padrón,* Teoría y Leyes de la Conquista, Sevilla 2008, 419-448, hier 434.

25 Vgl. *Johannes Meier,* Der Überlebenskampf der Negersklaven. Kirchengeschichtliche Sichtung der afroamerikanischen Frage, in: *Wilhelm Dreier* u. a. (Hg.): Entdeckung, Eroberung, Befreiung. 500 Jahre Gewalt und Evangelium in Amerika, Würzburg 1993, 66-81.

26 Zur Einführung in Leben und Werk: *Mariano Delgado,* Stein des Anstoßes. Bartolomé de Las Casas als Anwalt der Indios, Sankt Ottilien 2011. Werke in Spanisch: *Bartolomé*

Aus seinem umfangreichen Werk sei hier vor allem auf die Schrift eingegangen, die sich mit der indianischen Sklaverei befasst und in der ausdrücklich von »Menschenrechten« die Rede ist.

Es handelt sich um den im Auftrag des *Indienrates* verfassten und am 12. September 1552 in Sevilla gedruckten Traktat über die Indiosklaverei. Gestützt auf zahlreiche Rechtsquellen entfaltet und begründet Las Casas die These: »Alle Indios, die in Westindien des Ozeanischen Meeres von seiner Entdeckung an bis heute zu Sklaven gemacht wurden, sind unrechtmäßig *(injustamente)* versklavt worden.«[27] Diese These untermauert er mit zahlreichen meist juridischen Argumenten, aber auch mit eindrücklichen narrativen Berichten. Dabei bestreitet Las Casas grundsätzlich, dass die Eroberungskriege »gerecht« gewesen seien und dass die von Dritten erworbenen Indios schon Sklaven waren. War aber die gesamte *conquista* ein ungerechter Krieg, für den weder gerechte Gründe noch legitime Autorität noch Verhältnismäßigkeit der Mittel geltend gemacht werden konnten, dann folgte daraus, dass die gesamte Versklavungspraxis in der Neuen Welt keinerlei Rechtsgrund hatte und daher unbillig und Unrecht war. »Denn wenn durch die Kriege jene, die in ihnen zu Sklaven gemacht wurden, unrechtmäßig und tyrannisch versklavt worden sind, und wenn kein einziger hätte versklavt werden dürfen, dann folgt daraus, dass in ganz Westindien, von seiner Entdeckung an bis heute, kein einziger Indio gerechterweise und nach natürlichem und göttlichen Recht zum Sklaven gemacht wurde.« (TI 77) Nach Las Casas ergab sich daraus für die Sklaveneigner eine Restitutionspflicht, die Indios für das begangene Unrecht zu entschädigen und sie in die »alte Freiheit« zu entlassen.[28]

Im argumentativen Teil seiner spanischen Abhandlung bezieht Las Casas sich auf verschiedene Prinzipien, darunter »Regeln der Menschenrechte« *(derechos humanos)*, die durch Vernunft *(razón)*, das natürliche Sittengesetz *(ley natural)* und das christliche Liebesgesetz *(ley de caridad)* bekräftigt sind (TI 82). Damit taucht wohl erstmals der Begriff der Menschenrechte auf. Was aber versteht Las Casas hier unter »Menschenrechten«? Die ältere

de Las Casas, Obras completas, ed. *Paulino Castañeda Delgado*, 14 Bde., Madrid 1989-1998. Deutsch: *Bartolomé de Las Casas*: Werkauswahl, hg. von *Mariano Delgado*, 3 Bde., Paderborn 1994-1997.

27 *Bartolomé de Las Casas*: Traktat über die Indiosklaverei, in: Werkauswahl Bd. 3/1: Sozialethische und staatsrechtliche Schriften, hg. von *Mariano Delgado*, Paderborn 1996, 59-114, hier 67; im laufenden Text zitiert unter dem Sigel TI mit Seitenangabe. Reprint des Traktats von 1552: Tratados de Fray Bartolomé de Las Casas, prólogos de *Lewis Hanke* y *Manuel Giménez Fernández*, México 1965, 500-641.

28 Zur Rechtsphilosophie von Las Casas vgl. *Ernst-Wolfgang Böckenförde,* Geschichte der Rechts- und Staatsphilosophie. Antike und Mittelalter, 2. überarbeitete und erweiterte Auflage, Tübingen 2006, 370-373.

Las-Casas-Diskussion bis in die 90er Jahre verfolgte eine andere Fragestellung. Einige Autoren sprachen bei Las Casas in einem allgemeinen Sinn von den Menschenrechten der Tendenz nach, ohne auf den Terminus in seinen Schriften zu referieren, während andere dieses Vorgehen anachronistisch nannten und das Vorkommen des Terminus bei Las Casas in Abrede stellten.[29] Da aber nun der Terminus »Menschenrechte« nachweislich zumindest einmal bei Las Casas auftaucht, und zwar in einer veröffentlichten Schrift von 1552, ändert sich die Fragestellung, ob hier nur ein formaler Bezug oder ein gehaltvoller Begriff der »derechos humanos« vorliegt. Die neuere Las-Casas-Diskussion ist in diesem Punkt nicht einheitlich, neigt aber aus theologischer, sozialethischer, historischer und juristischer Perspektive[30] der Auffassung zu, dass hier wohl tatsächlich erstmals ein spezifischer Terminus »Menschenrechte« zur Anwendung kommt. Eine breit angelegte Archäologie der Menschenrechte in der Frühen Neuzeit beschreibt umfangreich die lascasianische Logik, bemerkt dann aber: »So wie Las Casas in der ›Brevisima Relación‹ seine Begriffe wählte, wartet der heutige Leser geradezu darauf, daß jeden Augenblick ein Begriff wie *derechos de los hombres* fallen müßte. Aber er fällt nicht.«[31] In der Tat fällt er in der erwähnten Schrift nicht, die Las Casas aufgrund ihrer bis heute anhaltenden politischen Instrumentalisierung berühmt und berüchtigt gemacht hat.[32] Wohl aber fällt er in dem kaum diskutierten Traktat von 1552 über die »zu Sklaven gemachten Indios«. Aber in welchem Sinn?

Der lateinische Begriff des menschlichen Rechts *(ius humanum)* im Singular ist der römischen Rechtsterminologie nicht fremd. Das *ius humanum* bezeichnet die positive menschliche Rechtsetzung durch eine weltliche Autorität und steht gegenüber dem *ius divinum*. In diesem Sinn wird z. B. die Definition der Ehe in den Digesten der Rechtssammlung des *Corpus Iuris Civilis* (D. 23, 2, 1), verstanden als Verbindung von Mann und Frau zur lebens-

29 So etwa *Mauricio Beuchot*, Los fundamentos de los derechos humanos, Barcelona 1994. Vgl. *Bartolomé de Las Casas*, De regia potestate (Obras completas 12), edición de *Jaime González Rodríguez*, Madrid 1990, I-XXXIX, hier XXXIII-XXXIX.

30 In der Kommentierung der Abhandlung über die Indiosklaverei in der deutschsprachigen Werkausgabe hat der Autor 1995 auf den dort vorkommenden Terminus der »Menschenrechte« (derechos humanos) bei Las Casas verwiesen (Werkauswahl 3/1, S. 64 und TI 82). Vgl. die Analyse des Traktats von *Christiana Birr*, Recht als Argument in Las Casas' Tratado sobre los indios que han sido hechos esclavos, in: Kontroversen um das Recht. Beiträge zur Begründung von Vitoria bis Suárez, hg. von *Kirstin Bunge, Stefan Schweighöfer, Anselm Spindler, Andreas Wagner* (Politische Philosophie und Rechtstheorie des Mittelalters und der Neuzeit, Reihe II: Untersuchungen, Bd. 4), 93-125; zur Diskussion *Matthias Gillner*, Bartolomé de Las Casas und die Menschenrechte, in: Jahrbuch für christliche Sozialwissenschaften 39 (1998), 143-160; *Konrad Hilpert*, Die Menschenrechte in Theologie und Kirche, in: Theologie und Menschenrechte (Theologische Berichte XXXI), hg. von *Michael Durst* und *Hans J. Münk*, Freiburg Schweiz 2008, 68-112, hier 80; *Lukas Gschwend* und *Christoph Good*, Die spanische

langen Schicksalsgemeinschaft, eine »Teilhabe am göttlichen und menschlichen Recht« *(divini et humani iuris communicatio)*. Diese Unterscheidung wird im christlichen Sprachgebrauch übernommen, wobei das göttliche Recht aufgrund der Natur gilt und daher das Naturrecht meint *(ius naturale)* und als universales und unwandelbares Recht dem wandelbaren positiven Recht gegenübersteht. Doch diese klassische Unterscheidung hat Las Casas in seiner Argumentation nicht im Sinn, da er nicht auf Lateinisch argumentiert und überdies den Plural gebraucht, also auf Spanisch von »derechos humanos« spricht.

Als Quellen benannt Las Casas jene, welche die »Regeln der Menschenrechte« konfirmieren, nämlich Vernunft *(razón)*, Naturgesetz *(ley natural)* und christliches Liebesgebot (ley de caridad). Die Vorzugregeln erläutert er zunächst an eher geringfügigen Beispielen, um dann aber seine Folgerungen daraus zu ziehen: »Da die Freiheit *(libertad)* der Menschen, nächst ihrem Leben *(vida)*, das kostbarste und wertvollste Gut und daher allen anderen Sachen vorzuziehen ist [...], so ist, wenn die Freiheit von jemandem zweifelhaft ist und in Frage und zur Rede steht, zugunsten der Freiheit zu antworten und zu urteilen« (TI 85). Damit bestimmt er inhaltlich eine Art Minikatalog von »Freiheit und Leben«, wie ihn auch die amerikanische Unabhängigkeitserklärung mit »life and liberty« aufruft. »Freiheit« und »Leben« werden bei Las Casas zu Gegenbegriffen der »Sklaverei«.[33] Zur Begründung dieser grundlegenden subjektiven Rechte von Freiheit und Leben greift Las Casas auf vier Stellen aus dem Römischen und vier aus dem Kanonischen Recht zurück (TI 85), wendet also die entscheidenden Rechtstraditionen des Abendlands im amerikanischen Kontext auf Sklaven an.

Im Verlauf des Traktats greift Las Casas immer wieder auf die beiden Rechte zurück, die in sein Verständnis der »Menschenrechte« materiell prägen. Dabei

Conquista und die Idee der Menschenrechte im Werk des Bartolomé de Las Casas (1484-1566), in: Zeitschrift der Savigny-Stiftung für Rechtsgeschichte (Kanonistische Abteilung 95) 126 (2009) 217-256, hier bes. 236ff. *Fabian Wittreck*, Christentum und Menschenrechte. Schöpfung oder Lernprozeß?, Tübingen 2013, 11f.

31 *Wolfgang Schmale*, Archäologie der Grund- und Menschenrechte in der Frühen Neuzeit. Ein deutsch-französisches Paradigma, München 1997, 288.

32 Zum Text und zur Wirkungsgeschichte vgl. *Las Casas*, Kurzgefaßter Bericht (Anm. 2).

33 Vgl. hierzu *Kirstin Bunge*, Ordnung und Recht – Zum Begriff der Freiheit und des Rechts bei Francisco de Vitoria und Bartolomé de Las Casas, in: Kontroversen um das Recht. Beiträge zur Begründung von Vitoria bis Suárez, hg. von *Kirstin Bunge, Stefan Schweighöfer, Anselm Spindler, Andreas Wagner* (Politische Philosophie und Rechtstheorie des Mittelalters und der Neuzeit, Reihe II: Untersuchungen, Bd. 4), 127-150, hier 142f.

bezieht er sich insbesondere auf die Rechtsregeln beider Rechte, die sich sowohl in der justinianischen Sammlung des *Corpus Iuris Civilis* (CICiv) als auch in der Sammlung des kirchlichen Rechts im *Corpus Iuris Canonici* (CICan) finden.[34]

Aus dem CICiv etwa zitiert Las Casas zur Begründung der Freiheit die Rechtsregeln (Nr. 106 und 122): »Die Freiheit ist eine unschätzbare Sache« (Libertas inaestimabilis res est) und »Die Freiheit ist allen Dingen vorzuziehen« (Libertas omnibus rebus est favorabilior). Die Regel (Nr. 32), dass der Sklave zivilrechtlich für nichts gilt, nach dem Naturrecht (ius naturale) aber gilt, dass »alle Menschen gleich sind« *(omnes homines aequales sunt)*, führt er allerdings nicht an. Aus dem CICan zitiert er, um den Sündencharakter der Sklaverei zu beweisen, die Regel (Nr. 4): »Sünde wird nicht vergeben, wenn das Entwendete nicht restituiert wird.« *(Peccatum non dimittitur, nisi restituatur ablatum.)*[35] Überdies ist als weiterer Zusammenhang zu beachten, dass Las Casas in seinem Sklaventraktat Freiheit und Leben als individuelle Menschenrechte mit der politischen Freiheit der indianischen Gemeinwesen verknüpft, so dass die Idee der »Freiheit«, verstanden als individuelle Freiheit und als souveränitätspolitische Freiheit, hermeneutische Leitmotive sind. Es wird durch Vorzugsregeln gestützt, etwa der Art, dass im Zweifelsfall weniger Schaden für den Nächsten entstehen darf (*alterum non laedere*, D.I, 1, 10) und immer die Freiheit vorzuziehen und zu begünstigen ist (vgl. TI 81, 83, 85, 94f, 97).[36]

Dass Las Casas die Sklaverei nicht nur über den »Umweg« des ungerechten Krieges der *conquista* ablehnt (was implizit die Versklavung Gefangener bei »gerechten« Kriegen legitimieren könnte), entwickelt sein später Trakat *De Regia potestate* (1563) sein politisches Denken, das die ursprüngliche Freiheit der Indianer rechtfertigt. »Denn vom Beginn der Menschheit an war jeder Mensch, die ganze Erde und jedes Gut gemäß dem Natur- und dem

34 Die 211 Rechtsregeln des Römischen Rechts finden sich unter dem Titel »De diversis regulis iuris antiqui« in den *Digesten* (L, 17) des Corpus Iuris Civilis, vol I: Institutiones/Digesta, 12. Auflage, ed. *Paul Krüger*, Berlin 1911, 920-926. Die 88 Rechtsregeln des kanonischen Rechts finden sich unter dem Titel »De regulis iuris« im Anhang des *Liber Sextus* Bonifaz' VIII. in: Corpus Iuris Canonici, pars secunda: Decretalium collectiones, ed. *Erich Friedberg*, Leipzig 1881, Sp. 1222-1224. Zur Bedeutung bis heute vgl. Lateinische Rechtsregeln und Rechtssprichwörter, zusammengestellt, übersetzt und erläutert von *Detlef Liebs*, 2. Aufl., München 1982.

35 Zur Anwendung der Rechtsregeln im Traktat vgl. *José Alejandro Cárdenas Bunsen*, Escritura y Derecho Canónico en la obra de Fray Bartolomé de Las Casas (Parecos y australes 9), Madrid/Frankfurt 2011, 90-93.

36 Digesten L, 17, 20 (Anm. 34): »Quotiens dubia interpretatio libertatis est, secundum libertatem respondendum erit.«

37 *Bartolomé de Las Casas*, Traktat über die königliche Gewalt, in: Werkauswahl 3/2, Paderborn 1997, 187-248, hier 197; *ders.*: De regia potestate, in: Obras 12 (Anm. 29), hier 34ff.

38 So *Norbert Brieskorn*, Menschenrechte. Eine historisch-philosophische Grundlegung, Stuttgart 1997, 132f.

Völkerrecht ursprünglich frei und allodial, das heißt, abgabefrei und nicht der Sklaverei *(servitus)* unterworfen.«[37] Alle Menschen seien aufgrund ihrer Vernunftnatur frei und ihrer Natur nach gleich und mit freiem Willen ausgestattet. Daher habe Gott den einen nicht zum Diener oder Sklaven *(servus)* des anderen geschaffen. Vielmehr sei die Freiheit ein aufgrund der Vernunftnatur »notwendig angeborenes Recht« *(ius insitum hominibus de necessitate)*. Daraus wiederum folgert er, dass die Sklaverei (servitus) nicht naturrechtlich begründet sein könne, sondern ein akzidentelles Phänomen darstellt, das zufällig oder schicksalhaft auferlegt werde. Insgesamt besteht also kein Zweifel, dass Las Casas Freiheit zu dem Recht zählt, das den Menschen »notwendig angeborenen« ist und es sich nicht nur »um von Menschen positivierte Ansprüche«[38] handelt.

Zur Geschichte des lascasianischen Sklaventraktats gehört auch der biographische Wandlungsprozess hinsichtlich seiner umstrittenen Einstellung zur (afrikanischen) Sklaverei.[39] Bis in die 40er Jahre des 16. Jahrhunderts hatte Las Casas einen Unterschied zwischen der Versklavung der indianischen und der afrikanischen Sklaven gemacht. Denn zunächst hatte er nur die Indiosklaverei bekämpft, welcher Kampf erheblich zum gesetzlichen Verbot der Indianersklaverei in den »Neuen Gesetzen« von 1542 beitrug. Doch zum Schutz der von ihrer körperlichen Konstitution her schwächeren Indios befürwortete er zunächst die Einführung schwarzer Sklaven als Arbeitskräfte, die von den Zeitgenossen als robuster eingeschätzt wurden. Hierbei konnte er sich auf eine *Real Cédula* vom 22. Januar 1510 stützen, welche die ›Einfuhr‹ afrikanischer Sklaven erlaubte, die aufgrund ihrer kräftigeren physischen Konstitution für die schwere Arbeit in den Goldminen geeigneter erschienen.[40]

Später jedoch hat Las Casas, der zeitweise selbst über einige Sklaven verfügte, nicht mehr zwischen der Versklavung indianischer und afrikanischer Menschen unterschieden, vielmehr galt für alle Personen die Rechte von

39 Zu Las Casas' Einstellung zu den Afrikanern vgl. *Philippe-Ignace André-Vincent*, Bartolomé de Las Casas. Prophète du Nouveau Monde, Paris 1980, 218-233; vgl. auch *Isacio Pérez Fernández*, Bartolomé de Las Casas contra los negros? Revisión de una leyenda, Madrid 1991.

40 *José María Chacón y Calvo*, Cedulario Cubano. Los orígenes de la colonización I (1493-1512) (Documentos inéditos para la historia de Hispano-América, vol. VI), Madrid o. J. (1929), hier Dok. Nr. 52.

Freiheit und Leben gleichermaßen. In seiner *Historia de las Indias* bereute Las Casas ausdrücklich und zutiefst seinen Fehler der Ungleichbehandlung in der Sklavenfrage und konstatiert, »dass die Knechtschaft der Neger ebenso ungerecht wie die der Indios ist«,[41] und dass für alle das gleiche Recht gilt. Als einer der ganz wenigen Zeitgenossen ist Las Casas damit *avant la lettre*, lange vor den britischen, französischen und nordamerikanischen Abolitionsbewegungen zum Verteidiger der Indianer und der Afrikaner gegen die Versklavung geworden und zwar mit Berufung auf die »Regeln der Menschenrechte«. Er gehört damit nicht nur zu den Abolitionisten der ersten Stunde, sondern hat maßgeblich zur Entstehung der Menschenrechte beigetragen. Man darf allerdings aus heutigem Enthusiasmus heraus nicht meinen, dass sein Sklaventraktat bei den Zeitgenossen auf große Zustimmung gestoßen wäre; im Gegenteil führte er gerade bei den betroffenen Sklaveneignern in Amerika zu heftigen ablehnenden Reaktionen, denen im späten 18. Jahrhundert nicht unähnlich.[42] Doch im Gegensatz zu den nordamerikanischen und französischen Rechteerklärungen, welche den Sklaven zunächst keine Menschenrechte zubilligten, entzündeten sich Las Lasas‹ Argumentationen zu den Menschenrechten genau an der Frage der Rechte von Sklaven. Las Casas kann also mit Fug und Recht als ›Erfinder‹ und Vorläufer der ›Menschenrechte‹ im 16. Jahrhundert gelten, der aber auch schon früh als Abolitionist und Antikolonialist agierte. Sein Platz in der Genealogie der Menschenrechte wird also unter Berücksichtigung dieser Gestalt neu zu beschreiben sein, zumal die Rezeptionsbedingungen seiner spanischen und lateinischen Werke durch die deutsche Werkauswahl erheblich erleichtert worden ist. In diesem Zusammenhang soll nicht unerwähnt bleiben, dass man auch in einem päpstlichen Dokument, in der am 2. Juni 1537 von Paul III. promulgierten Bulle *Sublimis Deus (Veritas ipsa)*, zwar nicht den Terminus der »Menschenrechte« findet, wohl aber einen Minikatalog, dem das Gedankengut des Las Casas

41 *Bartolomé de Las Casas,* Geschichte Westindiens, in: Werkauswahl Bd. 2, hg. von Mariano Delgado, Paderborn 1995, 139-324, hier 276-282, bes. 281.

42 Zur Ablehnung in Amerika vgl. *Silvio Zavala*, Bartolomé de Las Casas ante la esclavitud de los indios, in: Cuardenos americanos (México) 25 (1966) 142-156, hier bes. 151-156.

43 Lateinischer Text unter dem Titel *Veritas ipsa* in: America Pontificia primi saeculi evangelizationis 1493-1592, Bd. 1 (Collectanea Archivi Vaticani 27/1), ed. *Josef Metzler*, Città del Vaticano 1991, Dok. Nr. 84; dt. Übersetzung bei *Mariano Delgado* (Hg.), Gott in Lateinamerika. Texte aus fünf Jahrhunderten. Ein Lesebuch zur Geschichte, Düsseldorf 1991, 151f. Vgl. auch das Breve *Pastorale Officium* vom 29. Mai 1537 (Denzinger/Hünermann, Nr. 1495), das die Versklavung von Indios mit Exkommunikation bedroht.

44 Vgl. *Margaret M. Olsen*, Slavery and salvation in colonial Cartagena de Indias, Gainesville FL 2004.

anzumerken ist. Denn der Papst konstatierte mit universaler Geltung die Freiheits- und Eigentumsrechte der Indios und anderer Völker sowie das Verbot der Versklavung. Mit seiner ganzen geistlichen Autorität stellte er fest, dass die Indios »ihrer Freiheit *(sua libertate)* und ihres Eigentums nicht beraubt werden dürfen, sondern diese Rechte frei und erlaubterweise *(libere et licite)* ausüben und sich ihrer erfreuen können. Auch ist es nicht erlaubt, sie in den Sklavenstand zu versetzen *(in servitutem)*. Alles, was diesen Bestimmungen zuwiderläuft, ist null und nichtig. Die Indios aber und die anderen Nationen mögen durch die Verkündigung des Wortes Gottes und das Beispiel eines guten Lebens, zum Glauben an Christus eingeladen werden.«[43] Dass der spanische König dieses Dokument zu verbieten suchte, ist eine andere Geschichte, die aber die Verbreitung nicht verhindern konnte.

»Missachtete Menschenrechte« im 17. Jahrhundert

Zeitlich gibt es zwischen den lascasianischen Menschenrechten in der Mitte des 16. Jahrhunderts und den revolutionären Menschenrechtskatalogen des späten 18. Jahrhunderts sachlich und terminologisch einen weiteren Entdeckungsort der Menschenrechte. Wie bei Las Casas steht auch er im Zeichen der zeitgenössischen Sklaverei, d. h. des transatlantischen Sklavenhandels und der Versklavungspraxis, gegen die ein weiterer Ordensmann aufbegehrte und die »missachteten Menschenrechte« beklagte.

Es handelt sich um den aragonesischen Kapuziner Francisco José de Jaca (1645-1689), der in der zweiten Hälfte des 17. Jahrhunderts (1678) im Alter von etwa 30 Jahren als Missionar nach Amerika ging und dort vornehmlich in Venezuela wirkte. Bei mehreren Aufenthalten in Cartagena de Indias (heute Kolumbien), dem großen karibischen Umschlagshafen für die afrikanischen Sklaven, lernte er als Augenzeuge deren Elend kennen: Aber er begegnete auch dem Erbe von zwei Jesuiten, die sich auf besondere Weise für die afrikanischen Sklaven, wenn auch nicht für die Abschaffung der Sklaverei eingesetzt hatten: Alonso de Sandoval (1576-1652), der ein Handbuch über die Afrikaner und ihre Pastoral verfasste (*De instauranda Aethiopum salute*, 1627), sowie der später kanonisierte Pedro Claver (1580-1654), der sich diakonisch und pastoral für die schwarzen Sklaven einsetzte, die in Cartagena de Indias eintrafen.[44]

Während eines Aufenthalts auf Kuba traf Jaca auf einen fast gleichaltrigen französischen Ordensgenossen, Epifanio de Moirans (1644-1689), der in der Sklavenfrage genauso dachte und handelte wie er und mit dem er sich im Kampf um die Abschaffung der Sklaverei verbündete. Beide standen unter dem Einfluss der spätscholastischen Rechtsschule von Salamanca. Beide verweigerten den Eigentümern schwarzer Sklaven bei der Beichte die Absolution, wenn diese nicht zu Freilassung und Restitution bereit waren. Wie bei Las Casas, der ebenfalls diese pastorale Mittel anwandte, erregten sie damit Widerstand. Auch Epifanio de Moirans verfasste eine unveröffentlicht gebliebene Schrift über die gerechte Verteidigung der natürlichen Freiheit der Sklaven.[45] Beide wurden des Landes verwiesen, mussten nach Europa zurückkehren, intervenierten am Hof und an der Römischen Kurie und waren in entsprechende Verhandlungen und Prozesse vor staatlichen und kirchlichen Instanzen verwickelt. Dabei ging es um hochpolitische Fragen, nämlich die Immunität von Ordensleuten im staatlichen Rechtsbereich, sowie um die rechtliche und moralische Zulässigkeit der afrikanischen Sklaverei in den spanischen Besitzungen.

Hier sind nun nicht die beiden parallelen kämpferischen Lebensgeschichten zu verfolgen, sondern auf eine Schrift Jacas unter dem Titel »Entschließung über die Freiheit der Schwarzen, die aus dem Heidentum stammen und nun bereits Christen sind« *(Resolución sobre la libertad de los negros y sus originarios, en el estado de paganos y después ya cristianos)* aufmerksam zu machen. Anders als Las Casas' Traktat blieben sie zu Lebzeiten unveröffentlicht. Der Traktat behandelt die Problematik der schwarzen Sklaverei mit dem argumentativen Ziel ihrer Abschaffung und Verurteilung. Auch dieser Traktat gebraucht den Begriff der »Menschenrechte« *(derechos humanos)*. Dabei trifft er eine Unterscheidung zwischen »Menschenrechten« *(derechos humanos)* und »katholischen Rechten« *(derechos católicos)*, die auch das Gliederungsprinzip der zwei Teile abgeben. Wenn schon bei den Heiden kein Platz für sklavische Unterwerfung sei, so die Schlussfolgerung Jacas, um wieviel weniger dann für Christen.[46] Genau an der Fuge zwischen beiden Teilen spricht der Autor von den »so missachteten Menschenrechten, wie die Erfahrung lehrt, für diese benachteiligten Leute« *(los humanos derechos tan despreciados como la experiencia enseña, para con gente tan*

45 Vgl. *José Tomás López García*, Dos defensores de los esclavos negros en el siglo XVII. Francisco José de Jaca y Epifanio de Moirans, Maracaibo/Caracas 1982; zu Epifanio de Moirans vgl. *Christoph Krauss*, Freiheit aller Menschen? Die Spanische Spätscholastik und der Kampf gegen die Sklaverei, in: *Christian Spieß* (Hg.): Freiheit – Natur – Religion. Studien zur Sozialethik [Festschrift Arno Anzenbacher], Paderborn 2010, 85-112.

46 *Francisco José de Jaca*, Resolución sobre la libertad de los negros y sus originarios, en el estado de paganos y después ya cristianos. La primera condena de la esclavitud en el pensamiento hispano. Edición crítica por *Miguel Anxo Pena González*, Madrid 2002 (Corpus hispanorum de pace, segunda serie vol. 11); im laufenden Text zitiert unter RL und Seitenangabe.

desfavorecida). Er will zeigen, dass afrikanische Sklaven von Natur aus Freie sind, sowohl bei Heiden wie bei Christen, und fordert daher die Verantwortlichen auf, ihren Sklaven wieder in die Freiheit zu entlassen und Wiedergutmachung zu leisten.

Um diese Menschenrechte zu bestimmen, kontrastiert Jaca die universal geltende und konnaturale Freiheit des Menschen als positive Seite mit der negativen Seite der faktisch gegebenen Sklaverei, die aus Erfahrung allgemein bekannt ist. Diesen Kontrast zwischen prinzipiell gegebenen und faktisch missachteten Menschenrechten spielt der Kapuziner dann an rechtlich und ethisch kontroversen Themen seiner Zeit durch; dazu gehörten vor allem zwei Fragekomplexe: die Kriterien eines »gerechten Krieges«, der ja Versklavung Gefangener erlaubte, und die rechtliche und sittliche Erlaubtheit des Menschenhandels durch Ankauf und Verkauf von Sklaven, also die Behandlung von Menschen wie Handelsware.

Bei der Klärung dieser Fragen bezieht er sich auf zahlreiche Autoren, welche seiner Gesamtargumentation Autorität geben sollen. Zu den Autoritäten, die er zitiert oder auf die er anspielt, gehören Autoren der klassischen Antike wie Cicero (106-43 v. Chr.) und Plutarch (45-125), patristische Autoren wie Gregor von Nazianz (329-390) und Gregor der Große (540-604), sowie mittelalterliche Autoren wie Bernhard von Clairvaux (1090-1153) und Thomas von Aquin (1225-1274). Noch größer ist die Zahl der zeitgenössischen neuzeitlichen Autoren, die in der üblichen Verschränkung von philosophisch-ethischen, theologisch-praktischen und rechtlich-kanonistischen Argumenten schreiben. Dabei handelt es sich etwa um Domingo de Soto (1494-1560), Antonio de Guevara (1480-1545), Martín de Azpilcueta (1492-1586), Tomás de Mercado (1525-1575), Jean Bodin (1529-1596), Luís Molina (1535-1600), Leonardus Lessius (1555-1623), Juan de Solórzano Pereira (1575-1655).

Auf der Seite der Prinzipien begründet Jaca nun das grundlegende Menschenrecht der Freiheit theologisch und naturrechtlich. Zunächst verweist er schöpfungstheologisch auf die Gottesbenbildlichkeit und die Freiheitsausstattung. Denn der Schöpfer habe sein Geschöpf, den Menschen, nach seinem Bild geschaffen (vgl. Gen 1,7) und ihm als dem am Anfang geschaffenen Menschen »die Macht der eigenen Entscheidung überlassen« (Sir 15,14), also mit Freiheit ausgestattet; ein »freigebiger Schöpfer« *(liberal Creador)* habe der Natur seines Geschöpfes die Freiheit von Natur aus konzediert *(la libertad concedida a su naturaleza)* (RL 4). Daher ergeht der Autor sich im Lob über diese Freiheit: »*A saber es lo grande, lo principal, y lo que es sobre toda estimación y aprecio como es la libertad*« (RL 5). Eine weitere soteriologische Begründung bezieht sich auf die durch Jesus Christus vermittelte Gnade und Liebe des »freigebigen Herrn« (vgl. Eph 5,20) (RL 6).

Bei der naturrechtlichen Begründung *(derecho natural)* verweist der Autor darauf, dass die Sklaverei der natürlichen Gabe der Freiheit widerspreche, da »die Natur alle als Freie und keinen zum Sklaven des anderen gemacht hat« (*la naturaleza a todos los hizo libres y a ninguno esclavo de otro*, (RL 7). Des Weiteren bezieht Jaca sich mehrfach auf die *Goldene Regel*, wonach man den anderen nicht so behandeln solle, wie man selbst nicht behandelt werden will (RL 9 und 13). So ist also die Sklaverei gegen die rationale Natur des Menschen, zum Menschsein gehöre das »rational Freie und das frei Rationale« (RL 12).

Im Kontrast zu den theologischen und naturrechtlichen Prinzipien, welche die Menschenrechte, insbesondere die grundlegende Freiheit begründen, beschreibt er mit viel Herzblut die negativen Fakten der Versklavung der Afrikaner, die einen Spiegel der vorenthaltenen, missachteten Menschenrechte darstellen. So beklagt er, dass die Schwarzen gekauft, verkauft und wiederverkauft würden, als seien sie Kleider, Leintücher, Zuchtvieh oder sogar Hölzer, Bretter, Wild oder Hetzhunde (RL 9). So schreibt er auch, um die Ungerechtigkeit und Inhumanität der Sklaverei zu veranschaulichen, dass er selbst männliche und weibliche Säuglinge gesehen habe, die wie Hunde, Katzen und Schafe in diese Länder gebracht worden seien und nun zum »Schlachthaus der Sklaverei« *(degolladero de la esclavitud)* verurteilt seien, ohne größere Schuld als die Erbsünde zu haben (RL 15).

Sein Mitgefühl mit diesen »Armen« oder »Elendsten der Welt« (RL 18) verhindert aber nicht die Rückfrage nach den Ursachen einer solch inhumanen Institution, die er als Folgen ungerechter Prinzipien sieht, die sich in Beeinträchtigung, Gewalt (violencia) und Ungerechtigkeit gegenüber den »armen Schwarzen äußern, «die von Natur aus frei sind und nach allem Recht von Sklaverei befreit« (RL 17). Zu den ungerechten Prinzipien tritt das Laster der Habsucht *(avaricia)*, das die Betroffenen für die gerechten Prinzipien und für die traurige Wirklichkeit blind mache.

Im Rahmen der spanischen Spätscholastik verweisen die beiden Namen Bartolomé de Las Casas und Francisco José de Jaca auf die frühneuzeitliche Versklavung der indigenen Amerikaner und der verschleppten Afrikaner in Amerika, die in der unmittelbaren Begegnung von Angesicht zu Angesicht zum empathischen Erkenntnisort dessen wurde, was sie »Menschenrechte« nannten. Sie folgten damit einer anderen Logik als die Rechteerklärungen des 18. Jahrhunderts, welche zunächst die weißen Europäer im Blick hatten und diesen Blick erst allmählich auf die (schwarzen) Sklaven weiteten. Unsere beiden Protagonisten dagegen sind Beispiele eines Perspektivwechsels auf die Leiden der Anderen, die reale Situation Versklavter vor

Augen. Daraus entwickelten sie aus diesem Blick mit Hilfe der rechtlichen, ethischen und religiösen Kategorien und Denkmuster ihre Sicht auf Rechte, die naturrechtlich und theologisch allen ohne Unterschied der Person zustanden.

Erkenntnisauslösende Orte waren also die Versklavungspraktiken der Zeit, mithin Gewaltkontexte. Von diesen Kontexten sensibilisiert, nahmen die beiden Ordensleute aus Europa in der Neuen Welt die Stimme des Gewissens wahr, die sie zum Wechsel der Perspektive veranlasste. Dabei erkennen sie die ihrer Freiheit und ihres Lebens beraubten Anderen und reklamieren jene »Menschenrechte«, die allen zustehen, unabhängig von Herkunft, sozialem Status, Hautfarbe, Religion, kulturellem Erbe. Ihre Ideen speisen sich aus verschiedenen Quellen der europäischen Geschichte, aus theologischen (Gottebenbildlichkeit), liturgischen *(dignitas)*, philosophischen (Naturrecht) und rechtlichen Annahmen. »Aber erst im Protest gegen die Unterdrückung und Versklavung der Ureinwohner des neuentdeckten Kontinents durch Bartolomé de Las Casas (1552) wird daraus die Einforderung von gleichen *Rechten* der Menschen; die weitere Entwicklung führt dann über Francisco Suárez, Hugo Grotius, Samuel Pufendorf und insbesondere John Locke zur Lehre des modernen Naturrechts, nach der alle Menschen vorstaatliche Rechte auf Freiheit, Eigentum und Leben haben, die, moralisch begründbar, die Konstitution und Ausübung staatlicher Herrschaft beschränken.«[47]

Unbeschadet der epochalen und nachhaltigen Bedeutung, welche die nordamerikanischen und französischen Rechteerklärungen des 18. Jahrhunderts zweifelsohne haben, ist es doch an der Zeit, die hispanoamerikanischen Entstehungsorte in die Geschichte der Menschenrechte einzuschreiben und ihre spezifische Eigenart als Orte des Leidens zu betonen, die emotionale ›Sympathie‹ und kognitive Erkenntnis gleichermaßen wecken. Die Genealogie der Menschenrechte durch die Sakralisierung der Person bekäme auf diese Weise neue, anschauliche Kapitel hinzugefügt. ◆

47 *Georg Lohmann*, Unterschiedliche Kulturen – warum Menschenrechte? In: Humanismus. Sein kritisches Potential für Gegenwart und Zukunft, hgg. von *Adrian Holderegger/Siegfried Weichlein* und *Simone Zurbuchen*, Fribourg/Basel 2011, 217-232, hier 219f.

Interkulturelle Kommunikation im Horizont der Menschenwürde

VIERTER TEIL

Kultur, Vergleich und Diversität

13
Las Casas und das Bischofsamt

Bartolomé de Las Casas (1484-1566) gehört zu den wirkmächtigen Gestalten der Frühen Neuzeit, dessen Denken um die subjektive Freiheit und die souveräne Freiheit der Völker kreist, so dass er bis heute unvergessen bleibt.[1] Das gilt nicht nur für die Neue Welt, wo er als Bischof von Chiapas im Süden Mexikos eine neue Amtskultur entfaltete, mit der er allerdings vor Ort scheiterte. Als Altbischof wirkte er in Spanien weiter. Das gilt auch für Europa, in dem sein Werk inzwischen vielfach übersetzt ist und diskutiert wird. Im 20. Jahrhundert wurden ihm zahlreiche literarische Denkmäler gesetzt, so in Deutschland durch Alfred Döblins (1878-1957) Romantrilogie »Amazonas« sowie Reinhold Schneiders (1903-1958) Novelle »Las Casas vor Karl V.« In Lateinamerika sei an den chilenischen Literaturnobelpreisträgers Pablo Neruda (1904-1973) erinnert, der in seinem »Allgemeinen Gesang« *(Canto general)* Las Casas und andere »Libertadores« mit den »Conquistadores« kontrastiert. Auch der Dichter Ernesto Cardenal (1925-2020) mit seinem »Cántico Cósmico« (1989) ist zu nennen.

Der Bischof von Limburg, Franz Kamphaus (*1932, reg. 1982-2007) verweist öfters auf seinen Amtskollegen Las Casas.[2] Überdies gibt es eine Verbindung der Stadt Frankfurt mit Las Casas, denn an diesem traditionellen Druck- und Verlagsort erschien 1571 postum sein rechtsphilosophischer Spättraktat,[3] der auf Intervention der spanischen Inquisition in Spanien nicht gedruckt werden konnte. In diesem Werk fasste der hochbetagte Las Casas

1 Vgl. *Mariano Delgado*, Stein des Anstoßes. Bartolomé de Las Casas als Anwalt der Indios, Sankt Ottilien 2011.

2 *Franz Kamphaus*, Auf den Punkt gebracht. Biblische Anstöße, Freiburg/Basel/Wien 1994, 132-144.

3 *Bartholomæi de Las Casas* Episcopi Chiapensis, viri in omni doctrinarum genere exercitatissimi, erudita & elegans explicatio Quaestionis: Vtrum Reges vel Principes iure aliquo vel titulo, & et salua conscientia, Ciues ac Subditos à Regia Corona alienare, & et alterius Domini particularis ditioni subjicere possint? [...]. Edita cura & studio Vuolffgangi Griestetter Frankofurti ad Moenum M.D.LXXI. Dt. Übersetzung: *Bartolomé de Las Casas*, Werkauswahl, hg. von *Mariano Delgado*, Bd. 3/2: Sozialethische und staatsrechtliche Schriften, Paderborn 1997, 187-248.

seine Auffassungen über die politische Freiheit und das Recht der Völker auf souveräne Selbstbestimmung zusammen, die auch sein schriftstellerisches Wirken bestimmten: Die Verteidigung subjektiven Freiheitsrechte und der kollektiven Freiheitsrechte der indigenen Völker.

Vom *encomendero* zum Dominikaner

1484 in Sevilla geboren, hat Las Casas an der Kathedralschule gelernt und kam schon früh in Kontakt mit der Neuen Welt: Am 31. März 1493 erlebte er als Kind in seiner Heimatstadt die triumphale Rückkehr des Christoph Kolumbus (1451-1506) von seiner ersten Entdeckungsfahrt in die Neue Welt. Sein Vater, ein Kaufmann, und sein Onkel nahmen an der zweiten Kolumbusfahrt teil und kehrten erst 1499 nach Spanien zurück. Seinem halbwüchsigen Sohn Bartolomé brachte er einen jungen Taíno-Indianer als »Geschenk« mit. Auf den Spuren seines Vaters, ließ der 18jährige Bartolomé sich von Nicolás de Ovando (1451-1511) für eine große Flotte mit Kurs nach Westen anwerben und betrat 1502 in Santo Domingo auf der Karibik Insel La Española zum ersten Mal den Boden der Neuen Welt. Dort nahm er an kriegerischen Expeditionen teil und bekam für seine Verdienste im Kampf gegen die Indianer eine *encomienda* zugeteilt, d. h. er wurden nun *encomendero*, dem Indigene »anvertraut« *(encomendar)* wurden. Damit war das Recht verbunden, die an die Krone zu leistenden Tribute der Indios in Form von Naturalabgaben oder Arbeitsleistungen für sich zu beanspruchen; damit verbunden war freilich die Pflicht, für Unterhalt und Christianisierung der Indios Sorge zu tragen. Theoretisch waren die Indianer zwar keine Leigeigenen oder gar Sklaven, sondern freie Vasallen der spanischen Krone, doch faktisch entwickelte sich im Laufe der Zeit diese Institution der *encomienda* zu einem System von Ausbeutung und Unterdrückung, das Las Casas später als »intrinsece malum« (in sich schlecht) qualifizieren und bekämpfen wird.

1506/07 unternahm er eine Reise nach Rom, wo er die Priesterweihe empfing und bei seiner Rückkehr als Kleriker-*encomendero* in Concepción de la Vega seine Geschäfte wieder aufnahm. Bei der blutigen Eroberung Kubas 1513 unter dem Conquistador Pánfilo de Narváez (1470-1528) wirkte er als Feldkaplan mit und erhielt für seine Dienste wiederum eine wertvolle *encomienda* zugeteilt, deren er sich wie alle anderen bediente. Ab 1510 kamen unter Leitung von Pedro de Córdoba (1460-1525) die Dominikaner ins Land, die eine strenge Missionstätigkeit entfalteten. Zu den bekanntesten Missionaren zählt Antón de Montesino (1475-1540), der auf La Española seine berühmte Adventspredigt (1511) gegen die Unterdrückung der Indios hielt.[4] Ein Merkmal der pastoralen Strenge bestand darin, in der Beichte die Absolution zu verweigern, wenn ein Pönitent die Bußauflagen nicht befolgte, also zum Beispiel die Indios nicht in die Freiheit zu entlassen oder die entwendeten Besitztümer nicht zu restituieren. Auch dem Priester und *encomendero* Las Casas wurde 1512 nach einer Beichte einmal die Absolution verweigert, da er nicht bereit war, die Indios seiner *encomienda* in die Freiheit zu entlassen.

Das Jahr 1514 wurde für Las Casas zu einem entscheidenden Jahr. Bei der Vorbereitung der Messe zu Pfingsten stieß er auf einen biblischen Text, der seine Wandlung auslösen sollte. Es war der Abschnitt eines Textes des Weisheitslehrers Jesus Sirach (Sir 34,21-27) über soziales Verhalten:

> »Ein Brandopfer von unrechtem Gut ist eine befleckte Gabe.
> Opfer des Bösen gefallen Gott nicht.
> Kein Gefallen hat der Höchste an den Gaben der Sünder,
> auch für eine Menge Brandopfer vergibt er die Sünden nicht.
> Man schlachtet den Sohn vor den Augen des Vaters,
> wenn man ein Opfer darbringt vom Gut der Armen.
> Kärgliches Brot ist der Lebensunterhalt der Armen,
> wer es ihnen vorenthält, ist ein Blutsauger.
> Den Nächsten mordet, wer ihm den Unterhalt nimmt,
> Blut vergießt, wer dem Arbeiter den Lohn vorenthält.«

In seiner Predigt erklärt Las Casas, künftig auf seine *encomienda* zu verzichten, weil es sündhaft sei, die Indios in Zwangsarbeit zu halten. Fortan wird Las Casas die Indios mit aller Kraft verteidigen, als »Stimme des Gewissens« das Unrecht seiner Landsleute anprangern und so zum »Zeugen für die Souveränität des Rechts« werden.[5]

Im Kontakt mit der Dominikanerkommunität in Santo Domingo gelangte er zur Überzeugung, dass nur der König das Unrecht an den Indios durch bessere Gesetzgebung beseitigen könne. Daher reist er erneut in die Alte Welt (1515/16). Zwar lag der spanische König Ferdinand II. (1452-1516) im Sterben, doch die beiden Interimsregenten, Kardinal Francisco Jiménez de Cisneros (1436-1517) und Hadrian von Utrecht (1459-1523), der spätere Papst Hadrian VI. (reg. 1522-1523), öffneten sich seinen Anliegen, die er in

4 Vgl. *Michael Sievernich*, Anfänge prophetischer Theologie. Antonio de Montesinos Predigt (1511) und ihre Folgen, in: *ders. u. a.* (Hg.), Conquista und Evangelisation. Fünfhundert Jahre Orden in Lateinamerika, Mainz 1992, 77-98.

5 *Joseph Ratzinger*, Das Gewissen in der Zeit, in: Über Reinhold Schneider, hg. von *Carste Peter Thiede*, Frankfurt 1980, 110.

Klage- und Denkschriften *(denuncias, memoriales)* niederlegte. Cisneros ernannte Las Casas zum Protektor und Verteidiger der Indianer und beauftragt ihn mit Reformen, deren Verwirklichung vor Ort jedoch scheiterte. Daher unternahm er 1517-1520 seine dritte Reise nach Spanien und erlangte von dem nun regierenden König Karl I., der 1520 zum Kaiser gewählt wurde (Karl V.) (1500-1558, reg. 1516, 1520-1556) die Genehmigung, auf dem Festland (im heutigen Venezuela) eine »*conquista* de paz«, eine friedliche Kolonisierung und Missionierung durchzuführen. Doch scheitert dieses große Projekt von Cumaná und Chiribichi an den Sklavenjägern, den Aufständen der Indianer und den Strafexpeditionen. Über den Fehlschlag tief enttäuscht, zog er sich ins Dominikanerkloster von Santo Domingo zurück und tritt 1522 in den Predigerorden ein.

In den nun folgenden schweigsamen Jahren seines Lebens absolvierte er das Noviziat und widmete sich autodidaktisch theologischen, juristischen und historischen Studien. Früchte dieser Studien sind die missionstheoretische Schrift *De unico vocationis modo* (1527), in der er eine Missionsmethode entwirft, die mit ausschließlich friedlichen Mitteln auf die vernünftige Einsicht und die sanfte Bewegung des Willens setzt. Überdies begann er in diesen Jahren mit der Abfassung seiner monumentalen historischen und ethnographischen Hauptwerke *Historia de las Indias* und *Apologética historia sumaria*, die das Walten der Vorsehung in den geschichtlichen Ereignissen, aber auch die hohe Kultur der amerikanischen Völker dartun sollen.[6]

In den folgenden Jahren finden wir Las Casas in der praktischen Missionstätigkeit, zunächst in Nicaragua, dann auf Einladung des Bischofs von Guatemala, Francisco Marroquín (1499-1563), im »Kriegsland« Tezulutlán (Guatemala), wo ihm mit seinen Ordensbrüdern erstmals der Versuch einer friedlichen Mission gelang, die vertraglich (1537) vor dem Eindringen spanischer Kolonisten geschützt war. Dieses Missionsgebiet von Tezulutlán wird später seiner Diözese inkorporiert werden und den programmatischen Namen eines »Landes des wahren Friedens« *(Verapaz)* erhalten.[7]

Um neue Missionare zu gewinnen, unternimmt Las Casas 1540 eine weitere Europa-Reise, die sich vier Jahre hinzog, weil er die Gelegenheit nutzte, um die Sache der Indianer auch politisch voranzutreiben. Zur »Reformation«

6 Auswahltexte in: *Bartolomé de Las* Casas, Werkauswahl, hg. von *Mariano Delgado*, 4 Bde., Paderborn 1994-1997.

7 Vgl. *André Saint-Lu*, La Vera Paz. Esprit évangélique et colonisation, Paris 1967.

8 Text und Kommentar in: *Bartolomé de Las Casas*, Werkauswahl, hg. von *Mariano Delgado*, Bd. 2: Historische und ethnographische Schriften, Paderborn 1995, 25-138.

9 Vgl. *Adriaan C. van Oss*, Comparing colonial bishoprics in Spanisch South America, in: Boletín de Estudios Latinoamericanos y del Caribe 24 (1978) 27-66.

Westindiens, so wurde Hispanoamerika in der Kolonialzeit genannt, schlug er in Denkschriften an den König und den Indienrat verschiedene »Heilmittel« vor (remedios), darunter die Abschaffung von *conquistas* und *encomiendas*. Um seinen Vorschlägen Nachdruck zu verleihen, verfasste er seine wohl berühmteste Schrift *Brevísima relación de la destrucción de las Indias*, eine Art negativer Fürstenspiegel zur Entlarvung tyrannischer Herrschaft.[8] Seine Reformvorschläge gingen weitgehend in das als *Leyes Nuevas* bekannte Gesetzeswerk (1542/43) ein, das neben einer Verwaltungsreform die gute Behandlung *(buen tratamiento)* der Indianer als »freie Personen« *(personas libres)* regelte, außerdem die *encomiendas* einschränkte und die Sklaverei verbot, sowie sklavenähnliche Arbeiten wie Lastentragen und Perlenfischerei.

Kurze Amtszeit als Bischof in Amerika

Nach der Promulgation der *Neuen Gesetze* nahm Las Casas 1543 eher widerstrebend seine Ernennung zum Bischof der 1538 errichteten, kärglich ausgestatteten Diözese Ciudad Real de los Llanos de Chiapas (Südmexiko) an, nachdem er es zuvor abgelehnt hatte, die ihm angetragene, reich ausgestattete Diözese Cuzco (Peru) zu übernehmen.[9] Am 30. März 1544 empfing er in seiner Heimatstadt Sevilla die Bischofsweihe[10] und brach bald darauf mit 45 Missionaren aus dem Dominikanerorden und weiterem Gefolge auf zur Übernahme seines Bistums in die Neue Welt auf, wo er am 12. März 1545 offiziell eintraf. Territorial war die Diözese auf seine Petition hin neu umschrieben worden[11] und umfasste Chiapa, Soconusco, die Halbinsel Yucatán sowie sein altes Missionsgebiet Tezulutlán. Personell fand er außer einigen Ordenspriestern (Merzedarier) nur fünf Geistliche des Weltklerus vor.

Den Beginn seiner pastoralen Tätigkeit als Bischof markierte ein programmatischer Aufruf *(Proclama a los feligreses de Chiapa)* an die Gläubigen seiner Diözese, ihm alle öffentlichen Sünder anzuzeigen. Den meisten Priestern entzog er die Vollmacht Beichte zu hören und loszusprechen und reservierte sich die Fälle mit Restitutionspflicht. Diese Anordnungen sowie seine Predigten in der Karwoche 1545, in denen er zum Schutz der Indios

10 Die Bischofsernennung erfolgte nach dem Patrontatsrecht, d. h. die Krone designierte und präsentierte den Kandidaten, der vom Papst dann konfirmiert und dessen Namen in einem Konsistorium öffentlich bekanntgegeben wurde.

11 Vgl. *Helen Rand Parish*, Las Casas as a bishop. A new interpretation based on his holograph petition in the Hans P. Kraus Collection of Hispanic American Manuscripts, Washington D.C. 1980.

die Einhaltung der *Neuen Gesetze* urgierte, riefen heftige Proteste unter den Kolonisten hervor; selbst sein eigener Dekan kündigte ihm den Gehorsam auf und floh aus der Diözese. Mitte 1545 reiste zum Sitz der zuständigen Verwaltungs- und Gerichtsbehörde *(Audiencia)* in Gracias a Dios (Honduras), um seine Beschwerden vorzubringen. Auf dem Weg dorthin unternahm er eine Pastoralvisite in Tezulutlán, wo ihm die dominikanischen Missionare und die Indios einen begeisterten Empfang bereiteten. Während des längeren Aufenthaltes in Gracias a Dios weihte er zusammen mit zwei Amtskollegen, den Bischöfen Francisco Marroquín (Guatemala) und Cristóbal de Pedraza (1485-1555) (Honduras), den Ordensgenossen Antonio de Valdivieso (?-1549) zum künftigen Bischof von Nicaragua. Auch wurde er bei der Verwaltungsbehörde, der *Audiencia de los Confines*, vorstellig und forderte in einer Eingabe vom 22. Oktober 1545 die Hilfe des ›weltlichen Arms‹ an, der seine freie Amtsausübung und die gute Behandlung der Indios gewährleisten, aber auch die anhaltenden *conquistas* in Yucatán beenden sollte. Weitere Schreiben gingen an Kronprinz Philipp (1527-1589), dem er in einem von Valdivieso mitunterzeichneten Brief vom 25. Oktober 1545 vorschlägt, sein Bistum auf das Gebiet von Tezulutlán zu reduzieren und in den Regionen Soconusco, Chiapa und Yucatán eigene Bischöfe einzusetzen. Aufgrund der Widerstände und der feindseligen Haltung, die ihm vonseiten der Kolonisten und Behörden entgegenschlug, zog er sich mehrere Monate auf indianische Missionsstationen der Dominikaner zurück, ohne dass die erhoffte Beruhigung eintrat. Im Gegenteil stellten sich der Präsident der *Audiencia de los Confines*, Alonso Maldonado (1480-?), der Visitator Neuspaniens, Francisco Tello de Sandoval (1508-1580), sowie mehrere Stadträte (cabildos) gegen ihn; überdies wuchs der Widerstand gegen die *Neuen Gesetze* derart, dass der König sich genötigt sah, sie durch Anordnung vom 20. Oktober 1545 zu revidieren, insbesondere die Gesetze zur Abschaffung der *encomienda* zurückzunehmen.

Bei einer 1546 in México stattfindenden Versammlung (Junta) der Bischöfe Neuspaniens, einer synodalen Vorform der späteren Provinzialkonzilien,[12] legte Las Casas seinen Amtskollegen, darunter den Bischöfen von México, Juan de Zumárraga (1468-1548); von Tlaxcala, Julián Garcés (?-1542); und vom Michoacán, Vasco de Quiroga (1470-1565), einige »Ratschläge und Regeln für

12 Vgl. *Willi Henkel,* Die Konzilien in Lateinamerika. Teil I Mexiko 1555-1897, Paderborn 1984, 60f.

13 *Las Casas* (Anm. 6), Bd. 3/1, hier Dreißig Rechtssätze, 180-192.

14 *Benno Biermann*, Las Casas und seine Sendung. Das Evangelium und die Rechte des Menschen, Mainz 1968, 45.

die Beichtväter« *(Avisos y reglas para los confesores)* zur Begutachtung vor. Dieses *Confesionario* spiegelt nicht nur seine strenge Auffassung von der Verwaltung des Bußsakraments wider, sondern auch seinen Versuch, mit Mitteln der Bußpastoral durchzusetzen, was politisch nicht durchzusetzen war.

Zu dieser Zeit hatte sich Las Casas schon entschlossen, nicht mehr in sein unwirtliches Bistum zurückzukehren, sondern seinen Kampf für die Rechte der Indios am Hof des Königs fortzusetzen. Er ernannte vier Dominikaner zu Beichtvätern der Spanier, darunter Tomás Casillas (?-1567), der später sein Nachfolger auf dem Bischofsstuhl von Chiapas werden sollte.

1547 reiste er nach Spanien zurück, wo sein *Confesionario* inzwischen bekanntgeworden und in die Kritik geraten war. Obwohl er es von sechs Magistern der Theologie an den Universitäten von Salamanca und Alcalá hatte begutachten lassen, ohne dass Beanstandungen geäußert worden wären, wurde ihm vorgeworfen, er bestreite die Rechtstitel des spanischen Königs in der Neuen Welt. Diesen Vorwurf erhob vor allem sein Widersacher Juan Ginés de Sepúlveda, der ihn aufgrund dieser Schrift wegen Hochverrats und Häresie beim Kastilienrat und Inquisitionsrat angezeigt hatte. Las Casas musste sein *Confesionario* erneut rechtfertigen und verfasste einen eigenen Traktat, in dem er dreißig Argumente für seine Rechtsauffassung *(Treinta proposiciones muy jurídicas)* vorbrachte.[13] Gleichwohl ordnete ein königlicher Erlass (cédula) vom 28. November 1548 an, alle in der Neuen Welt umlaufenden Kopien des *Confesionario* einzuziehen, worauf der Vizekönig von Neuspanidie Schrift sogar öffentlich verbrennen ließ. 1550 verzichtet Las Casas formell auf sein Bistum, weil er der Residenzpflicht nicht genügen konnte, und wirkte die verbleibenden 16 Jahre seines Lebens als bischöflicher Anwalt der Indios am Hof und in der Öffentlichkeit.

Im selben Jahr begann vor dem Indienrat in Valladolid jene berühmte Disputation über die Erlaubtheit des Krieges gegen die Indios, bei der er wieder auf seinen Kontrahenten Juan Ginés de Sepúlveda (1490-1573) stieß. Der Disput, der sich jahrelang hinzog, aber ohne klare Entscheidungen seitens der Krone blieb, war gewiss »der Höhepunkt in dem geistigen Kampf des Las Casas um die Freiheit und die Menschenrechte der Indianer und um eine wahrhaft christliche Mission«.[14]

1552/53 ließ Las Casas in Sevilla mehrere spanische Abhandlungen drucken, darunter auch die erwähnte *Brevísima relación* und ein Bußhandbuch *(Confesionario)* sowie einen lateinischen Traktat *Principia quaedam*, der »ad defendendam iusticiae Yndorum«, die Besitz-, Herrschafts- und Freiheitsrechte der indigenen Völker begründete. Diese Sammlung wurde den ausziehenden Missionaren als pastorale und rechtliche Handreichung mitgegeben, sollte aber auch der Konsensbildung in Spanien dienen. In diesen

Jahren arbeitete er überdies an seinen schon Jahrzehnte zuvor begonnenen historischen Werken weiter, ohne sie jedoch unter König Philipp II. veröffentlichen zu können. Mit Briefen und Eingaben an den Indienrat und den König meldete er sich immer wieder zu Wort. In seinen letzten Lebensjahren, inzwischen ein Greis geworden, setzte er sich sowohl für den ihm geistesverwandten Erzbischof von Toledo, Bartolomé Carranza de Miranda (1503-1576)[15] ein, der viele Jahre in den Kerkern der Inquisition von Spanien und Rom verbringen musste. In dieser Epoche verfasste er seine reifen ethisch-politischen Schriften, in denen er theoretisch die Freiheit der indianischen Völker und die Achtung ihrer originären Rechte begründete. So plädierte er angesichts der Plünderung der inkaischen Begräbnisstätten für die Restitution des geraubten Goldes (*De Thesauris que reperiuntur in sepulchris Indorum*, 1563). Angesichts der dortigen Befreiungskämpfe unter den letzten Inka-Herrschern Titu Kusi Yupanqi (1529-1571) und Túpaq Amaru (1545-1572) (Vilcabamba) setzte er sich für die Souveränität der indianischen Reiche und die Wiedereinsetzung der Inka-Dynastie (*Tratado de las doce dudas*, 1564). In einer weiteren Schrift, dem schon erwähnten Traktat *De regia potestate*,[16] der später in Frankfurt verlegt werden sollte, plädierte er für das Selbstbestimmungsrecht der Völker, das es keinem fremden Herrscher ohne ausdrückliche Zustimmung erlaube, Güter und Rechte zu enteignen oder das politische System zu ändern.

Am 18. Juli 1566 starb Bartolomé de Las Casas 82jährig im Dominikanerkonvent von Atocha bei Madrid. In seinem Testament benannte er die beiden Motive, die ihn zu seinem 50 Jahre währenden Dienst antrieben: allein Gott *(sólo Dios)* und das Mitleiden *(compasión)* mit den Menschen.[17]

Protest gegen bischöfliche Pastoral

Las Casas' pastorales Wirken spiegelt sich in Schriften, die er in seiner kurzen aktiven Amtszeit[18] als Bischof von Ciudad Real de los Llanos de Chiapas verfasste. Diese richteten sich entweder an die spanischen Gläubigen seiner Diözese oder an die staatlichen Autoritäten, deren Pflichten er anmahnte. Dabei ging es ihm einerseits um das Heil seiner Landsleute, das durch eigenes Verhalten bedroht war, und andererseits um die Verteidigung der indianischen Bevölkerung, deren Wohl und Heil durch das sündhafte Verhalten der Spanier gefährdet schien.

Sein erstes Pastoralschreiben an die Gläubigen seiner Diözese vom 20. März 1545 *(Proclama a los feligreses de Chiapa)*, das er zum Amtsantritt veröffentlichte, war ein Fastenhirtenbrief eigener Art. »Zur Entlastung unseres Gewissens, zum Wohl und Heil eurer Seelen und Gewissen und zum Wohlergehen der Stadt« forderte er alle Gläubigen auf, ihm all jene Person anzuzeigen, »die in öffentlicher Sünde leben«.[19] Damit bezog er sich auf Kleriker, die ihre Amtspflichten (Verkündigung, Sakramentenspendung, Krankenbesuche, gutes Beispiel) vernachlässigten; auf Personen, die sich der Häresie oder der Hexerei verdächtig machten; auf solche, die sakrilegisch oder blasphemisch handelten oder nicht die jährlich vorgeschriebene Sakramente (Beichte und Kommunion), vollzogen. Des Weiteren sollten diejenigen angezeigt werden, die Testamente oder Legate nicht erfüllten oder im Konkubinat miteinander lebten. Besonders hatte Las Casas es auf die Preistreiber und Wucherer abgesehen, die Brot und andere Lebensmittel zu teuer verkauften oder in geheimen Verträgen Wucherzinsen verlangten. Auch sollte ihm als Bischof angezeigt werden, wenn »Elenden« (miserables personas) wie die *indios naturales*, Witwen, Waisen und Minderjährige, die »unseren Rechtsbereich unterstehen« (nuestro fuero y jurisdicción), unterdrückt und widerrechtlich belastet, bedroht oder übervorteilt wurden, oder wenn ihnen Land weggenommen oder überhöhte Tribute abverlangt wurden.

Da Las Casas besonders am Schutz der Indios gelegen war, die gesetzlich zwar freie Vasallen des Königs, faktisch aber rechtlos waren, griff er auf die alte Rechtsfigur der »miserabiles« zurück, die der spanische Hofjurist López de Palacios Rubios (1450-1524) zu Beginn des 16. Jahrhunderts so formuliert hatte: »Es ist rechtens, dass die Angelegenheiten der elenden Personen die Kirche betreffen, da die Armen alle Privilegien der Kirche haben.« (Iustum est ergo, ut causae miserabilium personarum spectent ad Ecclesiam, [...] quia pauperes habent omnia privilegia ecclesiarum.) Auf diese Rechtsauffassung stützt sich auch eine juridisch-theologisch argumentierende Eingabe *(Representación)* vom 19. Oktober 1545, die Las Casas in bischöflicher Kollegialität mit seinen Amtsbrüdern Marroquín und Valdivieso an die zuständige *Audiencia de los Confines* richtete, um die Anwendung der *Neuen Gesetze* durchzusetzen und die »miserablen« Indianer kirchlicher Jurisdiktion zu unterstellen; ein Ansinnen, das von der Behörde als Amtsanmaßung und Eingriff

15 Vgl. *José Ignacio Tellechea Idígoras*, Las Casas und Carranza, in: Revista de Occidente 47 (1974) 403-427.
16 *Las Casas*, (Anm. 6), Bd. 3,2, Traktat über die königliche Gewalt, 191-248.
17 Cláusula del Testamento vom 14. August 1566; dt. in: Bartolomé de Las Casas. Der Mann – das Werk – die Wirkung, hg. von *Johannes Meier* und *Annegret Langenhorst*. Frankfurt 1992, 135-138.
18 Vgl. *Marianne Mahn-Lot*, Bartolomé de Las Casas et le droit des Indiens, Paris 1982, 127-152.
19 *Las Casas* (Anm. 6), Proklamation für die Gläubigen von Chiapas (20. März 1545), Bd. 3,1, 430-435; span. *Bartolomé de Las Casas*, Obras escogidas, Bd. 5, Opúsculos, Cartas y Memoriales (BAE 110), ed. *Juan Pérez de Tudela Bueso*, Madrid 1958, 215-218.

in die Rechte des Königs zurückgewiesen wurde. Für diese Maßnahme, bei deren Behinderung Exkommunikation drohten, machten die Bischöfe als Gründe geltend, dass es in der Neuen Welt keine Rechtssicherheit gebe, dass die Sünden der Tyrannei und Ungerechtigkeit notorisch seien, dass die Verbreitung des christlichen Glaubens behindert und dieser bei den Indigenen verhasst gemacht werde, so dass sich die Bischöfe als »Hirten und Beschützer« dieser Miserablen anzunehmen hätten.[20]

Den biographischen Hintergrund für die Ausgestaltung der Beichtpastoral bildete die erwähnte eigene schmerzliche Erfahrung der Verweigerung der Absolution, auf die er zunächst empört reagiert hatte, die ihm aber wohl den Weg zur eigenen Bekehrung 1514 eröffnete. Auf einen ähnlichen ›Bekehrungsweg‹ wollte der Bischof Las Casas nun seine Landsleute schicken, soweit sie als Konquistadoren und *encomenderos* »öffentliche Sünder« waren. Ihnen machte er es zur Gewissenspflicht mit zivilrechtlichen Folgen, den angerichteten Schaden vor Beichte und Absolution wiedergutzumachen und Restitution zu leisten. Die Regeln dafür stellte er in seinem *Confesionario*, einer Handreichung für Beichtväter, zusammen. Sie sollte geheim gehalten werden, »um den Skandal zu vermeiden, den solche Angelegenheiten bei denen zu verursachen pflegen, die durch ihre Sünde schlecht disponiert sind«, wie der Ordenschronist Antonio de Remesal (1570-1619) vermerkte.[21]

Auf diesem Feld nun spielte das *Confesionario* des Las Casas[22] eine Vorreiterrolle. In der 1552 veröffentlichten Abhandlung gibt er den Beichtvätern der Spanier eine Reihe Regeln an die Hand, die den Umgang mit »Standessünden« regeln sollen. In diesem Fall handelt es sich um drei speziellen Berufsgruppen, die Eroberer *(conquistadores)*, die Kolonisten *(encomenderos)* und die Kaufleute *(mercaderes)*, die im Einzelnen betrachtet werden. Von den Conquistadores verlangt er eine vollständige Restitution für das den Indios Angetane, im Fall der Todesgefahr sogar mit einer notariellen Verpflichtungserklärung zur Restitution. Auch gesteht er den Teilnehmern an *conquistas* nicht zu, *bona fide* gehandelt zu haben. Mit ähnlicher Strenge verpflichtet er auch die *encomenderos* zur Restitution.

20 *Las Casas* (Anm. 6), Gesuch und Ermahnung, Bd. 3,1, 436-442. Erläuterung der Eingabe: *Francesca Cantù*, Esigenze di giustizia e politica coloniale: Una »petición« inedita di Las Casas all'Audiencia de los Confines, in: Iberoamerikanisches Archiv NF 3 (1977) 135-165.

21 *Antonio de Remesal*, Historia de la Prouincia de S. Vicente de Chyapa y Guatemala [...], Madrid 1619, lib. VIII, cap. 5, 1.

22 *Las Casas* (Anm 6), Bd. 3,1, Handbuch für Beichtväter der Spanier, 137-158; span. *ders.*, Avisos para confesores, in: Tratados de 1552 (Obras completas Bd. 10), edición de *Ramón Hernández und Lorenzo Galmés*, Madrid 1992, 361-388.

23 *León Lopetegui*, Apuros en los Confesionarios, in: Missionalia Hispanica 2 (1945) 571-584.

Das Handbuch für Beichtväter zeugt davon, wie Las Casas sein pastorales und bischöfliches Amt auffasste. In den genannten Fällen geht er so rigoros vor, dass das Bußsakrament der Kirche eher als eine juridisch denn als pastorale Angelegenheit erscheint, da den *rigor juris* der Barmherzigkeit vorgezogen wird. Mit dieser Bußpraxis fand Las Casas keine ungeteilte Zustimmung, auch wenn sie in der Neuen Welt bei einigen Betroffenen im Vizekönigreich Peru tatsächlich fruchtete. Dort wurde sie auch zum Vorbild für ein anderes Regelwerk, das der erste Erzbischof von Lima, Jerónimo de Loaysa (1498-1575), 1560 in Kraft setzte und vom II. Provinzialkonzil von Lima (1567/68) bestätigen ließ.[23] Doch wurden die pastoralen Anweisungen des Las Casas andererseits auch heftig bekämpft, nicht nur von den betroffenen Kolonisten und Verwaltungsbeamten der Krone, deren Einkünfte auf dem Spiel standen, sondern auch von seinen notorischen Gegnern, wie Juan Ginés de Sepúlveda und dem großen Franziskanermissionar Toribio de Benavente (1482-1565), genannt Motolinía, der Las Casas' »schädliche Lehre« im Beichthandbuch vor den Papst bringen wollte.[24]

Lascasianisches Bischofsideal

Über die Schriften zur pastoralen Praxis hinaus hat Las Casas auch ausdrücklich über das Amt des Bischofs nachgedacht. So betont er in einem Traktat, der von den Rechten des Königs und des Papstes in der Neuen Welt handelt, dass der Bischof nach altem Recht *(Decretum Gratiani)* vom Klerus zu wählen sei und vom Volk erwünscht sein müsse.[25] Die wichtigsten Aussagen über die Amtspflichten eines Bischofs im zeitgenössischen Kontext der Neuen Welt finden sich in einer Art von Bischofsspiegeln, die sich würdig in die Reihe jener Bischofsspiegel einfügen, die im 16. Jahrhundert das altweltliche Bischofsideal der Katholischen Reform zeichnen.[26] Dazu zählen der *Stimulus pastorum* des Bischofs von Braga, Bartolomeu dos Mártires (1514-1590), das Werk *De officio et moribus episcoporum* des Luis de Granada (1504-1588), oder

24 Der Brief Motolinías vom 2. Januar 1555 an Karl V. in: *Christoph Strosetzki* (Hg.), Der Griff nach der neuen Welt. Der Untergang der indianischen Kulturen im Spiegel zeitgenössischer Texte, Frankfurt 1991, 189-209.

25 *Bartolomé de Las Casas*, Tratado comprobatorio del imperio soberano, in: Tratados de 1552 (Obras completas Bd. 10), edición de *Ramón Hernández y Lorenzo Galmés*, Madrid 1992, 395-543, hier 449.

26 Zum Ganzen vgl. *Hubert Jedin*, Das Bischofsideal der Katholischen Reformation. Eine Studie über die Bischofsspiegel vornehmlich des 16. Jahrhunderts, in: *ders.*, Kirche des Glaubens – Kirche der Geschichte, Bd. II: Konzil und Kirchenreform, Freiburg Basel Wien 1966, 75-117.

das *Speculum pastorum* (1551) des tridentinischen Reformbischofs Bartolomé de Carranza,[27] mit dem Las Casas die Auffassungen hinsichtlich der Freiheit der Indios und ihres Widerstandsrechts teilte.

Der Bischofsspiegel findet sich an versteckter Stelle, als »Korollar« eines um 1548 verfassten und 1552 publizierten Traktats, der sich bezeichnenderweise mit der Frage der Versklavung der Indios befasst. Darin vertritt Las Casas die These, dass alle Indios der Neuen Welt zu Unrecht versklavt worden seien und alle Spanier, die solche versklavten Indios besitzen, ein »schlechtes Gewissen« haben müssten. Der Hauptgrund der Illegitimität der Indianersklaverei liege darin, dass die *conquistas* insgesamt »ungerechte Kriege« gewesen seien. Die praktischen Konsequenzen aus dieser mit Argumenten, Autoritäten und Vernunftgründen begründeten These entfaltet er in drei Korollarien hinsichtlich der Könige, der Bischöfe und der Ordensleute, also der politischen, kirchlichen und missionarischen Verantwortungsträger. Den König erinnert er in einer Art Fürstenspiegel an sein *oficio real*, das ihn verpflichte, durch gerechte Gesetze und ihre strikte Anwendung dafür Sorge zu tragen, dass seine Untertanen in Frieden leben können und insbesondere die Armen vor Unterdrückern geschützt werden. Die Ordensleute erinnert er an die aus dem *Confesionario* bekannte Pflicht, bei der Beichte keine Absolution zu erteilen, bevor nicht die versklavten Indios in die Freiheit entlassen worden sind.

Sein besonderes Augenmerk jedoch gilt den Pflichten der in der Neuen Welt amtierenden Bischöfe *(prelati orbis Indiarum)*: »Die Bischöfe Westindiens sind kraft göttlichen Gebots und folglich mit Notwendigkeit verpflichtet, bei seiner Majestät und seinem königlichen Rat unermüdlich und unerbittlich vorstellig zu werden, dass er befehle, die besagten Indios, die jene Unterdrückung und Tyrannei erdulden, aus ihr zu befreien und sie in ihre ursprüngliche Freiheit zu entlassen; notfalls müssen sie dafür ihr Leben einsetzen.«[28] Zu deren pastoralen Aufgaben gehöre nicht nur, die ihnen anvertrauten Völker zu leiten, zu lehren und ihnen geistlich beizustehen, sondern sie auch gegen Unterdrückung aller Art, auch körperliche, zu verteidigen und

27 Vgl. *José Ignacio Tellechea Idígoras*, Dos tratados de pastoral episcopal de Bartolomé de Carranza, in: Salmanticensis 41 (1991) 433-440.

28 *Las Casas*, (Anm. 6), Traktat über die Indiosklaverei, Bd. 3/1, 59-114, Korollar 101-112, hier 101; span. Tratado sobre los indios que han sido hechos esclavos, in: Tratados de 1552 (Obras completas Bd. 10), ed. *Ramón Hernández y Lorenzo Galmés*, Madrid 1992, 217-284.

29 Vgl. *Francesca Cantù*, Per un rinnovamento della coscienza pastorale del Cinquecento: Il vescovo Bartolomé de Las Casas ed il problema indiano. In: Annuario dell'Istituto Storico Italiano per l'età moderna e contemporanea (Rom) 25/26 (1973/74) 5-118.

30 *Thomas von Aquin*, Summa theologiae II-II, q. 40, art. 2, ad 1.

31 *Aurelius Augustinus*, De civitate Dei, XIX, 13 und 14.

ihnen alle nötige leibliche Unterstützung zu gewähren. Insbesondere neuweltliche Bischöfe seien verpflichtet, für Frieden, Ruhe und Einheit zu sorgen.

Dieses Idealbild des Bischofs[29] und seiner Amtspflichten bildet in der schlussfolgernden Argumentation des Las Casas den Obersatz, zu dessen Beweis er den johanneischen Imperativ Jesu an Petrus »Weide meine Schafe!« (Joh 21,15-17) heranzieht. Für den Untersatz greift er auf nicht weniger als sieben Autoritäten zurück. Dazu zählen als biblische Beweise die »sechs pastoralen Aktionen« in der Beschreibung des »guten Hirten« bei Ezechiel (Ez 34,11-22), der weisheitliche Spruch »Befreie jene, die man zum Tode schleppt!« (Spr 24,11) sowie das Idealbild des neutestamentlichen »Guten Hirten« *(pastor bonus)* (Joh 10,11). Dieser sei *jure divino* zur »Befreiung, Verteidigung und Bewahrung seiner Herde« *(ad liberationem gregis, defensionem, preservationem)* verpflichtet; dabei bemerkt er ausdrücklich, dass unter den »Wölfen« der Hirtenmetapher nicht nur Häretiker oder Teufel zu verstehen seien, sondern auch der Tyrann und Unterdrücker *(tiranus et oppressor hominum)*.

Als weitere Autoritätsbeweise führt er Kanonisten und Theologen an, vor allem die ›aurea sententia‹ in der thomanischen Quaestio *De bello*, der zufolge die Bischöfe nicht nur den Wölfen zu widerstehen haben, die ihre Herde geistlich töten, sondern auch jenen Räubern und Tyrannen, die ihr körperliche Qualen zufügen.[30] Daraus folgt für Las Casas, dass Verteidigung und Schutz derer, die unter Unrecht, Gewalt und Unterdrückungen ungerechter Menschen zu leiden haben, zu den originären Aufgaben des Bischofs gehört, der seinerseits zugunsten der Opfer auf die politisch Verantwortlichen einzuwirken habe.

In einem weiteren Aufweis der bischöflichen Aufgaben wendet Las Casas einen bekannten biblischen Schluss an: Wenn es nach der ›Goldenen Regel‹ (Mt 7,12) und dem Gebot der Nächstenliebe schon Pflicht eines jeden Christen sei, dem Bedürftigen und Unterdrückten zu Hilfe zu kommen und ihn gegen Gewalt zu verteidigen, dann seien die Bischöfe *a fortiori* zur »Verteidigung der Armen« *(ad defensionem pauperum)* verpflichtet. Das Idealbild einer durch die ›Goldene Regel‹ bestimmten Gesellschaft bringt er fast wörtlich auf die Formel *»homo homini amicus«*, die, weniger bekannt als die gegenteilige *(homo homini lupus)* von Thomas Hobbes (1588-1679), auf eine weitere bischöfliche Aufgabe verweist: Den Bischöfen der Neuen Welt komme es einerseits zu, möglichst zu verhindern, dass an den ihnen anvertrauten Völkern Sünden begangen oder fortgesetzt werden.

Neben diese Pflicht zur Eindämmung der Sünde tritt andererseits die Aufgabe, dafür Sorge zu tragen, dass im Volk der augustininische Friede als »geordnete Eintracht der Menschen« herrsche[31] und dass die anvertraute

»Herde« und alle in ihr befindlichen »Schafe« zur Freundschaft mit Gott und den Nächsten finden. Dazu aber sei, wenn denn das Wort des Propheten Jesaja vom Frieden als Werk der Gerechtigkeit *(opus justitiae pax)* gelte (Jes 32,17), die Wiederherstellung jener »alten Freiheit« *(pristina libertad)* erforderlich, die die Indios ursprünglich genossen haben. Wer das umfangreiche Schrifttum des Las Casas durchforstet, wird die Bedeutung ermessen, die der Kategorie der »Freiheit« in all ihren Facetten zukommt, ob als subjektive, soziale, politische und theologische Freiheit.

Schließlich gehört zu den Pflichten des Bischofs, nicht nur »für die Kleinen« *(pro parvis)* seiner Diözese da zu sein, sondern auch für die Könige und Fürsten; vor allem obliege ihm wegen der Überordnung des Spirituellen über das Irdische, die königliche Amtsausübung *(actus regios)* kritisch zu begleiten *(vigilare)* und bei der Krone oder dem Kronrat zu intervenieren, sobald es für »Körper und Seelen der Untergebenen« notwendig oder nützlich erscheint. Wie streng Las Casas über die Ausübung dieses Hirtenamtes des Bischofs dachte, erhellt die Rechtsregel, die er heranzieht und der zufolge sich der Hirt nicht mit Unwissenheit entschuldigen kann, wenn der Wolf die Schafe frisst *(Non est pastoris excusatio si lupus oves comedit et pastor nescit)*.

Die gesamte Aufgabenstellung des Bischofs bringt Las Casas unter den Begriff einer doppelten »Befreiung« *(liberatio)*; es obliege dem Bischof, die Seelen beider gleichermaßen zu befreien: der »Unterdrücker« *(opprimentes)* und der »Unterdrückten« *(oppressi)*: *Ergo tenendi episcopi pro liberandis animis utrorumque.* An dieses Ideal haben sich viele der meist aus den Orden stammenden Bischöfe der Neuen Welt gehalten, so dass Las Casas keineswegs einen Einzelfall darstellt, sondern der bekannteste Protagonist für die Freiheit und Würde der Indianer in einer Wolke von bischöflichen Zeugen dieser Zeit war.[32]

Noch in seinem Todesjahr 1566 wird der greise Las Casas nicht ruhen und den neu gewählten Dominikaner-Papst Pius V. (1504-1572) in einer Petition zu bestürmen, die Bischöfe Amerikas im Gehorsam darauf zu verpflichten,

32 Vgl. *Enrique Dussel*, Les évêques hispano-américains. Défenseurs et evangélisateurs de l'Indien 1504-1620. Wiesbaden 1970.
33 *Philippe Ignace André-Vincent*, Bartolomé de Las Casas, prophète du Nouveau Monde, Paris 1980.
34 Vgl. *Jakob Baumgartner*, Gottes Wohlgefallen an den Armen. Las-Casas-Rezeption heute. In: Neue Zeitschrift für Missionswissenschaft 50 (1994) 207-222.

die Sache der Indios zu verteidigen, »sich als Schutzmauer vor sie zu stellen, bereit, auch ihr Blut zu vergießen«. Überdies soll der Papst die dortigen Bischöfe verpflichten, die Sprache ihrer Gläubigen zu lernen. Das geistige und geistliche Erbe des Bischofs Fray Bartolomé de Las Casas, dessen ehemaliges Bistum Ciudad Real de Chiapa heute zu seinen Ehren San Cristóbal de Las Casas heißt, ist bis heute unabgegolten, und seine Gestalt und sein Werk wird bis heute studiert und wissenschaftlich aufgearbeitet. Er gilt als »*prophète mitré*«[33] und hat auf seinem ehemaligen Bischofsstuhl würdige Nachfolger gefunden, wie jüngst Don Samuel Ruiz García (1942-2011). So lange die Lage der Menschen- und Völkerrechte prekär bleibt, bedarf es bischöflicher Stimmen, die sich advokatorisch einsetzen. So lange wird das Erbe des Bartolomé de Las Casas aktuell und umstritten bleiben[34]. ◆

14
Nouvelle France: Indigene und antike Kulturen im Vergleich

Die Kontaktzonen der Frühen Neuzeit wurden von der politischen Expansion der europäischen Mächte und von den Missionsunternehmen der religiösen Orden dominiert. In den Missionen dieser Zeit spielte die Gesellschaft Jesu eine zentrale Rolle in den Amerikas und in asiatischen Ländern. Dieser neue, im frühen 16. Jahrhundert von Ignatius von Loyola gegründete Orden, wurde vor allem auf dem Gebieten der Pastoral, der Bildung in Europa und der Mission weltweit tätig.[1] Die frühen Jesuiten und andere religiöse Orden wie Dominikaner und Franziskaner schufen mit Hilfe von Korrespondenz und Veröffentlichungen weltweite Netzwerke, durch die fremde Völker und Kulturen bekannt wurden. Die Vielzahl der verschiedenen Quellentexte und Bildquellen lassen sich leicht unterscheiden.

Unter den narrativen Quellen sind zwei berühmte Sammlungen zu finden: »The Jesuit Relations«, eine vielbändige Sammlung von Missionsberichten des 17. Jahrhunderts über die Missionen in »*Nouvelle France*« in Form von Briefen, Berichten, Dokumenten, Übersetzungen, ethnographischen Beschreibungen und von missionarische Erfahrungen. Eine weitere, ebenfalls mehrbändige Sammlung, der »Neue Welt-Bott« stammt von Joseph Stöcklein (1676-1733). Diese Briefsammlung aus aller Welt ist chronologisch und regional geordnet. Die ins Deutsche übersetzten Missionsbriefe sollten das Wissen über diese neue Welten verbreiten.

Der zweite Typ der Quellen umfasst einerseits systematisierte Beschreibungen der Natur (Geographie, Wetter, Flora, Fauna) sowie die Kultur im weiteren Sinn (Sprache, materielle Kultur, politische Verfassung, Sitten, Religion und Geschichte) der jeweiligen Völker. Zahlreiche Missionare verfassten solche Beschreibungen der »Neuen Welt«. In Hispano-Amerika hieß dieses literarische Genus »*Historia natural y moral*«.[2] Zu den

1 Vgl. *John W. O'Malley*, Die ersten Jesuiten, Würzburg 1995.
2 *Walter Mignolo*, Cartas, crónicas y relaciones del descubrimiento y la conquista, in: *Luis Iñigo Madrigal* (coord.), Historia de la literatura hispanoamericana, tom. I, Época colonial, Madrid 1982, 57-116.

Verfassern solcher enzyklopädisch angelegten Berichte zählen nicht nur spanische Autoren, sondern auch solche indigener Abstammung, die aus ihrer Perspektive berichteten und bebilderten. So etwa Felipe Guamán Poma de Ayala (um 1550-1615), dessen »*Primer Nueva Corónica y Buen Gobierno*« in Spanisch und Quechua verfasst ist und hunderte von Federzeichnungen enthält.

Joseph-François Lafitau und die »*sauvages américains*«

Das hier behandelte Werk gehört zum zweiten Typ der systematischen Tradition und stammt von dem französischen Missionar, Ethnographen und Schriftsteller Joseph-François Lafitau (1681-1746),[3] der fast 200 Jahre später in der französischen Kolonie *Nouvelle France* (heute Canada) wirkte. Bekannt ist dieser klassisch ausgebildete und sprachkundige Jesuit aus Bordeaux vor allem durch sein monumentales Werk über die »Sitten der amerikanischen Wilden, verglichen mit den Sitten der ältesten Zeiten« *(Mœurs des sauvages américains comparées aux Mœurs des premiers temps).* Es wurde 1724 in Frankreich in zwei Quartbänden veröffentlicht.[4] An diesem Werk interessiert vor allem die vergleichende Methodik der indigenen und antiken Kulturen, sein ethnographischer Zugriff, die Verknüpfung von Räume und Zeiten, die Entwicklung anthropologischer Konstanten, die Beobachtung kultureller Räume und ihre Inklusion in den größeren humanen Raum.

Wer ist Joseph-François Lafitau und welche Lebenskontexte prägten ihn und sein Werk? Lafitau wurde 1681 als Sohn eines Bankiers und Weinhändlers in Bordeaux geboren, trat im zarten Alter von 15 Jahren in das Noviziat der Gesellschaft Jesu ein und absolvierte die üblichen Studien der Humaniora, Philosophie und Theologie in Pau, Poitier, am Kolleg La Flèche und in Paris *(Collège Louis-le-Grand)*, unterbrochen von einer mehrjährigen schulischen Lehrtätigkeit. Nach dieser gründlichen Ausbildung wurde er zum Priester

3 Zu Biographie und Werk vgl. *R. Toupin*, Art. Lafitau, in: Diccionario histórico de la Compañía de Jesús biográfica-temático, dir. *Charles E. O'Neil/Joaquín M.a Domínguez*, Bd. III, Roma/Madrid 2001, 2258-2259; *L. Normand*, Art. Lafitau, in: Dictionnaire de Biographie Française, Bd. 19, dir. *J.-P. Lobies*, Paris 2001, 170; *Christian F. Feest*, Art. Lafitau, in: *ders. /Karl-Heinz Kohl*, Hauptwerke der Ethnologie, Stuttgart 2001, 202-207.

4 *Joseph-Francois Lafitau*, Mœurs des sauvages amériquains, comparées au mœurs des premiers temps, 2 Bde. Paris 1724; dt. Die Sitten der amerikanischen Wilden im Vergleich zu den Sitten der Frühzeit, hg. und komm. von *Helmut Reim*. Weinheim 1987 (=Reprint der Ausgabe: Algemeine Geschichte der Länder und Völker von America. Erster Teil. Nebst einer Vorrede *Siegmund Jacob Baumgartens*, Halle 1752 [Autor und Titel fehlen in dieser dt. Übersetzung, sie tauchen nur in der Vorrede Baumgartens, eines

geweiht und ging auf eigenen Wunsch 1712 in die kanadischen Missionen. Dort wirkte er sechs Jahre unter den Irokesen, näherhin unter den Mohawk in der Missionssiedlung Saint-Louis du Sault (Caughnawaga, heute Kahnawake) am südlichen Ufer des Sankt-Lorenz-Stroms gegenüber von Montréal. Neben der pastoralen Tätigkeit befasste er sich mit der bewegten Missionsgeschichte in Neufrankreich und sammelte systematisch ethnographische Daten über die indianische Kultur. Nach seiner Rückkehr nach Frankreich (1717), verfasste er dort sein großes Werk, das 1724 erschien und auch ins Deutsche übersetzt wurde (1752). Doch seine Haupttätigkeit in Frankreich bis zu seinem Tod 1746 in Bordeaux war, unterbrochen durch einen weiteren zweijährigen Aufenthalt in Kanada (1727-29), die Aufgabe des »Prokurators«, der im Heimatland für die finanzielle und sonstige Versorgung der Missionen in Neufrankreich verantwortlich war. Damit war er eine wichtige Persönlichkeit im Orden selbst, in den überseeischen Missionsgebieten und in der Öffentlichkeit seiner Zeit.

Was seine Publikationen angeht, so hat er außer seinem *Opus magnum* weitere größere und kleinere Schriften verfasst. Dazu zählen eine voluminöse *Histoire de découvertes et conquestes des Portugais dans le Nouveau Monde* (Paris 1733) und eine kleine Denkschriften über die Gingsengwurzel (*Mémoire [...] concernant la précieuse plante du Gin-Seng de Tartarie découverte en Canada*, Paris 1718).

Bevor wir zum Text kommen, sei der zeitgenössische Kontext vorgestellt, der Lafitau geprägt hat und sehr unterschiedliche Facetten aufweist. Der europäische Kontext seiner Zeit war für ihn zunächst der kirchliche, aber auch der frühaufklärerische Geist im Zeitalter der Vernunft; beides übte Einfluss aus. Zunächst prägte ihn über eineinhalb Jahrzehnte die Ausbildung in der Gesellschaft Jesu, die theoretische und praktische Anteile umfasste, die der Sprache und der Zahlenwelt zugeordneten *Artes liberales*, die alten Sprachen und die Kenntnis der antiken Autoren, das Wissen um Geographie und Naturwissenschaften, aristotelische Philosophie und thomistische Theologie. Diese Fächer kamen im pädagogischen Regelwerk der *Ratio Studiorum* (1599) zum Tragen, dessen Unterrichtsprogramm den neuen

protestantischen Theologen aus Halle auf]; engl. Customs of the American Indians compared with customs of primitive times, edited and translated by *William Nelson Fenton/Elizabeth L. Moore*, (Publications of the Champlain Society. General series 48), Toronto 1974. Wir zitieren im laufenden Text das französische Original unter dem Sigel *Mœurs*, die deutsche Ausgabe unter *Sitten* mit Seitenangabe.

Bedürfnissen angepasst wurde.[5] Diese Bildung im offenen Horizont des Humanismus führte auch zur Rezeption antiker Autoren. Aber man hörte durch die Missionarsberichte wie der *Lettres édifiantes* und des *Welt-Bott* von der »Mission« in aller Welt, besonders in Asien und Amerika.

Zum zeitgenössischen Kontext gehörte weiterhin die französische Frühaufklärung mit ihren großen Geistern und Projekten. Auch dies prägte Lafitau und schärfte sein kritisches Urteil. Dies führte etwa dazu, dass er im Feld der Religion nicht der dämonologischen Interpretation der amerikanischen Fremdreligionen folgte und ihrer Qualifizierung als »falsche Religion«, Deutungen, die seit den Kirchenvätern bis in die Frühe Neuzeit üblich war.

Für ihn gehören Religion und Kultur vielmehr zur ursprünglichen und konstanten Grundausstattung des Menschen. Die Vielfalt der Religionen führte er auf eine Depravation einer Urreligion zurück. Beim Thema Religion entzündete sich der ›Streit der Fakultäten‹, in dem Lafitau involviert war. Da die ›aufgeklärte‹ Philosophie der Zeit kaum über substantielle Kenntnis Amerikas verfügte oder vom ›edlen Wilden‹ schwärmte, nahm sie die Erfahrung und Forschung Lafitaus in Nordamerika nur marginal zur Kenntnis. Vielmehr übernahm die Aufklärung bisweilen ohne Namensnennung die Ergebnisse oder immunisierte sich durch Ridikülisierung gegen die empirischen Ergebnisse. Das lässt sich in Voltaires *Essai über Sitten und Geist der Nationen* beobachten, wenn er beim Stichwort ›Amérique‹ auf Lafitau zu sprechen kommt.[6] Schaut man exemplarisch auf die von Diderot und d'Alembert herausgegebene vielbändige *Encyclopédie ou dictionnaire raisonné des sciences, des arts et des métiers* (1751-1780), so erlebt man eine unaufgeklärte Überraschung: Man erfährt, dass die Wilden *(sauvages)* barbarische Völker seien, die ohne Gesetz, Gemeinwesen, Religion und festen Wohnsitz leben *(sans loix, sans police, sans religion, & qui n'ont point de habitaciton fixe)*. »Ein großer Teil Amerikas ist mit Wilden *(sauvages)* bevölkert, die meisten davon grausam *(féroces)*, da sie sich von menschlichem Fleisch ernähren«. Dieses negative Wildenbild transportierte ein ideologisches Konstrukt, das am selben Ort in der *Encyclopédie* von einem weiteren Konstrukt begleitet wird, nämlich der Idee des »edlen Wilden«, der sich keinem Joch unterwirft und nur die »natürliche Freiheit« *(liberté naturelle)* sucht.

5 *Miquel Batllori*, Der Beitrag der *Ratio studiorum* für die Bildung des modernen katholischen Bewußtseins, in: *Michael Sievernich / Günter Switek* (Hgg.), Ignatianisch. Eigenart und Methode der Gesellschaft Jesu, Freiburg 1990, 314-322.

6 *Voltaire*, Essai sur les mœurs et l'esprit des nations (Oeuvres complètes 12), Paris 1831, 29-32 (Amérique).

7 *Denis Diderot / Jean Baptist le Rond d'Alambert*, Encyclopédie ou dictionnaire raisonné des sciences, des arts et des métiers, Bd. 14, Neufchastel 1765, 729 [Art. Sauvages].

Beide Wildenkonstrukte, ob diskriminierend oder idealisierend, waren im Umlauf und wurden quer durch die geistigen Lager geteilt. Lafitaus Kritik setzt empirisch ein, er bedient sich der aufgeklärten Methodik erfahrungsbasierter Erkenntnis, auch bei der umstrittenen Frage der Religion. Für die *Encyclopédie* zeichnen sich beide Typen von Wilden, die erstgenannten »peuples barbares« und die letztgenannten »*peuples sauvages*« dadurch aus, dass sie ohne Religion oder ohne religiöse Praktiken leben.[7] Zwar differenzieren andere Artikel der *Encyclopédie* das Bild, zum Beispiel der Beitrag über die »*Canadiens*«, aber das Verstehen anderer Sprachen, Kulturen und Religionen war nicht nur für die Aufklärung schwierig, sondern auch für die Missionarstheologen, wie Lafitau bemerkt: »Sie [die Missionare] wollten die Wilden nach unseren Sitten und Gebräuchen beurteilen: da sie also nichts von der Polizei [Ordnung des Gemeinwesens], die unter uns eingeführt, noch von der Religion und weltlichen Regierungsform etwas antrafen, so hielten sie dafür, dass sie ohne Religion, ohne Gesetze und ohne einige Beherrschungsart lebten.« (*Sitten* 502, *Mœurs* II, 484; vgl. *Sitten* 3).

Mit der Frage nach den Wilden ist ein weiterer prägender Kontext von Biographie und Werk angesprochen, nämlich die indianische Welt der »Wilden« und ausdrücklich auch der »Wildinnen« sowie die Welt der Missionare.

Lafitau entwickelte eine ethnologische Methode, doch er war als christlicher Missionar nach Neu-Frankreich gereist; seine leitende Absicht beschreibt er folgendermaßen: »Derjenige Religionseifer, der einen Missionarius antreibt, sich übers Meer zu wagen, muss ihm ebenfalls zum Beweggrund dienen, und seine Feder führen, wenn er bei müßigen Stunden seine gemachten Entdeckungen nebst seiner erlangten Kenntnis aufzeichnet. Dieses muss der Endzweck eines Arbeiters des Evangeliums sein, und derselbe ist es auch, worauf ich alle meine Arbeit und meinen Fleiß möglichst zu richten bemüht gewesen bin.« (*Sitten* 3) Bei dieser Insertion in die indianische Welt half ihm sein Mitbruder Julien Garnier (1763-1730), der über eine jahrzehntelange Missionserfahrung verfügte und die Sprachen der Algonkin, der Huronen, und fünf weitere irokesische Dialekte beherrschte. Ihm hat Lafitau mit seinem Werk ein Denkmal gesetzt (*Sitten* 2).

Lafitau wirkte in der späten Phase des nordamerikanischen Missionsprojekts der Jesuiten mit, deren Zeit ohnehin abgelaufen schien. Denn auf Druck der bourbonischen Mächte wurde der Orden in der zweiten Hälfte des 18. Jahrhunderts aufgehoben, in Frankreich 1764, auf päpstliches Geheiß auch weltweit (1773). In Weißrussland oder in den britischen Kolonien überwinterten Jesuiten, bis Rom 1830 den Orden wiedererrichtete. Nach der kolonialen Erschließung Kanadas durch Handelsgesellschaften erstreckte sich die spätere Kronkolonie *Nouvelle France* vom Sankt-Lorenz-Strom zu den Großen Seen und zum Stromgebiet des Mississippi. Der erste Gouverneur der Kronkolonie, Samuel de Champlain (1574-1635), der Québec gründete, holte zur pastoralen Versorgung der Franzosen und zur Christianisierung der Indianer Missionare aus Frankreich ins Land, insbesondere Franziskaner und Jesuiten, aber auch Missionarinnen aus dem Ursulinenorden. Die Missionsarbeit begann unter schwierigen Bedingungen und hatte immer wieder unter Konflikten der Kolonialmächte Frankreich und England zu leiden, aber auch unter intertribalen Konflikten der indianischen Völker. Die Mission hatte vor allem zu tun mit den Montagnais und Wendat (Huronen), mit den Algonkin und Irokesen, die mit vielen anderen das nordöstliche Waldland besiedelten und traditionell von Jagd, Fischfang und Bodenanbau (Bohnen, Mais) lebten, bis in der Kolonialzeit vor allem der Pelzhandel als Einkommensquelle hinzukam.[8]

Das kanadische Missionsprojekt der Jesuiten begann am Anfang des 17. Jahrhunderts und bezog sich zunächst auf den Stamm der in festen Siedlungen lebenden Huronen. Doch Epidemien und die Verwicklung in die kolonialen Konflikte der europäischen Mächte, in denen französischorientierte Huronen und englischorientierte Irokesen einander bekriegten, führten zu einem tragischen Ende (1650) dieser Mission an den Großen Seen mit den Zentralorten Sainte Marie du Sault und Saint Ignace an der Verbindung von Michigan- und Huron-See. Auch Missionare fielen den Kriegen zum Opfer, darunter der bekannte Jean de Brébeuf (1593-1649), ein großer Kenner der Kultur und Sprache der Wendat. Später verlagerte sich die missionarische Arbeit nach Osten, zu den nomadisierenden Algonkin und den Stämmen der irokesischen Konföderation (Mohawk, Oneida, Onodaga, Cayuga und Seneca). Die »kanadischen Mission« der Jesuiten ist hervorragend dokumentiert durch eine Sammlung von autobiographischen, ethnographischen, geographischen, linguistischen, kulturellen und spirituellen Texten, die ein immenses Quellenmaterial interdisziplinären Interesses abgeben.[9]

8 Zur Kolonialgeschichte Neufrankreichs vgl. *Wolfgang Reinhard*, Geschichte der europäischen Expansion, Bd. 2: Die Neue Welt, Stuttgart 1985, 153-167; zur Missionsgeschichte vgl. *Franz-Joseph Post*, Schamanen und Missionare. Katholische Mission und indigene Spiritualität in Nouvelle-France, Münster 1997.

9 *Reuben Gold Thwaites* (ed.), The Jesuit Relations and allied documents. Travels and explorations of the Jesuit missionaries in New France 1610-1791, 73 Bde., Cleveland 1896-1901, Repr. New York 1959.

10 Vgl. exemplarisch *Dominique Deslandres*, Exemplo aeque ut verbo. The French Jesuits' Missionary World, in: The Jesuits. Cultures, Sciences, and the Arts 1540-1773, edited by *John W. O'Malley et al.*, Toronto/Buffalo/London 1999, 258-273.

Das Missionsprojekt in Kanada war nicht das einzige derartige Unternehmen, das die Jesuiten (neben anderen Orden) in der frühen Neuzeit betrieben. Gleichzeitig gab es weltweit zahlreiche Initiativen, die über Korrespondenz via Rom verbunden waren und so ein Netzwerk zentraler Verwaltung, wechselseitigen Austauschs und geistlicher Auferbauung bildeten. Für Amerika sind (von Nord nach Süd) die Missionsprojekte in Kanada und Maryland zu nennen, in Kalifornien und Mexiko, am Orinoko und Amazonas, in Brasilien und im Andengebiet (Peru), in Paraguay (Reduktionen), in Chile und auf den Inseln von Chiloë. Für Asien sind die Hauptschauplätze der Mission in Süd- und Nordindien, in Japan und China, in Vietnam und Siam, auf den Philippinen und Marianen.[10] Aufgrund ähnlicher spiritueller Grundlagen, kirchlicher Vorgaben und politischer Rahmenbedingungen bildeten sie Missionskonzeptionen heraus, die ähnliche Grundzüge hatten, jedoch nach kulturellen Kontexten variierten, so auch in Neufrankreich.

Interkultureller Vergleich von Sitten und Gebräuchen

Auf dem Hintergrund dieser prägenden Kontexte sei nun das Hauptwerk Lafitaus analysiert, das in der französischen Originalausgabe rund 1100 Seiten umfasst. Das Werk beginnt mit einer Einleitung, die Absicht und Plan erläutert; darauf folgen insgesamt 14 systematisch geordnete Kapitel unterschiedlicher Länge.

Als Motiv gibt der Autor die mangelhafte oder nur auf Mutmaßungen beruhende Kenntnis der Völker in Neufrankreich (Canada) an. Demgegenüber führt er seine Erfahrung im Feld an, d. h. seinen fünfjährigen Aufenthalt »unter den Wilden« (*Sitten* 2), ergänzt durch die jahrzehntelange Beobachtung des kultur- und sprachkundigen Pater Julien Garnier (1642-1730), auf den er sich als Gewährsmann beruft. Vor allem kritisiert Lafitau scharf das falsche Verständnis des »Wilden« und der »Wildinnen«, denen Gesetz, Gemeinwesen und Religion abgesprochen werde, so dass sie »von dem unvernünftigen Vieh« kaum zu unterscheiden sind (*Sitten* 3). Demgegenüber will er aufzeigen, »dass wirklich keine Nation, sie sei auch noch so wild, ohne Religion und ohne gewisse Sitten« (*Sitten* 4) anzutreffen sei. Darüber hinaus vertritt er im Rahmen seiner theologischen Anthropologie die These von der Einheit des Menschengeschlechts, das zu Beginn auch eine gemeinsame Urreligion besessen habe, auch wenn diese im Lauf der Jahrtausende depraviert worden sei.

Um nun die falschen Vorstellungen vom den nativen Amerikanern zu überwinden, bedient er sich der Methode des Vergleichs; auf vielfache Weise vergleicht er die Sitten der Amerikaner und die Sitten der Antike miteinander. Daher gilt er aufgrund dieser Methode als Begründer der »comparative ethnology«,[11] auch wenn eine vergleichende Methode schon im 16. Jahrhundert bei Bartolomé de Las Casas (1485-1566) und José de Acosta (1540-1600) ansatzweise bekannt war.

Der methodische Vergleich bezieht sich einerseits auf die Sitten der zeitgenössischen Indianer Canadas, vor allem auf die Algonkin, die Huronen und die Irokesen sowie auf andere indianische Völker in Mexiko und der Karibik, in Brasilien und Peru; andererseits sind vor allem die Sitten der antiken Völker[12] im Blick wie bei Herodot (490-430 v. Chr.) oder Tacitus (58-120). Dabei geht es in heutiger Terminologie um eine »dichte Beschreibung«, um Verstehen und Deuten der Kulturen, um das semiotisches Gewebe, wie der amerikanische Ethnologe Clifford Geertz (1926-2006) erläutert: »Ich meine mit Max Weber, dass ein Mensch ein Wesen ist, das in selbstgesponnene Bedeutungsgewebe verstrickt ist, wobei ich Kultur als dieses Gewebe ansehe. Ihre Untersuchung ist daher keine experimentelle Wissenschaft, die nach Gesetzen sucht, sondern eine interpretierende, die nach Bedeutungen sucht. Mir geht es um Erläuterungen, um das Deuten gesellschaftlicher Ausdrucksformen, die zunächst rätselhaft erscheinen.«[13]

Nach Lafitau erklären sich die Zeichensysteme der Kulturen wechselseitig durch Vergleiche, und lassen sich im Licht der jeweils anderen deuten: »Ich begnügte mich nicht bloß damit, den Charakter der Wilden kennenzulernen, und mich von ihren Gewohnheiten und Gebräuchen zu unterrichten; sondern ich habe mir auch insbesondere angelegen sein lassen, darin Fußstapfen des entfernten Altertums anzutreffen. Ich bin diejenigen Schriftsteller des Altertums sorgfältig durchgegangen, die von den Sitten, Gesetzen und Gebräuchen der ihnen einigermaßen bekannten Völker gehandelt

11 Vgl. *Anthony Pagden*, The fall of natural Man. The American Indian and the origins of comparative ethnology, Cambridge 1982, 199.
12 Vgl. *Kaspar Kälin*, Indianer und Urvölker nach Jos. Fr. Lafitau, Fribourg (Schweiz) 1943.
13 *Clifford Geertz*, Dichte Beschreibung. Beiträge zum Verstehen kultureller Systeme, Frankfurt 1983, 9.
14 Vgl. hierzu *Carl F. Starkloff*, Common testimony. Ethnology and theology in the *Customs* of Joseph Lafitau (Studies in Jesuit topics IV, 249), St. Louis, MO 2002.

haben: Zwischen beiderlei Sitten habe ich einen Vergleich angestellt. Und ich versichere, dass wie die alten Schriftsteller mir einige Lichter *(lumières)* aufgesteckt haben, um einige glückliche Mutmaßungen hinsichtlich der Wilden zu wagen, so haben mir auch die Gewohnheiten der Wilden Lichter aufgesteckt, um viele Dinge alten Autoren leichter verstehen und erklären zu können.« (*Sitten* 2, *Mœrs* 3). Die Lichter *(des lumières)*, die hier aufgesteckt werden, dürfte bei jedem zeitgenössischen Leser natürlich die Assoziation an die »Aufklärung« *(les lumières)* geweckt haben, nur dass die Aufklärung hier von den antiken Schriftstellern und nicht von den Gewohnheiten der amerikanischen Indianer ausgeht.

Der Vergleich erfordert einen systematischen Zugriff auf die Quellen, den ihm die antiken Schriftsteller und die zeitgenössischen wie José de Acosta, Garcilaso de la Vega oder Thévet sowie Augenzeugen zur Verfügung stellten. Auch die Gliederung des Werks zeigt die deutliche Systematik einer »gewissen Ordnung« (*Sitten* 9), die anthropologisch orientiert, die Konstanten menschlicher Kulturen zusammenstellt. Damit bietet er eine Art globaler Kultursemiotik, die über aller Variabilität der Phänomene hinaus die Grundkategorien des Menschseins herausarbeitet. Diese Kategorien sind die folgenden:

- Kategorien der Herkunft und Eigenart der Völker;
- Kategorien der inneren sozialen Organisation: Religion, Gemeinwesen, Ehe, Erziehung, materielle Kultur (männlich und weiblich);
- Kategorien der äußeren Beziehungen (Krieg, Frieden und Handel);
- Kategorien des Austauschs mit der Natur (Nahrung, Jagd, Fischen);
- Kategorien der Muße (Spiel und Sport);
- Kategorien Lebensrisiken Krankheit (Heilmittel) und Tod (Begräbnis, Trauer);
- Kategorien der sprachlichen Kommunikation.

Lafitaus Leistung besteht also nicht nur im Vergleich, sondern auch in der Abstraktion der Kategorien und Zeichen, um die Entdeckung einer funktionalen Semiotik. Diese bilden anthropologische Konstanten, die für alle Menschen gelten. Diese Konstanten sind Religion, Regierung, Reproduktion, materielle Kultur, Krieg und Frieden, Nahrung, Muße, Krankheit, Tod und Sprache. Eine besondere Rolle spielt für Lafitau zweifellos die Religion, wobei ihn weniger die Wahrheitfragen interessiert (religio falsa vs. religio vera), sondern mehr die Frage von vergleichbaren) Symbolen, Riten, Opfern und Zeichen, zum Beispiel das Kreuzeszeichen in der Religionsgeschichte.[14]

Im Einzelnen geht es in den 14 Kapiteln seines voluminösen Werks um das folgende Spektrum, bei dem Lafitau ausser seiner eigenen Erfahrung und Forschung über 200 verschiedene Autoren verarbeitet.

1 **Ursprung** Amerikanische Völker, ihre Besiedlung, Wanderungen, Sprachen sowie indianische Mythen des Ursprungs
2 **Eigenart** Temperament, Körperbau, Geistesgaben sowie positive und negative Eigenschaften
3 **Religion** Das längste Kapitel (*Sitten*, 52-209) hat zahlreiche Abbildungen und Zeichenkomplexe der Religion wie Initiationsrituale, Traumdeutung, Ekstase
4 **Regierung** Hier geht es um »Regierungsarten«, Clansystem, matrilineares System, Verwandtschaft, politische Versammlungen
5 **Reproduktion** Formen der Ehe (Mono-, Polygamie, Polyandrie, Heirat, Scheidung, Erziehung, Freundschaft
6 **Materielle Kultur, Männer** Zuständig für Dörfer, Hütten, Kleidung, Bilder (Bäume, Tierfelle) Tätowierung
7 **Materielle Kultur, Frauen** Zuständig für Nahrungszubereitung, Gerichte, Getränke, Nutzpflanzen (Mais, Maniok, Tabak, Ahornsirup, Hanf, Baumwolle)
8 **Außenbezug, Konflikte** Krieg sind Männersache. Waffen, Canoes [aus Holz, Rinde, Häuten], Tragegeräte, Schlitten, Schneeschuhe), Lager, Feuer, Strategien, Sieg, Skalp, Gefangene, Sklaven, Anthropophagie
9 **Außenbezug, Frieden** Friedensschlüsse (Friedenspfeife, Kalumet), Handelsbeziehungen, Wirtschaftsfragen
10 **Nahrungserwerb** Jagd mit Ausrüstung und Kleidung sowie Fischfang Fangmethoden
11 **Spiele** Spielerischer Zeitvertreib, Glücksspiele, Ballspiel sowie Bogenschießen und Wettlauf
12 **Lebensrisiko, Krankheit** Verschiedene Krankheiten, Heilkunst, Heilmittel, darunter auch Schwitzhaus und Wahrsagerei
13 **Lebensrisiko, Tod** Sorge um die Toten (Waschen, Balsamieren) sowie Trauerriten (Beweinung, Trauermahl, Beisetzung, Totenfest)
14 **Sprache** Sprachen der nordamerikanischen Indianer, vor allem der Algonquin, gesprochen vom Sankt-Lorenz-Strom bis zum Mississippi

Den wissenschaftlichen Charakter des komplexen Werkes von Lafitau lässt sich aus der Sicht eines modernen Ethnologen erkennen: »Wie sehr das Bild der indianischen Sozialstrukturen und Lebensformen, das Lafitau in den *Mœurs des Sauvages américains* entwarf, der Wirklichkeit tatsächlich entsprach, können wir im Hinblick auf die Kenntnisse der modernen Ethnologie erst heute ermessen.«[15] Wichtiger jedoch als ethnologische Details scheinen die Prinzipien seines Diskurses, wenn man an die anthropologischen Konstanten denkt, an das vergleichende Moment oder den semiotischen Zugang.

Sprachliche und visuelle ›Diskurse‹

Lafitaus historisch verankerte und systematisch verstehende Phänomenologie der Kulturen und Religionen enthält zugleich eine deutende Semiotik, die vor allem in den beigegeben 41 Illustrationen zum Ausdruck kommt; sie sind über das Werk verteilt und kommen in fast allen Kapiteln vor. Die Abbildungen illustrieren nicht nur den geschriebenen Text, sondern bilden auch umgekehrt eine Art von »ikonischem Text«, denn sprachlicher und bildlicher »Text« zusammen bilden gleichsam Kon-Texte, die nur zusammen ›gelesen‹ werden können.

Die erste Abbildung in der Einleitung stellt eine Karte des gesamten Kontinents Amerika dar, auf der die großen Regionen und Flusssysteme wie Mississippi, Amazonas und Rio de la Plata zu erkennen sind. Überdies werden die großen indigenen Völker mit ihren Namen benannt. Durch diese *compositio loci* stehen die Räume und die Akteure fest: Zeit und Geschichte kommen durch den Vergleich und das Frontispiz ins Spiel. Damit kann das Drama beginnen; es ist das Menschheitsdrama, das hier exemplarisch aufgeführt wird und sich schon in der Gesamtgliederung der Texte und Bilder spiegelt, die mit den anthropologischen Konstanten von den Ursprüngen an die wesentlichen Momente der Kulturen behandelt.[16]

Die Stiche kann man nach verschiedenen Gesichtspunkten gruppieren, doch die folgenden scheinen mir besonders plausibel: Es gibt Stiche aus der religiösen Welt der Symbole aus einer vergleichenden Perspektive, wie etwa Symbole der Sonne, des Feuers, des Opfers, der Schlange oder des Kreuzes.

15 *Karl-Heinz Kohl,* Entzauberter Blick. Das Bild vom Guten Wilden und die Erfahrung der Zivilisation, Frankfurt 1986, 93.

16 Vgl. *Adrien Paschoud,* De la représentation de l'origine à la défense de la foi. L'usage de gravures dans les *Mœurs des sauvages américains comparées aux mœurs des premiers temps* (1724), in: *Edith Flamarion* (ed.): La chair et le verbe. Les jésuites de France au XVIIIe siècle et l'image, Paris 2008, 75-89.

Andere Stiche beschreiben die indianische Lebenswelt, etwa die Zubereitung von Speisen durch Frauen oder die Tätowierung der Männer. Wieder andere stellen festliche Riten beim Tod eines Menschen. Hierzu einige Beispiele:

Stich XVI	Kreuze in der Religionsgeschichte, (*Sitten* 204)
Stich XIII	Sonnenfinsternis, (*Sitten* III, 118)
Stich XXII	Männer: Kaustische Bilder/Tätowierungen, (*Sitten* 298)
Stich XXIII	Frauen: Speisenzubereitung, (*Sitten* 316)
Stich XLI	Fest der Toten, (*Sitten* 484)

Die Bildwelten erhellen sich wechselseitig, inkorporieren die indianische Lebenswelt durch Vergleich in die Religionsgeschichte und Weltgeschichte, wodurch die Geschichte den menschlichen Raum konstituiert. Durch den Gebrauch visueller Bilder erreicht Lafitau durch Nebeneinanderstellen, die indianische Lebenswelten mit anderen Kulturen zu vergleichen. Identität und Alterität bilden nicht länger eine Alternative, sondern entfalten eine Vielfalt und Diversität ihrer kulturellen und religiösen Ausprägungen, die insgesamt die eine Menschheit bilden. Dementsprechend sind die nativen Amerikaner nicht wilder als die antiken Wilde gewesen, vielmehr erweisen sie sich als kulturelle und kommunikative Wesen. Es sind also weder »Barbaren«, die sich an den »Zivilisierten« und ihrer Überlegenheit zu orientieren hätten, noch als idealisierte »gute Wilde«, die einer zivilisierten Gesellschaft vor Augen geführt werden müssten. Vielmehr versteht Lafitau mit seiner realistischen Anthropologie die Indigenen als Mensch mit einer physischen, geistigen und moralischen Ausstattung wie alle anderen Menschen, mit Stärken und Schwächen, Tugenden und Lastern, kurz als »zivilisierte Wilde«.[17]

Im Kontext der missionarischen Aktivitäten waren die christliche Missionen kontinuierlich mit der Frage nach den »Anderen« und ihrer Andersheit konfrontiert, also mit dem kulturell Anderen *(Barbar)* und dem religiös Anderen *(Heide)*. War diese Differenz grundsätzlicher oder eher historischer Art? Wie sollte der Umgang mit Personen anderer Sprache, Kultur und Religion aussehen? Daraus hat die Frühe Neuzeit vielfache Antworten gegeben, die sich in zahlreichen Quellen widerspiegeln, deren interdisziplinäre Erforschung noch längst nicht abgeschlossen ist. Aus diesem Geist der Mission entstanden zahlreiche Kulturkontakte und Diskurse über die Kulturen, Sprachen und Religionen. In

17 *Georges Tissot*, Jean-François [sic] Lafitau: Figures anthropologiques, in: Studies in Religion/Sciencs Religieuses 4 (1994) 93-107, hier 102.

Abb 5
Frontispiz des Buchs
Sitten der amerikanischen Wilden
Mœurs des Sauvages américains
von Joseph-François Lafitau SJ
Paris 1724

diesem Kontext entstanden auch die Anfänge der Ethnologie in ihrer vergleichenden Variante, darunter Lafitaus Werk.[18] Es ist eingebettet in ähnliche Werke, was das behandelte Material angeht. Aber bei Lafitau finden sich neue ethnographische Diskurse textlicher und ikonischer Art. Es geht um nicht weniger als das Auftauchen »einer neuen Art, die Existenz des Anderen zu sehen und auszusagen« *(d'une nouvelle manière de voir et de dire l'existence de l'autre).*[19]

Frontispiz als hermeneutischer Schlüssel

Einen hermeneutischen Schlüssel für den Zugang zum Werk bietet das von Lafitau geschaffene Frontispiz. Es zeigt in einem geschlossenen Raum eine weibliche Person beim Schreiben, umgeben von ungeordneten Fragmenten verschiedener Kulturen: Von der Antike zeugt Artemis, von Amerika eine Schildkröte und von der Gegenwart (18. Jahrhundert) zeugen Globus, Bücher, Landkarten. Zwei Genien halten vergleichend indianische Friedenspfeife *(calumet)* und einen antiken Hermesstab *(caduceus)*, irokesische und orientalische Handklappern (sistrum) in Händen. Am Schreibtisch steht eine geflügelte männliche Figur mit einer Sense. Die Figur verweist mit der rechten Hand auf ein Bild hinter dem Rücken. Dort befindet sich ein »Bild im Bild«, ein Wandgemälde mit einer geheimnisvollen Vision. Sie zeigt den »ersten Ursprung der Menschen« mit zwei ›Paaren‹: zum einen Adam und Eva zwischen dem ›Baum der Erkenntnis‹ mit der Schlange; zum anderen zeigt die Vision den auferstandenen Christus und die apokalyptische Frau im Strahlenkranz auf der Mondsichel aus dem letzten Buch der Bibel (vgl. Offb 12,1). Zwischen beiden steht ein Altar mit Monstranz und darüber eine strahlende Triangel, Symbol der Trinität, sowie den hebräischen Jahwenamen. Während der Sensenmann auf diese Szene verweist, als habe jemand den Vorhang zurückgezogen und damit das Geheimnis von Schöpfung und Erlösung »offenbar« gemacht, kreuzen sich die Blicke des »Schnitters« und der Schreiberin. Ihr Instrument, der Stift, weist nach oben, sein Instrument, das Sensenblatt, nach unten.

18 *Claude Blanckaert* (éd.), Nassaince de l'ethnologie? Anthropologie et mission en Amérique, VIe-XVIIIe siécle, Paris 1995.
19 *Andreas Motsch*, Lafitau et l'emergence du discours ethnographique (Imago Mundi 2), Sillery (Québec)/Paris 2001, 6.

Nach Michel de Certeau (1929-1985) kann das Frontispiz auf drei Ebenen verstanden werden: Als Ansammlung von kulturellen Relikten, als geordnete Technik des Vergleichs (Genien) und als schreibende Frau, welche kreativ Texte »webt« *(Genitrix)*.[20] Die meisten Figuren des Stiches sind weiblich, ein deutlicher Hinweis auf die tragende Rolle der Frau in der matrilinearen Kultur der Irokesen, die Lafitau sogar »*Gynaikokratie*« (Frauenherrschaft) nennt und die den Männern ökonomisch eher eine marginale Rollen zuwies (Hausbau, Bilder, Krieg). Jedenfalls besitzt die Frau eine schöpferische Rolle, bis hin zum »Weben« von Texten, während die Rolle der männlichen Figur eher zerstörerisch wirkt (Sense).

Wer ist der geflügelte Sensenmann? Er repräsentiert die Zeit (frz. maskulin: *le temps*), die auf den Ursprung, die geheimnisvolle Vision hinter seinem Rücken verweist, zugleich aber durch den Lauf der Zeit Vergessen und Zerstörung mit sich bringt. Demgegenüber ›webt‹ die Schreiberin an ihren ›Texten‹, um mit Blick auf die originäre Vision die Fragmente der Zeiten zusammenzufügen und ihren Sinn aufzuschreiben. Sie tut, was der Autor Lafitau mit seinem Werk beabsichtigt. Sein Buch soll den Europäern eine vertiefte Sicht des nativen Amerika geben und damit die europäische Weltsicht verändern, indem er in den Kultursystemen die anthropologischen Konstanten feststellt und damit den Eurozentrismus beendet.

Freilich, der zurückgezogene Vorhang vor dem Visionsbild des protologischen und eschatologischen Dramas kann jederzeit fallen, so dass die Schreiberin unter das Diktat der chronologischen Zeit gerät und die Schreibstube ohne Vision und transzendenten Ausblick auskommen muss. Die griechische Sprache kennt zwei Zeitbegriffe, *chrónos*, die lineare Zeitspanne, die unerbittlich verrinnt, und *kairós*, der rechte Zeitpunkt, der rechte Augenblick. In der Antike wurde *kairós* schon in Olympia in Gestalt eines geflügelten Jünglings verehrt. Biblisch wird der Kairós freilich zur »erfüllten Zeit«,[21] in der sich das Gottesreich nähert: »Die Zeit ist erfüllt, das Reich Gottes ist nahe. Kehrt um und glaubt an das Evangelium.«[22] Jedenfalls macht die Allegorie der Zeit die Leser und Leserinnen des Werks zu Komplizen der Schreiberin und stellt sie damit vor die Frage, ob sie sich in deren Texte verstricken lassen wollen.

20 *Michel de Certeau*, Writing vs. Time: History and Anthropology in the works of Lafitau, in: Yale French Studies 59 (1980) 37-64, hier 43-52.

21 *H. C. Hahn/W. Kraus*, Art. Kairós/chrónos, in: Theologisches Begriffslexikon zum Neuen Testament, hgg. von *Lothar Coenen* und *Klaus Haacker*, Bd. 2, Wuppertal 2000, S. 2001-2013.

22 Mk 1, 15: »Die Zeit (kairós) ist erfüllt, das Reich Gottes ist nahe. Kehrt um, und glaubt an das Evangelium.«

Anhang

Den 14 Kapiteln der anthropologischen Konstanten sind 41 Abbildungen (römische Zählung) zugeordnet:

1 Ursprung
I Symbole der Religionen

2 Eigenart
II Nördliche Indianer Amerikas
III Südliche Indianer Amerikas

3 Religion
IV Götterbilder weltweit
V Symbole, indianischen ähnlich (Sonne)
VI Verehrung des Feuers
VII Opfer bei Indianern
VIII Handklapper (sistrum) interkulturell
IX Rhombus und Schildkröte
X Münzen mit symbolischen Schlangen
XI Weitere Bilder symbolischer Schlangen
XII Isis und fruchtbare Jungfrauen
XIII Sonnenfinsternis und Frau am Himmel (Apk 12)
XIV Initiation eines Chefs
XV Initiation eines Wahrsagers
XVI Kreuze in Religionsgeschichte
XVII Weitere Kreuze in Religionen und Kulturen

4 Regierung
XVIII Irokesische Tänze

5 Heirat
XIX Heiratsgebräuche (Cabane)

6 Materielle Kultur Männer
XX Kleidung, besonders Kopfputz interkulturell
XXI Kleidung und Schmuck der Indianer
XXII Kaustische Bilder, Tätowierung Indianer

7	**Materielle Kultur Frauen**
XXIII	Frauen im Haushalt
XXIV	Ratsversammlung und Getränkezubereitung
XXV	Religiöser Tanz Indianer (Virginia, Brasilien)
XXVI	Zubereitung Ahornsirup
8	**Krieg**
XXVII	Europäer und Indianer auf Kriegszug
XXVIII	Kanus der Eskimo, Flösse der Peruaner
XXIX	Umgehung von Wasserfällen
XXX	Fortbewegung im Winter (Schlitten, Schneeschuhe)
XXXI	Belagerung eines befestigten indianischen Dorfs
XXXII	Umgang mit Gefangenen
XXXIII	Todesstrafe an Gefangenen
9	**Frieden**
XXXIV	Friedensverhandlungen
10	**Jagd**
11	**Spiel**
XXXV	Würfelspiel
XXXVI	Ballspiele
12	**Krankheit und Drogen**
13	**Tod und Begräbnis**
XXXVII	Krankenheilung, Vorbereitung Begräbnis
XXXVIII	Begräbnis vornehmer Indianerin (Louisiana)
XXXIX	Begräbniszeremonie bei Irokesen
XXXX	Begräbnis von Erfrorenen oder Ertrunkenen
XXXXI	Allgemeines Totenfest bei Irokesen und Huronen
14	**Sprache**

15
»Glückliche Wilde« auf der kalifornischen Halbinsel? (1771)

Im Zeitalter der europäischen Vernunft erschien in Frankreich 1751 der erste Band der vielbändigen *Encyclopédie,* die das Wissen der Zeit im Geist der Aufklärung darstellen wollte. Der Beitrag über »Californie« und seine große Halbinsel Niederkaliforniens bleibt allerdings karg: Kalifornien sei von Wilden *(sauvages)* bewohnt, die den Mond anbeten und in Familien zusammenlebten, ohne indes einer Form von Regierung unterworfen zu sein.[1] Im selben Jahr 1751 begann der Elsässer Johann Jakob Baegert (1717-1772) auf der kleinen Missionsstation San Luis Gonzaga in Niederkalifornien seine Tätigkeit, die er 17 Jahre ausüben sollte; Zeit genug, um Land und Leute, Fauna und Flora, Sprache und Sitten als teilnehmender Beobachter kennenlernen zu können. Seine Briefe nach Europa und vor allem sein Bericht über Kalifornien sind wie ein Spiegel, der diese Neue Welt und ihre Alterität reflektiert, aber auch sein Eintauchen in diese Lebenswelt und sein so gewachsenes Bild vom Anderen.

Ein Europäer (Elsass) in Amerika (Kalifornien)

Die Heimat von Johann Jakob Baegert (auch Begert)[2] war das Elsass, wo er am 24. September 1717 in Schlettstadt (Sélestat) geboren wurde. Dort erhielt er auch seine Schulbildung und trat im Alter von 18 Jahren 1736 in das Noviziat der Oberrheinischen Provinz der Gesellschaft Jesu ein, das sich in Mainz befand. Nach philosophischen Studien lehrte er von 1740-1743 Grammatik am Jesuitenkolleg in Mannheim und studierte anschließend vier Jahre lang

1 Encyclopédie ou dictionnaire raisonné des sciences, des arts et des métiers, 58 Bde., Paris u. a. 1751-1780, hier Bd. 2, Paris 1751, Art. »Californie«, 560.

2 Zur Kurzbiographie von Johann Jakob Baegert vgl. Neue Deutsche Biographie. Bd. 1, Berlin 1953, 517. *Bernd Hausberger*, Jesuiten aus Mitteleuropa im kolonialen Mexiko. Eine Bio-Bibliographie (Studien zur Geschichte und Kultur der iberischen und iberoamerikanischen Länder 2), Wien 1995, 103-107. Diccionario histórico de la Compañía de Jesús biográfico-temático, dir. *Charles E. O'Neill*, Bd. 1, Rom Madrid 2001, 321.

Theologie im elsässischen Molsheim, wo er auch zum Priester geweiht wurde (1747). Nach Abschluss der Ausbildung wirkte er kurze Zeit als Lehrer am Kolleg in Hagenau (Haguenau), bis er auf eigenen Wunsch zum Missionar in den »Westlichen Indien« (Amerika) bestimmt wurde.

Im Februar 1749 machte er sich auf die lange Reise nach Kalifornien, über die er in Briefen an seinen Bruder Georg ausführlich berichtete.[3] Die Reise in der Postkutsche führte ihn zunächst in 220 Stunden über Ulm, Augsburg, Innsbruck, Trient und Mailand nach Genua. Seine genauen Beschreibungen der Fremde, diesfalls Tirol und Italien, zeigen schon seine Beobachtungsgabe, wenn er Stadtbilder und Gasthäuser, Speisen und Weine, Kleidung und Sitten, Kirchen und Gottesdienste vergleicht. So fällt ihm in Trient auf, dass ein Priester einen Ohrring trägt (B1, 35) und in Spanien die Damen bei der Elevation der Hostie vernehmbar seufzen und die Brust heben (B2, 65).

Nach einem mehrwöchigen Aufenthalt in der italienischen Hafenstadt, ging es auf dem Schiffsweg nach Cádiz, von wo die Überseeschiffe in die Neue Welt aufbrachen. Am 16. Juni 1750 begann für die insgesamt 49 Jesuiten unter 300 Passagieren auf dem französischen Handelsschiff *Condé* unter spanischer Flagge die Seereise über den Atlantik, die am 23. August 1750 im mexikanischen Vera Cruz endete. Von dort ging die Reise weiter nach Mexiko-Stadt, wo Baegert im Kolleg San Gregorio wohnte. Hier gewöhnte er sich auch an andere Lebensgewohnheiten, so an den Mangel an Tischwein und an das Rauchen von Zigaretten (B5, 105f).

Im Dezember 1750 brach die Gruppe von neun, meist deutschen Missionaren auf, begleitet von Helfern und Maultieren, um in den Nordwesten Mexikos zu gelangen; man veranschlagte für die Reise rund 500 Stunden. Im Mai 1751 überquerte die Reisegruppe mit dem Einbaum den Golf von Kalifornien, was dreieinhalb Tage in Anspruch nahm (Na2), und gelangte nach Loreto, dem kolonialen Hauptort Niederkaliforniens. Von dort erreichte er schließlich in einem Zweitageritt seine Missionsstation San Luis Gonzaga Chiriyaki, benannt nach dem jungen Heiligen Luigi Gonzaga (1568-1591). Diese Missionsstation, die Baegert in halb verfallenem Zustand vorfand, sollte für 17 Jahre sein Zuhause werden.

3 The letters of Jacob Baegert 1749-1761. Jesuit Missionary in Baja California (Baja California Travels Series 45). Translated by Elsbeth Schulz-Bischof. Introduced and edited by *Doyce B. Nunis Jr.*, Los Angeles 1982. – Über die Reise vom Elsass nach Niederkalifornien berichtet er in den Briefen 1 bis 5. Die Briefe werden im laufenden Text unter dem Sigel B mit Nr. des Briefes und Seitenangabe zitiert.

Niederkalifornien *(Baja California)* gehörte als Missionsgebiet zur mexikanischen Ordensprovinz, die 1572 im spanischen Vizekönigreich Neuspanien *(Nueva España)* gegründet worden war und in den nördlichen Randgebieten ihre Missionen unterhielt.[4]

Um die Mitte des 18. Jahrhunderts zählte die Ordensprovinz etwa 700 Mitglieder, die in rund 25 Städten des Landes wirkten und in den zugewiesenen Missionsgebieten des Nordwestens, an der Peripherie des spanischen Herrschaftsbereichs. Zu diesen insgesamt 14 Gebieten zählte neben den Missionen in Tarahumara, Sonora, Arizona auch die Missionen in Niederkalifornien,[5] die 1697 von den beiden italienischen Missionaren Juan Maria Salvatierra (1648-1717) und Francisco Maria Piccolo (1654-1729) in Loreto[6] begründet wurde. Im 18. Jahrhundert folgten weitere Gründungen, darunter die 1721 als *Visita* gegründete Station San Luis, die Pater Baegert von seinem Vorgänger übernahm und von 1751 bis 1767 leitete.[7]

Hier wirkte er unter schwierigsten Bedingungen, zumal er zunächst die materiellen Grundlagen für die Missionsstation schaffen musste, bevor er sich den üblichen Aufgaben eines Missionars widmen konnte. Im Lauf der Zeit errichtete er eine kleine Kirche und das Wohnhaus, verbunden mit Landwirtschaft und Viehzucht zum Unterhalt. Zu den missionarischen Aufgaben gehörte die materielle und spirituelle Versorgung seiner kleinen indigenen Gemeinde aus dem Volk der Guaycura *(Waicura)*.

Als 1767 auf Erlass des spanischen Königs Karl III. (1716-1788) alle Jesuiten aus Spanien und seinem Kolonialreich verbannt wurden, mussten auch die 14 Jesuitenmissionare Niederkaliforniens 1768 ihre Stationen räumen und wurden als Gefangene über Vera Cruz und Habana nach Europa transportiert. Zu dieser Gruppe gehörten acht deutschsprachige Patres aus der Niederrheinischen, Oberrheinischen, Oberdeutschen, Österreichischen und Böhmischen Provinz des Ordens. Im Juli 1768 kam die Gesamtgruppe in Cádiz an, von wo die Nichtspanier in ihre jeweiligen Heimatländer zurückgeschickt wurden, Baegert mit einigen Landsleuten auf dem Seeweg nach Ostende. Von dort kehrte er in seine elsässische Heimat zurück und nahm nach kurzem Aufenthalt in seiner Heimatstadt

4 *Angel Santos Hernández*, Acción misionera de los jesuitas en la América septentrional española, in: Miscellanea Comillas 47 (1989) 131-156, zu Niederkalifornien 53-156.

5 Zur Geschichte der Missionen in Niederkalifornien vgl. *Peter Masten Dunne*, Black Robes in Lower California, Berkeley/Los Angeles 1952; zu Baegert insbesondere 335-353.

6 *Ann and Don O'Neill*, Loreto, Baja California. First Mission and Capital of Spanish California, Studio City CA 2004.

7 Zum heutigen Zustand dieser (und der anderen) Missionsstationen vgl. *Edward W. Vernon*, Las Misiones Antiguas. The Spanish Missions of Baja California 1683-1855, Santa Barbara CA 2002, hier 40-148.

Schlettstadt im Kolleg von Neustadt an der Haardt (Pfalz) seinen Wohnsitz. Dort verfasste er in seinen letzten Lebensjahren sein berühmtes Werk über die Halbinsel Kalifornien. Er starb am 29. September 1772, ein Jahr vor der Aufhebung der Gesellschaft Jesu durch Papst Clemens XIV. (1705-1774, reg. ab 1769) mit dem Breve *Dominus ac redemptor noster* vom 21. August 1773.

Das Buch Auf dem Hintergrund seiner langjährigen Erfahrungen verfasste Baegert nach seiner Rückkehr aus Amerika das illustrierte Werk *Nachrichten von der Amerikanischen Halbinsel Californien*, das 1772 und 1773 in Mannheim erschien.[8] Auf dem Titelblatt wird kein Verfassername vermerkt, als Autor nur ein anonymer »Priester der Gesellschaft Jesu«. Wie unser Autor im Vorwort vermerkt, schrieb er das Buch, um »dem nicht sträflichen Vorwitz des Publici ein Genüge zu leisten« (Na, Vorwort), aber auch um die falschen Darstellungen zurückzuweisen, die aus Kalifornien eine paradiesische Idylle machten. Das im Original 378 Seiten starke Werk ist systematisch aufgebaut und enthält drei Teile, deren beiden erste dem frühneuzeitlichen Schema der Beschreibungen der Neuen Welt folgt, das zwischen »*Historia natural*« (Natur) und »*Historia moral*« (Kultur) unterschied: Demnach beschreibt er im ersten Teil zunächst umfassend die Natur Niederkaliforniens, beginnend bei der geographischen Lage und der Eigenart als Halbinsel, die erst seit 1746 durch die Erforschungen des kroatischen Jesuiten Ferdinand Konsag (Consag, Konšcak) (1703-1759) kartographisch bekannt wurde (Na 4).[9] Des Weiteren beschreibt er Landschaft und Klima, Flora und Fauna, wobei er dem »Ungeziefer« (Schlangen, Skorpione, Taranteln, Tausendfüßler und Ameisen) besondere Aufmerksamkeit widmet. Schließlich berichtet er von Perlenfang und Silbervorkommen.

Der zweite Teil enthält eine Ethnographie der nativen Einwohner Kaliforniens, die sowohl Phänotyp und Naturell beschreibt als auch die materielle Kultur, den Lebensunterhalt und die Sitten und Gebräuche. Besonderen Wert legt das Buch auf die Beschreibung der rudimentären

8 Nachrichten von der amerikanischen Halbinsel Californien: mit einem zweyfachen Anhang falscher Nachrichten. Geschrieben von einem Priester der Gesellschaft Jesu, welcher lang darinn diese letztere Jahr gelebet hat, Mannheim: Churfürstl. Hof- und Academie-Buchdruckerey 1773. Wir benutzen das Exemplar der Martinus-Bibliothek, Mainz (Signatur 13/410) und zitieren das Werk im laufenden Text unter dem Sigel »Na« und Seitenzahl. – Vgl. die Übersetzungen ins Englische: Johann Jakob Baegert, Observations in Lower California. Transl. from the original German, with an introduction and notes, by *M. M. Brandenburg* and *Carl L. Baumann*, Berkeley/Los Angeles/London 1952 (Neudruck 1979).

9 *Fernando Konsag*. Textos y testimonios (Colección de documentos sobre la historia y la geografía del municipio de Ensenada 4), ed. *Carlos Lazcano/Denis Pericic*, Ensenada (Baja California) 2001.

Religion und der Sprache der indigenen Bevölkerung. Mit der »californisch-waïcurischen Sprach« (Na 182), die er für seine missionarische Tätigkeit beherrschen musste, hatte er manche Schwierigkeit, wie den Mangel an Flexionsformen und an Abstracta wie Leben, Verstand, Glaube, Freundschaft; »Himmel« etwa hieß »gebogene Erde« (Na 178, 186).

Der dritte Teil schließlich berichtet von der dramatischen Geschichte der Christianisierung Niederkaliforniens und dem Widerstand der Indianer, der zwei Missionare das Leben kostete. Auch erörtert er die Frage, warum es keine protestantische Mission gebe, und endet mit der Geschichte der Vertreibung der Jesuiten. Im Anhang weist er die falschen Nachrichten über Kalifornien und die dortigen Missionare zurück.

Insgesamt kann dieses Werk, das durch seine ausführlichen Briefe an seinen Bruder im Elsass ergänzt wird, als wertvolle Quelle für die indigene Kultur des amerikanischen Südwesten bzw. des mexikanischen Nordwesten sowie für den interkulturellen Austausch gelten. Das Werk gehört zu den zahlreichen ethnographischen und historischen Berichten über Niederkalifornien, die in der spanischen Kolonialzeit entstanden und von Missionaren wie Eusebio Francisco Kino (1645-1711), Francisco Maria Piccolo (1654-1729), Miguel Venegas (1680-1764) und Miguel del Barco (1706-1790) verfass wurden.[10]

Leben in unwirtlichen Räumen »Es ist ein schlechtes Weesen um Californien, daß es der Mühe nicht werth ist, die Feder ansetzen und etwa davon schreiben. Von armseligem Geheck, eitel Dornbüschen und kahlen Felsen, von Stein- und Sandhäusern ohne Wasser und Holz; von einer Hand voll Leute, welche außer der Gestalt und Fähigkeit zu denken von dem Viehe nichts unterscheidet, was soll, oder was kann man viel sagen?« (Na, Vorwort) Mit dieser paradoxen Leserlenkung beginnt Baegert sein Vorwort. Sie spiegelt zwar die Enttäuschung eines Europäers über die resistente aride Natur und rudimentäre Kultur, doch zeigt der Bericht schnell, dass es doch der Mühe wert war, die Feder anzusetzen.

10 Vgl. *Ernest J. Burrus*, Religious Chroniclers and Historians. A Summary with annotated bibliography, in: Handbook of Middle American Indians, Bd. 13: Guide to ethnohistorical sources II, Austin (Texas) 1973, 138-185.

Die lang hingestreckte Halbinsel Niederkalifornien, durch dessen Südspitze der nördliche Wendekreis (des Krebses) verläuft, ist ein eher unwirtlicher Lebensraum, den damals von Jäger- und Sammlergruppen bevölkert war. Unter diesen lassen sich drei Großgruppen mit eigenen Sprachen unterscheiden, die wiederum in kleinere Verbände unterteilt waren. Im Norden lebten die Cochimí, in der südlichen Kapregion die Pericú (Cora) und dazwischen die Guaycura, in deren Gebiet Loreto liegt, der koloniale Hauptort sowie die Mission unseres Autors. Sein Bericht enthält auch als Frontispiz eine Karte der Halbinsel, welche die Erkenntisse von Ferdinand Konsag, aber auch von Eusebio Kino und Wenceslaus Linck (1736-1797) aufgreift.

Der Nordwesten bildete im spanischen Vizekönigreich Neuspanien die Grenzregion (frontier), die von Missionaren unter militärischem Schutz gehalten werden sollte und daher eine Zone prekärer Interaktion mit den indigenen Kulturen war. Die Missionare setzten auf Inklusion, nicht wie an der anglo-amerikanischen Grenzregion auf Exklusion. »In the English colonies the only good Indians were dead Indians. In the Spanish colonies it was thought worth while to improve the natives for this life as well as for the next.«[11]

Baegert beschreibt eingehend den Lebensraum, den er wegen der Muschelfunde als einstigen Meeresgrund identifiziert und den er von der Witterung her als angenehm empfindet, denn blauer Himmel, Trockenheit und sanft wehende Winde seien vorteilhaft für Leib und Leben, weshalb er sie auch gern mitgenommen hätte (vgl. Na 31). Weniger angenehm war allerdings die bescheidene Vegetation von Hecken, kleinem Gehölz und Dornengestrüpp, ohne schattenspendenden Wald und fruchtspendende Obstbäume, auch wenn das Land andere Früchte bereithielt wie Bananen und die essbaren Früchte der Pitahayas (Kakteen). Wenig angenehm empfand er auch die Insekten und Spinnentiere, die ihm nicht nur das alltägliche Leben erschwerten wie die Ameisen und Heuschrecken, sondern auch dauernde Bereitschaft abforderten, wie die Skorpione, habe er doch in seinem neu erbauten Haus »mehr als ein halb tausend Scorpionen getödtet« (Na 69).

Aus seiner Beschreibung ist also zu schließen, »daß Californien aus den armsehlichsten Ländern des bewohnten Erdkreißes eines seye, dessen Armuth und Elend noch mehr werden erhellen und scheinbarer werden, wann er sie der Fruchtbarkeit und dem Ueberfluß Deutschlands wird entgegen halten« (Na 83). Seine Wahrnehmung des fremden Landes lebt

11 *Herbert E. Bolton*, The Mission as a frontier institution in the Spanish-American Colonies, in: The American Historical Review 23 (1917) 42-61, hier 61.

aus dem Vergleich mit Europa, insbesondere mit seiner Heimat, dem Elsass. In einem Brief an seinen Bruder vom 11. September 1752, den ersten a *finibus terrae*, schreibt er, »California is not a land, but in comparison to Alsace, a veritable purgatory if not even a hell, as I sometimes used to say.« (B 6, 137)

Wer bevölkerte nun diese unwirtliche Gegend, und wie nahm Baegert diese fremden Menschen wahr, die einer Wildbeutergesellschaft mit steinzeitlicher Subsistenzwirtschaft (Jagen und Sammeln) angehörten und deren offensichtliche Underschiede die Europäer einerseits verstörte und andererseits so anzog, dass sie das utopische Bild vom »guten Wilden« schufen.

Name und Gestalt Der Autor nennt die fremden Anderen meist nach ihrem Land »Californier« (Na 89), wobei er politisch korrekt auch die »Californierinnen« erwähnt. Manchmal bezeichnet er sie auch als »Indianer«, benutzt also jenen Namen, der sich von der europäischen Bezeichnung der Neuen Welt als »westliche Indien« *(Indias occidentales)* ableitet. Manchmal spricht er auch von den »Amerikanern« (Na 145) oder den »Wilden in Amerika« (Na 158), selten von »Barbaren« (Na 201). Im Brief vom 23. September 1757 meint er einmal, nicht gerade schmeichelhaft, die Kalifornier seien in Amerika, was die Hottentotten in Afrika seien (B 9, S. 203). Ein solch diskriminierender Unterton bei der Beschreibung der »californischen Hottentotten« (Na 174) schwingt meistens mit, doch gleichwohl bestreitet er niemals das Menschsein und die bildungsfähige Vernunftnatur der nativen Amerikas.

Die Kalifornier und übrigen Amerikaner seien in der Gestalt ganz ähnlich und unterschieden sich von Europäern durch die Hautfarbe, denn diese »ist dunkel-kastanien-oder nägelein-braun, sticht aber bey einigen mehr auf schwarz, und bei anderen mehr auf lohfarb oder auf kupfer-roth« (Na 89). Die Haare seien pechschwarz und strack, alle seien »ohngebartet« und hätten Zähne wie Elfenbein, obwohl sie sie niemals säubern. »»Sie seynd wohlgestalte und wohl proportionirte Leute, sehr flink, gelenkig, und können mit den zwey vorderen Zeen Stein, Beiner und andere Ding vom Boden Aufheben. Sie gehen alle, gar wenige ausgenommen, bis in das höchste Alter kerzen gerad« (Na 90). Es gebe große und kleine an Statur, »aber niemand siehet man unter ihnen, der merklich dick von Leib wär; dessen ursach seyn mag, weil sie täglich viel herumlaufen, und also die Zeit nicht haben, viel zuzunehmen« (Na 90). Kupferstiche im Bericht zeugen von der äußeren Gestalt der Kalifornier (Na 89 und 91), die keinen Zweifel an ihrer Zugehörigkeit zum Menschengeschlecht zulassen, »nur daß den Californiern die Sonn ohngefehr neun Stunden später aufgehe, als denen, die am Rheinstrom wohnen« (Na 10).

Materielle und spirituelle Kultur Niederkalifoniens

An der äußeren Gestalt der Menschen in Niederkalifornien, die Baegert in seinem Buch hat abbilden lassen, lässt sich schon deren Kultur ablesen. So beschreibt er als Attribute des Mannes Pfeil und Bogen, aus Weiden hergestellt. Sie dienen zum Schutz vor wilden Tieren und zur Nahrungsbeschaffung durch Jagen (Na 113f); Attribute der Frau sind aus Aloe-Garn gefertigte Netze zum Transport von Nahrung und der Habseligkeiten.

Was die Kleidung angeht, haben die Indigenen den Vorteil, erzählt Baegert mit feiner Ironie, dass ihnen die schwarz-braune Haut als Hemd und Hose dient, dass ihnen diese Kleidung niemals zu eng und zu kurz werde und dass sie das Hemd am Leib nicht verspielen könnten, abgesehen davon, dass sie sich jederzeit »fertig, angeschirret und gekleidet befinden« (Na 107). Wie sie ihre Kleidung nebst den Errungenschaften von Lendenschurz und Schamschnüren immer am Leib tragen, so benutzen sie auch die Umwelt als ihr Zuhause und wechseln alle drei Tage das Quartier. Nur für Kranke errichten sie zum Schutz gegen die Sonne aus Zweigen eine halbhohe Hütte, und wenn der Wind zu heftig bläst, verfertigen sie sich einen Windschutz aus Reisern. Als Wildbeuter lebend, sind sie nicht sesshaft, sondern durchstreifen auf der Suche nach Nahrung in weitem Umkreis die Gegend.

So ist »der libe Erdboden«, wie der Autor in bildhafter Sprache schreibt, »der Californier Eß- und Spieltisch, ihr Sessel, ihre Liegerstatt und ihr Bett, ihr Sprach-und Studier-und ihr Schlafzimmer, ihre Küche und Speis-Saal: die rauhe Berge und Klippen, seynd ihre Vorhänge und Tapezereyen: das grüne und dürre Geheck und greuliche Dornstauden, seynd ihre Lustgärten und Schildereyen, ihre Spaziergäng und Alleen; und ihre klafterhohe Spiegel und Spiegel-Zimmer, seynd die allzeit stehende Wasser-Sümpfe und Pfützen. In diesem bestehet der Schaz und Reichthum der Californier, bei welchem sie aber die Tage ihres Lebens in Gesundheit, und in unvergleichlich größerer Zufriedenheit, Ruhe und Lustbarkeit zubringen, als tausend und tausend Menschen in Europa« (Na112).

Den Lebensunterhalt bestreiten die Kalifornier ohne Vorratshaltung hauptsächlich durch Sammeln und Aufbereiten von wildwachsenden Pflanzen, aber auch durch Jagen von großen und kleinen Tieren. Die Nahrung sei zwar dürftig, aber die Indianer seien gesund, würden stark und alt. Baegert unterteilt ihre Nahrung, »alle californischen Leckerbislein« (Na116) in vier Gattungen: Wurzeln wie Yucca, die im Feuer gebraten werden; Samen und Hülsenfrüchte; Tiere aller Art von Pferden und Eseln, Katzen und Hunden, bis zu Eidechsen, Schlangen, Mäusen, Heuschrecken, Raupen und Würmern; »Unsauberkeiten«,

d. h. für europäischen Geschmack ungenießbare Speisen wie Hirschleder, Hühnerbeine, faules Fleisch »und dergleichen niedliche Bißlein« (Na 118). Dazu kommt die Angewohnheit, aus den eigenen Exkrementen die unverdauten Körner herauszusuchen und nochmals zu essen. Die Anthropophagie aber war ihnen unbekannt (Na 120). Viele Speisen werden im offenen Feuer zubereitet, das nicht mit Feuersteinen erzeugt wurde, sondern mit einem Stab, der durch schnelles Rotieren dürres Holz zum Glimmen braingt (vgl. Na 124). Sie benutzen scharkantige Steine als Werkzeuge, um Rohr und Haare zu schneiden, Vieh auszuweiden und die Haut abzuziehen (vgl. Na 161).

Sitten und soziale Umwelt Sitten und Gebräuche, Sprache und Organisationsformen hält unser Autor zwar für »barbarisch«, was ihn aber nicht davon abhält, sie ethnographisch eingehend zu beschreiben. Besondere Aufmerksamkeit widmet er ihren Sitten bei Heirat und Krankheit, während er die geheimen Initiationsrituale bei Geburt und Pubertät als »Narrheiten« bezeichnet, »die sich hier nicht schicket zu erzählen« (Na 164).

Bei den polygam lebenden Völkern war nicht nur das Heiraten zweier Personen unbekannt, es fehlte in der Sprache auch ein Wort für diesen Vorgang. Die unregulierten sexuellen Beziehungen, selbst unter Verwandten, brachten immerhin den Vorteil mit sich, dass die Eifersucht »ein unbekanntes Thier unter ihnen war« (Na 131). Überdies besuchten benachbarte Ethnien einander, »in der einzigen Absicht, etliche Tag in öffentlichem Luderleben, unter einander zuzubringen« (Na 132).

Was die Kinderaufzucht angeht, so werden die kleinen Kinder von ihren Müttern den ganzen Tag auf den Schultern getragen. Die Erziehung beschränkt sich darauf, dass die Kinder lernen, für ihren Unterhalt zu sorgen, das heißt »Wurzeln auszugraben, Mäuse zu fangen und Schlangen zu erlegen« (Na 135). Ansonsten tun die Kinder, was sie gelüstet, was Baegert zum Kommentar veranlasst: »Gott wolle die Californier noch mehr erleuchten, und unser Europa und Deutschland vor solcher californischen Kinderzucht bewahren, welche zum Theil mit dem Plan, welche der ehrvergessene Schwärmer J. J. Rousseau in seinem *Emile* entworfen hat, ziemlich überein kommt, wie auch mit der Sittenlehr einer anderen neuen Philosophen aus der Hunds-Zunft; als welche wollen, man solle den Anmuthungen und Begierden den Lauf lassen, die Kinderzucht aber, was den Glaub, die Religion und Gottesforcht angeht, vor dem achtzehenden oder zwanzigsten Jahr nicht für die Hand nehmen« (Na 137).

Die bei den Kaliforniern fehlende Regierungsform und »Polizey« führt Baegert auf die herrschende Egalität zurück, denn »was soll da für eine Obrigkeit, was für ein Regiment seyn können, wo alle einander gleich seynd,

Ein Californier.

Abb 6a
Illustration im Buch
Nachrichten von der amerikanischen Halbinsel Californien
von Johann Jakob Baegert SJ
Mannheim 1772

Eine Californierin.

Abb 6b
Illustration im Buch
Nachrichten von der amerikanischen Halbinsel Californien
von Johann Jakob Baegert SJ
Mannheim 1772

wo keiner mehr hat noch haben kann, als der ander, und wo alle ins gesammt gar nichts, außer ihrem leib, ihrer Seel und schwarzbraunen Haut besitzen?« Dieses ungeordnete Beieinander jedoch, das in seinen Augen keine Züge eines Gemeinwesens tragt, führt ihn zum Urteil, es handele sich um »eine Trouppe wilder Schweine, deren ein jedes hinlaufet und grunzet, wann, wohin und wie es will, welche heut beysammen seynd, morgen aus einander, und einen anderen Tag ohngefehr wieder zusammen laufen, ohne Befehl und ohne Befehlshaber, ohne Haupt und ohne allen Gehorsam. Mit einem Wort, sie lebten, als wenn sie Freydenker, mit Ehren zu melden, und Materialisten gewesen wären« (Na 169).

Religion und Heilung Als Missionar ist der Jesuit besonders an der Religion der fremden Anderen interessiert, doch wie er kein strukturiertes Gemeinwesen entdecken konnte, so auch keine organisierte Religion. So stellt er fest, dass sie »keine Götzen, keine Tempel, kein Gottesdienst, keine Ceremonien, noch etwas dergleichen gehabt, und dass sie weder den wahren und einzigen Gott angebettet, noch an falsche Götter geglaubt haben« (Na 168). So sehr er auch nachfragte und sich erkundigte, so fand er doch keine Spur einer Erkenntnis Gottes oder einer Kenntnis von der Seele oder vom Jenseits. Dementsprechend fand er keine sprachlichen Äquivalente für religiöse Begriffe wie Gott, Himmel, Seele etc., so dass er sie für seine katechetischen Unterweisungen und bei Übersetzungen des christlichen Credo oder Vaterunser in Bildern umschreiben oder spanische Lehnwörter (z. B. Dios, Espíritu Santo) übernehmen musste.

Als Grund der anscheinenden Religionslosigkeit führt der Autor die Lebensweise der Kalifornier an, die im Wesentlichen um Nahrungs- und Paarungssuche kreise, wobei der ganze Tag von Schwätzen, Lachen und Scherzen begleitet sei. »Wer sollte aber bey solcher Lebensart, und unter einem solchen Volk, auch nur ein Fünklein einer Religion suchen?« (Na 172). Zusammenfassend gewinnt Baegert die Überzeugung, die indigene Bevölkerung von Kalifornien sei eine »Nation ohne alle Polizey, Religion, Regiment oder Gesätze, ohne Ehr und ohne Scham ohne Kleider und Wohnung; eine Nation, die sich mit nichts beschäfftiget, von nichts redet, an nichts gedenket, über nichts vernünftlet, um nichts sich bekümmert, als um das Essen, und andere dem Vieh gemeine Ding« (Na 175).

Die These von der Religionslosigkeit kann er allerdings nur deshalb halten, weil er die Tätigkeit der Schamanen nicht zur Religion rechnet, sondern moralisch als Betrügerei wertet. Die genannten Hexenmeister und Zauberer, Teufelsbeschwörer und -beschwörerinnen, Krankheiten-Vertreiber seien, Männer

12 Vgl. *Klaus E. Müller*, Schamanismus. Heiler, Geister, Rituale, München 1997.

wie Frauen, »Windmacher in Gala«, wenn sie zeremonienmäßig in einem aus Menschenhaaren gefertigten Mantel erschienen, um das Volk zu betrügen (Na 165). Die typisch schamanische Heilungstätigkeit[12] beschreibt er so: »Diese Charlatanen waschen, lecken und blasen durch ein Röhrlein den Kranken eine Weil an, machen etliche Grimassen, murmeln etwas daher, das sie selbst nicht verstehen, und zeigen endlich, nach vielen schnaufen und arbeiten, dem Patienten einen Feurstein oder etwas dergleichen, so sie verborgen gehalten, mit vermelden, es wäre nun die Ursach des Übels, welcher dieser Stein war, behoben, und die Wurzel des Schmerzens aus dem Leib gerissen« (Na 142).

Auch im Brief vom 11. September 1752 von seiner einsamen Station schreibt er von der Religionslosigkeit der Kalifornier, schränkt aber ein, dass sie einen Namen für den Teufel kannten und ihn »Emma« nannten, auch wenn sie keinerlei Vorstellung damit verbanden (B 6, 145). Im Hintergrund der vermeintlichen Religionslosigkeit steht also eine dämonologische Interpretation der Religion.

In seinem Bericht fällt auf, dass die Wahrnehmung und Beschreibung des Anderen vom Kontrast und Vergleich mit Europa her entwickelt wird. Dieses komparative Verfahren führt zwar aufgrund der eurozentrischen Perspektive zur permanenten Diskriminierung der indianischen Kultur und Lebensweise, doch erlaubt es zugleich eine genaue und zutreffende Beschreibung. Die kulturelle, moralische und religiöse Diskriminierung der indigenen Alterität führt zwar zur Disziplinierung nach den eigenen kulturellen Standards, nicht jedoch zu einer ›ontologischen‹ Diskriminierung. Vielmehr verpflichtet die normative Vorstellung der alle Distinktionen überlagernden Similarität den europäischen Missionar dazu, die Indianer als ebenbürtige Menschen zu achten und ihnen alle nötige Sorge um Leib und Seele angedeihen zu lassen. In der Darstellung Baegerts verbinden sich diese christlichen Grundannahmen mit zeittypischen aufklärerischen Ideen, wonach die barbarischen Californier durchaus als »glückliche Wilde« vorzustellen sind und den Europäern zum moralischen Vorbild dienen können.

Deutung indigener Alterität

Dass Habitat den Habitus prägt, die Lebensweise der californischen Indianer mit den Lebensbedingungen zu tun hat, ist dem Berichterstatter Baegert durchaus geläufig. »Die Unfruchtbarkeit Californiens, und der hieraus nothwendig erfolgende Abgang des Feldbaus, aller Handwerken und Arbeit, ziehen einen immerwährenden Müßiggang und ein unaufhörliches Herumschweifen der Californier, den Abgang geziemender Kleydung und nöthiger Behausung nach sich; dieser Abgang aber, dieser Müßiggang und dieses herumschweifen, verursachen eine unzählige Menge Lasterthaten und Bosheiten« (Na 84). Und wenn ein Europäer dort aufwachsen würde, würde er es genauso halten.

Der Bericht beschreibt die Alterität der Indianer Kaliforniens durchwegs negativ, wenn man von Ausnahmen wie der wohlproportionierten Gestalt der Indianer und ihren erstaunlichen Laufleistungen einmal absieht. Dies ist allerdings wenig verwunderlich, wenn man sich das Gefälle zwischen der europäischen Kultur des 18. Jahrhunderts und der Wildbeuterkultur im Nordwesten Mexikos vor Augen führt. Dabei handelt es sich um eine dreifache Alterität, die der europäische Beobachter zwar moralisch negativ beurteilt, was aber seine Beschreibung eher schärft. Seine unübertroffene Objektivität ist »extrodinarily descriptive of even the most repulsive aspects of Guaycura culture.«[13]

Die kulturelle Alterität wird erstens als Inferiorität gedeutet, die sich im Mangel an Ackerbau, Kleidung, Behausung, Gemeinwesen äußert, und die Indianer zu »Barbaren« macht, bis hin zur »Barbarey« der flexionsarmen californischen Sprache (Na 175-185). Die Alterität wird zweitens als Immoralität gedeutet, die sich Müßiggang, Lastern, sexueller Promiskuität äußert und die Indianer zu »Sündern« macht. So heißt es in seinem Bericht: »Trägheit, Lügen und Stehlen seynd drey angebohrene Laster, und drey Erbsünden

» (Na 151). Und drittens wird die Alterität als Irreligiosität gedeutet, die sich im Mangel an Glauben und religiösen Begriffen äußert und die Indianer zu Heiden« macht, auch wenn das vorhandene Schamanentum nicht religiös gedeutet wird.

Da Baegert die dreifache Alterität nicht als typische Kultur, Moral und Religion indigener Wildbeuter verstehen konnte, sondern im Vergleich mit europäischer Kultur moralistisch deutete, kommt er in seinem Bericht zu Aussagen wie in der folgenden Passage: »Überhaupt mag von den Californiern gesagt werden, daß sie dumm, ungeschickt, grob, unsäuberlich, unverschämt, undankbar, verlogen, verstohlen, stinkfaul, große Schwätzer und bis ins Grab,

13 *W. Michael Mathes*, Jesuit Chroniclers and Chronicles of Northwestern New Spain, in: *Joseph Gagliano* and *Charles E. Ronan* (ed.), Jesuit Encounters in the New World. Jesuit Chroniclers, Geographers, Educators and Missionaries in the Americas, 1549-1767 (Bibliotheca Instituti Historici SI 50), Rom 1997, 37-80, hier 64.

14 *Hans-Jürgen Lüsebrink*, Missionarische Fremdheitserfahrung und anthropologischer Diskurs. Zu den *Nachrichten von der amerikanischen Halbinsel Californien* (1772) des elsässischen Jesuitenmissionars Johann Jacob Baegert, in: *Sabine Hofmann / Monika Wehrheim* (Hg.), Lateinamerika. Orte und Ordnungen des Wissens (FS Birgit Scharlau), Tübingen 2004, 69-82, hier 81.

was den Verstand und ihre Beschäfftigungen angeht, gleichsam Kinder seynd. Daß sie Leute ohne Rath, sorglos, ohne Nachdenkenken und ohn Überlegung; Leute, die sich selbst in nichts Gewalt anthun, und in allem ihrem natürlichen Trieb, gleich dem Vieh, folgen« (Na 145).

Solche Aussagen, die sich leicht vermehren ließen, spiegeln gewiss keine Idealisierung der indianischen Kultur, sondern zeigen den »desillusionierten Beobachter indianischer Lebenswelten und Kommunikationsformen«.[14] Seine illusionslose und realistische Darstellung regt eher zu Mitleid oder pädagogischem Eifer an. »Ein unglückseeliges Volk! Hör ich Sie bey meinem Gemälde ausrufen! Sie sind es nicht so sehr als man denkt. Sie sind vielleicht glückseeliger als alle Europäer.« Diese anscheinend paradoxe Aussage vom Glück der Kalifornier trotz ärmlichster Verhältnisse, scheint die intellektuellen Zeitgenossen am Ende des 18. Jahrhunderts sehr angesprochen zu haben. Denn eine anonyme redaktionelle Kurzfassung seines Bericht, die 1777 in einer literarischen Zeitschrift als »Briefe über die Californier« erschien, kulminiert in Baegerts Auffassung über die Glückseligkeit der Indianer.[15]

So unwirtlich das Land und so ›barbarisch‹ die Leute, so darf man sie sich diese armseligen »Adams-Kinderen« also nicht unglücklich vorstellen, vielmehr unser Autor, dass sie »unvergleichlich glückseliger seynd, als alle die, welche in Europa, und auf dem so gesegneten Boden von Deutschland wohnen, ja als die, welche auf dem Gipfel zeitlicher Glückseligkeit zu schweben, uns scheinen wollen« (Na 86). Die Gründe für diesen glücklicheren Zustand liegen nicht nur in der Gewohnheit, die ein hartes Freiluftbett am Erdboden ebenso bequem findet wie ein Europäer das weiche Federbett. Sie liegen vor allem darin, dass sich ein Europäer viele schwere Sorgen machen muss, die ihm das Leben schwermachen, während einen Kalifornier das ganze Jahr über und lebenslänglich nichts betrüben und bekümmern kann.

»Denn es ist in und außer Californien niemand, der ihn plagt, verfolgt, ein Proceß an den hals wirft; es ist kein Hagel und kein Heer, die seine Felder verwüsten, kein Feuer, kein Donnerstreich, die ihm Scheuer und Hof in die Asche legen; es ist kein Neid, kein Eifersucht, kein Ehrabschneiden und

15 Berlinisches Litterarisches Wochenblatt, Zweiter Band von 1777, Berlin Leipzig 1777 (40. Stück vom 4. Okt. 1777 (625-632) und 41. Stück vom 11. Okt. 1777 (S. 639-643), hier 631. Die Texte sind zwar anonym redigiert, doch erschließt sich Baegert als Verfasser aus der Bemerkung: »unser Jesuit brachte 17 Jahre in diesem Apostelamt zu« (641).

Verleumdung, die ihn kränken; keine Forcht, das erworbene Gut zu verlieren, und keine Sorg, dasselbe zu vermehren. Es ist kein Gläubiger, der Schulden, kein Beamter, der Tribut, Zoll, Weeg- Kopf- und andere hunderterley Gelder fordert. Es ist kein Weib, welches mehr an den Leib henkt, als die Einkünften ertragen, kein Mann, der bey dem Spielen oder bey dem Wein, dasjenige durchbutzt, womit die Familie sollt ernähret und gekleydet werden; es seynd keine Kinder zu versorgen, keine Töchter an Mann zu bringen, kein ungerathener Sohn zum Spott und Ruin eines ganzen Hauses. Mit einem Wort, in Californien, und unter den Californiern ist kein Mein und kein Dein, welche zwey Wort, wie der heilige Gregorius sagt, die wenige Tage unseres Lebens mit Bitterkeit und unzahlbaren Üblen erfüllen« (Na 86f).

Die sonst als barbarisch qualifizierte primitive Lebensweise ohne Privateigentum wird hier zur Quelle des Glücks, welches die Leute immer wohlgemut sein lasse. Daher ist es für Baegert kein Wunder, dass eine »immerwährende Lustbarkeit, ein ewiges Lachen und Scherzen unter ihnen regiere, welches ein klarer Beweis ist, daß sie allzeit zufrieden, allzeit vergnügt seynd, in welchem ohn allen Zweifel die Glückseligkeit bestehet« (Na 87).

Unser Pater malt hier also das Bild des glücklichen Wilden und knüpft damit auf seine Weise an den Topos vom ›Guten Wilden‹ an, der als moralisches Vorbild vorgestellt wird. Zwar ist dieser Topos schon in der Antike zu finden, wenn etwa der römischer Historiker Tacitus (um 58-120) in seiner *Germania* die germanischen Barbaren mit der Dekadenz der zivilisierten Römer kontrastiert. Doch in der frühen Neuzeit erhielt der Topos durch die Begegnung mit den Völkern der Neuen Welt und die ethnographische Berichterstattung neuen Auftrieb, der im Geistesleben der Aufklärung zu Diskursen über den »guten Wilden« (bon sauvage) führte. Der französische Schriftsteller Michel de Montaigne (1533-1592) stellte in seinen *Essais* (1580) *avant la lettre* seinen staunenden europäischen Zeitgenossen kulturrelativistisch die Wilden, selbst die Kannibalen, vor Augen und schuf damit eine Chiffre, der sich auch Rousseau und Voltaire bedienten, um die Naturnähe des idealisierten Wilden zur Kritik der eigenen Kultur zu instrumentalisieren.[16]

16 Vgl. *Karl-Heinz Kohl*, Entzauberter Blick. Das Bild vom Guten Wilden und die Erfahrung der Zivilisation, Frankfurt 1986.

17 Bei dieser Empfehlung an die Europäer, die Gleichmütigkeit (Indifferenz) gegenüber den irdischen Dingen einzuüben, steht das spirituelle Konzept Ignatius von Loyola (1491-1556) im Hintergrund. Vgl. Ignatius von Loyola, Die Exerzitien, übertr. von Hans Urs von Balthasar, 5. Aufl., Einsiedeln 1956, Nr. 23.

18 Zu Francisco de Vitoria vgl. Kap Kapitel III,11 dieses Bandes.

19 *Francisco de Vitoria*, Vorlesungen II (Relectiones). Völkerrecht Politik Kirche, hgg. von *Ulrich Horst, Hans-Gerd Justenhoven, Joachim Stüben* (Theologie und Frieden 8), Stuttgart Berlin Köln 1997; (De indis, 370-541), hier 465.

Darin zeigt sich die klare Differenz zwischen Baegerts ethnographischem Bericht über die glücklichen Californier und den philosophischen Diskursen über den Guten Wilden. Denn unser Autor lebte über lange Jahre als teilnehmender Beobachter im Kontext indianischer Kulturen, war selber ein »halber Californier« und hatte daher ein realistisches Bild, während das Bild des Guten Wilden eine idealisierende Projektion derer war, welche die realen »Wilden« und ihre Lebensbedingungen nicht aus eigener Anschauung kannten, und an den »Wilden« nicht als Subjekten interessiert waren.

Gewiss, auch Baegert ist am Schicksal seiner europäischen Landsleute interessiert, denen er mit Blick auf die Indianer das Glück der Indifferenz ans Herz legt.[17] »Die in Europa wohnen, können zwar die Californier ihre Glückseligkeit halber beneiden, aber keine solche hie genießen, als durch eine vollkommene Gleichgiltigkeit, viel oder wenig, etwas oder nichts, auf dieser Welt zu besitzen, und durch eine gänzliche Gleichförmigkeit mit dem Willen Gottes in allen Zufällen dieses Lebens« (Na 88).

Von der Alterität zur Similarität

Baegerts Bemerkung, dass die Kalifornier nach europäischen Maßstäben »gleichsam Kinder seynd« (Na145), gibt das Stichwort ab für seine Interpretation dieser Völkerschaft, deren Alterität sowohl negativ (Unmoralität) als auch positiv (Glückseligkeit) gesehen wird, aber auch deutlich eine Grundüberzeugung widerspiegelt: Bei den Indigenen Kaliforniens handelt es sich ohne jeden Zweifel um vernunftbegabte Menschen, die kulturell lernfähig sind. Die anthropologischen und theologischen Grundlagen der Bildungsfähigkeit liegen in einer Similarität, die in Baegerts Bericht immer wieder aufblitzt. Diese Similarität unterfängt die negativen Alteritätsmuster der Inferiorität, der Immoralität und der Irreligiosität, ob sie den fremden Anderen als abschreckenden Barbaren oder glücklichen Wilden vorstellen.

Die Similarität erkennt und anerkennt den Anderen in seiner Andersheit als Gleichen, dem alle Rechte seines Menschenseines von Natur aus zustehen und von keiner Instanz entzogen werden können. Die naturrechtlichen und theologischen Grundlagen für die Similarität legte in der frühen Neuzeit der Vordenker der spanischen Spätscholastik, Francisco de Vitoria (1483-1546), in seiner berühmten Vorlesung *De Indis recenter inventis* (1539) über Recht und Unrecht in der *conquista*.[18] Die Similarität ist doppelter Art und meint anthropologisch die Anerkennung des Anderen als Menschen *(homo homini homo)* und theologisch die Anerkennung des Anderen als Nächsten *(omnis homo proximus)*.[19]

So negativ der Autor die Andersheit der Kalifornier schildert, so hegt er doch nicht den geringsten Zweifel, dass sie Menschen ›wie wir‹ sind, die sich durch entsprechende Erziehung und Bildung entwickeln können. »Nichts desto weniger seynd sie, und alle übrigen Amerikaner, Menschen und wahre Adamskinder, wie wir, und seynd nicht, wie ein verlogener, und mehr als alle Californier, schamloser Freygeist will zu verstehen geben, aus der Erd oder aus Steinen, wie das Moos und anderes Gebüsch, hervor gewachsen; wenigstens habe ich keinen also hervor wachsen gesehen, oder von einem also Hervorgewachsenen etwas zuverläßiges gehört. Sie haben Vernunft und Verstand so gut, als andere Leute, und ich halte dafür, daß, wann sie in ihrer Kindheit, die Knäblein in Seminaria oder Collegia, die Mägdlein in Jungfrauenklöster, nach Europa geschickt würden, sie würden es in Sitten, Tugend, allen Künsten und Wissenschaften so weit, als die Europäer bringen, dessen man gute Proben in verschiedenen amerikanischen Provinzen gesehen hat; und daß ihre viehische Dummheit ihnen nicht angebohren, sondern nach und nach, gleichwie bei anderen der Verstand, ihnen gleichsam aufgehe, und mit den Jahren zunehme« (Na 146).

Das gilt auch, wenn sich Baegert darüber beklagt, dass die Indianer nichts bewundern, nicht einmal seine weißen Altartücher und liturgischen Gewänder; dass sie nichts nachahmen; dass sie keine Anstrengungen machen zu arbeiten oder sich aufzumachen, wenn nicht der Hunger sie zwingt. Bildung aber könnte sie weiterbringen. Sind die Indianer aufgrund der Similariät einerseits Menschen wie alle anderen, wenn auch noch bildungsfähig, so steht für ihn andererseits auch fest, dass sie als Nächste solidarische Hilfe im Irdischen brauchen und man ihnen den christlichen Weg zum Heil weisen muss. Um diesen Dienst zu leisten, haben sich die Missionare von Europa aus aufgemacht. Ihre geistliche Motivation besteht darin, dass sie »einzig und allein um die Ehre Gottes und das Heil deren Californier zu beförderen, zwischen die californische Felsen, Dörner und Barbarn sich sollten gewagt haben (Na 204).

Da die Kalifornier ohne christliche Religion gleichsam nur die Hälfte der auf Einfachheit und Besitzlosigkeit gründenden Glückseligkeit genießen können, kommt es darauf an, ihnen die andere, noch ausstehende Hälfte missionarisch nahezubringen. »Zu wünschen wäre nur«, so Baegert, »daß, gleichwie die Californier auf dieser Erde eine wahre Glückseligkeit würklich genießen, sich ein wenig mehr angelegen seyn ließen, (nachdem das Glaubenslicht si nunmehro beleuchtet) auch die Glückseligkeit der anderen Welt und des künftigen Lebens, durch einen mehr christlichen Lebenswandel zu erwerben« (Na 88).

Die Schriften unseres Autors stellen eine außerordentlich wertvolle Quelle für die Kultur der heute fast ausgestorbenen indigenen Bevölkerung Niederkaliforniens dar. Die Deskription der indigenen Alterität fällt deshalb so präzise aus, weil seine teilnehmende Beobachtung die nötige Nähe gab, sein moralisches Urteil die nötige Distanz und die Similarität die nötige Sympathie. ◆

16
Eurozentrismus im Christentum?

Im Goldenen Zeitalter des spanischen Barock verfasste Baltasar Gracián (1601-1658) einen meisterhaften allegorischen Roman über die Entzifferung der Welt und die Flüchtigkeit des Lebens. Darin erleidet ein gebildeter Abenteurer aus Europa, Critilo mit Namen, Schiffbruch und wird von einem stattlichen Jüngling im Adamskostüm auf eine Insel gerettet. Der schöne Jüngling versteht aber nicht nur keine der bekannten Sprachen, sondern kann, weil unter Tieren aufgewachsen, überhaupt nicht sprechen. Der Europäer nennt ihn Andrenio, lehrt ihn sprechen und nimmt ihn mit auf eine Bildungsreise durch Europa, deren Stationen die Lebensalter versinnbildlichen. Das Zusammentreffen der beiden, des gebildeten Schiffbrüchigen und des sprachlosen Retters, findet, so will es der Roman *El Criticón* (1651), auf der Insel St. Helena im Südatlantik statt, einem Stützpunkt für die Fahrten von der einen in die andere Welt. Sie dient als Zwischenaufenthalt der Schiffe zwischen den beiden Welten, als »tragbares Europa« *(la portátil Europa)*.[1]

Die Metapher bezeichnet den frühneuzeitlichen Aufbruch im Zuge der europäischen Expansion, als neue, bisher unbekannte Welten aufeinanderstießen und die Europäer durch neue Schiffstypen, Segel- und Navigationstechniken global mobil wurden und ihr »tragbares Europa« im Gepäck mitbrachten. Ist das aber Ausdruck eines »untragbaren« Europäismus oder Eurozentrismus oder unabdingbare Voraussetzung für jeden interkulturellen Austausch, sprachlicher, kultureller, religiöser Art?

Ethnozentrismus und Eurozentrismus

Unter einer ›eurozentrischen‹ Einstellung versteht man gemeinhin eine Wahrnehmung und Beurteilung außereuropäischer Kulturkreise nach Maßgabe normativer gemeineuropäischer Vorstellungen. Sie bezeichnet demnach »eine unreflektierte Übertragung europäischer Ansichten, Normgebungen

1 *Baltasar Gracián*, Obras completas, edición de *Luis Sánchez Laílla*, Madrid 2001 (El criticón) 801-1506, hier 807.

und Lebensweisen auf nichteuropäische Völker und Kulturen.«[2] Doch hat der Begriff schon eine Vorgeschichte im Neologismus »Europäismus« am Anfang des 20. Jahrhunderts, als nach dem Ersten Weltkrieg Europa neu zu denken und eine Kultursynthese im Welthorizont der Moderne anstand. Bei diesem Umbau sprach Ernst Troeltsch (1865-1926) vom »Europäertum« oder vom »Europäismus«, der sich in die Kulturkreise einordnen muss. Auf dem Hintergrund der auf Antike, Mittelalter und Neuzeit aufbauenden Kultursynthesen, geht es ihm um die Übertreibung des Selbstgefühls, die Kritik am »Europäerhochmut« und die Selbscheidung angesichts des »Reichs der absoluten Wahrheit und Erlösung, das die Moderne in das absolute Reich der alleinigen Kultur, Vernunft und Wissenschaft verwandelt. Der Eroberer, der Kolonisator und der Missionar steckten in allem europäischen Denken.«[3]

Zu Beginn des Jahrhunderts nutzte sein Zeitgenosse, der Schweizer Jesuit Anton Huonder (1858-1926), dieselbe Kategorie des Europäismus, allerdings im Kontext der Mission. Er sah im Europäismus ein Hindernis für die Mission: »Durfte man nun diesen so ganz anders gearteten Völkern das Christentum in spezifisch europäischer Ausprägung bieten, in Formen und sprachlichen Ausdrücken, die aus einem ganz anderen Geistes- und Kulturleben geboren waren?«[4] Die Antwort auf diese rhetorische Frage war ein klares Nein. Damit war der Begriff negativ konnotiert, da die Wahrnehmung, Interaktion und Beurteilung aus europäischer Perspektive mit einer negativen Bewertung der fremden Andersheit verbunden war.

Der Begriff des »Eurozentrischen« war anders konnotiert, nämlich mit dem Begriff des »Fremden«, den der Soziologe Georg Simmel (1858-1918) in einem »Exkurs über den Fremden« entwickelt hat. Es gebe eine Art von Fremdheit, bei der jede Gemeinsamkeit auf dem Boden des Allgemeineren ausgeschlossen ist. Der einzige Grund dafür ist die Andersheit: »hierfür ist etwa das Verhältnis des Griechen zum *βάρβαρος* typisch, all die Fälle, in denen dem Anderen gerade die generellen Eigenschaften, die man als eigentlich und bloß menschlich empfindet, abgesprochen werden. Allein hier hat ›der Fremde‹ keinen positiven Sinn, die Beziehung zu ihm ist Nicht-Beziehung, er ist nicht das, als was hier in Frage steht: ein Glied der Gruppe selbst.«[5]

2 *Hans Waldenfels*, Art. Eurozentrismus, in: Lexikon für Theologie und Kirche, Bd. 3, Freiburg im Breisgau, 2006, Sp. 1005.

3 *Ernst Troeltsch*, Der Historismus und seine Probleme, hg. von *Friedrich Wilhelm Graf* (Kritische Gesamtausgabe Bd. 16, 2), Berlin/New York 2008; zu »Europäismus«1020-1048, hier 1025.

4 *Anton Huonder*, Der Europäismus im Missionsbetrieb, Aachen 1921, 13; dazu vgl. *Christoph Nebgen*, Anton Huonder SJ (1858-1926) und seine Bedenken gegen den ›Europäismus im Missionsbetrieb‹, in: Evangelisierung und Geschwisterlichkeit. Festschrift 400 Jahre Propaganda Fide, hg. von *Mariano Delgado/Margit Eckholt/Klaus Vellguth*, in: Sonderband der ZMR 106 (2022) 300-308.

So gesehen wäre der Eurozentrismus eine Spielart des »Ethnozentrismus« und hätte kein Alleinstellungsmerkmal, sondern wäre nur der Sonderfall einer weltweit in allen Kulturen verbreiteten Tendenz der Selbst- und Fremdwahrnehmung. Unter Ethnozentrismus versteht man die ubiquitäre Auffassung, welche die eigene »Wir-Gruppe« in Gestalt einer Ethnie, eines Volkes, einer Nation in den Mittelpunkt stellt und sich gegenüber anderen, fremden Gruppen als normal und überlegen interpretiert. Dieses Normalitäts- und Superioritätsbewusstsein wiederum führt dazu, das Verhalten der Anderen als deviant, negativ oder unterlegen zu bewerten. Das ethnozentrische Weltbild, das in vielen Mythen erzählt wird und sich oft in der Eigenbezeichnung der Ethnien spiegelt, unterscheidet dichotom zwischen »wir« und die »anderen«, also zwischen ›in-group‹ und ›out-group‹. Es bevorzugt das ›Eigene‹ und distanziert sich vom ›Fremden‹.

So stehen im Alten Testament das auserwählte Volk Israel und die (Heiden-Völker einander gegenüber, was sich terminologisch am Gegenüber von hebr. ›ām‹ (=auserwähltes Volk) und ›gojim‹ (=Heidenvölker) widerspiegelt: in der Septuaginta griech. ›laós‹ vs. ›éthnè‹. In der Antike bezeichneten die »Griechen« die anderen Völker als »Barbaren«, die unverständlich redeten. Das Prinzip des Ethnozentrismus kennen auch die Chinesen, die ihr Land »Reich der Mitte« nennen *(Sinozentrismus)*, wie die Inka ihre Hauptstadt »Nabel« *(Cuzco)* nannten, um sie als Zentrum der vier Weltgegenden auszuweisen. Ähnliches gilt für lokale Variante, die bis heute in deutschen Landen gelten, wenn die ›Bayern‹ alle anderen, ob Deutsche oder Ausländer, als ›Preußen‹ bezeichnen, dann nicht weil sie Preußen wären, sondern nur, weil sie alle Nichtbayern bezeichnen, also alle ›Anderen‹. Eine nordamerikanische Kulturanthropologie verwendet den Begriff des Ethnozentrischen, der besagt, dass Menschen ethnozentrisch seien, weil sie entweder nur die Verhaltensweisen der eigenen Gruppe kennen, oder durch kulturelle Konditionierung zum Urteil kommen, dass ihre Praktiken besser seien als die der anderen. Es ist »die Einstellung, die uns dazu bringt, die ›Wilden‹ zu ›zivilisieren‹ oder den ›Heiden‹ das Christentum zu bringen.«[6] Um nun die ethnologische Feldforschung teilnehmender Beobachtung aus dem ›ethnozentrischen Morast‹, in dem unser Denken über letzte Werte versunken

5 *Georg Simmel*, Soziologie. Untersuchungen über die Formen der Vergesellschaftung (Gesamtausgabe Bd. 11), hg. von *Ottheim Rammstedt*, Frankfurt 1992 (zu ›Exkurs über den Fremden‹ 764-790, hier 770.

6 *Frank Robert Vivelo*, Handbuch der Kulturanthropologie. Eine grundlegende Einführung, hg. und mit einer Einleitung von *Justin Stangl*, München 1988, 46.

war[7], wieder herauszuholen, schlägt Melville J. Herskovits (1895-1936) neben anderen Kulturanthropologen das Prinzip des ›Kulturrelativismus‹ vor.

Danach sind andere Gesellschaften nicht nach den Normen der eigenen Kultur zu beurteilen, sondern zu tolerieren und in ihrer Verschiedenheit anzuerkennen. Man habe sich also eines moralischen Urteils zu enthalten, zum Beispiel auch in der kulturell unterschiedlichen Bewertung der Tötung eines Kindes *(Infantizid)*, da es keinen absoluten Vergleichsmaßstab gebe. Mit schlichter normativer Abstinenz wird man die Frage gewiss nicht lösen können, sondern wird die impliziten Normen des Ethnozentrismus ins kritische Gespräch bringen müssen, ohne jede Ethik zu verabschieden, die den Kern jeder Kultur ausmacht. Ohne hier in diesen Diskurs eintreten zu können, befassen wir uns mit der Frage, ob und in welchem Maß eurozentrische und ethnozentrische Züge in der christlichen Mission zu finden sind.

Herkunft und Verbreitung der christlichen Religion

Zur gründlichen Beantwortung dieser Frage müsste man die gesamte Missionsgeschichte Revue passieren lassen und sie nach den diesbezüglichen Grundmustern zu befragen.[8] Da dies hier nicht zu leisten ist, befragen wir exemplarisch Spätantike, Mittelalter und Neuzeit.

Betrachtet man die formative Periode der Christianisierung, die von der Spätantike bis zum Beginn der Neuzeit ungefähr ein ganzes Jahrtausend umfasst, dann geben drei Dimensionen dieses komplexen Prozesses eine tendenzielle Antwort auf unsere Frage nach der Eurozentrik: die außereuropäische Herkunft des Christentums, seine vielsprachige innereuropäische Verbreitung und seine außereuropäische Ausbreitung.

Außereuropäische Herkunft Es bedarf keines Beweises, dass das Christentum nicht in Europa entstanden ist, sondern aus dem Vorderen Orient stammt und dem Erbe der jüdischen Religion entstammt. Dort, in Palästina und seinen Landschaften von Galiläa, Samaria und Judäa entfaltete sich der Glaube an den gekreuzigten und auferstandenen Jesus von Nazareth, den von Gott

7 *Melville J. Herskovits*, Man and his works. The Science of cultural anthropology, 4. Aufl., New York 1950, 78.

8 Zum Überblick vgl. *Michael Sievernich*, Die christliche Mission. Geschichte und Gegenwart, Darmstadt 2009.

9 Vgl. *Wolfgang Reinbold*, Propaganda und Mission im ältesten Christentum. Eine Untersuchung zur Ausbreitung der frühen Kirche, Göttingen 2000.

10 Hierzu: *Wolfgang Reinhard*, Lebensformen Europas. Eine historische Kulturanthropologie, München 2004, 551-580.

gesandte Messias (Christus). Mit der Annahme der Sendung durch den Auferstandenen, von dem die vier Evangelien berichten, führt das Pfingstereignis zu einer missionarischen Dynamik, die ›allen Völkern‹ (Lk 24,47) gilt und ›bis an die Grenzen der Erde‹ (Apg 1,8) reichte. Vom Nahen Osten gelangt das Christentum über Kleinasien nach Europa, indem es sich auf sozio-kultureller Weise oder durch missionarische Bemühungen verbreitete. Durch kapillare Verbreitung und professionelle Verkündigung gewinnt das Christentum zunehmend Anhänger und Anhängerinnen aus allen sozialen Schichten und bildet in Palästina, Kleinasien und im europäischen Griechenland kleinere und größere Gemeinden.[9]

Damit war es schon im Kontext des Römischen Reiches und der hellenistischen Kultur beheimatet, doch ins geographische Europa gelangte das Christentum durch Konvertiten und professionelle Missionare wie Paulus von Tarsus (um 10 bis nach 60), den seine zweite Missionsreise (Apg 15,36-18,22) erstmals nach Griechenland und damit nach Europa führte. Erzählerisch hebt der biblische Text diesen epochalen Übergang dadurch hervor, dass er ihn auf eine paulinische Vision zurückführt, in der ein Grieche ruft: »Komm herüber nach Mazedonien und hilf uns!« (Apg 16,9). Der erste europäische Mensch, der in Philippi den neuen Glauben annahm, war eine Frau, die gottesfürchtige Lydia (Apg 16,14f). Durch die Attraktivität der Glaubensbotschaft, die Glaubwürdigkeit der frühen Zeugen und die günstige Infrastruktur gelangte das Christentum bald in die Geisteshauptstadt Athen und die politische Hauptstadt Rom, wo Petrus (†um 65) und Paulus mit ihrem Leben die Botschaft bezeugten. In der Folgezeit verbreitete sich das Christentum in fast allen Provinzen des Römischen Reiches, bis nach Nordafrika im Süden, Gallien und Spanien im Westen, Germanien und Britannien im Norden. In seinen Ursprüngen ist das Christentum nicht europäischer Herkunft, geschweige denn eurozentrisch. Wohl aber hat das vielsprachige Europa im Laufe eines Jahrtausends fast ausnahmslos den christlichen Glauben angenommen, und umgekehrt hat der christliche Glaube in all seinen Facetten die vielgestaltige europäische Kultur mitgestaltet. Allein die christliche Architektur und Kunst dieser Jahrhunderte zeugen davon.[10]

Innereuropäische Verbreitung Der komplexe Prozess der innereuropäischen Glaubensverbreitung gewann über die christianisierte romanische Bevölkerung dadurch an Dynamik, dass die germanischen Völker, die in der späten Antike ins Reich einströmten, selbst das Christentum (arianischer Prägung) als Stammesreligion angenommen hatten und später zur katholischen Variante des Christentums wechseln. Bei der innereuropäischen Christianisierung, man könnte auch von einer »Selbstevangelisierung« Europas sprachen, kommt dem Mönchtum eine außerordentlich bedeutsame Rolle zu, das sich von Südfrankreich und Italien ausbreitete und von dort auf den britischen Inseln seine missionarische Kraft entfaltete. Wobei die britischen Mönche ihrerseits auf dem Festland missionieren, wie Winfried Bonifatius (673-754) im deutschen Bereich. In ähnlicher Weise werden später die slawischen Völker durch kapillare Verbreitung, aber auch durch planvolle Unternehmen byzantinischer Missionare wie Konstantin-Kyrillos (827-869) und Methodios (815-885) oder baierischer Missionare das Christentum ausbreiten. Prozesse, an dem vor allem monastische Orden wie die Benediktiner mitwirkten, aber auch Stammesfürsten, Könige und Kaiser. Schließlich wird sich der christliche Glaube auch in Skandinavien und Island sowie in Osteuropa verwurzeln und im 14. Jahrhundert abgeschlossen sein, nachdem Litauen als letztes europäisches Land das Christentum angenommen hatte. Auch dieser Prozess kann hier nicht im Entferntesten nachgezeichnet werden;[11] wohl aber soll ein für unsere Frage wesentlicher Zusammenhang benannt werden.

In der irischen *peregrinatio*, die zunächst eine asketische Heimatlosigkeit bedeutet, findet eine Überschreitung der ethnischen Grenzen statt, aus der sich ein universalmissionarisches Bewusstsein ergibt.[12] Die *peregrinatio* überwindet den typischen Ethnozentrismus eines Stammes, so dass das angenommene Christentum nicht mehr zur jeweiligen ›Gentilreligion‹ oder Nationalreligion werden kann. Wie stark das Stammesbewusstsein war, zeigt die Tendenz der angelsächsischen Missionare, die lieber die Festlandgermanen missionierten, weil sie die sächsische Sprache verstanden. Nicht selten begann das Christentum als Gentilreligion, wie das Beispiel der Konversion und Taufe (498) des merowingischen Königs Chlodwig (466-511) zeigt; er führte seinen Sieg in der Schlacht bei Zülpich (496) wohl auf Christus als den stärkeren Schlachtenhelfer zurück. Wie die *peregrinatio* stärkte auch die Entsendung römischer Mönche durch Papst Gregor den Großen (540-604, reg. ab 590) in die angelsächsischen Kleinkönigreiche (597) die ethnische Entschränkung.

Hat also die Mission im mittelalterlichen Europa das ubiquitäre ethnozentrische Moment schon eingedämmt, so geht ihre faktische Funktion im entstehenden Europa der Völker noch weiter. Europa war nie eine geschlossene,

11 Vgl. *hierzu Lutz E. von Padberg*, Christianisierung im Mittelalter, Darmstadt 2006.

12 *Wolfgang Fritze*, Universalis gentium confessio. Formen, Träger und Wege universalmissionarischen Denkens im 7. Jahrhundert, in: Frühmittelalterliche Studien 3 (1969) S. 78-130.

13 *Rémi Brague*, Orient und Okzident. Modelle »römischer« Christenheit, in: *Otto Kallscheuer* (Hg.), Das Europa der Religionen. Ein Kontinent zwischen Säkularismus und Fundamentalismus. Frankfurt 1996, 45-65, hier 59.

homogene, sprachlich geeinte Gesellschaft, sondern hat die kulturellen Differenzen seiner verschiedenen Völker zugelassen und durch die christliche Mission jene Einheit in Verschiedenheit gewährleistet, durch die sich die Stämme und Völker unbeschadet ihrer jeweiligen Eigenart auf eine die ethnischen Grenzen überschreitende Religion universalen Heils beziehen konnten. Dadurch waren Auseinandersetzungen zwar nicht ausgeschlossen, aber der Weg zu anderen Kulturen grundsätzlich offen. So meint der französische Philosoph Rémi Brague (*1947), es laufe auf eine widersprüchliche Aussage hinaus, wenn man vom Selbstbildnis Europas als einem eurozentrischen spricht. Denn keine Kultur hat sich selbst weniger als das ›Königreich der Mitte‹ verstanden als die europäische, keine Kultur war je weniger auf sich selbst bezogen. Keine zeigte lebhafteres Interesse an den anderen Kulturen, keine schaute erwartungsvoller auf sie, keine war mehr bemüht, sie objektiv zu sehen.«[13]

Außereuropäische Verbreitung Noch weniger trifft der Begriff einer eurozentrischen Mission zu, wenn man auf die orientalische ›Kirche des Ostens‹ schaut, die im Mittelalter zeitgleich zur Mission Europas groß angelegte Missionsunternehmen in Asien betrieb. Diese im 5. Jahrhundert im Perserreich entstandene autokephale Kirche antiochenischer Prägung hatte später ihren Sitz in Bagdad, wo als Oberhaupt der »Katholikos-Patriarch« residierte. Dort erlebte sie unter der islamischen Herrschaft der Kalifen eine Blütezeit und pflegte nicht nur die Gelehrsamkeit, sondern entwickelte sich auch zu einer veritablen Missionskirche des Mittelalters. Denn neben anderen war sie die Hauptträgerin der christlichen Mission in Asien, die vor allem an den Hauptplätzen entlang der verzweigten Handelsrouten der Seidenstraße zu Kirchengründungen führte.[14]

Zahlreiche archäologische Artefakte erzählen von der Präsenz des Christentums, das von Kaufleuten und professionellen Missionaren, das heißt (verheirateten) Priestern und (zölibatären) Mönchen getragen wurde. Eine 781 im Nordwesten Chinas errichtete Stele in Sian-fu (heute Xi'an) berichtet von der Ankunft der »Leuchtenden Religion« *(Jingjiao)* in China und zeigt durch die Verbindung von Kreuz und Lotosblüte eine interkulturelle Symbiose. Die in zahlreiche »Metropolien des Äußeren« organisierte ›Apostolische Kirche des Ostens‹ mit syrischer Liturgiesprache übertraf mit

14 Vgl. *Ian Gillman/Hans-Joachim Klimkeit*, Christians in Asia before 1500, London/New York 1999; *Wolfgang Hage*, Das orientalische Christentum, Stuttgart 2007; *Alexander Toepel*, (Hg.), Die Mönche des Kublai Khan. Die Reise der Pilger Mar Yaballaha und Rabban Sauma nach Europa. Darmstadt 2008.

ihrer Ausdehnung vom Vorderen Orient bis nach Indien, Zentralasien und China in ihrer missionarischen Entfaltung alle anderen zeitgenössischen Kirchen. Aus Europa kamen in dieser Zeit einzelne westliche Missionare und Kundschafter nach Asien, wie etwa der flämische Franziskaner Wilhelm von Rubruk (1215-1270) oder der Italiener Johannes von Montecorvino (1246-1328), der es zum Erzbischof von Peking (damals *Khanbalik*) brachte.

Insgesamt hat die mittelalterliche Mission im Westen Europa allererst zu einer Zivilisations- und Staatengemeinschaft gemacht, deren differenzierte Kulturen romanischer, keltischer, germanischer und slawischer Provenienz durch das transnationale Christentum auf römischen Grundlagen zu einer gemeinsamen Geschichtsraum geeint wurde.

Eurozentrik in der (Frühen) Neuzeit

Die Frühe Neuzeit ist jene Epoche, in der das Christentum Europas nach einer tausendjährigen Eigengeschichte und eher zaghaften Missionsversuchen über die Grenzen hinaus (durch die mobilen Mendikantenorden der Franziskaner und Dominikaner) seine Aufgabe wahrnahm, die empfangene und verinnerlichte Gabe des neuen Glaubens nun selbst missionarisch im außereuropäischen Raum weiter zu tradieren.[15] Die neuen Rahmenbedingungen der europäischen Expansion und der Schirmherrschaft der iberischen Patronate über die Kirche schienen dafür besonders günstige Rahmenbedingungen. Und so kommt es zu kraftvollen missionarischen Unternehmen sowohl in der gerade entdeckten Neuen Welt Amerika, wo man die Mission mit dem martialischen Ausdruck *conquista espiritual* (Geistliche Eroberung) nennt, die zwar spirituell gemeint ist, aber leicht mit der gewaltsamen *conquista* Spaniens verwechselt wird.[16]

Als die Europäer vor allem von der iberischen Halbinsel in der Frühen Neuzeit auf den gerade bekanntgewordenen Erdteil Amerika stießen, ergab sich die Grundfrage, wie mit den »Fremden« umzugehen sei; eine Frage, die sich natürlich auch den indigenen Völkern stellte. Was diese »entdeckten«,

15 Zum Überblick vgl. *Bernhard Maier*, Die Bekehrung der Welt. Eine Geschichte der christlichen Mission in der Neuzeit, München 2021.

16 *Robert Ricard,* La »conquête spirituelle« du Méxique. Essai sur l'apostolat et les méthodes missionaires des ordres mendiants en Nouvelle Espagne de 1523 24 à 1572, Paris 1933.

17 *Georg Christoph Lichtenberg*, Schriften und Briefe, Bd. 2, hg. von Wolfgang Promies, München 1971, 166 (Sudelbücher G 183).

18 Vgl. *Bartolomé de Las Casas*, Werkauswahl, 4 Bde., hg. von Mariano Delgado, Paderborn 1994-1997.

19 Zu Vitoria und Las Casas vgl. in diesem Band: Dritter Tei: »Recht, Politik und normative Ordnungen«.

brachte der Schriftsteller Georg Christoph Lichtenberg (1742-1799) in seinen Sudelbüchern auf folgenden Aphorismus: »Der Amerikaner, der den Kolumbus zuerst entdeckte, machte eine böse Entdeckung.«[17]

Hier kamen typische Alteritätsmuster zum Vorschein, die den fremden indigenen Anderen auf der kulturellen, moralischen und religiösen Ebene negativ wahrnehmen und beurteilen und daraus negative, auch kriegerische Handlungsoptionen ableiten. Es sind die Alteritätsmuster der Inferiorität, der Immoralität und der Idolatrie, die zur bösen Entdeckung führten. Auf der Ebene der Kultur werden die fremden Anderen als inferiore ›Barbaren‹ eingestuft, weil ihnen bestimmte zivilisatorische Merkmale wie Schrift oder Rad fehlen. Auf der Ebene der Moral werden sie wegen andersartiger Sitten und Gebräuche als ›Sünder‹ markiert. Auf der Ebene der Religion schließlich werden die fremden Anderen als heidnische ›Götzendiener‹ *(pagani, gentiles)* klassifiziert, weil sie der »falschen« Religion anhängen. In dieser Wahrnehmung der Alterität als Inferiorität, Immoralität und Idolatrie zeigt sich zweifelsohne ein ethnozentrisches Konstrukt, das eine breite Wirkungsgeschichte hatte.

Doch meldeten sich im selben Zusammenhang der Eroberung und Missionierung der Neuen Welt auch Stimmen zu Wort, welche der Diskriminierung kultureller, moralischer und religiöser Andersheit vehement und nachhaltig widersprachen und mit allen rechtlichen Mitteln bekämpften. So forderte ein Bartolomé de Las Casas (1484-1566) die Freiheitsrechte für die Indianer ein und betonte ausdrücklich Würde und Eigenwert der anderen Kulturen und Religionen. Damit sprengten sie nicht nur das ethnozentrische Schema, sondern stellten auch die eigenkulturellen Überzeugungen kritisch in Frage, nicht ohne bisweilen die fremdkulturellen Formen zu idealisieren.[18]

Kommt bei Las Casas die kämpferische Stimme des Gewissens bei der Verteidigung der Freiheit der indigenen Menschen und Völker zu Wort, so bei seinem Ordens- und Zeitgenossen Francisco de Vitoria (1483-1546) die Stimme ethischer und theologischer Rationalität. Beide Protagonisten leben und argumentieren gewiss aus einer europäischen Tradition, die jüdische und christliche Religion, griechische Philosophie, römisches Recht sowie germanische und slawische Lebens- und Denkformen amalgiert. Francisco Vitoria entwirft die rechtlichen Rahmenbedingungen für das Recht der einzelnen Völker im Kontext Lateinamerikas. Auch verhandelt er das Recht und die Prinzipien kultureller, moralischer und religiöser Andersheit. Nur wenn Unschuldigen Unrecht geschieht, ist humanitäre Intervention erlaubt. Die Anerkennung der Alterität begründet Vitoria anthropologisch mit der Gleichheit aller Menschen. So überwindet Vitoria aus dem europäischen Erbe heraus das negative Alteritätsschema des Ethnozentrismus.[19]

Eurozentrismus der Aufklärung Die rechtlichen, ethischen und theologischen Diskurse von Las Casas, Vitoria und anderen zeigen schon die ersten Schritte auf eine Überwindung ethnozentrischer Einstellungen an. Doch ausgerechnet das spätere Zeitalter der »Aufklärung« im 18. Jahrhundert lässt sich mit einem Eurozentrismus vernehmen, den man unter aufgeklärten Intellektuellen am wenigsten vermuten würde. Eine Stichproben in der berühmten vielbändigen *Encyclopédie, ou dictionnaire raisonné des sciences, des arts et des métiers*, die das Wissen der Zeit im Geist der Aufklärung widerspiegelt und von den Zeitgenossen Denis Diderot (1713-1784) und Jean le Rond d'Alembert (1717-1783) am Vorabend der Französischen Revolution herausgegebenen wurde. So beschreibt etwa der Artikel ›Europe‹ vor allem dessen Superiorität, denn Europa sei zwar der kleinste, aber doch der beachtenswerteste Teil der Welt *(la plus considerable de toutes)*, weil er hervorsteche durch Handel und Schifffahrt, Fruchtbarkeit, Aufklärung *(lumière)* und Industrie, durch Künste, Wissenschaften und Handwerk, und durch sein Christentum, dessen wohltätige Moral ganz auf das Glück der Gesellschaft abziele.

Im Artikel »*Amérique*« dagegen findet man zwar eine geographische Beschreibung, aber kein Wort über die dort lebenden Völker Amerikas und ihre Kulturen und Sprachen. Nur die für Europa wichtigen Handelswaren werden aufgeführt, von den Edelmetallen Edelsteinen bis hin zu Genussmitteln wie Tabak und Kakao. Will man etwas über die dortigen Menschen und Völker in Erfahrung bringen, muss man im Artikel »Sauvages« (Wilde) nachschauen. Dort werden sie als barbarische Völker *(peuples barbares)* ohne Gemeinwesen und Religion, grausame Wilde, die sich anthropophagisch ernähren.[20]

Es ist erstaunlich, dass in der Mitte des 18. Jahrhunderts in diesem großen französischen Aufklärungswerk so wenig Fakten über Amerika und die »Wilden« zu finden sind, obgleich dieser Kontinent und seiner Bewohner schon über zweihundert Jahre nicht nur bekannt waren, sondern auch zahlreiche wissenschaftliche Werke erschienen waren, zahlreiche indigene Sprachen verschriftet und gedruckt waren und an den Universitäten der

20 *Diderot/D'Alembert*, (ed.), Encyclopédie, ou Dictionnaire raisonné des sciences, des arts et des metiers, 58 tom., Paris (Neuf Chastel) 1751-1780; hier tom. I, 356 (Amérique); tom. VI, 211f. (Europe); tom. XXVII, 729 (Sauvages).

21 Zur Rolle der Religion im 19. Jahrhundert vgl. *Christopher A, Barly*, Die Geburt der modernen Welt. Eine Globalgeschichte 1780-1914, Frankfurt/New York 2008, hier 400-450.

22 Zum kolonialen ›Wettlauf‹ um Afrika vgl. *Horst Gründer*, Welteroberung und Christentum. Ein Handbuch zur Geschichte der Neuzeit, Gütersloh 1992, 519-567.

Neuen Welt auch europäische Philosophie gelehrt wurde. Man kann nur mutmaßen, warum die *Encyklopédie* das amerikanische Wissen über Amerika nicht rezipierte und ihre Superioritätsgefühle mit Ignoranz und Eurozentrismus schmückte. Das Zeitalter der Vernunft, das Aufbruch von Wissenschaft säkularem Denken mit sich brachte, führte auch zu einem Niedergang des Christentums und beförderte eine Dechristianisierung.

Allerdings kam es nachrevolutionär kontrafaktisch zu einem christlichen Aufbruch im 19. Jahrhundert, der sich in starken Missionsbewegungen katholischer und protestantischer Provenienz äußerte.[21] Gleichwohl blieben in der Zeit des Kolonialismus und des Imperialismus die Tendenzen des Europäismus und des Eurozentrismus wirksam, die neben Asien und Ozeanien vor allem Afrika betrafen. Die europäischen Kolonialmächte, allen voran England und Frankreich, teilten bekanntlich den afrikanischen Kontinent auf der Berliner Kongokonferenz (1884/85) fast lückenlos untereinander auf. Und wie die politischen Kräfte ihre Territorien aufteilten, so agierten in konfessionellen Parallelaktionen auch die Missionen, die ihre missionarischen Kräfte territorial aufteilten, auch sie von der Superiorität Europas überzeugt.[22]

Eine gewisse Zäsur gegenüber solchen Einstellungen gab es im Bereich der katholischen Kirche kurz nach dem Ersten Weltkrieg, als Papst Benedikt XV. (1854-1922, reg. ab 1914) sein Apostolisches Schreiben *Maximum illud* vom 30. Nov. 1919 veröffentlichte. Es handelt von der Mission der Kirche im Allgemeinen, aber auch von kirchlichen und politischen Innovationen.[23] Denn kirchlich fordert der Papst ausdrücklich einen einheimischen Klerus und die Enteuropäisierung der »jungen Kirchen«. Politisch fordert er gleichermaßen eine deutliche Abkehr von Kolonialismus und Nationalismus der Zeit, verbunden mit der Auflösung der ›unheiligen Allianz‹ von Mission und Kolonie. Doch trotz dieser bedeutenden Innovationen ist das Schreiben noch von einer negativen Bewertung fremder Kulturen und Religionen geprägt, die erst im Zweiten Vatikanischen Konzil (1963-1965) neuen positiven Sichtweisen wich, die dem kirchlichen Eurozentrismus ein Ende bereiteten.

23 https://www.vatican.va/content/benedict-xv/de/apost_letters/documents/hf_ben-xv_apl_19191130_maximum-illud.pdf (Zugriff 29.12.2022).

Ein neuer Euro-Katholizismus?

Der knappe historische Blick zeigte, dass das Christentum ›von außen‹ auf den sprachlich und kulturell pluralen Kontinent Europa zukam, dessen vielsprachige Völker aber das Christentum in einem langen Prozess annahmen, freilich in neuen Konfigurationen. Unabhängig von diesem westlichen Prozess verlief aber parallel dazu auch die Mission der assyrischen ›Kirche des Ostens‹ nach Asien, die in der Neuzeit allerdings zu Ende ging. Europa hingegen wurde nach den vielschichtigen internen Prozessn der wechselseitigen Christianisierung von Romanen und Kelten, Germanen und Slawen in der frühen Neuzeit selbst missionarisch aktiv, um den christlichen Glauben über seine Grenzen hinaus zu tragen.

In der neuzeitlichen Epoche der hauptsächlich von Europa getragenen ›Weltmission‹ gab es theoretisch wie praktisch sicher ethnozentrische oder eurozentrische Momente, die jedoch meist Eigenkritik erfuhren, wie es umgekehrt auch Konzeptionen gab, die auf Wertschätzung der fremden Anderen und ihrer Kulturen beruhten. Man wird also die Missionsgeschichte und das europäische Erbe sehr differenziert wahrnehmen und bedenken müssen, dass sie die internen eurozentrischen Tendenzen selbst wahrnahm und zu überwinden suchte. So beurteilt der Neuzeithistoriker Wolfgang Reinhard (*1937) die Aktivitäten des Jesuitenordens im konfessionellen Zeitalter als einen Prozess der Modernisierung, insbesondere aufgrund des pädagogischen Programms und der außereuropäischen Missionen. »Die Versuche, die er in seinen Missionen mit der Anpassung der christlichen Botschaft an einheimische Vorstellungen und mit gelenktem Kulturwandel unternommen hat, mögen zwar umstritten sein, sie stellen aber einige der wenigen ernsthaften Alternativen zum sonstigen brutalen Ethnozentrismus der europäischen Ausbreitung über die Erde dar, ein Experiment von bestechender Aktualität.«[24]

Solche Alternativen führten zu neuen Fragestellungen und trugen gewiss auch zu einer langsamen, aber klaren Relativierung der europäischen Gestalt des Christentums bei. In diesem Sinn gibt Joseph Ratzinger (1927-2022) zu bedenken, dass der christliche Glaube nicht Ausdruck abendländischen Geistes und abendländischer Religiosität sei und man fragen müsse, »ob nicht andere Kulturen und Geistesformen in diesem Glauben dasselbe Recht

24 *Wolfgan Reinhard*, Gegenreformation als Modernisierung? Prolegomena zu einer Theorie des konfessionellen Zeitalters, in: Archiv für Reformationsgeschichte 68 (1977) 226-252, hier 241.

haben wie die eigene Form des Abendlands«. Zwar besäßen die abendländischen Formen des Christentums eine »unaufhebbare Bedeutung«, doch müsse man gleich hinzufügen, »daß es keinen legitimen philosophischen oder theologischen Grund für eine Exklusivsetzung des Abendländischen gibt«.[25]

Solche Überlegung erlaubt es, von einem »Eurokatholizismus« zu sprechen, der die europäische Gestalt des katholischen Christentums in seiner weltgeschichtlichen Bedeutung bewahrt, aber zugleich als *eine* Gestaltungsform relativiert, andere Formen jedoch nicht ausschließt. Angesichts des Wandels der religiösen Landschaft muss Europa ein neues positives Verhältnis zu seinem christlichen Erbe finden und dessen Quellen neu entdecken. Der neue Eurokatholizismus in der Epoche der Globalisierung wird sich stärker seiner Binnendifferenzierung bewusstwerden, also der sehr unterschiedlichen Prägungen in den Mittelmeerländern, in den west-, ost- und nordeuropäischen Regionen. Überdies wird er seine Eigenart im interkulturellen Konzert stärker profilieren und seine spezifische Gestalt des Christentums in den bereichernden Austausch mit jenen Gestalten einbringen, die sich inzwischen auf allen Kontinenten entwickeln, zum Beispiel als ›Afrokatholizismus‹ oder als ›Sinokatholizismus‹. Mit dem Letzteren hatte schon der italienische Missionar Matteo Ricci (1552-1610) in China begonnen. Alle Gestalten aber bilden zusammen die kommende Katholizität aus und können zum Prototyp einer friedlichen Weltgemeinschaft aller Völker werden.

In diesen Transformationsprozessen der Weltkirche, zu denen die globalen Verschiebungen christlicher Präsenz vom Norden in den Süden ebenso beitragen wie die missionarischen Bewegungen der polyzentrisch verwurzelten Ortskirchen auf allen Kontinenten, wird es für die Kirchen Europas darauf ankommen, sich als bewusst europäische Kirchen zu positionieren und ihr bleibend wertvolles Erbe zu mustern und neu ins Spiel zu bringen. Dazu gehören vor allem die Kontakte zu anderen Konfessionen und Religionen, zu philosophischen Strömungen, zu Recht und Ethik, zu Künsten und Wissenschaften, zu Sozialformen und demokratischen Prozeduren, und dies im Dialog. Die Kirchen Europas haben im Lauf der Geschichte eine gemeineuropäische Synthese gebildet, in der das Christentum eine zentrale kulturbildende Rolle spielte und nach wie vor spielt. Dieses Erbe ist so zu gestalten, dass das ›tragbare Europa‹ anderen nicht nur ›tragbar‹ erscheint, sondern attraktiv und bereichernd in einer globalen Katholizität. ◆

25 *Joseph Ratzinger*, Theologia perennis? Über Zeitgemäßheit und Zeitlosigkeit der Theologie, in: Wort und Wahrheit 15 (1960) 179-188, hier 179 und 185.

Interkulturelle Kommunikation im Horizont der Menschenwürde

FÜNFTER TEIL

Religion, Initiation und Mission

17
Begegnung der Kulturen und Religionen in Mexiko (16. Jahrhundert)

»Europa ist derjenige Kontinent, der im Unterschied zu allen anderen Erdteilen seine geistige Eigenständigkeit durch die auf seinem Boden erfolgte Begegnung der Religionen und durch die in allen Epochen seiner Geschichte geschehene Verarbeitung dieses Phänomens gewonnen hat.«[1] Dies gilt in der Tat durch die Epochen hindurch bis in die Frühe Neuzeit, die uns hier mit Blick auf Mexiko besonders interessiert.

Das späte Mittelalter und die Frühe Neuzeit haben verschiedene Typen von »Religionsgesprächen« herausgebildet. Sie beginnen spätmittelalterlich mit fiktiven Gesprächen, wie etwa denen des aus Mallorca stammenden Ramóm Llull (1232-1316), der ein Gespräch zwischen einem Heiden und drei Weisen konzipierte: *Libre del gentil e dels tres savis.* Darin disputieren nach strengen Vernunftregeln ein heidnischer Philosoph und drei Weise, d. h. ein Jude, ein Christ und ein Muslim über die Religion. Ein weiterer fiktiver Religionsdialog *De pace fidei* stammt von dem späteren Kardinal Nikolaus von Kues (1401-1464). Hier disputieren 17 Religionsvertreter über den Frieden der Religionen und zwar im Himmel; es war kurz nach der Eroberung Konstantinopels durch den türkischen Sultan Mehmet II. im Jahr 1453.

Zu Beginn des 16. Jahrhunderts beginnt im Rahmen der Reformationsbewegung ein anderer Typ der Religionsgespräche, der nicht die anderen Religionen betrifft, sondern die konfessionell aufgesplitterten Christen über kontrovers gewordene Gegenstände des christlichen Glaubens disputieren. So streiten auf der einen Seite Katholiken mit Protestanten, wie etwa bei den Regensburger Religionsgesprächen (1541), auf der anderen Seite streiten rivalisierende Protestanten gegeneinander, etwa Luther und Zwingli (1529). Parallel zur europäischen Reformationsbewegung beginnen bei den katholischen Missionaren Europas in außereuropäischen Gebieten, sowohl

1 *Peter Meinold*, Die Begegnung der Religionen und die Geistesgeschichte Europas, Wiesbaden 1981, 5.

in Amerika als auch in Japan ein wiederum anderer Typ von Religionsgespräche, die nun interreligiöser Art sind. Die frühesten Gespräche der Neuzeit finden in Mexiko (1524) und im japanischen Yamaguchi (1551). Eine verbindende Figur zwischen dem fernen Osten – und fernen Westen bildete der spanische Priester Cosme de Torres (1510-1570), der mehrere Jahre in Mexiko verbrachte und die franziskanischen Missionsmethode kennenlernte haben dürfte, dann aber als Schiffskaplan über die Pazifikroute von Mexiko nach Asien (Ambiona) segelte. Dort lernte er Franz Xaver kennen, wurde in die Gesellschaft Jesu aufgenommen und ging als Missionar nach Japan. Dort war er beteiligt an den Religionsgesprächen mit buddhistischen Mönchen.[2]

Die wohl frühsten interkulturellen und interreligiösen Religionsgespräche der Neuzeit fanden kurze Zeit nach der Eroberung der alten aztekischen Hauptstadt Tenochtitlán statt, an deren Überlieferung Bernardina de Sahagún maßgeblich beteiligt war.

Politischer und kultureller Kontext in *Nueva España*

Die Religionsgespräche von 1524 in der ehemaligen Hauptstadt des Aztekenreiches, Tenochtitlán, fanden im Kontext der Eroberung der Neuen Welt statt, insbesondere in Mexiko, das unter kolonialen Bedingungen zu *Nueva España* umbenannt und damit ein Herrschaftswechsel eingeleitet wurde.

Kulturzusammenstoß und Eroberung[3] Am Vorabend der Eroberung der »Westindischen Länder« *(Indias occidentales)*, existierten drei Hochkulturen: die ältere der Mayas, die sich schon länger im Niedergang befand, und die Kulturen der Azteken in Mittelamerika und die der Inkas in Südamerika *(Perú)*, die sich beide in ihrer Hochblüte befanden. Das Reich der Azteken oder der Mexica war ein loses Gefüge von Stadtstaaten, die dem Herrscher Moctezuma II. (1465-1520) tributpflichtig waren. Dieser regierte in der Doppelstadt *Tenochtitlán-Tlatelolco*, einer kunstvoll angelegten Lagunenstadt, die größer als alle damaligen spanischen Städte war und die Eroberer

2 Vgl. *Georg Schurhammer*, Die Disputation des P. Cosme de Torres S.J. mit den Buddhisten in Yamaguchi im Jahr 1551. Nach den Briefen des P. Torres und dem Protokoll seines Dolmetschers Br. Juan Fernández S.J., Tokyo 1929.

3 Vgl. *Wolfgang Reinhard*, Geschichte der europäischen Expansion, Bd. 2, Die Neue Welt, Stuttgart 1985, 32-68.

4 *Hanns J. Prem / U. Dyckerhoff*, Das Alte Mexiko. Kultur und Geschichte der Völker Mesoamerikas, München 1986.

5 Eine umfassende Geschichte der Eroberung Mexikos: *Stefan Rinke*, Conquistadoren und Azteken. Corés und die Eroberung Mexikos, München 2019.

an Venedig erinnerte. Auf dieses hochentwickelte Staatswesen, das eine großartige Architektur, Kalender und Geschichtsschreibung kannte und dessen komplexe Religion die gesamte Kultur durchdrang, auf dieses Staatswesen stießen die erstaunten Spanier. Hier sahen sie sich zum ersten Mal bei der *conquista* der Neuen Welt einer unbekannten Hochkultur gegenüber.[4]

Am Karfreitag des Jahres 1519 landete Hernán Cortés (1485-1547), von der Insel Española *(Haiti)* kommend, auf dem Festland und begann mit 500 Soldaten, 16 Pferden und 14 Geschützen die Eroberung Mexikos. Dieses Reich hatte bei etwa acht Millionen Einwohnern Hunderttausende unter Waffen. Bei einem friedlichen Einzug in die Hauptstadt im November 1519 wurden die Spanier als »göttliche« Gäste empfangen, doch bald folgten zweijährige blutige Kämpfe, aus denen Cortés nach Niederlagen *(noche triste)* 1521 siegreich hervorging.[5] Wie konnten die Spanier mit so geringen eigenen Kräften dieses hochentwickelte Reich erobern? Dafür lassen sich mehrere Gründe angeben, die zum Teil auch mit den altmexikanischen Religionsvorstellungen zusammenhängen.[6]

Zum einen spielte die kriegstechnische Überlegenheit der Spanier eine Rolle (Pferde, Feuerwaffen); zum anderen vermochte Cortés durch Diplomatie die tributpflichtigen Vasallenstämme gegen ihre bisherigen Beherrscher auf seine Seite zu ziehen. Dazu kommt die spanische Überlegenheit in der schriftlichen Kommunikation und in der mündlichen Übersetzung durch Doña Marina, genannt *La Malinche.* Ein weiterer Faktor dürfte der religiöse Kosmos der Azteken und dessen Mythen sein.

Religion und Götterdämmerung Die aztekische Religion war zwiespältig, hatte dunkle und lichte Seiten, wie an zwei der wichtigsten Göttergestalten im aztekischen Pantheon deutlich wird: an *Huitzilopochtli* und *Quetzalcóatl.*[7]

Auf der einen Seite wurde der alte Stammesgott *Huitzilopochtli* als Sonnen- und Kriegsgott mit Menschenopfern verehrt; als Schutzgott gegen die Welt der Finsternis musste ihm regelmäßig das Kostbarste geopfert werden, was der Mensch besaß, sein Herz und sein Blut, damit die Sonne wieder aufgehen und das Leben weitergehen konnte. Das Menschenopfer, das die Spanier so erschreckte, war für die Azteken eine kosmische Pflicht, um den Kreislauf des

6 Die wichtigsten Gründe bei *Tzvetan Todorov*, Die Eroberung Amerikas. Das Problem des Anderen, Frankfurt 1985, 69-151.

7 Vgl. hierzu *Günter Lanczkowski*, Götter und Menschen im alten Mexiko, Olten und Freiburg 1984, 35-86.

Lebens zu erhalten. Die Menschenopfer gingen den Quellen zufolge jährlich in die Tausende und wurden auf den Tempelpyramiden dargebracht.[8] Um über genügend Opfer zu verfügen, wurden sogar kultische Kriege geführt *(Blumenkriege)*. Diese blutige Seite der Religion des »Sonnenvolks« hatte freilich ein Gegengewicht in der Gestalt mythenumwobenen *Quetzalcóatl* (»Grünfederschlange«).

Nach den indianischen Berichten war diese Gestalt ein Priesterkönig der Tolteken um die Jahrtausendwende, der in Tollan (heute Tula) lebte, nur unblutige Götterkulte erlaubte, daher vertrieben wurde und in die Mayaländer auswanderte. Die aztekischen Herrscher verstanden sich als Statthalter Quetzalcóatls und setzten ihre Hoffnung auf seine Rückkehr von Osten und auf die Wiedererrichtung seines Reiches. Davon sprachen die alten Überlieferungen. Danach sollte er – Drohung und Verheißung zugleich – als weißer Retter von Osten über das Meer wiederkommen um sein Reich in Besitz zu nehmen. Die Rückkehr des menschenfreundlichen *Quetzalcóatl* wurde für das Jahr »eins Rohr« *(ce acatl)* nach aztekischem Kalender erwartet. Dieses Jahr aber war genau jenes Jahr 1519, in dem Cortés landete. Die alten Weissagungen schienen sich also zu erfüllen.[9]

Das Zaudern und der geringe Widerstand, den Moctezuma den spanischen Eroberern entgegensetzte, lässt sich unter anderem darauf zurückführen, dass auch der Aztekenherrscher die Ankunft der fremden Schiffe als Rückkehr des Quetzalcóatl deutete.[10] Deshalb versuchte er zunächst, Cortés mit Geschenken hinzuhalten, bis er nicht mehr umhinkam, ihn mit göttlichen Ehren in der Hauptstadt zu empfangen. Bei der Begrüßung sagte Moctezuma, er habe das Land in seiner Abwesenheit nur verwaltet und gebe es nun zurück; *Quetzalcóatl* alias Cortés möge darüber nach Belieben verfügen. Was denn der Spanier auch tat! Er machte sich den aztekischen Mythos des wiederkommenden Gottes zu Nutze, konnte diese Identifikation jedoch nicht lange aufrechterhalten, weil er sich ganz und gar nicht wie ein menschenfreundlicher Gott aufführte. Denn auch den Azteken wurde

8 Zur Frage der Menschenopfer siehe *Richard Nebel*, Altmexikanische Religion und Christliche Heilsbotschaft. Mexiko zwischen Quetzalcóatl und Christus (NZM Suppl.31), Immensee 1983, 73-89.

9 Hierzu siehe *Walter Krickeberg*, Moctezuma II., in: Saeculum 3 (1952) 255-276.

10 *Bernardino de Sahagún*, Historia general de las cosas en Nueva España (ed. *Angel M. Garibay*), México ^{6}1985, Buch VIII,7 (455) und Buch XII,3f. (725f). Zur Interpretation vgl. *D. Carrasco*, Quetzalcoatl and the irony of Empire. Myths and prophecies in the Aztec tradition, Chicago London 1982, bes. 148-204.

11 Siehe das grundlegende Werk: *Miguel León-Portilla*, Bernardino de Sahagún. Pionero de la antropología (Instituto de investigaciones históricas. Serie de Cultura Nahatl, Monografía 24), México 1999.

es mit der Zeit bewusst, dass die fremden »Götter« nicht von Menschenfreundlichkeit angetrieben wurden. Die Eroberer machten mit dem neu entdeckten Reich militärisch *tabula rasa.* Die Hauptstadt fiel 1521 in Schutt und Asche; vor allem die Tempel und Götterskulpturen wurden zerstört, aber auch viele Codices und sonstige Artefakte, die religiösen Charakter hatten. Der indigene Adel, die Priesterschaft und die Bevölkerung wurden in den minderen Status der Besiegten eingewiesen. Nicht nur neue Herren hatten das Sagen, auch neue kulturelle Lebensweisen und eine neue Religion. Doch konnten die Besiegten die Sieger-Religion annehmen? Wie sollte es unter diesen Bedingungen zu einer (friedlichen) Begegnung der Religionen kommen?

Gestalt und Wirken des Bernardino de Sahagún[11]

Kaum einer der großen der frühen missionarischen Figuren in Neuspanien hat sich solche Kenntnisse der indigenen Sprache, der Kultur und der Religion angeeignet wie der Franziskaner Bernardino de Ribeira, nach seinem Heimatort Sahagún genannt.

Lernen und Lehren Um 1499 in Sahagún in der spanischen Provinz León geboren, studierte Bernardino in Salamanca, trat den Franziskanern bei und kam 1529 mit vielen anderen Missionaren nach Mexiko; acht Jahre nach der Eroberung sah er noch die zerstörten Tempel der im Wiederaufbau begriffenen Hauptstadt. Dort widmete er sich bis zu seinem Tod im hohen Alter von mehr als 90 Jahren dem Lehren und Schreiben. Als erstes nach seiner Ankunft erwirbt er sich zunächst gründliche Kenntnisse der Sprache der Mexica, des Náhuatl. Er nimmt an der Gründung des königlichen *Colegio de Santa Cruz de Tlatelolco* teil, einer Bildungsstätte für die aztekische Elite; mit Unterbrechungen unterrichtet er dort lateinische Grammatik. Kaum 20 Jahre nach der Eroberung können die aztekischen Schüler lateinisch dichten. Er lehrt aber nicht nur, sondern lernt vor allem: die mündlichen Überlieferungen, die Symbolwelten, die Bilderschrift. Er wird zum großen Vermittler zwischen den plötzlich aufeinander geprallten Kulturen des Abendlandes und des altamerikanischen Reiches. Wie e seinen Schülern die europäische Kultur beibringt, so lässt er sich von ihnen in die Náhua-Kultur einweihen und ließ sich auf den interkulturellen Austausch ein.

Er ist der Überzeugung, dass die Mission der christlichen Glaubensboten nur dann gelingen kann, wenn diese hinreichende Kenntnisse der indianischen Kultur und Religion besitzen. Dieses Wissen zur Weitergabe literarisch festzuhalten, betrachtet er als seine Lebensaufgabe. Nach seinen eigenen Worten geht es ihm darum, »in mexikanischer Sprache all das aufzuschreiben, was mir für die Lehre, Pflege und Erhaltung des Christentums unter den Eingeborenen Neuspaniens und zur Unterstützung der Ordensgeistlichen und Priester, die sie unterweisen, nützlich erschien.«[12] Das Ergebnis dieses Jahrzehnte in Anspruch nehmenden Bemühens ist sein Meisterwerk *Historia general de las cosas de la Nueva España*, eine monumentale Enzyklopädie der Náhua-Kultur, an der zahlreiche seiner indigenen Mitarbeiter in Wort und Bild mitgewirkt haben.[13] In Náhuatl geschrieben, ins Spanische übersetzt, mit einem Glossar versehen und von indianischen Künstlern illustriert, wurde das Riesenwerk 1569 fertiggestellt. Diesem ging eine systematische Befragung der Priester und Weisen voraus, sowie eine Auswertung der Antworten mit Hilfe der von ihm ausgebildeten dreisprachigen Kollegiaten.[14]

Die ersten drei der insgesamt zwölf Bücher handeln von den Göttern, vom Kalender und vom Kult sowie von religiöser Reflexion. Die nächsten drei behandeln Astrologie, Wahrsagerei sowie moralphilosophische Fragen. Sie befassen sich also mit den Beziehungen zwischen Göttern und Menschen. Drei weitere sind den Menschen vorbehalten (Staatswesen, Recht, Berufe); zwei Bücher befassen sich mit der belebten und unbelebten Natur. Das letzte Buch XII schließlich ist der Zeitgeschichte gewidmet, der spanischen *conquista* des Aztekenreiches und damit auch dem Zusammenprall zweier kultureller Welten.

Neben diesem Hauptwerk gehen noch eine Reihe weiterer Schriften auf Sahagún zurück, zumeist in Náhuatl verfasst; diese sind entweder katechetischen, spirituellen oder theologischen Inhalts (Predigten, Katechismen, Traktate), also pragmatische Literatur für die Mission. Andere Schriften befassen sich mit linguistischen Fragen wie ein Lehrbuch des Náhuatl und ein dreisprachiges Lexikon. Es gehört zum Schicksal dieses Mannes, dass zu seinen Lebzeiten außer einer *Psalmodia cristiana* (1583) keines seiner Werke gedruckt und veröffentlicht wurde, wozu auch ein königliches Verbot (1577) beitrug. Erst im 19. Jahrhundert sollten sie Werke wiederentdeckt und publiziert werden.[15]

12 *Sahagún*, Historia (wie Anm 10), Buch II (prolog), 73.

13 The Florentine Codex. General history of the things of New Spain, 13 vols., ed. by *J. O. Anderson* und *Ch. E. Dibble*, Santa Fe 1950-1969.

14 Zum methodischen Vorgehen vgl. *Alfredo López Austin*, The research method of Fray Bernardino de Sahagún. The Questionaire, in: Sixteenth Century Mexico. The work of Sahagún, ed by *Mundro S. Edmonson*, Albuquerque NM 1974, 11-149.

Maßstäbe des Umgangs mit fremden Kulturen

Mit Bernardino de Sahagún betritt eine Figur das Spielfeld der Neuen Welt, die einen völlig anderen Umgang mit der unbekannten Kultur pflegt. Nicht mehr Eroberung und Zerstörung, sondern Respekt und größtes Interesse an den Indigenen und ihrer Kultur und Religion. Dabei lassen sich folgende Prinzipien des Umgangs erschließen:

1 Respekt vor der anderen Kultur Diese Einstellung sticht in seiner Zeit insofern hervor, als die in der Regel kaum gebildeten Konquistadoren keine positive Auffassung von der Kultur und Religion der Indianer hatten. Sahagún dagegen lernte als erstes die Sprache und studierte die äußere Kultur, um sie von innen her zu verstehen. Unversehens wurde er so zum Ethnographen, der die Kultur beschreibt, um sie innerlich zu verstehen und mit dieser Kenntnis missionarisch tätig werden zu können. Er vergleicht die fremde Kultur mit dem diagnostischen Blick eines Arztes, der die Krankheiten zu erkennen vermag, an denen der »Kulturkörper« leidet.

»Der Arzt kann dem Kranken keine entsprechende Medizin geben, wenn er nicht zuvor in Erfahrung gebracht hat, von welchen Säften die Krankheit herkommt oder wodurch sie verursacht wird. [...] Und da die Prediger und Beichtväter Seelenärzte sind, müssen sie, um die geistlichen Krankheiten heilen zu können, die Arzneien und geistlichen Krankheiten.«[16] Mit diesen Krankheiten meint Sahagún Götzendienstes und Aberglaubens. Denn sie seien es, die »wie eine Krätze den Glauben krankmachen können«.[17]

2 Achtung vor dem anderen Menschen Ausweislich seiner Schriften hat Sahagún niemals Zweifel daran gelassen, dass er die Indianer als den Europäern ebenbürtige Menschen betrachtet, die Würde und Respekt verdienen. Wie wenig selbstverständlich diese Auffassung war, erhellt die Tatsache, dass in den ersten Jahrzehnten der Eroberung nicht einmal theoretisch Konsens darüber bestand, dass man nicht selten am Menschsein der fremden Anderen zweifelte. Der Papst musste mit der Autorität seines Amtes diese Zweifel ausräumen. In einem großen Dokument der Menschenwürde (1537) erklärt Paul III. (1468-1549, reg. ab 1534), die Indios seien wahrhaftige Menschen, die

15 Zu den Schriften Sahagúns vgl. die Angaben bei *Juan Guillermo Durán*, Monumenta Catechetica Hispanoamericana (siglos XVI-XVIII), vol. I (siglo XVI), Buenos Aires 1984, 297-312.

16 *Sahagún*, Historia (Anm. 10), (Prolog), 17.

17 *Sahagún*, Historia (Anm. 10), Buch V, Apéndice, 285.

zur Annahme des Glaubens fähig seien und weder ihrer Freiheit noch ihrer Güter beraubt werden dürften.[18] Mit der Gründung des indigenen *Colegio de Tlatelolco* bekräftigte Bernardino de Sahagún seine Anthropologie. Auch an den handwerklichen, künstlerischen und intellektuellen Fähigkeiten konnte ohnehin kein Zweifel bestehen. Denn ohne diese Mitarbeiter hätte Sahagún seine große Enzyklopädie niemals verfassen können. Es gilt die christliche Anthropologie, »dass diese Menschen unsere Brüder sind, die wie wir aus dem Stamm Adams hervorgegangen sind, und da sie unsere Nächsten sind, die wir wie uns selbst zu lieben verpflichtet sind, *quid quid sit.*«[19]

3 Beschreiben und Bewerten Sahagún unterscheidet in seiner *Historia* deutlich Darstellung und Bewertung der aztekischen Kultur, als ob er die literarische Technik des distanzierten Erzählens anwende. Zunächst beschreibt er, ohne normative Vorstellungen ins Spiel zu bringen. Selbst bei der Beschreibung des Menschenopfers der Azteken legt er sich diese Zurückhaltung auf, wenngleich er den Abscheu davor mit seinen Landsleuten teilte. Er vermag also, ohne seinen eigenen normativen Horizont zu verleugnen, sich mit dem diagnostischen Blick in die fremde Welt der Anderen zu begeben, um dessen Wesen zu ergründen und dann erst in die normative Auseinandersetzung einzutreten. Daher beruft er sich beim heiklen Thema der aztekischen Religion weder auf Autoritäten seiner Kultur, sondern autorisiert seine Darstellung einzig mit der Sorgfalt *(diligencia)* seiner Methode, die er habe walten lassen, um die Wahrheit des von ihm Aufgeschriebenen an der Wirklichkeit zu prüfen.[20]

4 Perspektivenwechsel Die Achtung vor dem anderen Menschen, aber auch die klare Unterscheidung des Deskriptiven vom Normativen sind die Voraussetzungen für einen Perspektivenwechsel. Dieser besteht darin, die Dinge aus der Perspektive des betroffenen Anderen zu betrachten.

18 *Paul III. Sublimis Deus*, in: Gott in Lateinamerika. Texte aus fünf Jahrhunderten. Ein Lesebuch zur Geschichte, ausgewählt und eingeleitet von Mariano Delgado, Düsseldorf 1991, 151f.

19 *Sahagún*, Historia (Anm. 10), (Prolog), 20.

20 *Sahagún*, Historia (Anm. 10), Buch II, Prólog, 72.

21 *Sahagún*, Historia (Anm. 10), Buch XII (al lector), 722.

22 Zur Textgeschichte vgl. *Edmonson* (Anm. 13), 229f.

23 *José M. Póu y Marti*, El libro perdido de las pláticas o Coloquios de los doce primeros misioneros de México, in: Scritti di Storia e Paleografia. Miscellanea Francesco Ehrle, tom. III: Per la Storia ecclesiastica e civile dell' età di mezzo, Rom 1924, 281-333.

Daher schildert Sahagún im letzten Buch seiner *Historia* die Eroberung Mexikos nicht wie in den sonst überlieferten Berichten aus der Sicht der Sieger, sondern aus dem Blickwinkel der »Eroberten«. Dieser Perspektivenwechsel erschien so außergewöhnlich, dass Sahagún ihn ausdrücklich rechtfertigt: »Auch wenn schon viele in Spanisch die Eroberung Neu-Spaniens vom Standpunkt der Eroberer beschrieben haben, so möchte ich sie in der mexikanischen Sprache aufschreiben, und zwar nicht, um einige Wahrheiten vom Standpunkt der von der Eroberung betroffenen Indianer aufzusammeln, sondern um die von den Einheimischen gebrauchte Sprache des Krieges und der Waffen kennenzulernen, damit man daraus Wörter und Sprechweisen entnehmen kann, die der mexikanischen Sprache in diesen Dingen eigen ist.«[21] Dieser Perspektivenwechsel ist vor allem seinem Missionsimpuls geschuldet, d. h. der ihm geistlich Anvertrauten.

Diese Prinzipien bestimmen auch die Religionsgespräche der zwölf Franziskaner mit den Azteken von 1524. Diese Náhatl-Version entstand 1564 und geht auf spanische Notizen zurück, die wohl von Sahagún aus dem Jahr 1525 stammen.[22] Das Manuskriptfragment dieser Gespräche wurde erst zu Beginn des 20. Jahrhunderts im Vatikanischen Geheimarchiv entdeckt und veröffentlicht.[23]

Das Religionsgespräch zwischen Franziskanern und Azteken

Das Religionsgespräch ist in einer spanischen Version überliefert und inzwischen von Miguel León Portilla (1926-2019) publiziert worden.[24] Neben dieser Fassung existiert auch eine Version in Náhuatl, die mit einer deutschen Übersetzung erschien.[25] Inzwischen befassen sich Sprach- und Religionswissenschaften sowie Theologie mit diesem bedeutenden Quellendokument.

24 Coloquios y doctrina cristiana con que los doce frailes de San Francisco, enviados por el Papa Adriano Sexto y el Emperador Carlos Quinto, convirtieron a los indios de la Nueva España, en lengua mexicana y española. Los diálogos de 1524 según el texto de Fray Bernardino de Sahagún y sus colaboradores indígenas, edición facsimilar del manuscrito original. Paleografía, versión del náhuatl, estudio y notas de *Miguel León-Portilla*, México 1986; Text auch in: *Durán*, Monumenta Catechetica (Anm. 15), 313-352.

25 Sterbende Götter und christliche Heilsbotschaft. Wechselreden indianischer Vornehmer und spanischer Glaubensapostel in Mexiko 1524. »colloquios y doctrina christiana« des Fray Bernardino de Sahagún aus dem Jahr 1564. Spanischer und mexikanischer Text mit deutscher Übersetzung von Walter Lehmann, aus dem Nachlaß hg. von Gerdt Kutscher (Quellenwerke zur Alten Geschichte Amerikas, Bd. 3), Stuttgart 1949.

Dieses Werk, das Sahagún; der das Religionsgespräch aus alten Protokollen und Erinnerungen rekonstruierte, umfasste ursprünglich vier Teile: das erste Buch mit den Gesprächen in 30 Kapiteln (davon ist knapp die Hälfte erhalten); das zweite Buch über die christliche Lehre *(Doctrina cristiana)*, also ein Katechismus, von dem aber nur die Überschriften erhalten sind); das dritte Buch handelt von der Mission in Mexiko und das vierte Buch eine Auslegung der Sonntagslesungen (beide nicht erhalten).[26]

Die von Fray Bernardino aufgezeichneten *Colloquios y doctrina christiana* sind die ersten Religionsgespräche auf dem amerindischen Kontinent. Allein das Ereignis des Gespräches und ihr Verlauf sind ebenso bedeutsam wie die verhandelten Inhalte, die hier exemplarisch nach der Inkulturation des Gottesnamens befragt werden.

Das Ereignis Auf Intervention von Papst Hadrian VI. (1459-1523, reg. ab 1522) übertrug Kaiser Karl V. (1500-1559) im Rahmen des Patronats den Franziskanern als erstem Orden die Aufgabe, im Reich der Azteken missionarisch tätig zu werden. Die Franziskaner hatten Erfahrung in diesem Metier, hatten ihnen doch die jeweiligen Päpste schon in der Mitte des 13. Jahrhunderts Vollmachten für die Asienmission übertragen. Schon zu dieser Zeit führte ein Wilhelm von Rubruck 1215-1270) Religionsgespräche mit Muslimen, Buddhisten und Nestorianern vor dem Groß-Khan der Mongolen in Karakorum.[27]

Um die Entsendung der Minderbrüder nach *Nueva España* hatte Cortés selbst gebeten, aus welchen Gründen auch immer. Am 13. Mai 1524, also drei Jahre nach der Unterwerfung des Aztekenreiches, gelangten die »zwölf Apostel Mexikos« *(doce frayles)* nach Mexiko, von Cortés auf Knien feierlich empfangen, um als christliche Glaubensboten dort zu wirken.

Kurz nach ihrer Ankunft, sie kannten kaum Land, Leute und Sprache, führten sie über (indigene) Dolmetscher Religionsgespräche mit den aztekischen Vornehmen und Priestern. Dies war ein wagemutiger Schritt für den ersten missionarischen Kontakt, die indigenen Gesprächspartner

26 Vgl. Sterbende Götter (Anm. 25), 52f. Außer den Quellen beziehen wir auch einschlägige Kommentare ein: *Hans Wißmann*, Sind doch die Götter auch gestorben. Das Religionsgespräch der Franziskaner mit den Azteken von 1524 (Missionswissenschaftliche Forschungen 15), Gütersloh 1981; *Nebel*, Altmexikanische Religion (Anm. 8), 151-167.

27 *Wilhelm von Rubruk*, Reise zum Großkhan der Mongolen. Von Konstantinopel nach Karakorum 1253-1255, hg. von *Hans Dieter Leicht*, Darmstadt 1984, 182-192; zum Typus dieses frühen Religionsgesprächs vgl. *Johannes Fried*, Auf der Suche nach der Wirklichkeit. Die Mongolen und die europäische Erfahrungswissenschaft im 13. Jahrhundert, in: Historische Zeitschrift 243 (1986) 287-332, hier 307-313.

zu akzeptieren. Wie befremdlich diese irenische Vorgehensweise erscheinen musste, zeigt der scharfe Kontrast zur gewaltsamen *conquista* dieser Zeit, für die Cortés stand. Im fernen *Indienrat* in Sevilla war man freilich nicht einig darüber, ob die indianische Sprache überhaupt genüge, die christlichen Glaubenswahrheiten auszudrücken.[28]

Am Ereignis allein lässt sich schon ein wichtiges Merkmal für die Missionsmethode ablesen: Unbeschadet der eigenen Wahrheitsansprüche sind zum einen die Vertreter der anderen Religion als Gesprächspartner ernstzunehmen. Zum anderen müssen die spezifischen religiösen Vorstellungswelten ins wechselseitige Gespräch gebracht werden; die eigene darf nicht einfach oktroyiert werden; in der damaligen Weltsicht alles andere als selbstverständlich.

Welche Bedeutung dieses Ereignis für die mexanische Geschichte bekommen sollte, belegt eine in der zweiten Hälfte des 16. Jahrhunderts anonym verfasste Geschichte der Azteken, welche die Zeit vom Aufbruch in der Urheimat Aztlan 1168 bis zum Jahr 1607 umfasst; als wichtiges Geschichtsdatum erscheint die Ankunft der »*doce frayles*« 1524, die mit den Worten kommentiert wird: »Hier begann das Gottestum *(teoyotl)*.«[29]

Verlauf des Gesprächs Was die Teilnehmer an diesem Gespräch angeht, so waren es auf christlicher Seite die zwölf Franziskaner, die aus verschiedenen Quellen namentlich bekannt sind, und auf aztekischer Seite Adelige verschiedener ethnischer Stämme Mexikos sowie aztekische Priester. Wir rekurrieren auf das erhaltene Fragment der Wechselreden, dessen mexikanische Fassung in deutscher Übersetzung vorliegt. Zunächst gibt es drei große Teile der Reden der Franziskaner wieder (Kap. 1 bis 5), sodann die Widerrede der Azteken (Kap 6 und 7) und dann wiederum die Antworten der Franziskaner (Kap. 8-14). Durch Vergleich dieser Teile sind Entwicklungen festzustellen, etwa beim Gebrauch der Gottesnamen.

Im Einzelnen machen die Minderbrüder ihren Gesprächspartnern zunächst klar, dass auch sie sterbliche Menschen und keineswegs Götter sind. Damit

28 Zur Sprache vgl. *Richard Konetzke*, Die Bedeutung der Sprachenfrage in der spanischen Kolonisation Amerikas, in: Jahrbuch für Geschichte, Gesellschaft und Wirtschaft Lateinamerikas 1 (1964) 72-116.

29 Geschichte der Azteken. Codex Aubin und verwandte Dokumente, übers. von *Walter Lehmann* und *Gerdt Kutscher*, eingeleitet von G. Vollmer (Quellenwerke zur Alten Geschichte Amerikas, Bd. 13), Berlin 1981, 34.

sagen die Neuankömmlinge selbst in aller Deutlichkeit, dass der Mythos vom wiederkehrenden *Quetzalcoatl*, keineswegs auf die Spanier anwendbar ist. Die Franziskaner nehmen also eine »Selbstentmythologisierung« vor.[30] Denn für alle Fremden, auch die religiösen Vertreter gilt, dass sie keine götterähnliche Wesen sind. So heißt im Religionsgespräch:

»Lasset uns euch nicht etwa verwirren!
Schauet uns nicht als etwas Höheres an!
Denn wir sind auch bloß euresgleichen,
auch nur Untertanen,
auch wir sind Menschen so wie ihr,
keineswegs sind wir Götter,
auch auf der Erde sind wir beheimatet,
auch wir trinken Wasser, auch wir essen,
auch wir leiden Kälte (und) Hitze,
auch wir sind sterblich, vergänglich.«
(VV. 26-35)[31]

Dann teilen die *frayles* mit, sie seien Abgesandte und Beauftrage des spanischen Königs und des großen geistlichen Herrn in Rom, des Stellvertreters Gottes auf Erden, um das im Gottes-Buch gehütete Heilige Wort des wahren Gottes mitzuteilen. Aber auch der Papst sei sterblich. Immer wieder fügen die Franziskaner *conquista*-kritische Bemerkungen ein und distanzieren sich von den (anderen) Spaniern, »die euch unterwarfen, die euch mißhandelten, die euch Elend zufügten« (VV. 226-229). Auch halten sie mehrfach fest, dass sie nicht wie ihre Landsleute auf Gold und Güter aus seien, sondern einzig und allein eine religiöse Botschaft zu verkünden hätten:

»Nur allein wegen Mitleids mit euch,
(um) eurer Rettung (willen):
Nichts Irdisches
wollte der Große Geistliche Herr,
weder grüne Edelsteine (und) Edelmetall,
noch grüne Quetzal-Federn,
noch Kostbarkeiten,
nur insgesamt gerade eure Rettung,
die wollte er.«
(VV. 128-136)

An anderer Stelle verweisen die franziskanische Missionare auf ihren Gott, der den Menschen Gutes bringe, Mitleid mit ihnen habe und sie liebe, ganz im Gegenteil zu den aztekischen Göttern, die kein Mitleid mit den Menschen hätten, sondern täglich Blut verlangten (vgl. VV. 408-418). Unser Gott dagegen handle anders:

»nur aus Liebe,
nur aus Mitleid
erweist er euch Gutes.
Denn so will es unser Gott, unser Herr,
daß wir einander lieben,
daß) wir uns einander erbarmen,
wir einander Gutes erweisen,
die wir auf Erden Menschen sind.«
(VV. 245-254)

Die Franziskaner gehen auch auf die Herkunft ihres Gotteswortes ein, ihren Auftrag und ihr Gottesverständnis, nicht ohne kritisch auf die Götter der Azteken einzugehen. Sie nehmen diese Götter zwar durchaus als Wirklichkeiten ernst, disqualifizieren sie aber später mit dem Hinweis, dass sie keine »wahren Götter« seien (V. 938); denn wenn sie »wirklich Götter« (nelli teteu) wären, müsse man fragen, warum sie Spott mit den Menschen treiben, kein Mitleid mit ihnen haben, ihnen Plagen auferlegen und Furcht und Schrecken verbreiten.

Dem aztekischen Pantheon setzen die Franziskaner das Bild des christlichen Gottes entgegen, der menschenfreundlich und voller Liebe und Erbarmen sei, der geruht habe, auf Erden Mensch/Mann zu werden, Jesus Christus, der in der Kirche sein Reich aufgerichtet habe, wo man durch das Wasser dessen, durch den man lebt, gewaschen werde (Taufe) und der Heilige Vater die Schlüssel der Vergebung verwalte.

Wie lautet die Antwort der aztekischen Weisen auf diese von den Minderbrüdern vorgetragene kleine Heilsgeschichte? Sie antworten in zwei Schüben: zunächst die Adeligen, dann nach Beratung die Priester. Zunächst geben sie ihrem Schrecken und ihrer Ratlosigkeit Ausdruck; sie berufen sich auf Gesetz und Sitte ihrer Vorfahren, können die alten und neuen Dinge

30 Siehe hierzu: *Bernal Díaz del Castillo*, Historia verdadera de la conquista de la Nueva España, hg. von *J. Ramírez Cabañas,* México [13]1983, Kap. 171, 450); vgl. in diesem Buch Kap. 3 in Teil eins.

31 Wir halten uns im Folgenden an die Verseinteilung, die von Walter Lehmann vorgenommen wurde. (*Lehmann*, Sterbende Götter (Anm. 25).

nicht zusammenbringen, müssten sich daher erst beraten. Dann legen sie ihre Religion dar, benennen ihr Ärgernis, machen ihre Einwände, um schließlich angesichts der leibhaftigen Manifestationen des »Göttlichen« in Gestalt der Spanier (VV. 885-891) in Wendungen abgrundtiefer Traurigkeit angesichts der Wirkungslosigkeit ihrer Götter versinken; denn daraus schließen sie auf den Tod ihrer Götter und auf den Verlust der eigenen Identität.

> »Wohin sollen wir denn vielleicht noch gehen?
> Wir (sind) Untertanen,
> wir (sind) vergänglich, wir (sind) sterblich,
> wohlan, laßt uns denn sterben,
> wohlan, laßt uns denn zugrunde gehen!
> Sind doch die Götter (auch) gestorben.«
> (VV. 922-927)

Sicher, sie wehren sich auch und verweisen auf die Effektivität etwa ihres Regengotts *Tlaloc* (VV. 978ff) und auf die langen Traditionen ihres Volkes. Doch empfinden sie sich in dieser Situation wie Nichtse: »Sind wir denn überhaupt etwas?« (V. 905). Aus dieser Situation stammen die erschütternden Worte resignativer Gelassenheit derer, die alles verloren haben:

> »Genug allein mit dem, daß wir einbüßten,
> daß wir verloren, daß uns weggenommen wurden,
> daß uns verboten wurden
> die Matte (und) der Sitz (der Herrschaft).
> Werden wir am selben Orte wohnen bleiben,
> nur eingeschlossen (gefangen) werden wir sein.
> Möget ihr mit uns machen, was ihr wollt.
> Das ist alles, womit wir erwidern,
> womit wir antworten eurem Hauch, eurer Rede,
> o unsere Herren!«
> (VV. 1048-1060)

Darauf wiederum antworten die zwölf Franziskaner tröstend: Es seien ja nicht die »wahren Götter«, die sie verlören (V. 1074), denn sonst würden ja auch sie selbst diese verehren. Die Azteken seien wie Blinde, daher sei ihre Sünde nicht groß. Jetzt aber werde ihnen mitgeteilt, wer der wahre Gott sei. Dann folgen lange Ausführungen zum Wesen Gottes als Schöpfer und Erhalter einer kontingenten Welt, des Weiteren zum Engelkampf, aus dem die Teufel hervorgehen, die wiederum den Götterglauben hervorgebracht haben (hier werden die aztekischen Götter als *Diaboloi* identifiziert). Mit Darlegungen zur Engellehre, zum Schöpfungswerk Gottes und zum Sündenfall bricht das Manuskript ab. Auffallend ist die quantitativ starke Betonung und Umschreibung des Wirkens von von Dämonen und Engeln.

Mit welchen Namen ›Gott‹ bezeichnen?

Eines der Grundprobleme aller Begegnungen des Christentums mit anderen Religionen ergibt sich aus dem Gebrauch des Gottesnamens. Wie soll man eindeutig und unverwechselbar in der anderen Sprache und Kultur den christlichen Gott zur Sprache bringen und ihn zugleich von den anderen Gottesvorstellungen unterscheiden? In der Rekonstruktion Sahagúns wählen die »*doce frayles*« einen Weg der Kultursynthese.

Wenn man die drei genannten Teilstücke des Religionsgesprächs miteinander vergleicht und das Augenmerk dabei auf die Gottesbezeichnungen richtet, dann geht der Übersetzer Walter Lehmann davon aus, dass an dem mexikanischen Text »wieder und wieder gefeilt wurde« und »möglichst gut-mexikanische Fachausdrücke gewählt wurden«.[32] Daher können im sensiblen Bereich des Gottesnamens unbedachte Zufälligkeiten eher ausgeschlossen werden. So werden im Religionsgespräch zunächst nur Náhuatl-Bezeichnung für das Numinose benutzt, die einzeln oder mehrfach angewandt werden. Im gesamten Gespräch werden vor allem, wenn auch nicht ausschließlich, vier aztekische Gottesbezeichnungen ins Spiel gebracht, die im Einzelfall auch in der Sakraltitulatur der Herrscher Verwendung finden. Es handelt sich um folgende Bezeichnungen und ihre jeweiligen Bedeutungen:

ipalnemoa(ni) aztekischer Hochgott und Urheber allen Lebens (der, durch den man lebt);
tloque navaque allgegenwärtiger Herr *(Herr des Mit und Bei)*;
tlatoani Sakraltitulatur der aztekischen Könige, die auf herrscherliches Sprechen hinweist.
nelli teutl / teotl tlatoanj der wahre Gott, der Herr.[33]

32 *Lehmann*, Sterbende Götter (Anm. 25), Vorwort 12.
33 Zu den einzelnen Namen vgl. *Lanczkowski*, Götter und Menschen (Anm. 7), 35-86.

Diese und nur diese Bezeichnungen werden für den christlichen Gott adaptiert und damit auch ihre Bedeutung verknüpft. Namen von einzelnen Göttern aus dem aztekischen Pantheon werden nur negativ konnotiert, wie etwa Tezcatlipoca, Huitzilopochtli Quetzalcóatl und andere, die ausdrücklich als »erdichtet« kritisiert werden. Damit machten sich die Franziskaner monotheistische Tendenzen im aztekischen Sakralkosmos zunutze, die in der gebildeten Oberschicht vorangetrieben wurde und gegenüber der vorherrschenden Kriegs- und Opferrhetorik einen neuen Zugang zum Göttlichen suchten und in der Erfahrung von »Blumen und Gesang« (als Symbolen für Wahrheit und Trost) auch fanden.[34]

Der christliche Gott wird nun im ersten Teil fast ausschließlich mit einer oder mehreren dieser altmexikanischen Bezeichnungen eingeführt, ohne dass zur Verdeutlichung spanische Lehnwörter zu Hilfe genommen würde. Die Franziskaner gehen also sozusagen »induktiv« voran, indem sie am aztekisch Bekannten anknüpfen und sehr behutsam weitergehen. Mehrfach erscheinen alle vier Bezeichnungen in einer Reihung, die dann etwa so lautet:

»Schon lange Zeit ist es her,
daß er, der wahre Gott, der Herr (nelli teutl, tlatoanj)
der Herr der Nähe, der Herr des Bei (tloque, navaque)
Der, durch den man lebt (ipalnemoani)
zu erscheinen geruhte
seinen gar Lieben«.
(VV. 288-293)

Diese Bezeichnungen werden unterschiedslos sowohl für Gott als auch für Christus gebraucht, so dass die Titulatur, nur durch den Hinweis auf die menschliche Natur ergänzt, folgendermaßen lautet:

»Sein erlauchter Name ist Jesus Christus
wahrer Gott (nelli teutl)
und wahrer Mann (nelli oqujchtli)
Der, durch den alles lebt (ipalnemoanj)
Herr des Mit und Bei (tloque, navaque)«
(VV. 544-548)

34 Vgl. *Nebel*, Altamerikanische Religion (Anm. 8), 91-101 und 161-167).
35 *Lanczkowski*, Götter und Menschen (Anm. 7), 43; vgl. hierzu auch *Wißmann*, Götter (Anm. 26), 83ff.

Im Munde der antwortenden Azteken im zweiten Teil des Gesprächs tauchen die Gottesbezeichnungen natürlich auch auf, wobei die Azteken die unerhörte Aussage der Franziskaner zu verarbeiten haben, dass sie die mit demselben Namen benannte Gottheit nicht kennen sollen (vgl. V. 935).

Im dritten Teil schließlich fällt auf, dass in den Darstellungen der franziskanischen Frayles vielfach der spanische Begriff *Dios* absolut, also ohne weitere Titel, eingeführt wird (etwa VV. 1331, 1559, 1575, 1899), aber auch die vier altmexikanischen Gottesbezeichnungen in vielfältigen Kombination mit der christlich-spanischen Gottesbezeichnung *Dios* auftauchen:

> ***Dios, tloque navaque*** (V. 1265),
> ***ipalnemoani Dios*** (V. 1321),
> ***Dios tlatoanj*** (V. 1712),
> ***nelli teutl tlatoanj Dios*** (V. 1975).

Nicht nur *Dios*, auch andere spanische oder lateinische Worte werden in den aztekischen Text eingeführt, wie *ángeles* und *Yglesia* oder *Miguel*. Oft geht man davon aus, dass das Auftauchen von *Dios* in den Wechselreden auf das Scheitern der Akkomodation der Gottesnamen hinweist, denn die Franziskaner hätten einsehen müssen, »daß gerade das Ausmaß der missionarischen Akkomodation dem Anliegen ihrer missionarischen Verkündigung im Wege stand, weil damit den Azteken keine Motivativierung zur Übernahme der neuen Botschaft deutlich wurde«.[35] Man kann das Vorgehen der Franziskaner freilich auch als sehr bewusst eingeschlagenen »induktiven« Weg zu einer die vorhandenen Vorstellungen so weit wie irgend möglich integrierenden Gottesvorstellung ansehen. Denn missionsmethodisch ging es den Franziskanern nicht um eine pauschale Verwerfung der vorgefundenen Terminologie und eine Implantierung der eigenen spanischen Kultur, sondern um eine religiöse und kulturelle Synthese.

Wenn man diese Beobachtungen zum Gottesnamen, aber auch das gesamte Vorgehen beim Religionsgespräch in den Blick nimmt und systematisiert, dann ist folgender methodischer Dreischritt erkennbar:

1 Unterscheidung Gott und Mensch Die grundlegende Unterscheidung ist die zwischen göttlicher und menschlicher Sphäre. Die Missionare betonen mehrfach, dass weder sie noch der Papst, der sie ausgesandt hat, Götter (teteu) sind. Vielmehr begeben sie sich auf dieselbe Ebene mit den indigenen Dialogpartnern, indem sie zum Auftakt betonen: »wir sind euresgleichen, Menschen so wie ihr« (VV. 28.30).

2 Unterscheidung Gott und Götter Eine weitere Differenzierung nehmen sie vor, indem sie die tendenziell monotheistischen Gottesbezeichnungen von den polytheistischen unterscheiden; letztere weisen sie zurück, während sie erstere rezipieren und für eine sprachliche und kulturelle Anpassung des christlichen Gottesglaubens nutzbar machen. Die Götter werden dabei durchaus als Wirklichkeiten angenommen, aber auf der kreatürlichen Ebene. Sie folgen dabei der dämonologischen Interpretation der Fremdreligion. Auch mit diesem Vorgehen stellen die Missionare eine Vergleichsebene her, denn die anderen Götter entsprechen ja den eigenen Dämonen. Die Unterscheidung wahrt also die Göttlichkeit Gottes und die Menschlichkeit des Menschen durch Depotenzierung der Götter, die auf einer niederen Ebene anerkannt bleiben.

3 Synthese Gott und Gott Nach diesen Unterscheidungen, die das christlich nicht Integrierbare abscheiden und das christlich Rezipierbare herausschälen, wird dieses mit dem in der eigenen Kultur üblichen Gottesnamen identifizierend in Zusammenhang gebracht. Die Einführung von *Dios* dient also der Vereindeutigung jenes aztekischen Amalgams von Gottesbezeichnungen, die scharf von den Götternamen unterschieden sind. Auch wenn eine Ambivalenz bleibt, so mochten die Franziskaner bei ihrem Religionsgespräch sich doch an den »unbekannten Gott« erinnert haben, dessen Verehrung Paulus auf dem griechischen Areopag zu einer Aussage veranlasste, die auch den zwölf Missionaren als Maxime im mexikanischen Kontext gelten konnte: »Was ihr verehrt, ohne es zu kennen, das verkünde ich euch.« (Apg 17, 23).

Dass sich in Mexiko so rasch eine neue religiöse Identität bilden konnte, dürfte nicht zuletzt mit der irenischen Methode der Evangelisierung in Zusammenhang stehen. Dort konnte eine Synthese entstehen, bei der eine »Inkulturation« des Christentums stattfand. Eine ebenso wichtige Rolle

36 Siehe hierzu: *David A. Brading*, Mexican phoenix. Our Lady of Guadalupe. Image and tradition across five centuries, Cambridge 2001; *Miguel León Portilla*, Tonantzin Guadalupe. Pensamiento Náhuatl y mensaje cristiano en el »Nican mopohua«, México 2000.

37 *Sahagún*, Historia general (Anm. 10), Buch XI, 12 apéndice. 704f.

38 *Octavio Paz*, Das Labyrinth der Einsamkeit, Frankfurt am Main 1979, 104.

dürfte in demselben Zeitraum auch das Erscheinen der »Virgen de Guadalupe« (1539) gespielt habe. Auf dem Hügel Tepeyac bei Tenochtitlán, wo einmal das Heiligtum der *Tonantzin* genannten Göttin stand, soll ein Indio eine Erscheinung gehabt haben und ihr lebensgroßes Bild entstanden sein, das bis heute dort verehrt wird. Es zeichnet sich dadurch aus, dass es sowohl vom Symbolkosmos der aztekischen Kultur her verstanden werden, als auch von der abendländischen Ikonographie her als Bild der »Mutter Gottes« dechiffriert werden konnte.[36] Sahagún warnte zunächst bei dieser »Erscheinung« vor Synkretismus, dass die Indios ihre alte Kultstätte im alten Sinn weiterbetreiben könnten.[37] Aber die neue Kultstätte setzte sich durch und ist heute eine der größten Wallfahrtsstätten des Katholizismus. Diese Ereignisse und die frühen Religionsgespräche dürften dazu beigetragen haben, eine neue religiöse Identität auszubilden, deren interkulturelle Synthese Mexiko prägt.

Die Bedeutung dieser Kultursynthese hat der mexikanische Schriftsteller Octavio Paz (1914-1998) auf folgende Weist zusammengefasst: »Nachdem die Bande zu ihrer eigentlichen Kultur abgerissen, ihre Götter tot und ihre Städte zerstört waren, fanden die verwaisten Indios durch den katholischen Glauben einen neuen Platz in der Welt. (Diese Möglichkeit, einer lebendigen Ordnung anzugehören, und sei es auch nur als unterste Schicht der Gesellschaftspyramide, wurde den Eingeborenen der Neu-England-Staaten von den Protestanten mitleidlos versagt!) Man sollte nicht vergessen, daß die Zugehörigkeit zum katholischen Glauben einen Platz im Kosmos bedeutete. Die Flucht der Götter und der Untergang der Führer hatten die Eingeborenen in eine so große Einsamkeit *(soledad)* gestoßen, wie sie sich ein moderner Mensch nur schwer vorstellen kann. In dieser Lage ermöglichte ihnen allein der Katholizismus, Bindungen mit Welt und Jenseits wieder anzuknüpfen, gab somit ihrem Dasein auf dieser Erde wieder einen Sinn, nährte ihre Hoffnung und rechtfertigte ihr Leben und ihren Tod.«[38] ◆

Abb 7
Illustration vom Einzug der
›zwölf Franziskaner‹ in Mexiko
aus dem Werk
Rhetorica Christiana
von Diego Valadés OFM
Rom 1579

18
Baptismus barbarorum oder christliche Initiation in der Neuen Welt

Das humanistisch geprägte Werk *Rhetorica Christiana* (Rom 1579), das der in Mexiko tätige Franziskaner Diego Valadés (1533-1582)[1], verfasste, verknüpft Alte und Neue Welt, indem es die klassische Rhetorik in den Kontext der indigenen Kultur stellt. Besonderen Wert legte er auf die Erinnerung (memoria) und die Visualisierung, die sich in zahlreichen Abbildungen des voluminösen Bandes spiegelt. Einer der Kupferstiche veranschaulicht das franziskanische Missionsunternehmen in visueller Kommunikation.[2] Er stellt stilisiert ein Atrium dar, das rundum von Baumreihen und vier offenen Eckkapellen umgeben ist. Wie die Überschrift ausweist, werden in einzelnen Szenen die typischen missionarischen Aktivitäten der Minderbrüder in der Neuen Welt dargestellt, mit Verweis auf die Landverheißung an Abraham (Gen 13,14).

Im Zentrum der Abbildung befindet sich eine Gruppe von zwölf Franziskanern, die bewusst als *doce apóstoles* auftreten, die eine neue »Urkirche« in der Neuen Welt gründen; bis heute ist diese Zwölfergruppe auf einem Wandfresko im Franziskanerkonvent von Huejotzingo (Puebla) zu sehen. Diese neuen zwölf Apostel unter Führung des hl. Franziskus und der Leitung des Oberen Martín de Valencia (1474-1534) tragen auf ihren Schultern eine portable Kirche in die Neue Welt. In dieser tragbaren Kirche erscheint in Gestalt einer Taube der Heilige Geist, der auf die geistliche Inspiration des gesamten Unternehmens und der einzelnen missionarischen Tätigkeiten verweist. Über der Kirche erscheint in einer Wolke die Trinität. Unterhalb der

1 *Don Paul Abbott*, Rhetoric in the New World. Rhetorical theory and practice in Colonial Spanish America, Columbia SC 1996.

2 *Diego de Valadés*, Retórica Cristiana, introd. de *Esteban J. Palomera*, trad. a cargo de Tarcisio Herrera Tapién, México 1989 (Biblioteca americana) (=Reprint der lat. Ausgabe Rhetorica Christiana ad concionandi et orandi usum accomodata [...], Rom 1579, mit spanischer Übersetzung 1989). Die beschriebene Abbildung der »Indorum Republica« und ihre Erläuterungen: 108-109 [473f].

portablen Kirche erscheint mittig an privilegierter Stelle eine Taufszene um einen Taufbrunnen herum; die Taufe *(baptismus)* wird flankiert von Szenen einer Eheschließung *(matrimonium)* und des Beichtunterrichts *(discunt confiteri)*. Die Taufe erscheint als zentrales sakramentales Ritual, doch ist sie eingebettet in andere sakramentale Riten wie Beichte *(confessiones)* und Messe (Missa), die am unteren Bildrand in jeweils drei Szenen erscheinen: Beichte bei (Männer, Frauen und Kindern) und Messe zusammen mit Kommunion (comunio) und Letzter Ölung. Überdies erscheint in der Mitte eine forensische Szene mit Richterstuhl, die als »*iustitia*« ausgewiesen wird. Der untere Bereich des Stiches ist also der sakramentalen Grundlegung gewidmet.

Weitere sechs Szenen im oberen Bildbereich zeigen vor allem Lernvorgänge: Dazu zählen piktographisches Lernen und Alphabetisierung (Schreiben), allgemeine Bildung (Welterschaffung, Musik) und religiöse Unterweisung (christliche Lehre, Buß- und Ehesakrament). Diese didaktischen Tätigkeiten sind eingerahmt von den erwähnten baumbestandenen Alleen, in denen sich weitere Szenen caritativer Tätigkeiten abspielen, nämlich die Versorgung der Kranken und die Beerdigung der Verstorbenen. Die vier Eckkapellen, in denen jeweils gepredigt wird, sind den Adressaten zugeordnet: den Mädchen *(puellae)* und Jungen *(pueri)*, den Frauen *(mulieres)* und Männern *(homines)*.

Der Stich hebt also die Zentralität der Taufe in dieser »Urkiche« hervor, aber auch ihre Einbettung in andere sakramentale Riten sowie weitere homiletische, diakonische und didaktische Aktivitäten, die insgesamt einen ganzheitlichen und subjektbezogenen Ansatz der Mission zeigen. Damals war der Neologismus »Mission« allerdings noch nicht gebräuchlich; man sprach vielmehr in pluraler Terminologie von *promulgatio Evangelii, praedicatio gentium, propagatio fidei, conversio infidelium, novella plantatio ecclesiae;* einen eigenen Akzent stellt die »Translation« der Urkirche auf den neu entdeckten Kontinent dar.

Theologisch ist das Ritual der christlichen Taufe, die mit natürlichem Wasser und unter Anrufung des dreifaltigen Gottes gespendet wird, das erste und grundlegende der drei Initiationssakramente, das in die Heilsgemeinschaft der Kirche inkorporiert.[3] Die Taufe vergegenwärtigt für den Einzelnen die Teilhabe am Geschick Jesu Christi (Tod und Auferstehung) und umfasst als wesentliche

3 Zu den lehrhaften normativen Quellen vgl. *Heinrich Denzinger*, Enchiridion symbolorum, definitionum et declarationum de rebus fidei et morum/Kompendium der Glaubensbekenntnisse und kirchlichen Lehrentscheidungen, hg. von *Peter Hünermann*, 37. Aufl., Freiburg im Breisgau 1991, 1606-1608.

Sinngehalte die geistige Wiedergeburt, die Sündenvergebung, den Geistempfang und die Heiligung, die Gabe der Gotteskindschaft, die Eingliederung in den mystischen Leib Christi und in die Kirche; sie ist nicht wiederholbar und verleiht ein unaufhebbares Prägemal *(character indelebilis)*. Die Taufe, die biblisch in den Bildern der »Wiedergeburt« *(regeneratio)* (Tit 3,5) und »Erleuchtung« *(inluminatio)* (Hebr 6,4) vorgestellt wird, wurzelt historisch in der Taufpraxis der nachösterlichen Gemeinde[4] und der nachösterlichen Sendung der Jünger Jesu, die im Fall des sogenannten »Missionsbefehls« (Mt 28,18ff) ausdrücklich mit dem Auftrag zur Taufe verbunden wird (vgl. auch Mk 16,15; Lk 24,47f; Joh 20,21).[5] Bei den Kirchvätern hat die Taufe zahllose allegorische Deutungen erfahren. In der langen liturgischen Tradition der Taufpraxis haben sich um das Kernritual zahlreiche ausdeutende Riten oder Zeremonien herausgebildet, darunter Namensgebung, Bezeichnung mit dem Kreuz *(signatio)*, Exorzismus, Bekenntnis, Anhauchung *(exsufflatio)*, Salbung, Handauflegung, Öffnung der Sinne mit Speichel, Taufwasserweihe, weißes Kleid, brennende Kerze, Gebet und Segen. Taufe ist in jedem Lebensalter möglich, ordentliche Spender sind geweihte Amtsträger, im Notfall aber jede Person, die Form, Inhalt und Intention der Kirche folgt; beteiligt sind weiterhin Paten und die Gemeinde.[6]

In der gesamten Missionsgeschichte wie auch im Zuge Christianisierung der Neuen Welt spielte die Taufe als Initiationsritual daher eine bedeutende Rolle.[7] Sie wird im Folgenden in den Perspektiven der rituellen Inklusion, der kognitiven Instruktion und der multiplen Partizipation reflektiert, wobei narrative, normative und argumentative Quellen der formativen Missionsgeschichte Hispanoamerikas im 16. Jahrhundert im Vordergrund stehen.

Rituelle Inklusion durch Taufe

Unter den »zwölf« Franziskanern auf dem Stich von Valadés, die 1524 zur Missionsarbeit in Mexiko eintrafen, befand sich auch Toribio de Benavente (1482?-1569?), der den bekannteren indigenen Beinamen *Motolinía* trug. Er berichtet in seiner *Historia de los Indios de la Nueva España* von dem

4 *Michael Labahn*, Kreative Erinnerung als nachösterliche Nachschöpfung. Der Ursprung der christlichen Taufe, in: *David Hellholm* et alii (ed.): Ablution, initiation, and baptism. Late antiquity, early Judaism, and early Christianity/Waschungen, Initiation und Taufe. Spätantike, frühes Judentum und frühes Christentum, Bd. 1, Berlin 2011, 337-376 (Beihefte zur Zeitschrift für die neutestamentliche Wissenschaft und die Kunde der älteren Kirche 176,1).

5 Vgl. *Michael Sievernich*, Die christliche Mission. Geschichte und Gegenwart, Darmstadt 2009, 17-23.

6 Vgl. Codex des Kanonischen Rechts/Codex iuris canonici, lat.-dt. Ausgabe, Kevelaer 1983 (zur Taufe can. 849-878).

7 *Jakob Baumgartner*, Mission und Liturgie in Mexiko. Bd. 1: Der Gottesdienst in der jungen Kirche Neuspaniens, Immensee (NZM Supplementa18), 1971, 144-221.

ersten Jahrzehnt, das auf die Ankunft der Franziskaner folgte und von Eifer und Improvisation geprägt war. Von einem enormen Andrang der Indios an allen Wochentagen ist dort die Rede und von Massentaufen, deren Zahl Motolinía für den Zeitraum von fünfzehn Jahren (1521 bis 1536) insgesamt auf nicht weniger als fünf Millionen schätzte, was selbst moderne Historiker für kaum übertrieben halten.[8]

Entsprechend rudimentär fiel die Vorbereitung und Durchführung der Taufe aus, da außer dem Kernritual nicht alle weiteren und sonst in der Kirche üblichen Riten ausgeführt werden konnten. Motolinía beschreibt die reduzierten Taufakte, die täglich stattfanden, folgendermaßen: »Zum Zeitpunkt der Taufe stellten sie [die Priester] alle, die getauft werden sollten, gemeinsam auf, die Kinder vorne, und machten über alle den Taufdienst *[oficio del bautismo]* und über einige wenige die Riten von Kreuz, Anhauchung, Salz, Speichel, weißem Kleid; danach tauften sie jedes einzelne der Kinder in Weihwasser, und soweit ich weiß, folgte man immer dieser Ordnung. […] Nachdem zuerst die Kinder getauft waren, predigten sie wieder den geprüften Erwachsenen, was sie zu glauben und zu verabscheuen und in der Ehe zu tun hätten; und dann tauften sie jeden einzelnen für sich *(bautizaban a cada uno por sí)*.«[9] Bei aller Reduzierung des Ritus auf das Wesentliche gilt bei Kindern und Erwachsenen der eigentliche Taufakt der einzelnen Person, deren Individualität auch durch den verliehenen Taufnamen, der meist dem Tagesheiligen entsprach, herausgehoben wird.

Für diese reduzierte Taufpraxis gab es verschiedene pragmatische Gründe wie den Mangel an Taufspendern und den Andrang der Taufwilligen, den Mangel an liturgischer Materie (Chrisam, Öl) und mangelnder Zeit, wenn fünftausend Indios pro Tag getauft werden sollten. Doch überdies gab es ein weiteres Moment, das zu möglichst vielen und schnellen Taufen drängte. Es war die chiliastische Prägung der ersten Franziskaner in Mexiko, die in der »elften Stunde« (Mt 20,6) der Weltzeit eine neue, indianische »Urkirche« im Entstehen sahen.[10] Überdies vertraten sie eine Art Kompensationstheorie, wonach diese neue Urkirche in Amerika der Kirche zurückerstatte, was ihr der Dämon durch die Reformation in Deutschland geraubt habe.[11]

8 *Robert Ricard*, La conquista espiritual de México. Ensayo sobre el apostolado y los métodos misioneros de las órdenes mendicantes en la Nueva España de 1523/1524 a 1572, México 1986, 175.

9 *Motolinía, Toribio de Benavente*, Memoriales e historia de los Indios de la Nueva España, estudio preliminar por *Fidel de Lejarza*, Madrid 1970, 255f (Biblioteca de Autores Españoles 240).

10 Zum Chiliasmus vgl. *Mariano Delgado*, Die Franziskanisierung der Indios Neu-Spaniens im 16. Jahrhundert, in: Stimmen der Zeit 117 (1992) 363-372.

11 *Michael Sievernich*, Providenz und Befreiung. Zur Theologie der Geschichte Amerikas und Europas, in: *Urs Altermatt/Adrian Holderegger/Pedro Ramírez* (Hgg.), Zur Wieder-Entdeckung der gemeinsamen Geschichte. 500 Jahre Lateinamerika und Europa, Freiburg (Schweiz) 1992, 143-164.

Die auf das Nötigste beschränkte Taufpraxis führte auch zu heftigen Disputen über die Angemessenheit und Erlaubtheit, da nicht nur der Enthusiasmus und Eifer der Missionare auf dem Spiel standen, sondern auch die rechtlichen und pastoralen Normen der Kirche. Insbesondere die konkurrierenden Orden der Franziskaner, der Dominikaner und Augustiner[12] forderten in diesem Taufstreit einerseits, dass die Taufen mit allen Riten, in aller Feierlichkeit und an den traditionell vorgesehenen Tagen der Vigil vor Ostern und Pfingsten abzuhalten seien; andererseits forderten sie ein längeres Katechumenat, also eine Zeit der katechetischen Unterweisung und sittlich-religiösen Vorbereitung der Taufbewerber und -bewerberinnen vorzusehen. Bisweilen bestritt man sogar die Gültigkeit der in der kurzen Form vorgenommenen Taufen. Die pastoralen und rechtlichen Probleme waren so gravierend, dass selbst die Versammlungen der Ortsbischöfe nicht weiterhalfen und der Papst und die Salmantiner Theologen zur Klärung angerufen wurden.[13]

Aufgrund der mexikanischen Streitfragen erließ Papst Paul III. (1468-1549, reg. ab 1534) am 1. Juni 1537 die Bulle *Altitudo divini consilii* zur Klärung des Taufstreits. Darin erklärte er zum einen die Gültigkeit der abgekürzten Taufen; zum anderen hielt er fest, dass die Abweichung von der üblichen Taufpraxis dem hermeneutischen Prinzip folge, dass Neophyten »nicht alles«, was die Kirche schon weltweit beobachte, auferlegt werden müsse. In Zukunft aber seien, außer in dringenden Notfällen, vier Dinge zu beobachten: »Erstens die Weihe des Taufwassers; zweitens der einzeln anzuwendende Katechismus und Exorzismus; drittens werde Salz, Speichel, Gewand und Kerze nur zwei oder drei Täuflingen beiderlei Geschlechts für alle aufgebracht; viertens werde mit Chrisam auf der Stirn gesalbt und mit Katechumenenöl über dem Herzen des erwachsenen Mannes, der Knaben und der Mädchen, bei erwachsenen Frauen aber an jener Körperstelle, den die Sittsamkeit zulässt.«[14] Über die bisherige Praxis hinaus waren also katechetische Unterweisung und Exorzierung ebenso einzeln und persönlich vorzunehmen wie die beiden Salbungen, während Salzgabe, Sinnesöffnung durch Speichel, weißes

12 *Johannes Meier*, Die Orden in Lateinamerika, in: *Michael Sievernich* u. a. (Hgg.), Conquista und Evangelisation. 500 Jahren Orden in Lateinamerika, Mainz 1992, 13-33.

13 *Dionisio Borobio García*, Teologos salmantinos e iniciación en la evangelización de América durante el siglo XVI, in: *Ders. / Federico R. Aznar Gil / Antonio García y García*, Evangelización en América. Salamanca 1988, 7-165.

14 *Joseph Metzler* (ed.), America Pontificia primi saeculi Evangelizationis 1493-1592. Documenta pontificia ex registris et minutis praesertim in Archivo Secreto Vaticano existentibus, Bd. 1, Città del Vaticano, 1995, 361-364 (Collectanea Archivi Vaticani 27/1).

Taufkleid und Kerze *pars pro toto* angewandt werden können. Doch mit der Durchführung der disziplinären und liturgischen Bestimmungen drang die Junta der Ortsbischöfe nicht durch, so dass man angesichts des anhaltenden Andrangs nach kurzer Zeit wieder zur alten Praxis überging.[15]

Wenige Jahre später wurden die dominikanischen Theologen von Salamanca aufgefordert, ein Gutachten zur Frage der Taufpraxis der Indios in der Neuen Welt zu verfassen. Dabei ging es insbesondere um die alte Frage, ob für die »Taufe der Barbaren« *(baptismus barbarorum)* eine kurze und knappe Vorbereitung genüge oder eine ausführliche und längere Unterweisung in Glauben und Sitten erforderlich sei. Die Antwort, welche die Salmantiner Theologen am 1. Juli 1541 vorlegten, ist eindeutig. Mit Hinweis auf Autoritäten wie den Sentenzenkommentar des Petrus Lombardus (1095-1160) und die Schriften von Thomas von Aquin (1225-1274) plädieren sie eindeutig für eine ausführliche, Glaube und Moral einbeziehende präbaptismale Vorbereitung in Form eines Katechumenats. »Jene ungläubigen Barbaren sind nicht zu taufen, bevor sie nicht hinreichend unterwiesen sind, nicht nur im Glauben, sondern auch in christlichen Sitten, wenigstens soweit es zum Heil notwendig ist, und nicht bevor es wahrscheinlich ist, dass sie verstehen, was sie empfangen oder wem sie entgegensehen, und nicht bevor sie sich öffentlich zur Taufe bekennen und im Glauben und in der christlichen Religion leben und verharren wollen.«[16] Damit gelten als drei wesentliche Grundsätze: hinreichende Instruktion, Verstehen des Taufvorgangs und Willen zur Übernahme des Glaubens. Doch konnte das Gutachten trotz seiner theologischen Autorität und seiner bischöflichen Bekräftigung die Kontroverse um die Spendung der Taufe nicht lösen, so dass man angesichts des anhaltenden Andrangs schnell wieder zur alten Praxis der einfachen und schnellen Taufe überging, in den Augen des Historikers ein Zeichen »einfacher Klugheit und grandioser Kühnheit«.[17]

Insgesamt erfolgte in Mexiko und anderswo eine schnelle religiöse Inklusion der Indios durch das Ritual der Taufe, auch wenn die Anforderungen und die pastorale Praxis je nach Region und Stil der beteiligten Orden

15 *Motolinía. Memoriales* (Anm. 9), 257.
16 Parecer de los teólogos de la Universidad de Salamanca sobre el bautismo de los Indios, in: Colección de documentos inéditos relativos al descubrimiento, conquista y colonización de las posesiones españoles en América y Oceanía, tomo III, Madrid 1865, 543-553: »Barbari illi infideles non antea sunt baptizandi, quam, sint sufficienter instructi, non solum in fide, sed etiam in moribus christianis, saltem quantum necessarium est ad salutem, nec priusquam sit verisimile, eos intelligere quid recipiant, aut respectent, et profiteantur in baptismo, et velint vivere et perseverare in fide et religione christiana.«

unterschiedlich ausfielen. Dagegen herrschte Konsens und Übereinstimmung mit der kirchlichen Tradition in der Frage der Freiwilligkeit. Da die Inklusion durch Taufe grundsätzlich freiwillig erfolgen musste, lautete die rechtsverbindliche Bestimmung des Ersten Limenser Konzils (1551/52), dass niemand zum Glauben gezwungen werden dürfe, sondern durch Wahrheit und Freiheit überzeugt und angezogen werden solle.[18]

Diese Bestimmung folgt einerseits der mittelalterlichen Kanonistik, derzufolge es keinen Zwang im Glauben geben dürfe, und andrerseits der damaligen missionstheologischen Auffassung, dass Wahrheit und Freiheit ausschließlich persuasiv und attraktiv auf die Einzelnen einwirken dürfe.

Wenn es nun keinen Zwang zum Glauben geben darf, folgt logisch, dass auch die Taufe nicht aufgezwungen werden darf, was das Zweite Limenser Konzil (1567/68) im Teil über die Indios in aller Deutlichkeit festhält: »dieses Sakrament darf keinem Erwachsenen gespendet werden, wenn dieser es nicht freiwillig empfangen will« *(Hoc vero sacramentum [baptismus] nulli adultorum conferendum est nisi sponte velit ipsum recipere)*, wie es auch den Kindern ungläubiger Eltern nicht gegen deren Willen gespendet werden darf.[19] Das Recht der Person auf Selbstbestimmung in religiösen Angelegenheiten sowie das Elternrecht werden hier also besonders geschützt. Die Bedeutung des Individuums spricht auch aus der Tatsache, dass alle einen Taufnamen erhalten und dass Name sowie Ort und Zeit der Taufe in den Kirchenbüchern festzuhalten sind.

Allerdings sind auch die Widerstände gegen die Taufe zu beachten; sei es der Widerstand auf indigener Seite oder sei es auf spanischer Seite gegenüber der indianischen Welt. Letztere äußerten sich im Zweifel am Menschsein der Einheimischen und ihrer Fähigkeit zum Glauben und zur Zivilisation. Nach dem Prinzip des Ethnozentrismus[20] in seiner eurozentrischen Spielart gab es untergründig oder explizit mehrfache Diskriminierung der Alterität auf kultureller, moralischer und religiöser Ebene. Gegen jegliche Diskreditierung wandten sich Zeitgenossen und großen Vorkämpfer in der frühen Neuzeit, die das Recht der Alterität praktisch und theoretisch verteidigten, vor allem Bartolomé de Las Casas (1484-1566) und Francisco de Vitoria (1483-1546).[21]

17 *Ricard* (Anm. 8), 179.

18 *Rubén Vargas Ugarte*, Concilios Limenses (1551-1772), tom. 1, Lima 1951, 11 [Limese I, Const. 7].

19 *Vargas Ugarte, Concilios* (Anm. 18), 173 [Limense II, Const. 27].

20 Vgl. hierzu in diesem Buch, Teil IV, Kap. 16.

21 Vgl. hierzu in diesem Buch Teil III, Kap. 10, 11 und 12; zum Auswirkung von Francisco de Vitoria siehe *Ofelia Huamanchumo*, Zum Einfluss der *Relectio de Indis* auf die kirchliche Gesetzgebung zur Taufe, in: *Norbert Brieskorn / Gideon Stiening* (Hgg.) Francisco de Vitoria ›De Indis‹ in interdisziplinärer Perspektive (PPE II,3), Stuttgart 2011, 39-57.

Mit der Inklusion durch die Taufe, waren freilich nicht alle Probleme der Diskreditierung der indigenen Menschen gelöst und rechtlich positiv geregelt, da nicht selten der Argwohn bestehen blieb, Glaube, Moral und Religion der getauften Indios, entsprächen (noch) nicht den Anforderungen. Überdies kam es zu Vorbehalten, Einschränkungen oder Verboten temporärer, wenn auch nicht prinzipieller Art. Ein Beispiel dafür war etwa das temporäre Verbot der Zulassung von Indios, Mestizen, Mulatten und sogar Kreolen zum Sakrament des Ordo (Priesterweihe).[22]

Kognitive Instruktion durch Schrift

Da die Taufe an die freiwillige Zustimmung der Person gebunden ist und ein Grundverständnis des Rituals und der Glaubenslehre voraussetzt, bedurfte es einer sowohl prä- als auch postbaptismalen Unterweisung. Diese wieder setzten eine sprachliche Verständigung und Übersetzungsleistungen aus den europäischen Sprachen, vornehmlich Latein und Spanisch, voraus. Daher unternahmen die Missionare erhebliche linguistische Anstrengungen, um Grammatik (arte) und Wortschatz *(vocabulario)* der noch nicht verschrifteten indianischen Sprachen zu erfassen, woraus eine breite Missionslinguistik erwuchs.[23]

Die kirchliche Sprachenpolitik setzte nicht auf Hispanisierung der Indios, sondern auf die linguistische Indigenisierung der Missionare und ihrer kommunikativen Fähigkeiten. Diese sprachlichen Kenntnisse wurden in der Praxis, aber auch an Lehrstühlen erworben, die an Universitäten in Mexiko und Peru errichtet wurden. So hält das Erste Konzil von Lima in einem Beschluss fest, dass die zu taufenden Erwachsenen in »ihrer eigenen Sprache« (en su propia lengua) unterwiesen werden, denn sie sollten wissen und verstehen, worum es geht: »Es ist nur recht, dass sie verstehen *(entiendan)*, was sie in der Taufe empfangen und wissen *(sepan)*, was man sie im Katechismus fragt. Taufe verbindet sich also mit

22 *Thomas Duve*, Das Konzil als Autorisierungsinstanz. Die Priesterweihe von Mestizen vor dem Dritten Limenser Konzil (1582/83) und die Kommunikation über Recht in der spanischen Monarchie, in: Rechtsgeschichte 16 (2010) 132-153.

23 Siehe *Wulf Oesterreicher/Roland Schmidt-Riese*, Amerikanische Sprachenvielfalt und europäische Grammatiktradition. Missionarslinguistik im Epochenumbruch der Frühen Neuzeit, in: Zeitschrift für Literaturwissenschaft und Linguistik 116 (1999) 62-100; Conquista y conversión. Universos semióticos, textos y legitimación de saberes en la América colonial, ed. por *Wulf Oesterreicher/Roland Schmidt-Riese*, Berlin/Boston 2014, 99-251 (Pluralisierung und Autorität 37).

den kognitiven Fähigkeiten von *Wissen* und *Verstehen*.[24] Doch über das religiöse Wissen hinaus ergab sich dadurch das Erfordernis von allgemeiner Bildung, Schulen für jugendliche Indios *(escuelas de muchachos)* und Erwerb der Kulturtechniken von Lesen und Schreiben,[25] die auch der Kupferstich von Valadés beschreibt. Der Religionswechsel durch die Taufe brachte also auch den Wechsel vom illiteraten zum literaten Status mit sich, gewiss nicht flächendeckend, aber zumindest anfanghaft bei der (männlichen) Jugend.

Zur Vorbereitung auf die Taufe von Erwachsenen existierte in der Alten Kirche ein langes anspruchvolles Katechumenat, die liminale Phase im Initiationsprozess, die nicht nur dem Unterricht, sondern auch der Bewährung und Prüfung des Lebenswandels diente.[26] Doch mit der dominant werdenden Form der Kindertaufe verschwand diese Institution im Mittelalter, so dass bürgerliche (Geburt) und religiöse Eingliederung (Taufe) zeitlich eng zueinander rückten und das Moment der freien Glaubensentscheidung an Stellvertreter wie Paten delegiert wurde. Da man in der Neuen Welt aber zunächst vornehmlich mit Erwachsenen zu tun hatte, erinnerte man sich auch wieder des Katechumenats. Allerdings kam es in der Fühen Neuzeit nur rudimentär zum Zuge, zum Beispiel durch Elemente wie Arkandisziplin oder wenigstens vierwöchige Unterweisung.

Über die präbaptismale Unterweisung berichtet etwa Motolinía, dass viele der Indios an Sonn- und Festtagen kommen, um das Wort Gottes zu hören. »Zuerst war es notwendig, ihnen zu sagen und zu verstehen zu geben, wer der eine und allmächtige Gott sei, ohne Anfang und Ende, Schöpfer aller Dinge, von grenzenlosem Wissen, höchste Güte, der alle sichtbaren und unsichtbaren Dinge schuf und sie erhält und ihnen Leben gibt.« Weitere Themen, die angemessen schienen, waren Maria und Marienbilder, die Unsterblichkeit der Seele und die Bosheit des Teufels; letztere habe die Indios so in Furcht und Schrecken versetzt, dass sie zu zittern anfingen »und begannen, zur Taufe zu kommen und das Reich Gottes zu suchen und unter Tränen und Seufzern danach verlangten«.[27]

24 *Vargas Ugarte*, Concilios (Anm. 18), 10 [Limense I, Const. 6].
25 *Vargas Ugarte*, Concilios (Anm. 18), 340f. [Limense III, cap. 43].
26 *Alfons Fürst*, Die Liturgie der Alten Kirche. Geschichte und Theologie, Münster 2008, 104-123.
27 *Motolinía*, Memoriales (Anm. 9), 210f. [Historia I,4].

Die Instruktion blieb nicht bei der Unterweisung vor der Taufe stehen, sondern setzte sich fort in der postbaptismalen Unterweisung der Neophyten, zum einen in den regulären Predigten oder Katechesen, zum anderen in spezifischem Unterricht. Hier ist besonders auf einen der ältesten Katechismen der Neuen Welt zu verweisen, den Dominikaner Pedro de Córdoba (1460-1520) verfasste. Sein umfangreicher Katechismus war eine *Doctrina christiana para instrucción e información de los Indios* (1544), die auch »mystagogische« Katechesen für die postbaptismale Unterweisung beinhaltet, aber auch über das Kreuz als apotropäisches Zeichen handelt.[28]

In den zeitgenössischen katechetischen Texten spielt das Dämonenthema eine herausragende Rolle, weil unter diesem Stichwort die Abgrenzung von und die Auseinandersetzung mit den fremden Religionen der Neuen Welt geführt wurde. Nach der dämonologischen Deutung der Fremdgötter, die schon in der Patristik anhebt, wurden die Götter etwa im aztekischen Pantheon als Dämonen begriffen, ihre Bilder wurden daher zerstört und an ihrer Stelle traten in »Kultsukzession« möglichst christliche Kapellen oder Artefakte wie Kreuze und Bilder. Überdies thematisiert das Taufritual die Absage an das Böse und den Bösen (renuntiation).

Schon die paulinische Theologie des Neuen Testaments verstand die Taufe als Herrschaftswechsel, als Übereignung aus der Macht der Sünde zum Machtbereich Christi; die auf Christus Getauften bleiben durch dessen Tod und Auferstehung nicht mehr »Sklaven der Sünde«, sondern stellen sich in den »Dienst Gottes«.[29] Diesen Wechsel wendet man in Mexiko auch auf die Dämonenfrage an: Durch die Sünde werde der Mensch »Diener des Teufels« *(servus diaboli)* und durch Glauben und Taufe zum »Diener Gottes« *(servus Dei)*. Deshalb solle man den Teufelskult verlassen *(cultus diaboli)* und nur an Gott glauben und nur ihm dienen *(illi soli serviendum)*.[30] Da im mexikanischen Kontext die Bezeichnungen »Dämonen« auf die aztekischen Götter bezogen wurden, nicht aber auf bestimmte übergreifende göttliche Attribute, ergab sich, dass man deren Herrschaft abstreifen und sich dem Gott der Christen unterstellen sollte, dem seinerseits aztekische Attribute wie *ipalnemoani* (durch den alles lebt) zugesprochen wurden.[31]

Ein entscheidendes Medium der Instruktion war der Katechismus, der in der frühen Neuzeit fast zeitgleich in Europa und Amerika die religiöse Unterweisung prägte, in Europa in konfessioneller Gestalt, in Amerika

28 *Juan Guillermo Durán*, Monumenta Catechetica Hispanoamericana (Siglos XVI-XVIII), vol. primero (Siglo XVI), Buenos Aires 1984; (*Doctrina* des Pedro de Córdoba 223-283, hier 376-380.

29 Vgl. die paulinische Tauftheologie Röm 6, 1-14.

30 *Juan Focher*, Itinerario del misionero en América. Texto latino con versión castellana, introducción y notas del *P. Antonio Eguíluz*, Madrid 1960, hier 326 und 320.

in kontextueller Gestalt. Zwar übernahmen die frühen amerikanischen Katechismen in der Regel die klassischen katechetischen Stücke wie Credo, Gebet, Dekalog, Kapitalsünden etc., doch entwickelten sie zugleich eine kontextuelle Gestalt, die mit piktographischen Katechismen begann.[32] Sie setzt sich fort in der Übersetzung in indigene Sprachen und in zweisprachige Katechismen, die in Mexiko und Lima gedruckt wurden, und kontextuelle Fragestellungen wie Fremdreligionen oder die indigene Sitten aufgreifen. Schon der erste in Amerika gedruckte Katechismus des Franziskanerbischofs Juan de Zumárraga (1468-1548) war zweisprachig: *Breve y más Compendiosa Doctrina Christiana en Lengua Mexicana y Castellana* (1539).

Der Katechismus hieß in der Regel *Doctrina Cristiana* und gehörte der Gattung pastoraler und katechetischer Texte an (Katechismus, Beichtbücher), die durch Bücher für den liturgischen Gebrauch (Lektionare, Evangelistare, Predigtbücher) ergänzt wurden und in großer Zahl erschienen. Die meistgebrauchten Sprachen waren Náhuatl, die *lingua franca* des mexikanischen Raums, und Quechua, eine Hauptsprache im andinen Raum. Dort erschien auf Beschluss des Dritten Provinzialkonzils von Lima (1584/85) unter dem Titel *Doctrina Christiana y Catecismo para instrucción de los Indios* ein dreisprachiger Katechismus in Spanisch, Quechua und Aymara, der sich an den Vorgaben des Konzils von Trient orientierte.

Befragt man exemplarisch Katechismen auf ihre Aussagen zur Taufe, so sind diese, wie nicht anders zu erwarten, einander sehr ähnlich, doch mit eigenen Akzenten. Der in Lima gedruckte dreisprachige Katechismus (1584) im Frage-Antwort-Schema gibt als Ziel der Taufe an, dass der Mensch Christ und Kind Gottes werde und Sündenvergebung erlange. Die Wirkung gilt für Kinder und für Erwachsene gleichermaßen. Des Weiteren wird die Heilsnotwendigkeit der Taufe betont: »*Nadie puede ser salvo sin recibir el santo bautizo*«, die auch im Wunsch (Begierdetaufe) und im Martyrium (Bluttaufe) bestehen kann. Der mexikanische Katechismus des erwähnten Dominikaners Pedro de Córdoba von 1544 erläutert das erste der Sakramente mit dem Ziel der Sündenvergebung, der Gotteskindschaft und der Erlangung des Himmels. Auch hier wird die Heilsnotwendigkeit der Taufe betont, »denn ohne das Sakrament kann sich keiner retten und vom Teufel befreien« *(Y sin este sacramento nadie se puede salvar y librar del demonio)*. Doch stärker noch

31 Siehe hierzu in diesem Band Kap. V, 17 über die Gottesbezeichnungen bei Bernardino de Sahagún.
32 *Durán,* Monumenta (Anm. 28), 69-167.

wird die Heilsmöglichkeit durch den bloßen Taufwunsch (Begierdetaufe) betont sowie die Verpflichtungen aus der Taufe, wie Glaube, Einhaltung der Gebote, Reue über die Sünden und keine Rückkehr zu den alten Idolen.[33]

Die Inklusion der indigenen Völker in die universale Kirche durch das Initiationssakrament der Taufe, metaphorisch als »Tür« *(ianua)* bezeichnet, führt zur Instruktion über diesen Vorgang, die wiederum die Verschriftung der indianischen Sprachen erfordert und die Übersetzung der christlichen Lehre in diese Sprachen. Inklusion setzt den individuellen Vorgang einer Konversion voraus, mithin eines Religionswechsels, dem im Idealfall hinreichende Unterweisung, rechtes Verstehen und Glaubenspraxis vorangehen. Aus diesem religiösen Wechsel durch die Taufe folgte ein neuer Status mit Rechten und Pflichten, der Abkehr von bestimmten alten Riten, Überzeugungen und Lebenspraktiken erforderte und Eingliederung in die neue Gemeinschaft mit ihren Rechten und Partizipationsformen bedeutete. Dabei konnte es auch zu hybriden Formen kommen, wenn man etwa an das anhaltende Nebeneinander alter und neuer Praktiken denkt.

Das Moment der Abkehr implizierte zum Beispiel die Abwehr äußerlich ähnlicher Initiationsriten in der Náhuakultur, welche die »figura del bautismo« zu haben schienen und von den Getauften zu bekämpfen waren.[34] Exorzismen spielten eine besondere Rolle, was nicht nur daher rührte, dass sie im Taufritual ohnehin vorgesehen waren, sondern auch daher, dass die Abkehr von den Gottheiten der anderen Religion hier dramatische Form auf offener Bühne annahm. Von einem öffentlichen Exorzismus an einem Sohn des Moctezuma berichtet Motolína: Der konversionswillige kranke Adelige sei zur Taufe auf einem Sessel aus seinem Palast getragen worden, und als der Priester mit den Worten *recede ab hoc* den Exorzismus gesprochen habe, habe nicht nur der Kranke, sondern auch der Sessel so gebebt, dass allen schien, der Teufel sei nun aus ihm ausgefahren. Da es sich um den Sohn des letzten Aztekenkaisers handelte und spanische Beamte den Vorgang gleichsam notariell beglaubigten, hatte eine solche Exorzierung der alten Götter über das individuelle Moment hinaus auch eine starke politische Bedeutung.[35]

33 *Durán,* Monumenta (Anm. 28), Doctrina des Pedro de Córdoba 223-283, hier 236f.
34 *Motolinía* Memoriales (Anm. 9), 254f. [Historia II, 3].
35 *Motolinía*, Memoriales (Anm. 9), 253, [Historia II, 3].
36 Zur kulturellen Wirkungsgeschichte, allerdings ohne Berücksichtigung der Mission, siehe *Hubertus Lutterbach*, Gotteskindschaft. Kultur- und Sozialgeschichte eines christlichen Ideals, Freiburg im Br. 2003.
37 *Focher*, Itinerario (Anm. 30) 108.
38 Vgl. beispielhaft *Vargas Ugarte* (Anm. 18), 13 [Limense I, Const. 11].
39 *Osvaldo Pardo*, The Origins of Mexican Catholicism. Nahua Rituals and Christian Sacraments in Sixteenth-Century Mexico, Ann Arbor 2004, 25.

Für das Moment der Eingliederung in die neue religiöse Gemeinschaft griffen die Missionare meist auf personale Kategorien zurück. So spielt bei der Bestimmung der Taufe die theologische Kategorie der »Gotteskindschaft« eine zentrale Rolle, wie etwa in den oben erwähnten Katechismen. Der Begriff ist biblischen Ursprungs und bezeichnet im Prolog des Johannesevangeliums diejenigen, die den göttlichen Logos angenommen haben und daher fähig sind, »Kinder Gottes« *(filii Dei)* zu werden, da sie »aus Gott geboren« sind (Joh 1,12f). Da diese geistliche Geburt, in der der *neue Mensch* »aus Wasser und Geist geboren« wird (Joh 3,5), sich bei physisch schon geborenen Menschen vollzieht, konnte Gotteskindschaft zur tragenden Kategorie des Taufgeschehens werden. Die Taufe, die in Bibel und Tradition als »Wiedergeburt« (regeneratio) verstanden wird, führt also zur »Gotteskindschaft« und beschreibt in Analogie zur »Gottessohnschaft« Jesu eine personale Verbundenheit mit Gott, der deshalb auch von den geistlichen »Kindern Gottes« zärtlich als *Abba* (Röm 8,15f) angerufen werden kann.[36]

Nicht weniger bedeutsam ist die anthropologische Kategorie der »Freundschaft«, die im erwähnten Katechismus des Pedro von Córdoba eine leitmotivische Rolle spielt und damit Gleichheit und Augenhöhe von Indios und Spaniern betont. Juan de Focher empfiehlt in seinem Missionshandbuch, die Taufbewerber mit größter Güte und der Anrede »amigo« willkommen zu heißen. Erstrebe er doch eine großartige Sache, denn Christ zu sein bedeute Gott anzubeten und sein Diener zu sein, »und mehr noch Freund und Kind Gottes« zu sein *(immo amicum, immo filium Dei)*.[37]

Über diese geistliche Verbundenheit hinaus stiftete das Taufritual durch das seit altkirchlichen Zeiten bekannte Institut der »Patenschaft« *(compadrazgo)* ebenfalls eine geistliche Verwandtschaft, welche die familiäre Ebene übersteigt. Sie bezieht Verwandte oder Freunde der Kindeseltern als Begleiter und Bürgen in die materielle und geistliche Verantwortung für die Neophyten ein und begründet damit ein neues und weiteres soziales Netz. Allerdings bedurfte es bald einer Regelung dieser geistlichen Verwandtschaftsverhältnisse *(cognatio spiritualis)*, die nicht zu weit ausgedehnt werden dürfen, da sie ein Ehehindernis darstellen; daher legten die Synoden bisweilen nur einen einzigen Paten pro Dorf fest und insistierten auf Kirchenbüchern, welche die Taufpaten verzeichneten.[38] Insgesamt ist dem Urteil über die Bedeutung der Taufe bei der Christianisierung Amerikas zuzustimmen: »Baptism was called to play a significant role in the complex reality that grew out of the first contacts between Europeans and Mexicans, as well as in the interpretations of that reality that were soon put into writing, because its ritual packed with rich, powerful, yet malleable symbolism, was able to effect manifold transformations at both the individual and social levels.«[39]

Die durch Taufe gegebenen Pflichten waren von der kirchlichen Tradition weitgehend vorgegeben und wurden durch partikulares Kirchenrecht der Provinzialkonzilien, durch Katechismen oder Predigten eingeschärft und kontextuell modifiziert. Dazu gehörten an erster Stelle die religiösen Pflichten wie Besuch der Gottesdienste (oir misa) an Sonn- und gebotenen Feiertagen und die Einhaltung der Fastenzeiten.[40] Bezüglich der Taufe werden die christlichen Eltern unter den Indios angehalten, ihre Kinder zur Taufe zu bringen und ihnen christliche Namen zu geben. Dazu kommen die sittlichen Pflichten, die sich tendenziell auf Vergehen wie Trunkenheit, Verehrung der alten Götter, Polygamie und Ehebruch bezogen. Normativer Maßstab dafür waren an erster Stelle die Katechismen und deren normativ regulierende Stücke.

Eine besondere Betonung auf die Übertretungen der sittlichen Gebote und kirchlichen Gesetze legten die oft zweisprachigen Beichthandbücher (confesionarios), die dem Dekalog oder dem Septenar der Hauptlaster folgten und diese kontextuell auslegten. So fragt das im Auftrag des Dritten Limenser Konzils erstellte *Confesionario para los curas de indios* (1584) besonders intensiv im Bereich des ersten Gebots, die Gottesliebe betreffend, nach der Praxis der alten Religion: Ob man *huacas*, die Flüsse oder die Sonne angebetet habe; Coca oder Cuy (Meerschweinchen) geopfert habe. Ausführlich wird auch nach dem sechsten Gebot, Unzucht und Inzucht betreffend, gefragt, aber auch nach Zauberpraktiken. Doch die meisten Fragen befassen sich mit sozialen Fragen der Gerechtigkeit bei den politisch verantwortlichen Kaziken, den *fiscales* (Verwalter), den *alguaciles* (Vollzugsbeamter) und *alcaldes* (Bürgermeister), hinsichtlich gerechter Bezahlung oder Übervorteilung.

Multiple Partizipation durch Rechte

Auch die Rechte der Getauften auf Partizipation waren weitgehend durch das kanonische Recht normiert, wurden aber durch regionale konziliare Gesetzgebung modifiziert, abgeschwächt oder eingeschränkt. Exemplarisch steht hierfür das Recht der Getauften auf Sakramentenempfang, das für Spanier

40 *Vargas Ugarte,* Concilios (Anm. 18), 18f, [Limense I, Const. 21].

41 *Vargas Ugarte,* Concilios (Anm. 18), 14f, [Limense I, Const. 14].

42 *Primitivo Tinteo*, Los Concilios Limenses en la evangelización latinoamericana. Labor organizativa y pastoral del tercer concilio Limense, Pamplona 1990, 123; (Colección Historia de la Iglesia 18)

43 *Vargas Ugarte,* Concilios (Anm. 18), 331, [Limense III, actio sec., cap. 20]

und Indios unterschiedlich geregelt war, obgleich beide getauft waren und damit als solche über gleiche Rechte verfügten. So legte das Erste Konzil von Lima (1551/52) fest, dass die neugläubigen Indios »im Augenblick« (por el presente), also temporär nur drei Sakramente empfangen dürften, nämlich Taufe, Buße und Ehe *(solamente se les administren los sacramentos del bautismo, penitencia y matrimonio)* und zwar »bis sie mehr unterwiesen und im Glauben verwurzelt besser die Mysterien und Sakramente kennen«. Das Sakrament der Firmung konnte gespendet werden, wenn es dem Bischof angebracht schien, das Sakrament der Eucharistie jedoch nur mit dessen ausdrücklicher Erlaubnis *(con sola su licencia)*.[41]

Damit war nicht nur die alte Einheit der drei Initiationssakramente (Taufe, Firmung, Eucharistie) empfindlich gestört, sondern auch ein »prejuicio inicial«[42] in die Gesetzgebung eingeflochten, das nur schwer zu korrigieren war. Denn auf diese Weise unterlag das Recht, das Sakrament der Eucharistie zu empfangen, nicht mehr dem allgemeinen Kirchenrecht, sondern war partikularrechtlich von der jeweiligen Erlaubnis der kirchlichen Obrigkeit abhängig. Diese Position sollte im andinen Raum über längere Zeit Geltung behalten, denn noch das Dritte Limense (1582/83) unter Toribio de Mogrovejo (1535-1606) behält die Restriktionen bei und bindet den Empfang der Kommunion an das Urteil bzw. die schriftliche Erlaubnis des Pfarrers; als Grund für den erschwerten Zugang verweist es auf die »Kleinheit des Glaubens und Verderbtheit der Sitten« sowie auf Trinkgelage, Aberglauben, Idolatrie und Laster in diesen Gegenden.[43] Noch zu Beginn des 17. Jahrhunderts hielt der in Europa und der Neuen Welt erfahrene Jurist Juan de Solórzano y Pereyra (1575-1655) in seiner Systematisierung des amerikanischen Rechts, der *Política Indiana* (1647), fest, dass man in den Provinzen der Neuen Welt den Neugetauften nicht die Eucharistie zu geben pflege, weil die Bischöfe und Pfarrer die Indios dafür »nicht für fähig hielten« *(no los tenían por capaces dél)*.[44]

Allerdings waren die Zulassungsbeschränkungen im kirchlichen Recht Amerikas keineswegs einheitlich; so stellten die Juntas von Mexiko und wenige Jahre später das Erste Konzil von Mexiko (1555) die Kommunionfähigkeit der Indianer ausdrücklich fest und urgierten die entsprechende Praxis.[45] Doch auch im andinen Raum wuchsen Stimmen, welche die Beschneidung der Rechte der getauften Indios kritisierten und den

44 *Juan de Solórzano Pereira*, Política indiana, tom. 1., Madrid/Buenos Aires o. J. [1930], 433 [II, 29, 7].

45 *Willi Henkel*, Die Konzilien in Lateinamerika. Teil 1: Mexiko 1555 - 1897, mit einer Einführung von *Horst Pietschmann*, Paderborn 1984, 71; (Konziliengeschichte. Reihe A, Darstellungen).

ungehinderten Zugang forderten. Dazu gehörte der Jesuit José de Acosta, der das Dritte Konzil von Lima theologisch geprägt hat und die Frage in seinem Missionshandbuch *De procuranda indorum salute* (1588) diskutierte. Er geht auf die Exklusion der Indios von der Eucharistie ein und hält demgegenüber fest, dass sie dem göttlichen und kirchlichen Recht widerspräche. Denn es sei »ein Gebot göttlichen Rechts, dass alle getauften Erwachsenen bisweilen kommunizieren« *(est iuris divini praeceptum, ut omnes adulti iam baptizati aliquando communicent).*[46] Daher plädiert er, ohne frühere Regelungen in Zweifel zu ziehen, unter Anrufung vieler Autoritäten vehement dafür, diese schädliche Praxis in der neuen westlichen Kirche zu ändern und den Indios das volle Recht der Teilnahme am Sakrament der Eucharistie zu gewährleisten.[47]

Ein weiterer zeitgenössischer Streitpunkt um die volle sakramentale Partizipation war die Frage der Priesterweihe der Indios, auf die auch ein Acosta negativ beantwortete, weil Neophyten für diese Aufgabe noch nicht geeignet seien. Hier entschied die zweite Synode von Lima, dass die neu zum Glauben Konvertierten »derzeit« nicht zu irgendeiner Weihe zugelassen werden sollen *(hoc tempore non debere aliquo ordine initiari)* und nicht einmal bei feierlichen Gottesdiensten in liturgischen Gewändern die Lesung öffentlich vortragen dürften; erlaubt waren nur Akolythendienste in der entsprechenden Kleidung. Auch die Provinzialkonzilien von Mexiko sprachen sich gegen die Weihe von Indios, Mestizen, Mulatten und »moros« aus, wobei allerdings der Heilige Stuhl das Verbot auf eine sorgfältige Einzelfallprüfung abmilderte.[48] Über die Gesetzgebung hinaus sprachen sich auch franziskanische Theologen wie Gerónimo de Mendieta (1525-1604) gegen die Zulassung zu Weihe und Orden bis in die vierte Generation nach der Bekehrung aus, weil die Indigen sich nicht zum Befehlen und Regieren eigneten, sondern zum Gehorchen und Regiertwerden *(que no son buenos para mandar y regir, sino para ser mandados y regidos)*; sie eigneten sich als Schüler und Untertane, nicht als Lehrer und Prälaten.[49] Heute geht man davon aus, dass diese prohibitiven Gesetze als eine Ausweitung der Vorschriften der »Reinheit des Blutes« *(Limpieza de sangre)* zu verstehen sind; damit wurde auf die Neuchristen in Amerika angewandt, was in Spanien

46 *José de Acosta*, De procuranda Indorum salute, Bd. 2: Educación y evangelización, edición por *Luciano Pereña* y otros, Madrid 1987, 388f, [VI, 7, 3] (Corpus Hispanorum de Pace XXIII).

47 *Acosta*, De procuranda (Anm. 46), 398-411, [IV, 9.]

48 *Henkel*, Konzilien (Anm. 46), 66 und 107.

49 *Gerónimo de Mendieta*, Historia eclesiástica indiana, Bd. 2, estudio preliminar y edición de *Francisco Solano y Péres-Lima*, Madrid 1973, 76.

50 Siehe hierzu *Rolando V. de la Rosa*, »Reinheit des Blutes«. Der verwehrte Zugang zu Priestertum und Ordensstand, in: *Sievernich*, Conquista (Anm. 11), 271-291, bes. 278-289.

seit dem 14. Jahrhundert für die Neuchristen jüdischer oder muslimischer Abstammung galt, denen der Zugang zu Weihen und höheren Ämtern in Staat und Kirche verweigert wurde.[50]

Andererseits wurden die Rechte der Indianer und Afrikaner durch konziliare Bestimmungen geschützt, wobei offen bleibt, ob sie getauft waren oder nicht. Dadurch werden die Rechte gewissermaßen ausgeweitet, jedenfalls nicht auf die Getauften beschränkt. So stellte das Zweite Konzil von Lima unter Strafe, wenn Spanier ihren indianischen oder »äthiopischen« (afrikanischen) Hausbediensteten die Freiheit zur Eheschließung verwehrten und so das Recht auf Freiheit verletzten *(violatores)*, und verhängte keine geringere Strafe als die Exkommunikation. Auch erinnert das Konzil an soziale Verpflichtungen wie den Schutz vor Zwangsarbeit in den Minen, die humane Behandlung der Indios oder die Auszahlung eines gerechten Lohns.[51]

Das alte kirchliche Recht, wonach im Notfall, wenn kein Priester erreichbar ist, auch Laien die Taufe spenden dürfen, findet im partikularen amerikanischen Kirchenrecht modifizierte Anwendung, was die Personen angeht. Das Zweite Limense legt fest, dass in jedem Ort ein dazu ausgebildeter und geprüfter Laie, der zu taufen weiß, in Abwesenheit des Priesters taufen kann; in einer indianischen Ansiedlung zuerst ein spanischer Laie oder, falls keiner vorhanden ist, ein Mestize. Indios werden nicht ausdrücklich erwähnt.[52]

Doch in der Praxis war diese Laienbeteiligung bei der Taufe gegeben, wenn man eine im andinen Raum entstandene ikonisch-narrative Quelle heranzieht. Die zu Beginn des 17. Jahrhunderts verfasste Bilderchronik der *Nueva Crónica y buen gobierno* des Felipe Guaman Poma de Ayala (1550-1615) bietet eine interkulturelle Synthese und Kommunikation in Wort (Spanisch, Quechua) und Bild (Federzeichnungen). Dort finden sich zwei Zeichnungen einer Taufspendung, eine feierliche und eine Nottaufe. Die offizielle Taufe zeigt den Priester in liturgischer Kleidung; er tauft über einem Taufstein ein Kind, das von einem Indio (Pate) in Händen gehalten wird, während ein indianischer Akolyth mit der Taufkerze assistiert. Auf der Abbildung einer Nottaufe (bei Abwesenheit eines Priesters) spendet ein Indio dem

51 *Vargas Ugarte*, Concilios (Anm. 18), 110 und 154; [Limense II, cap. 19].
52 *Vargas Ugarte,* Concilios (Anm. 18), 180f.; [Limense II, Const. 45].

vom Paten frei (ohne Taufstein) gehaltenen Kind die Taufe; der Begleittext betont, dass Indios und muchachos das Taufen und die Taufformel lernen sollen. Hier wird also beiden kanonischen Möglichkeiten Rechnung getragen, der feierlichen offiziellen Taufe durch den Amtsträger und der bei rechter Intention möglichen Nottaufe durch einen indigenen Laien, dessen Recht auf Partizipation so offenkundig wird.[53]

Der multiperspektivische Blick auf die frühneuzeitliche Theorie und Praxis der Taufe in der Neuen Welt zeigt ein außerordentlich komplexes Geschehen auf ritueller, kognitiver und partizipativer Ebene, das auf eine grundsätzliche und rechtsförmige Anerkennung des Individuums zielt, auch wenn um die Form der Taufe, den rechtlichen Status und die aus der Taufe erfließenden Mitgliedschaftsrechte gerungen werden musste, wenn sie restriktiv gehandhabt wurden. Allgemein aber dürfte Taufe und begleitende Bildung bei den Einzelnen zur Individualisierung ebenso beigetragen haben wie zur Ausbildung gleicher Rechte, die erhebliche soziale, kommunitäre und kulturelle Folgen hatten. ◆

53 *Felipe Guaman Pomo de Ayala*, Nueva Crónica y buen gobierno, edición de *John V. Murray Rolena Adorno y Jorge L. Urioste*, Madrid 1987, 659 und 907 (Crónicas de América 29b).

19 Normative Texte in indigenen Kontexten am Beispiel von Beichtbüchern *(Confesionarios)*

Der Frage nach der sprachlichen und kulturellen »Übersetzung« normativer Vorgaben im kirchlichen Leben der Neuen Welt in der Frühen Neuzeit nachzugehen, hat in Frankfurt am Main einen besonderen lokalen Reiz. Denn an diesem Ort erbaute Karl der Große (747-814) nicht nur eine Kaiserpfalz, sondern machte die Stadt auch zum Schauplatz des *Frankfurter Konzils* von 794, dessen Beschlüsse nachhaltig auf das säkulare und das kirchliche Leben in Europa einwirken sollten.[1] Neben theologischen Entscheidungen zum Adoptianismus und zum Bilderstreit sowie zu rechtlich und sozial relevanten Bestimmungen zum Brotpreis und zur Münzreform fiel auf der Frankfurter Synode auch ein besonders bedeutsamer Beschluss zum Gebrauch der Volkssprachen im religiösen Leben. Damit wurden nicht nur die Volkssprachen aufgewertet, sondern auch die religiösen Vollzüge der Laien gefördert und insgesamt ein Beitrag zur »Translation« des Christentums in Sprache und Kultur des fränkischen Reichs geleistet. So bestimmte das *Capitulare Francofurtense*, dass man nicht nur in den drei »heiligen Sprachen« der Kreuzesaufschrift (vgl. Joh 19,20) zu Gott beten dürfe, sondern auch in den eigenen Sprachen, weil Gott »in jeder Sprache« angebetet werde und der Mensch Erhörung finde, wenn er nur um das Rechte bitte *(Ut nullus credatur quod nonnisi in tribus linguis Deus orandus sit; quia in omni lingua Deus adoretur, et homo exauditur, si iusta petierit)*.[2] Damit war die Volkssprachlichkeit auch in religiösen Angelegenheiten gesichert, aber auch die darauf bezogene wechselseitige »Translation« zwischen lateinischer und fränkischer Tradition. Überdies konnte die gemein-

1 Vgl. *Rainer Berndt* (Hg.), Das Frankfurter Konzil von 794. Kristallisationspunkt karolingischer Kultur. Akten zweier Symposien anläßlich der 1200-Jahrfeier der Stadt Frankfurt am Main, 2 Bde., Mainz 1997.

2 Capitulare Francofurtense n. 52: MGH, Legum tom. I [Capitularia regum Francorum], Hannover 1835, 71-75, hier 75.

same christliche Religion besser als verbindendes Moment im karolingischen Vielvölkerreich dienen, wenn sie auch in den Volkssprachen der Alemannen und Baiern, Franken und Friesen, Thüringer und Sachsen verwurzelt war, so dass diese Stämme über die lateinische Liturgiesprache hinaus ihre eigene religiöse Sprache ausbilden konnten.

Zur Übersetzbarkeit präskriptiver Texte

Einige allgemeine Anmerkungen zur Übersetzbarkeit kirchlich normativer Texte, die sich auf rechtliche, dogmatische oder ethische Normen beziehen, sollen zunächst die Voraussetzungen für die Übersetzungspraxis solcher Texte in die Kontexte der Missionspraxis in der Neuen Welt Amerika klären. Aus dem breiten Spektrum der zeitgenössischen pastoralen Literatur, die schon wenige Jahrzehnte nach der Erfindung Gutenbergs an neuen Druckorten wie Mexiko oder Lima verlegt wurde, ragen als Hilfsmittel Grammatiken und Wörterbücher für die nativen Sprachen hervor. Sie bildeten die Grundlage für eine Übersetzung normativer kirchlicher Texte, aber auch säkularer Literatur wie der Fabeln Aesops. Zu den Hauptgattungen der kirchlichen Literatur gehörten auf der kanonistischen Ebene Kasussammlungen, auf der doktrinalen Ebene zahlreiche, nicht selten zweisprachige Katechismen,[3] auf der rituellen Ebene liturgische Bücher und auf der seelsorglichen Ebene Beichthandbücher oder Beichtspiegel, sogenannten *Confesionarios*. Auf diese letztere Buchgattung von kirchenrechtlicher, moralischer und pastoraler, aber auch interkultureller Relevanz richtet sich unser besondere Augenmerk, um anhand einer Typologie die unterschiedlichen inhaltlichen und sprachlichen Übersetzungsprozesse herauszuarbeiten.

Da das Christentum nicht ethnisch gebunden, sondern aufgrund der Universalität seiner Botschaft (Evangelium) missionarisch geprägt ist, bedarf es einer immer wieder neu erforderliche »Übersetzungen« in andere Kulturen und Epochen. Die Verbreitung der christlichen Botschaft ist also seit biblischen Zeiten ein permanenter Translationsprozess, der sich nicht allein auf die Sprache, sondern auch auf den jeweiligen Kulturraum bezieht. Ob in kapillarer Mikrokommunikation oder professioneller Makrokommunikation,

3 *Roland Schmidt-Riese* (ed.), Catechesis y derecho en la América colonial. Fronteras borrosas, con la colaboración de Lucía Rodríguez, Frankfurt 2010.

4 *Peter Burke/Ronnie Po-chia Hsia* (eds.), Cultural translation in Early Modern Europe, Cambridge 2007; vgl. hierzu den »translational turn« in den Kulturwissenschaften: *Doris Bachmann-Medick*, Cultural turns. Neuorientierungen in den Kulturwissenschaften, Reinbek bei Hamburg, 2. Aufl. 2007, 238-283.

5 *Jose de Acosta*, De procuranda indorum salute, 2 Bde. (Corpus hisoanorum de pace 23/24), Madrid 1984/1987, hier Bd. 2, 46-83.

immer geht es um textliche Übersetzung normativer Schriften im engeren Sinn, wie zum Beispiel der biblischen Bücher, der liturgischen Rollenbücher und der lehrhaften katechetischen Texte, sowie um kulturelle Übersetzung im weiteren Sinn *(cultural translation)*,[4] d. h. um das Eingehen auf und in andere Kulturen, das man in der Frühen Neuzeit »Akkomodation« nannte und das heute mit den Leitbegriffen »Inkulturation« oder »Interkulturalität« umschrieben wird.

Das Prinzip der Übersetzbarkeit gründet in der Überzeugung, dass das Christentum religiöses Wissen produziert, das in Texten tradiert und in andere, prinzipiell alle Sprachen übersetzt werden kann. Diese Überzeugung kommt schon im grundlegenden Übersetzungsprozess zum Ausdruck, nämlich der Verschriftlichung der Botschaft im Neuen Testament, das weder in Aramäisch, der Muttersprache Jesu, noch in Hebräisch, der Sprache des Volkes Israel, sondern in Koiné-Griechisch, der *lingua franca* des östlichen Mittelmeerraums in hellenistischer Zeit, verfasst wurde. Diese Wahl, die freilich schon auf die Septuaginta (LXX), die griechische Übersetzung der hebräischen Bibel, aufbauen konnte, wurde später durch die lateinische Übersetzung der Gesamtbibel *(Vulgata)* weitergeführt. Seitdem reißt der Strom der Übersetzungen der Bibel mit ihren narrativen und poetischen, präskriptiven und paränetischen, weisheitlichen und apokalyptischen Texten nicht ab, angefangen von den Übersetzungen ins Syrische, ins Gotische *(Wulfila)*, ins Armenische und ins Koptische, um nur die frühesten Bibelübersetzungen zu nennen, bis hin zu heutigen Übersetzungen in die Sprachenvielfalt Asiens und Afrikas. Heute rechnet man mit Voll- oder Teilübertragungen der Bibel in etwa 2500 Sprachen.

Die Übersetzbarkeit der christlichen Botschaft findet ihren narrativtheologischen Grund in der neutestamentlichen Pfingsterzählung, die von der Überschreitung der Sprachgrenzen berichtet, als die Apostel »in fremden Sprachen« zu reden begannen und jeder sie in »seiner Muttersprache« hören konnte (vgl. Apg 2,1-13). Das pfingstliche Sprachenwunder besagt, dass die christliche Botschaft grundsätzlich allen Völkern gilt und daher nicht nur in alle Sprachen übersetzbar ist, sondern auch übersetzt werden soll. Wie wichtig dieses Prinzip ist, erhellt im Vergleich die Arabizität des Korans, der auch dann in der Ursprache zu rezitieren ist, wenn die Leute Türkisch, Paschtu oder Indonesisch als Muttersprache haben.

In der frühen Missionsgeschichte der Neuen Welt ereigneten sich zwar keine Sprachenwunder, auf die angesichts der Sprachenvielfalt Amerikas nicht wenige hofften, wohl aber lernte eine große Zahl von gut ausgebildeten Missionaren die einheimischen Sprachen, wie auch führende Theologen der Zeit wie José de Acosta (1540-1600) das Erlernen der indigenen Sprachen forderten[5] und an der Universität von Lima und andernorts Lehrstühle für indigene Sprachen eingerichtet wurden.

Die Bemühungen der Missionare um die sprachliche und kulturelle Übersetzung der christlichen Botschaft hatten in der Neuen Welt erhebliche linguistische Anstrengungen zur Voraussetzung, da es zwar rudimentäre Kommunikationssysteme wie Glyphen bei den Azteken und Knotenschnüre [Quipu] bei den Inka gab, doch keine ausgebildete Buchstaben- oder Zeichenschrift existierte (wohl Ansätze bei den alten Mayas). Daher galt es zunächst, die Sprachen zu verschriften, ihre Regelhaftigkeit in Grammatiken *(Arte)* und ihren Wortschatz in Wörterbüchern *(vocabulario)* festzuhalten, bevor man darangehen konnte, normative Texte in die Landessprachen zu übersetzen. Seit der Einrichtung der ersten Druckerei in Mexiko und damit in Amerika (1539) erschienen an diesem und an anderen Druckorten zahlreiche Grammatiken der einheimischen Sprachen sowie Katechismen (Doctrina), die nicht selten zweisprachig angelegt waren. Diese Missionslinguistik der frühen Neuzeit stellt ein in seiner Vielfalt beeindruckendes Feld der Sprachforschung und -übersetzung dar.[6] In seiner philosophischen Theorie der Globalisierung befasst sich Peter Sloterdijk (*1947) auch mit den Übersetzern und kommt hinsichtlich der Neuzeit zum begründeten Urteil: »Wahrscheinlich stellt die Arbeit der christlichen Übersetzer in den letzten fünfhundert Jahren, um ihren Glauben in anderen Sprachen zu bekunden, zumindest in quantitativer Hinsicht, vielleicht auch in qualitativer, die außerordentlichste Kulturleistung der Menschheitsgeschichte dar – zumindest ist die Selbstübersetzung des neuzeitlichen Christentums in die Unzahl der Einzelkulturen bisher das mächtigste Zeugnis für die Möglichkeiten und Schwierigkeiten einer operativ konkreten transkulturellen Ökumene.«[7] Diese Kulturleistung der Missionare, die gleichzeitig in den »schriftlosen« Kulturen Amerikas und in den Schriftkulturen Asiens, vor allem in Indien, Japan und China vollzog, bedarf noch einer vertieften interdisziplinären und vergleichenden Erforschung.

Kirchliche Beichtspiegel in Hispanoamerika

Die hauptsächlichen Textgattungen normativer Art, die im Rahmen der frühneuzeitlichen Mission in Hispano- und Luso-Amerikas entstanden und oft auch dort gedruckt wurden, berührten aufgrund des königlichen Patronats nicht selten die überlappenden Rechtssphären von Kirche und Staat und waren, je nach Adressaten, in europäischen Sprachen wie Latein und Spanisch, aber auch in indigenen Sprachen wie Nahuatl und Aymara verfasst.

Zu den einschlägigen kirchlichen Rechtsquellen zählen die Bestimmungen der verschiedenen Provinzialkonzilien der Kirchenprovinzen von Mexiko und Peru,[8] beispielsweise die bedeutsamen dritten Konzilien von Lima (1582/83) unter Erzbischof Toribio de Mogrovejo (1538-1606) sowie von Mexiko (1585) unter Erzbischof Pedro de Moya y Contreras (1525-1592). Sie rezipierten die Beschlüsse des Trienter Konzils, das von 1545 bis 1563 in drei Sitzungsperioden stattgefunden hatte, und durch ihre Gesetzgebung ein breites Spektrum des kirchlichen Lebens regulierten: Dazu gehörten die Pflichten der Bischöfe (Visitationen, Verleihung von Ämtern, Jurisdiktionsvollmacht, Bücherzensur, Festtagsordnung etc.); die Pflichten des Klerus (Amtspflichten wie Seelsorge, Glaubensunterweisung, Sakramentenspendung; Sprachenkenntnis, Lebensführung [Kleidung, Haartracht, Eigentum, Verbot von Spiel und gewinnbringenden Geschäften], Unterhalt); den Umgang mit den Indigenen (indigene Sprachen, Körperstrafen bei Vergehen wie Idolatrie, Weiheverbot, Eheregulierung); die Glaubensunterweisung (Katechese mit Anpassung an das Aufnahmevermögen, Katechismen, Bekämpfung der Idolatrie); die kirchliche Ordnung (Feste, Abstinenztage, Prozessionen, Strafe für öffentliche Sünder [bei Wucher, Häresie, Zauberei], Zerstörung heidnischer Kultstätten).

Zur kontextuellen Rezeption der tridentinischen Beschlüsse gehörten auch diverse liturgische Rollenbücher für den korrekten Vollzug des Gottesdienstes wie *Missale* und *Rituale* oder für die gottesdienstlichen Lesungen im Zyklus des Kirchenjahres, die teiweise in den Volkssprachen übersetzt und gedruckt wurden, allerdings nur für die Hand der Missionare.[9] Außer diesen ordentlichen Texten gab es auch eine Vielzahl von kirchlichen Dokumenten mit Amerikabezug, die Routinefragen wie Ernennungen beinhalten, aber auch grundsätzliche Fragen behandeln wie den Status der einheimischen Bevölkerung und die Stellung zur Sklaverei.[10] Des weiteren sind Satzungen und Regeln verschiedener Orden und Bruderschaften sowie Akten von Ordenskapiteln zu erwähnen, die in Neuspanien auf Latein veröffentlicht wurden.

Eine nachhaltige Wirkungsgeschichte erlangten bestimmte Missionstheorien der Zeit wie die oben erwähnte des Jesuiten José de Acosta, dessen lateinisches Handbuch *De procuranda Indorum salute* (1588) mehreren Generationen von Missionaren zur Ausbildung und als Nachschlagewerk dienen sollte.

6 *José Luis Suárez Roca*, Lingüística misionera española, Oviedo 1992.
7 *Peter Sloterdijk*, Im Weltinnenraum des Kapitals. Für eine philosophische Theorie der Globalisierung, Frankfurt 2005, 212f.
8 *Willi Henkel*, Die Konzilien in Lateinamerika, Teil 1: Mexiko 1555-1897, Paderborn 1984; *Willi Henkel/Josep-Ignasi Saranyana*, Die Konzilien in Lateinamerika, Teil 2: Lima 1551-1927, Paderborn 2010.
9 *Jakob Baumgartner*, Mission und Liturgie in Mexiko (Neue Zeitschrift für Missionswissenschaft, Suppl. 18 und 19), 2 Bde., Schöneck-Beckenried1971-1972).
10 *Josef Metzler*, America Pontificia primi saeculi Evangelizationis 1493-1592. Documenta pontificia ex registris et minutis praesertim in Archivo Secreto Vaticano existentibus (Collectanea Archivi Vaticani 27/1), Bd. 1, Città del Vaticano 1991.

Auch wenn solche theologischen Texte nur die Auffassungen ihrer Autoren wiedergaben, so verfügten sie doch durch das kirchliche *Imprimatur* und die staatliche Druckgenehmigung über eine Art Gütesiegel, das einen offiziösen Charakter verlieh, zumal kritische Passagen von der staatlichen Zensur schon eliminiert worden waren. Das Handbuch behandelte zahlreiche staats- und kirchenrechtlich relevante Fragen, wie zum Beispiel die umstrittenen Rechtstitel der *conquista*, die Rechte und Pflichten der zivilen Verwaltung sowie die ethischen Fragen um Tribute und Minenarbeit. Überdies wurden Fragen der kirchlichen Verwaltung der Sakramente (Zulassung und Spendung) oder der rechtlichen und sittlichen Pflichten der Missionare in Indianerpfarreien.

Überdies sind die oft kontroversen Schriften der *Schule von Salamanca* zu erwähnen, die sich mit der rechtlichen und theologischen Rechtfertigung der Mission unter den Bedingungen der *conquista* befassten, wie Francisco de Vitorias berühmte Vorlesung *De Indis nuper inventis* (1539), welche eingehend legitime und illegitime Rechtstitel für die spanische Anwesenheit in der Neuen Welt unterscheidet und diskutiert. Damit vermochte Vitoria das Recht auf religiöse und kulturelle Alterität zu begründeten und regulative Prinzipien für das Verhältnis der Völker, Kulturen und Religionen untereinander zu entwickeln.[11] Von besonderer Bedeutung für die kolonialrechtliche und -ethische Debatte der Zeit war die bekannte Gestalt des Dominikanerbischofs Bartolomé de Las Casas, der am Hof seinen Einfluss für eine indianerfreundliche Gesetzgebung für Amerika geltend machte und durch zahlreiche Geschichtsdarstellungen, Traktate, Denkschriften, Eingaben und Briefe stützte. Allerdings konnte zu seinen Lebzeiten nur einige wenige Traktate erscheinen, darunterder insofern bemerkenswerte Traktat über die Sklaverei, als er dort erstmals den Terminus »Menschenrechte« *(derechos humanos)* gebrauchte.[12]

Normative Texte wie Akten der Provinzialkonzilien und offiziöse Missionshandbücher, die spanisch oder lateinisch verfasst waren, mussten zwar inhaltlich die neuen kulturellen Kontexte berücksichtigen, jedoch nicht die indigenen Sprachen. Bei anderen, im Auftrag der Provinzialkonzilien herausgegebenen Texten jedoch kommen weitere Translationsleistungen hinzu, nämlich die Verschriftung der indigenen Sprachen und die Übersetzung der Texte in diese Sprachen. So erschien der Katechismus

11 *Francisco de Vitoria*, Vorlesungen II (Relectiones). Völkerrecht Politik Kirche (Theologie und Frieden 8), hg. von *Ulrich Horst, Hans-Gerd Justenhofen, Joachim Stüben*, Stuttgart 1997, 370-514 *(De indis nuper inventis)*.

12 *Bartolomé de Las Casas*, Traktat über die Indiosklaverei, in: Werkauswahl, Bd. 3/1, hg. von *Mariano Delgado*, Paderborn 1997, 59-114, hier 82 und 64 (vgl. in diesem Buch Kap 12 im Teil III).

13 Siehe *Pierre Michaud-Quantin*, Sommes de casuistique et manuels de confession au moyen âge (XII-XVI siècles), Louvain/Lille 1962.

des Konzils von Lima unter dem Titel *Doctrina Christiana y Catecismo para instrucción de los Indios* im Jahr 1584 in Ciudad de los Reyes (Lima) in einer dreisprachigen Ausgabe (Spanisch, Aymara, Quechua).

Katechetische Texte dieser oder ähnlicher Machart orientierten sich meist an iberischen Katechismen der Zeit und den klassischen katechetischen Stücken (Credo, Paternoster, Sakramente, Dekalog), ergänzt durch weitere Septenare der Tugenden, der Laster, der Werke der Barmherzigkeit etc. Nach Erscheinen des universalkirchlichen *Catechismus Romanus* Pius' V. (1504-1572, reg. 1566) der im Aufftrag des Tridentinum 1566 herausgekommen war, galt dieses theologische Handbuch für Pfarrer als normativ, auch wenn regional eigene Wege der Akkomodation beschritten wurden, die Abweichungen in Aufbau und Durchführung haben konnten.

In den Katechismen geht es um die rechte Lehre, in den Lektionaren um die rechte Übersetzung biblischer Texte für den gottesdienstlichen Gebrauch und in den indianischsprachigen Predigtsammlungen (Sermonarien) um die rechte Auslegung der biblischen Perikopen. Bei der pastoral bedeutsamen Gattung der Beichthandbücher *(confesionarios)*, die uns hier als normative Texte besonders interessieren, geht es um die Wahrnehmung, Beurteilung und Formung von Denk- und Verhaltensweisen nach dem religiösen und sittlichen Maßstab des (iberisch geprägten) Christentums. Diesen Maßstab zu bestimmen und durchzusetzen bedurfte es einer doppelten Anstrengung der »Übersetzung«: Für die Spanier, deren alte Maßstäbe im neuen Kontext nicht mehr hinreichend griffen, und für die Indios, deren traditionelle Kontexte durch neue Maßstäbe ins Wanken gerieten. In jedem Fall also waren neue »Übersetzungen« erforderlich, die umso schwieriger zu handhaben waren, als sie nicht nur das äußere Verhalten berührten, sondern auch die innere Gewissenssphäre. Diese Fragestellungen seien exemplarisch an zwei verschiedenen Typen von *Confesionarios* erörtert: einem spanischsprachigen Handbuch für die Beichten der Spanier und einem doppelsprachigen (Spanisch, Nahuatl) Handbuch für Beichten der Indios.

Beichthandbuch für Spanier

Die frühneuzeitlichen Beichthandbücher knüpften an die Pönitentialsummen *(Summa confessorum)*[13] des Mittelalters an, die entweder systematisch den inhaltlichen Schemata des Dekalogs oder dem Schema der sieben Hauptlaster folgten. Eine Neuerung des hohen Mittelalters bestand darin, die Standessünden zu behandeln, wie die *Summa confessorum* (1280) des Kanonisten Johannes von Freiburg († 1314) zeigt. In der Frühen Neuzeit sortierte man, wie etwa in der *Summula peccatorum* (1523) des Thomas (de Vio) Cajetan (1469-1534) den Stoff alphabetisch nach Art eines Nachschlagewerks von »aborsus« (Abtreibung) bis »usura« (Wucher). In ähnlicher Manier bearbeitete der große Kanonist und Moraltheologe der Zeit, Martín de Azpilcueta (1492-1586), ein einschlägiges Handbuch *Manual de confessores y penitentes* (1553), das »fast alle Zweifel, die in der Beichte aufzutauchen pflegen« behandelt werden. Das spanischsprachite Handbuch Azpilcuetas erschien in zahlreichen Auflagen, auch in Lateinisch.

Es behandelte die »Sünden der Stände« *(peccata statuum)*, angefangen von den Sünden des Königs, der Richter, der Advokaten und Mediziner bis zu denen der Prediger und der Eheleute. Dabei fällt auf, dass der *Doctor Navarrus* bei der Behandlung der Zehn Gebote fast die Hälfte der Seiten für das Siebente Gebot benötigt, in dem insbesondere die wirtschaftlichen Fragen von Gewinn *(lucrum)*, Preis *(pretium)*, Wucher *(usura)* und Wiedergutmachung *(restitution)* abgehandelt werden. Dabei handelte es sich um jene Zeitfragen, deren Behandlung so dringlich erschien, dass er einen eigenen wirtschaftstheoretischen Traktat über Kredite und Finanzierungsgeschäfte (*Comentario resolutorio de cambios*, 1556) vorlegte; es war die Geburt der Nationalökonomie aus dem Geist der christlichen Buße.

Um die Zeit, als Azpilcueta sein Handbuch veröffentlichte, ließ Bartolomé de Las Casas (1484-1566) in Sevilla sein spanischsprachiges *Confesionario* (1552) drucken, ein Beichthandbuch mit Ratschlägen und Regeln für Beichtiger der Spanier.[14] Diese Regeln hatte er als Bischof von Ciudad Real de los Llanos de Chiapas (heute San Cristóbal de Las Casas in Südmexiko) verfasst, um dem Bischofsideal des *pater pauperum* (Vater der Armen) gerecht zu werden und mit pastoralen Mitteln zu bewirken, was politisch nicht durchzusetzen war. Nicht durchzusetzen war die Wiedergutmachung des durch *conquistas* und *encomiendas* angerichteten Schadens. Nach Auffassung von Las Casas sind die Hauptverursacher jener Probleme, welche in der Neuen Welt eine angemessene Christianisierung der Indios behindern oder verunmöglichen, die dominanten Berufsgruppen der *conquistadores*, der Siedler mit einer *encomienda (encomenderos)* und der Händler *(mercaderes)*.

14 Bartolomé de Las Casas, Handbuch für Beichtväter der Spanier, in: *ders.*, Werkauswahl, Bd. 3/1, hg. von *Mariano Delgado*, Paderborn 1997, 115-127. – Das *Confesionario* trägt den Titel: »Hier sind einige Ratschläge und Regeln für die Beichtväter enthalten, welche Beichten von Spaniern hören, die sich gegenüber den Indios des Ozeanischen Westindien versündigen oder versündigt haben, gesammelt vom Bischof von Chiapa, Don Fray Bartolomé de Las Casas oder Casaus aus dem Orden des heiligen Dominikus« (*Aquí se contienen unos avisos y reglas para los confesores que oyeren confesiones de los Españoles que son o han sido en cargo a los Indios de las Indias del mar Océano, colegidas por el Obispo de Chiapa, don fray Bartholomé de Las Casas o Casaus de la Orden del Sancto Domínico*).

Hatte Las Casas zunächst mit legislativen Mitteln *(Neue Gesetze)* versucht, durch Einfluss auf den *Indienrat* die Situation der Indianer zu verbessern, so wandte er in seinem *confesionario* jurisdiktionelle und pastorale Mittel an, die ihm als Bischof zur Verfügung standen. Dabei verschärfte er das übliche Ritual des Bußverfahrens, indem er die Pönitenten der genannten Berufsgruppen als »öffentliche Sünder« bezeichnete und damit von vornherein ausschloss, sie könnten *bona fide* gehandelt haben. Zudem forderte er bei Todesgefahr vor der Beichte eine notarielle Beglaubigung über die Ableistung der auferlegten Wiedergutmachung (satisfactio). Der Beichtvater wird also zum Richter, wenn auch zum geistlichen Richter über zu erbringende Sicherheitsleistungen, die für den Pönitenten und seine Erben rechtsverbindlich sind. Man kann sich leicht vorstellen, dass die betroffenen Zeitgenossen mit Ablehnung und Protest auf diese Neuerungen reagierten und insbesondere die siebte Regel, Rückerstattung und Vererbung betreffend, kritisierten.[15]

Gegner wie Juan Ginés de Sepúlveda (1490-1573) erwirkten sogar einen königlichen Erlass *(Cédula Real)* vom 28. November 1548, demzufolge die kursierenden Abschriften des *Confesionario* in den *Audiencias* konfisziert werden mussten. Allerdings konnte Las Casas seinen Traktat wenige Jahre später (1552) drucken lassen, zusammen mit einer ausdrücklichen Rechtfertigung in »Dreißig Rechtssätzen« (*Aquí se contienen treynta propossiciones muy jurídicas*, 1552), welche die Rechtmäßigkeit des königlichen und päpstlichen Vorgehens betonen, auf diesem Hintergrund aber die systemischen und persönlichen Unrechtmäßigkeiten denunzieren. Das lascasianische Beichthandbuch erfuhr bei den Betroffenen freilich nicht nur Widerstand und Kritik, sondern auch Zustimmung und Rezeption, wenn man die Übernahme der lascasianischen Positionen in die pastorale Praxis der peruanischen Kirchenprovinz betrachtet.

Inhaltlich stellt Las Casas in seinem Beichthandbuch[16] eine Reihe von zwölf Regeln auf, die zur Lösung von *casus conscientiae* (Gewissensfälle) beitragen sollen. Diese beziehen sich auf verschiedene Personengruppen, von denen die ersten sechs für die Gruppe der *conquistadores* gelten.[17] Diesen wird auferlegt, im Fall von Todesgefahr zur Gewissensentlastung, vor Beichte und

15 Dies spiegelt sich in einem Brief des Franziskanermissionars Toribio de Benavente an Kaiser Karl V. vom 2. Januar 1555, in dem er Las Casas und die Bestimmungen des *confesionario* scharf angreift. Text in: Christoph Strosetzki (Hg.), Der Griff nach der Neuen Welt. Der Untergang der indianischen Kulturen im Spiegel zeitgenössischer Texte, Frankfurt 1991, 198-209, hier bes. 200f.

16 *Las Casas*, Beichthandbuch (Anm. 14).

17 Vgl. hierzu Kap. 3 im ersten Teil dieses Buchs. Zum Überblick über die Geschichte der Conquista in Neuspanien und den Typ des Conquistador siehe *Stefan Rinke*, Conquistadoren und Azteken. Cortés und die Eroberung Mexikos, 2. Aufl., München 2022.

Absolution eine im Beisein eines Notars (escribano público) unterschriebene Verpflichtungserklärung zur Restitution unrechtmäßig erworbener Güter zu unterzeichnen. Dies konnte unter anderem beinhalten, Sklaven freizulassen und nachträglich zu bezahlen oder nichts mehr vererben zu können (Regel 1). Die Konquistadoren werden zur Buße für den angerichteten Schaden zur Restitution *in solidum* verpflichtet (Regel 2). Adressaten der Restitution sind die geschädigten Indios und ihre Dörfer (Regel 3). Weitere Vorschriften verbieten die Vererbung unrechtmäßigen Besitzes (Regel 4) und regeln das Vorgehen für den Fall, dass keine Todesgefahr besteht (Regel 5), wobei bei der Durchführung zwischen armen und reichen Spaniern unterschieden wird (Regel 6).

Vier weitere Regeln sind auf die Gruppe der *encomenderos* zugeschnitten, die Las Casas zur Restitution verpflichtet, weil ihre Besitztitel gegen alles Recht und daher null und nichtig seien. In Todesgefahr müssten sie alles zurückgeben, so dass ihren Erben nicht einmal ein Almosen bleibe (Regel 7). Wenn keine Todesgefahr besteht, kann nach und nach Wiedergutmachung geleistet werden. Dasselbe gilt auch im Fall der Minen- und Landgutbesitzer *(mineros, estancieros)* (Regel 8). Die versklavten Indios sind in die Freiheit zu entlassen und verkaufte Sklaven sind zurückzukaufen, selbst wenn sich einer selbst als Sklave verkaufen müsste, um die nötigen Mittel aufzubringen (Regel 9). Verheiratete oder Verwitwete nehmen an den Restitutionspflichten des Gatten oder der Gattin teil (Regel 10).

Die beiden letzten Regeln betreffen die *mercaderes*, d. h. die Waffenhändler (Arkebusen, Schießpulver, Armbrüste, Lanzen, Degen) und Pferdehändler, die durch den Verkauf ihrer Waren am Übel mitgewirkt hätten und also zur Restitution verpflichtet seien (Regel 11). Überdies müssten sie den Vorsatz fassen, nie mehr an Kriegen gegen Indios teilzunehmen (Regel 12).

Eine Wiedergutmachung vor der Absolution war zwar in der Alten Kirchenbuße üblich, doch seit dem Aufkommen der *Tarifbuße* im frühen Mittelalter war die Wiedergutmachung nach der Absolution abzuleisten. Daher empfanden die Betroffenen die Verschärfung der üblichen Bußpraxis als rigide und unverhältnismäßig. Las Casas rechtfertigte sie ausdrücklich mit Berufung auf das *Corpus Juris Canonici* und weitere kanonistische Traditionen.[18] Auf andere Weise gebe es kein Heilmittel *(remedio)* für

18 Decretales 5,17,1 (De raptoribus: Kap. Super eo; CICan 2/208); Liber sextus 5,5,2 (De usuris: Kap. Quanquam; CICan 2/1081f).

19 *Bartolomé de Las Casas*, Geschichte Westindiens (Historia de las Indias III, 79), in: *ders.*, Werkausgabe, Bd. 2, hg. von *Mariano Delgado*, Paderborn 1995, 139-324, hier 262-266.

20 *David A. Brading*, The First America. The Spanish Monarchy, Creole patriots and the Liberal state 1492-1867, Cambridge 1991, 69.

die Unterdrückten *(opresos)* in ihrer Drangsal und für die Unterdrücker *(opresores)* in ihrer Verdammung. Falls nicht nach diesen Regeln verfahren werde, schade dies sowohl den Pönitenten, die in schwerer Sünde verblieben, als auch den Indios, denen weiterhin Unrecht widerfahre; überdies schade es dem Beichtvater, der zum Komplizen werde.

Las Casas bringt bei seiner Argumentationsstrategie im *Confesionario* drei verschiedene Ebenen ins Spiel: die des Rechts, der Moral und des Mitgefühls.

- Auf der Ebene kanonistischer Argumentation, die sich auf Sachgründe und Autoritäten stützt, sieht er angesichts mangelhafter Rechtssicherheit und Rechtspflege den Spender des Bußsakraments als »geistlichen Richter« *(juez espiritual)* mit einer geistlichen und rechtlichen Doppelfunktion.
- Auf der Ebene der ethischen Argumentation hält er sich an die beiden Prinzipien der *Goldenen Regel* und der Solidarhaftung, d. h. einer Mithaftung bei der Wiedergutmachung, die auch dann eintritt, wenn der einzelne nicht unmittelbar schuldig geworden ist.
- Auf der Ebene des menschlichen und spirituellen Mitgefühls fordert Las Casas wiederholt dazu auf, Tränen über die Sünden zu vergießen, bei den Opfern des Unrechts Abbitte zu leisten und Vergebung zu erbitten.

Für die Abfassung der scharfen Regeln, die zu ebenso harschen Protesten und Anklagen führten, dürften bei Las Casas biographische Hintergründe eine Rolle gespielt haben, denn ihm selbst wurde als jungem *encomendero* und Kleriker auf Kuba einmal mit Hinweis auf seine *encomienda* bei der Beichte die Absolution verweigert.[19] Dies sollte ihn nach dem Studium der Rechtsquellen und theologischer Reflexion veranlassen, die Institution der *encomienda* als systemischen Ausdruck von Ungerechtigkeit und Sündhaftigkeit zu qualifizieren und vom König ihre Abschaffung zu fordern. Damit begann seine lebenslange Verteidigung der indigenen Menschen, die Unrecht zu erleiden haben.

Der britische Lateinamerikahistoriker David Brading (*1936) beurteilt Las Casas Vorgehen im Beichthandbuch als Kompetenzausweitung: »In effect, the sacramental powers of the clergy were thus converted in a source of juridical and social authority, the confessor now acting as virtual judge of the penitent.«[20] Gewiss hat unser Autor die auf die einzelne Person und ihre Gewissenslage zugeschnittene Institution der sakramentalen Beichte mit ihren konstitutiven Elementen von Reue *(contritio)*, Bekenntnis *(confessio)*, Lossprechung *(absolutio)* und Wiedergutmachung *(satisfactio)* überdehnt, weil er sie zu einer Verbesserung der politischen und sozialen Ordnung einsetzte. Zwar hat der Beichtvater nach der theologischen Auffassung der Zeit durchaus eine »richterliche« Funktuon, aber ebenso auch eine im metaphorischen Sinn »ärztlich« heilende für die von Sünde verwundete Seele. Aber beide Dimensionen bleiben streng auf die beichtende Person beschränkt, die überdies durch das Beichtsiegel im persönlichen und geistlichen Bereich geschützt bleibt; Las Casas geht ausnahmslos von der Rechtsfigur des »öffentlichen Sünders« *(peccator publicus)* aus und vom öffentlichen Richter, der faktisch in den Sphären beider Rechte agiert. Er betont damit vor allem die forensische Sicht der Dinge.

Beichtspiegel für Indios

Die Beichthandbücher für Indios antworteten auf eine andere Problematik und wiesen daher eine andersartige Anlage auf. Bei den Beichthandbüchern für Spanier oder Kreolen ging es um die »Übersetzung« der bekannten moralischen und kanonischen Normen für Adressaten, denen die Normen wenigstens in Umrissen bekannt waren, während ihnen der neue kulturelle Kontext, in dem die Normen Anwendung finden sollten, fremd war. Daher war den europäischen Adressaten oft nicht bewusst, dass die Indianer als Menschen über dieselben Rechte wie sie selbst verfügten und nicht aufgrund ihrer kulturellen (Barbaren) oder religiösen (Heiden) Alterität diskriminiert werden durften. Genau darum aber ging der theoretische Streit, in den Bartolomé de Las Casas und andere Theologen wie Francisco de Vitoria mit differenzierten Argumenten eingriffen, um die Menschenwürde der Indios sowie ihre Freiheits- und Eigentumsrechte zu sichern.

Bei den Beichthandbüchern für die Indios dagegen handelte es sich um die Problematik, die normativen Vorgaben auch sprachlich in ein fremdes kulturelles Feld zu »übersetzen«, das freilich den eigenen Kontext der Adressaten bildete. Diese Übersetzungsaufgabe war erheblich komplexer, da erst die indigene Sprache der indianischen Adressaten erlernt und verschriftet werden musste, bevor man daran denken konnte, ein *Confesionario* zu erstellen. Zwar gab es auch in der aztekischen Kultur gewisse »Beichtriten«, die jedoch keine Verinnerlichung auf die Intention kannten, sondern sich auf bestimmte Vergehen wie Unzucht, Ausschweifung und Trunkenheit bezogen. Zwar erleichterte dieser Umstand die Einführung der christlichen Beichte, die jedoch vor der Verwechselbarkeit zu schützen war.

Um nun der indigenen christianisierten Bevölkerung das Bußsakrament nahezubringen, entstand eine Vielzahl von *Confesionarios*[21] in zahlreichen indigenen Sprachen Amerikas, unter anderen in Náhuatl (Mexiko), Guaraní

21 *Luis Martínez Ferrer*, La Penitencia en la primera evangelización de México (1523-1585), México D.F. 1998.

¶ Confessionario mayor, Instruction y Doctrina, para el que se quiere bien confessar: compuesto por el Reuerendo padre fray Alōso de Molina, dela orden del señor sant Francisco: traduzido y buelto en la lengua de los nauas, por el mismo Autor.

In La ynitocatzin sctissima trinidad, tetatzin, tepiltzin, yuā spiritu sancto. Mican ompeua ynneyolmelaualoni, yn oquimotlalili yn oquitecpanili padre Fray Alonso de Molina, sant Francisco teopixqui: ynipan oquimocuepili ynnahuatlatolli.

En el nombre dela sanctissima trinidad, padre, hijo y espiritu sancto. Aqui comiēça vn confessionario, que cōpuso y ordeno el reuerēdo padre fray Alonso de Molina, dela orden del señor sant Frācisco, traduzido en lengua delos nauas por el mismo autor.

Tlatolpeuhcayotl.

Notlaço piltzē ẏ yn çaço actehuatl timomaquixtiz neq̄z ihuel tyquichopilhuizne qui cemicac yuliliztli, cēca motechmonequi yntimiximatiz y-

¶ Prologo.

Muy amado hijo, q̄lquiera q̄ tu seas, q̄ pretendes saluarte ẏ paraq̄ puedas alcançar la vida eterna, te es muy necessario q̄ te conoscas,

A 3

Abb 8
Anfang des zweisprachigen
Beichthandbuchs
Confessionario mayor
von Alonso de Molina OFM
México 1569

(Paraguay), Aymara und Quechua (Peru), Maya (Yucatán), Tarraskisch (Michoacán), Allentiac (Chile). Die nativen Übersetzungen wurden nicht zuletzt deshalb vorgenommen, um Beichten mittels Dolmetscher, die nur im Notfall erlaubt waren, zu vermeiden. Eine ähnliche Entwicklung dieses Typs von normativer Pastoralliteratur gab es auch in asiatischen Ländern wie Indien, Japan und China.[22] Auch die Provinzialkonzilien Lateinamerikas, so das III. Limenser und das III. Mexikanische Konzil, urgierten in ihrer Gesetzgebung solche Beichthandbücher, die in den Konzilsakten als »Confesionario« (Lima) bezeichnet werden oder als »Directorio confessorum« (México).[23]

Die hispano-amerikanischen *Confesionarios* waren in der Regel zweisprachig (Spanisch und eine indigene Sprache) abgefasst und interrogatorisch aufgebaut. Gegenüber normativ fixierten Texten wie Katechismen beschränkte sich der Text des *Confesionario* auf das angewandte Schema des Dekalogs und andere Vorgaben wie das Septenar der Kapitalsünden, während die zugeordneten Fragen flexibel formuliert und auf die Lebensbedingungen der Indigenen zugeschnitten waren. Daher leisten die *Confesionarios* eine doppelte »Translation«: Sie übersetzten den abstrakten Sündenbegriff in die Vielfalt konkreter Bezeichnungen der anderen Sprache und Kultur; und sie »übersetzten« die andere Alltagskultur (z. B. Gewalt gegen andere, Eigentum, soziale Verhältnsse, Arbeit, Wucher, Sexualität) in christliche Lebensmuster.

Ein herausragendes Beispiel für die gedruckten amerikanischen Beichtbücher[24] sind die *Confesionarios* von Alonso de Molina (1512-1584), dem großen Sprachenkenner, der neben einer Grammatik des Náhuatl, einem Wörterbuch in Spanisch-Náhuatl und einem Katechismus auch zwei zweisprachige *Confesionarios* verfasst hat, ein kleineres für den Gebrauch der Leute (Mexico 1565) und ein größeres für die Hand des Klerus (Mexico 1569).[25]

In der Widmungsepistel (CM 434f) an den Erzbischof Alonso de Montúfar (1489-1572), der die Druckerlaubnis erteilte, greift Molina ausdrücklich die Sprachenproblematik auf. Angesichts der »Dunkelheit und Schwierigkeit der Sprache dieser ›naturales‹ und ihrer Sprechweise« und angesichts der Tatsache, dass oftmals weder die Beichtväter die Pönitenten noch umgekehrt

22 *Nicolas Standaert/Ad Dudink* (eds.), Forgive us our sins. Confession in Late Ming and Early Qing China (Monumenta Serica Monograph Series LV), Sankt Augustin/Nettetal 2006, hier 183-239 (*Confissionario* des José Monteiro).

23 Vgl. *Luis Martínez Ferrer*, Directorios para confesores y penitentes. La pastoral de la penitencia en el Tercer Concilio Mexicano (1585), Pamplona 1996.

24 *Johannes Beckmann*, Die Beichtbücher (Confessionaria) als Quelle der Missionspastoral, in: Missionswissenschaftliche Studien (FS Johannes Dindinger), hg. von *Johannes Rommerskirchen* und *Nikolaus Kowalsky*, Aachen 1951, 136-146.

diese die Beichtiger verstünden, sollen die zweisprachigen Ausgaben der Beichthandbücher zur Instruktion der Beichtväter und dem Nutzen der Indios dienen. Die Zieldialektik lautet also: Die Indios sollen lernen, die Sünden zu suchen und kennen *(buscar y conocer los pecados)* (CM 438), die Priester dagegen, in der Beichte richtig zu fragen und zu verstehen *(preguntar y entender)* (CM 434). Dabei dominiert übrigens – im Gegensatz zum lascasianischen *Confesionario* – die ärztliche Metaphorik, nicht die forensische; wie der Arzt die Wunden und die Krankheit kennen müsse, um sie zu heilen, müsse auch der Priester die Sünden kennen, um sie vor Gott vergeben zu können. Das *Confessionario mayor* ist im Original mit 125 Seiten außerordentlich umfangreich und in zwei Spalten gedruckt, so dass die Sprachen Spanisch und Mexikanisch sich Zeile für Zeile entsprechen.[26]

Das *Confesionario* gliedert sich nach dem alttestamentlichen Dekalog, dem Gesetzeskorpus der »Zehn Worten« (Ex 34,28; Dtn 4,13). Sie strukturieren den Rahmen für die feststehenden Zehn Gebote, in dem frei gestellte Fragen aus dem Kontext ergeben. Schwerpunkte bilden dabei die folgenden Bereiche: Divinisierung der Welt, Tötung und Gewalt, Sexualität, Eigentumsfragen und Schutz des Armen.[27] Dazu einige Beispiele:

- Beim ersten Gebot über das Fremdgötterverbot gesellen sich zu den Fragen zur rechten Glaubenspraxis auch solche nach der alten Religion: »Hast du ein Geschöpf angebetet oder für Gott gehalten, wie die Sonne, den Mond oder die Sterne? Bewahrst du noch ein Bild des Dämons oder weißt du, dass ein anderer es versteckt hält? Hast du einmal einen Dämon angerufen oder gehört, dass ein anderer ihn in deiner Gegenwart angerufen hat und du ihn nicht gehindert und vor der heiligen Mutter Kirche angeklagt hast? Hast du ihm eine Sache geopfert, ein Geschenk gemacht oder Weihrauch dargebracht? [...] Hast du vielleicht die Eule *(lechuza)* als Wahrzeichen genommen oder den Uhu *(bóhu)*, die Beutelratte *(comadreja)*, die Käfer *pinauitzli* und *tlalacatl* oder das Stinktier *(epatl)*, das dir ins Haus pisste, oder die Spinngewebe, wenn sie dir die Augen streiften, oder wenn dir die Augenlider vor Schluchzen zitterten [...]?« (CM 449f).

25 *Alonso de Molina*, Confesionario breve en lengua Mexicana y Castellana (405-427)/ Confesionario mayor en la lengua Mexicana y Castellana (429-541), in: *Juan Guillermo Durán*, Monumenta Catechetica Hispanoamericana (Siglos XVI-XVIII), vol. I (Siglo XVI), Buenos Aires 1984, 405-541; im laufenden Text unter Siegel CB und CM sowie Seitenangabe.

26 Siehe das Faksimile Fray *Alonso de Molina*, Confesionario mayor en la lengua Mexicana y Castellana (1569), Introducción de *Roberto Moreno* (Facsimiles de lingüística y filologías Nahuas 3), quinta ed. México 1984.

27 Zu Überblick und Literatur vgl. *Martine Azoulai*, Les péchés du Nouveau Monde. Les manuels pour la confesion des Indiens XVIe-XVIIe siècle, Paris 1993.

◆ Fragen zu familialer Gewalt und zur Tötung, die vor allem dem vierten und fünften Gebot zugeordnet sind, werden nach Männern, Frauen und Heilern getrennt behandelt: Bei den Männern geht es um guten Umgang mit der Ehefrau und den Älteren, aber auch um folgende Fragen: »Hast du jemanden verletzt, geschlagen, den Arm oder das Bein gebrochen, den Kopf gespalten, das Auge ausgestochen, etwas ausgerissen, Tritte gegeben oder mit dem Kopf gegen die Wand gestoßen?« (CM 457). Bei der Frau sind es Fragen nach dem Infantizid durch Erdrücken im Mutterleib, Verweigerung der Brust oder Erdrücken im Schlaf. Beim Heiler Fragen nach seiner Kompetenz und der richtigen Medizin.

◆ Auch zur Sexualität werden das sechste Gebot betreffende Fragen getrennt nach unverheirateten und verheirateten Männern und Frauen gestellt. Dabei geht es um Verwandtschaftsverhältnisse, Orte und Weisen der Vergehen, Berührungen und Stellungen, aber auch um Heiratsbetrug: »Hast du dich über eine Frau lustig gemacht und sie getäuscht, indem du ihr sagtest, du wirst meine Frau sein und ich werde dich heiraten, und sie danach nicht geheiratet, sondern sie getäuscht?« (CM 460).

◆ Doch die meisten Fragen betreffen den sozialen und ökonomischen Bereich des siebten Gebots, in dem es um Stehlen und Betrügen geht: »Hast du etwas gestohlen, wie Decken, Münzen, Hühner, Schaf oder Rind? Oder vielleicht ein Pferd, Gold oder Silber, Federn oder Federschmuck, Schmuckstücke oder Armbänder? Oder hast du dem anderen Mais aus seinem Besitz entwendet oder auf fremden Feldern ausgesät oder vielleicht Maiskolben, Kürbisse, Pfefferschoten, Bohnen, chía [Salbei, Salvia hispanica], oder hast du Holz oder Holzscheite auf dem fremden Hügel gefällt?« (CM 462).

Auf diese Weise werden alle lebenswichtigen Dinge und die entsprechenden Berufe durchgegangen mit konkreten Fragen, ob zum Beispiel die Kakaomischung stimmte oder bei den Aguacates faule dabei waren, ob man beim Verkauf kastilischer Waren getäuscht oder falsche Maße und Gewichte benutzt hat. Ingesamt wird das Verhalten zahlreicher Hersteller und Händler von Lebensmitteln und Waren unter die moralische Lupe genommen, darunter die Berufe Korbmacher, Färber, Goldschmied, Maler, Maismüller, Hersteller von Textilien, Unterhalter warmer Bäder, Händler von Baumwolle, Kaninchenfellen, Salz, Töpferware, Gemüse und Früchten, Mehl, Samen, Fleisch, ajíes, tamales.

◆ Eine besondere Rolle spielen Fragen nach der Verantwortung der Vorgesetzten, insbesondere, was Beachtung und Schutz der Waisen und Armen angeht. So werden beim dritten Gebot der Sabbat- oder Sonntagsheiligung die Vorgesetzten gefragt, ob sie die »einfache Leute« *(macehuales)* zur Arbeit verpflichtet hätten, anstatt sie zum Gottesdienst oder zum Fest gehen zu lassen (CB 415). Die Fragen an Aufseher über Schüler und Waisen beziehen sich darauf, ob sie den gesamten Lebensunterhalt an die Anvertrauten weitergegeben haben (CM 467).

Eine lange Liste von Fragen betrifft die Kaziken, Verwalter und Tributeintreiber. »Hast du vielleicht deinen *macehuales* etwas weggenommen, der du ihnen vorstehst und sie anleitest? Hast du ihnen Decken, Hühner, cacao etc. abverlangt, die sie dir zu geben nicht verpflichtet waren? Hast du den Steuerabgaben *(tributo)* etwas hinzugefügt oder sie vergrößert? [...] Hast du beim Einziehen der Steuerabgaben die Überschüsse für dich behalten und zu deinem Vorteil versteckt? Oder haben die anderen Vorsteher und vornehmen Leute sie unter sich verteilt? Wofür haben sie sie ausgegeben und verwandt? Haben sie vielleicht unnötige Ausgaben gemacht, die nicht zum Nutzen und Vorteil des Volkes (Dorfes) waren?« (CM 469).

Alonso de Molina breitet in seinen beiden *Confesionarios* das gesamte soziale Geschehen der indianischen Gesellschaft aus, und reflektiert mit Hilfe des Beichtigers und der detaillierten Fragen die moralische Qualität des Handelns oder Unterlassens. Der Beichtspiegel stellt in der Tat einen Spiegel dar, in dem sich das Alltagsleben unter moralischen Gesichtspunkten reflektiert. Er ist ein doppelter Spiegel, die indigene Alltagswelt ebenso widerspiegelt wie die normative religiöse Welt Europas sowie den wechselseitigen Austausch. Er wendet in seinem großen *Confesionario*[28] außer dem Dekalog noch weitere katechetische und pastorale Schemata an, wie die Septenare der Laster und Tugenden, der Kirchengebote etc. Eine genaue Analyse, die beide verwendeten Sprachen und die in den Fragen implizierte materielle Kultur und sozialen Lagen berücksichtigen würde, könnte ein sehr genaues Bild der beiden kulturellen Sphären und ihrer präskriptien Implikationen rekonstruieren, die hier in zwei verschiedensprachigen Texten zu einer Synthese gebracht werden. Wie schwierig allein die Übertragung europäischer theologischer Konzepte war, zeigen die von Molina benutzten Hispanismen, die darauf hinweisen, welche Begriffe man für ›unübersetzbar‹ hielt. Manchmal stehen spanische und indigene Begriffe nebeneinander, um sich wechselseitig zu interpretieren, zum Beispiel Dios *(teotl)*, sacerdote *(teopixqi)*, iglesia (*tonantzin* [unsere] Sancta Yglesia).

28 Die *Confesionarios* im andinen Raum sind ähnlich aufgebaut, doch auf den anderen kulturellen Kontext bezogen. Vgl. exemplarisch: *Ludovico Bertonio*, Confessionario muy copioso en dos lenguas, aymara y española [...], Julí [Bolivia] 1612, ed. *Iván Tavel Torres*, Cochabamba 2003, 65-129.

Die Synthese betrifft auch die enge Durchdringung von theologischen, ethischen und rechtlichen Perspektiven, die im Subjekt zusammenlaufen. Werden hier europäische Kategorien wie Gewissen, Schuld, Sünde, Vergebung auferlegt, oder entsprechen diese Kategorien einer anthropologischen Grundstruktur, die theologisch interpretiert wird?[29] Schließlich stellt sich als Grundsatzfrage, ob die »Übersetzung« religiöser, moralischer und rechtlicher Normativität für eine andere Kultur bloß eine eurozentrische Überformung darstellt, was den indigenen Faktoren der Rezeption oder ihrer Verweigerung, der selektiven Rezeption oder der eigenen Synthese keinen hinreichende Bedeutung zumessen würde. Denn es gibt ja auch eine umgekehrte »Übersetzung« der fremden Ideen durch die indigene Kultur. In jedem Fall ergibt sich eine wie immer geartete Mischung einer hybriden, interkulturellen Gestalt.

Im Ergebnis wird man typologisch zwei Modelle der »Übersetzung« festhalten können: Las Casas wendet in seinem spanischsprachigen *Confesionario* in Wiedergutmachungsfragen den *rigor juris* auf bestimmte Standesgruppen seiner spanischen Landsleute an, um die indigene Bevölkerung vor Unrecht und Übervorteilung zu schützen. Molina geht in seinem zweisprachigen Text interrogatorisch auf die indianische Kultur ein, so dass es zu einem wechselseitigen Übersetzungprozess kommt, in dem indigene Kultur und europäische Normativität durch sprachliche und kulturelle *mestizaje* eine Inkulturation hervorbringen, die Förderung des ethischen Subjekts und Herausbildung sozialer Verantwortung mit sich führt. ◆

29 *Jaime Valenzuela Márquez*, Confessing the Indians. Guilt discourse and acculturation in Early Spanish America, in: The Spiritual Conversion of the Americas, ed. by *James Muldoon*, Gainesville FL 2004, 169-191.

20
Epochen christlicher Mission
Ein kurzer Blick auf eine lange Geschichte

Das Christentum konnte in seiner zweitausendjährigen Geschichte zu einer Weltreligion werden, weil das »Evangelium«, der Kern der christlichen Botschaft, universal angelegt ist, das heißt, allen Völkern, Nationen und Kulturen gilt. Es überschreitet daher die Grenzen Geographie, Sprachen, Kulturen und sozialen Schichtungen. Der Weg zu einer Weltkirche begann schon in biblischen Zeiten, denn mit der *Übersetzung* des Evangeliums in die Sprachen und Kulturen der damaligen Welt setzte seine Bezeugung »bis an die Grenzen der Erde« ein (Apg 1,8). Diese Verbreitung des christlichen Glaubens an Jesus durch das Leben und das Wort hielt über zwei Jahrtausende an und geht in der Gegenwart weiter, heute in Prozessen der *Inkulturation* und der *Interkulturalität*, in denen das Christentum den Kulturen und Religionen in globalem Maßstab begegnet, so dass von einer Globalisierung des Evangeliums die Rede sein kann.[1]

Anfänge, Methoden, Terminologie. Die Weisen der Evangelisierung, wie man heute die Mission, die Sendung der Kirche nennt, waren im Lauf der Geschichte und der Epochen vielfältiger Art.[2] Doch stachen von Anfang an zwei grundlegende Methoden hervor, die nachhaltig wirken: Einerseits entstand eine gleichsam haarfeine, kapillare Verbreitung des Glaubens durch das Zeugnis des Lebens, das sich im sozio-kulturellen Umfeld herumsprach: in Familie und Verwandtschaft, unter Nachbarn und im Freundeskreis, durch Vereine und mobile Berufe, unter Frauen und Männern, durch Junge und Alte, unter Reichen und Armen, Intellektuellen und Frommen. Auf diese Weise entstanden Verbindungen, Netzwerke, Gruppen und Gemeinden in den antiken Städten und den Weiten des damaligen Römischen Reiches, das zahlreiche Völker und Sprachen umfasste.

1 Vgl. hierzu: Evangelisierung und Globalisierung (Die deutschen Bischöfe 106), Bonn 2019.

2 Zum Überblick vgl. *Michael Sievernich*, Die christliche Mission. Geschichte und Gegenwart, Darmstadt 2009; *Alphons Mulders*, Missionsgeschichte. Die Ausbreitung des katholischen Glaubens, Regensburg 1960.

Andererseits machten sich professionelle Missionare auf dem Weg, die auf Missionsreise gingen und von ihrem Glauben erzählten und von Jesus predigten. Adressaten waren die Juden und gottesfürchtige Sympathisantinnen und Sympathisanten, aber auch die »Heiden«, also andere Völker, Männer wie Frauen, Mitglieder zeitgenössischer Mysterienkulte, Staatsgötter verehrten oder multireligiöse Städte wie Antiochia oder Athen bewohnten. Einer der Protagonisten dieser Methode war Paulus von Tarsus (um 10-60), der sich nach seiner Bekehrung aufmachte, auf den guten Land- und Seewegen des Reiches reiste, in den Städten kleine Gemeinden gründete; diesen schrieb er Briefe nach Philippi und Ephesus, Korinth, Thessalonich und Rom, die seine Verkündigung bezeugen. Mit ihm kam der christliche Glaube erstmals nach Europa.

Beide Methoden, die kapillare und die professionelle, waren erfolgreich und sind es bis heute, wenn auch unter verschiedenen kulturellen Bedingungen. Zeugnis der Lebenspraxis, Verkündigung des Wortes, Bildung kleiner Gemeinden, gemeinsame Gottesdienste und diakonische Hilfe füreinander und für andere Bedürftige, wechselseitige Hilfe in Verfolgung, all dies sind typische Orte, in denen der gemeinsame Glaube bis heute präsent ist und attraktiv ausstrahlt. Wie die Stadt als Lebensraum eine besondere Bedeutung für die frühen Christen gewann,[3] so ist der urbane Raum auch in der Gegenwart von entscheidender Bedeutung, zumal die Verstädterung der Welt zunimmt und sich international in wachsenden Megalopolen Ausdruck verschafft.

Die nun zweitausendjährige Verbreitung des Christentums in die Weltteile hat verschiedene Bezeichnungen gefunden. Sprach man biblisch von der Evangelisierung oder Verkündigung des Evangeliums, kamen weitere Bezeichnungen hinzu wie Predigt an die Völker, Bekehrung der Ungläubigen, Apostolat oder Kirchengründung. Doch in der Frühen Neuzeit bürgerte sich der Begriff der »Mission« ein, der bis heute, auch bei anderen Konfessionen, benutzt wird. Allerdings geriet der Begriff der Mission in der Zeit der Dekolonisierung um die Mitte des 20. Jahrhunderts in Misskredit, von dem er sich inzwischen zwar erholt hat, aber doch kritisiert wird, weil er mit Kolonisierung verknüpft war, vor allem in der Neuzeit, mit Schwerpunkt im

3 Zum urbanen Raum als Ursprung vgl. *Martin Ebner*, Die Stadt als Lebensraum der ersten Christen. Das Urchristentum in seiner Umwelt, Göttingen 2012.

4 Vgl. *Michael Sievernich*, Art. Evangelisierung, in: Staatslexikon, 8. völlig neu bearbeitete Aufl., Bd. 2, Freiburg i. Br. 2018, Sp. 552-555.

19. Jahrhundert. Aufgrund dieser Ambivalenz geht man in der Gegenwart zur Bezeichnung »Evangelisierung« über.

Dieser epochale Leitbegriff hat zwar biblische Wurzeln (εὐαγγελίζεσθαι), vor allem in der lukanischen (Apg 5,42) und paulinischen Theologie (1 Kor 1,17), doch kam »Evangelisierung« (lat. evangelizatio) im katholischen Raum erst durch das Zweite Vatikanische Konzil (1963-1965) wieder in Gebrauch und hat seitdem eine breite Wirkungsgeschichte entfaltet.[4] So stellt das Dekret über die Missionstätigkeit der Kirche *Ad gentes* fest, dass die Kirche aufgrund ihrer trinitarischen Sendung »ihrem Wesen nach missionarisch« sei (*Ad gentes* 2) und das »Werk der Evangelisierung« (opus evangelizationis) »eine Grundpflicht des Gottesvolkes« darstelle (*Ad gentes* 35). Auch weitere konziliare Dokumente sprechen vielfach von der Evangelisierung (evangelizare), das heißt, »die Verkündigung der Botschaft Christi «durch das Zeugnis des Lebens und das Wort« (*Lumen gentium* 35). Evangelisierung erfordert also sprachliche, existentielle und kulturelle Übersetzungen der Botschaft, die ihrerseits die Ausdrucksformen des Glaubens zu bereichern vermögen. Diese Initialzündung des Konzils bedeutete einen Paradigmenwechsel des Missionsverständnisses, das nun stärker theologisch begründet wurde, Mission als Evangelisierung und damit inhaltlich gehaltvoller reformulierte. Besonders auffallend ist die breite nachkonziliare Rezeption des Evangelisierungsbegriffs, angefangen bei dem Apostolischen Schreiben *Evangelii nuntiandi* (1975) Papst Pauls VI. (1897-1978, reg. 1963-1978), über die Dokumente der lateinamerikanischen Kontinentalsynoden von *Puebla* (1979) und *Aparecida* (2007), bis hin zum Apostolischen Schreiben *Evangelii gaudium* (2013) von Papst Franziskus (*1936, reg. ab 2013).

Zeiten, Räume, Periodisierung. Die abstrakte Sicht auf Methoden und Bezeichnungen der Mission lässt noch offen, in welchen Epochen und Räumen sich diese Vorgänge abspielten. Wir bedienen uns dabei des klassischen Epochenschemas, das in Europa zwischen (Spät)Antike, Mittelalter und Neuzeit unterscheidet. Die Abgrenzung von Antike und Mittelalter verbindet sich mit Ereignissen wie der Völkerwanderung, dem Untergang des (westlichen) Römischen Reiches und der Taufe (499) des merowinigischen Königs Chlodwig (466-511). Die Abgrenzung zwischen Mittelalter und Neuzeit sieht die Epochenschwelle um 1500, die mit den Entdeckungsreisen nach Westen 1492 durch Kolumbus (1451-1506) und 1498 nach Osten durch Vasco da Gama (1469-1524) begann. Prägend waren auch der europäische Humanismus und die kirchlichen Reform- und Reformationsbewegungen. Alle Epochen, die historisch Licht- und Schattenseiten kennen, sind für die Geschichte der Mission von großer Bedeutung, wie auch diese kirchliche Mission ihren Kontext mitbestimmte. Des Weiteren ist zu berücksichtigen, dass die Glaubensspaltungen in der Alten Kirche, im großen Schisma von 1054, und in der protestantischen Reformation im 16. Jahrhundert und viele weitere Aufsplitterungen die Mission beeinflussten. So gab es im 19. Jahrhundert konfessionell einander bekämpfende Missionen, wie die katholischen, die protestantischen und die orthodoxen. Daher eignen sich konfessionelle Bestimmungen nicht zur Periodisierungen der Missionsepochen, da sie unvermeidlich zu Fehldeutungen führen. So findet man leider in dem bekannten Werk des südafrikanischen Theologen David Bosch (1929-1992) eine Periodisierung entlang konfessionellen Entwicklungen. So ordnet er das Missionsparadigma der Ostkirche der griechischen Antike zu, das Missionsparadigma der katholischen Kirche dem Mittelalter (!) und die protestantische Reformation der Neuzeit, als habe es in der Neuzeit weder Orthodoxie noch Katholizismus gegeben. Diese konfessionalistische Zuordnung insinuiert eine Art religiöse ›Evolution‹ und unterschlägt dabei die Tatsache, dass die Mission der katholischen Kirche alle Epochen prägte, besonders die Frühe Neuzeit, als Amerika und Asien im Fokus standen.[5]

Betrachten wir chronologisch die großen Epochen der Mission oder Evangelisierung, beginnend mit der späten Antike, der Zeit, in der unter dem römischen Kaiser Augustus Octavian (63 v.-14 n. Chr.) in der palästinensischen Provinz Jesus von Nazaret geboren wurde, der die Botschaft vom Reich Gottes verkündete, gekreuzigt wurde und als Auferstandener seinen Aposteln, Jüngern und Jüngerinnen die Sendung gab, seine Botschaft weiterzutragen. Davon ist in allen vier Evangelien des Neuen Testaments die Rede, herausgehoben im Matthäus-Evangelium mit dem nachösterlichen sog. »Missionsbefehl« (Mt 28,16-20).

In der Periodisierung der Missionsepochen unterscheiden wir die Glaubensverbreitung (1) in der späten Antike, (2) im europäischen Mittelalter, (3) in der Frühen Neuzeit in Amerika und Asien, (4) im 19. und in der ersten Hälfte des 20. Jahrhunderts, dominant in Afrika sowie (5) in der jüngsten Zeit von der Dekolonisierung und dem Zweiten Vatikanum in der Mitte des 20. Jahrhunderts bis zur globalisierten Gegenwart. Die Epochen der Mission sollten allerdings nicht isoliert betrachtet werden, sondern sind in die breitere Geschichte des Christentums eingewoben sowie in die allgemeine Geschichte eingebettet. So werden die wechselseitigen Bezüge deutlicher, aber auch die Verstrickungen.[6]

5 *David J. Bosch*, Mission im Wandel. Paradigmenwechsel in der Missionstheologie, Gießen 2012 (Transforming mission. Paradigm shifts in theology of mission, Maryknoll NY 1991).

6 Vgl. *Franz Xaver Bischof u. a.*: Einführung in die Geschichte des Christentums, Freiburg im Br./Darmstadt 2012.

7 *Irenäus von Lyon*, Adversus haereses/Gegen die Häresien I, 10, 2; übers. und eingel. von *Norbert Brox*, Freiburg 1993, 201.

Resonanzraum der späten Antike

Um das Jahr 180 nach Christus war das Christentum noch eine kleine und nicht selten verfolgte Minderheit im Römischen Reich. Eine das Christentum begünstigende Religionspolitik der römischen Kaiser Konstantin (um 270-337) im Jahr 313 und Theodosius I. (347-395) im Jahr 380) lag noch in weiter Ferne. Durch Wandermissionare, aber mehr noch auf kapillare Weise durch christliche Kaufleute, Beamte, Soldaten, Unfreie und kleine Gemeinden verbreitete es sich stetig. In dieser Zeit schrieb der aus Kleinasien stammende Bischof Irenäus von Lyon (135-200) über die Ausbreitung auf den drei damals bekannten Kontinenten: »Die Kirchen, die es in Germanien gibt, glauben und überliefern nicht anders, auch die in Iberien [Spanien] und bei den Kelten [Gallien] nicht, ebenso die im Orient und die in Ägypten, Libyen und in der Mitte der Welt [Jerusalem]. Wie die Sonne, Gottes Geschöpf, in der ganzen Welt ein und dieselbe ist, so scheint auch das Licht, die Botschaft der Wahrheit überall und erleuchtet alle Menschen, die zur Erkenntnis der Wahrheit kommen wollen.«[7]

Damit beschreibt der Bischof den Kern eines Geschehens, das in der Spätantike zur Christianisierung des Römischen Reiches und der nachfolgenden Germanenreiche führen sollte. Die Ursprungszentren des Christentums lagen in Jerusalem, dem Ort der Urgemeinde, und im syrischen Antiochia, dem Ausgangspunkt der Missionsreisen des Paulus.

Durch die Missionstätigkeit des Paulus und seiner Mitstreiterinnen und Mitstreiter entstanden zunächst in Kleinasien, dann auch in Europa (Griechenland) und Italien christliche Gemeinden. Die Attraktivität der neuen Religion lag in ihrem hoffnungsvollen Glauben und ihrem sittlichen Ernst, ihrer caritativen Wohltätigkeit und ihren Gottesdiensten. Auch äußerliche Faktoren wie die Infrastruktur des Römischen Reiches und die Mobilität vieler Berufe beförderten die Verbreitung der »guten Botschaft« (Evangelium) von Jesus Christus.

Ein entscheidender Faktor für die Verbreitung in der damals bekannten Welt bestand in der Entscheidung des *Apostelskonzils* (48) in Jerusalem, auch die Heiden als Adressaten des Evangeliums anzuerkennen (vgl. Apg 15,1-35). Eine begünstigende Rolle spielte auch die Wahl der verbreiteten Umgangssprache Griechisch *(Koiné)* für die Abfassung des Neuen Testaments; das Alte Testament lag schon in griechischer Übersetzung vor (Septuaginta). Die neue Kunde gelangte durch die spätere lateinische Übersetzung (Vulgata) schnell in alle Provinzen des Reichs, erreichte aber darüber hinaus auch Arabien und Äthiopien, Persien und die Kaukasusvölker Armenien und

Georgien, die schon im 4. Jahrhundert christlich wurden. Um die Mitte des folgenden Jahrhunderts gehörte nach neueren Berechnungen etwa die Hälfte der gut 50 Millionen Einwohner des Reiches dem Christentum an. Während das Kaisertum das politische Zentrum nach Konstantinopel (heute Istanbul) verlegt wurde, wuchs Rom im Lauf der Zeit zum religiöse Zentrum heran, das sich auf den Apostel Simon Petrus ›genannt *Kephas* (der ›Fels‹) (†65) und seine Nachfolger stützte. Um die Streitpunkte der christlichen Lehre zu klären und Streit zu schlichten, fanden ökumenische Konzilien statt, wie die von Nikaia (325) und von Chalzedon (451), auf denen christologische und pastorale Fragen zu entscheiden und das Glaubensverständnis zu formulieren waren. In dieser ersten Epoche der Evangelisierung entstanden die großen Werke der griechischen und lateinischen Kirchenväter, die auf hohem intellektuellen Niveau die theologische Reflexion des Christusereignisses vorantrieben. Während im Osten die griechischen Kirchenlehrer wie Basilius der Große (330-379), Gregor von Nazianz (329-390) und Johannes Chrysostomus (349-407) herausragten, waren es im Westen lateinische Kirchenväter wie Ambrosius von Mailand (339-397), Hieronymus (348-420) und Augustinus von Hippo (354-530). In Ägypten entstanden im 4. Jahrhundert unter dem ›Mönchsvater‹ Antonius (†356) eine Bewegung von asketisch lebenden Mönchen, die sich in verschiedenen Formen verbreiteten und später in der Gründung eines monastischen Ordens durch Benedikt von Nursia (480-550) in Italien kulminierte. Diese und andere Ordensleute sollten zu starken Trägern der Missionsidee werden.

Räumlich bezog sich diese Epoche vor allem auf den geographischen Großraum des Römischen Reiches, das sich damals von der iberischen Halbinsel bis an den Euphrat und vom britischen und germanischen Limes bis nach Nordafrika erstreckte.[8]

8 Siehe dazu: *Christoph Markschies*, Das antike Christentum. Frömmigkeit – Lebensformen – Institutionen, München 2006.

9 Vgl. *Peter Brown*, Die Entstehung des christlichen Europa, München 1996; *Lutz E. von Padberg*, Die Christianisierung Europas im Mittelalter, Stuttgart 1998.

10 Siehe *Michael Sievernich*, Übersetzung – Dichtung – Auslegung. Zum althochdeutschen Evangelienbuch des Otfrid von Weißenburg, in: *Hanns Peter Neuheuser/Ralf M. W. Stammberger/Matthias M. Tischler* (Hgg.), Diligens Scrutator Sacri Eloquii. Beiträge zur Exegese- und Theologiegeschichte des Mittelalters (FS Rainer Berndt), Münster/Westf., 2016, 451-470.

11 *Georg Mölich/Norbert Nußbaum/Harald Wolter-von dem Knesebeck* (Hgg.), Die Zisterziense im Mittelalter, Köln/Weimar/Wien 2017.

Christianisierung Europas

Die Christianisierung ganz Europas, die zweite Epoche der Missionierung, umfasste zeitlich das gesamte Mittelalter, also ungefähr einen Zeitraum von rund einem Jahrtausend.[9] Sie baute auf den christlichen Anfängen in der griechisch-römischen Kultur auf und setzte sich mit der Völkerwanderung fort, als die germanischen Völker, von Norden und Osten kommend, nach Westen vordrangen. Dort gründeten sie neue Reiche, wie die Ostgoten in Italien oder die Westgoten in Spanien und die Vandalen in Nordafrika. Als erste nahmen die Goten das Christentum an. Von den Ostgoten ist die erste Übersetzung der Bibel ins Gotische von Bischof Wulfila (311-383) bekannt; seine Mission war das Übersetzen der Bibel in seine Sprache und Kultur. Auch die germanischen Völker konvertierten auf ihren Zügen zum christlichen Glauben, zunächst in ›arianischer‹ Gestalt, später jedoch in katholischer Gestalt. In einem fast tausendjährigen Prozess nahmen alle europäischen Völker das Christentum an und fanden trotz aller ethnischer, kultureller und sprachlicher Unterschiede durch den gemeinsamen Glauben zu einer neuen, christlich geprägten Einheit, die man auch »Christenheit« *(Christianitas)* nannte. In dieser neuen Einheit verbanden sich christliche Tradition mit dem wissenschaftlichen und künstlerischen Erbe der Antike, mit dem römischen Rechts- und Verwaltungsdenken, mit der Philosophie Griechenlands, Dynamik der jungen germanischen Völker und mit jüdischen und muslimischen Elementen auf der iberischen Halbinsel.

Die Konversion des Merowingers Chlodwigs in Reims (499) war nur der Auftakt zu einem dynamischen Prozess der Evangelisierung. Papst Gregor der Große (540-604) entsandte benediktinische Mönche als Missionare nach England. Von dort, der westlichen Peripherie Europas kamen Mönche aufs Festland, die ihre missionarischen Pilgerfahrten *(peregrinatio)* unternahmen und das Frankenreich prägten. Dazu zählten angelsächsische Missionare wie der »Apostel Deutschlands«, Winfried Bonifatius (673-754) und der Gelehrte Alkuin (735-804), der Karl den Großen beriet, nicht mit Feuer und Schwert gegen die (heidnischen) Sachsen vorzugehen. Typisch für diese Zeit der Gentilreligion war die Konversion »von oben«, bei der die Gefolgschaftstreue eine entscheidende Rolle spielte. Expansion und Mission gingen oft Hand in Hand. Für die sprachliche und kulturelle Übersetzung sorgten Dichter wie Otfried von Weißenburg (um 795-875),[10] der die biblischen Evangelien in ein althochdeutsches *Evangelienbuch* übertrug; auch hier Mission als Translation. Im 12. und 13. betrachtete der Reformorden der Zisterzienser ihre ›Mission‹ darin, in Hunderten von Klöstern durch Gebet und Arbeit weite Landstriche Europas zu besiedeln und urbar zu machen.[11] Die Glaubensverbreitung nach Skandinavien wurde von Kaufleuten und Mendikanten, aber auch vom Religionswechsel der Könige getragen. Davon zeugen bis heute dänische Runensteine und norwegische Stabkirchen. Island nahm gleichsam parlamentarisch, nämlich durch Thingbeschluss im Jahr 1000 das Christentum an, tolerierte aber die traditionelle Religion.

Die slawischen Völker im osteuropäischen Raum kamen vor allem durch das bayerische Mönche und durch Missionare aus Byzanz mit der christlichen Religion in Kontakt. Protagonisten der Slawenmission waren die von Ostrom entsandten Brüder Kyrill (827-869) und Method (815-885), welche die Sprache verschrifteten (Glagolithisch). Großfürst Wladimir (960-1015) ließ sich 988 in Kiew taufen, und mit ihm vollzog sein Großreich, die Kiewer Rus, den Religionswechsel. In der Zeit der ottonischen Kaiser kam es zur Christianisierung von Polen und Ungarn. Mit dem nicht immer gewaltlosen Religionswechsel der baltischen Völker und der Rechristianisierung der iberischen Halbinsel nach über 700jähriger islamischer Herrschaft gelangte die wechselvolle Christianisierung Europas im späten Mittelalter zu ihrem Abschluss.

Zeitgleich mit der Christianisierung Europas gab es in dieser zweiten Epoche überdies auch missionarische Suchbewegungen ins weitgehend unbekannte Asien.[12] Vereinzelt wagten sich westliche Mendikanten der Franziskaner und Dominikaner über die Wege der Seidenstraße nach Asien und erkundeten dort im Auftrag von Päpste und europäischen Herrschern die diplomatischen und missionarischen Möglichkeiten. Bekannt wurden die beiden Franziskaner, der flämische Wilhelm von Rubruk (1215-1270) sowie der Italiener Johannes von Montecorvino (1246-1328). Rubruk reiste in der Mitte des 13. Jahrhunderts zur Residenzstadt des mongolischen Groß-Khans in Karakorum und war dort an interreligiösen Dialogen beteiligt. Montecorvino wurde während der Mongolenherrschaft in China *(Yuan-Dynastie)* im Jahr 1307 zum ersten Erzbischof von Khan-baliq (heutiges Beijing) ernannt.

Von den orientalischen Kirchen sei die *Apostolische Kirche des Ostens* hervorgehoben, eine Missionskirche, die das Christentum als starke Bewegung bis nach Zentralasien und China brachte und dort zahlreiche Diözesen,

12 Vgl. *Ian Gillman/Hans-Joachim Klimkeit*, Christians in Asia before 1500, Abingdon/New York 1999.

13 Vgl. *Christian Lange/Karl Pinggéra* (Hgg.), Die altorientalischen Kirchen. Glaube und Geschichte, Darmstadt 2010, 21-40.

14 Vgl. *Bernhard Meier*, Die Bekehrung der Welt. Eine Geschichte der christlichen Mission in der Neuzeit, München 2021; *Johannes Meier*, Bis an die Ränder der Welt. Wege des Katholizismus im Zeitalter der Reformation und des Barock, Münster 2018; *Horst Gründer*, Welteroberung und Christentum. Ein Handbuch zur Geschichte der Neuzeit, Gütersloh 1992.

Gemeinden und Klöster gründete. Die Existenz der ostsyrischen Christen im Reich der Mitte ist bis heute den Inschriften einer Stele zu entnehmen, die während der religionstoleranten Tang-Dynastie (617-907) im Jahr 781 in der damaligen Hauptstadt Sian-fu (heute Xi'an) errichtet wurde und künstlerisch Lotosblüte und Kreuz harmonisch verbindet. Mit wachsender politischer Unterdrückung durch die chinesische Ming-Dynastie (1370-1644) ging allerdings die Ausbreitung zurück.[13]

Das Mittelalter kannte also zwei große parallele christliche Missionsbewegungen, die jeweils etwa ein Jahrtausend währten: in Europa durch die westliche Kirche mit Sitz in Rom, in Asien durch die assyrische Kirche mit Sitz in Bagdad. Unter den Völkern Europas sollte sich das Christentum dauerhaft verwurzeln, während es in Asien nur punktuell präsent blieb.

Mission der Frühen Neuzeit in West und Ost

Nachdem im langen Mittelalter Europa in Gänze den christlichen Glauben empfangen und als seine Religion angenommen hatte, übernahm es zu Beginn der Neuzeit nun seinerseits missionarische Verantwortung für die anderen Völker der Welt in Ost und West. Damit bildet die Frühe Neuzeit (16.-18. Jahrhundert) die dritte Epoche der christlichen Mission katholischer Provenienz. Sie ging nun von Europa aus, insbesondere von der iberischen Halbinsel, deren Könige im Zuge der Expansionen nach Amerika (Spanien) und Asien (Portugal) die Patronate *(patronato, padroado)* über die Kirche und damit über die Mission innehatten. Dieses ambivalente Verhältnis der Verquickung von Staat und Kirche, von Kolonisierung und Christianisierung förderte zwar den Aufbau von Ortskirchen in Übersee, doch beschränkte es zugleich die kirchlichen Handlungsspielräume. Anders verhielt es sich mit der Mission in Asien, da dort Portugal nur (koloniare) Stützpunkte errichten konnte; Erlaubnis oder Verbot der Mission der Europäer unterlagen daher einheimischen Herrschern.[14]

Die Mission in Amerika begann mit der Entdeckung der Neuen Welt durch Christoph Kolumbus, den die Katholischen Könige Isabella von Kastilien und Ferdinand von Aragón 1492 auf dem westlichen Seeweg nach Indien entsandt hatten. Reisezweck waren politische und wirtschaftliche Vorteile, aber auch die Verbreitung des Glaubens. Eroberung *(conquista)*, Landnahme und Kolonisierung der Neuen Welt verband sich mit der Missionierung. Doch trotz dieser ambivalenten Verbindung kämpften zahlreiche Missionare für die Rechte der Indigenen sowie für ihre Menschenwürde.

Als die Europäer die für sie Neue Welt betraten, entdeckten sie ihnen fremde indianische Kulturen, von nomadisch lebenden Wildbeuterkulturen bis zu den beiden präkolumbianische Großreichen der Azteken in Mexiko unter Moctezuma II. (1465-1520) und dem Andenreich der Inka in Südamerika unter dem Inka Atahualpa (um 1500-1536). Dort errichteten die Spanier politische *(Vizekönigreiche)* Strukturen und kirchliche *(Diözesen)*. Diese unterstanden dem königlichen *Patronat*, das auch die Missionsarbeit koordinierte und finanzierte, aber personell von den Orden getragen wurde.[15]

Die kritische Beurteilung des frühneuzeitlichen Kolonialismus ist hauptsächlich zwei Dominikanern zu verdanken: einerseits dem Bischof Bartolomé de Las Casas (1484-1566), der vor dem Hof für die Rechte der indigenen Bevölkerung stritt, und wohl als erster (1552) ausdrücklich für »Menschenrechte« *(derechos humanos)* eintrat, mehr als 200 Jahre vor den Menschenrechtsdeklarationen in den USA (1776) und in Frankreich (1789).[16] Auch Papst Paul III. bestätigte in seiner Bulle *Sublimis Deus* (1537), einer *Magna Charta* der Würde und Freiheit, wonach die indigenen Völker weder ihrer Freiheit und ihres Besitzes beraubt noch versklavt werden dürfen, sondern sich all dieser Rechte erfreuen dürften.[17]

Eine nicht weniger bedeutsame Rolle spielte der Theologe Francisco de Vitoria (1483-1546), der mit rechtlichen Argumenten die Diskriminierung der indigenen Menschen zurückwies und ihre Freiheitsrechte betonte, eine Position, die in der *Schule von Salamanca* entfaltet wurde, deren Prinzipien in das Völkerrecht eingegangen sind.[18]

Als berühmtestes Missionsprojekt Südamerikas gelten die »Reduktionen« unter den Guaraní im oberen Stromgebiet des Río Paraná und des Río Uruguay. In diesem Gebiet unternahmen die Jesuiten den Versuch, in einer antikolonialen Utopie die halbnomadische indigene Bevölkerung vor Versklavung und kolonialer Ausbeutung zu schützen sowie zu einem sesshaften Leben in eigenen Siedlungen (Reduktionen) anzuleiten.[19] Die Grundidee war die Einheit von Evangelisierung und integraler menschlicher Entwicklung sowie die Anknüpfung an die indigene Kultur, Sprache, Kunst und Wirtschaftsweise. Die Reduktionssiedlungen, deren Ruinen

15 Vgl. *Michael Sievernich / Arnulf Camps / Andreas Müller / Walter Senner* (Hgg.), Conquista und Evangelisation. 500 Jahre Orden in Lateinamerika, Mainz 1992.

16 Vgl. hierzu in in diesem Band Kap. III, 12.

17 Zum Text s. *Bartolomé de Las Casas*, Missionstheologische Schriften (Werkauswahl Bd. 1), hg. von *Mariano Delgado*, Paderborn 1994, 246f.

18 Vgl. hierzu Kap. 11, Teil III dieses Buchs.

19 Vgl. *Philip Caraman*, Ein verlorenes Paradies. Der Jesuitenstaat in Paraguay, München 1979; *Peter Claus Hartmann*, Der Jesuitenstaat in Südamerika 1609-1768. Eine christliche Alternative zu Kolonialismus und Marxismuas, Weißenhorn 1994.

heute zum Weltkulturerbe gehören, hatten eine planmäßige Anlage im Schachbrettgrundriss. Sie ermöglichten eine »symphonische« Begegnung der Kulturen und formten eine indianisch-christliche Gemeinschaftsform, die allerdings mit der politischen Vertreibung der Jesuiten (1767) endete. Auch im Norden des amerikanischen Kontinents entstanden im 17. Jahrhundert in der damaligen französischen Kolonie, dem heutigen Kanada, Missionsprojekte unter den dortigen Indianern (Huronen), während weiter südlich an der amerikanischen Ostküste protestantische Projekte in Gang kamen, etwa der Puritaner in Massachusetts und die Quäker in Pennsylvania.

Zeitgleich zur Christianisierung Amerikas entstanden im Rahmen des portugiesischen Patronats *(padroado)* auch im asiatischen Raum zahlreiche Missionsunternehmen. Da die Portugiesen dort nur über Handelsstützpunkte verfügten, war die Evangelisierung hier eigenständiger, und man musste sich unabdingbar auf die ebenbürtigen Hochkulturen wie China, Japan und Indien einlassen.

Der erste große Missionar der Frühen Neuzeit in Asien war Franz Xaver (Francico de Javier, 1506-1552),[20] den Ignatius von Loyola 1540 mit päpstlichem und königlichen Auftrag nach Indien entsandte und dabei das für die Zeit neue Wort »Mission« gebrauchte, das Schule machen sollte. Xaver erlebte einen interkulturellen und interreligiösen Lernprozess, denn in der indischen Kultur stieß er auf den Hinduismus, auf den Molukken lernte er den südostasiatischen Islam kennen und in Japan eine Kultur, die von Spielarten des Buddhismus geprägt war und mit dessen Vertretern er in Dialog trat. Bevor er seine Missionstätigkeit in China fortsetzen konnte, starb er auf einer China vorgelagerten Insel. Begraben wurde er im indischen Goa, wo er bis heute eine Art multireligiöse Verehrung genießt.

Was Xaver nicht mehr vergönnt war, sollte den nachfolgenden Jesuiten-Missionaren gelingen. Nach dem Studium der Sprache gelangten 1583 italienische Missionare ins xenophobe Reich der Mitte. Einer davon war Matteo Ricci (1552-1610), der im seidenen Gewand des konfuzianischen Gelehrten auftrat, an der intellektuellen Welt anknüpfte und eine kulturell

20 Siehe hierzu: *Franz Xaver*, Briefe und Dokumente 1535-1552, hg. von *Michael Sievernich*, Regensburg 2006.

angepasste Mission (Akkomodation) in die Wege leitete.[21] Eine solche Anpassung bezog sich etwa auf die chinesische Sprache, die Sitten und die Kultur. Er setzte auf die Medien der Kommunikation, auf persönliche Begegnung und kollegialen Wissensaustausch in Bereichen der Mathematik, Astronomie und Kartographie. Riccis berühmtes, mit Hilfe seiner Freunde auf Chinesisch verfasstes Werk *Die wahre Lehre über den Herrn des Himmels (Tianzshu Shiyi)* bot eine christliche Philosophie in chinesischem Gewand. Ein Büchlein über die Freundschaft und eine große Weltkarte waren die Medien, sich in China bekannt zu machen und Freunde zu gewinnen. Der Kaiser stiftete ihm ein Ehrengrab, das noch heute mit den Grabstelen zahlreichen europäischer Missionare auf dem Pekinger Friedhof Zhalan bis heute in Ehren gehalten wird.

Auf Ricci folgten zahlreiche europäische China-Missionare, wie der Kölner Johann Adam Schall von Bell (1591-1666) und der Flame Ferdinand Verbiest (1623-1688), die ebenfalls kaiserlich gestiftete Grabstelen in Peking erhielten. Die europäischen Christen hätten freilich nicht so erfolgreich wirken können, wenn nicht chinesische Gelehrte und Freunde wie Xu Guangqi (1562-1633) die Wege politisch und kulturell bereitet hätten. Allerdings scheiterte das China-Projekt am »Ritenstreit« (1704), als Rom die Verehrung des Konfuzius und der Ahnen als religiösen Ritus verbot, während die Missionare ihn als zivilen Ritus gestattet hatten.

Auch in andere Länder Asiens kam das Christentum, besonders erfolgreich schon im 16. Jahrhundert auf die Philippinen, aber auch nach Vietnam.[22] Am Ende des 18. Jahrhunderts nach Korea; dorthin kam der christliche Glauben durch eine Art Selbst-Evangelisierung, nämlich auf Initiative koreanischer Gelehrter, die in China die christliche Lehre kennengelernt hatten und nun in ihrem Land praktizierten.

Eine wichtige Zäsur in der frühneuzeitlichen Missionsgeschichte war die Gründung einer römischen Kongregation zur Verbreitung des Glaubens (1622) welche die Mission dem staatlichen Patronat entziehen und sie stärker in kirchliche Regie nehmen wollte. Über diese Zielsetzung hinaus erließ die Kongregation *De Propaganda fide* eine wichtige Instruktion für die Missionare in Asien (1659), die gegenüber dem Europäismus die

21 *Liam Matthew Brockey*, Journey to the East. The Jesuit mission to China (1579-1724), Cambridge/London 2017.

22 Vgl. *Klaus Schatz*, »… Dass die Mission eine der blühendsten des Ostens werde …«. P. Alexander de Rhodes (1593-1660) und die frühe Jesuitenmission in Vietnam, Münster 2015.

23 Vgl. *Klaus Koschorke/Frieder Ludwig/Mariano Delgado* (Hg.), Außereuropäische Christentumsgeschichte (Asien, Afrika, Lateinamerika 1450-1990), Neukirchen 2. Aufl. 2006, 28f.

Inkulturation betonte.[23] Die Frühe Neuzeit dürfte eine der dichtesten Epochen in der Geschichte der Mission darstellen, da sie selbst zu einem Faktor der Globalisierung wurde. Zudem entstanden in Umrissen erstmals eine weltkirchlich organisierte und entwickelte Fragestellungen, welche die Moderne prägten, was ethische, linguistische, kulturelle, künstlerische und theologische Entwicklungen angeht.[24]

Kolonisierung versus Christianisierung

Die vierte Epoche der Mission bezieht sich zeitlich auf die entsprechenden Aktivitäten im langen 19. Jahrhunderts, im Übergang von der alten zur modernen (kolonialen) Ordnung. Doch trägt dieses Zeitalter erstaunlicherweise die Signatur der Religion, was das Christentum und andere Weltreligionen angeht. In einer Globalgeschichte dieser Epoche heißt es: »Stärker noch als eine Periode, in welcher Liberalismus und Klassendenken Geltung erlangten, war das 19. Jahrhundert eine Zeit, welche die triumphale Wiedergeburt und Ausbreitung von ›Religion‹ in dem Sinne erlebte, wir wir den Begriff heute verwenden.«[25] Das gilt auch für die christlichen Konfessionen.

Geographisch kam Afrika, Asien und der Pazifik ins Blickfeld, auch was die Missionierung angeht, allerdings mit der Hypothek des europäischen Kolonialismus und Imperialismus auf dem afrikanischen Kontinent und weltweit. Aufgrund neuer Missionsinitiativen zu Beginn des Jahrhunderts kam es zur Reorganisation und Neugründungen missionarischer Institutionen in zahlreichen Ländern Afrikas, Asiens, aber auch zur Christianisierung auf den Archipelen Ozeaniens (Polynesien, Melanesien, Mikronesien). Typisch für diese Zeit ist das konfessionelle Moment. Auf katholischer Seite ragten neugegründete Orden wie die Steyler Missionare (*Societas Verbi Divini*, 1875) heraus. Vor allem aber war diese Epoche von missionarischen Aktivitäten im subsaharischen Afrika geprägt. Zwar existierte in der Spätantike in Nordafrika ein blühendes Christentum, ebenso in Nubien am unteren Nil, doch konnten diese Kirchen dem Ansturm des Islam nicht standhalten. Die alte äthiopische Kirche dagegen wusste sich bis heute zu behaupten. In

24 Einen Überblick bietet der Sammelband: A companion of the Early Modern Catholic Global Missions, ed. by *Ronnie Po-chia Hsia* (Brill's Companions to the Christian Traditio 80), Leiden/Boston 2018.

25 *Christopher A. Bayly*, Die Geburt der modernen Welt. Ein Globalgeschichte 1780-1914, Frankfurt/New York 2008, 400; vgl. auch 429-433.

Schwarzafrika wurde durch portugiesischen Einfluss schon im 16. Jahrhundert das Königreich Kongo christianisiert und erstmals (1518) ein afrikanischer Bischof ernannt. Doch eine systematische Christianisierung des schwarzen Kontinents begann erst im 19. Jahrhundert, allerdings im kolonialen Kontext und in konfessioneller Konkurrenz.[26]

Im kolonial geprägten 19. Jahrhundert teilten die europäischen Kolonialmächte, allen voran Franzosen und Briten, aber auch Deutsches Reich und andere Afrika fast restlos unter sich auf und regelten diese Angelegenheiten auf der Berliner Kongokonferenz (1884/85), die Bismarck leitete.[27] Doch weit vor den kolonialen Ansprüchen entstanden zahlreiche missionarische Initiativen ohne koloniales Einschlag. Träger auf katholischer Seite waren einerseits die klassischen Missionsorden wie die Jesuiten (SJ), aber auch neue Gemeinschaften wie die erwähnten »Steyler« (SVD), die Pallottiner (SAC), die Oblaten (OMI), die Spiritaner (CSSp) oder die von Charles Lavigerie (1825-1892) gegründeten Weißen Väter *(Pères Blancs)* sowie andere internationale Missionsgesellschaften, denen Rom Missionsgebiete zuwies; so den deutschen Pallottinern Kamerun oder den Weißen Vätern den muslimisch geprägte Sudan. Dazu kamen über 300 Frauenkongregationen, so dass die Mission endlich auch ein weibliches Gesicht bekam. Die Finanzierung der Missionen wurde nun weitgehend von Laien und Sponsoren getragen, die in ihren Heimatländern Missionsvereine gründeten. In Deutschland waren es der *Kindheit-Jesu-Verein* oder dem *Xaverius-Verein* in Aachen und der *König-Ludwig-Missionsverein* in München; daraus entstanden die heutigen päpstlichen Hilfswerke wie *Missio*.

Gleichzeitig wurden zahlreiche protestantische Missionsgesellschaften aktiv, die sich die Verbreitung des Christentums in Übersee, vor allem in Afrika und Asien zum Ziel gesetzt hatten. Im deutschsprachigen Bereich zählten dazu etwa die *Basler Mission* oder die *Berliner Missionsgesellschaft*. Allerdings gingen die Missionsunternehmungen katholischer und protestantischer Herkunft keineswegs in ökumenischer Eintracht oder Absprache voran, sondern konkurrierten und befehdeten einander, so dass die Glaubwürdigkeit der verkündeten Botschaft darunter leiden musste. Dazu kam die Verquickung der Christianisierung Afrikas mit dem Kolonialismus

26 *John Baur*, Christus kommt nach Afrika. 2000 Jahre Christentum auf dem Schwarzen Kontinent, Fribourg 2006; *Bengt Sundkler u. a.* A History of the Church in Africa, Cambridge 2000.

27 Zum Kolonialismus vgl. *Wolfgang Reinhard*, Kleine Geschichte des Kolonialismus, Stuttgart 1996.

28 Deutscher Text: https://www.vatican.va/content/benedict-xv/de/apost_letters/documents/hf_ben-xv_apl_19191130_maximum-illud.html

29 Zu den einzelnen Ländern Afrikas vgl. Kirche und Katholizismus seit 1945, Bd. 8: Afrika, hg. von *Marco Mörschbacher*, Paderborn 2021.

30 *Rita Breuer*, Im Namen Allahs? Christenverfolgung im Islam, Freiburg 2015.

der konkurrierenden europäischen Mächte, die erst mit dem langen Prozess der Dekolonisation um die Mitte des 20. Jahrhunderts endete. Dass Afrika sich trotz dieser schwierigen Rahmenbedingungen dem christlichen Glauben geöffnet, ihn angenommen und ihm ein afrikanisches Gesicht gegeben hat, liegt nicht zuletzt an der Qualität eines ganzheitlichen Missionskonzepts, das Verkündigung mit Förderung von Schulbildung und Ausbildung, mit Gesundheitswesen und caritativen Diensten verband.

Eine entscheidende Zäsur im Missionsverständnis vollzog am Anfang des 20. Jahrhunderts ein Schreiben von Papst Papst Benedikt XV. (1854-1922, reg. ab 1914), der mit *Maximum illud* vom 30. November 1919[28] ein wegweisendes Dokument zur Mission veröffentlichte. Es forderte nicht nur gute Ausbildung der Missionare und Missionarinnen, sowie auch einen indigenen Klerus und uneigennütziges Vorgehen, sondern bestand auch auf einer Enteuropäisierung sowie auf dem Ende von Kolonialismus und Nationalismus. Die unheilige Verquickung der Mission mit kolonialen Zusammenhängen sollte aufgegeben werden, um der Mission eine postkoloniale Zukunft zu garantieren. Diese strukturelle Entpolitisierung der kirchlichen Mission entfaltete sich in den folgenden Jahrzehnten, bis in der Mitte des 20. Jahrhunderts endlich eine allgemeine Entkolonisierung einsetzte.

Ein Jahrundert später kennt der Katholizismus Afrikas ein enormes Wachstum, während Europa aus mehreren Gründen Schrumpfungsprozesse erlebt. Das Christentum in Afrika ist eine dynamische Größe; bei einer Gesamtbevölkerung des Kontinents von über einer Milliarde Menschen machen die Christen derzeit etwa 45 Prozent aus.[29] Über die relativ friedliche Entwicklung hinaus jedoch erfahren die Christen in zahlreichen Ländern Verfolgungen, in Afrika etwa in der Sahelzone, in der Christentum und Islam aufeinanderstoßen.[30]

Die fünfte Epoche: Globale Evangelisierung

Der entscheidende Schritt zu dieser fünften Epoche liegt in der Mitte des 20. Jahrhunderts, in der zum einen die Dekolonisierung einsetzte und damit jede kolonial geprägte Mission zu Ende kam. Zum anderen fand das Zweite Vatikanische Konzil (1962-1965) der katholischen Kirche statt, das ein neues, modernes Missionsverständnis entwickelte. In diesem Zusammenhang entstanden mehrere grundlegende Dokumente zum Thema. Das Dokument *Dignitatis humanae* formulierte verbindlich das Prinzip der Religionsfreiheit. Das Dokument *Nostra aetate* klärte das Verhältnis zu den nichtchristlichen

Religionen, die »nicht selten einen Strahl jener Wahrheit erkennen lassen, die alle Menschen erleuchtet« (*Nostra aetate* 2). Schließlich erläuterte die Pastoralkonstitution *Gaudium et spes* die Rolle der Kirche in der Welt von heute. Auf diesem Hintergrund entschied erstmals ein Weltkonzil über die Fragen der Evangelisierung. Das Dekret *Ad gentes* über die Missionstätigkeit der Kirche bestimmte den missionarischen Charakter einer »pilgernden Kirche« (*Ad gentes* 2), woraus sich ihre missionarische Aufgabe ergibt.[31]

Der christliche Glauben hat in der Gegenwart eine globale Verbreitung gefunden. Denn zu Beginn des 21. Jahrhunderts zählt das gesamte Christentum über zwei Milliarden Mitglieder und bildet damit die größte Religionsgemeinschaft der Welt, die etwa ein Drittel der Weltbevölkerung umfasst, in dem die verschiedenen Konfessionen zu Hause sind.

Die Katholische Weltkirche allein umfasst mehr 1,3 Milliarden Mitglieder (2022) und ist in allen Weltgegenden und Kulturen präsent. Allerdings fallen große Unterschiede auf, wenn man den globalen Zahlenspiegel näher betrachtet. Auf dem amerikanischen Kontinent lebt fast die Hälfte aller Katholiken (50 Prozent), ein gutes Viertel lebt in Europa (26 Prozent), während sich das restliche Viertel auf Afrika (13 Prozent) und Asien (12 Prozent) verteilt. Die Dynamik ist jedoch höchst unterschiedlich, denn in Europa geht die katholische Kirche, nicht zuletzt aufgrund des demographischen Wandels quantitativ zurück, während sie in den bevölkerungsreichsten Kontinenten Asien und Afrika ein dynamisches Wachstum erlebt.[32]

Die religiöse Landschaft hat sich seit dem Konzil erheblich verändert, wozu die Globalisierung als Verdichtung von Raum und Zeit das Ihre beiträgt. Auch die Wahrnehmung der Religion hat sich erheblich gewandelt. Nachdem in der zweiten Hälfte des 19. Jahrhunderts und der ersten Hälfte des 20. Jahrhunderts das Modell der »Säkularisierung« vorgeherrscht hatte, wonach die Religion als vormoderne Erscheinung mit wachsender Modernisierung verschwinden werde, hat diese These sich längst als obsolet erwiesen. Im Gegenteil macht sich die Rolle der Religion immer stärker bemerkbar, teilweise leider auch gewaltförmig wie im Fall des Islamismus. Überdies sind auch die Risiken einer »entgleisenden Säkularisierung« (Jürgen Habermas) in postsäkularen Gesellschaften festzustellen.

31 Vgl. Die Dokumente des Zweiten Vatikanischen Konzils. Konstitututionen, Dekrete, Erklärungen. Lat.-dt. Studienausgabe, hg. von *Peter Hünermann*, Neuausgane 2012, Freiburg i. Br. 2012.

32 Zur quantitativen Dynamik vgl. die Zahlen zu Beginn des 21. Jahrhunderts: *Bryan T. Froehle / Mary L. Gautier*, Global Catholicism. Portrait of the World Church, Maryknoll NY 2003; zum inhaltlichen Wandel vgl. *Ian Linden*, Global Catholicism. Diversity and Change since Vatican II, London 2009.

Schließlich weitet sich das Feld der Wahrnehmung des Christentums über das europäisch-amerikanische Feld hinaus auf die Kulturen anderer Kontinente, die sich ihrerseits auch religiös zu Wort melden. Die missionarische Einbahnstraße von Europa wurde längst abgelöst von pluralen und wechselseitig beeinflussenden Bewegungen der Evangelisierung, welche die spirituellen Reichtümer auf neue Weise untereinander teilen und so zur Transformation beitragen.

Dabei findet in der Kirche eine Kräfteverlagerung auf die südliche Welthalbkugel statt, deren Folgen noch nicht abzusehen sind. Klar bleibt allerdings das Prinzip einer immer verschränkteren Interkulturalität und eines intensiveren interreligiösen Dialogs. Denn, so hält Papst Franziskus fest: »Alle haben das Recht, das Evangelium zu empfangen. Die Christen haben die Pflicht, es ausnahmslos allen zu verkünden, nicht wie jemand, der eine neue Verpflichtung auferlegt, sondern wie jemand, der eine Freude teilt, einen schönen Horizont aufzeigt, ein erstrebenswertes Festmahl anbietet.« (*Evangelii gaudium* 14).[33] Für eine Globalisierung des Christentums steht die Evangelisierung vor neuen Herausforderungen, die auf jeden Fall den Dienst an der Freiheit und den Dienst an der Wahrheit umfassen,[34] die nur dialogisch geleistet werden können. Angesichts der wachsenden religiösen Vielfalt und der Pluralisierung der Optionen bringt der Soziologe Hans Joas (*1948) die prekäre Gemengelage auf den Punkt: »Die Globalisierung des Christentums und eine durch Migration verstärkte religiöse Vielfalt in Europa erhöhen die Bedeutung des interreligiösen Dialogs und der Kooperation der christlichen Kirche mit nicht-christlichen Religionsgemeinschaften. Ebenso aber wird das Gespräch zwischen Gläubigen und Ungläubigen jeweils tradierter religionspolitischer Konstellationen in neuer Weise geführt werden müssen.«[35]

Die Epochen, auf die das missionarische Christentums zurückblicken kann, kennen nach Ort und Zeit zahlreiche Bezeichnungen. Ob man von Evangelisierung spricht, also biblisches Vokabular nutzt, oder von Mission spricht, also ein Allerweltswort, ob man Akkomodation und Inkulturation bevorzugt, also eher eine technische Begrifflichkeit benutzt, im Kern geht es jedenfalls in allen Epochen darum, die christliche Botschaft durch die Zeiten weiterzutragen und als pilgernde Kirche »die Liebe Gottes zu allen Völkern und Menschen zu verkünden und mitzuteilen« (*Ad gentes* 10). ◆

33 https://www.vatican.va/content/francesco/de/apost_exhortations/documents/papa-francesco_esortazione-ap_20131124_evangelii-gaudium.html

34 Siehe das Dokument: Allen Völkern Sein Heil. Die Mission der Weltkirche (Die deutschen Bischöfe 76), Bonn 2004, 37-53.

35 *Hans Joas*, Glaube als Option. Zukunftsmöglichkeiten des Christentums, Freiburg i. Br. 2012, 199f.

Interkulturelle Kommunikation im Horizont der Menschenwürde

Anhang

Personenregister
Glossar
Bildnachweis
Fundorte

Personenregister

A

B

C

D

E

F

L

M

N

O

T

V

W

X

Z

Glossar

alcalde (mayor)	Magistrat (Bürgermeister)
alguacil	Vollzugsbeamter
aldeia	Ortschaft, Dorf (bras.)
audiencia	Verwaltungsbehörde, Gerichtsinstanz
arte	Grammatik
auto	Theaterstück
Bulle	Päpstliche Urkunde
casa de la Contratación	Königliche Agentur für Amerika
capitulación	Vertrag zwischen Ungleichen (z. B. Krone und Entdecker)
cédula	gesetzliche Anordnung
Codex Iuris Canonici	Kodex des kanonischen (kirchlichen) Rechts
confesionario	Beichthandbuch, Beichtspiegel
concejo de indias	Indienrat
Congregatio de propaganda fide	Röm. Institution der Glaubensverbreitung
conquista	Eroberung
conquistador	Eroberer
doctrina	Katechismus (auch Gemeinde)
encomendero	Besitzer einer encomienda
encomienda	Arbeitsleistung ›anvertrauter‹ Indigener
escribano público	Anwalt
fiscal	›Staatsanwalt‹
fray (pl. frailes)	Bettelmönch
indias (occidentales)	Westliche Indien = Amerika
indias (orientales)	Östliche Indien = Asien
indio / india	Indio / India, indigene Bevölkerung
ipalnemoani	aztek. Hochgott, Urheber des Lebens
Kazike	indigene Autorität
lienzo	Leinwand einer Chronik
Mendikant	Bettelmönch
ordenanza	Umfassende Gesetzgebung
patronato / padroado	Königliche Schirmherrschaft über die Kirche
provisión real	Allgemeines Gesetz (Amerika)
reducción	Reduktion, planvolle Ansiedlung
repartimiento	Zuteilung von Land und indigener Arbeit
Tlatoani	Herrscher, Sprecher
vocabulario	Lexikon

Bilder

Bildnachweis

Orte im Buch

Abb 1
Antón Montesino
Wilmer, CC BY-SA 3.0
https://creativecommons.org/licenses/by-sa/3.0
via Wikimedia Commons

Abb 2
Joseph de Anchieta
Arte de Gramática
Coimbra 1595
edição fac-similar
São Paulo 1990
Ed. Loyola

Abb 3
Pedro de Córdoba
Doctrina cristiana
México 1522
Faksimile
Miguel Angel Medina
Salamanca 1987
Ed. San Esteban

Abb 4
Bartolomé de Las Casas
Traktat über die Indiosklaverei
Este es un tratado, 1552
Faksimile des Titelblatts
Mariano Delgado
Werkauswahl 3/1
Paderborn 1996
Schöningh

Abb 5
Joseph-François Lafitau
Frontispiz
Mœrs des Sauvages américains
Paris 1724
©Bibliothek Hochschule
Sankt Georgen
Franfurt am Main
Sign. HM H B124

Abb 6a und 6b
Johann Jakob Baegert
Nachrichten von der amerikanischen Halbinsel Californien
Mannheim 1773
©Bibliothek Hochschule
Sankt Georgen
Franfurt am Main
Sign. Cm II 171

Abb 7
Diego Valadés
Rhetorica christiana
Rom 1579
Bayerische Staatsbibliothek
München
Sign. 4 Hom. 2211
scan 241

Abb 8
Alonso de Molina
Confesionario mayor en lengua mexicana y castellana
México 1569
Faksimile Roberto Moreno
México 1984
Univ. Autónoma

Fundorte

Erscheinungsorte Erstveröffentlichungen
Die zwanzig Kapitel dieses Buche gehen auf andernorts bereits veröffentlichte Aufsätze zurück, die der Verfasser für diesen Band überarbeitet und teilweise gekürzt oder erweitert hat; überdies werden Hinweise auf neuere Literatur zu den jeweiligen Themen hinzugefügt.

ERSTER TEIL

1
Der Kampf um den Anderen in der Frühen Neuzeit
Mission und Menschenwürde in Amerika
in: Schweizer Zeitschrift für Religions- und Kulturgeschichte 105
2011, 11-34

2
Der erste Ethnograph Amerikas
Ramón Pané und sein Bericht von 1498
in: Zeitschrift für Missionswissenschaft und Religionswissenschaft 85
2001, 143-152

3
Wandlungen in der »Theologie« der Konquistadoren
Zur *Historia verdadera* des Bernal Díaz del Castillo
in: Raúl Fornet-Betancourt (Hg.), Theologien in der Sozial- und Kulturgeschichte Lateinamerikas. Die Perspektive der Armen, Bd. 2: Theologien in der Praxis von Mission und Kolonialisierung; Ethnizität und nationale Kultur, Eichstätt 1993, 28-53

4
Avaritia Christianorum Indorum vocatio
Eine theologische Sicht der »Neuen Welt« im späten 16. Jahrhundert
in: Karl Kohut (Hg.)
Der eroberte Kontinent. Historische Realität, Rechtfertigung und literarische Darstellung der Kolonisation Amerikas (Americana Eystettensia, Serie A: Kongreßakten 7)
Frankfurt/M. 1991, 103-118

ZWEITER TEIL

5
José de Anchieta, Kirchenvater Brasiliens
in: Johannes Arnold / Reiner Berndt / Ralf M.W. Stammberger (Hgg.), Väter der Kirche. Ekklesiales Denken von den Anfängen bis in die Neuzeit
FS Hermann Josef Sieben
Paderborn 2004, 967-992

6
Hispanicus hispanice, Indus indice
Sprachenpolitik in der Missionierung der andinen Welt
in: Wulf Österreicher / Roland Schmidt-Riese (Hgg.)
Conquista y Conversión. Universos semióticos, textualidad y legitimación de saberes en la América colonial (Pluralisierung und Autorität 37)
Berlin /Boston 2014, 121-144

7
Frühe dominikanische Missionskatechismen in Amerika
in: Zeitschrift für Missionswissenschaft und Religionswissenschaft 103
2019, 65-85

8
Mission vor einer zweifachen Übersetzungsaufgabe
in: Günter Riße / Klaus Vellguth (Hgg.)
Denken, das Weite atmet. Text und Kontext in der Theologie
Festschrift für Hans Waldenfels
Ostfildern 2017, 101-113

DRITTER TEIL

9
Politik, Recht und Mission in der frühen Kirche Mexikos
Zur Missionstheorie des Juan Focher († 1572)
in: Inkulturation und Kontextualität. Theologien im weltweiten Austausch
FS Ludwig Bertsch
hg. von Monika Pankoke-Schenk und Georg Evers
Frankfurt am Main
1994, 50-64

10
›Sünde‹ als Kriegsgrund in der frühen Neuzeit
Francisco de Vitoria († 1546) zum 450. Todestag
in: Theologie und Philosophie 71/4
1996, 547-565

11
Toleranz und Kommunikation
Das Recht auf Mission bei Francisco de Vitoria
in: Die Ordnung der Praxis. Neue Studien zur Spanischen Spätscholastik
Frühe Neuzeit 68
hg. von Frank Grunert und Kurt Seelmann
Tübingen 2001, 183-203

12
»Menschenrechte« in der Frühen Neuzeit
in: Mariano Delgado (éd.)
»Ces gens ne sont-ils pas des hombres?« – Evangile et prophétie.
Colloque de la faculté de théologie de Fribourg
1-4 décembre 2011
Studia Friburgensia 116
Fribourg 2013, 286-309

VIERTER TEIL

13
Das Amt des Bischofs nach Las Casas
in: »Den Armen eine frohe Botschaft«
Festschrift für Bischof Franz Kamphaus zum 65. Geburtstag
hg. von Josef Hainz/Hans-Winfried Jüngling und Reinhold Sebott
Frankfurt am Main
1997, 267-281

14
Comparing ancient and native customs
Joseph-François Lafitau and the »sauvages amériquains«
in: European missions in contact zones. Transformation through interaction in a (post)colonial world
edited by Judith Becker
Göttingen 2016, 195-216

15
Indigene Alterität im Zeitalter der Aufklärung
Der Missionar Johann Jakob Baegert SJ (1717-1772)
in: Studia Missionalia 60
2011, 257-275

16
Ist »Mission« eurozentrisch?
Missionstheologische Perspektiven
in: Claude Ozankom (Hg.)
Katholizität im Kommen. Katholische Identität und gegenwärtige Veränderungsprozesse
Regensburg 2011, 71-84

FÜNFTER TEIL

17
Inkulturation und Begegnung der Religionen im 16. Jahrhundert
Bernardino de Sahagúns Beitrag in Mexiko
in: Zeitschrift für Missions- und Religionswissenschaft 71
1987, 181-199

18
Baptismus barbarorum
oder christliche Initiation der Neuen Welt Amerika (16. Jahrhundert)
in: Rechtsgeschichte/Legal history 21
2013, 142-154

19
Recht und Mission in der Frühen Neuzeit
Normative Texte im kirchlichen Leben der Neuen Welt
in: Rechtsgeschichte/Legal History 20
2012, 125-137

20
Epochen der Evangelisierung
Ein kurzer Blick auf eine lange Geschichte
in: Klaus Krämer/Klaus Vellguth (Hgg.)
Evangelisierung. Die Freude des Evangeliums miteinander teilen
Theologie der Einen Welt 9
Freiburg im Br. 2015, 21-39

Das Signet des Schwabe Verlags
ist die Druckermarke der 1488 in
Basel gegründeten Offizin Petri,
des Ursprungs des heutigen Verlagshauses. Das Signet verweist auf
die Anfänge des Buchdrucks und
stammt aus dem Umkreis von
Hans Holbein. Es illustriert die
Bibelstelle Jeremia 23,29:
«Ist mein Wort nicht wie Feuer,
spricht der Herr, und wie ein
Hammer, der Felsen zerschmeisst?»